财经类高等院校研究生专业前沿文献导读系列丛书
中央财经大学研究生专业前沿文献导读教材项目

金融学前沿文献导读

谭小芬　主编

中国财经出版传媒集团
中国财政经济出版社

图书在版编目（CIP）数据

金融学前沿文献导读 / 谭小芬主编. -- 北京 : 中国财政经济出版社, 2020. 11（2022.4重印）
（财经类高等院校研究生专业前沿文献导读系列丛书）
中央财经大学研究生专业前沿文献导读教材项目
ISBN 978 - 7 - 5223 - 0003 - 0

Ⅰ. ①金…　Ⅱ. ①谭…　Ⅲ. ①金融学 - 文献 - 研究
Ⅳ. ①F830

中国版本图书馆 CIP 数据核字（2020）第 168881 号

责任编辑：孙　琛　　责任校对：胡永立
封面设计：陈宇琰　　责任印制：党　辉

金融学前沿文献导读
JINRONGXUE QIANYAN WENXIAN DAODU

中国财政经济出版社 出版
URL：http：//www. cfeph. cn
E - mail：cfeph@ cfeph. cn

社址：北京市海淀区阜成路甲 28 号　邮政编码：100142
营销中心电话：010 - 88191522
天猫网店：中国财政经济出版社旗舰店
网址：https：//zgczjjcbs. tmall. com
北京时捷印刷有限公司印刷　各地新华书店经销
成品尺寸：185mm × 260mm　16 开　28. 5 印张　644 000 字
2020 年 11 月第 1 版　2022 年 4 月北京第 2 次印刷
定价：120. 00 元
ISBN 978 - 7 - 5223 - 0003 - 0
（图书出现印装问题，本社负责调换，电话：010 - 88190548）
本社质量投诉电话：010 - 88190744
打击盗版举报热线：010 - 88191661　QQ：2242791300

总　　序

党的十九大报告指出："建设教育强国是中华民族伟大复兴的基础工程，必须把教育事业放在优先位置"，要"加快一流大学和一流学科建设，实现高等教育内涵式发展。"2020 年 7 月 29 日，在新中国成立以来的第一次全国研究生教育大会上，习近平总书记强调研究生教育在培养创新人才、提高创新能力、服务经济社会发展、推进国家治理体系和治理能力现代化方面具有重要作用。研究生教育肩负着高层次人才培养和创新创造的重要使命，是国家发展、社会进步的重要基石，是应对全球人才竞争的基础布局。改革开放特别是党的十八大以来，我国研究生教育快速发展，已成为世界研究生教育大国。中国特色社会主义进入新时代，各行各业对高层次创新人才的需求更加迫切，研究生教育的地位和作用更加凸显。

深化研究生教育改革，要重视发挥课程教学在研究生培养中的作用，而高水平教材建设是开展高水平课程教学的基础。2014 年教育部发布《关于改进和加强研究生课程建设的意见》；2016 年中共中央办公厅、国务院办公厅发布《关于加强和改进新形势下大中小学教材建设的意见》；2017 年国务院成立国家教材委员会，进一步明确了教材建设是事关未来的战略工程、基础工程的重要地位；2020 年 9 月，教育部、国家发展和改革委员会、财政部联合发布《关于加快新时代研究生教育改革发展的意见》（教研〔2020〕9 号）中明确提出培养单位要紧密结合经济社会发展需要，优化课程体系，加强教材建设，打造精品示范课程，编写遴选优秀教材，推动优质资源共享。

中央财经大学高度重视研究生教材建设工作，坚持"科学规划、突出特色、鼓励创新、择优资助"的原则，围绕立德树人根本任务，以一流学科建设为目标，设立专项资金资助研究生教材建设，推动习近平新时代中国特色社会主义思想和社会主义核心价值观融入教材建设、融入课堂教学，培育学生经世济民、诚信服务、德法兼修的职业素养。从2009年起，先后组织了多批次研究生教材建设工作，瞄准学科前沿，出版各专业研究生前沿文献导读，推进以职业能力训练为导向的案例教学与案例库体系，着力组织建设一批国际化、高水平的专业学位研究生教学案例集，逐步形成了以“研究生精品教材系列、专业学位研究生教学案例集系列、研究生专业前沿文献导读系列”为代表的具有中央财经大学特色的研究生教材体系。

呈现在读者面前的研究生专业前沿文献导读系列丛书由多部文献导读教材组成，涉及经济学、管理学、法学三个学科门类，均由教学经验丰富、学术研究能力突出的一线教师组织编写。编者中既有国家级教学名师等称号的获得者，也不乏在专业领域造诣颇深的中青年学者。本系列丛书以“立足中国，放眼世界”的眼光和格局，本着扎根中国大地办大学的教育理念，致力于打造一批具有中国特色，具有较强思想性、科学性、系统性和时代性的适用于高等院校尤其是财经类院校研究生教学的专业教材，力求在各个专业领域内产生一定的影响力。

研究生专业前沿文献导读系列丛书的出版得到了“中央高校建设世界一流大学（学科）和特色发展引导专项资金”的支持。我们希望本套丛书的出版能够为相关课程教学提供基本的教学方案和参考资料，能够启发研究生对专业前沿知识的学习和对现实问题的思考，提高研究生运用理论知识解决现实问题的能力，进而培养成为具有良好学术素养、掌握前沿理论、具备国际视野的高层次拔尖创新人才。

在编写研究生专业前沿文献导读系列丛书的过程中，我们虽力求完善，但难免存在不足，恳请广大同行和读者批评指正。

研究生专业前沿文献导读系列丛书编委会

2020年10月于北京

前　言

本书选取目前国际上的前沿话题和国内具有重要现实意义与应用价值的重大问题，对这些问题领域内的经典文献和前沿文献进行梳理、归纳、评述和总结，主题涉及宏观金融、公司金融、资本市场和资产定价领域，具体而言，包括：金融摩擦与经济波动；系统性风险与宏观审慎政策；货币政策预期管理；债务、风险和经济波动；国际资本流动的动因、影响及管理；国际大宗商品市场的金融化；法律与金融；非对称性定价和资产配置；金融市场文本情绪研究进展；大类资产配置；大数据挖掘对资产价格的预测；资本账户开放与资本管制的影响；新兴经济体应对金融全球化；泰勒规则及其在中国的应用；国际货币体系改革与人民币国际化。

本书通过对上述问题进行文献梳理，努力达到以下三个目的：一是为金融学的研究或理论创新提供较为全面和系统的研究成果基础或文献资料基础，使读者可以简单、快速地浏览到金融学研究的最新前沿资料，节省大量的研究时间和精力。从这个意义上说，本书是金融学研究者的工具书，也是金融学教学的参考书。

二是这些文献全面系统梳理了主要金融学科国内外的研究进展，对于研究者尤其是年轻的博士生们迅速了解该领域的研究现状，具有重要的参考价值和指导意义。在这些文献的指引下，博士生可以在这些研究领域进行选题和论文撰写，有利于提升博士生的学术水平和专业素养。

三是通过文献梳理，构建一个金融研究的平台，使研究者能够在这个新的平台上推进金融学的进一步创新，从而减少金融学的重复研究和资源浪费。这不仅有利于优化研究资源的合理配置，而且有助于建立一个客观的科研成果社会评价机制，激励金融学研究的不断创新。

本书一共15章，主要由中央财经大学金融学院的教师和博士生撰写。第1章“金融摩擦与经济波动”由黄志刚教授完成；第2章“系统性风险与宏观审慎政策”由方意副教授撰写；第3章“货币政策预期管理”由郭豫媚副教授撰写；第4章“债务、风险以及经济波动”陶坤玉博士撰写；第5章“国际资本流动：动因、影响及管理”由苟琴副教授撰写；第6章“国际大宗商品市场的金融化”由尹力博教授撰写；第7章“法律与金融”由顾弦副教授撰写；第8章“非对称性定价和资产配置”由朱一峰副教授撰写；第9章“金融市场文本情绪研究进展”由姜富伟教授撰写；第10章“大类资产配置”由张学勇教授、张琳博士撰写；第11章“大数据挖掘对资产价格的预测”由张学勇教授、吴雨玲博士撰写；第12章“资本账户开放与资本管制的影响”由徐慧伦博士、谭小芬教授撰写；第13章“新兴经济体应对金融全球化”由李兴申博士、谭小芬教授撰写：第14章“泰勒规则的研究进展及其在中国的应用”由谭小芬教授撰写；第15章“国际货币体系改革与人民币国际化”由宋佳馨博士、谭小芬教授撰写。谭小芬教授对全书进行统稿。

由于我们的水平和对资料的掌握有限，难免有一些相当重要的文献没有被纳入进来，从而使研究成果反映的不够全面，敬请有关专家、学者谅解。同时我们也诚挚欢迎专家学者批评指正，以便未来我们进一步完善这项工作。

谭小芬

2020年11月

目　录

第一章

金融摩擦与经济波动

无论是1929~1933年的大萧条，还是2007~2008年的大衰退，金融危机与经济危机总是相伴随。如何理解金融与经济周期的关系极具挑战。前美联储主席伯南克曾说，解释大萧条是“宏观经济学圣杯”。金融与经济周期关系的研究经历了三个大的阶段。第一阶段：萌芽期，主要以费雪的债务通缩理论、弗里德曼的货币主义解释和伯南克的金融中介效率解释为主要代表，主要特点是以宏观经济变量的经验关系为依据探讨货币、债务和金融中介在经济波动中的作用。第二阶段：发展期，主要以伯南克等人提出的金融加速器理论、Kiyotaki和Moore提出的信贷约束理论为代表，主要特点是研究信贷市场的不完善如何影响宏观经济稳定，并建立了经典的宏观数学模型。第三阶段：爆发期，以Gertler和Karadi的银行资产负债表效应模型、Cúrdia和Woodford的信贷摩擦模型为代表，主要特点是开始关注金融机构本身的不完善对宏观经济运行的影响。

一、金融摩擦与经济波动关系研究的发展概述

经济学理论的发展脉络表明，人们对货币金融与经济运行之间关系的认识，经历了一个从认为货币金融不重要到认为货币金融很重要的过程。古典经济学的“两分法”将货币金融看作是无关痛痒的东西，货币金融的运行不影响经济中的就业、产出、实际利率等实际变量。后来关于完全竞争市场的一般均衡理论也证实了这种观点（阿罗—德布鲁一般均衡理论）。但是，这种观点是建立在信息完全、无外部性、充分竞争的理想市场经济的基础上的。这种理想的经济模型与现实世界存在的巨大差异，使我们很难用它解释为什么经济会出现大幅度的波动、为什么会发生金融危机、为什么大萧条时经济复苏如此艰难等经济现象。

金融与经济关系的研究起始于大萧条。大萧条的发生使新古典经济学理论破产。因为按照新古典经济学的观点，一方面，经济不会发生大萧条；另一方面，即使发生了暂时性萧条，经济也可以依靠自身的力量快速复苏，而不会像大萧条那样持久。然而这些预测与大萧条现象完全不符。学者们开始转而寻找新的理论来解释大萧条。有关金融与经济关系的研究逐渐发现，由于信息不对称、外部性、现行的经济和金融本身的制度缺陷等因素，金融运行对经济运行具有十分重要的影响。从长期看，金融是否有效运行决定了资源分配的效率，从而影响经济增长。从短期看，金融市场的不完善性会成为经济不稳定性的重要原因。从发展脉络来看，关于金融市场不完善性（或金融摩擦）对经济波动影响的研究大致可以分为3个阶段：第一阶段是萌芽期（大萧条到20世纪80年代），第二阶段发展期（20世纪80年代到大衰退期间），第三阶段爆发期（大衰退以来）。

（一）萌芽期

关于金融摩擦与经济波动关系早期分析主要发生在1929～1933年大萧条时期及之后。新古典理论对大萧条现象的无能为力引起了一大批经济学者另辟蹊径对大萧条的原因进行思考，其中有一些学者从货币金融视角来理解大萧条，具有影响力的观点包括费雪的债务通缩理论、弗里德曼的货币主义观点、伯南克的金融效率观点等。

费雪的债务通缩理论强调过度债务和通货紧缩相互影响的恶性循环机制。这种恶性循环会导致经济持续下滑，产生大萧条的经济后果。债务通缩机制起作用的原因是金融市场的不完善。在缺乏充分的金融工具条件下，市场参与者存在一些无法保险的市场风险。在通缩背景下，个体出售债务的理性行为会转化为集体的非理性后果。这是个体行为的外部性所引起的。

弗里德曼提出的一个著名的论断是：货币很重要。货币之所以重要，是因为它会影响实际经济的运转，货币少了会引起衰退，货币多了会引起过度繁荣。在弗里德曼和施瓦兹

的《美国货币史：1867～1960》一书中，清晰地表达了这样一种观点：美联储不恰当的货币政策是导致大萧条如此严重且持续如此长的主要原因。在经济衰退过程中，银行的破产引起存款减少，货币流通速度下降。货币紧缩通过实际余额效应减少人们的支出，从而经济下滑。在这个传导链条中，银行挤兑引发的银行破产是关键因素。这反映了金融摩擦对经济影响的特点。Diamond 和 Dybvig（1983）为银行挤兑建立了理论分析模型，但是他们的利率是局部均衡的理论，尚未进入宏观经济分析的主流框架中。

伯南克在货币主义的基础上走得更远。他在 1983 年发表的《金融危机在大萧条传播过程中的非货币影响》一文中指出，除了弗里德曼和施瓦兹提出的货币渠道外，金融危机中金融部门服务效率的大幅度恶化是解释大萧条的重要原因。他认为，银行的金融服务效率取决于信贷中介成本。信贷中介成本包括信息甄别成本、监督成本、会计成本以及贷款违约所造成的期望损失。金融危机发生后，信贷中介成本上升，导致银行的放贷活动更加谨慎，只愿意给最优质的项目放贷，从而信贷量收缩，带来经济持续的紧缩。

在萌芽期，关于金融摩擦与经济波动的分析主要是经验性的，一些初步的理论分析也仍停留在逻辑论证，尚缺乏严禁的理论模型进行更深入的研究。但这些分析为后续的理论发展奠定了良好的基础。

（二）发展期

在经济波动的分析中，新古典范式和新凯恩斯主义范式长期占据着主流。如何将金融摩擦嵌入到这些主流分析框架中，成为宏观经济学家们努力的一个方向。20 世纪 80 和 90 年代出现了两个影响重大的发展。一个是由伯南克等学者提出的“金融加速器”理论，另一个是 Kiyotaki 和 Moore 提出的“信贷约束”理论。

金融加速器理论和信贷约束理论是在主流的宏观经济分析框架中加入了金融摩擦因素，分析金融摩擦对经济波动的放大作用。其中金融加速器理论考虑的金融摩擦是信贷市场的状态验证成本。由于信息不对称，商业银行监督企业过程中，会发生状态验证的成本。考虑到这种成本，银行放贷具有谨慎特征，企业融资杠杆率就受到约束。企业盈利能力与杠杆率正相关，从而杠杆率具有顺周期特点。这种特点会放大经济波动，被称为“金融加速器效应”。

信贷约束理论考虑的金融摩擦是，企业融资需要抵押品。企业能够提供的抵押品价值决定了企业融资能力。由于抵押品价值受到资产价格波动的影响。从而企业杠杆率与资产价格正相关，所以，杠杆率表现出顺周期特点。那么，企业的抵押品约束就会放大经济波动。

（三）爆发期

2007～2008 年全球金融危机（大衰退）爆发，在学术界掀起来研究金融市场与经济波动关系的研究热潮。为了解释金融危机是如何造成经济危机，很多宏观经济学家们开始审视传统的不考虑金融摩擦的宏观波动模型，开始在模型中更多地考虑金融因素。关于金融的不完善性也从关注信贷市场的不完善性逐渐更多地考虑金融机构的不完善性。具有代表性的理论如 Gertler 和 Karadi（2010）提出的银行部门资产负债表效应模型、Cúrdia 和 Woodford（2010）提出的信贷摩擦模型等。

二、债务通缩理论

“债务通缩理论”是关于金融摩擦与经济波动关系的首个重要理论，标志着关于金融摩擦与经济波动研究的萌芽。1932 年欧文・费雪在《繁荣与萧条》一书中首次提出了的“债务通缩理论”用于解释大萧条，并于 1933 年发表了《大萧条中的债务——通货紧缩理论》，系统阐述了过度负债和通货紧缩相互关系如何引起经济衰退的机制。

债务通缩理论认为，过度负债和通货紧缩同时出现时，会引起螺旋式的经济下滑，造成经济的持续大幅的衰退。费雪认为债务通缩通过 9 个链条对经济产生负面影响。当经济中存在过度负债时：（1）债务清偿会引起廉价出售。（2）这种抛售会使存款货币减少。这是由银行债务不断偿还后，货币流通速度下降引起。（3）存款货币减少和货币流通速度下降引起物价的下降。（4）商业活动的净财富大幅度下降，而且企业破产加剧了净财富减少。（5）同时利润也将大幅下滑。（6）这引起产量下降，同时商品交易和就业也降低。（7）财富损失、破产和失业引起悲观情绪和信心下降。（8）从而引起货币窖藏，货币流通速度进一步下降。（9）以上 8 种影响对利率产生复杂的影响，其中名义利率下降，而实际利率上升。

上述机制会循环进行，相互加强，导致经济持续不断的下滑。其中恶性循环的关键原因是，过度负债引起通缩，而通缩增加了企业实际债务，即更严重的过度负债。从而循环往复，使经济不断滑入越来越严重的衰退。根据费雪的观点，经济衰退过程中，并不存在经济的底谷。经济运行就像一条小船，当小船左右摇晃发生后，摇晃的幅度只会越来越大，直至倾覆。

债务通缩理论之所以会起作用，原因在于金融市场的不完善性。在债务通缩理论中，商业活动中的债务都属于名义债务。企业与银行签订的是固定名义本金和名义利率的债务合同。从而在通缩过程中，企业的实际债务会上升，引起债务通缩循环。如果金融市场是完善的，这种机制就不会发挥作用。正如阿罗—德布鲁证券的经济中那样，如果未来有通缩的可能性，一定可以通过合理资产组合来降低或规避这种通缩风险的影响，那么经济就不会陷入债务通缩恶性循环中。

三、金融加速器理论

在金融市场不完善的情况下，金融对经济产生影响的一种重要机制是“资产负债表效应”。资产负债表效应指的是，经济参与者的融资活动受到资产负债表状况的影响，一旦资产负债表质量恶化，外部融资能力就会降低，从而对宏观经济运行产生不利影响。将这种效应放入宏观经济分析中的重要理论就是“金融加速器”理论。该理论最早由 Bernanke 和 Gertler（1989）提出，而后经过 Bernanke 等（1999）的发展完善，成为了一套标准的宏观模型。

金融加速器理论强调企业融资能力受资产负债表约束这一特征。资产负债表质量具有顺周期特征，从而企业的融资能力具有了顺周期特征。因此，当经济下滑时，企业更难获得外部融资，从而企业投资不仅受预期收益下降而减少，还由缺乏资金而减少，从而融资能力的顺周期特征带来了经济更大的不稳定性。

产生金融加速器机制的根本原因在于信息不对称引起的信贷市场摩擦。在 Bernanke 和 Gertler（1989）中，假设企业家与储户之间存在信息不对称。企业家知道自己生产的特征，但储户不知道企业生产的特征。为了监督企业家行为，储户需要花费一定成本来了解企业家的生产特征。这种成本称为“状态验证成本”。这种信息不对称导致了委托代理问题，造成企业家无法借到他想借入的资金。这导致企业家的净财富成为影响其融资能力的重要决定因素。这种融资约束使企业家外部融资成本高于内部资金成本，导致经济效率降低。从宏观经济视角看，由于借款人的净财富是顺周期的，从而经济繁荣时代理成本低，经济萧条时代理成本高。这将引起额外的投资波动和经济调整的惰性。另外，借款人净财富的外生变化，也会引起实际经济的波动。这就跟债务通缩理论所起的作用类似。比如物价突然发生一次未预期到的下降，引起借款人净财富降低，那么借款人将发生融资困难，投资下降，从而对总需求和总供给都产生影响。

Bernanke 和 Gertler（1989）是在一个世代交叠的实际经济周期模型中分析金融摩擦与经济波动的关系，Bernanke 和 Gerlter 等（1999）进一步将上述逻辑发展到了新凯恩斯主义框架中。考虑一个具有无限生命的家庭、有限生命的企业家、风险中性的银行和产品零售商四类主体的动态随机一般均衡模型。家庭通过劳动获取收入，并用于消费和储蓄。企业家持有自有资金，并从银行借入贷款，用于投资生产。银行从家庭吸收存款，并给企业发放贷款。零售商购买企业家生产的中间产品，差异化后，出售异质性最终品。零售商定价存在粘性，从而引入了新凯恩斯主义的价格粘性设定。

企业家与银行之间的信贷活动是本模型的关键。与 Bernanke 和 Gertler（1989）一致，假设企业家生产具有不确定性，企业家自己能够观察到生产状态，但信息不对称使银行无法直接观察到企业家的生产状态。银行需要支付“状态验证成本”才能观察到企业家的状态。假设企业家净财富是 N_t，需要的投资资金是 Q_tK_{t+1}，因此需要贷款 $B_t = Q_tK_{t+1} - N_t$。企业家的资产收益率是 $\omega R_{K,t+1}$，其中 ω 是一个期望为1，概率密度是 $f(\omega)$ 的随机变量。ω 是企业家的私人信息。他与银行签订一个贷款合同（B_t，Z_t），B_t 是贷款的本金，Z_t 是约定的毛利率。当企业家收益率很低时，将无力偿还银行贷款，会破产。假设破产后，银行会验证企业家的状态，然后获得企业的所有实际收益。这种状态验证方法保证了企业家不会说谎。那么存在一个 ω^*，满足 $\omega^* R_{K,t} = Z_tB_t$，当 $\omega \leqslant \omega^*$ 时，企业家破产；当 $\omega > \omega^*$ 时，企业家偿还贷款。

风险中性的银行对贷款的期望收益要求是 R_t，那么满足：

$$(1-\mu)\int_{\omega \leqslant \omega^*} \omega R_{K,t+1}Q_tK_{t+1}d\omega + \int_{\omega > \omega^*} Z_tB_td\omega = R_tB_t \tag{1-1}$$

参数 μ 是状态验证成本参数。

最优合同的设计是，保证银行收益要求下，选择贷款合同（B_t，Z_t），实现企业预期收益最大化。即在约束式（1-1）下，最大化企业利润：

$$\int_{\omega > \omega^*} (\omega R_{K,t+1}Q_tK_{t+1} - Z_tB_t)d\omega \tag{1-2}$$

该问题计算得到，企业家的杠杆率满足如下关系：

$$\frac{Q_tK_{t+1}}{N_t} = \Psi\left(\frac{R_{K,t+1}}{R_t}\right),\ \Psi'(.) > 0 \tag{1-3}$$

$R_{K,t+1}/R_t$ 是外部融资溢价率。这一关系表明，企业家的融资杠杆率与外部融资溢价率正相关。企业家提供更高的融资溢价率，就可以获得更多融资，从而拥有更高的杠杆率。这一关系导致金融加速器效应。比如考虑一个提高名义利率 R_t 的货币政策冲击。企业的外部容易溢价率下降，这将导致企业外部融资能力降低，需要降低杠杆。企业缩小资产负债表必然导致投资下降，引起经济下滑，而且这种效应具有较强的持续性。因为，企业缩小资产负债表后，必然使利润减少，净财富下降。受融资约束影响，企业家需要进一步减少投资，满足低杠杆的外部融资要求，结果会进一步引起经济下滑。因此，金融加速器效应会使经济波动被放大，而且经济波动的持续性也会更强。

金融加速器模型提出之后，很多研究沿用该理论框架开展了大量的应用。Gertler 等（2007）用金融加速器模型分析开放小国的金融危机现象。他们以韩国 1997～1998 年金融危机期间出现的经济现象为对象，采用开放经济的金融加速器模型分析发现，韩国在危机中出现的贷款利率大幅度上升，产出、投资和就业等大幅度下降的现象都可以用这一模型解释，而且主要作用机制就是金融加速器，这一机制能够解释产出下降中的一半。同时，他们还发现固定汇率制度也会恶化危机中经济的表现，原因是固定汇率捆绑了货币政策。

四、信贷约束理论

Kiyotaki 和 Moore（1997）在 Credit Cycles 一文中提出了“信贷约束理论”（KM 模

型），从另外一个视角将金融摩擦放入了宏观经济模型中，该模型框架成为一个与“金融加速器”具有同样深远影响的理论。与金融加速器理论类似，信贷约束模型也从信息不对称视角出发来分析信贷活动，但不同的是，信贷约束模型没有从委托代理视角刻画信贷合同，而是直接从资产抵押的视角来分析信贷市场问题。在这种视角下，抵押资产的价值成为约束企业活动的重要因素，抵押资产价格的波动就会带来企业融资规模的波动，从而会放大经济波动。

在KM模型中，为了把信贷活动加入到代表性个体的动态一般均衡模型中，假设经济中存在两类主体：农户（Farmer）和收集者（Gatherer），并存在唯一的生产要素土地。两类主体都具有无限生命，差异主要体现在拥有的生产技术和时间偏好。农户的生产技术是线性的，土地的边际收益为固定常数 $a+c$，其中 a 部分固定的用于自己的消费，c 部分可以用于交易。收集者的生产技术是非线性的，土地的边际收益率递减，生产函数是 $G(k'_t)$。农户的时间偏好率比收集者更低，即更不具有耐心，从而农户成为借款人，收集者成为储户。农户的融资活动受到如下约束：

$$Rb_t \leqslant q_{t+1}k_t \tag{1-4}$$

其中，R 是利率，b_t 是融资额，q_{t+1}是资本 k_t 的价格，k_t 是农户持有的土地。该约束表明，农户的融资规模最大不能超过未来资本价值的贴现值。因此，农户的融资活动受到两大因素的影响：土地的价格 q_{t+1}和拥有土地的数量 k_t。在均衡下，由于市场利率低于农户的时间偏好因子，农户一定会借贷到融资约束取等号为止。通过计算，农户持有土地的动态决定方程是：

$$k_t = \frac{1}{q_t - \frac{1}{R}q_{t+1}}\left[(a+q_t)k_{t-1} - Rb_{t-1}\right] \tag{1-5}$$

该式中 $(a+q_t)k_{t-1}-Rb_{t-1}$是农户在 t 期期初的净财富。因此，该式意味着，农户的净财富用于弥补由于购买1单位土地的支出（即当前土地价格 q_t）和他可以从市场借入的资金（q_{t+1}/R）的差额。$u_t \equiv q_t - q_{t+1}/R$ 就是农户购买土地的自付比例，从而 q_t/u_t 就是农户的杠杆率。该表达式表明，农户净财富决定农户的融资能力，而土地价格的波动会通过影响杠杆率影响农户融资能力。

对于收集者来讲，由于他不受融资约束，他的最优生产活动的决策是，使投资于生产的收益等于出借资金的收益，即 $[G'(k'_t)+q_{t+1}]/q_t = R$。最后，土地总量给定，土地市场均衡为：$k_t + k'_t = \overline{K}$。

采用对数线性近似方法可以清晰地分析生产力冲击对农户土地投资的影响。考虑农户的技术 a 在 t 期上升 Δ 比例，那么农户的土地持有动态是：

$$\left(1+\frac{1}{\eta}\right)\hat{k}_t = \Delta + \frac{R}{R-1}\hat{q}_t,\quad \left(1+\frac{1}{\eta}\right)\hat{k}_{t+s} = \hat{k}_{t+s-1},\ \forall s>0$$

该动态方程表明，农户净财富突然增加时，农户投资的土地持有量会出现大幅度的上升，主要由两种因素引起：(1) 净财富上升直接可以作为投资资金购买土地（Δ 部分）；(2) 净财富增加提高了融资能力，通过杠杆率增加了融资来购买土地（$\hat{q}_t R/(R-1)$ 部分）。第 2 种因素不仅通过杠杆率提高了融资规模，还通过提高土地价格间接的提高净财富进一步增加了融资。因此，在融资约束下，净财富的变化对投资的影响非常大，产生加速特征。而且，在第一期投资上升之后，农户土地并没有因为技术回归初始水平而立刻下降，而是逐渐缓慢地降低到初始水平，呈现出非常大的持续性特征。因此，融资约束对经济的影响不仅具有放大波动的作用，还使经济波动更具有持续性。

暂时性的技术进步会引起土地价格和投资大幅上升，这一点在无融资约束模型中是没有的。土地价格上升是由一种外部性引起的，当一个农户净财富增加引起他购买更多土地时，会导致土地价格上升。这种上升，会提高其他农户持有的土地价值，从而提高他们的净财富。那么其他农户也会增加土地投资，这进一步拉动土地价格上升。这种外部性使不同农户之间的行为相互作用，相互加强，从而土地价格和投资活动都会出现明显上升。

融资约束模型在宏观经济分析中应用非常广泛。文献中一种重要应用是房地产市场与宏观经济关系的研究。Iacoviello（2005）采用融资约束模型考虑了房地产市场在宏观经济波动中的作用。他考虑的是一个家庭和企业的两部门的新凯恩斯主义模型，住房同时作为家庭的消费品和企业家的生产要素，而且住房资产还是企业家融资抵押资产。企业家用住房抵押获得外部融资，融资约束是：

$$b_t \leq mE_t\ (q_{t+1}h_t\pi_{t+1}/R_t)$$

其中，b_t 是融资额，q_{t+1} 和 h_t 是房价和住房数量，π_{t+1} 和 R_t 是通胀率和名义利率，参数 m 是抵押率。通过这样的模型设定，Iacoviello 分析发现，融资约束使需求冲击会带来幅度更大更持久的住房价格和物价同向变化，但融资约束会降低供给冲击对经济的影响。通过与数据比较，有融资约束的模型能够更好地解释房价冲击对总需求的影响，以及更好地解释通胀冲击下产出变化的特征。

信贷约束理论的另外一个具有影响力的应用是研究开放经济中资本流动逆转现象。Mendoza（2010）用信贷约束模型研究了资本流动逆转过程中的经济波动特征。他的模型分析发现，抵押约束使外生冲击对宏观经济的影响产生放大效应和非对称效应。在经济扩张时期，杠杆率上升，当触发抵押约束时，会发生费雪的债务通缩过程，从而信贷、价格和抵押资产价值纷纷下降。Mendoza 发现，这一理论能够较好地解释新兴市场国家发生资本流动逆转时出现的 3 个主要经济特征：(1) 国际资本流动发生逆转，主要表现在经常账户和净出口突然增加；(2) 国内生产和吸收下降；(3) 资产价格下降。

五、银行挤兑理论

银行挤兑经常在金融危机期间发生，导致大量银行破产。银行破产会使信用链条断裂，导致信贷收缩，企业融资困难，投资下滑而产生经济萧条。在经济运行中，银行的挤兑风险成为影响金融市场和经济稳定的重要系统性风险。关于为什么会发生银行挤兑的经典理论由 Diamond 和 Dybvig（1983）在文章"*Bank Runs, Deposit Insurance, and Liquidity*"中提出。他们建立的理论模型讨论了银行改善资源配置的作用、银行挤兑产生的机理以及防范银行挤兑的方法等问题。

Diamond 和 Dybvig（1983）认为，银行的一个重要功能是实现资产的期限转换，即将低流动性资产转变为高流动性资产，从而满足市场投资者和融资者的投资和融资的需求，提高资源配置效率。但是，伴随而来的是银行资产负债表的期限错配，期限错配会给银行经营带来巨大的经营风险——挤兑风险。挤兑不仅会发生在坏银行中，也可能会发生在好银行中。挤兑发生的随机性来源于人们预期的不确定性。一旦形成悲观的市场预期，无论坏银行还是好银行都可能面临挤兑。而且，糟糕的情况是，挤兑均衡和非挤兑均衡并不是依据条件不同而出现，不同的均衡可能出现在相同的经济环境下，即经济本身具有多重均衡特点。Diamond 和 Dybvig（1983）提出一种防范挤兑风险的有效政策是存款保险。因为存款保险制度能够将挤兑均衡排除。从逻辑上说，有了存款保险，储户即使将存款放在坏银行，他也不用担心资金的安全性，从而不会有挤兑动机。除此之外，贴现窗口（中央银行的最后贷款人作用）也有助于防范挤兑风险。

Diamond 和 Dybvig 模型考虑了一个三期的经济：0、1 和 2 期。经济中存在大量消费者，在第 0 期持有 1 单位禀赋，禀赋可以跨期保存，且没有储存成本。消费者有两种类型：类型 1 在第 1 期消费，类型 2 在第 2 期消费。但是，在第 0 期，消费者不知道自己的类型，只知道在第 1 期他有 t 的概率成为类型 1，1 - t 的概率成为类型 2。另外，消费类型是私人信息，从而无法通过保险来规避风险。经济中存在一种生产技术，在第 0 期投入，在第 2 期得到 R > 1 的收入。同时，该投入在第 1 期可以提前收回，但收入是 1。在没有银行等中介机构存在的环境下，消费者之间只能直接进行商品和金融交易时，均衡下，所有消费者在第 1 期投入禀赋到生产中，类型 1 的消费者在第 1 期停止生产，获得 1 单位消费；而类型 2 的消费者在第 2 期获得 R 单位的消费。两种类型消费者无法进行金融交易的原因是消费类型是私人信息，从而在第 0 期无法签订依状态的完全保险合同。结果第 1 期的边际效用高于第 2 期的边际效用，并未达到最优状况。

如果消费类型是公开的信息，那么在第 0 期可以签订状态依存合同实现完全保险。假设有一个保险机构在第 0 期提供两种金融合约，第一种合约只在第 1 期支付 1 单位，第二种合约只在第 2 期支付 1 单位。在 0 期，消费者将禀赋出售给保险机构，以价格 q_1 和 q_2 购买这两种合约数量分别是 x_1 和 x_2。消费者的预算满足 $q_1x_1 + q_2x_2 = 1$。消费者最优选择满足：$tu'(x_1)/q_1 = (1-t)u'(x_2)/q_2$。保险机构在第 1 期需提前收回生产 tx_1 以支付类型 1 消费者，在第 2 期生产到期得到收入是 $R(1-tx_1)$。保险公司预算平衡是 $R(1-tx_1) = (1-t)x_2$。若保险机构提供的两类合同数量相等 $x_1 = x_2 = R/[1+t(R-1)]$，

那么均衡价格是 $q_1 = tR/[1+t(R-1)]$、$q_2 = (1-t)R/[1+t(R-1)]$。那么，保险合同下的消费者期望效用大于无保险合同下的期望效用。此时不同时期消费者的边际效用相等，因此实现了社会福利最优。

一个直接的问题是：消费者类型是私人信息无法实现完全保险的经济中，是否可以通过某种安排实现一种改善，接近或者达到社会最优呢？我们看到，在不完善信息下，经济之所以无法实现最优，根本原因是生产和消费的期限不匹配所致。如果能够将长期资产的高收益（生产）转化为短期消费（第 1 期消费），经济福利就会提高。然而，由于信息不完善，无法通过消费者之间的直接交易实现这种再分配。如果有一种中介机构能够提供期限的转换，经济效率就有可能提高。

假设存在一类银行机构，它在第 0 期接受消费者的存款，并承诺存款随时提取。若第 1 期提取存款，银行支付利率 r_1；若第 2 期提取存款，银行将经营的所有收益支付给储户。银行将存款全部投资于生产。如果 $r_1 = R/[1+t(R-1)]$，且银行在第 1 期能够应付取现要求，该安排就实现了社会最优。该均衡是否存在取决于第 1 期银行能否满足所有取现要求。如果只有类型 1 的消费者取现，取现量是 $tr_1 < 1$，由于资产大于取现要求，银行能够持续经营。但是，类型 2 也有可能会在第 1 期提前取现，如果超过一定比例的类型 2 也在第 1 期取现，银行就会无法应付取现要求，资不抵债而破产。

挤兑情况是可能发生的。对于一个代表性的类型 2 消费者来说，如果预期到其他消费者会去银行提现，他就会担心银行破产导致他的存款损失。考虑到这种可能性，他会选择提前取现。所有类型 2 消费者都根据这一预期而提前取现，挤兑的结果一定是银行破产。反之，如果一个类型 2 消费者预期到其他类型 2 消费者不会提前取现，那么他也不会提前取现。因此，不挤兑也是一种可能的均衡。

挤兑均衡是一个比无银行机构的均衡更坏的均衡。原因是在挤兑下，银行必须提前出售资产，从而生产在第 1 期停止，而没有任何资产可以获得第 2 期的收益。那么如何防止挤兑均衡呢？

Diamond 和 Dybvig（1983）分析了几类防范挤兑均衡的政策措施。一种政策是停止兑付政策。当银行面临较大提款时，银行执行停止兑付。当消费者类型分布已知的情况下（t 在 0 期已知），这种政策能够避免挤兑。原因是，只要适当设置停止兑付的条件，就能够有效保障第 2 期取款者的收益。因此，类型 2 的消费者就不会提前到第 1 期取款，挤兑就不会发生。但是，如果消费者类型分布是未知的，那么挤兑均衡仍然是无法避免的。原因是，银行没办法设定准确的停止兑付条件来保障储户的收益。

防范挤兑更有效的方法是存款保险制度。Diamond 和 Dybvig 设想的存款保险制度是一种由政府实行的类似征税的制度。当第 1 期取款数量不多，银行能够应对时，不收取存款保险金；当第 1 期取款数量超过了银行应对的能力，对所有取款收取存款保险金，并将存款保险金支付给第 2 期的取款人。在合理的保险金率设计下，这种政策会阻止第 2 期消费的储户提前取款，从而实现最优结果。此外，Diamond 和 Dybvig 指出，最后贷款人制度与存款保险制度具有类似的效果。

Diamond 和 Dybvig 模型成为研究银行挤兑危机的经典理论，但是，关于银行挤兑的研究并没有多大进展。关于银行挤兑的一篇较新的的理论应用是 Uhilg（2012）。Uhilg 将银行挤兑模型应用于解释 2007～2008 年的金融危机。模型中将原来的长期资产调整为符合当期实际的证券化资产。他的分析发现，投资者对不确定的规避的设定比逆向选择的设定更能够解释金融危机的特征，而且他还发现，政府以高于市场价格购买问题债券可以减轻危机程度。

尽管 Diamond 和 Dybvig 模型建立的银行挤兑模型成为该领域的经典文献，但是关于银行挤兑的研究并没有特别大的进展。这类模型大多数仍然停留在局部均衡的分析框架，尚未整合到宏观经济波动分析主流框架中。

六、金融机构与经济波动理论

在 2008 年金融危机发生之前，主流宏观经济理论对金融对宏观经济运行的影响关注度较低。危机之后，宏观经济学家们纷纷开始研究金融如何影响宏观运行。一方面，通过拓展已有的分析框架，如金融加速器模型、抵押约束模型，进一步分析信贷市场缺陷对宏观经济的影响；另一方面，学者们开始提出金融机构缺陷也是引起经济波动的重要因素。具有代表性的论文如 Gertler 和 Karadi（2010）发表在 *Journal of Monetary Econoics* 的“*A model of unconventional monetary policy*”，以及 Curdia 和 Woodford（2010）发表在 *Journal of Money, Credit and Banking* 上的“*Credit Spreads and Monetary Policy*”。Gertler 和 Karadi（2010）将金融机构的融资约束问题考虑到了宏观模型中，分析危机期间金融机构资产负债表的恶化如何加深危机。Curdia 和 Woodford（2010）则考虑了金融机构在危机中金融服务成本的提高如何影响经济运行，该文可以看成是 Barnanke（1983）文章中提出的观点的模型化。

Gertler 和 Karadi（2010）在一个新凯恩斯主义模型中，考虑了金融机构在吸收家庭的存款，发放贷款给企业的过程中，其资产负债表的变化如何影响其吸收贷款和放贷的能力，从而影响宏观经济运转。假设经济中存在大量的金融机构，考虑金融机构 j，它的资产负债表是，持有的资产 Q_tS_{jt} 等于吸收的存款 B_{jt+1} 与净财富 N_{jt}：

$$Q_tS_{jt}=N_{jt}+B_{jt+1}$$

它的净财富积累方程就是：$N_{jt+1}=R_{kt+1}Q_tS_{jt}-R_{t+1}B_{jt+1}=(R_{kt+1}-R_{t+1})Q_tS_{jt}+R_{t+1}N_{jt}$。

金融机构在每期一都只有 θ 的生存概率，那么金融机构 j 的值函数是：

$$V_{jt}=max\ E_t\sum_{i=0}^{\infty}(1-\theta)\theta^i\Lambda_{t,t+i+1}N_{j,t+i+1}$$

由于金融机构的经营者具有道德风险倾向，假设他会偷资产，但是偷走的资产获得的

收益只是资产的 λ 比例。为了防止金融机构的道德风险，存款者会控制存款量，使金融机构不发生道德风险。即满足：

$$V_{jt} \geqslant \lambda Q_t S_{jt}$$

根据这种金融机构不完善的模型设定，金融机构最优选择就是尽可能地吸收存款，直到上式取等号为止。结果金融机构存在外部融资的杠杆率约束，满足：

$$Q_t S_{jt} = \phi_t N_{j,t}$$

其中，ϕ_t 是金融机构的杠杆率，它是一个内生变量。从这一方程可以看到金融加速器效应。如果净财富受损，在杠杆率约束下，金融机构无法吸收足够资金，从而放贷规模紧缩，引起经济下滑。而且，由于净财富恢复是一个缓慢的过程，因此，也会引起经济复苏缓慢。

Gertler 和 Karadi（2010）在模型中用经济中的资本质量大幅度的恶化模拟金融危机的冲击。在该冲击下，由于有效资产减少，金融机构的资产负债表恶化，净财富下降，从而降低了购买资产的能力，导致资产价格和投资下降，进而引起金融机构的资产负债表继续恶化，加重负面的影响。上述机制通过杠杆率得到放大，从而经济发生大幅度下滑，复苏困难。

如何有效地阻止经济下滑呢？Gertler 和 Karadi（2010）提出了一种非传统的货币政策（信贷政策）方案。由于私人金融机构受到的是资产负债表约束导致了其信贷提供能力的下降，货币政策如果能够抵消这种影响，就可以降低外生冲击对总量的影响。一种有效的方法是中央银行直接购买私人债务，央行通过发行政府债务来募集所需资金。由于央行不受资产负债表约束，从而这种政策在危机期间是行之有效的。而且 Gertler 和 Karadi（2010）还发现，即使在零利率约束下，这种信贷政策仍然能够有效缓解经济下滑。从而，他们的分析论证了非传统货币政策的有效性。

Curdia 和 Woodford（2010）从另外一种视角来分析金融机构不完善带来的宏观影响。他们在一个新凯恩斯主义模型中，引入金融机构经营面临的违约成本和运营成本因素，分析发现金融机构运行效率的恶化会抑制社会的总融资，从而带来经济下滑。他们分析了数量宽松政策和信贷政策对经济刺激的效果，发现增加金融机构的流动性的数量宽松政策对经济的刺激作用有限，而直接给私人部门提供贷款的信贷政策能够有效地抵消金融机构效率恶化对宏观经济的负面影响。

为了引入信贷活动，Curdia 和 Woodford（2010）将传统的代表性个体的新凯恩斯主义模型调整为异质性个体。假设经济中的个体存在两种状态，用不同的跨期替代弹性大小加以区别，从而家庭被区分为借款人和贷款人。一个家庭的类型会在两种状态下随机变化，遵循一个马尔科夫过程。这种设定方法在保留新凯恩斯主义模型基本特征的同时，明确地引入了信贷活动，而家庭状态随机变化主要是为了使模型具有稳态均衡的一种技术处理。

金融机构作为存款人和贷款人之间的中介实现资金的融通。金融机构的资金来源是存款 D，资金运用包括贷款 L 和存放央行的准备金 M。金融机构的利润函数是：

$$\pi = r_{B,t}L_t + r_{M,t}M_t - r_{D,t}D_t - Z(L_t) - Q(L_t, M_t, \zeta_t)$$

其中，$Z(L_t)$ 是贷款违约带来的损失。$Q(L_t, M_t, \zeta_t)$ 是金融机构的运营成本，它是贷款 L 的增函数，是准备金 M 的减函数。Curdia 和 Woodford（2010）进一步假设，给定一个贷款 L，存在一个准备金阀值 $\overline{M}$，对于所有的 $M > \overline{M}$，运营成本 $Q(L_t, M_t, \zeta_t) = 0$。假设金融机构间是完全竞争的，满足：$(1 + r_{B,t})L_t + (1 + r_{M,t})M_t = (1 - r_{D,t})D_t$。金融机构的最优决策满足：

$$\frac{r_{D,t} - r_{M,t}}{1 + r_{D,t}} = -Q_M(L_t, M_t, \zeta_t)$$

$$\frac{r_{B,t} - r_{M,t}}{1 + r_{D,t}} = Z_L(L_t) - Q_L(L_t, M_t, \zeta_t)$$

以上两个最优条件表明，运营成本与违约成本会使不同利率之间产生差异。贷款利率高于存款利率，从而产生低效率的融资活动。而运营成本的变化体现出金融服务效率的变化，会影响存贷款利差。金融机构为了提高金融服务效率，可以通过提高准备金来降低运营风险，且存在最优的准备金满足：$Q_M(L_t, \overline{M}_t, \zeta_t) = 0$。

金融机构的活动对经济波动的影响机制如下。考虑金融效率受损的冲击（ζ_t 变化），这会引起金融机构增加准备金以降低效率损失的影响。增加准备金的活动减少了贷款的供给，从而贷款利率上升。这会遏制借款人的资金需求，从而均衡的贷款利率提高，而均衡的信贷量降低。这导致总需求下降，经济下滑。

面临这种经济萧条，常规的货币政策难以稳定经济。在常规的以利率为工具的货币政策下，央行试图通过降低利率来提振经济。然而，更低的利率不能解决金融效率受损问题。利率较大幅度下降也难以抵消金融效率降低带来的负面作用，从而利率政策无法有效刺激总需求。

非常规货币政策是否能起作用呢？Curdia 和 Woodford（2010）的分析发现，如果央行仅仅通过购买国债来为金融机构提供流动性，作用效果也是有限的。尽管这种政策规避了零利率下限的约束，但是金融系统内流动性的增加并不必然意味着信贷总量会上升。在金融效率受损的情况下，就会发生。因此，数量宽松政策也难以改善有效需求，对经济复苏作用有限。

一种行之有效的政策是信贷政策。央行直接购买私人债券，正如美国 QE 政策所做的那样。直接购买私人债券使货币政策传导绕开了金融机构，直接增加了非金融部门的融资。由于非金融部门所需的就是低成本的资金，信贷政策正好满足了这种需要。因此，这类作用就能有效地稳定经济。直观来看，信贷政策就是，当金融机构提供信贷能力下降时，央行代替金融机构直接给私人部门提供信贷。从而保证了实体经济运转的稳定。

七、小结

关于金融摩擦如何影响经济波动的经济学分析的文献非常多，限于篇幅，本章内容仅选择了一些代表性的文献进行导读。从这些文献的分析看到，目前关于金融模型的作用机制的一个基本共识是，金融摩擦会放大经济波动，带来经济运行的不稳定。各种金融摩擦的文献中强调比较多的就是资产负债表约束带来的外部融资约束问题，导致企业（包括金融机构）融资活动受杠杆率约束。在经济波动过程中，杠杆率约束和杠杆率波动会带来加速机制，放大经济波动。

但是，我们也看到，目前关于金融摩擦与经济波动的研究尚未形成标准的分析框架。各类文献依据分析侧重点的不同，对标准宏观模型中加入特定的金融摩擦假设，这一方面还需要进一步研究。另外，分析金融与经济关系的一个重要问题是金融危机的原因。现有的宏观金融的文献在这个问题上是无能为力的，通常只能假设一些外生冲击来模拟金融危机，这种研究方法不令人满意，也有待进一步研究。

文献索引

[1] Bernanke, B. (1983). "Nonmonetary Effects of the Financial Crisis in the Propagation of the Great Depression." The American Economic Review 73 (3): 257 – 276.

[2] Bernanke, B. and M. Gertler (1989). "Agency Costs, Net Worth, and Business Fluctuations." American Economic Review 79 (1): 14 – 31.

[3] Bernanke, B. S., M. Gerlter and S. Gilchrist, Eds. (1999). The financial accelerator in quantitive business cycle framework. Handbook of Macroeconomics.

[4] Curdia, V. and M. Woodford (2010). "Credit Spreads and Monetary Policy." Journal of Money, Credit and Banking 42 (s1): 3 – 35.

[5] Diamond, D. W. and P. H. Dybvig (1983). "Bank Runs, Deposit Insurance, and Liquidity." Journal of Political Economy 91 (3): 401 – 419.

[6] Fisher, I. (1932). "Booms and depressions."

[7] Fisher, I. (1933). "The Debt – Deflation Theory of Great Depressions." Econometrica 1 (4): 337 – 357.

[8] Gertler, M., S. Gilchrist and F. M. Natalucci (2007). "External Constraints on Monetary Policy and the Financial Accelerator." Journal of Money, Credit and Banking 39 (2 – 3): 295 – 330.

[9] Gertler, M. and P. Karadi (2010). "A model of unconventional monetary policy." Journal of Monetary Economics 58: 17 – 34.

[10] Friedman, M. and A. J. Schwartz (2008). A monetary history of the United States, 1867 – 1960, Princeton University Press.

[11] Iacoviello, M. (2005). "House Prices, Borrowing Constraints, and Monetary Policy in the Business Cycle." The American Economic Review 95 (3): 739 - 764.

[12] Mendoza, E. G. (2010). "Sudden stops, financial crises, and leverage." American Economic Review 100 (5): 1941 - 1966.

[13] Uhlig, H. (2010). "A model of a systemic bank run." Journal of Monetary Economics 57 (1): 78 - 96.

第二章

系统性金融风险——一个综合框架

本章归纳了已有文献在刻画系统性金融风险时使用的关键词信息，并在此基础上创造性地提出了系统性金融风险相对完整的定义。系统性金融风险包含三个关键要素：冲击、放大机制和负外部性。其中，冲击有正负之分，是系统性风险的诱因，放大机制主要与金融机构的杠杆和关联性相关，是系统性金融风险形成的关键，而负外部性则是系统性金融风险造成的后果。从周期的角度来看，正向冲击加上放大机制的作用形成金融上行周期，这一时期金融机构风险承担逐渐增大；负向冲击加上放大机制的作用形成金融下行周期，这一时期对应着系统性风险的实现。在金融下行周期，系统性金融风险的负外部性不仅危害金融系统本身，还会通过与实体经济的共振效应，对实体经济产生不利影响，这也是宏观审慎监管的理论基础。本章将围三个关键要素详细阐述系统性风险，金融周期和宏观审慎的相关内容。

一、引言

2008年国际金融危机引起的恐慌及一系列的连锁反应，使金融体系及其金融功能遭受严重破坏，最终对实体经济造成巨大损害。以致危机之后，各国监管当局和学术界都开始高度关注系统性金融风险，并对其展开逐渐深入的研究。2017年中国召开的第五次全国金融工作会议着重强调，要将防范发生系统性金融风险作为金融工作的永恒话题，并设立金融稳定发展委员会。同年召开的党的十九大也对防范系统性金融风险作了重点部署，并针对系统性金融风险提出货币政策和宏观审慎政策的"双支柱"调控框架。

金融危机之后，学术界公开发表的有关系统性金融风险文章的数量大幅攀升，这足以证明学术界对系统性金融风险的关注程度。这些研究使目前对系统性金融风险各个方面的认识都得以大幅提升。例如，对系统性金融风险的定义有了更为明确的界定，对系统性金融风险的形成机制有了更深入的理解，从不同视角测度系统性金融风险的方法也已超过30种，等等（Bisias等，2012）。因此，对已有系统性金融风险的研究作一个完整综述恰逢其时。

目前已有文献中也不少针对系统性金融风险所做的综述，但是它们往往侧重于系统性金融风险的某一个或几个领域（Upper，2011；Hüser，2015；Bisias等，2012；Giglio等，2016；Silva等，2016;），或者是从宏观审慎监管的角度纳入系统性金融风险（Galati等，2011）。Upper（2011）归纳总结了采用直接关联网络模型研究系统性金融风险的文章，并对直接关联网络模型存在的问题作了详细阐述。Hüser（2015）不仅包含了直接关联网络模型，而且更对间接关联网络模型、复杂网络模型等各种与系统性金融风险相关联的网络模型作了非常完整的论述。Bisias等（2012）和Giglio等（2016）从系统性金融风险测度的角度，介绍了已有对系统性风险测度的方法，Giglio等（2016）更进一步对比了不同测度方法的有效性。Silva等（2016）用文献学的方法，总结了截至2016年12月所有关于系统性金融风险研究的关注点、视角等方面的信息，并给出了类似地图的系统性风险文献研究分布情况。Galati等（2011）在宏观审慎监管的框架内纳入系统性风险的内容。

与已有综述类文献相比，本章有如下几个特点和优势：首先，本章总结了已经典文献对系统性金融风险刻画时使用的关键词信息，并在此基础上给系统性风险作了较为完整的定义。其次，在这个定义的基础上，本章从系统性金融风险三个要素，即诱因、形成机制及其引起的后果三个方面，对其进行完整综述，而不是像已有综述类文献一样仅仅偏重某一个方面。再次，本章从周期性的角度深入理解系统性金融风险，并区分了金融周期上行阶段的风险承担和下行周期的系统性风险实现。最后，不同于已有文献将系统性金融风险纳入宏观审慎综述框架的做法，本章以系统性金融风险为主导，在其引起的后果部分（负外部性部分），将宏观审慎的内容纳入进来。这样设置一方面会使宏观审慎监管的目标更加明确，另一方面也使对宏观审慎监管工具及有效性的分析更加清晰透彻。

二、系统性风险的界定与基本框架

（一）系统性风险的界定

风险，指投资金融资产未来盈利或遭受损失的可能性，一般指损失的概念。风险是无处不在、无时不在的，且是一个随机变量，具有不确定性。风险又分为微观金融风险与宏观金融风险。其中，微观金融风险主要包括利率风险、汇率风险、流动性风险、信用风险等，其主体为金融机构，是金融机构进行风险管理的主要关注点。宏观金融风险是以金融体系为主体而承担的风险，即系统性风险，其往往具有隐蔽性、复杂性、传染性和突发性等特点（周小川，2017）。

在2008年国际金融危机爆发前，学界与业界关注的风险主要为利率风险、流动性风险及信用风险等微观金融风险。对于系统性风险的认识还较为表面，仅停留于由于金融体系内部冲击（金融机构破产）。由于银行间存在交易对手方关系，即银行间直接关联，风险将迅速传播，从而诱发多米诺骨牌效应，导致整个金融体系崩溃（Allen 和 Gale，2000）。同时，学界对系统性风险还并未形成普适、被广泛接受的定义（Summer，2003）。Lehar（2005）和 Cifuentes 等（2005）还简单地利用破产银行数量来衡量系统性风险。

由于此次国际金融危机影响范围之广、危害程度之深，学界及监管当局立即提高对系统性风险的警惕性。此后不少文献发现系统性风险实际上与金融周期紧密相关，存在风险累积与风险实现两个过程。此外，研究者还发现系统性风险源头并非总是金融体系内部的冲击，在危机中由银行间直接关联导致出现多米诺骨牌效应的可能性更是微乎其微，即银行因为银行间资产与负债而破产是几乎不可能发生的（Adrian 和 Shin，2010；Upper，2011）。

因此，以此次危机为界，系统性风险有了更为明确的定义。为更清晰、准确地界定系统性风险的定义，本章从危机发生前后系统性风险领域的经典文献中提炼出定义或描述系统性风险时所用的高频关键词，并根据部分具有代表性的中外文献及监管当局定义系统性风险时对上述关键词的使用频率进行了统计，结果如表2－1所示，根据表2－1不难发现，此次国际金融危机爆发之后，系统性风险的研究多以宏观经济环境的冲击为风险的源头，以由金融机构之间的关联性及放大机制为冲击在金融体系内部传播的“路径”，即银行间的传染性（Billio 等，2010；Acharya 等，2011；张晓朴，2010；龚明华等，2010；朱元倩等，2012）。

因此，根据表2－1提炼出的核心关键词，本章将系统性风险定义为：来自于金融体系内部冲击或外部冲击，被金融机构的杠杆以及金融机构（金融市场）之间的过度关联等

表 2－1　　系统性风险定义关键词统计表

	外生冲击	高度相关性	系统性	传染性、空间维度（银行之间的相互关联）	整个金融体系崩溃（大量金融机构破产）	对实体经济的负向外部性（对实体经济融资功能降低）	金融体系与实体经济的顺周期性（时间维度）	事前不可预知性、难以定义和度量	信心受损	不确定性增加	流动性紧缩	巨大破坏性
DeBandt 等（2000）	☆			☆	☆							
Group of Ten（2001）					☆	☆			☆	☆		
Kaufman 等（2003）		☆	☆		☆							
Bijlsma 等（2009）	☆			☆	☆		☆					
Harrington（2009）				☆	☆	☆						
FSB 等（2009）					☆	☆	☆					
IMF（2009）					☆			☆				
ECB（2010）					☆	☆						
Billio 等（2010）		☆	☆	☆	☆				☆		☆	
Adrian 和 Shin（2010）				☆	☆	☆	☆					
Acharya 等（2011）				☆								
FSB 等（2011）				☆								
Gai 等（2011）			☆	☆	☆						☆	
Acemoglu 等（2015）	☆			☆						☆		
Cont 和 Schaanning（2014）	☆		☆	☆	☆							
Capponi 和 Larrson（2015）	☆			☆	☆							
Greenwood 等（2015）	☆		☆	☆								
Adrian 和 Brunnermeier（2016）				☆	☆	☆						
Brownlees 和 Engle（2017）				☆	☆	☆						
Acharya 等（2017）		☆	☆		☆	☆						
张晓朴（2010）			☆	☆	☆							☆
龚明华等（2010）				☆								☆
朱元倩等（2012）	☆		☆	☆		☆				☆		
方意（2016）	☆	☆	☆	☆	☆						☆	
合计	8	4	11	19	19	9	3	1	2	3	3	2

机制所放大，导致金融体系整体崩溃的风险，并由于金融体系与实体经济存在的顺周期性等性质使其对实体经济有较大的负向外部性。相较于其他文献对系统性风险的界定，本章给出的定义同时关注了系统性风险的诱因、传染性、放大机制、与实体经济的关系及后果等，是一种更为全面、清晰的定义。

其中，最为核心的要素主要有以下 3 个：（1）冲击。冲击是系统性风险的源头，在冲击的作用下，金融机构做出相应反应，由于银行存在道德风险，其反应往往具有“同步性”（Acharya 等，2008）。此外，冲击还有来源、方向、大小的区分。（2）放大机制。放大机制是导致系统性风险传染的最主要原因。放大机制，通常为“杠杆—资产价格”双螺旋机制（方意，2017），在上行周期表现为风险承担，在下行周期时表现为风险实现（Adrian 和 Brunnermeier，2016）。（3）负外部性。负外部性是系统性风险实现的结果，即金融体系对实体经济的影响。

（二）系统性风险的基本框架

在对系统性风险进行详细界定后，可根据其绘制系统性风险的基本框架，如图 2－1 所示。结合图 2－1 与系统性风险定义可知，来自实体经济的外部冲击，在金融体系内部经由金融机构的杠杆与关联性的循环放大后，最终将以实体经济为出口，表现为对实体经济的负向外部性。在整个过程中，金融体系其实扮演着风险放大器的作用。

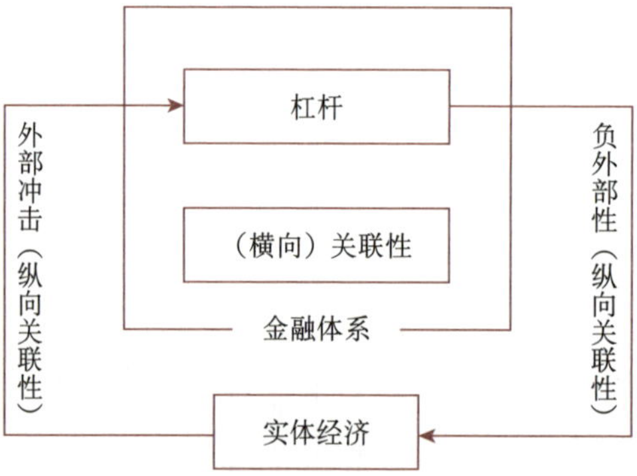

图 2－1　系统性风险的基本框架

深入探究可发现在这个风险被放大及实现的过程中，其实蕴含着两重关联性：（1）金融体系内部的横向关联性；（2）金融体系与实体经济之间的纵向关联性。

金融体系内部的横向关联性是一种微观关联性，指金融机构之间由于交易对手方关系形成的直接关联与由于金融机构之间持有相似资产形成的间接关联而构成的关联网络。金融体系内部的横向关联性是客观存在的，只在金融体系遭受负向冲击时发挥作用。其中，在国际金融危机爆发前，研究直接关联的网络模型较多，为银行间资产负债表网络模型。在国际金融危机爆发后，间接关联被证实其对系统性风险的传染作用要远大于直接关联（Cont 和 Schaanning，2014）。研究该类传染性的网络模型逐渐成熟，为资产价格传染模型，较为经典的有 Greenwood 等（2015）。后文将对金融体系内部的横向关联性进行详细论述。

金融体系与实体经济的纵向关联性是一种宏观关联性，指金融体系与实体体系相互作用、相互影响的关联关系。目前，前沿文献多认为系统性风险的风险源头为实体经济，宏观经济因素的变化将通过影响企业的经营状况与贷款需求，部分金融资产的质量与流动性以及银行的违约概率等，从而直接影响金融机构的行为（Shin，2010），即加杠杆或去杠杆。

在上行周期时，宏观经济环境变好、企业信贷需求增加，同时违约概率降低，金融体系对风险资产的需求上升，将推升资产价格进一步上升、累积系统性风险，此时极可能产生严重的资产泡沫。同时，这还将推动金融体系内部的横向关联性增强。在下行周期时，宏观经济环境出现恶化，导致违约概率大大上升，金融机构将进行去杠杆操作，即收缩资产负债表、抛售资产偿还负债，导致金融资产市场暴跌（Adrian 和 Shin，2010）。此时，纵向关联性表现为负外部性。

三、冲击与系统性风险

冲击（shock），是产生系统性风险的诱因，其本身具有偶然性，通常称之为风险源。冲击的来源有很多，并不是系统性金融风险的本质。然而，许多政策研究或业界人士，往往把冲击作为系统性金融风险的本质甚至是系统性风险本身。实际上，冲击仅仅只是系统性风险累积和实现的“导火索”。

总结目前文献来看，冲击共有两个来源：（1）内部冲击，指来源于金融体系内部的冲击。（2）外部冲击，指来源于金融体系外部的冲击，通常指的是实体经济（或宏观经济）冲击。其中，内部冲击主要有以下 3 种类型：（1）银行挤兑冲击（Bank Run），即由于宏观经济环境的变动，存款人处于恐慌状态，从而将提前支取活期存款，如若大部分存款人预期如此，将导致银行挤兑。这就是著名的 DD 模型（Diamond 和 Dibvig，1983）。当大量银行出现挤兑现象时，可能会出现严重的银行危机。（2）某家金融机构的破产，即金融体系内部某家金融机构破产，其违约行为将会导致作为债权人的其他金融机构遭受损失。这种冲击常见于只包含破产机制的直接关联网络模型（Allen 和 Gale，2000；Lehar，2005；Upper，2011）。（3）某家金融机构股价下跌，即某家金融机构因股价下跌而导致资本金受损。目前以此类冲击为初始冲击的模型主要为度量尾部以来的模型，与网络模型不同，该模型使用的是金融市场的高频数据，例如 CoVaR（Adrian 和 Brunnermeier，2016；白雪梅和石大龙，2014；周天芸等，2014）、SES（Brownlees 和 Engle，2017）、SRISK（Acharya 等，2017）等。

关于外部冲击，从研究系统性风险的经典文献来看，使用频率较高的主要有以下几种冲击：（1）由于实体经济下滑，导致银行贷款违约率上升（Shin，2010；方意，2016；方意，2017），从而使银行信贷资产质量下降。（2）国际金融危机爆发，导致本国金融机构被动遭受损失，从而诱发国内金融体系年内部的传染，这在研究本次国际金融危机中除美国外的其他国家的系统性风险的文献中较为常见。（3）金融监管政策监管力度加强，即由于监管当局突然出台新的金融监管政策或加大监管力度，导致金融机构不得不迅速进行大范围调整，从而导致金融体系系统性风险上升。这类外生冲击在现实生活中十分常见，例如中国 2015 年的股市异常波动及 2018 年初开始的密集出台金融去杠杆政策。

四、放大机制与系统性风险基因

从前文系统性风险的基本框架中可知，金融体系实际上扮演着风险放大器的角色，即金融体系中蕴含着将系统性风险放大的放大机制。这种放大机制就是金融体系中存在的将冲击不断放大的内在机理。放大机制实质上类似于宏观经济学的乘数理念，是将初始冲击成倍放大的核心，其本身具有自我加强的特性。

根据前文可知，在金融体系中共存在两类放大机制，分别为由金融机构杠杆导致的杠杆机制和金融机构间关联性导致的关联机制。在以下部分将详细介绍以上两类放大机制。

（一）杠杆与自身风险

1. 杠杆机制及其形成原因

杠杆机制，指的是金融体系中由于负债而将初始冲击自我放大的机制。尽管在遭受负向冲击时，杠杆机制的作用极易引发金融危机，但杠杆机制是金融体系（机构）功能的体现。具体来看，有以下 3 个原因。

（1）金融机构功能的体现导致金融体系内部必然存在杠杆。其功能主要体现为优化资金配置，即集聚闲散资金、帮助有需求的实体部门融资，使资金的运用更有效率。这意味着，对于金融机构本身而言，其自身投入的资金较少，大多依靠吸收存款以创造信贷资产，即金融机构是负债经营的。这使得，相对于实体经济及居民部门，金融机构都具有较高杠杆。

（2）金融机构功能的效率要求金融体系杠杆必然较高。在一定程度上，金融体系中金融机构的平均杠杆水平越高，资金配置效率也越高，这意味着更多的空闲资金得到了合理运用；与此同时，金融体系的平均杠杆水平越高，其自身面临的风险也越大，这意味着金融机构的信用风险以及金融体系的系统性风险等都大幅提升。

（3）近些年监管机构推出金融体系去杠杆，但这并不意味着金融体系杠杆越低越好。倘若金融体系杠杆过低，则意味着金融机构资金配置效率降低，这十分不利于实体经济发展。同时，由于利润空间缩小，部分金融机构可能因此退出市场，从而导致市场竞争降低，不利于金融体系自身的健康发展。

2. 杠杆机制与系统性风险

由上文可知，系统性风险累积与实现与杠杆机制有着紧密联系。高杠杆是把“双刃剑”，其既是金融体系功能的体现以及资金配置高效率的体现，同时高杠杆还会导致高风险，从而导致效率的下降。

对于金融机构而言，其冲击主要来源于持有的资产。给定资产冲击幅度，若金融机构的杠杆数值不同，其资本金面临的冲击也将有显著差异。由于研究系统性风险的大部分文章是从下行金融周期角度出发，即金融体系或金融机构遭遇负向冲击。因此，为详细展示在遭遇负向冲击后杠杆机制对损失的放大作用，列举了如下简单的数例。

假设两家银行（银行 A 与银行 B）的初始资产总额和遭受的资产冲击大小相同，两者仅仅杠杆存在差异。以银行总资产与总资本金的比值作为银行杠杆。其中，两家银行的初始总资产都为 100，遭受的负向资产冲击为 -5%。银行 A 的杠杆为 10 倍，银行 B 的杠杆为 16.7 倍，两家银行的资产负债表如图 2-2 所示。

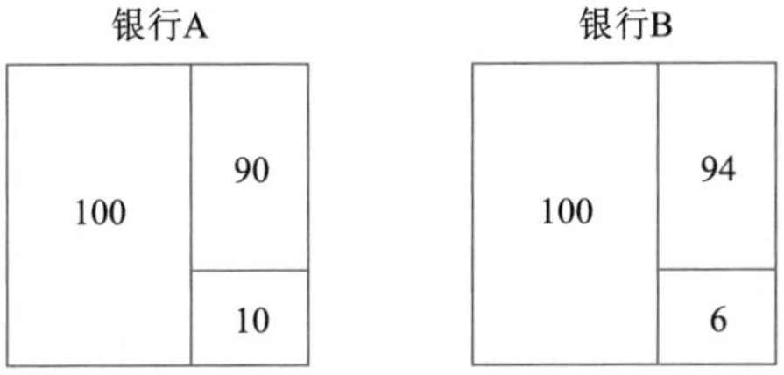

图 2-2 银行 A 与银行 B 的初始资产负债表

遭受负向冲击之后，经杠杆作用，银行 A 的资本金将损失 50%，而银行 B 的资本金损失将高达 83.3%，如图 2-3 所示。不难发现，尽管银行 A 与银行 B 遭受的资本金损失额都同为 5，但由于银行 B 对的杠杆高于银行 A，其资本金损失比例要远高于银行，其在下一轮破产的可能性大大提高。

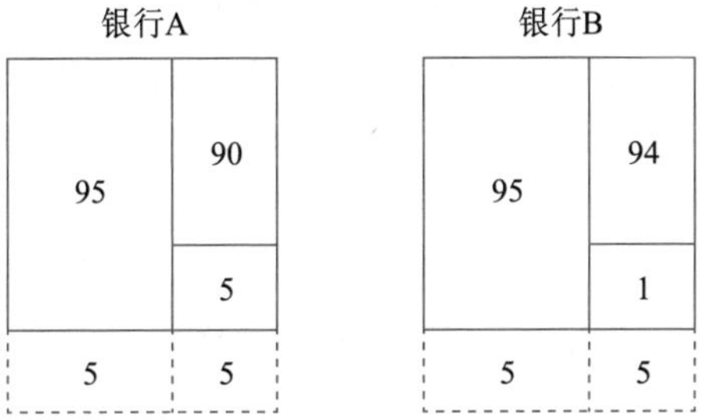

图 2-3 遭受冲击后的银行资产负债表

同时，在遭受初始冲击作用后，银行 A 的杠杆从 10 倍上升至 19 倍，而银行 B 的杠杆从 16.7 倍上升至 95 倍。高杠杆银行的杠杆在杠杆机制作用之下，其放大倍数要远大于低杠杆银行。这表明了杠杆机制实际上具有自我加强的特性，循环往复次数越多，其效果越猛烈。这意味着，在这种情况下，倘若金融体系进入下一轮传染过程，银行B极可能破产，即银行本身脆弱性上升。同时，多轮传染后，其余银行破产的可能性也大大提升，即银行体系总体脆弱性上升。这表明银行杠杆实际上与系统性风险为正比关系（Greenwood等，2015；Duarte和Eisenbach，2013；Capponi和Larrson，2015）。

（二）关联与传染风险

关联机制，指的是金融体系中由于业务、管理模式、客户、投资者心理预期等各种原因而形成的关联性，进而使单家金融机构的个体风险传导至其他金融机构。与杠杆机制是将自身面临的风险放大不同的是，关联机制是将金融机构通过与其他机构的直接关联或间接关联等将自身面临的风险传染给其他机构。

目前，金融机构之间共存在以下几类关联性（方意，2016）：业务关联性、客户关联性、管理模式关联性、金融市场关联性。接下来将进行详细介绍。

1. 业务关联性

业务关联性指的是金融机构进行资产负债业务而形成的关联性。业务关联性共包含两类关联性：直接业务关联性和间接业务关联性。

其中，直接业务关联性指的是金融机构之间由于交易对手方关系而产生直接的借贷关系，例如金融机构之间因同业拆借业务、回购业务、清算业务等而形成的借贷关系。如图2－4所示，金融机构A与金融机构B皆是独立运作的个体，由于业务关系或融资需求等原因，两者之间构建了交易对手方关系，一方或者互相成为对方的债权人。

目前，研究此种直接业务关联性的模型主要为银行间资产负债违约模型，即以银行间的交易对手方关系来构建银行间网络，模型主要围绕银行间资产、银行间负债及资本金等进行讨论，不考虑完整的资产负债表。一般来说，传统的银行间资产负债违约模型基本仅考虑直接业务关联性，且大部分经典文献中仅考虑破产机制，即金融机构破产对金融体系的传染机制，例如，Esingberg和Noe（2001）、Wells（2004）、Upper和Worms（2004）、IMF（2009）等。在国内的研究中，马君潞等（2007）、范小云等（2012）、黄聪和贾彦东（2010）、贾彦东（2011）和宫晓琳（2012）等皆利用该模型测算了中国的系统性风险。

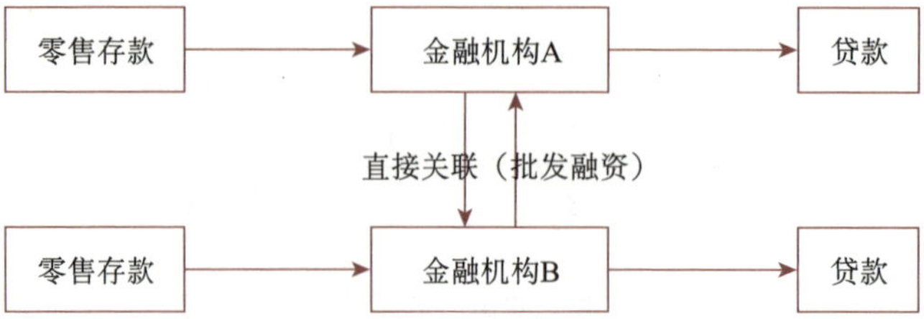

图2－4　金融机构间的直接业务关联性

与直接业务关联性不同，间接业务关联性并不是由于直接的交易对手方关系而形成的。其指的是由于金融机构投资的业务具有相似性，例如不同机构集中性向同一个行业发放贷款或持有类似或者同种金融资产等，从而形成的间接的关联性，如图2－5所示。目前，研究此类间接业务关联性的模型多为网络模型，其中以资产价格传染模型为主（Greenwood 等，2015；Capponi 和 Larrson，2015；Cont 和 Schaanning，2014；Duarte 和 Esinbach，2013；方意和郑子文，2016；方意，2017）。在该类模型中，初始冲击一般为资产遭受的负向冲击。

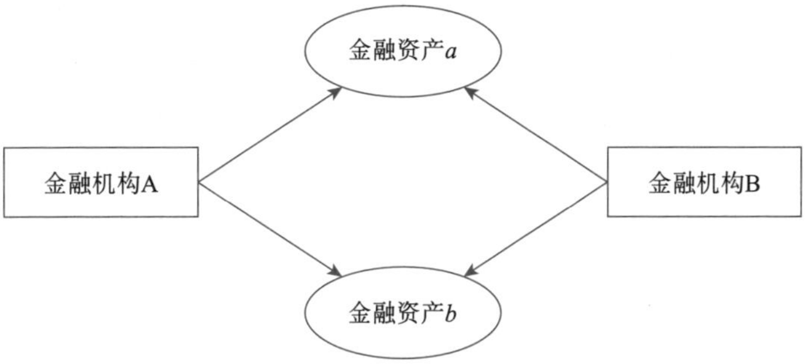

图2－5 金融机构间的间接关联性

2. 客户关联性

客户关联性，指银行之间面对同类客户（比如同类存款人）而导致的关联性。具体而言，同一存款人或同类存款人同时在多家金融机构办理相关业务。当该存款人受某些信息冲击影响而产生恐慌情绪后，其很可能快速终止与各家金融机构正在进行的业务，从而导致多家金融机构同时遭受损失。此外，存款人之间的这种恐慌情绪还极易出现传染，产生类似于羊群效应的情形，从而导致其他存款人也出现类似行为。这将加大对金融机构的冲击。

此外，金融体系内部的客户关联性也仅表现在遭受负向冲击后。其中，主要两类银行挤兑模型（bank run contagion）描述了客户关联性与系统性风险的关系：（1）以DD模型为代表的协调均衡失败模型（或称“太阳黑子”理论）。在DD模型中共存在两类均衡，优等均衡与劣等均衡。当大量存款人都选择提前支取时，则到达劣等均衡。由于金融机构天生就是高负债经营，存款人很容易被一些负面信号所引导，从而对金融机构进行挤兑。（2）信息不对称模型（银行挤兑是对银行的一种监督作用）。在信息不对称的情况下，即存款人不了解金融机构的经营情况，存款人很容易被一些模糊或者错误信息所诱导，或被其他存款人的恐慌情绪所传染，例如，金融机构经营情况的负面信息、政府出台的某些监管收严政策、其他金融机构经营失败或者资产市场的动荡，等等。

3. 管理模式关联性

管理模式关联性，即由于金融机构之间采用类似的管理模式导致的关联性。金融体系的管理模式关联性产生的主要原因在于市场竞争以及金融监管等。

从市场竞争方面来看，由于市场竞争的存在，金融机构为了降低管理成本并提高效率，其会主动寻求更加科学合理的管理模式。然而，根据前文可知，金融机构的业务、资产结构等都具有高度的相似性。因此，适用于各金融机构的科学的管理模式也较为相似。各金融机构采用相似的管理模式，将导致管理模式关联性增强。

从金融监管方面来看，由于金融机构面临基本一致的监管要求，例如，Basel 协议使商业银行面临同样的资本金监管，尤其是鼓励金融机构采用内部评级法来评估自身的风险。这也将促使金融机构采取类似的管理模式。此外，在系统性风险研究当中，常常在模型中引入 VaR 值来评估风险（Shin，2010；Adrian 和 Brunnermeier，2016）。在上行周期，由于资产价格上升、宏观经济稳定，资产质量也随之上升，从而导致 VaR 约束变松，金融机构具有空余资本金以用于加杠杆（Shin，2010）。然而，在下行周期，由于资产价格下降，资产违约概率上升，导致 VaR 约束变紧，金融机构需要筹备更多资本金。在这种监管约束下，金融机构的状况变得更加糟糕。此外，在巴塞尔协议Ⅲ中对银行规定的外生杠杆监管要求也将产生类似的效应。

4. 金融市场关联性

金融市场关联性，指的是由于金融机构发行的股票、债券、CDS 等金融市场数据之间存在联动关系，这种联动关系代表金融机构存在的某种关联。金融市场关联性，实质上是有效市场假说（EMH）理论的应用：两家金融机构市场数据存在较强的联动关系，在一定程度上反映了两家金融机构之间存在某种客观的关联性。

然而，金融市场关联性又是一种黑箱理论（Black Box），类似于货币政策传导机制里面的“货币传导”，是弗里德曼学派比较尊崇的简式模型（Reduced Model）。其中，简式模型，指的是不考虑具体的经济学逻辑传导链条，直接从驱动变量（X）到结果变量（Y）进行统计建模。尾部依赖模型则属于简式模型，这类模型是以金融机构收益（或损失）分布尾部依存关系为研究对象。例如，Adrian 和 Brunnermeier（2016）构建的 CoVaR 指标和 Archaya 等（2017）构建的 SES 指标与 MES 指标等。这种简式模型与结构模型（Structure Model）相对应。结构模型，指的是通过构建一个具体的经济学模型（也即构建了一个经济学结构），考虑具体的经济学逻辑传导链条。前述的动态随机一般均衡模型（DSGE）、网络模型即属于这类模型。

五、负外部性

根据前文分析，来自实体经济的外部冲击和来自金融体系的内部冲击①是系统性风险的源头，而内部冲击根本上也是由外部冲击所引发。冲击经过金融体系杠杆机制及关联机

① 这里冲击着重强调负向冲击。

制放大之后形成系统性风险。同时，系统性风险反过来也会对实体经济造成极为不利影响，这实际上是描述了两个方面的负外部性。本部分将首先理清系统性风险和负外部性的关系，深入分析引起负外部性的根本原因，并在此基础上探讨关于宏观审慎监管的研究。

（一）系统性风险和负外部性

外部性其实是一种理论说法，从金融实证角度通常将其称为溢出效应或传染性（Adrian 和 Brunnermeier，2016）。系统性风险包含两个方面的内容。第一个方面是金融机构之间的负外部性，即由于金融机构之间的横向关联关系引起的，一个机构遭受冲击后将风险传染给与之相关联的其他机构的情况。这种关联即可以是直接关联（Sheldon 和 Maurer，1998；Upper 和 Worms，2002；范小云等，2012）也可以是间接关联（Cont 和 Scaannig，2014；Greenwood 等，2015）。这种机构之间的负外部性实际就是上一节中所讲的放大机制。

第二个方面是指金融系统整体对实体经济的负外部性，即由于金融系统在遭受冲击后，在放大机制的作用下形成系统性风险，削弱其金融功能，进而对实体经济产生不利影响。实际上金融系统对实体经济的负外部性可以理解为系统性风险的结果。由于机构之间的负外部性的负外部性在上一节杠杆、关联型和放大机制中有详细的阐述，所以本节后面部分将详细介绍金融体系对实体经济的负外部性。

作为系统性风险的结果，从某种程度上负外部性可以用来定义系统性风险。Acharya 等（2016）认为整个金融部门资本金短缺会对实体经济造成伤害，并采用金融部门处于资本金短缺前提下，单家机构资金本金短缺的情况来定义和度量金融机构的系统性风险。Brownlees 和 Engle（2016）在此基础上，进一步解释了资本金短缺和实体经济的关系。当实体经济下滑，企业资产负债表恶化，银行资本金受损时，银行不愿也无法向实体经济投放足够的贷款，从而进一步影响实体经济。

此外，大量文献利用金融部门对实体经济的负外部性检验系统性风险指标的有效性。并且已有文献普遍都得出了金融部门系统风险上升会对实体经济带来负向溢出效应的结论。Allen 等（2012）构建系统性风险指标 CATFIN，并证明其可以提前一年预测美国经济下滑。Brownlees 和 Engle（2016）构建的系统性风险指标 SRISK 上升可以预测美国工业生产总值的下滑以及失业率的下降。Giglio 等（2015）利用美国和英国近几十年的数据，计算 19 个不同的系统性风险指标，检验它们与工业生产总值等宏观经济变量的关系。

然而，不仅金融系统会对实体经济产生影响，实体经济也会反过来影响金融系统，也即金融系统和实体经济之间存在共振效应。这种共振效应是金融系统对实体经济负外部性产生的理论基础，而这种共振效应产生的源泉是信息不对称导致的金融摩擦。

（二）金融摩擦与共振效应

金融摩擦是指借贷过程中存在的摩擦因素，它源于借贷过程中存在的信息不对称，即借方总是比贷方更具信息优势。金融机构作为经济社会资金融通的枢纽，相对于借款者，它是信息弱势方，而相对于储蓄者，它又是信息优势方。因此，金融摩擦实际可以分为两类：借款者与金融机构的摩擦以及储蓄者与金融机构的摩擦，也即信贷需求摩擦和信贷供给摩擦。

信贷需求摩擦导致共振效应的关键是借款企业的资产负债表。由于金融机构在给借款人放贷时往往需要抵押品，抵押品的存在能极大地降低金融机构与借款人之间的信息不对称。在宏观金融理论文献中，有两类抵押品：以房地产为代表的耐用消费品以及企业净值。其中房地产抵押品以 Kiyotaki 和 Moore（1997）信贷抵押约束机制模型（KM 模型）为代表，企业净值抵押品主要以 Bernanke 等（1999）的金融加速器模型（BGG 模型）为代表。这两类模型均通过借款人的资产负债表来考虑问题，其共同机制在于：借款人的抵押品价值越高，信息不对称程度越小，从而借款人的借款数量越高或借款成本越低。

其中 KM 模型重点强调了资产价格的作用，并认为耐用品资产价格的上涨，借款人净值上升，从而获得的资金数量越多；BGG 模型重点关注借款人资产负债表杠杆率的作用，并认为借款人杠杆率的上升使其获取外部资金（也即从金融机构借取的资金）成本上升。需要注意的是，上述资产价格和杠杆率也与经济周期密切相关，因此，KM 模型和 BGG 模型给出了一种金融体系与实体经济的“共振”现象。

信贷供给摩擦引起共振效应的核心是金融机构的资产负债表，其中以资本金尤为关键。这是因为金融机构的资本金会产生风险共担效应，也即，金融机构和存款人一起承担风险，从而降低信息不对称对存款人投入资金的影响。金融机构与存款人的风险共担主要体现在金融机构纳入自由资金、存款人投入存款，这两部分资金加总一起去做贷款等风险资产的投资。考虑信贷供给摩擦的模型包括 Angeloni 和 Faia（2013）的银行挤兑风险模型，Gertler 和 Karadi（2011）的激励相容模型，Meh 和 Moran（2008）的双道德风险模型，Zhang（2009）的信贷供给摩擦模型。

以上信贷供给摩擦模型都论证了这样的现象：金融机构的资本金与其道德风险成反比（风险共担效应），金融机构的道德风险越低，其吸收存款的能力越强，从而金融机构可以投放的信贷资金越多。因此，道德风险的存在导致金融机构存在一个内生的杠杆率，此杠杆率意味着银行资本金的多寡制约着其放贷能力。需要注意的是，杠杆率和银行资本金与宏观经济周期密切相关（往往顺周期）（Shin，2010；Danielsson 和 Shin，2009），从而最终导致金融体系与实体经济的“共振”现象。

值得指出的是金融系统与实体经济的负外部性是时间维度系统性风险的体现，也是时间维度宏观审慎监管的理论基础。而金融机构之间的负外部性是空间维度系统性风险的体现，同时也构成空间维度宏观审慎监管的理论基础。

（三）宏观审慎监管

2008 年金融危机暴露了以“微观审慎”为基础的巴塞尔Ⅱ监管框架的不足。微观审慎监管关注单个金融机构的安全和稳定，然而在金融摩擦和非完全的市场环境下（Adrian，2013），这种监管方式从金融系统整体看来却不是最优的，甚至是差的。微观审慎监管暴露出的弊端促成了目前政策部门以及学术界对“宏观审慎监管”的重视。而两者关键的区别在于其盯住目标的不同（方意，2016b）。宏观审慎监管是从整体角度维持金融系统的稳定，减少系统性风险（周小川，2011）。具体来看，系统性风险可从时间维度和横截面维度两个方面来剖析，那么相对应的，宏观审慎监管的目标也应区分时间维度和空间维度。

时间维度下的宏观审慎政策主要是限制金融体系与实体经济之间的“共振”（顺周期性），实际是一种逆周期的审慎政策。常用的政策工具可以分为三类：资产类政策工具、资本类政策工具和流动类政策工具（Rubio 和 Carrasco - Gallego，2015）。其中资产类政策工具主要用来限制第一层次共振效应（针对借款者），如贷款价值比（Loan - to - Value，简称 LTV）、贷款收入比、债务收入比等，其目的是限制贷款数量。资本类和流动类政策工具主要用来限制第二层次共振效应（针对金融机构），资本类政策工具主要包括资本充足率要求、杠杆率要求、动态拨备等，其目的是提升金融机构的资本金要求，从而增加其地域冲击的能力。流动类政策工具主要包括流动性覆盖率、净稳定资金比率、准备金要求、存贷比要求等，其目的是提升金融机构稳定资金供给能力，从而增加其抵抗流动性冲击的能力。

Gelain（2011）将 LTV 参数盯住信贷，证明其可以有效减少信贷市场的波动。Beau 等（2012）也得到了类似的结论。Rubio（2015）研究表明盯住房价的 LTV 政策工具可以改善社会福利，方意（2016b）采用严谨的二阶展开福利分析方法，同样得出盯住房价的 LTV 工具可以改善社会福利的结论。Gelain（2011）、Lima 等（2012）和 Tavman（2015），分别研究了逆周期杠杆和资本补贴税的有效性、资本补贴税宏观审慎政策的有效性以及准备金率要求、资本充足率要求以及监管溢价政策工具的有效性，且均盯住总信贷。马勇和陈雨露（2013）通过银行资本积累方程引入一种抽象的资本类政策工具，且将该工具盯住产出、资产价格等金融稳定目标。

空间维度宏观审慎监管关注是机构之间关联性和共同风险敞口引起的系统性风险（Carunan，2010），特别是加强对系统重要性银行①监管（Haldane 和 May，2011；周小川，2011），如要求系统重要性金融机构具备额外的损失吸收能力。空间维度宏观审慎政策工具主要包括资本类和流动类，其盯住目标主要是限制机构的规模以及机构之间的相互关联性等因素，以减少机构对机构的负外部性，从而降低系统性风险。

Nier 等（2007）认为银行资本充足率要求越高，那么其在遭受冲击后自我恢复的能力

① 系统重要性银行的评估主要关注五个指标：规模，关联性，不可替代性，跨界活动和复杂性，而这几个指标都与某个银行对其他银行和银行体系的负外部性相关。

越强，但这一变化不是线性的。Bluhm 等（2014）从网络结构脆弱性的角度研究了资本金要求与银行选择银行间资产的关系，由于银行间资产增加会造成银行之间直接关联性的增加，进而增大系统性风险。故资本金要求和系统性风险大小通过银行间资产联系起来。Gai 等（2011）对比了两种流动性要求①下，宏观审慎监管的效用，其中，第一种是对所有机构做同样要求，第二种是将流动性要求设置成与银行持有银行间资产的数量正相关，经对比发现第二种设置对限制风险传染更有效。Aldasoro 等（2015）流动性要求变大会通过降低违约、抛售以及流动性窖藏，从而降低负外部性并进一步降低系统性风险。Aldasoro 和 Faia（2015）研究了仅对系统重要性银行加强流动性管理的政策虽然会降低其资产价值，但同时也降低了它们在银行间市场和资产市场上的风险暴露，进而降低系统性重要银行的负外部性和系统性风险。

文献索引

[1] 白雪梅和石大龙（2014）："中国金融体系的系统性风险度量"，《国际金融研究》，6：75－85。

[2] 范小云、王道平和刘澜飚（2012）："规模、关联性与中国系统重要性银行的衡量"，《金融研究》，1：16－30。

[3] 方意（2016）："宏观审慎政策有效性研究"，《世界经济》，8：25－49。

[4] 方意（2017）："中国银行业系统性风险研究——宏观审慎视角下的三个压力测试"，《经济理论与经济管理》，2：48－66。

[5] 方意（2016）："系统性风险的传染渠道与度量研究——兼论宏观审慎政策实施"，《管理世界》，8：32－57。

[6] 方意和郑子文（2016）："系统性风险在银行间的传染路径研究——基于持有共同资产网络模型"，《国际金融研究》，6：61－72。

[7] 龚明华和宋彤（2010）："关于系统性风险识别方法的研究"，《国际金融研究》，5：90－96。

[8] 宫晓琳（2012）："未定权益分析方法与中国宏观金融风险的测度分析"，《经济研究》，3。

[9] 贾彦东（2011）："金融机构的系统重要性分析——金融网络中的系统风险衡量与成本分担"，《金融研究》，10。

[10] 马君潞、范小云和曹元涛（2017）："中国银行间市场双边传染的风险估测及其系统性特征分析"，《经济研究》，1：68－78。

[11] 马勇和陈雨露（2013）："宏观审慎政策的协调与搭配：基于中国的模拟分析"，《金融研究》，8：57－69。

[12] 张晓朴（2010）："系统性金融风险研究：演进、成因与监管"，《国际金融研究》，7：58－67。

[13] 周小川（2011）："金融政策对金融危机的响应——宏观审慎政策框架的形成背景、内在逻辑和主要内容"，《金融研究》，（1）：1－14。

① 流动性要求用流动资产除以短期负债表示。

[14] 周小川（2017）："守住不发生系统性金融风险的底线"，《党的十九大报告辅导读本》。

[15] 朱元倩和苗雨峰（2012）："关于系统性风险度量和预警的模型综述"，《国际金融研究》，1：79－88。

[16] 周天芸、杨子晖和余洁宜（2014）："机构关联、风险溢出与中国金融系统性风险"，《统计研究》，11：43－49。

[17] Acemoglu，D.，A. Ozdaglar，and A. Tahbaz－Salehi（2015a），"Systemic Risk and Stability in Financial Networks"，American Economic Review，Vol. 105（2）：564－608.

[18] Acharya，V. V.，V. Viral，L. H. Pedersen，T. Philippon，and M. Richardson.（2017），"Measuring Systemic Risk" Review Of Financial Studies，30（1）：2－47.

[19] Acharya V. V.，H. S. Shin，T. Yorulmazer.（2011），"Crisis Resolution and Bank Liquidity" NBER Working Papers，24（6）：2166－2205.

[20] Acharya，V. V.，and T. Yorulmazer.（2008），"Cash－in－the－Market Pricing and Optimal Resolution of Bank Failures" Review of Financial Studies，21（6）：2705－2742.

[21] Adrian，T.，and M. K. Brunnermeier.（2016），"CoVaR" American Economic Review，106（7）：1705－1741.

[22] Adrian，T. and M. K. Brunnermeier（2016），"CoVaR"，American Economic Review 106（7）:1705－1741.

[23] Adrian，T and H. S. Shin（2010），"Financial Intermediaries and Monetary Economics"，Federal Reserve Bank of New York Staff Reports，No. 398.

[24] Adrian，T.，and H. S. Shin.（2010），"Liquidity and leverage" Journal of Financial Intermediation，19（3）：418－437.

[25] Adrian，T and N. Boyarchenko（2013），"Intermediary Leverage Cycles and Financial Stability"，Federal Reserve Bank of New York Staff Reports，No. 567.

[26] Aldasoro，I.，D. D Gatti and E. Faia（2015），"Bank networks：Contagion，systemic risk and prudential policy" CEPR Discussion Paper No. 10540.

[27] Aldasoro，I. and E. Faia（2015），"Liquidity and contagion" Unpublished manuscript.

[28] Allen，L.，T. Bali and Y. Tang（2012）. "Does systemic risk in the financial sector predict future economic downturns?"，Review of Financial Studies 25：3000－3036.

[29] Allen，F.，and D. Gale.（2000），"Comparing financial systems" Mit Press Books，1（2）：209－215.

[30] Angeloni，I and E. Faia（2013），"Capital Regulation and Monetary Policy with Fragile Banks"，Journal of Monetary Economics 60（3）：311－324.

[31] Bernanke，B. S.，M. Gertler; and S. Gilchrist（1999），"The Financial Accelerator in a Quantitative Business Cycle Framework"，Handbook of Macroeconomics 1：1341－1393.

[32] Billio，M.，M. Getmansky，A. W. Lo，et al.（2010），"Econometric measures of systemic risk in the finance and insurance sectors" NBER Working Paper NO. 16223.

[33] Bijlsma，Klomp，Duineveld.（2009），"Systemic risk in the financial sector：A review and synthe-

sis", CPB document.

[34] Bisias, D., M. Flood, A. W. Lo and S. Valavanis (2012), "A Survey of Systemic Risk Analytics", Office of Financial Research Working Paper, No. 0001.

[35] Bluhm, M., E. Faia and J. P. Krahnen (2014), "Monetary policy implementation in an interbank network: Effects on systemic risk" SAFE Working Paper Series, 46.

[36] Brownlees, C., and R. F. Engle. (2017), "SRISK: A Conditional Capital Shortfall Measure of Systemic Risk. Review Of Financial Studies", 30 (1): 48 - 79.

[37] Capponi, A., and M. Larsson. (2015), "Price Contagion through Balance Sheet Linkages" Review Of Asset Pricing Studies, 5 (2): 227 - 253.

[38] Caruana, J. (2010), "Macroprudential policy: working towards a new consensus", Remarks at the high - level meeting on "The Emerging Framework for Financial Regulation and Monetary Policy" jointly organised by the BIS's Financial Stability Institute and the IMF Institute, Washington DC, 23 April.

[39] Cifuentes, R., G. Ferrucci, and H. S. Shin. (2005), "Liquidity risk and contagion" Journal of the European Economic Association, 3 (2 - 3): 556 - 566.

[40] Cont, R., and E. Schaanning. (2014), "Fire Sales and Price Mediated Contagion: Modeling, Monitoring and Prudential Policy" Working Paper, https: //www. stochastic. uni - hannover. de/fileadmin/institut/pdf/LUH_ Cont. pdf.

[41] Cont, R., and E. Schaanning. (2015), "A threshold model for fire sales and price - mediated contagion" Working Paper, http: //sfi. epfl. ch/files/content/sites/sfi/files/shared/Swissquote% 20Conference% 202015/Schaanning_ amamef. pdf.

[42] Danielsson, J., H. S. Shin and J. P. Zigrand (2009), "Risk Appetite and Endogenous Risk", Mimeo, London School of Economics.

[43] De Bandt, P. Hartmann. (2000) "Systemic Risk: A Survey" ECB working paper NO. 35.

[44] Diamond, D., and P. Dibvig. (1983), "Bank Runs, Deposit Insurance, and Liquidity" Journal of Political Economy, 91 : 40 - 119.

[45] Duarte, F., and T. M. Eisenbach. (2013), "Fire - sale spillovers and systemic risk" Federal Reserve Bank of New York, Staff Reports No. 1409841.

[46] Eisenberg, L. T. H. Noe. (2001) "Systemic Risk in Financial Systems" Management Science, 47 (2): 236 - 249.

[47] Financial Stability Board (FSB), International Monetary Fund (IMF), and Bank for International Settlements (BIS) (2009), Guidance to Assess the Systemic Importance of Financial Institutions, Markets and Instruments: Initial Considerations. Report to G20 finance ministers and governors.

[48] Financial Stability Board (FSB), International Monetary Fund (IMF), and Bank for International Settlements (BIS) (2011), Macroprudential Policy Tools and Frameworks: Progress Report to G20.

[49] Gai, P., A. Haldane and S. Kapadia (2011), "Complexity, concentration and contagion", Journal of Monetary Economics 58 (5): 453 - 470.

[50] Galati, G. and R. Moessner (2011), "Macroprudential policy - a literature review", BIS Working

Papers, No. 337.

[51] Gelain, P. (2011), "Macro - Prudential Policies in a DSGE Model with Financial Frictions." In 7th Dynare Conference, Atlanta, USA.

[52] Gertler, M. and P. Karadi (2011), "A Model of Unconventional Monetary Policy", Journal of Monetary Economics 58 (1): 17 - 34.

[53] Giglio, S., B. Kelly and S. Pruitt (2015), "Systemic risk and the macroeconomy: An empirical evaluation", Journal of Financial Economics 119: 457 - 471.

[54] Greenwood, R., A. Landier, and D. Thesmar. (2015), "Vulnerable banks", Journal of Financial Economics 115 (3): 471 - 485.

[55] Group of Ten. (2001), "Consolidation in the Financial Sector", Available at www.bis.org/publ/gten05.html.

[56] Haldane, A. G. and R. M. May (2011), "Systemic risk in banking ecosystems", Nature 469 (7330).

[57] Harrington S. E. (2009), "The financial crisis, systemic risk, and the future of insurance regulation" Journal of Risk and Insurance, 76 (4): 785 - 819.

[58] Hüser, A. C. (2015), "Too Interconnected to Fail: A Survey of the Interbank Networks Literature", SAFE Working Paper, No. 91.

[59] International Monetary Fund (IMF), (2009), "Assessing the Systemic Implications of Financial Linkages", Global Financial Stability Review: 73 - 110.

[60] Kaufman G. G., K. E. Scott. (2003) "What is systemic risk, and do bank regulators retard or contribute to it?" Independent Review, 7 (3): 371 - 391.

[61] Kiyotaki, N. and J. Moore (1997), "Credit Cycles", Journal of Political Economy 105 (2): 211 - 248.

[62] Lehar A., (2005), "Measuring systemic risk: A risk management approach" Journal of Banking and Finance, 29 (10): 2577 - 2603.

[63] Meh, C. and K. Moran (2008), "The Role of Bank Capital in the Propagation of Shocks", Bank of Canada working paper No. 2008 - 36.

[64] Nier, E., J. Yang, T. Yorulmazer and A. Alentorn (2007). "Network models and financial stability" Journal of Economic Dynamics and Control 31 (6): 2033 - 2060.

[65] Silva, W., H. Kimura and V. A. Sobreiro (2016), "An Analysis of the Literature on Systemic Financial Risk: A Surve", Journal of Financial Stability.

[66] Rubio, M. and J. A. Carrasco - Gallego (2015), "Macroprudential and Monetary Policy Rules: a Welfare Analysis", The Manchester School 83 (2): 127 - 152.

[67] Sheldon, G. and M. Maurer (1998), "Interbank Lending and Systemic Risk: An Empirical Analysis for Switzerland", Swiss Journal of Economics & Statistics 134: 685 - 704.

[68] Shin, H. S.. (2010), "Risk and liquidity" Oup Catalogue, 17 (3): 315 - 329.

[69] Summer, M., (2003), "Banking regulation and systemic risk" Open Economies Review, 14 (1):

43 – 70.

[70] Tavman. Y (2015), "A Comparative Analysis of Macroprudential Policies" Oxford Economic Papers, 2015 67 (2): 334 – 355.

[71] Upper, C and A. Worms (2002), "Estimating bilateral exposures in the German interbank market: Is there a danger of contagion?", European Economic Review 48 (4): 827 – 849.

[72] Upper, C., and A. Worms. (2004), "Estimating bilateral exposures in the German interbank market: is there a danger of contagion", European Economic Review, 48 (4): 827 – 849.

[73] Upper, C., (2011), "Simulation methods to assess the danger of contagion in interbank markets", Journal of Financial Stability, 7 (3): 111 – 125.

[74] Wells, S.. (2004), "Financial Interlinkages in the United Kingdom's Interbank Market and the Risk of Contagion" Working Paper NO. 230, Bank of England.

[75] Zhang, L. (2009), "Bank Capital Regulation, the Lending Channel and Business Cycles." Discussion paper series 1: Economic Studies, No. 2009, 33.

第三章

货币政策预期管理

随着预期效应在货币政策操作和传导中的作用越来越受到重视，经济学家普遍认为货币政策预期管理十分重要，这也已经成为货币政策领域的“新共识”。预期管理理论研究的兴起与发展源于政策实践和理论探索两方面的共同推动。尤其是在政策实践中，预期管理在帮助应对1929年经济危机和2008年金融危机以及20世纪90年代日本经济危机和“债务—通缩”陷阱时都发挥了积极作用。本章将在介绍预期理论演进的基础上，从前瞻性指引、货币政策透明度和央行沟通三个方面介绍预期管理的理论进展和研究成果。

一、预期理论的演变及其对货币政策调控思路的影响

（一）预期理论的演进

在理性预期（Rational Expectation）流行以前，适应性预期（Adaptive Expectation）是西方经济学中普遍采用的预期假说。适应性预期首先是由 Cagan（1956）提出的，后经过 Friedman（1968）的推广，成为西方经济学货币理论与通货膨胀理论的重要组成部分。适应性预期是指，人们对未来的预期是基于历史经验的，它的优点是在经验运用上简便易行，适应性系数的统计估计值很容易获得。适应性预期的缺陷在于认为预期完全是后顾性的，只汇集了过去的经验和信息来预测未来，完全忽视了相关现期信息的作用与价值，这与理性人假说相矛盾。适应性预期意味着当事人会持续和系统地犯认识上的错误，这和理性人的假说是相矛盾的。作为理性的经纪人，必然会利用所有可获得的信息来进行最优化决策，而不会忽视当期的、可利用的信息。

基于适应性预期的不足，新古典宏观经济学家提出了理性预期。Muth（1961）在研究价格的动态变化时提出了理性预期的概念，认为"由于预期是对未来事件进行的有根据的预测，所以它们与有关的经济理论的预测本质上是一样的"。具体而言，理性预期是指公众在有效利用一切信息的前提下，能够对经济变量做出准确的预期，这也意味着没有任何可利用的信息可以系统地改善预期。在理性预期下，公众的主观概率分布与客观概率分布相一致。Lucas（1972）、Sargent 和 Wallace（1975）以及 Lucas（1976）等文献的问世掀起了理性预期革命，推动了新凯恩斯主义对理性预期假说的吸收。Lucas（1976）指出，凯恩斯主义的计量经济学模型要么忽视了预期，要么只是假设适应性预期，忽视了理性的经济当事人的最优化过程，这就使经济学家们基于过去经验和信息得到的参数和模型所计算的预测值的偏误较大，预测结果往往"牛头不对马嘴"。为了克服"卢卡斯批判"，新凯恩斯主义经济学开始接受理性预期假设，并将其纳入新凯恩斯主义宏观经济模型中。

与新古典宏观经济学不同的是，大多数新凯恩斯主义者认为长期中形成的预期是理性预期，而短期内是适应性预期，这实际上是吸收了有限理性（Bounded Rationality）的假设。理性预期假说为货币政策分析提供了一个理想框架，但其假设条件过于严格，与现实经济相距甚远，这就使政策分析的可信度和现实意义大幅下降。例如，现实中由于市场不完全和信息不对称，经济当事人可能无法形成理性预期。因此，经济当事人的理性实际上是受到约束的。赫伯特·西蒙（1989）指出，即使所有影响决策的因素是确定的，并且决策者也有这些因素的完全信息，但决策者仍没有能力处理所有信息，因此仍不能做出最优的选择，这种有限的决策能力即称为有限理性。有限理性的重要意义在于促使经济学分析从理性预期下的最优化选择扩展到风险分析和信息交流上。

此外，为了克服理性预期理论没有明确阐明公众预期形成机制的缺陷，适应性学习（Adaptive Learning）的概念被引入到了预期的研究中（Bray，1982；Evans，1985；Evans 和 Honkapohja，2001）。适应性学习并不等同于适应性预期，强调的是通过不断的学习最终形成理性预期的过程。具体而言，适应性学习是指公众在一开始并不了解经济体运转的规律，从而不知道经济系统的理性均衡点，但随着时间的推移公众可以通过对经济运行的观察不断获得新的信息，并在这些信息的基础上学习和调整他们的预期规则。

（二）预期与货币政策调控思路

货币政策理论研究发现预期效应在货币政策操作和传导中的作用越来越受到重视。2008 年金融危机以前，经济学家就宏观经济学和货币政策达成了“新共识”，“新共识”中的一个重要进展是更加强调预期在货币政策框架中的重要性，认为货币政策管理通胀预期十分重要。Goodfriend（2007）指出，货币政策理论与实践中的两大核心问题一是央行能否控制通胀，二是央行能否确定性地影响通胀预期，可见货币政策对于预期是十分关注的。Bean（2007）认为货币政策“新共识”认为中长期内货币是中性的，而政策决策机制能够影响公众预期。Mishkin（2011）将各国央行遵循的货币政策实践总结为九项共识，其中之一就是：预期在通货膨胀决定和货币政策向宏观经济的传导过程中起着关键作用。Friedman 和 Kuttner（2010）更是指出当前货币政策起作用的途径已不是传统的流动性渠道，而是预期渠道。

二、零利率下限约束与前瞻性指引

（一）经济危机、零利率下限与预期管理的提出

预期管理是预期理论在宏观调控（尤其是货币政策）实践中的拓展和应用。预期管理理论有两个来源，一个是附加预期的菲利普斯曲线模型，二是通货膨胀目标制（李拉亚，2011）。附加预期的菲利普斯曲线模型把通货膨胀预期、通货膨胀和产出（或失业）联系在一起，并指出如果政府能够降低市场的通货膨胀预期，就可以在不影响产出（或失业）的情况下降低通货膨胀。这表明，政府可以通过引导市场预期的方法实现无痛苦地降低通货膨胀，这事实上已融入了预期管理的思想。1990 年以后，在时间不一致性理论和理性预期理论的影响下，发达国家开始将通货膨胀作为货币政策的唯一目标，并实行通货膨胀目标制。Woodford（2005）指出，通货膨胀目标制的实施就像开船去某一目的地，虽然受风向等随机因素的干扰，船会时不时偏离航线，但只要目标不变，政策制定者就会采取措施让船回到航线上来。因此，通货膨胀目标制的潜在利益是稳定通货膨胀预期（Eusepi 和 Preston，2008），并且由于预期会自我实现，稳定通货膨胀预期就有利于稳定通货膨胀。

预期管理理论研究的兴起与发展源于政策实践和理论探索两方面的共同推动。政策实践表明，引导预期在帮助经济走出危机方面具有积极作用。Eggertsson 和 Woodford（2003）指出，预期管理是治理日本通货紧缩的关键因素。Eggertsson（2008）运用预期管理理论重新研究了美国 1929 年的大危机，并认为美国走出 1929 年危机的关键是政府成功管理了市场的预期。Cooper 和 Willis（2010）在研究 2008 年美国的金融危机时分析了预期的影响，并认为政府应竭尽全力制止预期的崩溃，表明预期管理在政府应对危机时是十分重要的。Mishkin（2011）对预期管理做了初步的梳理，并指出预期管理的一大特色是研究经济危机，尤其是研究 1929 年美国的经济危机、20 世纪 90 年代日本经济危机和 2008 年始发于美国的金融危机。

具体地，学者们从流动性陷阱和“债务—通缩”两个视角解释了预期如何帮助经济摆脱困境。流动性陷阱方面，Krugman（1998）在凯恩斯流动性陷阱理论的基础上，主要针对日本发生的流动性陷阱提出了以预期管理为核心的非常规货币政策。Krugman（1998）认为，在流动性陷阱下仅仅实施扩张性货币政策是不够的，央行还必须提高公众的通货膨胀预期，这是因为扩张性货币政策的效果会被低通货预期甚至通缩预期抵消；如果公众相信央行的扩张性货币政策并不是暂时的、央行会提高未来的价格水平，从而创造通货膨胀预期，那么经济就能够走出流动性陷阱。“债务—通缩”方面，这一理论最早由 Fisher（1933）提出，但在美国当时的大萧条阶段并没有引起足够的重视。“债务—通缩”的核心思想是，在企业过度负债的情况下若发生通货紧缩（资产价格迅速下降或资产泡沫破裂），企业将不得不出售资产，然而企业出售资产会进一步导致资产价格下降和通货紧缩，从而使经济陷入“债务—通缩”的恶性循环中。随着宏观经济学理论和政策实践的发展，学者们发现引导预期是避免经济陷入“债务—通缩”的重要手段。Bernanke 和 Reinhart（2004）发现，利率预期会影响资产价格，因此央行可以通过引导利率预期下降从而提高资产价格，阻止资产价格的继续下跌。Mishkin（2012）也指出，央行通过资产购买计划能够提高市场对资产价格的预期，增加市场对资产的需求，从而扭转资产价格的下跌趋势，并增强企业偿还债务的能力。

在货币政策实践中，各国中央银行发现经济危机发生后货币政策通常会面临零利率下限约束（Zero Lower Bound）的问题，这使危机时期货币政策的效率大大下降。正是在上述背景下，不少学者开始提倡预期管理，他们通过理论研究发现，当利率降为零后预期管理能够帮助央行稳定经济，提高货币政策效率。Krugman（1998）指出，如果央行能让公众相信货币政策不会收缩，从而制造通货膨胀预期，那么经济就可以摆脱流动性陷阱。Woodford（2003）指出央行影响市场和价格的关键因素是管理未来利率变化的预期。Woodford（2005）通过构建一个简化的新凯恩斯模型进一步详细探讨了预期管理对货币政策有效性的影响，并通过数值模拟结果证明当货币政策受到零利率下限约束时提高市场的通货膨胀预期能够降低危机带来的福利损失，从而提高政策有效性。

2008 年金融危机爆发后，美联储、欧洲央行和日本央行的政策利率很快就下降到零，此后这些央行均采用了预期管理政策，这为实证研究提供了数据和案例，也推动了预期管理研究从理论研究向实证研究发展。Campbell 等（2012）运用事件分析法研究发现，美国的前瞻性指引政策能够有效引导市场预期，起到了减小经济波动的作用。Svensson（2015）总结了美国、新西兰和瑞典前瞻性指引的实施情况，指出前瞻性指引在大多数情况下都成功地引导了市场预期。也有部分文章指出已有研究高估了前瞻性指引的效果，但从其结论来看依然肯定了前瞻性指引的有效性，只是对于前瞻性指引效果的大小存在不同意见。Carlstrom 等（2015）和 Kiley（2016）指出，若考虑信息粘性，前瞻性指引的效果会有所下降，这是因为信息粘性会使菲利普斯曲线的前瞻性有所下降。McKay 等（2016）指出已有研究均在一个完全市场中检验前瞻性指引的作用，这会高估前瞻性指引的效果，并指出若考虑不完全市场因素前瞻性指引的效果会下降 60%。但实际上，上述研究仍然承认前瞻性指引在影响预期和调控经济方面的积极作用。

预期管理的核心在于通过信息沟通来提高货币政策透明度，对公众预期予以引导，从而使货币政策调控事半功倍。传统预期管理强调“做”，主要通过法定存款准备金率、公开市场操作等政策工具的调整来影响预期。而现代预期管理则强调“说”，即通过信息沟通来影响市场预期（郭豫媚和陈彦斌，2017）。

（二）前瞻性指引概述

前瞻性指引的核心在于通过发布未来货币政策路径等前瞻性信息来引导公众预期（Svensson，2015；万志宏，2015）。2008 年全球金融危机爆发后，越来越多发达国家的名义利率逼近了零下限，导致以引导短期政策利率为主要手段的传统货币政策几乎没有调控空间。在此背景下，美联储于 2008 年 12 月率先实施了前瞻性指引政策，就未来货币政策利率路径进行沟通。此后，加拿大央行、瑞典央行、欧洲央行、日本央行和英国央行也纷纷对货币政策进行了前瞻性指引。随着实践的深入，前瞻性指引的形式也发生了较大的变化（见表 3－1）。早期的前瞻性指引主要是开放式指引，后来逐步演变到日历式指引和目标式指引。前瞻性指引的上述变化强化了其引导预期的功能。就日历式指引而言，通过在开放式指引的基础上引入具体的政策持续时间，降低了政策的不确定性，从而能够更好地稳定市场预期。就目标式指引而言，通过在开放式指引的基础上引入政策目标，不仅能够避免日历式指引下货币政策灵活性受到约束的问题，而且明确的政策目标有助于进一步锚定市场的预期。

尽管前瞻性指引是在危机时期推出的非常规手段，但是其在发达国家的实践中已逐渐演变为常态化货币政策手段。以美国为例，虽然美国自 2015 年 12 月底已经进入加息通道，但美联储仍然在使用目标式指引，以加强对公众预期的引导。例如，2017 年 2 月美联储指出，“将保持利率在 0.5%~0.75% 不变，直到未来劳动力市场状况有进一步改善并且

表 3-1　　　　　　前瞻性指引的不同形式及其特点

形式	特点	例子
开放式指引（Open-ended guidance，也被称为定性指引）	只提出未来将保持利率在较低水平，但并不明确说明低利率水平将持续多长时间	2008 年 12 月美联储声明将联邦基金利率降至 0～0.25% 的区间，并将在此水平上维持一段时间
日历式指引（Time-contingent guidance，也被称为时间指引）	在开放式指引的基础上引入了明确的政策持续期间。能够降低政策的不确定性，更好地稳定市场预期	在 2011 年 8 月的联邦公开市场委员会会议后美联储指出"直到 2013 年中期，维持极低的联邦基金利率都是合适的"
目标式指引（State-contingent guidance，也被称为状态指引或条件指引）	在开放式指引中加入了量化的政策目标。不仅能够避免日历式指引下货币政策灵活性受到约束的问题，而且明确的政策目标有助于进一步锚定市场的预期	2012 年 12 月美联储在联邦公开市场委员会会议后指出"只要失业率仍处于 6.5% 以上、未来 1～2 年内通货膨胀不超过 2.5%，将联邦基金利率保持在极低水平是合适的"

通货膨胀率回升至 2%"。美联储主席 Yellen 在 2016 年 8 月的讲话中明确提出，前瞻性指引应当成为货币政策工具箱中的重要一员（Yellen，2016）。

（三）前瞻性指引引导预期的有效性检验

也有不少研究专门对前瞻性指引的效果进行了检验，研究对于前瞻性指引的有效性基本达成了共识。Gurkaynak 等（2005）运用市场对联邦基金利率的预期的变动，检验了美联储前瞻性指引的作用，发现前瞻性指引所包含的关于未来货币政策动向的信息能够显著影响公众的预期，从而影响经济活动。Campbell 等（2012）将 Gurkaynak 等（2005）的方法进行了进一步拓展，检验了前瞻性指引对私人部门通胀预期、就业预期、公司债收益率和国债收益率的影响，发现前瞻性指引能够有效引导市场预期。同时，他们进一步构建了 DSGE 模型对前瞻性指引进行检验，发现前瞻性指引起到了减小经济波动的作用。Okina 和 Shiratsuka（2004）、He（2010）、Woodford（2012）、Del Negro 等（2012）、Chang 和 Feunou（2013）、Svensson（2014）、Swanson 和 Williams（2014）等相关研究运用类似方法对美国、日本、新西兰、加拿大和瑞典等国家的前瞻性指引政策进行检验，均肯定了前瞻性指引的有效性。

另外，也有部分文章指出已有研究高估了前瞻性指引的效果，但从其结论来看依然肯定了前瞻性指引的有效性，只是对于前瞻性指引所产生效果的大小存在不同意见。例如，Carlstrom 等（2012）和 Kiley（2014）指出，若考虑信息粘性，前瞻性指引的效果会有所下降，这是因为信息粘性会使菲利普斯曲线的前瞻性有所下降。McKay 等（2015）指出已有研究均在一个完全市场中检验前瞻性指引的作用，这会高估前瞻性指引的效果，并指出若考虑不完全市场因素前瞻性指引的效果会下降 40%。但实际上，上述研究并没有完全否认前瞻性指引在影响预期和调控经济方面的有效性。

前瞻性指引主要通过以下两个渠道起到引导市场预期和稳定经济的作用。一是利率渠道（Bank of England，2013）。由于影响投资和消费决策的是长期利率，因此货币政策调控的一个重要环节是运用货币政策工具来影响长期利率。根据利率期限结构理论，长期利率等于当前的短期利率与预期的未来短期利率的加权平均。因此，通过前瞻性指引引导公众对未来短期利率的预期，可以达到影响长期利率的目的。上述渠道在短期名义利率降为零后显得尤为重要。二是信心渠道。信心反映的是市场对未来经济运行状况的预期，在消费和投资决策中起到至关重要的作用。前瞻性指引所描述的未来政策利率路径，能够使市场了解到货币政策稳定经济的决心，在经济低迷时期有助于提振市场信心。相关的理论和实证研究表明，发达国家的前瞻性指引政策确实起到了引导市场预期的作用。

三、货币政策透明度

（一）货币政策透明度的内涵

现代央行与历史上早期央行最大的差别在于货币政策更加透明（Dincer 和 Eichengreen，2007）。基于 Lucas（1972）提出的理性预期假说，新古典宏观经济学认为只有未预期到的货币政策才有效。因此，在 20 世纪 90 年代以前世界上各个国家的央行都非常神秘，货币政策透明度很低。然而，由于市场不完全和信息不对称，公众一般无法形成理性预期，只有有限理性。在此情形下，预期到的货币政策能够发挥有效作用。Brunner（1981）、Blinder（1998）和 Woodford（2001）等人就对央行货币政策不透明进行了批判，他们认为一个更加透明的央行能够给市场提供更多的信息，并通过影响公众信息集来改善货币政策有效性。

根据已有研究的结论（Eijffinger 和 Geraats，2006；徐亚平，2006；Dincer 和 Eichengreen，2014），下述 4 个方面的信息会影响到货币政策透明度，进而影响预期。一是目标信息，主要指央行是否对货币政策目标进行正式声明以及声明的货币政策目标是否单一、是否量化等。二是经济信息，包括央行用于政策分析的宏观经济模型、反映货币政策力度和效果的基本经济数据以及央行对通货膨胀和 GDP 等经济变量的定量预测等。三是决策信息，主要指央行货币政策决策的形成过程所涉及的信息，例如决策流程、决策委员会投票情况等。四是工具信息，主要指央行货币政策工具的定义和说明是否清晰。

（二）货币政策透明度对货币政策有效性的影响

提高货币政策透明度能够有效引导预期并提高货币政策有效性的理由主要有 3 点：第一，透明的货币政策有助于降低市场的不确定性以及这些不确定性对预期的影响（Blinder，1998；Eijfinger 等，2000），从而稳定预期和宏观经济。通货膨胀目标制正是通过确立通货膨胀率的长期目标，向公众提供了一个“名义锚”，促使公众通货膨胀预期不会因为某些市场因素的变化而出现急剧上升（Bernanke 等，1999）。Choi 等（2003）运用马尔科夫转换模型对新西兰通货膨胀目标制进行了检验，发现通货膨胀目标制不仅稳定了通胀，还成功地促进了产出增长。Ball 和 Sheridan（2003）对比了 7 个实施通货膨胀目标制的国家和 13 个未实施通货膨胀目标制的国家，发现虽然这些国家经济状况在 20 世纪 90 年代都有不同程度的好转，但是实施通货膨胀目标制的国家其通货膨胀的改善更为明显。

第二，央行沟通提供给私人部门的货币政策信息，会改变私人部门的信息准确度和预测能力，进而影响货币政策传导机制，因此透明的货币政策能够提供更多的信息从而疏通货币政策传导机制（Morris 和 Shin，2002；Hamilton 等，2011；Del Negro 等，2012；Papadamou，2013）。Morris 和 Shin（2002，2008）构建了一个包含私人信息和公共信息的模型，发现经济人在形成预期时会依赖公共信息，因此央行通过增加货币政策透明度来改变公共信息集能够影响市场预期，从而影响货币政策有效性。Morris 和 Shin（2008）还进一步指出，相比直接使用货币政策工具，央行传递信息更为重要，现代货币政策的核心问题是管理和协调预期。

第三，透明的货币政策能够提高央行信誉，增进市场信心，使货币政策调控事半功倍（Geraats，2002；Van der Cruijsen 和 Demertzis，2007）。通货膨胀目标制成功稳定通货膨胀的一个重要原因就是透明的通货膨胀目标使中央银行对公众高度负责，进而有助于构建公众对中央银行的信任和对货币政策的支持（Mishkin，2010）。

因此，提高货币政策透明度成为全球各国央行货币政策实践中的重要任务之一。Dincer 和 Eichengreen（2007）调查了 1998～2005 年全球 100 家央行的网站建设、报告发布和出版物等情况，发现其中 89 家央行的透明度有明显提高，其余 11 家的透明度没有明显变化，但没有一家央行的透明度表现出下降的趋势。

四、央行沟通

（一）央行沟通的内涵

沟通已成为央行引导市场预期的主要方式，这是因为沟通能够为市场提供有关宏观经济运行状况和货币政策动向的信息，从而影响市场的预期。Blinder（1998）早在 20 世纪末就开始呼吁央行沟通，他认为央行沟通就是为市场提供更多的信息，这些信息应该包括那些主导货币政策的基本要素。Woodford（2001）也指出，成功的货币政策并不只是控制隔夜利率，还应当包括通过沟通来管理预期。Blinder 等（2008）进一步指出，沟通不仅能够增加信息，而且能够降低噪声。

（二）央行沟通效果的实证研究方法

现有文献中对央行沟通进行量化的方法主要有4类。第一类是虚拟变量法。虚拟变量法通常在事件发生时将变量赋值为1，不发生时赋值为0，只考虑事件是否发生，而不考虑事件发生的次数。例如，王博（2016）构建了刻画央行沟通的虚拟变量，若当天有书面沟通或者口头沟通，则虚拟变量赋值为1，否则赋值为0。冀志斌（2011，2012）和史焕平（2015）也使用了虚拟变量法。虚拟变量法主要适用于高频数据的回归分析，这是因为在高频数据中，一期至多只会发生一次沟通，不需要考虑沟通的具体次数。

第二类是计数法。计数法用于测度事件发生的次数，即根据央行信息沟通事件构建信息披露指数，进而检验央行沟通的影响。在央行沟通的研究中，文献的通常做法是计算每一期央行沟通发生的次数，并将该值赋给央行沟通变量。例如，汪莉和王先爽（2015）对中国央行沟通时间进行了季度频率的计数，发现2010年第1季度至2013年第4季度间有12个季度的沟通时间次数超过10次，而2010年第一季度之前仅有2008年第一季度的沟通事件次数超过10次。肖曼君和周平（2009）构建了中国2001年第1季度至2008年第3季度的中央银行信息披露指数，并在此基础上通过建立向量误差修正模型发现中国央行的信息披露工具能够比较有效地引导公众预期。卞志村和张义（2012）采用中国2001～2011年的季度数据，利用SVAR模型分析了央行信息披露与实际干预在引导居民通胀预期中的作用和效果，并发现央行信息披露比传统货币政策工具在引导预期方面时滞更短。计数法通常适用于低频数据的回归分析中，例如月度或季度频率。这是因为在低频数据的分析中，通常每一期都会有若干事件发生，不同期之间的差异主要体现在事件发生的次数而非事件是否发生。

第三类是通过构建货币政策透明度来衡量央行沟通的强度，国内最早研究央行沟通的定量文献采用这种方法居多。例如，徐亚平（2006）通过构建货币政策透明度指数发现，1995～2005年期间中国货币政策透明度远高于1985～1994年，并通过统计分析发现货币政策透明度的增加较好地引导了市场预期，提高了货币政策的有效传导。张鹤等（2009）基于信息不对称性，通过构建货币政策透明度指标研究了货币政策透明度与通货膨胀的关系，并发现货币政策透明度的提高能够降低通货膨胀波动。

第四类是多值定序法。多值定序法用于区别同一类个体的等级次序，变量的值能够反映研究对象的排序。在央行沟通的研究中通常会采用多值定序法来度量沟通的宽松程度等特征。例如，Ehrmann 和 Fratzscher（2005）将美联储、英格兰银行和欧洲央行的声明按宽松程度分别赋予了“-1”“0”“1”三个值。具体而言，对具有紧缩倾向的声明赋值为1，将没有明确倾向的赋值为0，将具有宽松倾向的赋值为-1。这三个值之间具有明确的次序，即宽松倾向越明显值越大，宽松倾向越不明显值越大。

（三）央行沟通效果的研究结果

央行沟通的形式有很多，已有文献中的考察重点和分类方式又有所不同，但无外乎会议声明、官方报告、官方公告、新闻发布会、讲话和采访这五种形式。部分文献将央行沟通包括划分为书面沟通和口头沟通两种形式。已有研究认为以发布会为代表的口头沟通具有两个优点。一是发布会中的问答环节能够解答疑问，避免模糊不清的沟通（Ehrmann 和 Fratscher，2009）。二是电视直播能够使央行沟通面向更多公众（Blinder 等，2008）。而 Born 等（2014）立足于金融稳定的视角，收集了长达 14 年时间内 37 个国家央行发布的 1000 多份金融稳定报告（书面沟通）以及与金融稳定相关的一些讲话和采访（口头沟通），研究发现金融稳定报告的沟通效果更好。汪莉和王先爽（2015）在对中国央行沟通的研究中考虑了货币政策执行报告和货币政策委员会决议两种书面沟通方式，以及新闻发布会、讲话和采访三种口头沟通方式，发现 2009 年之后口头沟通事件发生的频率逐渐增高。国内研究大部分都采用了类似方法，如冀志斌（2011，2012）、马理等（2013）、史焕平（2015）。部分文献还从沟通主体的角度对央行沟通进行了划分。例如，Ehrmann 和 Fratzscher（2005）将央行沟通分为了由政策委员会进行的沟通和政策会员会委员进行的沟通。其中政策委员会的沟通包括公开发布的会议纪要、通货膨胀报告、月度公告等，政策委员会委员的沟通包括证词、演讲和采访等。Ehrmann 和 Fratzscher（2005）的研究中考虑了货币政策委员会会后声明和委员会委员发言，并以此为基础比较了美联储、英格兰银行和欧洲央行沟通决策的差异。部分文献则专门针对某一形式的央行沟通展开。例如，Kohn 和 Sack（2004）主要研究了格林斯潘时期美联储公开市场委员会会议声明对市场利率的影响。Gurkaynak 等（2005）和 Ehrmann 和 Fratzscher（2007）的研究则专注于美联储议息日联邦公开市场委员会的会后声明。王博和刘翀（2016）主要研究了口头沟通对利率市场、股票市场、债券市场和汇率市场的影响。Ehrmann 和 Talmi（2017）主要关注加拿大银行的新闻发布，发现新闻发布内容的变动会对市场产生显著影响。

央行沟通还涉及时点和模糊程度等方面。沟通时点方面，已有研究发现在利率为零的非常规时期，央行沟通尤其有效（Bernanke 等，2004；Woodford，2005）。此外，Ehrmann 和 Fratzscher（2007）研究发现，发生在货币政策调整前夕的沟通对金融市场的影响更大。模糊程度方面，已有研究认为央行必须在透明度和清晰度之间进行取舍。如果央行希望让大多数人理解央行的意图（即较高的透明度），那么央行必须放弃清晰度，因为公众接受和理解信息的能力有限且存在差异（Winkler，2002；Kahneman，2003；Morris 和 Shin，2007）。Morris 和 Shin（2007）认为央行进行沟通时需要在准确度和透明度之间进行权衡取舍，基于理论模型的分析他们发现透明但模糊的沟通是最优的。Campbell 等（2012）认为，在未来经济仍然存在不确定性的情况下做出承诺是一种愚蠢的牺牲，而且在未来可能面临时间不一致性的问题，他们认为模糊的沟通可以在降低市场不确定性的同时较好地避免上述问题。

从已有研究的情况来看，学者们基本肯定了央行沟通的积极作用。Woodford（2001，2005）发现央行沟通能够提高货币政策有效性，尤其是在货币政策名义利率受到零下限约束的情况下，若央行通过沟通来推高公众通货膨胀预期，可以大幅降低福利损失。Morris和Shin（2002）则从信息噪声的视角出发，认为公众的私人信息存在噪声，央行沟通所提供的公共信息能够通过降低公众信息的噪声从而影响公众的预期和决策。郭豫媚等（2016）研究发现，对于货币政策正处于转型中的中国而言，加强预期引导能够显著提高货币政策有效性。郭豫媚和周旋（2018）在适应性学习框架下，构建了一个包含央行公共信息和公众私人信息的DSGE模型，探究了央行沟通对货币政策有效性的影响，从适应性学习的角度为央行沟通如何影响货币政策有效性提供了一条新机制，同时从理论上证实了央行沟通存在边界。相关的实证研究则以不同国家为样本检验了央行沟通的有效性，发现央行公共信息披露能够有效引导预期（Kuttner和Posen，1999；Ullrich，2008等）。国内学者对中国央行信息沟通的效果也进行了实证检验（徐亚平，2006；张鹤等，2009；卞志村和张义，2012；汪莉和王先爽，2015等）。从实证结果来看，这些研究基本都认为中国央行沟通能够影响市场预期。此外，也有部分研究在检验中考虑了异质性因素，例如王博和刘翀（2016）发现在央行沟通中宽松性沟通的市场效应大于紧缩性沟通，行长沟通的市场效应大于外部委员沟通。他们还发现，随着利率市场化程度的加深，央行沟通作为货币政策工具的效果更好。冀志斌和周先平（2011）发现央行沟通对短期利率和股票日收益率水平及其波动性具有显著的影响，对长期利率影响不明确，并指出央行沟通与传统的工具配合使用能够提高货币政策有效性。李云峰（2012）发现声明未来将执行偏紧货币政策的消息能够有效降低通胀预期和实际通胀。

文献索引

[1] 卞志村和张义（2012）：“央行信息披露、实际干预与通胀预期管理”，《经济研究》，第12期。

[2] 陈彦斌（2016）：“货币政策要加强预期管理”，《光明日报》，5月18日。

[3] 程均丽（2007）：“央行预期管理研究最新进展”，《金融研究》，第5期。

[4] 范从来和高洁超（2016）：“适应性学习与中国通货膨胀非均衡分析”，《经济研究》，第9期。

[5] 郭豫媚和陈彦斌（2007）：“预期管理的政策实践与改进措施”，《中国人民大学学报》，第10期。

[6] 郭豫媚、陈伟泽和陈彦斌（2016）：“中国货币政策有效性下降与预期管理研究”，《经济研究》，第1期。

[7] 郭豫媚和周璇（2018）：“央行沟通、适应性学习和货币政策有效性”，《经济研究》，第4期。

[8] 蒋海和储著贞（2014）：“总供给效应、适应性学习预期与货币政策有效性”，《金融研究》，第5期。

［9］李拉亚（1994）：“预期与不确定性的关系分析”，《经济研究》，第9期。

［10］李拉亚（2011）：“预期管理理论模式述评”，《经济学动态》，第7期。

［11］李云峰（2012）：“中央银行沟通、实际干预与通货膨胀稳定”，《国际金融研究》，第4期。

［12］马理、何梦泽和刘艺（2016）：“基于适应性预期的货币政策传导研究”，《金融研究》，第8期。

［13］马理和娄田田（2015）：“基于零利率下限约束的宏观政策传导研究”，《经济研究》，第11期。

［14］马文涛（2014）：“预期管理理论的形成、演变与启示”，《经济理论与经济管理》，第8期。

［15］马勇（2015）：“中国货币政策透明度的经验研究”，《世界经济》，第9期。

［16］彭兴韵（2008）：“加强利率机制在中国货币调控中的作用”，《经济学动态》，第2期。

［17］万志宏（2015）：“货币政策前瞻性指引：理论、政策与前景”，《世界经济》，第9期。

［18］汪莉和王先爽（2015）：“央行预期管理、通胀波动与银行风险承担”，《经济研究》，第10期。

［19］王博和刘翀（2016）：“央行沟通的金融市场效应——来自中国的证据”，《经济学动态》，第11期。

［20］熊海芳和王志强（2012）：“货币政策意外、利率期限结构与通货膨胀预期管理”，《世界经济》，第6期。

［21］徐亚平（2006）：“货币政策有效性与货币政策透明制度的兴起”，《经济研究》，第8期。

［22］徐亚平（2009）：“公众学习、预期引导与货币政策的有效性”，《金融研究》，第1期。

［23］姚余栋和谭海鸣（2013）：“通胀预期管理和货币政策——基于‘新共识’宏观经济模型的分析”，《经济研究》，第6期。

［24］张鹤、张代强、姚远和张鹏（2009）：“货币政策透明度与反通货膨胀”，《经济研究》，第7期。

［25］Bank of England，2013－08－07，“Monetary Policy Trade－offs and Forward Guidance”，http：//www.bankofengland.co.uk/monetarypolicy/Pages/forwardguidance.aspx.

［26］Bean，C. R.，2007，“Is There a New Consensus in Monetary Policies”，in P. Arestis，Is There a New Consensus in Macroeconomics.

［27］Bernanke B S，Laubach T，Mishkin F S. 1999. Inflation Targeting. Princeton：Princeton University Press.

［28］Bernanke，B. S. and V. R. Reinhart，2004，“The Financial Accelerator in a Quantitative Business Cycle Framework”，Handbook of Macroeconomics，Chapter 21.

［29］Bernanke，B. S.，2012，The Federal Reverse and the Financial Crisis，Princeton University Press.

［30］Blinder，A. S.，1998，Central Banking in Theory and Practice，Cambridge：MIT Press.

［31］Blinder，A. S.，M. Ehrmann，M. Fratzscher，J. De Haan，and D. Jansen，2008，“Central Bank Communication and Monetary Policy：A Survey of Theory and Evidence”，NBER Working Paper，No. 13932.

［32］Brand C，Buncic D，Turunen J. 2010. The Impact of ECB Monetary Policy Decisions and Communication on the Yield Curve. Journal of the Europeans Economic Association，8（6）：1266－1298.

［33］Bray，M.，1982，“Learning，Estimation，and the Stability of Rational Expections”，Journal of Economic Theory，26（2）：318－339.

[34] Brunner, K., 1981, "The Art of Central Banking", Center for Research in Government Policy and Business, University of Rochester Working Paper GPB, 81 - 66.

[35] Cagan, P., 1956, The Monetary Dynamics of Hyperinflation in M. Friedman (ed.) Studies in the Quantary Theory of Money, University of Chicago Press.

[36] Campbell, J. R., C. L. Evans, J. D. Fisher, A. Justiniano, C. W. Calomiris, and M. Woodford, 2012, "Macroeconomic Effects of Federal Reserve Forward Guidance", Brookings Papers on Economic Activity, 1 - 80.

[37] Carlstrom, C. T., T. S. Fuerst, and M. Paustian, 2015, "Inflation and Output in New Keynesian Models with a Transient Interest Rate Peg", Journal of Monetary Economics, Vol. 76, 230 - 243.

[38] Chortareas, G., D. Stasavage, and G. Sterne, 2002, "Does it Pay to be Transparent? International Evidence from Central Bank Forecasts", Review - Federal Reserve Bank of Saint Louis, Vol. 84, No. 4, 99 - 118.

[39] Cooper, R. and J. L. Willis, 2010, "Coordination of Expectations in the Recent Crisis: Private Actions and Policy Responses", Economic Review, 15 - 39.

[40] Del Negro, M., M. P. Giannoni, and C. Patterson, 2012, "The Forward Guidance Puzzle", Federal Reserve Bank of New York Staff Report, No. 574.

[41] Demiralp S, Jorda O. 2004. The Response of Term Rates to Fed Announcements. Journal of Money, Credit, and Banking, 36 (3): 387 - 405.

[42] Dincer N N, Eichengreen B. 2014. Central Bank Transparency and Independence: Updates and New Measures. International Journal of Central Banking, 10 (1): 189 - 259.

[43] Dincer, N. N. and B. Eichengreen, 2007, "Central Bank Transparency: Where, Why, and with What Effects?", NBER Working Paper, No. 13003.

[44] Dincer, N. N. and B. Eichengreen, 2014, "Central Bank Transparency and Independence: Updates and New Measures", International Journal of Central Banking, Vol. 10, No. 1, 189 - 259.

[45] Eggertsson, G. B., 2008, "Great Expectation and the End of the Depression", American Economic Review, Vol. 98, No. 4, 1476 - 1516.

[46] Eggertsson, G. B., and M. Woodford, 2003, "The Zero Bound on Interest Rates and Optimal Monetary Policy", Brookings Papers on Economic Activity, 139 - 211.

[47] Eggertsson, G. B. and M. Woodford, 2003, "Optimal Monetary Policy in a Liquidity Trap", NBER Working Paper, No. 9968.

[48] Eijffinger S C W, Hoeberichts M, Schaling E. 2000. A Theory of Central Bank Accountability. CEPR Discussion Papers, No. 2354.

[49] Eijffinger, S. C. W. and P. M., Geraats, 2006, "How Transparent Are Central Banks?", European Journal of Political Economy, Vol. 22, No. 1, 1 - 21.

[50] Eijffinger, S. C. W., M. Hoeberichts, and E. Schaling, 2000, "A Theory of Central Bank Accountability", CEPR Discussion Papers, No. 2354.

[51] European Central Bank, 2001, "A Guide to Eurosystem Staff Macroeconomic Projections Exercises".

[52] Eusepi, S. and B. Preston, 2008, "Central Bank Communication and Expectations Stabilization", NBER Working Paper, No. 13259.

[53] Evans G W, Honkapohja S. 2001. Learning and Expectation in Macroeconomics. Princeton: Princeton University Press.

[54] Evans G W. 1985. Expectational Stability and the Multiple Equilibria Problem in Linear Rational Expectations Models. Quarterly Journal of Economics, 100 (4): 1217 – 1233.

[55] Ferrero, G. and A. Secchi, 2010, "Central Bank's Macroeconomic Projections and Learning", National Bank of Poland Working Paper, No. 72.

[56] Fisher, I., 1933, "The Debt – deflation Theory of Great Depressions", Econometrica: Journal of the Econometric Society, 1 (4): 337 – 357.

[57] Friedman, B. M. and K. N. Kuttner, 2010, "Implementation of Monetary Policy: How Do Central Banks Set Interest Rates?", NBER Working Paper, No. 16165.

[58] Gali, J., 2010, "Are Central Banks' Projections Meaningful?", NBER Working Paper, No. 16384.

[59] Gaspar, V., F. Smets, and D. Vestin, 2010, "Inflation Expectations, Adaptive Learning and Optimal Monetary Policy", Handbook of Monetary Economics, Vol. 3, 1055 – 1095.

[60] Geraats, P. M., 2002, "Central Bank Transparency", The Economic Journal, Vol. 112, No. 483, F532 – F565.

[61] Gerlach – Kristen, P., 2004, "Is the MPC's Voting Record Informative about Future UK Monetary Policy?", Scandinavian Journal of Economics, Vol. 106, No. 2, 299 – 313.

[62] Goodfriend, M., 2007, "How the World Achieved Consensus on Monetary Policy", NBER Working Paper, No. 13580.

[63] Hamilton J D, Pruitt S, Borger S. 2011. Estimating the Market – Perceived Monetary Policy Rule. American Economic Journal: Macroeconomics, 3 (3): 1 – 28.

[64] Hellwig, C. and L. Veldkamp, 2009, "Knowing What Others Know: Coordination Motives in Information Acquisition", The Review of Economic Studies, Vol. 76, No. 1, 223 – 251.

[65] Howells, P. and I. Mariscal, 2002, "Central Bank Transparency: A Market Indicator", Working Papers.

[66] Jeanneau, S., 2009, "Communication of Monetary Policy Decisions by Central Banks: What is Revealed and Why", Bank for International Settlements Papers, No. 47.

[67] Kiley, M. T., 2016, "Policy Paradoxes in the New Keynesian Model", Review of Economic Dynamics, Vol. 21, 1 – 15.

[68] Krugman, P. R., 1998, "It's Baaack: Japan's Slump and the Return of the Liquidity Trap", Brooking Panel on Economic Activity.

[69] Kuttner, K. N. and A. S. Posen, 1999, "Does Talk Matter After All? Inflation Targeting and Central Bank Behavior", CFS Working Paper, No. 1999/04.

[70] Lucas R E. 1972. Expectations and the Neutrality of Money. Journal of Economic Theory, 4 (2): 103 – 124.

[71] Lucas, R. E., 1976, "Economic Policy Evaluation: a Critique in 'The Phillips Curve and Labor Markets'", Carnegie – Rochester Conference Series on Public Policy.

[72] Mariscal, I. and P. Howells, 2010, "Central Bank Communication, Transparency and Interest Rate Volatility: Evidence from the USA", In: Fontana, G., J. McCombie, and M. Sawyer, 2010, Macroeconomics, Finance and Money, London: Palgrave Macmillan, 91 – 108.

[73] McKay, A., E. Nakamura, and J. Steinsson, 2016, "The Power of Forward Guidance Revisited", The American Economic Review, Vol. 106, No. 10, 3133 – 3158.

[74] Mishkin, F. S., 2010, The Economics of Money, Banking, and Financial Markets, London: Pearson Education Inc.

[75] Mishkin, F. S., 2011, "Monetary Policy Strategy: Lessons from the Crisis", Prepared for the ECB Central Banking Conference, "Monetary Policy Revisited: Lessons from the Crisis", Frankfurt, Nov. 18 – 19.

[76] Morris, S. and H. S. Shin, 2002, "Social Value of Public Information". The American Economic Review, Vol. 92, No. 5, 1521 – 1534.

[77] Morris, S. and H. S. Shin, 2008, "Coordinating Expectations in Monetary Policy", Central Banks as Economic Institutions, Edward Elgar.

[78] Muth, J. F., 1961, "Rational Expectation and the Theory of Price Movement", Econometrica, 29: 315 – 335.

[79] Orphanides A, Williams J. 2004. Imperfect Knowledge, Inflation Expectations, and Monetary Policy. NBER Working Paper, No. 9884.

[80] Papadamou S. 2013. Market Anticipation of Monetary Policy Actions and Interest Rate Transmission to US Treasury Market Rates. Economic Modelling, 33: 545 – 551.

[81] Poole W. 2005. How predictable is Fed policy? Review – Federal Reserve Bank of Saint Louis, 87 (6): 659.

[82] Romer, C. D. and D. H. Romer, 2000, "Federal Reserve Information and the Behavior of Interest Rates (Digest Summary)", The American Economic Review, Vol. 90, No. 3, 429 – 457.

[83] Sargent, T. J. and N. Wallace, 1975, "Rational Expectations, the Optimal Monetary Instrument, and the Optimal Money Supply Rule", Journal of Political Economy, 83: 241 – 254.

[84] Svensson L E O. 2015. Forward Guidance. International Journal of Central Banking, 11 (S1): 19 – 46.

[85] Svensson, L. E. O., 2006, "Social Value of Public Information: Comment: Morris and Shin (2002) Is Actually Pro – Transparency, Not Con", The American Economic Review, Vol. 96, No. 1, 448 – 452.

[86] Swanson E T. 2006. Federal Reserve Transparency and Financial Market Forecasts of Short – Term Interest Rates. Journal of Money, Credit, and Banking, 38 (3): 791 – 819.

[87] Ullrich, K., 2008, "Inflation Expectations of Experts and ECB Communication", North American Journal of Economics and Finance, Vol. 19, No. 1, 93 – 108.

[88] Van der Cruijsen C, Demertzis M. 2007. The Impact of Central Bank Transparency on Inflation

Expectations. European Journal of Political Economy, 23 (1): 51 – 66.

[89] Williams, J. C., 2014, "Monetary Policy in Zero Lower Bound: Putting Theory into Practice", Hutchins Center on Fiscal and Monetary Policy, Working Paper.

[90] Woodford, M., 2001, "Monetary Policy in the Information Economy", In Economic Policy for the Information Economy, Kansas City: Federal Reserve Bank of Kansas City, 297 – 370.

[91] Woodford, M., 2005, "Central Bank Communication and Policy Effectiveness", NBER Working Paper, No. 11898.

[92] Woodford, M., 2012, "Methods of Policy Accommodation at the Interest – Rate Lower Bound", presented at the Jackson Hole symposium.

[93] Yellen J L. 2016. The Federal Reserve's Monetary Policy Toolkit: Past, Present, and Future. At "Designing Resilient Monetary Policy Frameworks for the Future", a symposium sponsored by the Federal Reserve Bank of Kansas City, Jackson Hole, Wyoming.

第四章

债务杠杆、金融风险与产出波动

债务一直都是全球学者与政策制定者非常关心的问题，适度的债务水平有利于经济增长与国民福利的提升，但是从静态的角度，过高的债务杠杆会加剧宏观与微观层面的金融风险，从而对经济增长产生负面效应；从动态的角度，大规模的债务扩张或者快速的去杠杆也可能会对金融稳定与经济增长带来冲击。本章的文献综述将引入金融摩擦与不确定性理论从债务内涵与债务结构、债务杠杆与金融风险、债务杠杆与产出波动三个方面梳理国内外的前沿文献，为理解债务杠杆的可持续性，其对宏观风险、金融风险的传导及其对经济增长速度与质量造成的影响提供理论参考与实践经验。

一、引言

近年来，中国债务水平高企引发国内外学者的关注。截至2015年年底，根据BIS（国际清算银行）的统计，中国的债务总额达到了168万亿元，债务总量与GDP的比率达到254.9%，虽然在样本国家里处于中等水平，远低于同期发达国家的281%，但是从结构上，企业债务与政府隐性债务攀升所积聚的风险不容忽视。与此同时，国际上大规模的“去杠杆化”使主要危机国家的经济与金融体系进入漫长的衰退与不稳定状态之中，国内外学者与政策制定者也围绕去杠杆的问题进行了广泛的研究。债务积累对金融风险积聚会产生怎样的影响？其传染机制是怎样的？为防范和化解系统性风险，应采取什么样的政策措施？去杠杆对金融部门与企业部门的影响是怎样的？是否会带来通缩与经济衰退？具体应该怎样安排去杠杆的节奏与路径？

适度的债务水平有利于经济增长与国民福利的提升，但是从静态的角度，过高的债务杠杆会加剧宏观与微观层面的金融风险，从而对经济增长产生负面效应（Reinhart和Rogoff，2009，2011；Borio和Drehmann，2009；Gertler和Hofmann，2016），从动态的角度，大规模的债务扩张或者快速的去杠杆也可能会对金融稳定与经济增长带来冲击（Eggertsson和Krugman，2009；Bhattacharya等，2011；张明和贺军，2013；姚余栋，2016）。

同时，近年来文献上发现金融摩擦与不确定性会影响金融经济活动。金融摩擦（Financial Friction）理论最初由Bernake和Gertler（1989），Kiyotaki和Moore（1997）提出，他们发现企业的信贷约束会使初始的小幅冲击（例如，对技术、收入分配等）通过乘数效应对资产价格与产出产生强大冲击，后续的研究从异质性企业、随机冲击、资产负债非对称变化等角度丰富了金融摩擦下外生冲击对宏观经济的冲击（Gertler和Kiyotaki，2010；Christiano和Ikeda，2011；Brunnermeier等，2013）；同时，也有一些学者发现，宏观经济状态变量的不确定性（uncertainty）会影响经济个体的行为从而对产出造成（Perri和Quadrini，2011；Brunnermeier和Sannikov，2014；Mendoza，2010；Bianchi和Mendoza，2010；Bianchi，2011），Quadrini（2011）发现不确定性在实体经济中经常存在，表现为企业常常为了不确定性而保留谨慎性储蓄，该机制的存在会弱化信贷渠道的效应。Guerrieri和Lorenzoni（2012）研究发现不确定性下，信贷约束不同的异质性家户在面临外生冲击时的行为的差异会影响其对利率与产出的效应。

现实中，无论是金融摩擦或者不确定性都不同程度地存在，比如一个国家债务GDP比率的上升并不一定意味着债务的不可持续性，在投资大幅增长或者结构转型时，短期的高债务会被未来经济增长的前景所保障。

随着中国经济进入新常态，经济增速的趋势性下降与周期性波动相互叠加，国内经济转型与国际环境交错影响，本文献综述将引入金融摩擦与不确定性理论从债务内涵与债务结构、债务杠杆与金融风险、债务杠杆与产出波动三个方面梳理国内外的相关文献，为理解债务杠杆的可持续性，其对宏观风险、金融风险的传导以及对经济增长速度与质量造成的影响提供理论参考与实践经验。

二、债务杠杆的内涵与结构

（一）债务杠杆的内涵

债务杠杆的内涵包括微观与宏观两个层面，在微观层面，债务杠杆指的是微观主体的权益资本与总资产的比率，即资产负债率。但是企业的实际债务风险不仅取决于资产的数量，也取决于资产的质量以及未来现金流。在宏观层面主要指的是债务收入比，一般用宏观经济某一部门的总债务与 GDP 之比作为衡量指标（李杨等，2015）。

中国金融论坛课题组（2017）指出微观杠杆率与宏观杠杆率可以通过经济效率联系起来。

资产负债率 = 总债务/总资产 =（总债务/GDP）×（GDP/总资产）　（4－1）

即：

微观杠杆率 = 宏观杠杆率 × 资产收益率　（4－2）

其中资产收益率指的是总资产创造的产品和劳务价值总和，即 GDP/总资产。

目前，IMF、BIS 等国际机构和国内外学者（马骏等，2012；曹远征等，2012；李杨等，2013，2015；黄志龙，2013；中国人民银行杠杆率研究课题组，2014，中国社会科学院，2016）都对中国宏观杠杆率进行了测算，虽然基于政府部门和非金融企业部门债务的口径和数据来源存在着一定差异，但各机构测算的债务总量与杠杆率基本一致。截至 2015 年年底，根据 BIS（国际清算银行）的统计，中国的债务总额达到了 168 万亿元，债务总量与 GDP 的比率达到 254.9%。中国金融论坛课题组（2017）基于微观杠杆率与宏观杠杆率的联系发现，近年来中国非金融企业部门宏观杠杆率持续上升，但是微观企业资产负债率平均水平明显下降，这与 2011 年以来实体经济效益的明显持续性下降紧密相关。

（二）债务杠杆的结构

从债务结构上看，国外前沿文献主要侧重于研究家户债务攀升以及去杠杆对宏观经济的影响（Eggertsson 和 Krugman，2012；Guerrieri 和 Lorenzoni，2012；Midrigan 和 Philippon，2011，Mian 和 Sufi，2009，2011；Mian 等，2012）。针对中国债务高企的结构分析，大多数研究都发现其中地方政府与企业的债务杠杆上升较快（谭小芬，2016；马建堂等，2016；苟文均，2016；中国金融论坛课题组，2017）。钟宁桦等（2016）基于不同类型企业微观负债率的剖析进一步指出，在 1998～2013 年间，中国非金融企业的平均杠杆率从

65%下降到了51%，但是大型企业、国有企业和上市企业出现了显著的加杠杆特征；同时，杠杆率的变化还与经营风险、有形资产比例以及盈利能力的变化显著相关。

也有学者指出宏观债务杠杆与微观债务杠杆的变化与经济周期密切相关（Schumpeter，1954；Milgate，1987），中国金融论坛课题组（2017）在朱格拉周期①的基础上，将这种关系总结为经济“复苏扩张——繁荣高涨——停滞衰退——萧条奔溃”的不同阶段，微观杠杆率与宏观杠杆率既可能是完全一致的（如繁荣高涨时都上升、萧条崩溃时都下降），也可能是背离的（如复苏扩张、停滞衰退阶段）。

三、债务杠杆与金融风险

（一）资产价格波动条件下，债务杠杆与宏观金融风险传导

1. 文献回顾

债务杠杆对宏观的金融风险，传统大多数是基于资产负债表里会计数据所做的阈值分析（Reinhart 和 Rogoff，2009；Minea 和 Parent，2012；Cecchetti 等，2011，IMF，2012），但实际的债务风险，既取决于资产数量，也取决于资产质量，仅基于资产负债表无法全面评价债务的可持续性（Gray 等，2007）。全球金融危机的爆发，也让学者们思考如何将资产市场价格波动引入债务杠杆的分析中。现代企业债务违约风险的模型（例如，CreditMetrics 模型、CreditPortfolio View 模型、CreditRisk + 模型、KMV 模型与 CCA 模型等）为学者们提供了可以纳入资产市场价格波动的切入点，其原理是公司持有人（股东）以公司所有权和未来资金收益权作为抵押向债务人（债券持有人）借债。如果到期时公司价值大于其债务规模，股东将偿还债务，并收回公司控制权；如果到期时公司价值小于债务规模，则发生违约。

Gray 等（2007，2008）、Gray 和 Jobst（2010）通过建立国民经济各部门基于市场数据的资产负债表，将企业债务风险分析中的 CCA（或有权益法）模型拓展至宏观层面，分析宏观层面的风险在国民经济各部门间传导扩散进而引致系统性风险的机制。国际上，Castren 和 Kavoniu（2009）利用 CCA 模型和欧元区金融账户数据对欧元区国民经济各部门 1999 年第一季度至 2009 年第二季度的宏观金融风险指标进行了度量，并对风险在欧元区国民经济各部门间的传递进行了模拟。Silva 等（2011）利用 CCA 模型和葡萄牙金融账户数据构造了能够有效反映宏观经济体系整体风险状况的系统性风险指标。国内也有学者对 CCA 方法进行了借鉴，宫小琳（2012）借鉴 Gray 等（2008）提出的方法，利用中国

① 朱格拉周期（Juglar cycle）是法国经济学家克里门特朱格拉在 1862 年通过对企业投资产出比的考察，得到经济存在着以 9 ~ 10 年为周期的经济波动理论，认为企业投资收益率与融资成本的关系与经济波动密切相关，因而企业的投资产出比及两年后的收益率是经济运行的重要先行指标。

2000～2008 年有关数据，测度了该时期中国宏观金融风险，并对宏观金融风险在中国宏观金融网络结构中累积和传染的机制进行了量化分析。苟文均等（2016）利用基于 CCA 模型，利用中国的资金流量、存量以及金融市场数据发现债务杠杆率升高将使得风险积聚在金融部分，并通过债务和股权两个渠道显著影响系统性风险的生成与传递。

2. 模型简介

基于 Gray 和 Jobst（2010），将企业债务风险模型扩展到宏观债务的分析中，我们国民经济部门中的权益看作基础资产 A，行权价为部门债务账面价值 B 的看涨期权，风险债务看作持有无风险债务的同时卖出基础资产为部门资产 A、行权价为部门账面价值 B 的看跌期权。当在到期日 t，$A_t < B_t$，就有可能发生违约，这里用预期违约概率 EDF（expected default frequency）表示：

$$EDF = p = P\left[A_T < B_T\right] = P\left[f\left(Z_T\right) < B_T\right] = P\left[Z_T < f^{-1}\left(B_T\right)\right] \tag{4-3}$$

根据 KMV 与 CCA 模型的原理，可以得到外部债务到期时宏观部门的违约距离（DD，distance to default）定义为：

$$DD = \frac{A_T - B_T}{\sigma_r} \tag{4-4}$$

其中，σ_r 为基础资产的波动标准差。

假设部门的收入符合随机过程：$dA_t = \mu A_t d_t + \sigma A dz_t$，$\sigma$ 为收入波动率，μ 为收入的增长率，dz_t 为维纳过程（wiener process，标准几何布朗运动）的增量。

最终，经过迭代和简化，衡量债务可持续性的预期违约率（*EDF*）和违约距离（*DD*）可以由部门资产（*A*）、对外负债规模（*B*）和部门收入的波动性 σ 来表示：

$$p = N\left[\frac{\ln B_T - \ln A - \mu T + \frac{1}{2}\sigma^2}{\sigma\sqrt{T}}\right] \qquad DD = \frac{\ln\left(A/B_T\right) + \mu T - \frac{1}{2}\sigma^2 T}{\sigma\sqrt{T}} \tag{4-5}$$

其中，财务违约概率（*p*）是度量财务违约风险的重要指标。财务违约概率上升时，财务违约风险相应上升。财务违约距离可以理解为经资产波动率标准化后的资产价值与财务危机临界点之间的距离。财务违约距离缩短，财务违约风险相应上升。

需要指出的是，Gray 和 Jobst（2010）是基于西方国家债务积累的特点改进的现代债务模型，若要考察中国的宏观债务风险，需要考虑中国宏观债务的特殊性，包括政府或有债务、国企隐性担保、金融市场改革与人民币汇率，以及资产与收入在经济不同阶段时期的增长和波动存在着的差异。

（二）不确定性条件下，债务杠杆与宏观金融风险传导

1. 文献回顾

债务对宏观风险的传递渠道不一定是完全固定的，事实上，在受到政策变量影响或者外部冲击时，债务风险很可能急剧变化，给经济带来急停（“Sudden Stop”）的伤害

(Mendoza, 2010；Quadrini, 2011)。学者们逐渐开始强调有必要在债务风险分析中引入不确定性或者波动，特别是新兴市场国家相对于成熟经济体更容易受到外部冲击（Gray 等，2008)。Malone (2005) 发现，不确定性会对主权债的利差产生显著的正向影响。Catao 和 Kapur (2006) 的研究表明，贸易条件的波动会对该国是否违约产生显著影响。Reinhart 和 Rogoff (2010) 对于全球历史上国家违约案例的经验分析也表明，外部波动与国内宏观经济波动的不一致时常常会成为违约的导火索。

此外，针对中国的债务问题，也有学者从不同类型的债务出发，分析其对金融稳定的影响。针对中国债务问题中企业平均债务杠杆上升的这一特征，陆婷和余永定（2015）通过建立中国企业债对 GDP 比随时间变化的微分方程，发现提高经济增长速度并不能降低企业债对 GDP 的比值，为避免发生债务危机，中国必须提高资本使用效率，提高企业利润率，并降低企业对债务融资的依赖。针对政府隐性债务上升的这一特征，吴盼文等(2013) 从隐性债务的视角，利用 DSGE 模型发现中国政府性债务可持续性不断降低，财政风险极易传导至金融体系，不利于金融稳定。陶坤玉（2015）用微观地方平台融资公司的数据以及宏观地方政府财政收支的数据建立了中国地方债务风险的预警系统。

2. 模型简介

以下介绍基于最大熵法，建立宏观部门的网络模型以此分析债务对金融风险的传导渠道及其效应。主要可参考 Gray 等（2008)、宫小琳和卞江（2010)、荀文均（2016）的研究，构建国民经济各部门之间的资产负债表关联矩阵，可以有效分析风险在国民经济各部门间的具体传染机制。假设宏观经济包含 5 个部门（非金融企业部门、金融部门、居民部门、政府部门和外国部门)，5 部门间某类金融工具的具体投融资状况，可以用一个 5×5 矩阵表示：矩阵中任一元素 F_{ij}代表部门 i 持有的部门 j 发行的金融工具 F 的数量。矩阵行元素之和 a_i 代表部门 i 持有的所有部门发行的金融工具 F 的数量。矩阵列元素之和 l_j 代表部门 j 通过金融工具 F 向各部门募集的资金总和。在已知 a_i 和 l_j 的情况下，依据最大熵方法可以推导出矩阵中的所有元素，进而得到国民经济各部门通过金融工具 F 相互联接的网络结构。该网络模型可以模拟遭受外部冲击后，国民经济各部门所有权资产的连锁缩水，对系统性风险在国民经济部门间的传染和累积进行模拟分析。

（三）债务杠杆与金融危机

大量的经验研究表明，信贷与杠杆率的迅速大幅上升与金融危机密切相关。Borio 和 Lowe (2002)、Eichengreen 和 Mitchener (2003) 很早就强调了杠杆率上升与金融风险的关系，也有很多学者指出在银行危机或者金融危机之前常常伴随着信贷的快速扩张，其在资产泡沫形成中发挥了重要作用（Reinhart 和 Rogoff，2009，2011；Borio 和 Drehmann，2009；Gertler 和 Hofmann，2016)。Allen 等（2002）通过分析历史上经济金融危机发生国的国家资产负债表发现，高杠杆率通常是引起一国爆发经济金融危机的重要因素。Cecchetti 等（2011）认为适度的债务杠杆能够改善社会福利、促进经济增长，但过高的债务杠杆会拖累经济增长，并诱发经济金融危机。Adrian 等（2015）基于动态宏观经济模型的分析发现，金融机构面临的风险约束会引发金融杠杆的顺周期波动，在这一过程中，信贷的波动和风险定价的调整会导致内生性的系统性风险，并可能最终诱发系统性的金融危机。

四、债务杠杆与产出波动

（一）债务杠杆水平对产出的阈值效应

Reinhart 和 Rogoff（2010）对基于 44 个国家、时间跨度约 200 年的数据进行研究，提出了“90、60”标准，即发达经济体和新兴市场经济体都存在相似的“公共债务阈值”，在“正常债务水平”时（公共债务占 GDP 的比重低于 90%），政府债务与 GDP 实际增长率之间表现为弱相关关系；当公共债务占 GDP 的比重超过 90% 时，每增长一个百分点，GDP 实际增长率的中值大致下降一个百分点，平均增长率的降幅会下降更多；而外债的阈值为 60%，外债规模占 GDP 比重超过 60% 的国家，经济增长会出现明显的恶化。不过也有不少学者对“90、60”的标准提出了质疑：Minea 和 Parent（2012）指出公共债务的阈值可以提高到 115%；Cecchetti 等（2011）对 18 个 OECD 国家的经验研究表明，政府、企业和住户部门对应的杠杆率警戒线分别是 85%、90% 和 85%。Easterly 等（2000）和 Arcand 等（2012）都发现，当实体部门债务与 GDP 之比超过 100% 之后，产出波动将明显增加，而金融深化对产出增长的边际贡献将由正转负。Herndon 等（2014）发现 Reinhart 和 Rogoff（2010）的样本选择和权重处理方法存在误差，因此，“90、60”阈值的稳健性不足。从长期经验的角度，野村证券（2013）提出了“5～30”规则，即 5 年内，用国内信贷规模与 GDP 为代表的杠杆比率增幅超过 30%，该国很可能发生金融危机，比如 1985～1989 年的日本经济，2003～2007 年间的美国经济，以及 2006～2010 年间的欧洲经济。

（二）金融摩擦下的去杠杆、金融稳定与产出波动

基于对 2008 年国际金融危机的反思，Eggertsson 和 Krugman（2009）构建了“Fisher－Minsky－Koo”方法来分析债务、去杠杆与流动性陷阱，并提出了“去杠杆化悖论”，当金融部门试图通过去杠杆化出售资产时，会降低金融资产的市值，反而可能会造成杠杆率的上升和金融机构提供流动性的能力。而在经济实体层面，去杠杆化下的信贷紧缩，会使贷款人减少投资或者解雇工人，进一步减少消费，减低产出。Lund 等（2010）研究了历史上一些著名的去杠杆化事件，发现去杠杆化在大多数时候（特别是在去杠杆化的最初几

年）都伴随着信贷增长的显著下降、工人失业的增加和社会总需求的降低。

不少学者强调金融摩擦会影响债务杠杆对产出波动的影响，金融摩擦理论最初由 Bernake 和 Gertler（1989），Kiyotaki 和 Moore（1997）提出，他们发现企业的信贷约束使初始的小幅冲击（例如，对技术、收入分配等）通过乘数效应对资产价格与产出产生强大冲击，后续的研究从异质性企业、随机冲击、资产负债非对称变化等角度丰富了金融摩擦下外生冲击对宏观经济的冲击（Gertler 和 Kiyotaki，2010；Christiano 和 Ikeda，2011；Brunnermeier 等，2013）。针对 2008 年全球金融危机中美国的次级债与次级债，有一支文献将信贷约束假设放入家户行为的分析中，从而分析加杠杆与去杠杆周期下，哪些因素会对宏观经济波动产生显著影响（Guerrieri 和 Lorenzoni，2012；Midrigan 和 Philippon，2011；Mian 和 Sufi,2009，2011；Justiniano 等，2015）。

（三）不确定性条件下的去杠杆、金融稳定与产出波动

也有一些学者发现，债务杠杆变化对宏观经济的影响与不少状态变量的不确定性紧密相关，例如，Greenlaw 等（2012）认为，在经济整体强劲的情况下，单个机构的去杠杆化无关紧要，因为新的贷款者会迅速代替老的贷款者，并且存在大量的潜在资产购买者；但在经济疲软的情况下，由于许多金融机构陷入困境，他们被迫通过出售资产来缓解困境，这会导致资产价格暴跌和诱发金融不稳定。对此，有一支理论文献试图摒弃确定等量的分析法（certainty equivalence approach），考虑不确定性与金融摩擦共存条件下，去杠杆对于产出与金融风险的冲击效应（Perri 和 Quadrini，2011；Brunnermeier 和 Sannikov，2014；Mendoza，2010；Bianchi 和 Mendoza，2010；Bianchi，2011）。例如，Quadrini（2011）发现不确定性在实体经济中经常存在，表现为企业常常为了不确定性而保留谨慎性储蓄，该机制的存在会弱化信贷渠道的效应。其中，金融脆弱①的不确定性引发了学者们的关注，实证研究发现金融脆弱（初始债务水平）对经济产出的影响深远。Jorda 等（2013）基于大量的历史回顾，强调私人部门债务高企（Credit overhang）常伴随着接下来的经济下滑。Mian 等（2013）利用美国地区层面的数据发现，对于居民偏好高债务水平的地区，在住房价格下降时，其消费下降的幅度更大。IMF（2012）也在 OECD 国家发现了初始债务水平在冲击对消费、产出的作用中扮演了重要角色，在上一轮的衰退中，对于初始债务水平较高的国家，资产价格下跌时，其总消费（耐用品和非耐用品的消费）下降的幅度更大。Maffezzoli 和 Monacelli（2015）指出金融脆弱的不确定性会影响债务水平变动对产出的影响，当内生的初始债务水平相对较低时，去杠杆的影响几乎是中性的，但是随着债务水平的高企，家户的信贷约束收缩，借方下降的消费支出会大于贷方引致增加的消费，最终对总产出产生负面效应。

---

① 在文献上也常常用债务积压（credit overhang 或者 debt overhang）来描述类似的状态。

（四）关于中国去杠杆的研究

国内也有不少学者从中国债务杠杆的特点、国际经验、去杠杆的解决方案等角度对去杠杆展开了相关研究，张明和贺军（2013）指出由于中国的高杠杆主要体现在企业部分，而企业去杠杆化一方面会影响产出，另一方面将给银行系统带来一定压力与风险。陈雨露等（2014）基于119个国家和地区1998～2012年动态面板数据的实证研究表明，当一国越过人口老龄化拐点后，金融杠杆将持续攀升并对金融体系稳定形成冲击。马勇等（2016）基于全球面板数据，采用系统GMM估计方法和二元面板离散选择模型发现，伴随着去杠杆化进程，金融危机的发生概率会明显增加；同时，去杠杆化还对经济增长具有显著的负效应。针对中国式去杠杆的解决方案，黄益平（2016）认为不宜在宏观层面过度强调去杠杆，但应该在结构层面发展股权融资并逐步帮助国有企业去杠杆。冯明（2016）认为资金错配导致部分债务未形成有效投资并演化成为风险，因此宏观债务管理应通过经济结构调整与融资方式转变而加强。姚余栋等（2016）提出了“空中加油三步曲”，即通过出售债务资产转为股权融资的债务变权益的去杠杆方案，对银行的部分贷款转为优先股的空间变时间的杠杆处置方案，以及对企业在银行的高成本信贷资产转为低成本高流动性的债券的杠杆优化方案的三层体系。

（五）金融摩擦、金融脆弱不确定性下债务杠杆对产出波动的模型

为清晰地刻画金融摩擦、不确定性下债务杠杆对产出波动的影响，可以参考Quadrini（2011）、Mendoza（2010）、Maffezzoli和Monacelli（2015），在动态随机一般均衡的框架下引入企业异质性，讨论金融摩擦、金融脆弱不确定下债务杠杆对产出的影响，并进一步分析去杠杆冲击与产出冲击怎样影响消费、投资、资产价格变动、利率与产出。

1. 基础模型

为简要说明模型机制，我们先假设一个简单的两期模型，经济体中根据耐心程度不同，分为两类主体，不耐心的称作借款人（borrowers），耐心的称作储户（saver），在后续的建模中，borrower就是企业部门，saver就是家户部门。我们假设最初都是没有储蓄的，不过借款人初始有一定的耐用资产（durable asset），两类主体都最大化其效用：

$$U(c_j)=\log c_j+\beta_j \log c_j',\ j\in\{b,s\} \tag{4-6}$$

下角标 b，s 分别表示借款人和储户，上角标表示下一期，同时还有 $\beta_s>\beta_b$

对于借款人（borrower），其跨期的预算约束为：

$$c_b+\frac{c_b'}{1+r}=y_b+\frac{y_b'}{1+r}+\left(\frac{q'}{1+r}-q\right)k \tag{4-7}$$

其中，d 是借贷，y 是禀赋/收入，$1+r$ 是实际利率，k 是固定供应的耐用资产，q 是资产价格，而 q' 是重置资产的价格。

2. 引入金融摩擦

在本模型中，金融摩擦体现为信贷约束，即：

$$d_b < \chi q'k \tag{4-8}$$

意味着目前的借贷不能超过重置耐用资产的一定比率，这种约束可以被视为是基于合同的有限执行（limited commitment），χ 的重要性体现在，我们将其处理为去杠杆冲击（deleverage shock），去杠杆冲击会影响该主体的借贷能力，从而对最优化下的消费产生影响。

在约束约束、信贷约束下最大化效用，可以得到借款人的一阶条件：

$$\frac{1}{c_b} = \frac{\beta_b\ (1+r)}{c_b'} + \psi \tag{4-9}$$

其中，$\psi \geqslant 0$ 是信贷约束的乘数，当 $\psi > 0$ 时，信贷约束是紧的（binding），当 $\psi = 0$ 时，信贷约束是松的（unbinding），也就是说信贷约束并不总是紧的，这其实也是不确定性的一种（Quadrini，2011）。

对于储户（saver），其跨期预算约束为：

$$c_s + \frac{c_s'}{1+r} = y_s + \frac{y_s'}{1+r} \tag{4-10}$$

信贷市场均衡意味着：$d_b = -d_s$ (4-11)

当信贷约束是松（unbinding）的时候（$\psi = 0$），我们用借款人的最大化与信贷市场均衡，可以得到利率与债务规模的负相关关系：

$$1 + r = \frac{q'k + y'_b}{d(1+\beta_b) + \beta_b(y_b - qk)} \tag{4-12}$$

当信贷约束是紧（binding）（$\psi = 0$）的时候，以上关系变成：$d_b = d = \chi q'k$ (4-13)

这两个式子考虑了信贷约束松紧程度不同情况下，经济体中债务的需求方，在图 4-3 中用 DB 表示。同理，从储户的最大化与信贷市场均衡中，我们可以得到债务供给方的曲线，用 DS 表示：

$$1 + r = -\frac{y_s'}{d(1+\beta_s) - \beta_s y_b} \tag{4-14}$$

3. 去杠杆冲击

去杠杆冲击（deleverage shock）：当借款人（borrower）受到一个负面的去杠杆冲击，模型中表现从 χ_{high} 下降到 χ_{low}，其对均衡的影响其实分为两种情况，取决于初始非受约束（unconstrained）均衡离拐点的远近。当初始非受约束均衡离拐点较远时（或者，等同于去杠杆冲击相对较小），去杠杆冲击（χ^1_{low}）均衡点仍然保持在点 A，总体债务与利率水平都不受影响。当初始非受约束均衡离拐点较近时（或者，等同于去杠杆冲击相对较大），去杠杆冲击（χ^2_{low}）使信贷约束变紧（binding），新的均衡点变化为 B，总体债务下降，同时利率水平也下降，如图 4-1 所示。

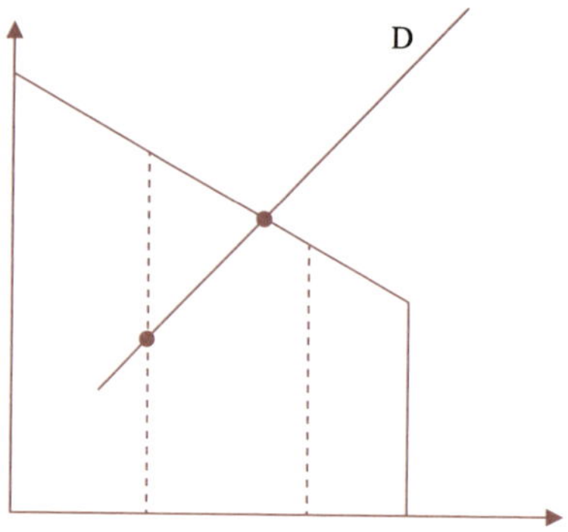

图 4-1　去杠杆冲击的不同均衡

4. 引入异质性企业、金融脆弱不确定下去杠杆对经济波动的影响

在模型中，金融脆弱体现为初始债务水平，我们试图说明初始债务水平的差异将会影响经济个体对于金融扰动的反应。假设经济中借款人（borrower）的不耐心也有高低之分，分别用 β_b^{low} 与 β_b^{high} 表示（见图 4-2），同时还有 $\beta_b^{low} < \beta_b^{high} < \beta_s$，如图 4-4 所示。相对更不耐心的借款人（$\beta_b^{low}$）对于贷款的需求 $DB_{\beta_b^{low}}$ 高于更对耐心借款人（β_b^{high}）的需求 $DB_{\beta_b^{high}}$。因此，我们会有两种均衡，$DB_{\beta_b^{high}}$ 会与 DS 交于 $A_{unconstr}$，此时信贷约束并未收紧（unbinding）；而 $DB_{\beta_b^{low}}$ 会与 DS 交于 A_{constr}，此时，信贷约束收紧（binding）。因此当去杠杆冲击时，经济体中不同类型的主体将会受到不同的影响。

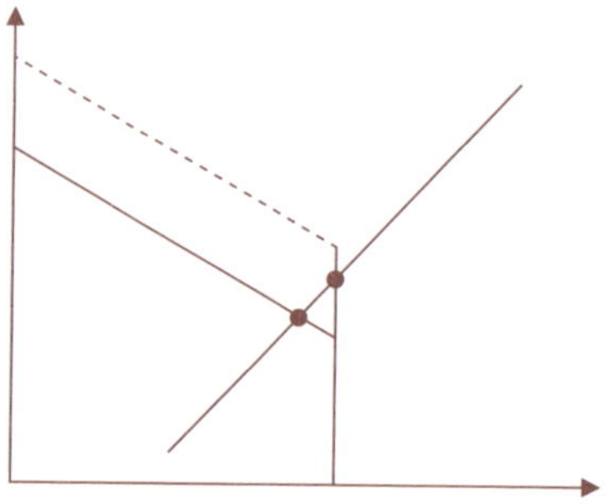

图 4-2　异质性企业、不确定性条件下去杠杆冲击的不同均衡

更加直观地讲，我们可以将这种差异理解为，相对更不耐心的借款人会积累更高的债务，更容易受到信贷约束收紧的影响（这种设定同时还可以被扩展为不同类型的企业，例如，国有企业与私有企业），同时，这两类借款人扩展到企业层面时，还存在着生产率上的差异，放在中国经济里，可以理解为国有企业为债务积累更高的个体，其生产率相对较差，私企为债务积累较低的个体，其生产率相对较高。因此异质性企业的生产率差异与金融脆弱的差异会影响去杠杆对利率、消费、投资以及产出的效应。

五、文献回顾总结

综上所述，已有文献对我们认识债务杠杆的水平与结构，分析债务可持续性及其对金融风险、产出波动的传导效应很有帮助。不过从总体上债务杠杆的相关研究主要存在着四方面的可改善之处：（1）债务水平高低的判断偏经验主义，而事实上，一个国家债务GDP比率的上升并不一定意味着债务的不可持续性，例如，在投资大幅增长或者结构转型时，短期的高债务会被未来经济增长的前景所保障；（2）用宏观债务的加总数据分析其对风险与产出的影响偏静态，难以捕捉风险偏好、期限结构、汇率变动等对债务风险评估及其对宏观经济变量影响的分析；（3）决定债务风险的宏观变量（比如金融脆弱、经济周期、利率等变量）常常被假设在稳态，而事实上，在受到政策变量影响或者外部冲击时，债务风险很可能急剧变化，给经济带来急停的伤害；（4）用代表性个体来分析债务问题可能出现结构性的偏差，比如企业异质性的存在，会影响债务累计风险的衡量以及去杠杆冲击下经济波动的大小与方向。

与此同时，金融摩擦理论（Bernake 和 Gertler，1989；Kiyotaki 和 Moore，1997）和不确定性理论的提出（Gray 等，2008；Quadrini，2011；Mendoza，2010）指出信贷约束可能会放大债务冲击对经济体的影响，而宏观变量的不确定性因素会通过状态变量影响传导渠道与最终效应，对于我们分析债务杠杆、金融风险与产出波动这三者关系提供了更符合当下债务问题的切入点，使我们在理论上可以对相关文献的不足做出针对性的突破，在实践上可以将改进后的模型与结论用于宏观风险管理与经济政策制定，维护中国以及新兴经济体宏观和金融稳定，促进经济持续稳定增长。

文献索引

［1］陈雨露、马勇和徐律（2014）：“老龄化、金融杠杆与系统性风险”，《国际金融研究》，第9期，第3-14页。

［2］曹远征、钟红、廖淑萍和叶蓁（2012）：“重塑国家资产负债能力”，《财经》，第15期。

［3］宫小琳（2012）：“未定权益分析方法与中国宏观金融风险的测度分析”，《经济研究》，第3期，第76-87页。

［4］宫小琳和卞江（2010）：“中国宏观金融中的国民经济部门间传染机制”，《经济研究》，第7期，第79-90页。

［5］苟文均、袁鹰和漆鑫（2016）：“债务杠杆与系统性风险传染机制”，《金融研究》，第3期，第74-91。

［6］黄志龙（2013）：“中国国民经济各部门杠杆率的差异及政策建议”，《国际金融》，第1期，第51-53页。

［7］黄益平（2016）："破解中国高杠杆陷阱"，财新网，2016 年 3 月 14 日。

［8］李扬、张晓晶、常欣、汤铎铎和李成（2012）："中国主权资产负债表及其风险评估（上）"，《经济研究》，第 6 期，第 4 – 19 页。

［9］李扬、张晓晶、常欣、汤铎铎和李成（2012）："中国主权资产负债表及其风险评估（下）"，《经济研究》，第 7 期，第 4 – 21 页。

［10］李扬、张晓晶和常欣等（2015）：《中国国家资产负债表 2015》，中国社会科学出版社。

［11］陆婷和余永定（2015）："中国企业债对 GDP 比的动态路径"，《世界经济》，第 5 期，3 – 16 页。

［12］马建堂、董小君、时红秀、徐杰和马小芳（2016）："中国的杠杆率与系统性金融风险防范"，《财贸经济》，第 3 期，第 5 – 21 页。

［13］马骏、张晓蓉和李治国（2012）：《中国国家资产负债表研究》，社会科学文献出版社。

［14］马勇、田拓、阮卓阳和朱军军（2016）："金融杠杆、经济增长与金融稳定"，《金融研究》，2016 年第六期，第 37 – 51 页。

［15］谭小芬（2016）："中国企业杠杆率现状、影响及去杠杆的对策"，中国经济开放论坛专题研讨会会议论文，上海交通大学安泰管理学院，1 月。

［16］野村证券（2013）："中国正在升起的金融风险"，研究报告。

［17］吴盼文、曹协和、肖毅、李兴发、鄢斗、卢孔标、郭凯、丁攀、徐璐和王守贞（2013）："中国政府性债务扩张对金融稳定的影响——基于隐性债务视角"，《金融研究》，第 12 期，第 59 – 71 页。

［18］张明和贺军（2013）："中国经济去杠杆化的潜在风险"，《金融市场研究》，第 5 期，第 4 – 9 页。

［19］中国金融论坛课题组（2017）："杠杆率结构、水平和金融稳定：理论与经验"，中国人民银行工作论文，NO. 2017/1。

［20］钟宁桦、刘志阔、何嘉鑫和苏楚林（2016）："中国企业债务的结构性问题"，《经济研究》，第 7 期，第 102 – 117 页。

［21］Adrian，T.，Boyarchenko，N.，& Shin，H. S.，2015，The cyclicality of leverage，Staff Report，Federal Reserve Bank of New York，No. 743.

［22］Arcand，J.，Berkes E. and Panizza U.，2012，"Too Much Finance?"，IMF Working Paper，No. WP/12/161.

［23］Bernanke，Ben S.，and Gertler，Mark，1989，"Agency Costs，Net Worth，and Business Fluctuations，" American Economic Review 79（1），14 – 31.

［24］Bernanke，B.，Gertler M. and Gilchrist S.，1996，"The Financial Accelerator and the Flight to Quality"，Review of Economics and Statistics，78（1），1 – 15.

［25］Bianchi，J.，2011，Overborrowing and Systemic Externalities in the Business Cycle. American Economic Review 101（7），3400 – 26.

［26］Bianchi，J. and E. G. Mendoza，2010，Overborrowing，Financial Crises and 'Macro – prudential' Taxes. NBER Working Papers 16091，National Bureau of Economic Research，Inc.

［27］Borio，C. and Drehmann M.，2009，"Assessing the Risk of Banking Crises – Revisited"，BIS Quarterly Review, (March): 29 –46.

[28] Borio, C. and Lowe P. , 2002, "Asset prices, Financial and Monetary Stability", BIS Working Papers, No. 114.

[29] Brunnermeier, M. K. , T. M. Eisenbach, and Y. Sannikov, 2013, Macroeconomics with Financial Frictions: A Survey. In D. Acemoglu, M. Arellano, and E. Dekel (Eds.), Advances in Economics and Econometrics, Tenth World Congress of the Econometric Society. New York: Cambridge University Press.

[30] Brunnermeier, M. K. and Y. Sannikov, 2014, A Macroeconomic Model with a Financial Sector. American Economic Review 104 (2), 379 –421.

[31] Castren, O. , and L. M. Kavonius, 2009, Balance Sheet Interlinkages and Macrofinancial Risk Analysis in the Euro Area, European Central Bank Working Papers, No 1124, December.

[32] Cecchetti, S. , Mohanty M. and Zampolli F. , 2011, "The Real Effects of Debt", BIS Working Paper, No. 352.

[33] Christiano, L. and D. Ikeda, 2011, Government Policy, Credit Markets and Economic Activity. NBER Working Papers 17142, National Bureau of Economic Research, Inc.

[34] Eggertsson, G. B. and P. Krugman, 2012, Deleveraging, and the Liquidity Trap: A Fisher – Minsky – Koo Approach. The Quarterly Journal of Economics 127 (3), 1469 –1513.

[35] Eichengreen, B. and Mitchener K. , 2003, "The Great Depression as A Credit Boom Gone Wrong", BIS Working Paper, No. 137.

[36] Gertler, P. and Hofmann B. , 2016, "Monetary Facts Revisited", BIS Working Papers, No. 556.

[37] Gertler, M. and N. Kiyotaki, 2010, Financial Intermediation and Credit Policy in Business Cycle Analysis. In B. M. Friedman and M. Woodford (Eds.), Handbook of Monetary Economics, Volume 3 of Handbook of Monetary Economics, Chapter 11, pp. 547 –599. Elsevier.

[38] Greenlaw. , A. Kashyap, and K. Schoenholtz, 2010, "Stressed Out: Macroprudential Principles for Stress Testing", Chicago Booth Paper NO. 12 –08.

[39] Gray, D. , R. Merton, and Z. Bodie, 2007, Contingent Claims Approach to Measuring and Managing Sovereign Credit Risk, Journal of Investment Management, 5 (4): 5 –35.

[40] Gray, D. , Cheng Hoon Lim, E. Loukoianova, and S. Malone, 2008, "A Risk – based Debt Sustainability Framework: Incorporating Balances Sheets and Uncertainty" IMF working paper, February.

[41] Gray, D. , and A. Jobst, 2010, New Directions in Financial Sector and Sovereign Risk Management, Journal of Investment Management, 2010, 8 (1): 23 –38.

[42] Guerrieri, V. and G. Lorenzoni, 2011, Credit Crises, Precautionary Savings, and the Liquidity Trap. NBER Working Papers 17583, National Bureau of Economic Research, Inc.

[43] Guerrieri, L. and M. Iacoviello, 2013, Collateral constraints and macroeconomic asymme – tries. , International Finance Discussion Papers 1082, Board of Governors of the Federal Reserve System (U. S.).

[44] Herndon, T. , Ash M. and Pollin R. , 2014, "Does High Public Debt Consistently Stifle Economic Growth? A Critique of Reinhart and Rogoff", Cambridge Journal of Economics, 38 (2): 257 –279.

[45] International Monetary Fund, 2012, World Economic Outlook, IMF.

[46] Jermann, U. and V. Quadrini, 2012, Macroeconomic effects of Financial Shocks, American Economic Review 102 (1), 238 –71.

[47] Jorda, O. , M. Schularick, and A. M. Taylor, 2013, When Credit Bites Back, Journal of Money, Credit and Banking 45 (s2), 3 –28.

[48] Justiniano A, Primiceri G E, Tambalotti A. , 2015, Household leveraging and deleveraging, Review of Economic Dynamics, 2015, 18 (1): 3 –20.

[49] Kiyotaki, Nobuhiro, and John Moore, 1997, Credit Cycles, Journal of Political Economy, 105: 211 –248.

[50] Lund. S, . C. Roxburgh, and T. Wimmer, 2010, "The Looming Deleveraging Challenge", McKinsey Quarterly, Working Paper.

[51] Maffezzoli, M. , & Monacelli, T. , 2015, Deleverage and financial fragility, working paper, Università Bocconi.

[52] Malone, Samuel W. , 2005, "External Volatility, Balance Sheet Effects, and Sovereign Spreads," IDB Working Paper 548, Washington: Inter – American Development Bank.

[53] Mendoza, Enrique, 2010, Sudden Stops, Financial Crises, and Leverage, American Economic Review,100 (5): 1941 – 1966.

[54] Merton, Robert C. , 1974, On the Pricing of Corporate Debt: The Risk Structure of Interest Rates, Journal of Finance, 29, 449 –70.

[55] Mian, A. , K. Rao, and A. Sufi, 2013, Household Balance Sheets, Consumption, and the Economic Slump, The Quarterly Journal of Economics, 128 (4), 1687 – 1726.

[56] Mian, A. and A. Sufi, 2010, Household Leverage and the Recession of 2007 – 09. IMF Economic Review 58 (15896), 74 – 117.

[57] Midrigan, V. and T. Philippon, 2013, Household Leverage and the Recession, 2013 Meeting Papers 335, Society for Economic Dynamics.

[58] Milgate, M. , 1987, "Juglar, Clement", in The New Palgrave: A Dictionary of Economics (E – J), Eatwell, J. , M. Milgate, and P. Newman (ed.), 1037. London and New York: Macmillan and Stockton.

[59] Minea, A. and Parent A. , 2012, "Is High Public Debt Always Harmful to Economic Growth?", CERDI Working Papers, No. 201218.

[60] Perri, F. and V. Quadrini, 2011, International Recessions. NBER Working Papers 17201, National Bureau of Economic Research, Inc.

[61] Quadrini, V. , 2011, Financial Frictions in Macroeconomic Fluctuations. Economic Quarterly 97 (3), 209 –254.

[62] Reinhart, C. and Rogoff K. , 2009, This time is different: Eight Centuries of Financial Folly, Princeton University, Princeton and Oxford.

[63] Reinhart, C. and Rogoff K. , 2010a, Growth in a Time of Debt, American Economic Review, 100 (2): 573 –578. Reinhart, C. and Rogoff K. , 2010b, "Debt and Growth Revisted", MPRA Paper, No. 24376.

[64] Reinhart, C. and Rogoff K. , 2011, From Financial Crash to Debt Crisis, American Economic Review, 101 (5): 1676 – 1706.

[65] Reinhart, C. and Rogoff, K. , 2015, Financial and Sovereign Debt Crises: Some Lessons Learned and Those Forgotten, Journal of Banking and Financial Economics, 2 (4): 5 – 17.

[66] Reinhart, C. , Reinhart V. and Rogoff K. , 2015, Dealing with Debt, Journal of International Economics, 96 (S1): S43 – S55.

[67] Schumpeter, J. , 1954, History of Economic Analysis. New York: Routledge.

[68] Silva, N. , N. Ribeiro, and A. Antunes, 2011, "Towards a CCA – based Systemic Risk Indicator", Banco De Portugal Financial Stability Report, November.

第五章

国际资本流动：动因、影响及管理

本章系统性地梳理国际资本流动的驱动因素、影响及管理相关的经典以及前沿文献。通过文献梳理，回顾国际资本流动中存在卢卡斯之谜的原因，总结导致国际资本流动及其波动的因素，分析国际资本流动对经济增长的影响，从宏观金融稳定角度讨论国际资本流动的风险，把握管理国际资本流动的框架、政策工具及政策工具的效果，介绍网络分析法在国际资本流动研究中的应用，并前瞻性地提出值得进一步拓展的研究方向。

一、引言

随着 2008 年全球金融危机的蔓延，跨境资本流动规模大幅下滑，国际资本流动波动加剧，各经济体特别是新兴市场经济体的经济和金融稳定面临着极大的挑战，引发关于国际资本流动的驱动因素、其对宏观经济和金融产生的影响的广泛关注，对于国际资本流动管理的紧迫性和重要性已成为新的共识。

与此同时，中国跨境资本流动在金融危机后也呈现双向波动的新常态，这已成为中国宏观经济运行和管理中不可忽视的一部分。2007 年全球金融危机爆发之前，中国非储备性质资本与金融账户长期呈现顺差态势，而危机期间中国首次出现大规模的资本外流，自此至 2016 年第 4 季度中国非储备性质资本与金融账户出现三轮、共 16 个季度大规模的资本净流出（见图 5－1）；随后 2017 年第 1 季度开始又转为资本净流入。跨境资本双向震荡波动的新态势对中国经济金融平稳运行可能产生的冲击和影响不容忽视，也使跨境资本流动管理更为复杂，任务更为艰巨。

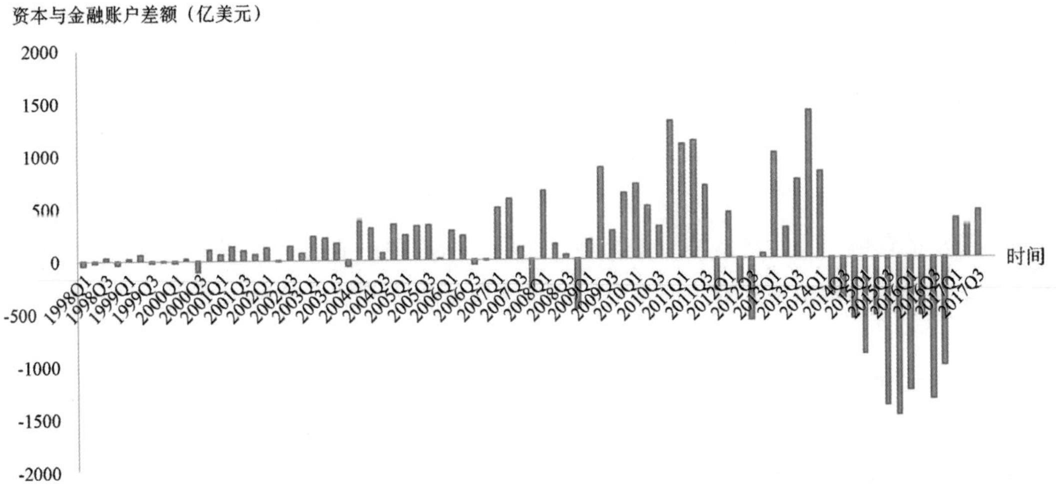

图 5－1　中国非储备性质资本与金融账户差额

除了运用货币政策、财政政策和汇率政策这类传统开放经济政策协调工具外，许多经济体开始频繁采取资本账户管制和宏观审慎政策等措施管理国际资本流动，推动政策实践新发展（余永定和张明，2012）。国际货币基金组织（IMF）、20 国集团、亚洲开发银行等国际组织重新审视资本管制的必要性和重要性，致力于构建国际资本流动管理新框架（IMF，2011a，2011b，2012a，2012b；Qureshi 等，2011；Ostry 等，2016），特别是一贯推行资本项目自由的国际货币基金组织开始呼吁各国谨慎应对资本账户开放，在必要时做出适当管理，特别是短期资本项目（Ostry，2010，2011，2016；IMF，2012）①。

本篇文献导读通过梳理国际资本流动的驱动因素、影响及管理的相关文献，提供这3个方面关于国际资本流研究的发展脉络和研究框架。本文献导读旨在基于宏观经济和理论发展背景，梳理各方向经典以及前沿文献，总结分析框架和观点，总结经典及前沿文献的分析方法，并结合当前关于国际资本流动的学术和政策讨论，提炼出未来该领域文献的发展方向。文献梳理将从国际资本流动的驱动因素、其对宏观经济金融的影响，以及针对国际资本流动的管理3个方向，逐层拨开，逐渐深入。

二、国际资本流动驱动因素

（一）国际资本流动的卢卡斯之谜

早期学者基于新古典理论框架分析国际资本流动动因。根据新古典理论，资本会从资本丰裕的富国流向资本稀缺的穷国，以追逐更高的资本回报率。然而，事实上国际资本从富国流向穷国的规模远未达到新古典理论预测的水平（Lucas，1990）。现有文献尝试从以下3个方面解释上述Lucas之谜：（1）Alfaro等（2008）认为发展中国家制度环境较差，从而降低了投资吸引力；（2）Reinhardt等（2013）认为各国资本账户开放程度存在差异，发展中国家资本账户开放程度低，增加了国际资本流动的交易成本，进而影响了资本从发达经济体流到发展中经济体；（3）Jin（2012）在新古典理论基础上增加国际贸易对于国际资本流动的影响：发达经济体资本充足发展资本密集型产业更有优势，而发展中经济体资本稀缺发展劳动密集型产业更有优势，因而国际资本受到国际贸易（或者产业结构）的影响，反而会从发达经济体流向发展中经济体，国际资本流动会同时受到新古典理论推测的效应和国际贸易效应共同影响。Gourinchas和Jeanne（2013）进一步发现发展中国家内部的国际资本流动之谜，即在发展中国家内部，反而是生产率更低的国家吸引更多的国际资本流动。

（二）国际资本流动及其波动的驱动因素

2008年全球金融危机以来，随着国际资本流动的规模大幅下滑，波动加剧，产生了大量关于国际资本流动及其波动性的研究，引发了两支快速发展的文献。

第一支文献在原新古典理论基础上，引入除经济发展和增长外更多的因素，并将这些因素整合为推动和拉动因素（Fratzscher，2012），为分析国际资本流动的成因提供了一个较为完整的框架，被广泛接受。推动因素主要指发达国家的宏观经济形势、政策等因素，

① 余永定和张明（2012）、田拓（2011）对IMF提出的新框架进行了总结和评述。

而拉动因素则主要强调各经济体内部的异质性因素。各国决策者对于推动还是拉动因素占主导各持己见，研究中对主导国际资本流动的因素也未能达成一致。

第二支文献关注国际资本流动的异常表现的影响因素（Forbesa 等，2012；Ghosh 等，2014）。这支文献更加关注国际资本流动的波动性，利用统计方法将资本流动的异常波动分为 Surge（涌入）、Stop（骤停）、Flight（外逃）、Retrenchment（撤回）等类型，并通过对这四种波动形式的检测以及产生原因的解释来观测过去 20～30 年的资本流动情况，找出其中的影响因素、规律及产生的影响。与此同时，大量学者认为，危机期间国际资本大幅波动与金融市场不完备性有关，并在本次金融危机后得到了深入的研究（Brunnermeier 和 Sannikov，2014，2015；Caballero 等，2008，等等）。

（三）金融摩擦与国际资本流动

一些学者从金融市场不完备性（金融摩擦）出发，刻画不同国家金融发展的差异，解释国际资本流动的方向和规模。金融摩擦理论最初由 Bernanke 和 Gertler（1989），Kiyotaki 和 Moore（1997）提出，用于研究借贷约束对宏观经济的影响，他们均发现金融摩擦会对外部冲击产生放大作用。后来学者将金融摩擦理论运用到开放经济，研究借贷约束对资本流动方向和规模的影响。研究发现，借贷合约中存在摩擦，如投资者保护不足等，会限制经济体参与国际金融市场借贷的能力，将导致资本流出，即使资本稀缺或者生产率高的国家也可能会产生资本流出（Aoki 等，2010；Boyd 和 Smith，1997；Brunnermeier 和 Sannikov，2014，2015；Gertler 和 Rogoff，1990；Matsuyama，2004）。

Mendoza 等（2009）从执行问题视角考察国际金融市场高度整合而金融发展不完备的情形。资本市场不完备主要体现为国内金融机构不能提供或有资产，以及借贷双方只能签订不完全合约，借方可能私藏收入而不向金融机构还款。他们的研究发现，执行问题更严重的国家将出现资本净流出，另一些没有执行问题的国家在接受资本净流入同时，也会以外商直接投资等形式流出。从而刻画了双向流动的国际资本，并解释了全球失衡问题。Ju 和 Wei（2010）同样从执行问题出发解释了资本双向流动。通过建立修正后的 Holmstrom 和 Tirole（1979）模型，引入“利率楔子”，刻画金融发展落后的国家国内储蓄回报始终低于国外储蓄回报。金融发展落后国家企业家存在道德风险，因此资本将流出。金融发达国家能较好控制道德风险，因此，其吸收资本流入的同时还对外直接投资。与从资金需求方的讨论不同，Caballero 等（2008）从供给面出发刻画金融发展差异，认为金融发展落后的国家无法提供足够的金融工具以满足储蓄者需求，因此会出现储蓄工具不足，资本流出。

上述关于国际资本流动的文献对金融摩擦的刻画主要是执行问题或者道德风险，金融市场的不完备性还体现在信息不对称引发的逆向选择（Besanko 和 Thakor，1987；Bester，1985，1987；De Meza 和 Webb，1987）。逆向选择常引起过度投资（De Meza 和 Webb，

1987；Martin，2008）。然而，极少有研究将逆向选择这一重要的信息不对称问题引入国际资本流动研究中。Martin 和 Taddie（2013）将逆向选择引入开放经济增长模型，研究发现，逆向选择将引起资本过度流入低生产率投资。

三、国际资本流动对经济金融的影响

国际资本流动对一国经济增长、宏观经济稳定以及金融稳定具有重要的影响，在理论研究和政策实践层面都具有极大的研究价值（Kose 等，2009），在 2008 年全球金融危机后更是引发新一轮的广泛关注和研究。

（一）国际资本流动对经济增长的影响

资本账户自由化对于经济增长的影响，是国际经济学的一个基本问题，已有文献进行了广泛深入的讨论。然而，无论是具体的影响渠道，还是最终的影响结果，现有文献都存在重大分歧，甚至得到相互矛盾的结论。Prasad 等（2003）、Edison 等（2004）以及 Kose 等（2009）对这一文献作了较为全面的综述①。

大量文献探究了资本账户开放对经济增长的影响。一方面，资本账户开放可以通过开放的国际金融市场增加投融资渠道，弥补国内资本不足，降低融资成本，以及通过加速金融深化，促进制度建设，完善治理结构等间接效应，对经济发展起到促进作用（Kose 等，2009）。另一方面，资本账户开放不当引发的资本流动也可能加剧国内经济波动，使得国内金融体系更加脆弱，增加危机爆发的风险并扩大危机的影响规模（Levy Yeyati 等，2010；李巍，2008；孙俊和于津平，2014）。资本账户开放带来的潜在成本可能抵消其潜在经济收益（Rodrik，1998；Stiglitz，2000），资本跨境自由流动因而常常被认为是一把“双刃剑”。与理论上的争论相呼应，大量实证研究中关于资本账户开放与经济增长之间的关系，也得到了极为不一致的证据（Bumann 等，2013；陈雨露和罗煜，2007；Kose 等，2009）。

资本账户开放促进经济增长的渠道，可以大致分为直接收益和间接效应（或催化效应）两类。早期文献受到传统的新古典理论的影响，更多关注直接效应，强调资本账户开放对于拓宽国内融资渠道、降低国内融资成本上的改善。近期文献开始注重间接效应，更加强调资本账户开放通过促进金融发展、制度完善、公司治理改进以及宏观稳定，进而改善资本配置（Chinn 和 Ito，2006；Cornelius 和 Kogut，2003；Klein 和 Olivei，2008；Kose 等，2009；Mishkin，2006；Stulz，2005），以及利用开放后多元化的国际金融市场分散国

---

① Prasad 等（2003）、Edison 等（2004）和 Kose 等（2009）分别整理了研究资本账目开放与经济增长关系的主要实证文献，分别见其文章表 3.2，表 6 和表 3a。

内风险①，从而促进生产率提高及经济增长（Acemoglu 和 Zilibotti，1997；Kalemli - Ozcan 等，2003；Obstfeld，1995）。然而，随着资本项目开放在发展中国家的推进，20 世纪 80 年代以及 90 年代，拉丁美洲、非洲以及亚洲相继爆发金融危机，引发人们的反思。一些研究认为，资本账户开放也会带来巨大的风险，这些潜在成本会抵消上述经济收益（Bhagwati，1998；Rodrik，1998；Stiglitz，2002）。简而言之，资本项目开放既可能带来正面促进效应，也可能产生潜在的成本，其对经济增长的净效应，在理论探讨上并未达成共识，就主要的影响渠道和相对强弱也未能得到一致认识。

与理论上的分歧相对应的，是实证研究中也存在不一致、甚至互为矛盾的证据。这些证据大致可以归纳为 4 类：（1）资本项目开放促进经济增长；（2）两者关系不确定；（3）两者间无显著关系；以及（4）资本项目开放阻碍经济增长。由于文献较多，附录表 1 总结了主要文献的研究样本、研究方法、开放指标，以及主要发现。

Kose 等（2009）总结现有探讨资本账户开放对于经济增长影响的文献，发现 3 个规律。第一，基于宏观层面数据的研究，得到的结论差别较大，而基于微观行业和企业层面的研究，大多数都支持资本账户自由化对增长具有正向作用。第二，虽然整体上资本账户自由化对增长的影响结论不明确，但是股票市场开放的增长促进作用得到了许多研究支持，这可能与开放股票市场时国内金融环境一般已经较为成熟有关。第三，由于指标的改进、数据时期延长，以及考虑门槛效应，实证结论具有向促进效应转变的趋势。

现有文献关于资本账户开放对经济增长影响存在诸多分析，分歧主要集中在资本账户开放对经济增长的影响渠道方面，并表现为在资本账户开放对经济增长的影响在实证结果上的不一致性。一些文献受到传统的新古典理论的影响更多关注直接效应，即强调资本账户开放可以拓宽国内融资渠道、降低国内融资成本，进而促进资本积累（Henry，2007）。Henry（2007）通过构建新古典（技术进步外生）经济增长理论的框架，得出资本账户开放通过促进投资（资本形成），短期内会提高人均 GDP 增长率，但是投资增长率以及人均 GDP 的增长率仅仅存在短期存在跳跃性提高，在长期则依然会恢复到开放前的水平。Schularick（2010）对比分析了人类历史上的两次资本账户大开放，发现第一次（1880 ~ 1914 年）资本账户大开放产生了直接效应，表现出大规模的净资本流动以及明显的资本积累，而近期（1980 ~ 2002 年）的资本账户开放并没有刺激大量资本从资本过剩的国家流向资本紧缺的国家。这与 Lucas（1990）提出的 Lucas 之谜一致：在现实中并没有发现资本从资本丰裕的经济体流向稀缺经济体。因而，寄希望于资本账户开放通过直接效应来带动一国经济发展遭到学术界质疑。

另一些文献更为注重间接效应，更加强调资本账户开放通过促进金融发展、制度完

---

① Prasad 等（2003）整理了研究资本账目开放与风险分散的近期主要实证文献，见其文章表 3A. 1。

善、公司治理改进和宏观稳定、改善资本配置（Chinn 和 Ito，2006；Klein 和 Olivei，2008；Mishkin，2006），以及利用开放后多元化的国际金融市场分散国内风险（Obstfeld，1995），从而提高技术进步率，促进经济增长。如 Mishkin（2006）等从理论上表明外资银行有助于改进国内监管水平、丰富国内金融工具和加强技术创新并增强国内竞争和改善国内金融服务质量；Klein 和 Olivei（2008）强调开放资本账户通过促进金融深化间接带动了经济增长；Chinn 和 Ito（2006）则发现，在一国法制水平达到一定程度的时候，放开资本项目管制会促进国内股票市场发展。

（二）国际资本流动对经济波动的影响

在对经济波动的影响方面，理论分析关于资本账户开放对经济波动的影响机制及结果尚存在诸多争议，同时实证研究也没有证明二者之间存在稳健的联系（Kose 等，2009；黄志刚，2010；经济增长前沿课题组，2005；李巍和张志超，2008；李杨，1995；熊衍飞等，2015）。虽然现有文献对资本账户开放效应的探讨尚未得出明确的结论，但无论从理论研究还是政策实践的角度来看，这个问题始终具有极大的探究价值。

在已有文献中，有关资本账户开放对经济增长与波动的影响总是被分开讨论，这导致资本账户开放对宏观经济影响的净效应不甚明确。而近期的文献打破了宏观经济分析二分法将增长与波动分离的做法，开始关注解决经济增长与波动之间的相关性。一方面，由于投资不可逆转性和信贷市场的不完善会在衰退时期限制投资，因此经济产出的波动会在一定程度上抑制经济增长（Aghion 和 Howitt，2006；Badinger，2010），一些实证文献也的确证明了经济增长与波动之间的负向关系（Ramey 和 Ramey，1995；Turnovsky 和 Chattopadhyay，1998；Badinger，2010）。然而，另一方面，根据熊彼特式“清洗效应”——在衰退时期生产力的机会成本更低，这意味着经济增长与波动之间存在正向关系（Caballero 和 Hammour，1991；Hall，1991）。另外也有研究表明，经济增长和波动在国家层面呈负相关关系，而在经济部门层面则呈正相关关系（Imbs，2007）。

因此，在金融全球化的背景下，当我们研究资本账户开放对经济的影响时，考虑到经济增长与波动之间的关联作用，将这二者分开进行探究的做法有失偏颇，而且这也使我们不能很好地挖掘金融全球化带给我们的净利益。Kose（2006）探究了金融全球化对经济增长和波动二者关系的影响，并指出金融全球化在很大程度上削弱了经济增长与波动之间的负相关性。但是他的研究模型中忽略了经济增长和波动之间的内生关系，这使得其结果的可靠性有待商榷，同时其研究结果也不能明确给出金融全球化对经济增长和波动影响的净效应。荀琴等（2017）通过将经济增长和波动之间的权衡关系转化为资源再分配问题，重新探索资本账户开放对经济增长和波动的影响，从而巧妙地解决了上文述及的内生性问题，并能在统一的框架下评估资本账户开放对经济产生的净效应。

（三）国际资本流动与金融稳定

关于国际资本流动与金融稳定的关系也是文献争议的焦点。一些文献发现，危机前后，国际资本经历从急剧涌入、突然停止、资本外逃以及资本流出收缩的整个极端运动过程（Forbes 和 Warnock，2012），大规模国际资本流动逆转是引发金融危机的重要因素（Reinhart 和 Rogoff，2009；Korinek 和 Sandri，2016；Brunnermeier 和 Sannikov，2014，2015）。然而，Edwards（2007）以及 Glick 和 Hutchison（2001）发现资本国际流动性与危机间并没有显著的相关关系；Glick、Guo 和 Hutchison（2006）在控制选择性偏误问题后发现，资本项目开放反而会降低一国经历金融危机的概率。Edwards（2008）发现资本流动管制严格的国家在危机后的产出成本并没有显著降低，而 Hutchison 和 Noy（2005）以及 Bonfiglioli 和 Mendicino（2004）则发现开放经济体的产出受到危机的影响反而更弱。

关于国际资本流动的影响，一些文献开始关注当国际资本流动出现大幅流入、骤停、外逃等异常情况时对经济增长、波动及金融稳定的影响（Benigno 和 Fornaro，2015；Caballero，2014；Giavazzi 和 Spaventa，2010）。虽然现有文献对国际资本流动的效应的探讨尚未得出明确的结论，但无论从理论研究还是政策实践的角度来看，这个问题始终具有极大的探究价值。

四、国际资本流动的管理：框架、工具及效果评估

（一）国际资本流动的管理框架

全球金融危机爆发以来，面对国际资本无序大规模流动，加强国际资本流动管理重新成为共识，建立全球性的国际资本流动管理规则成为国际社会呼吁和探讨的焦点。国际货币基金组织（IMF）、20 国集团（G20）、亚洲开发银行（ADB）等国际组织重新审视资本管制的必要性和重要性，致力于构建国际资本流动管理新框架，特别是一贯推行资本项目自由的国际货币基金组织开始呼吁各国谨慎应对资本账户开放，在必要时做出适当管理，特别是短期资本项目（Ostry，2010，2011，2016；IMF，2012a，2012b）。这些讨论关于资本管制与资本项目自由化的理念和观点正在发生令人瞩目的变化，在应对国际资本流动的政策选择、实现多边协调方面取得一定进展。2008 年金融危机后关于国际资本流动管理重要性的再认识，以及各国应对国际资本流动的政策实践，推动了关于国际资本流动管理的理论和实证研究的发展。

从国际资本流动管理目标来看，国际资本流动管理通常是为了降低金融风险（Farhi 和 Werning，2013；Schmitt - Grohe 和 Uribe，2013），或者维持宏观经济稳定（Korinek，2010）。

从框架上来看，IMF 提出的国际资本流动管理框架区分了宏观经济应对政策与资本流动管理政策，前者包括汇率干预、外汇管理和其他货币与财政政策，后者则包括一系列旨在影响资本流动的价格型、数量型资本管制政策和宏观审慎政策，作用于宏观经济并产生多边效应。在实施这一政策框架时，IMF 需要确保各国行为保持多边一致，因而对本国与外国居民区别对待的资本流动管理方法应置于管理国际资本流动框架的最后。

G20 总结了其关于国际资本流动管理的结论（G20，2011），并就政策工具、资本流动管理的政策定位以及多边协调对各国监管资本流动提出倡议。亚洲开发银行在 2008 年危机爆发后便组织东盟 +3 国家智库组建核心研究团队，通过国别研究、理论探索、文献回顾等探讨国际资本流动管理的措施。2013 年，其发布的工作论文基于 IMF 国际资本流动管理新框架提出更具操作性的资本管制指导方针（Gochoco - Bautista 和 Rhee，2013），指出一国资本管制政策实施的前提条件可以设置为不存在持续的经常账户顺差，以此来避免各国通过资本管制操作汇率，这一标准更具操作性。在这一观点上，G20 和 IMF 都保持高度一致，而 IMF 设定的前提条件涵盖更广，可操作性较弱。

（二）国际资本流动的管理工具

从国际资本管理政策工具来看，根据 IMF 的划分，除传统的宏观经济政策工具外，国际资本管理政策工具主要包括资本管制政策和宏观审慎监管政策（Ostry 等，2010，2011，2016）。另外一些学者也做出其他划分尝试，如 Kawai 和 Takagi（2008）将政策工具分为宏观经济政策工具、结构性政策工具、资本管制工具 3 类，施建淮（2010）将政策工具分为抵消资本流入影响的政策工具和限制资本流入的政策工具，张明（2011）认为新兴市场国家可以采取宏观经济、金融监管、资本市场与资本流动管理等四方面政策工具应对跨境短期资本流动流入。影响和接受程度更为广泛的仍是 IMF 的相关划分。

Korinek 和 Sandri（2016）首次在模型中对资本管制政策和宏观审慎监管政策进行了区分：二者区别在于资本管制政策指对本国居民与外国居民区别对待以影响资本流动的措施（IMF，2012a），是对国内所有参与主体（借款者和储蓄者）与国外所有参与主体之间的资本交易行为实施管制，从而将国内市场与国际市场分隔开；而宏观审慎政策是在国内借款者与国内外所有储蓄者之间的资本交易行为施加管制。宏观审慎政策增加借款者的借款成本，而对贷款者无影响；与之相反，资本管制政策通过设置国内市场和国际市场间的交易障碍，同时提高国内借款者和贷款者的利率成本。

（三）国际资本流流动的管理效果

2008 年金融危机后，关于资本管制以及宏观审慎政策的理论效果探讨取得了丰硕的成果。通过引入借贷约束，Korinek 和 Sandri（2016）发现，宏观审慎监管可以减少过度借债，而资本管制可以提高经济体总资产净值并刺激储蓄。当经济体面临较高的债务负担时，应提高两种政策措施。基于东亚金融危机国家数据，他们发现最优宏观审慎和资本管制税率均为2%。Korinek（2010）发现，通过对国际资本流入征收庇古税，可以降低危机期间金融体系对于风险的放大机制，提高社会福利。利用印度尼西亚历史数据做模拟，最优的庇古税为对FDI征收0税率，对外汇债务征收1.54%税率。Zhu（2014）证实资本流入交易税显著地改善就业、避免危机并改进社会福利，尤其是对于货币区经济体以及实施固定汇率的新兴经济体①。Jeanne（2014）则发现宏观审慎政策相比于资本管制更优。

实证评估方面，资本管制效果评估的文献较为丰富。早期的国别研究证据更加支持资本管制对于资本流入结构的影响效果（Cardenas和Barrera，1997；De Gregorio等，2000）。Binici等（2009）基于跨国数据研究资本流入和流出管制对于资本流动的影响，发现其对资本流动规模和流动结构均有显著影响。Magud等（2011）通过Meta方法萃取综合34篇实证研究结论同样发现资本管制改变资本流动结构的证据。Alfaro等（2015）考察巴西资本管制政策对于企业投资行为的影响，发现资本管制推高资本成本并压制投资。Zeev（2017）进一步发现资本流入管制能够有效吸收全球信贷冲击，维持宏观经济稳定。黄玲（2011）对智利、巴西等国资本管制的有效性进行了考察，认为资本管制的有效性与金融工具的创新有关，大量复杂的金融创新工具规避了资本的管制，使其有效性降低。从最终的结果看，他认为资本管制对控制资本大规模流入在短期内有效，但中长期很难奏效。

在宏观审慎监管的有效性评估方面，Habermeier等（2011）通过VAR模型对巴西等13个国家宏观审慎监管政策的有效性进行了检验，分析了宏观审慎监管政策与资本流入总量、资本流入结构、利差、货币升值、信贷增长和其他指标之间的关系，具有一定的代表性。Claessens等（2013）研究2000~2010年期间宏观审慎政策对各国银行资产负债表的影响，发现对于借款者以及金融机构的宏观审慎政策有效地降低了资产扩张，而逆周期缓冲几乎无效。Lim等（2011）通过广义矩估计（GMM）对49个发达和发展中国家的宏观审慎监管政策的有效性进行了检验，认为宏观审慎监管政策工具在减少金融部门的顺周期性上是有效的。Ostry等（2011）通过VAR模型对34个新兴市场国家的审慎政策的效果进行了检验，认为该政策对于减少债券市场资本流入、银行海外借款、本地银行的外汇贷款具有明显的效果；通过面板数据分析，其他审慎监管政策对已减少国内信贷效果明显。Qureshi等（2011）对51个新兴市场国家1995~2008年审慎监管政策的有效性进行了检验，结果表明，各种审慎监管可以减少对外负债的结构风险和外币贷款的经济风险程度。Gregorio（2010）在全球金融危机之后大规模资本流入新兴市场国家以及实施巴塞尔协议Ⅲ的背景下，分析了智利应对资本流入的措施。他认为，当大规模的资本流入时，货币和信贷风险增加，仅仅依靠货币政策和汇率政策是不够的，需要通过审慎监管来稳定金融。

① 对资本管制政策介绍详见Ostry等（2011）；对资本管制文献的回顾详见Korinek（2011a）。

此外，一些研究综合考察资本管制和宏观审慎政策效果。Qureshi 等（2011）研究了新兴经济体宏观审慎政策和资本管制的效果，发现这些政策可以减少短期资本和债务资本流入，有利于经济复苏。Forbes 等（2015）通过研究本次金融危机后各国国际资本流动管理政策的效果，发现这些政策，特别是宏观审慎政策，显著地降低了银行杠杆、通胀预期、银行信贷增长以及证券类债务资产规模，从而减少金融体系脆弱性；但对汇率稳定、资本流动、利差、通胀水平、股票指数以及其他波动性指标没有显著影响。

现有文献基于不同方法考察不同样本时期中国的资本管制的有效性。大部分文献发现中国资本管制有效或者至少部分有效（Cheung 和 Herrala，2013；苟琴等，2012；Ma 和 McCauley，2008；张斌，2003）一些文献发现管制无效或者在长期无效（黄益平和王勋，2010；金荦和李子奈，2005）。

（四）国际资本流动管理的多边协调

在经济和金融一体化深入的今天，各国的宏观经济形势及经济政策的变化，特别是发达经济体，将深刻地影响全球资本流动格局，为各国国际资本流动带来极大的不确定性。同时，资本流动管理本身还会引发跨境溢出效应。因此，应对国际资本流动，除了加强国别管理，还应该加强国际政策合作与协调。目前关于全球监管合作一直呼吁很高，但实质进展较为滞后。IMF 在其一系列报告中均强调了加强多边协作的重要性，呼吁跨国政策协调，提出对成员国进行双边与多边监管，但其政策协调仅局限于政策安排的次序上，明确提出实施资本管制的前提条件，而具体的监管规则并未落实。

构建多边政策协调框架时，不仅要关注提高资本管制的效率，也要考虑资本管制带来的溢出效应。正如 Giordani 等（2017）通过理论模型和实证检验所发现的，各国针对资本流入的管制措施将产生资本转向效应，使资本流入邻国或者经济特征相当的经济体。

为了防止通过资本账户管制操纵汇率，保持贸易竞争力，国际社会限制使用资本管制的国际努力。资本管制所产生的贸易影响，凸显了资本流动与贸易流动的内在联系，这一联系应被纳入完善国际资本流动管理规则以及贸易规则的考量中（Jeanne 等，2012）。然而事实上，对于商品的国际贸易与金融的国际交易的国际管制却是极为不对称的。针对商品贸易的国际规则致力于构建自由贸易体系，如世界贸易组织（World Trade Orgernization，WTO）和关税及贸易总协定（General Agreement on Tariffs and Trade，GATT）；而对资本流动的管理，除了针对直接投资的服务贸易总协定（General Agreement on Trade in Services，GATS）以及少数多边协定外，更多地依靠各国自由裁量。资本流动管理的国际规则的缺乏，与各界没有形成对于资本管制的原则判断直接相关。Jeanne 等（2012）认为，资本流动管理的国际规则应该鼓励福利改进的资本管制，而限制福利损害的资本管制；当前 IMF 应该推行的国际规则应该是朝着资本自由化方向努力，使国际商品贸易和资本交易的国际规则更为对称，同时各成员国还应保留一定实施资本管制的自由裁量权。

五、国际资本流动的网络分析视角

在理论层面上，Elliott 等（2014）构建理论模型，发现国际金融网络的加强，既可能给参与国带来风险分散效果，也可能带来风险的传染效果。一方面，由于各国的商业循环周期总是具有一定的不同步性，而且经济衰退的程度也各不相同，所以如果投资者将其资本安排在不同国家进行投资，那么他就可以面临比仅仅投资于一国时更少的风险（Agmon 和 Lessard，1981；Castren 等，2003；Fratzscher 和 Imbs，2008）。然而，另一方面，资本流动会助推风险蔓延，主要的原因可以分为两类（Calvo 和 Reinhart，1996；Dornbusch 等，2000）。Elliott 等（2014）则认为一国海外资本流动的分散化程度与一体化程度对于金融脆弱性的影响是不单调的：较低程度的分散化会导致风险的蔓延，但是当一国海外资本流动的分散化程度足够高时，该国可以更好地抵御其他国家金融风险的影响；较低程度的金融一体化会导致各国之间相互依赖程度加强，但是较高程度的金融一体化却可以帮助各国降低对所投资资产价格波动的敏感性。

现有关于国际资本流动分析的文献，特别是实证分析，大多从一个国家的总量国际资本流动数据着手，却囿于数据可得性和方法，始终难以分析一国的经济金融波动、宏观政策如何通过国际资本流动影响其他经济体，难以分析针对国际资本流动的管理工具的效果，是否会因一国是国际资本流动的中心国家还是外围国家而有所差异性，更难以分析中心国和外围过在应对国际资本流动中如何开展国际政策协作。

对上述难点的突破，近期文献基于社会网络分析工具以及更细化的双边国际资本流动数据做出一些尝试。例如，Caballero（2016）通过国际辛迪加银团贷款数据，刻画双边国家的银行信贷资本流动，并采用网络分析（network ananlysis），构建国际资本流动网络，进而分析危机的传播。然而，Caballero（2016）构建国际资本流动网络所依赖的基础数据，仅反映了银行信贷资金的跨境流动的一部分，无法全面刻画银行信贷资金的跨境流动，同时，他们在构建这一分析网络时所采用的网络分析工具比较薄弱，所以最终对于危机传染的分析有极大的改进空间。Minoiu 和 Reyes（2013）基于国际清算银行提供的跨境银行信贷数据，构建了全球 1978～2010 年期间的国际金融网络，发现全球金融网络紧密度在过去 30 多年里大幅加强。

六、总结

本篇文献导读梳理了国际资本流动的驱动因素、国际资本流动对经济增长和波动的影响、国际资本流动对金融稳定的影响，以及针对国际资本流动的管理相关的文献。现有文献在这些研究领域已经积累了丰富的成果，为我们把握国际资本流的波动、风险、收益提供了智慧。正如前述文献总结中提到的，各部分的研究仍尚待补充发展。本文最后提出两个方面值得进一步拓展的方向。

首先，现有文献中关于金融摩擦与国际资本流动管理的研究大多停留在理论层面，尚缺乏实证依据。现有实证评估国际资本流动研究的文献，大都忽略了各经济体的金融市场不完备性存在异质性，和理论研究比较脱节。而现实中国际资本流动的驱动因素、国际资本流动的影响、管理工具的政策效果托不可避免会受到金融摩擦差异性的影响，往往并没有完全一样的驱动因素，没有一样的宏观影响，也没有“一刀切”的最优政策工具。对不同金融摩擦程度的经济体，国际资本流动的驱动因素、影响、管理效果是否存在差异？对这些问题的回答，既具有重要的学术意义，更具有重要的政策意义。

其次，现有研究国际资本流动的文献，特别是实证分析，绝大部分从一个国家的总量国际资本流动数据着手，分析国际资本流动的动因、影响及管理效果，却囿于数据可得性和方法，始终难以分析一国的经济金融波动、宏观政策如何通过国际资本流动影响其他经济体，难以分析针对国际资本流动的管理工具的效果是否会因一国是国际资本流动的中心国家还是外围国家而有所差异性，更难以分析中心国和外围过在应对国际资本流动中如何开展国际政策协作。为此，未来值得社会网络分析，更好地揭示各国资国际资本流动的关系网络，分析国际货币体系现有格局下中心外围国家之间的经济金融关联，并检验中心外围国家的资本流动管理效果，在此基础上为应对国际资本流动的国际政策协作提供建议。

文献索引

［1］陈雨露和罗熠（2007）：“金融开放与经济增长：一个述评”，《管理世界》，第 4 期。

［2］苟琴、王戴黎、鄢萍、黄益平（2012）：“中国短期资本流动管制是否有效”，《世界经济》，第 2 期。

［3］黄玲（2011）：“综合考量资本管制效果和代价”，《中国金融》，第 6 期。

［4］黄益平和王勋（2010）：“中国资本项目管制有效性分析”，《金融发展评论》。

［5］黄志刚（2010）：“资本流动、货币政策与通货膨胀动态”［A］.《经济学（季刊）》，第 9 卷第 4 期。

［6］金荦和李子奈（2005）：“中国资本管制有效性分析”，《世界经济》，第 8 期。

［7］经济增长前沿课题组（2005）：“国际资本流动、经济扭曲与宏观稳定——当前经济增长态势分析”，《经济研究》，第 4 期。

［8］李巍和张志超（2008）：“不同类型资本账户开放的效应：实际汇率和经济增长波动”，《世界经济》，第 10 期。

［9］李杨（1995）：“国际资本流动与中国宏观经济稳定”，《经济研究》，第 6 期。

［10］孙俊和于津平（2014）：“资本账户开放路径与经济波动——基于动态随机一般均衡模型的福利分析”，《金融研究》，第 5 期。

［11］田拓（2011）：“后危机时代对跨境资金流动管理的思考——兼评 IMF 关于管理资本流入的政

策框架”，《国际金融研究》，第 8 期。

［12］熊衍飞、陆军和陈郑（2015）：“资本账户开放与宏观经济波动”，《经济学：季刊》，第 4 期。

［13］余永定和张明（2012）：“资本管制和资本项目自由化的国际新动向”，《国际经济评论》。

［14］张斌（2003）：“如何评价资本管制有效性—兼评中国过去资本管制效率”，《世界经济》，第 3 期。

［15］张明（2011）：“新兴市场国家如何应对资本流入：中国案例”，《国际经济评论》，第 2 期。

［16］Acemoglu, D., Naidu, S., Restrepo, P., and Robinson, J. A., 2014, Democracy Does Cause Growth [R], No. w20004, National Bureau of Economic Research.

［17］Aghion, P., and Howitt, P., 2006, "Appropriate growth policy: a unifying framework.". Journal of the European Economic Association, Vol. 4, Iss. 2 -3, pp: 269 -314.

［18］Alfaro, L., Chari, A., and Kanczuk, F., 2015, The Real Effects of Capital Controls: Liquidity Constraints and Firm Investment, Harvard Business School working paper, No. 15 -016.

［19］Aoki, K., Benigno G. and Kiyotaki N., 2010, Adjusting to Capital Account Liberalization, Working paper.

［20］Badinger H., 2010, "Output volatility and economic growth.". Economics Letters, 106 (1): 15 -18.

［21］Benigno, G, N Converse, and L Fornaro (2015), "Large capital inflows, sectoral allocation, and economic performance", Journal of International Money and Finance. Volume 55, Pages 60 -87.

［22］Bernanke, B., and Gertler M., 1989, Agency Costs, Net Worth and Business Fluctuations, American Economic Review, 79 (1): 14 -31.

［23］Besanko, D., and Thakor A., 1987, Competitive Equilibrium in the Credit Market under Asymmetric Information, Journal of Economic Theory, 42 (1): 167 -182.

［24］Bhagwati, J., 1998, Capital Myth - The Difference between Trade in Widgets and Dollars, The. Foreign Aff., 77, 7.

［25］Binici, M., Hutchison, M., & Schindler, M., 2010, Controlling capital? Legal restrictions and the asset composition of international financial flows, Journal of International Money and Finance, 29: 666 -684.

［26］Bonfiglioli, A., & Mendicino, C., 2004, Financial liberalization, banking crises and growth: assessing the links No. 567.

［27］Boyd, J., and Smith B., 1997, Capital Market Imperfections, International Credit Markets, and Nonconvergence, Journal of Economic Theory 73: 335 -64.

［28］Brunnermeier, M. K, and Sannikov Y., 2014, "A Macroeconomic Model with a Financial Sector", American Economic Review 104. 2: 379 -421.

［29］Brunnermeier, M. K, and Sannikov Y., 2015, "International Credit Flows and Pecuniary xternalities". American Economic Journal: Macroeconomics 7. 1: 297 -338.

［30］Bumann, S., Hermes, N., and Lensink, R., 2013, Financial Liberalization and Economic Growth: A meta -analysis [J], Journal of International Money and Finance, 33: 255 -281.

［31］Caballero, J A, 2014, "Do surges in international capital inflows influence the likelihood of banking crises?" The Economic Journal.

[32] Caballero, J A, 2016, "Do surges in international capital inflows influence the likelihood of banking crises?" The Economic Journal.

[33] Caballero, R. J., Farhi, E., and Gourinchas P., 2008, An equilibrium model of global imbalances and low interest rates. American Economic Review, 98 (1): 358 - 393.

[34] Cardenas, M., & Barrera, F., "On the Effectiveness of Capital Controls: The Experience of Colombia During the 1990s" Journal of Development Economics, Vol. (54), No. 1, 1997, pp. 27 - 57.

[35] Cheung, Y W, Herrala R., 2013, China's capital controls: Through the prism of covered interest differentials. Pacific Economic Review, 19 (1): 112 - 134.

[36] Chinn, M. D., and Ito, H., 2006, What Matters for Financial Development? Capital Controls, Institutions, and Interactions [J], Journal of Development Economics, 81 (1): 163 - 192.

[37] Claessens, S., Ghosh, S. R., and Mihet, R., 2013, Macro - Prudential Policies to Mitigate Financial System Vulnerabilities", Journal of International Money and Finance, Vol. (39), pp. 153 - 185.

[38] Cornelius, P., & Kogut, B. M., Eds. 2003, Corporate governance and capital flows in a global economy Vol. 1. Oxford University Press.

[39] De Gregorio, J., Edwards, S., & Valdes, R., "Controls on Capital Inflows: Do They Work?" Journal of Development Economics, Vol. (63), No. 1, 2000, pp. 59 - 83.

[40] De Meza, D., and Webb, D., 1987, Too Much Investment: a Problem of Asymmetric Information, The Quarterly Journal of Economics, 102 (2): 281 - 292.

[41] Dennis Reinhardt, Luca Antonio Ricci, Thierry Tresse, International capital flows and development: Financial openness matters, Jounral of International Economics. 2013.

[42] Edison, H. J., Klein, M. W., Ricci, L., & Sløk, T., 2004, Capital account liberalization and economic performance: survey and synthesis. IMF Staff Papers, 51 (2): 220 - 256.

[43] Edwards, S., 2001, Capital mobility and economic performance: are emerging economies different? No. w8076. National Bureau of Economic Research.

[44] Edwards, S., 2008, Financial Openness, Currency Crises, and Output Losses. In Financial Markets Volatility and Performance in Emerging Markets pp. 97 - 120. University of Chicago Press.

[45] Elliott, M., Golub, B., & Jackson, M. (2014). Financial Networks and Contagion (January 2014). American Economic Review.

[46] Farhi, E., and Werning I., 2013, A Theory of Macroprudential Policies in the Presence of Nominal Rigidities.

[47] Forbes, K., Fratzscher, M., and Straub, R., 2015, Capital Flow Management Measures: What are They Good for? ., Journal of International Economics : S76 - S97.

[48] Forbes, K. J., and Francis E., 2012, Warnock. Capital flow waves: surges, stops, flight and retrenchment [J]. Journal of International Economics, 88: 235 - 251.

[49] G20, "G20 Coherent Conclusions for the Management of Capital Flows Drawing on Country Experiences", 2011.

[50] Gertler, M. , and Rogoff K. , 1990, North – South Lending and Endogenous Domestic Capital Market Ine_ ciencies, Journal of Monetary Economics 26, 245 – 266.

[51] Ghosh, A. R. , M. S. Qureshi, J. Kim, J. Zalduendo, 2014, “Surges” Journal of International Economics, 92, pp. 266 – 285.

[52] Giavazzi, F. and Spaventa, L. (2010). Why the current account may matter in a monetary union: Lessons from the financial crisis in the euro area. Discussion Paper 8008, Centre for Economic Policy Research.

[53] Glick, R. , & Hutchison, M. M. , 2001, Banking and currency crises: how common are twins? . in Financial Crises in Emerging Markets, ed. by Glick, R. , Moreno, R. , & Spiegel, M, M. New York, Cambridge University Press.

[54] Glick, R. , Guo, X. , & Hutchison, M. , 2006, Currency crises, capital – account liberalization, and selection bias. The Review of Economics and Statistics, 884: 698 – 714.

[55] Gochoco – Bautista, M. S. , & Rhee, C. , “Capital Controls: A Pragmatic Proposal”, ADB Economics Working Paper Series, No. 337, 2013.

[56] Gourinchas, P. and O. Jeanne, Capital flows to developing countries: The allocation puzzle [J]. The Review of Economic Studies, 2013: rdt004.

[57] Henry, P. B. , 2007, Capital Account Liberalization: Theory, Evidence, and Speculation [J]. Journal of Economic Literature, Vol. XLV, 887 – 935.

[58] Holmstrom, B. and Tirole J. , 1997, Financial intermediation, loanable funds, and the real sector. Quarterly Journal of Economics, 112 (3): 663 – 691.

[59] Hutchison, M. M. , & Noy, I. , 2005, How bad are twins? Output costs of currency and banking crises. Journal of Money, credit and Banking, 725 – 752.

[60] Imbs, J. , Tornell, A. , and westermann, F. , “Boom – bust cycles and financial liberalization. ”. Journal of International Economics, 71 (2): 515 – 523.

[61] IMF, “Liberalizing Capital Flows and Managing Outflows”, Washington, DC: International Monetary Fund, 2012b.

[62] IMF, “Recent Experiences in Managing Capital Inflows—Cross – Cutting Themes and Possible Guidelines”, Washington, DC: International Monetary Fund, 2011a.

[63] IMF, “The Liberalization and Management of Capital Flows: An Institutional View”, Washington, DC: International Monetary Fund, 2012a.

[64] IMF, “The Multilateral Aspects of Policies Affecting Capital Flows”, Washington, DC: International Monetary Fund, 2011b.

[65] Jeanne, O. , 2014, “Macroprudential Policies in a Global Perspective,” NBER Working Paper w19967.

[66] Jeanne, O. , Subramanian, A. , & Williamson, J. , “Who Needs to Open the Capital Account?”, Peterson Institute for International Economics, 2012.

[67] Jin, Keyu. Industrial structure and capital flows. The American Economic Review, 102. 5 (2012): 2111 – 2146.

[68] Ju, J. , and Wei, S. J. , 2010, “Domestic institutions and the bypass effect of financial globaliza-

tion". American Economic Journal: Economic Policy, 2 (4): 173 - 204.

[69] Kalemli - Ozcan, S., Sørensen, B. E., & Yosha, O., 2003, Risk sharing and industrial specialization: Regional and international evidence. American Economic Review, 903 - 918.

[70] Kiyotaki, N., and Moore J., 1997, "Credit Cycles." Journal of Political Economy, 105 (2): 211 - 248.

[71] Klein, M. W., 2003, Capital account openness and the varieties of growth experience No. w9500. National Bureau of Economic Research.

[72] Korinek, A., "Regulating Capital Flows to Emerging Markets: An Externality View", manuscript, University of Maryland, 2010.

[73] Korinek, A., 2010, "Regulating Capital Flows to Emerging Markets: An Externality View", manuscript, University of Maryland.

[74] Korinek, A., 2011a, Systemic Risk: Amplification Effects, Externalities, and Regulatory Responses, European Central Bank Working Paper Series, No. 1345.

[75] Korinek, A., and Sandri, D., 2016, Capital Controls or Macroprudential Regulation? Journal of International Economics, 99: 27 - 42.

[76] Kose, M. A., Prasad, R., Rogoff, K. and Wei, S. J. (2009), Financial globalization: A reappraisal, IMF Staff Papers 561, Washington, DC: International Monetary Fund, pp. 8 - 62.

[77] Kose, M. A., Prasad, E. S., and Terrones, M. E., 2006, "How do trade and financial integration affect the relationship between growth and volatility?". Journal of International Economics, 69: 176 - 202.

[78] Laura Alfaro, SebnemKalemli - Ozcan and VadymVolosovych, 2008, "Why Doesn't Capital Flow from Rich to Poor Countries? An Empirical Investigation," Rev. Ec. & Stat., 90 (2): 347 - 68.

[79] Levy Yeyati, E., Schmukler, S. L., & Van Horen, N., 2009, International financial integration through the law of one price: The role of liquidity and capital controls. Journal of Financial Intermediation, 183: 432 - 463.

[80] Lim C., Columba F., Costa A., Kongsamut P., Otani A., Saiyid M., Wezel T., and Wu X.. 2011, Macroprudential Policy: What Instruments and How to Use Them? Lessons from Country Experience [R]. Washington, D. C.: IMF Working Paper.

[81] Lucas, R., 1990, "Why Doesn't Capital Flow from Rich to Poor Countries?", American Economic Review, 80. 2: 92 - 96.

[82] Ma, G. and McCauley, R., 2008, Do China's Capital Controls Still Bind? Implications for Monetary Autonomy and Capital Liberalization, BIS Working Paper No. 233.

[83] Magud, N. E., Reinhart, C. M., and Rogoff, K. S., 2011, "Capital Controls: Myth and Reality - A Portfolio Balance Approach", NBER Working Paper, No. w16805.

[84] Marcel Fratzscher, Capital flows, push versus pull factors and the global financial crisis [J], Journal of International Economics, 2012, 88 (2): 341 - 356.

[85] Martin, A., 2008, Endogenous Credit Cycles, Mimeo.

[86] Martin, A., and Taddei, F., 2013, "International capital flows and credit market imperfections: A tale of two frictions", Journal of International Economics 89. 2: 441 - 452.

[87] Matsuyama, K., 2004, Financial Market Globalization, Symmetry Breaking and Endogenous Inequality of Nations, Econometrica, 72 (3): 853 – 884.

[88] Mendoza, E. G., Quadrini V., and Rios – Rull J., 2009, Financial integration, financial development, and global imbalances. Journal of Political Economy, 117 (3): 371 – 416.

[89] Minoiu, C., & Reyes, J. A. (2013). A network analysis of global banking: 1978 – 2010. Journal of Financial Stability, 9 (2): 168 – 184.

[90] Mishkin, F. S., 2006, The next great globalization: How disadvantaged nations can harness their financial systems to get rich. Princeton, New Jersey, Princeton University Press.

[91] Obstfeld, M., 1995, Risk – taking, global diversification, and growth. American Economic Review, 84 (5): 1310 – 29.

[92] Ostry, J. D., Ghosh, A. R., and Korinek, A., 2016, Macroprudential Policy versus Capital Flow Management. manuscript, Johns Hopkins University.

[93] Ostry, J. D., Ghosh, A. R., Habermeier, K., Chamon, M., Qureshi, M. S., and Reinhardt, D. B. S., 2010, Capital Inflows: The Role of Controls, IMF Staff Position Note 10/04 (Washington, DC: International Monetary Fund).

[94] Ostry, J. D., Ghosh, A. R., Habermeier, K., Chamon, M., Qureshi, M. S., Laeven, L., and Kokenyne, A., 2011, Managing Capital Inflows: What Tools to Use?, IMF Staff Discussion Note 11/06 (Washington, DC: International Monetary Fund).

[95] Paolo E. Giordani, Michele Ruta, Hans Weisfel, Ling Zhu, 2017, Capital flow deflection, Journal of International Economics 105 (2017) 102 – 118.

[96] Prasad, E., Rogoff, K., Wei, S. J., & Kose, M. A., 2003, Effects of financial globalisation on developing countries: Some empirical evidence. Economic and Political Weekly, 4319 – 4330.

[97] Qureshi, M. S., Ostry, J. D., Ghosh, A. R., and Chamon, M., 2011, Managing Capital Inflows: The Role of Capital Controls and Prudential Policies, IMF, Working Paper, No. 17363.

[98] Ramey, G., and Ramey, A. M., 1995, "Cross – country evidence on the link between volatility and growth.". American Economic Review, 85 (5): 1138 – 1151.

[99] Reinhart C. M., and Rogoff K. S., 2009, This time is different: Eight centuries of financial folly Princeton University Press.

[100] Rodrik, D., 1998, Who Needs Capital – account Convertibility? [J]. Essays in International Finance, 55 – 65.

[101] Schmitt – Groh'e, S., and Uribe M., 2013, Downward Nominal Wage Rigidity, Currency Pegs, and Involuntary Unemployment.

[102] Schularick, M., and Steger, T. M., 2010, Financial Integration, Investment and Economic Growth: Evidence from Two Eras of Financial Globalization [J]. The Review of Economics and Statistics, 92 (4): 756 – 768.

[103] Stiglitz, J. E., 2002, Globalization and its Discontents. New York, WW Norton & Company.

[104] Turnovsky S. J., and Chattopadhyay P., 1998, "Volatility and growth in developing economies:

some numerical results and empirical evidence." Journal of International Economics, 59 (2): 267-295.

[105] Zeev N B. Capital Controls as Shock Absorbers [J]. 2017, Journal of International Economics, forthcoming.

[106] Zhu L., 2014, Employment and Financial Stability: Dual Goals of Capital Flow Management.

第六章

国际大宗商品金融化

大宗商品定价及其价格影响机制关系着中国社会经济可持续发展、财富长期战略性增长等关乎国计民生的问题，同时关于商品金融化的讨论受到学术界和投资界的广泛关注。本章系统全面的梳理了关于大宗商品及其金融化问题的相关背景文献研究，包括大宗商品投资价值、大宗商品价格影响因素、大宗商品定价模型、大宗商品市场信息传导机制、大宗商品金融化相关讨论，以及基于有效预测构建的风险交易策略。一方面，我们认为大宗商品金融化是商品市场发展的重要趋势；另一方面，关于大宗商品定价、价格影响机制及商品市场信息传导机制的研究还有待进一步完善，为商品金融化提供新的证据。

一、引言

大宗商品定价问题已成为中国社会十分关注的话题。一方面，战略资源保障问题成为影响中国经济可持续发展的关键。中国在成为国际贸易第一大国之后，资源的对外依存度也在持续上升。以石油为例，2009 年中国石油对外依存度 51.3%，已突破工业国家公认的 50%“能源安全预警线”，2013 年更是成为第一大石油进口国。另一方面，在中国逐步进入小康社会之后，国民财富的长期战略性投资需求增加。担负长期安全与保障使命的主权财富基金、社保基金、养老金和企业年金，如何利用高达 3.5 万亿美元的金融资源（央行负债）在国际投资中获得满足安全性、流动性和收益性的成绩，成为亟待解决的问题。与此同时，伴随新兴经济体的成长，大宗商品进入金融化运作模式，指数化投资成为主流，大宗商品市场逐渐成为联系实体经济与虚拟经济的重要纽带。在这样一个历史背景下，研究清楚大宗商品定价机制，尤其是后危机时代宏观不确定性加剧、商品金融化进程加深背景下的商品价格形成机理及其影响机制，具有十分重大的现实意义。

研究大宗商品，首先要了解清楚大宗商品市场的发展演化。大宗商品市场的发展经历了数次波动：1973 年，伴随着布雷顿森林体系的解体，开启了石油博弈的时代，石油价格开始进入波动时期。进入 21 世纪，中国经济的快速增长与全球化的深化，将铁矿石、铜、玉米、大豆等大宗商品推到了世界经济的前沿，各类大宗商品市场都得到飞跃式发展，多数商品价格飞涨。随之而来的商品指数投资，将商品金融化推向高潮，也迎来了关于商品市场是否金融化的激烈辩论。2008 年金融危机使宏观经济和金融市场出现结构性波动。后危机时代，宏观经济不确定性增加、商品金融化进程加深，在发达经济去杠杆、美元量化宽松和新兴经济逆市增长的背景下，大宗商品价格又呈现新的高涨。随后，又出现世界大宗商品市场的低迷，石油价格回到了 21 世纪初的起点。这一切都引发人们再次思考大宗商品市场的运行规律，并积极探讨引起大宗商品价格剧烈波动的影响因素及其作用机制。

在大宗商品市场发展的进程中，特别是最近一次上涨和波动的过程中，学术界出现了关于大宗商品是否金融化的激烈讨论。大宗商品金融化的定义，最早由 Domanski 和 Heath（2007）提出。大宗商品金融化，以 2004 年商品指数投资迅速增加为标志，大宗商品市场开始发生结构性改变，并导致了经济和金融泡沫的产生。但商品金融化是否存在、大宗商品金融化是否导致了商品价格泡沫至今仍是争论的焦点：一部分政策制定者、经济学家、对冲基金经理认为，商品指数投资是该轮商品期货价格暴涨的主要推手，商品指数基金的过度投资使商品价格偏离基本价值而产生泡沫（Tang 和 Xiong，2012）；但也有部分市场分析人士和经济学家对泡沫论持怀疑态度，认为推高商品价格的主要因素仍是基本面（Dwyer 等，2011）。

为了厘清商品金融化的背景，并在这一背景下开展对大宗商品定价机制、影响机制及其与实体经济、金融市场之间的信息传递机制的深入研究，本章将从大宗商品投资价值、大宗商品价格影响因素、大宗商品定价模型、大宗商品市场信息传导机制、已有的关于商品金融化的讨论以及基于有效预测构建的风险交易策略 6 个方面，对关于大宗商品的已有研究进行深入和细致的梳理。最后，将在此基础上提出进一步研究的方向。

二、为什么要研究大宗商品：大宗商品投资价值研究

大宗商品因其投资价值的存在而被投资界和学术界广泛关注。大宗商品的投资价值，主要指以商品期货形式进行投资交易带来的收益。从 20 世纪 70 年代全球商品期货市场形成以来，大宗商品的投资价值也随着商品期货市场的发展而不断变化。总的来说，大宗商品投资价值的发展经历了三个主要阶段：20 世纪70～80年代全球期货市场形成的初期，大宗商品的投资价值以基本的套期保值和价格发现为主（French，1986）；随着期货市场的发展和完善，20 世纪 90 年代至 21 世纪初，大宗商品的投资价值变得更为丰富，以分散组合风险（Erb 和 Harvey，2006；Jensen 等，2000）、提高组合风险溢价（Gorton 和 Rouwenhorst，2006；Greer，2000；Gorton 和 Rouwenhorst，2006；Greer，2000）为主的资产配置价值逐渐成为主导；2004 年以来，商品指数投资逐渐流行，导致商品期货市场出现结构性变化，大宗商品投资价值也随之发生改变，原有的套期保值、价格发现、资产配置价值正在被逐渐弱化（Tang 和 Xiong，2012；Chan－Lau 和 Mathieson，2004）。

（一）第一阶段：20 世纪 70～80 年代的基本投资价值

20 世纪 70 年代，随着原油价格的不断飙升、期货市场品种的不断丰富，大宗商品的投资价值越来越受关注。这一时期对大宗商品期货投资价值的研究，主要集中于价格发现和套期保值这两种期货市场的基本功能（French，1986）。

大宗商品的基本投资价值之一是价格发现功能，也就是期货价格能够预测现货价格，进而指导投资者进行现货交易（Garbade 和 Silber，1983）。期货价格对现货价格的预测功能，是建立在市场有效的基础上的。与现货市场相比，期货市场更透明、流动性更高，投资者能够从期货价格中获取制定商品价格的信息，因此期货价格往往能够领先于现货价格变动，对现货价格有一定的预测能力（Hernandez 和 Torero，2010）。Brorsen 等（1984）最早对大宗商品的价格发现功能进行实证检验，发现期货价格的变动导致了现货价格的变动。Fama 和 French（1987）通过对 21 种大宗商品的期货和现货价格的实证研究，为期货价格对现货价格的预测能力提供了直接和间接的证据。French（1986）在 Fama 和 French（1987）研究的基础上，讨论了供需和季节因素对期货价格预测能力的影响，进一步丰富了大宗商品期货价格发现功能的证据。

大宗商品的另一个基本投资价值是套期保值，期货市场促进了商品价格风险的转移，

为商品价格波动可能带来的损失提供了保险和补偿（Working，1953）。Working（1953）最早给出了期货套期保值的准确定义，并实证检验了套期保值功能的存在。套期保值是指，交易人在买进（或卖出）实际货物的同时，在期货交易所卖出（或买进）同等数量的期货交易合同作为保值，这是一种为避免或减少价格发生不利变动的损失，而以期货交易临时替代实物交易的一种行为。总的来说，大宗商品期货市场套期保值功能，通过将商品价格波动风险在对冲者和投机者之间重新分配来实现（Hernandez 和 Torero，2010）。

（二）第二阶段：20 世纪 90 年代至 21 世纪初的资产配置价值

大宗商品期货市场发展到 20 世纪 90 年代，全球化交易需求越来越高，随之诞生的全球期货电子交易系统大大提高了大宗商品期货交易的频率和效率，也使大宗商品的投资价值逐渐多元化。对于大宗商品期货投资价值的研究在这一时期最为丰富，主要包括能够抵御通货膨胀、能够分散组合风险、单个商品具有风险溢价、能够提高组合风险溢价等方面的价值。

大量研究表明，大宗商品期货是好的通货膨胀对冲工具（Jensen 等，2000；Bodie，1983）。大宗商品期货能够对冲通货膨胀，主要是由于与之相对应的大宗商品具有真实价值，能够抵御货币贬值带来的通货膨胀。Strongin 和 Petsch（1996）、Gorton 和 Rouwenhorst（2006）实证检验了大宗商品期货与通货膨胀的关系，一致发现大宗商品期货在较高通货膨胀期间仍然表现良好。

大宗商品期货还具有分散投资组合风险的价值，是风险厌恶者的风险对冲工具（Erb 和 Harvey，2006；Greer，2000；Anson，1999）。Chow 等（1999）、Jensen 等（2000）、Jensen 等（2002）、Gorton 和 Rouwenhorst（2006）的研究一致指出，商品期货与其他资产的收益率之间相关性低，一些品种与其他资产的收益率之间甚至存在负向的关系，因此能够起到增加组合多样性、避免组合内资产收益率同向变动风险的作用。Chong 和 Miffre（2006）的研究进一步指出，大宗商品期货在危机时期分散风险的能力更强。危机时期，大宗商品期货与其他资产之间相关性降低的原因可以解释为，虽然两者都面临着来自市场的波动增加和收益下降的压力，但投资者会更倾向于商品市场而将资金从股票市场转移到商品市场，这样的操作将增加商品市场的收益而加快股票市场收益的下降。

大宗商品的投资价值还表现在其具有风险溢价。大宗商品风险溢价的来源至少有两方面：一方面是单个商品自身的风险溢价；另一方面是其在投资组合中提供多样性带来的风险溢价。商品自身风险溢价的来源，主要是异质性商品价格的波动（Bessembinder，1992；de Roon 等，2000），商品期货投资能够有效对冲大宗商品价格风险（尹力博和韩立岩，2014）。投资组合整体风险溢价的来源，则是商品期货与其他商品相关性低带来的组合多样性。Erb 和 Harvey（2006）、Gorton 和 Rouwenhorst（2006）、Greer（2000）、Bodie 和 Rosansky（1980）实证检验发现，通过构建投资组合或商品指数进行投资，商品能够具有与股票投资相当的收益。Nijman 和 Swinkels（2003）结合大宗商品分散风险和提高收益的价值，指出大宗商品期货投资能够改善投资组合的“均值—方差”有效前沿。

除以上主要的投资价值以外，一些学者还提出了其他投资价值。例如，Greer（2000）指出，市场上存在主动型的商品指数，大宗商品期货也可以是一种主动投资工具；Gorton 和 Rouwenhorst（2006）提出，大宗商品期货具有国际投资价值，其在不同结算货币、不同国家的经济和金融市场中表现基本无差异。

（三）第三阶段：2004 年之后传统投资价值的弱化

21 世纪初，特别是 2004 年商品指数投资爆发式增长以来，大宗商品期货市场发生了一系列结构性变化。商品价格波动性上升，商品市场之间、商品市场与金融市场之间协同变动增加（Tang 和 Xiong，2012），使大宗商品的传统投资价值逐渐被弱化。

大宗商品的传统投资价值被弱化体现在大宗商品分散风险的能力下降、单个商品和投资组合的风险溢价下降。大宗商品分散风险的能力下降，得到 Domanski 和 Heath（2007）研究结论的支持。Chan－Lau 和 Mathieson（2004）认为，大宗商品分散风险能力的下降，是由商品市场之间、商品市场与金融市场之间相关性增加导致的。Tang 和 Xiong（2012）、Cheng 和 Xiong（2014）进一步指出，商品金融化导致了大宗商品市场这一结构性的改变。大宗商品风险溢价的下降，主要表现为投资组合风险溢价的下降。Irwin 和 Sanders（2012）指出，大量投资者特别是指数投资者的增加，导致大宗商品期货投资组合风险溢价下降。Tang 和 Xiong（2012）、Baker（2016）则将投资组合风险溢价的下降归因为商品金融化。Tang 和 Xiong（2012）的研究还区分了商品指数内的商品和商品指数外的商品。通过对两者实证结果的比较，Tang 和 Xiong（2012）指出，虽然商品指数内和指数外的商品价格在 2000 年之后都有所上升，但商品指数内的商品受商品金融化的影响更大，反应更剧烈。另外，随着传统投资价值在一定程度上的弱化，投机策略却开始逐渐变得流行。

尽管已有研究证实大宗商品的传统投资价值正在被弱化，但在一定程度上传统投资价值仍然有效。Narayan 等（2013）、Sensoy 等（2015）的研究指出，并不是所有商品内部都存在协同变动的趋势（例如农产品），因此传统投资价值在部分商品市场内部仍然有效。

大宗商品的投资价值在商品期货市场发展的同时也在发生着改变。对于大宗商品投资价值的讨论主要集中于商品期货市场发展初期，也就是 20 世纪 70 年代至 21 世纪初期。这一阶段，除了期货市场的基本功能以外，大宗商品期货对资产配置的风险分散能力和由此产生的风险溢价的提高受到了普遍关注。进入 21 世纪以来，传统投资价值逐渐被弱化，但仍然在投资过程中起着一定的作用。

三、大宗商品定价：影响因素及定价模型研究

大宗商品价格一直是大宗商品研究中最受关注的话题。大宗商品价格的不断上升和剧

烈波动已成为常态，这既影响宏观经济的稳定，又影响金融市场的稳定。因此，从 20 世纪 80 年代以来，大宗商品价格波动的原因和价格的预测受到众多学者的广泛关注。大宗商品价格波动是由多方面原因造成的，且在不同的历史阶段呈现不同特点，主要可以分为理性影响因素和非理性影响因素：理性影响因素包括传统的供给因素、需求因素、宏观经济因素、金融市场因素和投机因素 5 个方面；非理性影响因素包括羊群效应、投资者情绪、投资者关注等行为和心理因素。基于对商品价格波动影响因素的分析，学者们提出了便利收益模型和风险溢价模型 2 种代表性的商品定价模型对大宗商品价格进行预测。

（一）大宗商品价格影响因素研究

传统的关于大宗商品价格影响因素的研究，主要从宏观经济、市场环境等方面考虑，提出了供给因素、需求因素、宏观经济因素、金融市场因素和投机因素 5 个方面的原因。随着现代金融理论的发展，行为金融学家开始尝试从投资者行为和心理因素方面解释大宗商品价格的波动原因。

1. 理性影响因素

理性影响因素的研究，主要分析在理性经济人假设下，传统定价机制中常见的影响因素对大宗商品价格波动的影响。常见影响因素通常包括供给因素、需求因素、宏观经济因素、金融市场因素和投机因素 5 个方面。

供给因素。马歇尔的供给和需求理论是最经典的解释现货价格波动原因的理论：若市场需求不变，当供给上升时，商品的价格下降；反之，供给紧缺时，商品的价格上升。Tadasse 等（2014）认为供给和需求因素是商品价格变动的根本原因。大宗商品的供给受到多种因素的限制，一直处于相对紧缺的状态：一方面，大多数国际大宗商品由于其特殊生产周期，增加产能需要较长时间，同时，包括劳动力、原材料等在内的生产成本不断上升，使大宗商品供给的增加幅度有限；另一方面，资源性大宗商品的需求价格弹性小，生产具有专用性强、高风险等特征，卖方寡头垄断比较多（何小明等，2011），控制了供给的数量和价格。这些都对大宗商品的定价机制形成起了重要作用。Borensztein 和 Reinhart（1994）将商品供给加入分析框架，实证分析了 20 世纪 80 年代发达国家大宗商品出口突然增多对大宗商品价格的影响，得出的结论是供给对商品价格有反向影响。部分学者还从仓储理论（Working，1949，1933）出发，解释了大宗商品期货价格波动受供给因素影响的机制：当供给量很大时，库存很小，仓储的便利收益低、净成本变高，则商品期货的价格随之上升；反之，当供给量小时，库存多，仓储的便利收益高、净成本变低，则商品期货的价格随之下降。Deaton 和 Laroque（1996）实证检验发现，以套利为目的的存货会导致大宗商品价格呈现出较强的波动性和序列自相关。然而，供给因素对大宗商品价格波动的解释能力正在逐渐减弱。Hochman 等（2014）将商品供给因素加入模型，分析了 2001 年起的食品通货膨胀以及 2008 年之后的食品价格危机，发现供给对商品价格仍具有一定的解释能力，但这一解释能力在2010年之后减弱。何小明等（2011）对原油价格波动供给因素的研究也支持这一结论。

需求因素。马歇尔的供给和需求理论同样能够解释需求变动对商品价格变动的影响：若供给不变，当需求上升时，商品价格上升；反之，当需求下降时，商品价格下降。大宗商品的需求也受到多种因素的影响：一方面，新兴经济体工业化和城镇化快速推进，对大宗商品尤其是对金属原材料和原油等的旺盛需求引发国际大宗商品价格全面上涨（Zagaglia，2010；Hamilton，2009；Kilian，2009；McPhail 等，2012），而当金融危机导致市场预期逆转及全球经济尤其是新兴经济增速放缓时，需求下降则导致大宗商品价格下降，但是自2009年起，一旦世界经济初现复苏苗头，大宗商品价格就再燃上涨势头；另一方面，生物能源的发展使粮食的需求量增加，粮食价格因此上涨（Mueller 等，2011）。Stuermer（2013）实证研究发现，矿物的长期价格受到供给和需求的显著影响。Baumeister 和 Kilian（2016）实证分析2014年原油价格下降的原因指出，部分下降可以归因于需求冲击的影响。然而，需求因素对大宗商品价格的解释能力同样出现下降。Mueller 等（2011）、Hochman 等（2014）对食品和粮食的价格波动影响因素的研究发现，需求冲击对商品价格的影响在金融危机后解释能力减弱。卢锋等（2009）、谭小芬等（2014）则提出"中国因素"的概念，认为以中国为代表的新兴经济体的需求上升，显著影响了国际大宗商品价格的上升。

宏观经济因素。宏观经济的发展，除了通过影响供给和需求间接的影响价格，还从世界经济总量、利率、汇率、货币供给、通货膨胀、经济周期等多个方面直接对价格产生影响。世界经济总量反映了全球经济发展的快慢，会直接或间接地影响商品价格的变动。Chu 和 Morrison（1984）实证分析发现，1957~1982年非能源大宗商品的价格波动与世界经济总量的变化正相关。与当前经济总量的作用机制类似，经济的周期性波动也会动态的影响商品价格。Batten 等（2010）通过对稀有金属的实证研究发现，宏观经济周期是影响商品价格波动的重要因素之一。与实际经济总量相对应的，货币贬值带来的通货膨胀也会对商品价格造成影响。李敬辉和范志勇（2005）通过对中国农产品大宗商品市场的研究，指出预期通货膨胀波动和利率调整会首先影响真实利率进而影响经济主体的存货需求，最终影响到大宗商品的价格，并且这一传导机制还会使大宗商品的价格波动幅度超过通货膨胀的波动幅度。此外，利率也是多数研究重点关注的商品价格影响因素。Frankel（1986，2006）的研究指出，实际利率的上升将导致实际商品价格下降，并深入阐述了实际利率上升导致实际商品价格下跌的3个原因。与利率相关的，货币供给的变动也直接影响商品价格的变动。Tai 等（2014）的研究表明，增加货币供给的政策将使农产品期货价格在初始呈下降趋势而最终回归于均衡价格。郑尊信和徐晓光（2013）从商品库存角度系统梳理了货币政策对商品价格动态演变的影响机理，发现在货币政策冲击下，市场利率变动不仅直接影响预期商品价格变动，也会由均衡库存量调整间接通过便利收益和边际风险厌恶成本影响预期商品价格变动。李靓和穆月英（2015）进一步区分发达国家和新兴经济体讨论，发现发达国家的利率政策、新兴市场国家的货币政策是造成大宗商品价格波动的重要原因。还有学者从汇率角度探讨大宗商品价格影响因素。丁剑平和向坚（2016）发现，名义有效汇率对国际大宗商品价格和国际原油价格具有很好的预测能力。

金融市场因素。自2004年以来，随着商品期货指数化投资的深入，国际大宗商品价格受金融因素影响日益增大。金融因素主要包括两个方面：市场流动性和主要计价货币美元币值。从市场流动性方面来看，全球流动性和大宗商品价格在长期内大多显著正相关，但在危机期间全球流动性对大宗商品价格的影响是不确定的，甚至会导致大宗商品价格下跌（Belke等，2012；Belke等，2013）。Van Robays（2011）阐述了金融流动性对商品价格的影响：当面临着大宗商品价格的金融化以及大宗商品期货市场中显著增加的参与者时，期货市场中会由于净多头头寸的上升而抬高期货价格，并且会逐步传导到现货价格中去。从美元币值方面来看，由于美元是大部分国际商品和服务贸易定价和结算货币，在其他条件不变时美元币值变动会影响国际大宗商品标价变动。近年来美国推行的弱势美元政策，在一定程度上助推了以美元计价的国际大宗商品价格上涨（Harri等，2009）。

投机因素。投机因素通常是指，投机者的投资增加对商品价格变动造成的影响，一般表现为投机头寸的增加，或更具体地表现为指数投资者、对冲基金头寸的增加。投机因素对大宗商品价格变动的影响是一个逐渐演变的过程。在21世纪以前，投机因素如对冲基金头寸的增加，对大宗商品价格的影响普遍不显著（Haigh等，2005）。而2004年以后，机构投资者开始大量涉入商品期货市场，受游资和对冲基金的追捧，投机因素在很大程度上造成了大宗商品价格波动对基本面的偏离。Kang等（2016）研究指出，对冲和投机的净头寸对预期的期货收益率有显著影响。Gilbert（2010）、Hachula和Rieth（2017）的研究都发现，投机头寸如对冲基金头寸、指数投资的增加，对期货收益率有显著的正向影响，在高波动时期如金融危机时期的影响更显著。张文等（2012）将投机程度因素加入模型发现，投机因素在当期就会对石油价格产生显著影响。谢飞和韩立岩（2012）研究发现，短期来看，在控制了实际需求因素和美元指数之后，对冲基金等投机者的套利行为仍是推动价格剧烈变动的主要因素。Bosch和Pradkhan（2017）还发现，投机者交易，特别是商品指数交易，提升了商品期货价格和现货价格的收敛速度。

2. 非理性影响因素

现代金融理论认为，在理性人假设前提下，市场是有效的，投资者个体行为对市场没有影响，即使出现投资行为偏差也会被套利者淘汰。然而，20世纪80年代以后，大量的实证和观察发现，金融市场特别是股票市场中，很多异象无法用有效市场假说进行解释。行为金融理论放松了理性人的假设，在传统金融理论的基础上提出更贴近现实的解释，认为投资者的行为和决策会影响资产定价，即投资者受其情绪的影响有时候是非理性的（Corredor等，2013）。近几年，这一理论也被引入到商品价格变动原因的研究中。代表性的非理性影响因素包括投资者的羊群效应行为、投资者情绪、投资者关注。

羊群效应行为因素。羊群效应这一名词最早出现在股票投资中，主要是指投资者在交易过程中存在学习与模仿现象，盲目效仿别人从而导致他们在某段时期内买卖相同的股票。这种行为可以用群体心理、社会压力、传染来解释。在大宗商品市场中，同样存在一类没有形成自己的预期或没有获得一手信息的投资者，他们的行为是否造成了大宗商品市场的“羊群效应”成为学者们较为关注的问题。Demirer 等（2015）实证检验发现，羊群效应只存在于粮食类商品中，金属、能源类商品对粮食市场的羊群效应有显著影响，而股票市场对粮食市场羊群效应的影响并不显著。Steen 和 Gjolberg（2013）则从系统性风险的角度验证了大宗商品市场羊群效应的存在性和影响。Steen 和 Gjolberg（2013）认为，羊群效应不仅表现为商品之间的协同变动，还造成商品市场整体系统性风险的上升。田利辉等（2015）通过研究中国大宗商品期货市场发现，羊群效应在不同收益率波动状态和不同商品市场中显著性有所区别，低波动时羊群效应显著，高波动时则不显著，并且羊群效应在农产品市场逐渐减弱，而在工业金属品市场仍然持续显著。王文虎等（2015）则研究了投资者交易失衡对大宗商品期货市场的影响，发现个人投资者和投机者的交易失衡，是个人投资者择时能力不足的表现，个人投资者存在明显的过度自信、过度投机和羊群行为，加剧了商品期货价格波动。

投资者情绪因素。投资者情绪是另一类被行为金融学界普遍关注的价格影响因素。投资者情绪是指投资者对未来预期的系统性偏差（Stein，1996）。学者们首先在股票市场检验了投资者情绪对资产价格的影响程度和作用机制，其研究结果大都支持投资者情绪与股票收益之间存在相关关系的结论（Lee 等，2002；Brown 和 Cliff，2004；Baker 和 Wurgler，2006）。在此基础上，一些学者开始将投资者情绪运用到解释大宗商品价格波动的原因中。用于解释大宗商品价格波动的投资者情绪因素，通常可以分为市场真实交易引发的情绪和新闻媒体等信息发布渠道引发的情绪两大类。其中，市场真实交易引发的情绪又可以分为来自商品市场的情绪和来自金融市场的情绪。Deeney 等（2015）发现原油期货市场情绪显著影响原油期货收益率。Gao 和 Süss（2015）的研究则指出，在一定条件下股票市场情绪对商品期货收益率有显著影响。新闻媒体发布的信息不仅具有情绪效应，还具有评价效应。Shen 等（2017）指出，来自报纸、杂志、网络等渠道的信息，通过新闻和投资者对新闻的评价两种渠道，直接或间接地同时影响商品期货的收益率和波动率，但对市场指数和单个商品的影响效果有所差异。Smales（2014）、Borovkova 和 Mahakena（2015）的研究也支持新闻情绪对大宗商品收益率和波动率具有影响这一结论。除了市场情绪和新闻情绪以外，还有学者用其他情绪来解释大宗商品价格的变动。Qadan 和 Nama（2018）用 BW 情绪指数、政策不确定性指数（EPU）、金融压力指数（STLFSI）、恐慌指数（VIX）、原油恐慌指数（OVIX）、消费者信心指数（CCI）、消费者情绪指数（CSI）、个人投资者情绪（AAII）、谷歌搜索量指数（SVI）这 9 种代表情绪的指数，实证检验了各种情绪对原油价格的影响。研究发现，情绪显著影响原油价格，并且能解释部分价格波动。王道平和贾昱宁（2018）运用大宗商品信心指数作为投资者情绪的代表，发现投资者情绪能够对大宗商品价格变动进行反应，同时大宗商品价格也能反应投资者情绪变化。

投资者关注因素。投资者关注是指一种稀有的认知资源（Kahneman，1973），在涉及投资决策时，如果有大量的可得信息，投资者不得不对信息处理做出选择。投资者关注又可以分为关注和有限关注：关注，是指投资者因特定的引人关注事件而对相应股票产生偏离基本面的过度反应；投资者有限关注，是指投资者因不具备完全的处理和吸收所有可得信息的能力时，所产生的对联系股票基本面的相应信息反应不足的情况（Engelberg 等，2012）。投资者关注和有限关注理论，同样被首先运用于解释股票市场价格异常波动的原因（Seasholes 和 Wu，2007；Barber 等，2009）。随后，Vozlyublennaia（2014）将投资者关注理论引入大宗商品市场，用来解释商品价格的异常波动。Vozlyublennaia（2014）的研究发现，小额投资者关注对黄金和原油的收益率及其波动率有短期的显著影响，而收益率对投资者关注有长期的显著影响。

除了以上代表性的非理性影响因素以外，Dowling 等（2016）还开创性的引入价格门槛的心理障碍因素来解释原油价格的波动。Dowling 等（2016）研究发现，价格边界点对收益率会有显著影响，当价格从下向上突破边界点时，原油的价格行为会有显著差异。

关于大宗商品价格影响因素的讨论，一直是投资界和学术界关注的重点。在传统的理性经济人假设下，供给因素、需求因素、宏观经济因素、金融市场因素、投机因素对大宗商品价格波动都有显著的影响，影响程度随着商品市场的发展不断变化。其中，供需因素的影响程度在金融危机以后逐渐减弱，而投机因素的影响则在这一时期开始显现。但越来越多的实证研究发现，传统的理性影响因素无法解释市场中的一部分异常波动，因此，行为金融学家将心理和行为因素引入金融市场，用来解释由投资者心理和行为等非理性因素引起的市场异象。非理性影响因素的研究在股票市场已十分流行，近几年也被引入大宗商品市场。截至目前，大宗商品市场价格波动的非理性影响因素研究主要集中于羊群效应和投资者情绪，而关于投资者关注等其他心理和行为因素影响的研究仍相对空白。

（二）大宗商品定价模型研究

大宗商品定价模型，主要包括两类：便利收益模型和风险溢价模型（Fama 和 French，1987）。关于大宗商品定价模型的研究，主要涉及模型的提出、实证检验和模型的优化。

1. 便利收益模型

便利收益模型，最早由 Kaldor（1939）提出，模型的基础是仓储理论中的便利收益概念（Working，1949，1933；Keynes，1930；Telser，1958）。便利收益是指，商品的库存具有当需要的时候能够使用该商品的便利性。便利收益模型基于大宗商品价格和储存决策间的关系，尝试在期货价格、即期现货价格、利率和净便利收益间建立起无套利均衡关。便利收益模型的一般形式如下（Fama 和 French，1987；Kaldor，1939）：

$$F_{t,T}-S_t=S_tR_{t,T}+W_{t,T}-C_{t,T}$$

其中，$F_{t,T}$表示期货价格，S_t 表示现货价格，$R_{t,T}$表示利率，$W_{t,T}$表示边际库存成本，$C_{t,T}$表示边际便利收益，t 表示当前时期，T 表示未来某一时期。

基于 Kaldor（1939）提出的便利收益模型，一大批学者对此进行了实证检验，以验证该模型对大宗商品价格的预测能力。例如，Fama 和 French（1987）运用 21 种大宗商品的数据，实证验证了便利收益模型的预测能力。

便利收益模型提出以后，不断有学者对其进行优化，以提高该模型的预测能力。对便利收益模型的优化方向，主要分为两个方面：增加解释因素和放宽或改变已有模型假设。早期的便利收益模型优化，大多考虑加入新的因素以完善模型的解释和预测能力。Gibson 和 Schwartz（1990）建立了包含有石油现货价格和随机瞬时便利收益的两因素定价模型，且两因素均遵循联合扩散过程。Schwartz（1997）分别加入随机便利收益、随机利率构建了两因素、三因素模型。Mirantes 等（2012）、Mirantes 等（2013）分别加入随机长期因素、随机短期因素、季节性因素，构建三因素、四因素、五因素模型。近些年，有学者开始考虑放宽或改变已有模型假设来优化模型的预测能力。Dockner 等（2015）指出，传统的便利收益模型是建立在商品现货价格服从几何布朗运动的基础上，但事实上很多现货价格是服从均值回归的。基于此，他们重新调整便利收益模型，发现传统便利收益估计和调整后便利收益估计间的差距主要来源于持有成本和期权的货币属性。Mellios 等（2016）认为投资者处在一个信息不完全的经济体系中，同时随机便利收益本身也是难以观测到的，因此考虑将商品现货价格、瞬时利率和瞬时便利收益作为随机状态变量来估计不完全信息模型。危慧惠等（2012）则提出了随机便利收益下期货市场不完全性的期货定价模型。

2. 风险溢价模型

另一种传统的大宗商品定价模型是风险溢价模型（Keynes，1930；Cootner，1960；Hicks，1939）。与便利收益模型不同，风险溢价模型的基础是传统的资本资产定价模型（CAPM）。风险溢价模型将期货价格和现货价格的差异解释为预期的风险溢价与预期的现货价格变动之和（Fama 和 French，1987），用公式表示如下：

$$F_{t,T}-S_t=E_t[P_{t,T}]+E_t[S_T-S_t]$$

其中，$E_t[P_{t,T}]$ 为预期风险溢价，$E_t[S_T-S_t]$ 为预期的现货价格变动，t 表示当前时期，T 表示未来某一时期。

一些学者对风险溢价模型的预测能力进行了实证检验。Breeden（1980）将商品期货价格变动与整体消费相联系，根据经济模型推导出消费变动的风险溢价，并用商品期货数据实证验证了模型的有效性。Hazuka（1984）的实证检验也证实了风险溢价模型具有对商品价格变动的预测能力。

风险溢价模型提出后，大量的相关文献集中于讨论大宗商品风险溢价的来源。Breeden（1980）提出大宗商品的风险溢价来源于商品消费需求的变动。Bhardwaj 等（2016）提出风险溢价来自稀缺性，稀缺使价格波动剧烈进而带来风险，并很可能出现现货升水，即现货价格高于期货价格。Finta 和 Ornelas（2018）提出大宗商品的风险溢价来源于隐含波动率及偏度。Shao 等（2015）则对风险溢价的特征进行了研究，提出了季节性风险溢价和时变风险溢价。

以上为常见的大宗商品定价模型。便利收益模型以仓储理论为基础，风险溢价模型则以资本资产定价模型（CAPM）为基础。针对大宗商品定价模型的研究，主要集中于模型的优化和新的定价因子提出。

四、大宗商品市场传导机制：市场间信息传递研究

大宗商品市场与传统实体经济和金融市场之间的信息传导机制是关于大宗商品研究的另一主要议题。不同种类商品市场之间、商品现货市场与商品期货市场之间、商品市场与金融市场例如股票市场之间，因市场属性不同而相对独立，又因市场间信息的传递而相互联系。市场间信息传递的方式，既包括价格传递、波动率溢出等交易信息的直接传递，也包括通过新闻、互联网等途径进行的信息传递。

（一）不同商品市场之间的信息传递

不同种类的商品市场之间既相互独立又相互联系。按照商品种类划分，大宗商品市场可以分为能源市场（energy）、农产品市场（grains、softs、livestocks）、金属市场（metals）等，每一大类又可以按照具体商品划分子市场，比如，能源市场（energy）可以划分为原油市场（crude oil）、天然气市场（natural gas）、燃油市场（heating oil）等。不同种类商品市场之间，因为商品自身的属性不同而相对独立，例如，商品生产周期不同、商品的供给来源和市场需求不同使能源和农产品市场成为两个不同的市场。但是，通过产业链上下游关系、替代效应等途径，看似独立的商品市场之间又存在相互联系。

一方面，不同种类商品市场间存在价格传递。首先，不同种类商品市场间的价格传递，通常表现为能源市场对其他市场价格变动的影响。Baffes（2007）研究发现，原油对非能源商品的价格有显著影响，其中，对化肥、农产品、金属的影响最大。Baffes 和 Haniotis（2010）、Balcombe（2010）的研究也支持原油价格的波动是农产品价格波动主要影响因素的结论。而 Hammoudeh 和 Yuan（2008）发现，稀有金属的波动不随原油价格的变动而变动。刘华军等（2017）发现，大宗商品价格间呈现明显的网络结构形态并且存在价格溢出效益，农产品、食糖“引领”价格波动，而牲畜、能源、橡胶则处于“跟随”地位。其次，同一种类商品市场内部各子市场间，也存在类似的价格传递。Chen 等（2005）指

出，原油价格会影响天然气价格，但影响效果非对称，天然气价格对原油价格下降的反应更敏感。Sari 等（2010）则发现，在稀有金属各子品种之间，一个子品种的价格冲击对其他子品种有显著影响。另外，价格在不同商品市场间的传递，不仅跟商品种类有关，还随着商品市场的发展而不断变化。Nazlioglu 和 Soytas（2011）研究发现，在商品期货市场发展前期，比如新兴市场中的商品市场，原油价格与农产品价格无显著因果关系。

另一方面，不同种类商品市场间还存在波动率溢出。与价格传递机制类似，不同种类商品之间、同一种类商品内部各子市场之间，都存在显著的波动率溢出效应。Ji 和 Fan（2012）研究指出，原油市场对其他非能源商品市场有显著的波动率溢出效应，并且在经济萧条时期，这一效应有所增强。Ewing 等（2002）则验证了原油市场和天然气市场间波动率溢出效应的存在。类似的，Karanasos 等（2017）证实了金属期货市场内部铜和金的波动率溢出效应的存在。

（二）商品现货市场与商品期货市场之间的信息传递

商品现货市场与期货市场，既存在差异，又密不可分。随着现代商品经济的发展，国际贸易普遍开展，世界市场逐步形成，市场供求状况变得更为复杂。为了能够使广大生产经营者能够及时调整商品生产，以及回避由于价格的不利变动而产生的价格风险，商品期货市场由此诞生。商品现货市场，是实体经济中生产要素、消费品交易的场所，以满足社会生产和生活的需求；而期货市场最初的诞生，则为广大商品交易者提供了价格风险保障和价格发现的功能，并随着商品市场的不断完善，逐渐成为投资者赚取风险溢价的工具。商品期货市场以现货市场为基础，又脱离商品的物理属性进行交易，因此两个市场之间的信息传递机制被部分研究者所关注。

一方面，商品现货市场与期货市场间存在价格传递。Hernandez 和 Torero（2010）研究发现，农产品期货市场价格波动主导了现货市场价格波动，并且价格从期货市场向现货市场的传递正在增强。唐齐鸣等（2015）发现，期货期限结构、便利收益和展期收益能够准确地预测现货价格变化。另一方面，商品现货市场与期货市场间也存在波动率溢出。Crain 和 Lee（1996）研究指出，商品期货市场通过对现货市场的波动率溢出效应实现价格发现功能。另外，商品现货市场与期货市场间，除了价格和波动率存在相互影响以外，Yang 等（2005）、Magkonis 和 Tsouknidis（2017）还在能源类商品中发现，期货波动、期货成交量、期货未结权益和现货波动之间也存在溢出效应。何晓燕和张蜀林（2013）研究发现，期货价格和现货价格之间存在长期均衡关系和双向 Granger 引导关系，但期货市场对现货市场的引导作用更强，同时相互间的波动溢出效应也非常显著，且期货市场对现货市场的波动溢出效应更明显。

（三）商品市场与股票市场之间的信息传递

除了在商品市场内部，商品市场与金融市场的联系也日益紧密。2004 年以后，随着大宗商品指数投资的增加、投机者在商品市场参与程度的加深，商品市场发生了结构性改变。一方面，大宗商品价格波动表现出与股票价格类似的特征：大宗商品价格波动性上升、波动幅度增大，使得大宗商品价格呈现前所未有的不稳定状态，并且时常呈现对于基本面的趋势性偏离，价格出现与供需脱节的过度同涨同跌；另一方面，商品市场投资者投资行为逐渐发生变化：由最初的以套期保值的生产者为主，演变为投机者和短期套利行为迅速增加。因此，学术界开始关注商品市场与股票市场间的信息传递机制。

首先，商品市场与股票市场间存在价格传递，通常表现为商品价格对股票价格的影响。Sadorsky（1999）研究发现，原油价格对标普500指数收益率具有显著影响。Jones和Kaul（1996）通过对美国和加拿大原油和股票价格的研究指出，原油价格对股票价格存在显著的负向影响。Park和Ratti（2008）进一步研究发现，不同国家的原油价格对股票价格的影响存在差异，挪威作为石油输出国，其原油价格的变动对股票价格存在显著的正向影响。Adams和Glück（2015）的研究指出，随着机构投资者对商品投资的增加，商品市场与股票市场间的溢出效应将持续高涨。投资者行为的变化，会显著影响商品市场与股票市场间的价格关系。Buyuksahin和Robe（2014）指出，对冲基金的参与使得商品和股票指数之间的相关性显著增强。胡聪慧和刘学良（2017）通过融资流动性的角度研究发现，当流动性状况恶化时，大宗商品和股票市场的相关性显著上升，并且这一相关关系受金融市场整体流行性的显著影响。

其次，商品市场与股票市场间存在波动率溢出效应。Hammoudeh等（2004）发现，原油市场与股票指数之间的波动率溢出效应十分显著。Park和Ratti（2008）也指出，原油价格变动能够解释6%的股票波动率，并且原油波动率的变动会降低股票的收益率。Creti等（2013）进一步研究发现，商品现货收益率与股票市场收益率高度相关，但不同品种之间有所区别，例如能源、咖啡、可可波动较大，相关性与股票收益率同向变动，而稀有金属不受影响。闻岳春等（2015）研究发现，国际大宗商品市场对于中国股市的直接性收益率和波动率溢出效应在不断增加。尹力博和柳依依（2016）发现，国际股票市场对中国商品期货市场为显著净溢出。

另外，除了价格传递和波动率溢出这类真实交易信息的传递，商品市场和股票市场间还通过媒体、互联网等信息传播渠道影响投资者关注来传递信息和产生相互影响。Vozlyublennaia（2014）通过研究小额投资者的投资者关注发现，投资者关注对包括股票指数和商品指数在内的不同的指数存在跨种类的影响：投资者对大中型公司、黄金的关注，对各类收益率的影响更为显著；而股票指数受到的影响反应更迅速，黄金指数的反应则比较慢。

大宗商品市场的信息传递呈现传递范围广、传递路径多样化的特点。大宗商品市场的信息传递范围包括大宗商品市场内部以及大宗商品市场与金融市场之间；传递路径则包括价格传递、波动率溢出以及投资者对媒体信息的关注等。目前已有研究多集中于对价格传递和波动率溢出效应的研究，而对投资者行为带来的信息传递路径研究则相对空白。

五、关于大宗商品金融化的讨论

2004 年以来，大宗商品指数投资增加，商品市场开始发生结构性变化：大宗商品价格飙升、波动性增加；投机因素、非理性因素在价格波动中起着越来越重要的作用；商品市场内部、商品市场与金融市场间的协同变动增加；商品价格对基本面的趋势性背离问题凸显。在这一背景下，大宗商品的金融化问题引起学术界与投资界的广泛关注。一部分政策制定者、经济学家、对冲基金经理认为，商品指数投资是该轮商品期货价格暴涨的主要推手，商品指数基金的过度投资使得商品价格偏离基本价值而产生泡沫，商品价格及其与股票价格的协同变动、波动率溢出的增加、投资者行为的变化都是商品金融化的有力证据，对于商品指数内与指数外商品的研究更进一步验证了商品金融化的存在。但有部分市场分析人士和经济学家对泡沫论持怀疑态度，认为推高商品价格的主要因素仍是基本面，并且商品指数内与指数外的商品价格都存在上升趋势。

（一）支持大宗商品金融化的证据

支持商品金融化的一部分学者指出，商品指数投资的增加、投机者例如对冲基金的参与对大宗商品价格的波动具有显著影响，由此带来了一系列商品市场的结构性变化：商品价格及其与股票价格的协同变动增加，并且这一行为背后的原因不同于历史上其他时期的类似行为，不是基本面因素例如过高的通货膨胀引起的；波动率溢出增加；投资者行为变化，短期投机行为增多。通过分别对商品指数内与指数外商品的研究，进一步客观的证实了商品金融化的存在。相关证据主要分为三个方面：

第一，商品价格行为显著的受到商品指数投资增加、投机者参与程度加深的影响。Liu 等（2012）研究指出，以指数投资者对商品市场的投资显著影响了商品价格。Masters（2008）提出，商品指数投资显著增加了能源和食品的成本，降低了商品价格的超额波动率。Hamilton 和 Wu（2015）指出，商品指数投资的增加，能够提高对于原油价格变动的预测能力。Singleton（2014）提出，不完全信息引起的信息摩擦和投机者活动例如指数投资等，会导致价格对于基本面价值的偏离，并指出，这一效应是通过风险或信息传播渠道进行传递的。Adams 和 Glück（2015）则指出，机构投资者的增加造成商品市场与股票市场溢出效应持续高涨。Henderson 等（2015）还检验了商品关联票据的增加对商品价格上涨的显著影响。

第二，商品市场内部以及与金融市场的收益率协同变动、波动率溢出等行为增加，并且这一类行为变化在商品指数内与指数外的商品中存在显著差异。首先，商品市场内部的收益率协同变动、波动率溢出等行为显著增加。Sensoy 等（2015）指出，商品种类内部出现了协同变动。Basak 和 Pavlova（2016）提出，商品金融化使得商品之间的相关性增强。Tang 和 Xiong（2012）研究指出，商品市场之间收益率相关性增强，商品指数内的商品相关性高于指数外的商品。其次，商品市场与金融市场的收益率协同变动、波动率溢出行为也显著增加。Tang 和 Xiong（2012）、Sensoy 等（2015）、Basak 和 Pavlova（2016）都发现，商品收益率与股票收益率、债券收益率的相关性显著增强，特别是在金融危机发生之后。Tang 和 Xiong（2012）还解释了商品市场与股票市场波动溢出效应的原因，认为原因可能有两方面：一方面，宏观经济在经济衰退时变得不确定；另一方面，经济危机的爆发使投资者风险偏好降低，对包括商品在内的资产进行大的调整。田利辉和谭德凯（2014）通过检验中国大宗商品收益率与中美两国股票指数收益率之间的关系发现，中国大宗商品收益率不仅存在金融化，还存在美国化的问题。尹力博和柳依依（2016）指出，中国大宗商品市场与国际股票市场存在显著的信息溢出效应。

第三，商品市场中投资者行为发生了显著改变。Domanski 和 Heath（2007）指出，商品市场中投机行为增加，对于投资者来说，短期投资变得更重要，相应的，做多、做空策略都有所增加。

（二）不支持大宗商品金融化的证据

不支持商品金融化的证据，主要集中于认为，基本面仍是商品价格变动的主要影响因素，并且，商品指数内与指数外的商品都存在价格上涨的现象，不能说明这一价格上涨是商品金融化的结果。还有学者从仓储理论的角度，对商品金融化的存在性提出质疑。不支持的证据主要分为三个方面。

第一，本轮商品价格的上涨，主要是基本面的影响，而不是商品金融化的影响。Stoll and Whaley（2010）指出，投机因素不能解释商品期货价格的变动。Fattouh 等（2013）、Kilian 和 Murphy（2014）的研究则指出，基本面能够解释原油价格的变动，而投机因素不能。邱延冰（2012）认为原油价格变化并未大幅偏离供求平衡特征，并且宏观经济变量和行业基本面能够很好地解释原油价格的剧烈波动。

第二，Fattouh 等（2013）的研究还指出，商品市场间的协同变动的增加，并不是商品指数投资增加的结果，因为无论是商品指数内还是指数外的商品，都出现了协同变动的现象。

第三，Dwyer 等（2011）则从仓储理论的角度质疑商品金融化的存在。Dwyer 等（2011）指出，依据仓储理论，大宗商品期货价格的上升，是库存增加的结果，因为随着库存的增加便利收益也增加。而实际情况是，期货价格上升而库存下降，因此，供需的不平衡仍然是大宗商品价格上升的主要原因。

综合已有研究对于商品金融化的讨论发现，不支持大宗商品金融化的证据，多出现在 2010 年以前，所研究的时间一般为 2004 年至全球金融危机后的一两年，并且多集中于农产品。相对的，支持大宗商品金融化的证据，则多出现于2010年以后，所研究的时间一般延长至金融危机后相对长的一段时间，并且多集中于能源类商品，主要是原油。因此不难得出推断，在商品指数投资增加的前期，商品金融化现象并不显著；而随着商品市场的发展，以及金融危机的催化，商品金融化逐渐成为事实。同时，原油作为能源类商品的代表，全球化和市场化程度最高，因此受到商品金融化的影响也更为显著；相反的，农产品具有一定的地域性、受自身商品物理属性比如季节性的影响更大，因此基本面对于这类商品的影响更为重要，其金融化程度相对较低。

然而，已有的商品金融化证据，大多仍停留在投机仓位的对商品价格的影响大小、商品之间及其与股票收益率之间的协同变动和波动率溢出程度等方面，对于投资者行为和心理方面的证据仍较少。

六、基于有效预测构建的风险交易策略

对于商品定价及信息传递机制的研究，被投资者用来预测商品价格走势，并构建有效的风险交易策略。这些策略大致包括：跨期策略、对冲策略、投机策略、动量策略、价值投资策略、波动率投资策略、未结权益投资策略、流动性投资策略、汇率投资策略、通货膨胀对冲策略以及偏度投资策略。每一种策略都对应一种风险溢价因子的测算。

展期策略。商品价格的展期策略是指，买入高展期收益的商品，并卖出低展期收益的商品。其中，展期收益是指期货合约的换月收益。展期策略的提出的基础是仓储理论（Kaldor，1939；Working，1949；Brennan，1958）。展期策略的因子定义为 $\ln(f_{t,Front}) - \ln(f_{t,Second})$，其中，$f_{t,Front}$为近期合约价格，$f_{t,Second}$为远期合约价格。

对冲策略。商品价格的对冲策略是指，买入高对冲因子得分的商品，卖出低对冲因子得分的商品。对冲策略的基础是对冲压力假说（Keynes，1930；Cootner，1960；Hirshleifer，1989）。对冲压力假说提出，当对冲者预期价格下跌时将卖出期货合约以对冲现货商品价格波动带来的风险；相对的，投机者买入这一期货合约，并同时需求由此带来的价格下跌的风险溢价。对冲策略的因子定义为 $HP_H = \frac{1}{w}\sum_{w}^{W}\frac{Short_{H,w} - Long_{H,w}}{Short_{H,w} + Long_{H,w}}$，其中，$Short_{H,w}$和 $Long_{H,w}$是对冲者卖出和买入的未结权益。

投机策略。与对冲策略一样，投机策略是指，买入高投机因子得分的商品，卖出低投机因子得分的商品。该策略同样基于对冲压力假说构建（Keynes，1930；Cootner，1960；Hirshleifer，1989）。但投机策略因子计算的是投机者的净未结权益占比，即投机因子定义为 $HP_S = \frac{1}{w}\sum_{w}^{W}\frac{Short_{S,w} - Long_{S,w}}{Short_{S,w} + Long_{S,w}}$，其中，$Short_{S,w}$和 $Long_{S,w}$是投机者卖出和买入的未结权益。

动量策略。动量策略是指，买入过去表现好的商品，卖出过去表现差的商品。动量策略构建的基础是 Erb 和 Harvey（2006）、Miffre 和 Rallis（2007）的研究。动量策略被证实

具有良好的表现（Gorton 等，2012）。动量策略的因子，可以定义为过去 12 个月商品超额收益率的平均值。

价值投资策略。价值投资策略，是指买入高估值但长期表现较差的商品，而卖出低估值而长期表现较好的商品。价值投资策略的基础是均值回归的思想（Bondt 和 Thaler，1985；Jegadeesh 和 Titman，2001）。均值回归的思想认为，由于信息碎片化导致的投资者认知偏差等问题，使得动量效应之后紧接着出现均值回归。因此，过去长期表现优异的商品倾向于在未来表现不佳，而过去表现较差的商品则倾向于在未来表现优异。价值投资策略的因子定义为 $\ln \frac{\frac{1}{D}\sum_{d=1}^{D} f_{d,Front}}{f_{t,Front}}$，其中，D 一般取值为 4.5 年至 5.5 年所包含的天数。

波动率投资策略。波动投资策略是指，买入高波动的商品，卖出低波动的商品。该策略的构建基于 Dhume（2011）、Gorton 等（2012）、Szymanowska 等（2014）的研究结论。波动率策略的逻辑是，高波动率的商品，通常与一段时间的消费增长正相关，因此，需要风险溢价来补偿消费的负向冲击带来的损失。波动率策略的因子通常被定义为$\frac{\hat{\sigma}^2}{|\hat{\mu}|}$，其中，

$\hat{\sigma}^2 = \frac{1}{D-1}\sum_{d=1}^{D}(r_{d,Front} - \hat{\mu})^2$，$\hat{\mu} = \frac{1}{D}\sum_{d=1}^{D} r_{d,Front}$，$D$ 为过去 36 个月所包含的天数。

未结权益投资策略。未结权益投资策略是指，买入高未结权益的商品，并预期有高的超额收益。该策略的构建是基于 Hong 和 Yogo（2012）、Szymanowska 等（2014）的研究。Hong 和 Yogo（2012）的研究指出，对商品价格的影响，总头寸比净头寸更显著，未结权益对商品期货价格的预测能力，来源于未结权益变动高度的顺经济周期的特性。未结权益策略的因子一般定义为，单个商品在其期限结构中未结权益的变动。

流动性投资策略。流动性策略是指，买入低流动性的商品，并预期有高的超额收益。流动性投资策略的构建，是基于 Amihud 等（1997）、Marshall 等（2012）、Szymanowska 等（2014）的研究。该策略认为，低流动性的资产风险相对较高，应具有高的风险溢价作为补偿。流动性因子一般定义为 $LR = \frac{1}{D}\sum \frac{Volume_d}{|r_d|}$，其中 D 一般为过去 2 个月所包含的天数。

汇率投资策略。汇率投资策略是指，持有低汇率风险的商品，并预期带来高的超额收益。这一策略的提出是基于 Szymanowska 等（2014）、Erb 和 Harvey（2006）。Erb 和 Harvey（2006）研究发现，S&P GSCI 商品指数与美元对货币指数的汇率存在显著的负相关关系，因此弱美元政策将拉高商品价格。汇率投资策略的因子一般定义为，过去 60 个月的月度期货收益率对美元相对于货币指数的变动做回归的斜率系数。

通货膨胀对冲策略。对冲通货膨胀策略是指，持有高通货膨胀风险的商品，并预期带来高的超额收益。通货膨胀对冲策略是基于商品对冲通货膨胀冲击的特性构建的，商品在通货膨胀时期仍有好的表现。通货膨胀因子一般定义为，过去 60 个月的月度期货收益率

对通货膨胀率变动的回归系数。

偏度投资策略。偏度投资策略是指，持有高的负向偏度的商品，将预期带来高的超额收益。偏度投资策略构建的逻辑是，投资者偏好于具有正偏度的收益率分布的商品，说明具有负偏度的收益率分布的商品往往价格被低估，因此将会在未来有好的表现（Fernandez -Perez 等，2016）。偏度投资策略的因子一般定义为$\frac{\frac{1}{D}\sum_{d=1}^{D}(r_d-\mu)^3}{\sigma^3}$，其中，D一般为过去12个月所包含的天数。

七、总结及后续研究思考

商品金融化是商品市场发展的重要趋势。从商品投资价值来看，商品传统的投资价值如分散风险能力、增加投资组合风险溢价能力等正在弱化，而投机活动逐渐增加。从商品价格影响因素来看，传统影响因素如供需、宏观经济因素等对商品价格波动的解释能力也在减弱，投机因素、投资者情绪、投资者关注等新的影响因素正在发挥着越来越重要的作用。从商品市场信息传导机制来看，伴随着2004年商品指数投资的增加，商品市场内部、商品市场与金融市场如股票市场间的信息传递更为频繁，协同变动、溢出效应显著增加。在这一背景下，商品市场是否金融化、是否引起了商品价格乃至实体经济泡沫化的讨论愈演愈烈。随着危机后全球经济的发展，学者们提出了越来越多支持商品金融化的证据，为学术界、投资界和政策制定之正确认识商品市场的发展及其对实体经济、金融市场的影响提供了强有力的支持。

总结已有研究发现，对于大宗商品定价及信息传导机制的研究，仍主要集中在传统因素及其传导机制。自行为金融学产生与发展后，打破了传统金融学的理论边界，放宽了传统模型的假设，从投资者认知偏差、噪声交易乃至情绪等行为的角度解释股票市场的异常现象，推动了资产定价理论的发展。目前行为金融研究在证券市场已经取得充足的进展，但很少涉足商品市场，特别是关于商品期货行为定价的研究尚不多见。事实上，在全球宏观经济不确定性加剧和商品资产金融化背景下，传统金融市场上行为因素的改变也会从根本上影响宏观和金融市场因素对商品市场的冲击效应，并进一步影响大宗商品价格的动态演化。因此，探讨行为因素对商品市场的影响，进而如何在行为因素影响的条件下建立新的商品定价模型，具有重要的研究价值。

文献索引

[1] 丁剑平和向坚（2016）："从进口国汇率视角看国际大宗商品价格波动"，《国际金融研究》，8：48-59。

［2］何小明、成思危、董纪昌、李自然和汪寿阳（2011）：“国际原油价格的长周期波动性”，《系统工程理论与实践》，31（10）：1825－1836。

［3］何晓燕和张蜀林（2013）：“中国棉花期货与现货市场的价格发现与波动溢出效应”，《系统工程理论与实践》，7：1723－1728。

［4］胡聪慧和刘学良（2017）：“大宗商品与股票市场联动性研究：基于融资流动性的视角”，《金融研究》，7：123－139。

［5］李敬辉和范志勇（2005）：“利率调整和通货膨胀预期对大宗商品价格波动的影响——基于中国市场粮价和通货膨胀关系的经验研究”，《经济研究》，6：61－68。

［6］李靓和穆月英（2015）：“大宗商品国际市场价格波动的影响因素研究——基于分组国家的比较”，《国际金融研究》，10：55－63。

［7］刘华军、陈明华、刘传明和孙亚男（2017）：“中国大宗商品价格溢出网络结构及动态交互影响”，《数量经济技术经济研究》，1：113－129。

［8］卢锋、李远芳、刘鎏（2009）：“国际商品价格波动与中国因素——中国开放经济成长面临新问题”，《金融研究》，10：38－56。

［9］邱延冰（2012）：“国际原油价格的决定因素研究”，《国际金融研究》，7：75－88。

［10］谭小芬、刘阳和张明（2014）：“国际大宗商品价格波动：中国因素有多重要——基于1997～2012年季度数据和Vecm模型的实证研究”，《国际金融研究》，10：75－86。

［11］唐齐鸣、任培政和孙文松（2015）：“中国商品期货回报与现货价格变化测度研究——基于便利收益模型的视角”，《中国管理科学》，9：80－86。

［12］田利辉、谭德凯和王冠英（2015）：“中国大宗商品期货市场存在羊群行为吗？”，《金融研究》，6：144－158。

［13］田利辉和谭德凯（2014）：“大宗商品现货定价的金融化和美国化问题——股票指数与商品现货关系研究”，《中国工业经济》，10：72－84。

［14］王道平和贾昱宁（2018）：《投资者情绪、大宗商品价格与通货膨胀——基于微观调查数据“大宗商品信心指数”的分析》，国际金融研究。

［15］王文虎、万迪昉、吴祖光和张璐（2015）：“投资者结构、交易失衡与商品期货市场的价格发现效率”，《中国管理科学》，11：1－11。

［16］危慧惠、樊承林和朱新蓉（2012）：“基于随机便利收益的不完全市场商品期货定价研究”，《中国管理科学》，4：37－44。

［17］闻岳春、王婕和程天笑（2015）：“国内股市与国际股市、大宗商品市场的溢出效应研究”，《国际金融研究》，8：31－43。

［18］谢飞和韩立岩（2012）：“投机还是实需：国际商品期货价格的影响因素分析”，《管理世界》，10：71－82。

［19］尹力博和韩立岩（2014）：“大宗商品战略配置——基于国民效用与风险对冲的视角”，《管理世界》，7：39－51。

［20］尹力博和柳依依（2016）：“中国商品期货金融化了吗？——来自国际股票市场的证据”，《金融研究》，3：189－206。

[21] 张文、王珏、部慧和汪寿阳（2012）：“基于时差相关多变量模型的金融危机前后国际原油价格影响因素分析”，《系统工程理论与实践》，6（32）：1166－1174。

[22] 郑尊信和徐晓光（2013）：“基于库存视角的货币政策与商品价格动态演变——来自上海期货市场的实证检验”，《经济研究》，3：70－82。

[23] Adams, Z., T. Glück. Financialization in Commodity Markets: A Passing Trend or the New Normal? [J]. Journal of Banking & Finance, 2015, 60: 93－111.

[24] Amihud, Y., H. Mendelson, B. Lauterbach. Market Microstructure and Securities Values: Evidence From the Tel Aviv Stock Exchange [J]. Journal of Financial Economics, 1997, 3 (45): 365－390.

[25] Anson, M. J. Maximizing Utility with Commodity Futures Diversification [J]. The Journal of Portfolio Management, 1999, 4 (25): 86－94.

[26] Baffes, J., T. Haniotis. Placing the 200608 Commodity Price Boom Into Perspective [J]. The World Bank Working Paper, 2010.

[27] Baffes, J. Oil Spills On Other Commodities [J]. World Bank Working Paper No. 4333, 2007.

[28] Baker, M., J. Wurgler. Investor Sentiment and the Cross－Section of Stock Returns [J]. Journal of Finance, 2006, 4 (61): 1645－1680.

[29] Baker, S. D. TheFinancialization of Storable Commodities [J]. working paper, Carnegie Mellon University, 2016.

[30] Balcombe, K. The Nature and Determinants of Volatility in Agricultural Prices [J]. Commodity Market Review 2009～2010, 2010, 1－24.

[31] Barber, B. M., T. Odean, N. Zhu. Systematic Noise [J]. Journal of Financial Markets, 2009, 4 (12): 547－569.

[32] Basak, S., A. Pavlova. A Model of Financialization of Commodities [J]. Journal of Finance, 2016, 4 (71): 1511－1556.

[33] Batten, J. A., C. Ciner, B. M. Lucey. The Macroeconomic Determinants of Volatility in Precious Metals Markets [J]. Resources Policy, 2010, 35 (2): 65－71.

[34] Baumeister, C., L. Kilian. Understanding the Decline in the Price of Oil Since June 2014 [J]. Journal of the Association of Environmental and Resource Economists, 2016, 3 (1): 131－158.

[35] Belke, A., I. G. Bordon, T. W. Hendricks. Global Liquidity and Commodity Prices－a Cointegrated VAR Approach for OECD Countries [J]. Applied Financial Economics, 2012, 92 (2): 209.

[36] Belke, A., I. G. Bordon, U. Volz. Effects of Global Liquidity On Commodity and Food Prices [J]. World Development, 2013, 44: 31－43.

[37] Bessembinder, H. Systematic Risk, Hedging Pressure, and Risk Premiums in Futures Markets [J]. The Review of Financial Studies, 1992, 5 (4): 637－667.

[38] Bhardwaj, G., G. B. Gorton, K. G. Rouwenhorst. Investor Interest and the Returns to Commodity Investing [J]. Journal of Portfolio Management, 2016, 42 (3): 44－55.

[39] Bodie, Z., V. I. Rosansky. Risk and Return in Commodity Futures [J]. Financial Analysts Journal, 1980, 3 (36): 27－39.

[40] Bodie, Z. Commodity Futures as a Hedge Against Inflation [J]. The Journal of Portfolio Management, 1983, 3 (9): 12 – 17.

[41] Bondt, W. F., R. Thaler. Does the Stock Market Overreact [J]. Journal of finance, 1985, 3 (40): 793 – 805.

[42] Borensztein, E., C. M. Reinhart. The Macroeconomic Determinants of Commodity Prices [J]. Staff Papers – International Monetary Fund, 1994, 2 (41): 236 – 261.

[43] Borovkova, S., D. Mahakena. News, Volatility and Jumps: The Case of Natural Gas Futures [J]. Quantitative Finance, 2015, 7 (15): 1217 – 1242.

[44] Bosch, D., E. Pradkhan. Trading Activity and Rate of Convergence in Commodity Futures Markets [J]. The Journal of Futures Markets, 2017, 37 (9): 930 – 938.

[45] Breeden, D. T. Consumption Risk in Futures Markets [J]. Journal of Finance, 1980, 35 (2): 503 – 520.

[46] Brennan, M. J. The Supply of Storage [J]. American Economic Review, 1958, 48 (1): 50 – 72.

[47] Brorsen, B. W., D. Von Bailey, J. W. Richardson. Investigation of Price Discovery and Efficiency for Cash and Futures Cotton Prices [J]. Western Journal of Agricultural Economics, 1984, 9 (1): 170 – 176.

[48] Brown, G. W., M. T. Cliff. Investor Sentiment and the Near – Term Stock Market [J]. Journal of Empirical Finance, 2004, 11 (1): 1 – 27.

[49] Buyuksahin, B., M. A. Robe. Speculators, Commodities and Cross – Market Linkages [J]. Journal of International Money and Finance, 2014, 42: 38 – 70.

[50] Chan – Lau, J. A., D. J. Mathieson. Extreme Contagion in Equity Markets [J]. IMF Staff Papers, 2004, 2 (51): 386 – 408.

[51] Chen, L., M. Finney, K. S. Lai. A Threshold Cointegration Analysis of Asymmetric Price Transmission From Crude Oil to Gasoline Prices [J]. Economics Letters, 2005, 89 (2): 233 – 239.

[52] Cheng, I., W. Xiong. Financialization of Commodity Markets [J]. Annual Review of Financial Economics, 2014, 1 (6): 419 – 441.

[53] Chong, J., J. Miffre. Conditional Correlation and Volatility in Commodity Futures and Traditional Asset Markets [J]. Journal of Alternative Investments, 2006, 3 (12): 61 – 75.

[54] Chow, G., E. Jacquier, M. Kritzman, K. Lowry. Optimal Portfolios in Good Times and Bad [J]. Financial Analysts Journal, 1999, 3 (55): 65 – 73.

[55] Chu, K., T. K. Morrison. The 1981 ~ 1982 Recession and Non – Oil Primary Commodity Prices [J]. IMF StaffPaperIMF Staff Papers, 1984, 1 (31): 93 – 140.

[56] Cootner, P. H. Returns to Speculators: Telser Versus Keynes [J]. Journal of Political Economy, 1960, 68 (4): 396 – 404.

[57] Corredor, P., E. Ferrer, R. Santamaria. Investor Sentiment Effect in Stock Markets: Stock Characteristics Or Country – Specific Factors? [J]. International Review of Economics & Finance, 2013, 27: 572 – 591.

[58] Crain, S. J., J. H. Lee. Volatility in Wheat Spot and Futures Markets, 1950 – 1993: Government Farm Programs, Seasonality, and Causality [J]. Journal of Finance, 1996, 1 (51): 325 – 343.

[59] Creti, A., M. Joets, V. Mignon. On the Links Between Stock and Commodity Markets' Volatility

[J]. Energy Economics, 2013, 16 - 28.

[60] deRoon, F. A., T. E. Nijman, C. Veld. Hedging Pressure Effects in Futures Markets [J]. Journal of Finance, 2000, 55 (3): 1437 - 1456.

[61] Deaton, A., G. Laroque. Competitive Storage and Commodity Price Dynamics [J]. Journal of Political Economy, 1996, 5 (104): 896 - 923.

[62] Deeney, P., M. Cummins, M. Dowling, A. Bermingham. Sentiment in Oil Markets [J]. International Review of Financial Analysis, 2015, 39: 179 - 185.

[63] Demirer, R., H. Lee, D. D. Lien. Commodity Financialization and Herd Behavior in Commodity Futures Markets [J]. International Review of Financial Analysis, 2015, 39.

[64] Dhume, D. Using Durable Consumption Risk to Explain Commodities Returns [J]. Worldbank Working Paper, 2011.

[65] Dockner, E. J., Z. Eksi, M. Rammerstorfer. A Convenience Yield Approximation Model for Mean - Reverting Commodities [J]. Journal of Futures Markets, 2015, 35 (7): 625 - 654.

[66] Domanski, D., A. Heath. Financial Investors and Commodity Markets [J]. BIS Quarterly Review, 2007, 53 - 67.

[67] Dowling, M., M. Cummins, B. M. Lucey. Psychological Barriers in Oil Futures Markets [J]. Energy Economics, 2016, 53: 293 - 304.

[68] Dwyer, A., G. Gardner, T. Williams. Global Commodity Markets - Price Volatility andFinancialisation [J]. RBA Bulletin, 2011, 49 - 57.

[69] Engelberg, J., C. Sasseville, J. Williams. Market Madness? The Case of Mad Money [J]. Management Science, 2012, 58 (2): 351 - 364.

[70] Erb, C. B., C. R. Harvey. The Strategic and Tactical Value of Commodity Futures [J]. Financial Analysts Journal, 2006, 2 (62): 69 - 97.

[71] Ewing, B. T., F. Malik, O. Ozfidan. Volatility Transmission in the Oil and Natural Gas Markets [J]. Energy Economics, 2002, 24 (6): 525 - 538.

[72] Fama, E. F., K. R. French. Commodity Futures Prices: Some Evidence on Forecast Power, Premiums, and the Theory of Storage [J]. Journal of Business, 1987, 60 (1): 55 - 73.

[73] Fattouh, B., L. Kilian, L. Mahadeva. The Role of Speculation in Oil Markets: What Have we Learned so Far [J]. Energy Journal, 2013, 3 (34): 7 - 33.

[74] Fernandez - Perez, A., B. Frijns, A. Fuertes, J. Miffre. The Pricing of Skewness in Commodity Futures Markets: Risk or Lottery [J]. SSNR Working Paper, 2016.

[75] Finta, M. A., J. R. H. Ornelas. Commodity Return Predictability: Evidence from Implied Variance, Skewness and their Risk Premia [J]. 2018.

[76] Frankel, J. A. Expectations and Commodity Price Dynamics: The Overshooting Model [J]. American Journal of Agricultural Economics, 1986, 2 (62): 344 - 348.

[77] Frankel, J. A. The Effect of Monetary Policy On Real Commodity Prices [J]. NBER Working Paper, 2006.

[78] French, K. R. Detecting Spot Price Forecasts in Futures Prices [J]. Journal of Business, 1986, 59 (2): S39 - S54.

[79] Gao, L., S. Süss. Market Sentiment in Commodity Futures Returns [J]. Journal of Empirical Finance,2015, 33: 84 - 103.

[80] Garbade, K. D., W. L. Silber. Price Movements and Price Discovery in Futures and Cash Markets [J]. The Review of Economics and Statistics, 1983, 65 (2): 289 - 297.

[81] Gibson, R., E. S. Schwartz. Stochastic Convenience Yield and the Pricing of Oil Contingent Claims [J]. Journal of Finance, 1990, 3 (45): 959 - 976.

[82] Gilbert, C. L. Speculative Influences On Commodity Futures Prices 2006 - 2008 [Conference Paper]. United Nations Conference on Trade and Development, 2010.

[83] Gorton, G., K. G. Rouwenhorst. Facts and Fantasies About Commodity Futures [J]. Financial Analysts Journal, 2006, 2 (62): 47 - 68.

[84] Gorton, G. B., F. Hayashi, K. G. Rouwenhorst. The Fundamentals of Commodity Futures Returns [J]. Review of Finance, 2012, 1 (17): 35 - 105.

[85] Greer, R. J. The Nature of Commodity Index Returns [J]. Journal of Alternative Investments, 2000, 1 (3): 45 - 52.

[86] Hachula, M., M. Rieth. Identifying Speculative Demand Shocks in Commodity Futures Markets through Changes in Volatility [J]. DIW Berlin Discussion Paper No. 1646, 2017.

[87] Haigh, M. S., J. Hranaiova, J. A. Overdahl. Price Dynamics, Price Discovery and Large Futures Trader Interactions in the Energy Complex [J]. U. S. Commodity Futures Trading Commission Working Paper, 2005.

[88] Hamilton, J. D., J. C. Wu. Effects of Index - Fund Investing On Commodity Futures Prices [J]. International economic review, 2015, 1 (56): 187 - 205.

[89] Hamilton, J. D. Causes and Consequences of the Oil Shock of 2007 - 08 [J]. NBER Working Paper, 2009, 2009 (1): 215 - 261.

[90] Hammoudeh, S., S. Dibooglu, E. Aleisa. Relationships Among US Oil Prices and Oil Industry Equity Indices [J]. International Review of Economics & Finance, 2004, 4 (13): 427 - 453.

[91] Hammoudeh, S., Y. Yuan. Metal Volatility in Presence of Oil and Interest Rate Shocks [J]. Energy Economics, 2008, 30 (2): 606 - 620.

[92] Harri, A., L. Nalley, D. Hudson. The Relationship Between Oil, Exchange Rates, and Commodity Prices [J]. Journal of Agricultural and Applied Economics, 2009, 41 (2): 501 - 510.

[93] Hazuka, T. B. Consumption Betas and Backwardation in Commodity Markets [J]. Journal of Finance, 1984, 3 (39): 647 - 655.

[94] Henderson, B. J., N. D. Pearson, L. Wang. New Evidence On theFinancialization of Commodity Markets [J]. Review of Financial Studies, 2015, 28 (5): 1285 - 1311.

[95] Hernandez, M. A., M. Torero. Examining the Dynamic Relation Between Spot and Futures Prices of agricultural Commodities [J]. Commodity Market Review 2009 - 2010, 2010, 47 - 86.

[96] Hicks, J. R. Value and Capital [M]. 1939.

[97] Hirshleifer, D. Determinants of Hedging and Risk Premia in Commodity Futures Markets [J]. Journal of Financial and Quantitative Analysis, 1989, 24 (3): 313 –331.

[98] Hochman, G., D. Rajagopal, G. Timilsina, D. Zilberman. Quantifying the Causes of the Global Food Commodity Price Crisis [J]. biomass and bioenergy, 2014, 68: 106 – 114.

[99] Hong, H., M. Yogo. What Does Futures Market Interest Tell Us About the Macroeconomy and Asset Prices? [J]. Journal of Financial Economics, 2012, 3 (105): 473 –490.

[100] Irwin, S. H., D. R. Sanders. Financialization and Structural Change in Commodity Futures Markets [J]. Journal of agricultural and applied economics, 2012, 3 (44): 371 –396.

[101] Jegadeesh, N., S. Titman. Profitability of Momentum Strategies: An Evaluation of Alternative Explanations [J]. Journal of finance, 2001, 2 (56): 699 –720.

[102] Jensen, G. R., R. R. Johnson, J. M. Mercer. Efficient Use of Commodity Futures in Diversified Portfolios [J]. The Journal of Futures Market, 2000, 5 (20): 489 –506.

[103] Jensen, G. R., R. R. Johnson, J. M. Mercer. Tactical Asset Allocation and Commodity Futures [J]. The Journal of Portfolio Management, 2002, 4 (28): 100 – 111.

[104] Ji, Q., Y. Fan. How Does Oil Price Volatility Affect Non – Energy Commodity Markets? [J]. Applied Energy, 2012, 89 (1): 273 –280.

[105] Jones, C. M., G. Kaul. Oil and the Stock Markets [J]. Journal of Finance, 1996, 2 (51): 463 –491.

[106] Kahneman, D. Attention and Effort [M]. 1973.

[107] Kaldor, N. Speculation and Economic Stability [J]. The Review of EconomicStudies, 1939, 7 (1): 1 –27.

[108] Kang, W., K. G. Rouwenhorst, K. Tang. A Tale of Two Premiums: The Role of Hedgers and Speculators in Commodity Futures Markets [J]. Yale International Center for Finance Working Paper No. 14 –24, 2016.

[109] Karanasos, M., F. Menlaali, Z. Margaronis, R. Nath. Modelling Time Varying Volatility Spillovers and Conditional Correlations Across Commodity Metal Futures [J]. International Review of Financial Analysis, 2017.

[110] Keynes, J. M. A Treatise On Money [M]. 1930.

[111] Kilian, L., D. P. Murphy. The Role of Inventories and Speculative Trading in the Global Market for Crude Oil [J]. Journal of Applied Econometrics, 2014, 29 (3): 454 –478.

[112] Kilian, L. Not All Oil Price Shocks are Alike: Disentangling Demand and Supply Shocks in the Crude Oil Market [J]. American Economic Review, 2009, 3 (99): 1053 –1069.

[113] Lee, W. Y., C. X. Jiang, D. C. Indro. Stock Market Volatility, Excess Returns, and the Role of Investor Sentiment [J]. Journal of banking & Finance, 2002, 26 (12): 2277 –2299.

[114] Liu, P., Z. Qiu, K. Tang. Financial –Demand Based Commodity Pricing: a Theoretical Model for Financialization of Commodities [J]. Available at SSRN, 2012.

[115] Lombardi, M. J., I. VanRobays. Destabilizing Speculation in the Oil Market [J]. ECB Working Paper, 2011.

[116] Magkonis, G., D. A. Tsouknidis. Dynamic Spillover Effects Across Petroleum Spot and Futures Volatilities, Trading Volume and Open Interest [J]. International Review of Financial Analysis, 2017, 52: 104-118.

[117] Marshall, B. R., N. H. Nguyen, N. Visaltanachoti. Commodity Liquidity Measurement and Transaction Costs [J]. Review of Financial Studies, 2012, 25 (2): 599-638.

[118] Masters, M. W. Before the Committee On Homeland Security and Governmental Affairs [J]. U. S. Senate, 2008.

[119] McPhail, L. L., X. Du, A. Muhammad. Disentangling Corn Price Volatility: The Role of Global Demand, Speculation, and Energy [J]. Journal of Agricultural and Applied Economics, 2012, 44 (3): 401-410.

[120] Mellios, C., P. Six, A. N. Lai. Dynamic Speculation and Hedging in Commodity Futures Markets with a Stochastic Convenience Yield [J]. European Journal of Operational Research, 2016, 250 (2): 493-504.

[121] Miffre, J., G. Rallis. Momentum Strategies in Commodity Futures Markets [J]. Journal of Banking & Finance, 2007, 6 (31): 1863-1886.

[122] Mirantes, A. G., J. Población, G. Serna. The Stochastic Seasonal Behavior of Energy Commodity Convenience Yields [J]. Energy Economics, 2013, 40: 155-166.

[123] Mirantes, A. G., J. Población, G. Serna. The Stochastic Seasonal Behaviour of Natural Gas Prices [J]. European Financial Management, 2012, 3 (18): 410-443.

[124] Mueller, S. A., J. E. Anderson, T. J. Wallington. Impact of Biofuel Production and Other Supply and Demand Factors On Food Price Increases in 2008 [J]. Biomass and Bioenergy, 2011, 35 (5): 1623-1632.

[125] Narayan, P. K., S. Narayan, S. S. Susan. An Analysis of Commodity Markets: What Gain for Investors? [J]. Journal of Banking & Finance, 2013, 37: 3878-3889.

[126] Nazlioglu, S., U. Soytas. World Oil Prices and Agricultural Commodity Prices: Evidence From an Emerging Market [J]. Energy Economics, 2011, 33 (3): 488-496.

[127] Nijman, T., L. A. P. Swinkels. Strategic and Tactical Allocation to Commodities for Retirement Savings Schemes [J]. CentER Discussion Paper, 2003, 20.

[128] Park, J., R. A. Ratti. Oil Price Shocks and Stock Markets in the U. S. And 13 European Countries [J]. Energy economics, 2008, 5 (30): 2587-2608.

[129] Qadan, M., H. Nama. Investor Sentiment and the Price of Oil [J]. Energy Economics, 2018, 69: 42-58.

[130] Sadorsky, P. Oil Price Shocks and Stock Market Activity [J]. Energy economics, 1999, 21 (5): 449-469.

[131] Sari, R., S. Hammoudeh, U. Soytas. Dynamics of Oil Price, Precious Metal Prices, and Exchange Rate [J]. Energy Economics, 2010, 2 (32): 351-362.

[132] Schwartz, E. S. The Stochastic Behavior of Commodity Prices: Implications for Valuation and Hedging [J]. journal of finance, 1997, 3 (52): 923-973.

[133] Seasholes, M. S., G. Wu. Predictable Behavior, Profits, and Attention [J]. Journal of Empirical Finance, 2007, 5 (14): 590-610.

[134] Sensoy, A., E. Hacihasanoglu, D. Khuong Nguyen. Dynamic Convergence of Commodity futures -

Not All Types of Commodities are Alike [J]. Resources Policy, 2015, 44: 150 - 160.

[135] Shao, C., R. Bhar, D. B. Colwell. A Multi - Factor Model with Time - Varying and Seasonal Risk Premiums for the Natural Gas Market [J]. Energy Economics, 2015, 50: 207 - 214.

[136] Shen, J., M. Najand, F. Dong, W. He. News and Social Media Emotions in the Commodity Market [J]. Review of Behavioral Finance, 2017, 2 (9): 148 - 168.

[137] Singleton, K. J. Investor Flows and the 2008 Boom/Bust in Oil Prices [J]. Management Science, 2014, 60 (2): 300 - 318.

[138] Smales, L. A. News Sentiment in the Gold Futures Market [J]. Journal of finance, 2014, 49: 275 - 286.

[139] Steen, M., O. Gjolberg. Are Commodity Markets Characterized by Herd Behaviour? [J]. Applied Financial Economics, 2013, 1 (23): 79 - 90.

[140] Stein, J. C. Rational Capital Budgeting in an Irrational World [J]. NBER Working Paper, 1996.

[141] Stoll, H. R., R. E. Whaley. Commodity Index Investing and Commodity Futures Prices [J]. Journal of Applied Finance, 2010, 1 (20): 7 - 46.

[142] Strongin, S., M. Petsch. Asset Returns and the Economic Environment [J]. Goldman Sachs, 1996.

[143] Stuermer, M. 150 Years of Boom and Bust: What Drives Mineral Commodity Prices? [J]. Macroeconomic Dynamics, 2013, 1 - 16.

[144] Szymanowska, M., F. De Roon, T. Nijman, R. Van Den Goorbergh. An Anatomy of Commodity Futures Risk Premia [J]. The Journal of Finance, 2014, 69 (1): 453 - 482.

[145] Tadasse, G., B. Algieri, M. Kalkuhl, J. von Braun. Drivers and Triggers of International Food Price Spikes and Volatility [M]. 2014.

[146] Tai, M., C. Chao, S. Hu, C. Lai, V. Wang. Monetary Policy and Price Dynamics in a Commodity Futures Market [J]. International Review of Economics & Finance, 2014, 29: 372 - 379.

[147] Tang, K., W. Xiong. Index Investment and theFinancialization of Commodities [J]. Financial Analysts Journal, 2012, 5 (68): 54 - 74.

[148] Telser, L. G. Futures Trading and the Storage of Cotton and Wheat [J]. Journal of Political Economy, 1958, 3 (66): 233 - 255.

[149] Vozlyublennaia, N. Investor Attention, Index Performance, and Return Predictability [J]. Journal of Banking & Finance, 2014, 41: 17 - 35.

[150] Working, H. Hedging Reconsidered [J]. Journal of Farm Economics, 1953, 35 (4): 544 - 561.

[151] Working, H. Price Relations Between July and September Wheat Futures at Chicago Since 1885 [J]. Wheat Studies, 1933, 6.

[152] Working, H. The Theory of Price of Storage [J]. The American Economic Review, 1949, 6 (39): 1254 - 1262.

[153] Yang, J., R. B. Balyeat, D. J. Leatham. Futures Trading Activity and Commodity Cash Price Volatility [J]. Journal of Business Finance & Accounting, 2005, 32 (1 - 2): 297 - 323.

[154] Zagaglia, P. Macroeconomic Factors and Oil Futures Prices: A Data - Rich Model [J]. Energy Economics, 2010, 2 (32): 409 - 417.

第七章

法律、金融与增长

作为第三代金融发展理论的开端，法律与金融的研究在现代金融理论研究中一直占据着举足轻重的地位。20 世纪 90 年代末以来，一些经济学家们一直致力于探寻法律对金融发展的影响因素及作用机制。而对于处于实体经济增速减缓的结构转型时期的中国来说，如何促使金融、经济持续并稳健地发展成为当前改革任务的重中之重，因此研究法律与金融、增长的关系尤为重要。本章回顾了法律与金融近二十多年以来的文献，从法律与金融关系的理论基础、法律因素的概念与度量、法律与一国金融发展与结构关系、法律与公司资本结构与投资政策的选择四个方面对文献进行了梳理，并对中国相关领域的研究做了相应挖掘总结。文章在最后指出了法律与金融领域未来可能的研究方向，以期启迪后续研究者。

一、引言

金融发展、结构与增长的关系之谜是学术圈长期关注的一个问题，从 Goldsmith（1969）、McKinnon（1973）和 Shaw（1973）之后，大量的理论与实证研究发现银行与市场的相对发展程度在一定程度上决定经济增长，但也有部分学者认为金融结构与经济增长无关，而是一个国家金融体系的整体发展影响了经济增长（如 Levine，2002；Beck 等 2001）。从 20 世纪 90 年代末开始，一些经济学家的实证研究（如 LLSV，1997，1998）开始探索其他影响金融与经济发展的重要因素——法律，得到的结论至今依然存在不一致（Allen、Gu 和 Kowalewski，2018）。法律会在一定程度上影响个人选择以及具有潜在收益的个人交易行为，同时也会影响交易合同双方的选择成本，从而影响合同双方的行为选择，尤其是可以在一定程度上约束合同双方的机会主义行为。从法律的基本经济意义出发，可以理解法律如何影响公司的融资与投资决策，以及法律如何影响一国的金融体系结构与发展。

尽管法律体系的健全性将在一定程度上影响金融与增长的关系，但现实世界中我们也看到了一些值得研究和探索的反例，例如中国（Allen、Qian 和 Qian，2005）。作为大陆法系国家之一，相比于其他国家，中国的法律体系健全程度，包括机制建设、执行力度的方方面面，发展程度远远不足，对于投资者，尤其是中小投资者的保护很弱。例如，从 2014 年“超日债”违约事件开始，近些年债券市场陆续出现违约案例，而违约后债权人权利保护机制，尤其是破产清算机制存在严重问题；股票市场长期以来对中小投资者保护力度不足，同时存在内幕交易与、信息不对称等诸多问题。然而，中国经济增长在过去 30 年中取得了举世瞩目的成就，金融体系也得到了长足的发展。因此，研究法律与金融、增长的关系对于中国来说意义特殊。中国正处于实体经济增速减慢的结构转型时期，在实体企业杠杆高企的压力下，提升投资者保护强度尤其是股东权利保护，能在一定程度上帮助企业去杠杆、增加股权融资规模以及扩大资本性支出与研发支出的比例，也能进一步鼓励企业创新（顾弦和王陈豪，2017）。

本章将从法律与金融关系的理论基础、度量与实证关系几个方面对法律与金融的文献研究进行综述。本章的其余部分安排如下：第二部分讨论法律与金融关系的理论基础；第三部分总结法律因素的概念的度量；第四部分回顾法律与金融发展、结构的现有研究，以及中国经验；第五部分回顾法律与公司融资结构、投资决策方面的现有研究，以及中国经验；第六部分总结并展望法律与金融领域未来有待研究的相关课题。

二、法律与金融关系的理论基础

投资者保护、法律执行力度等法律因素对金融、企业的作用植根于两方面：第一是金融本身存在的特性，也就是不确定性、流动性与不稳定性。由于金融体系本身存在的不确定性，就要求了一些前定的（Pre - determined）、不可协商的（non - negotiable）法律约束来避免金融体系中的违约以及极端情况下的金融危机等事件（Pistor，2013）；第二是法律本身的特性。法律能够在一定程度上影响个人选择以及具有潜在收益的个人交易行为，同时也会影响交易合同双方的选择成本，因此，法律具有非常重要的经济价值。金融体系通过各种各样的金融合约，将市场参与者联结在一起，包括私人个体、公共部门都可以发行合约，例如，个人贷款合约、企业债券合约、政府主权债合约等。政府、企业可以在本国根据本国的法律发行本国货币计价的债券，也可以在外国根据外国的法律发行以外币计价的债券，例如，美国市场上的扬基债券（Yankee bond）、欧洲市场上的欧元债券（Euro-bond）。如果债务合约出现违约，就可以能会出现法律诉讼案①。股权合约也是如此，每一份股都包含着相应的权利（例如，在中国大陆执行“一股一权”），也会进而影响后续公司的兼并、重组等方方面面的决策。同时，从优先股、可转换股等合约上，也可以看出法律创新对公司资本结构与公司治理的影响（Bensten 等，2003）。

在现有法律体系中，基础法（Basic Law）、公司法（Corporate Law）和证券法（Securities Law）对经济金融的影响尤为重要：基础法对商业合作中的不诚信行为进行惩罚，能够有效阻止商业交易行为中的违约行为，使商业交易成本降低；公司法对现代企业代理人制度下职业经理人的行为起到约束作用；证券法一方面为资本市场保证了具有统一、公开信息的市场环境，加强信息披露进而减少信息不对称性，另一方面对特定证券行为进行了有效的规范，阻止机会主义行为（如内部交易、欺诈等）的发生。

由于法律的前定性，法律能够保证金融合约在执行过程中出现的问题，进而减少金融不稳定性。但是，在金融创新的浪潮下，金融体系是不断发展的，这也在一定程度上要求了法律应当适应当前的金融体系发展。但同时，如果法律是发展变化、与时俱进的，也就很难保证法律的前定性及其对金融合约的作用。这种相悖的关系该研究领域中被称为“法律与金融悖论”（Law - Finance Paradox）（Pistor，2013）。

三、法律因素的概念与度量

法律与金融方面的实证研究最早出现在 20 世纪 90 年代末，主要原因是之前并没有对法律因素很好地度量。LLSV（1997，1998）首次对法律起源进行了编码，并且编制了法律执行力度等指数。本部分回顾了包括投资者保护、法律起源、法律健全性、合约执行力度等在内的各项法律因素的指标与度量。

---

① 对于政府债券来说，法律诉讼案更多的发生在本国政府在外国发行的以外币计价的债券（Cross，2011）。

（一）投资者保护

根据国际证监会组织（International Organization of Securities Commissions，简称IOSCO）的规范，投资者应当受到保护以免被误导、操纵或者被欺骗，包括内幕交易、插队交易、滥用客户资金等。具体而言，投资者保护的内涵包括两个方面，一是法律对投资者的保障程度，即相关法律条款和法律条约的制定情况；二是投资者保护相关法律的有效实施程度。投资者保护是使投资者权利充分得以实现，投资者的利益得到充分保障的制度安排。由于现代公司治理结构下，委托代理机制带来的信息不对称导致公司高层管理者以及公司大股东很可能处于自身私利的考虑侵犯其他股东，尤其是中小股东的利益，因此投资者保护机制主要是为解决这一问题而产生的。根据投资者参与投资方式的不同，目前投资者保护可以分为两种：一是债权投资者保护，一般是指在企业借款人破产之后的清算过程中对有抵押债权人权利的保护；二是股权投资者保护，对股权投资者的保护主要体现在股东的各项权利上，股东通过行使股东权利来维护自身的利益。

在债权方面，投资者保护可以从债务违约前保护机制、债务违约后保护机制以及债务合约的执行力度等方面进行考量。债务违约前保护的主要指标为债券契约的限制性条款，债券契约限制性条款依照契约条款限制企业经营者在债务违约前的行为，从而保护债权人权利，也可以债券市场债券契约的代理变量（Miller 和 Reisel，2012）；度量债务事后保护机制的指标主要为债权人权利指数，该指数由 Djankov、Mcliesh 和 Shleifer（2007）首先提出，度量了有担保债务的债权人保护情况，综合考量了债权人的法律权利，对一国债权人保护机制以至资本市场的发展都具备较强的解释能力（Miller 和 Reisel，2012）；此外，债权合约或债权条款的执行力度直接决定了债权人权利保护条约的实现程度和完成情况，同样是考量债权人保护的重要方面。

在股权方面，度量投资者保护的指标经历了漫长的发展历程，国内外学者基本上是在 Porta 等（1997，1998）的研究框架下设计投资者保护指标、思考投资者保护各项作用的：首先是抗董事权指数（Anti – director Right Index），该指数由 Porta 等（1998）建立，综合考量了股东投票权和小股东保护两个方面；此后，Djankov 等（2008）在抗董事权的基础上，区分了赋权条款、强制性规范和任意性规范，对抗董事权指数进行了修正，建立了修正的抗董事权指数（Revised Anti – director Rights Index）作为股东权利保护状况的刻画指标。与此同时，考虑到控股股东行为对中小股东的影响，Djankov 等（2008）还建立了抗自我交易指数（Anti – self – dealing Index），衡量企业中小股东在抵制控股股东自利性关联交易方面的法律保障状况；2010 年，Spamami 又在 Djankov 等（2008）的研究基础之上，提高了编码的准确性，提出了校正的抗董事权指数（Corrected Anti – director Rights Index）。

中国有关投资者保护的主要指标和国外有所不同。目前国内衡量投资者保护情况较为全面的指标体系主要有两种，一是由中国证券投资者保护基金有限责任公司公布的中国上市公司中小股东保护状况指标（《中国资本市场投资者保护状况白皮书》，2011～2016年）；二是由张跃文和王力（2016，2017）编制的投资者保护指标（《中国上市公司质量评价报告》）。前者更为强调中国A股上市公司对企业中小股东的保护情况，主要考察上市公司治理结构对投资者决策参与权的保护程度、上市公司信息披露对投资者知情权的保护状况、上市公司经营活动对投资者投资收益的保护程度三大方面的内容；后者主要度量股东大会是否实行网络投票制、股东大会是否实行累积投票制、实际控制人控制权与现金流权是否分离、是否组织投资者活动等这4个方面。

除此之外，现有文献中也有根据实际研究需要，自行设计指标体系或者选择一些代理变量作为中国投资者保护程度的度量，通常在设计投资者保护指标体系时主要从立法、司法两个层面出发，分析上市公司相关制度的完善性和执行度，继而构建投资者保护指标体系对上市公司的投资者保护状况进行评价和打分。例如，沈艺峰等（2004，2005）构建的指数以中国投资者保护相关法律条款为基础；王鹏（2008）构建的指数包含了通信表决权、股票留置权、少数股东抗争权、累计表决权、优先认股权和临时股东召集权以及信息披露政策、相关会计和审计政策、管理层和监事会相关政策等内容。除此之外，也可以从企业投资者对企业所有的权益出发，设计和构建投资者保护指标体系，分析企业中小股东的知情权、中小股东对公司利益的平等享有权、股东财富最大化的执行情况、企业投资回报率和上市公司诚信情况等方面内容，从而对上市公司的投资者保护状况做出合理评价并进行打分（姜付秀等，2008）。

（二）其他法律因素

法律的执行力度和法律环境对金融的影响同样重要。文献中现有的其他法律因素主要包括，法律起源（Legal origin）、法律准则（Legal rule）、合约执行力度等。La Porta 等（1997；1998）把世界上49个国家和地区按照法律体系的不同分为了4个类别：英美法系、德国法系、北欧法系、法国法系，这4个类别中，英美法系是共同法系（Common Law），德国、北欧与法国属于大陆法系（Civil Law）。法律准则主要用于衡量一国整体的法律执行力度（LLSV，1997）。在此基础之上，为了更好地衡量债务合约的执行力度，Djankov 等（2008）创建了合约执行力度指数，所用的度量方法是通过法律解决债务违约纠纷的天数的对数（定义与来源见表7－1）。

关于中国的法律执行与法律环境，最常用的度量就是分省（地区）法律环境指数（樊纲和王小鲁，2004；樊纲、王小鲁和朱恒鹏，2011；樊纲、王小鲁和余静文，2017）。在过去的20年中，中国的资本市场得到了长足的发展，投资者保护状况正在逐年改善，投资者保护相关制度不断完善。2008年10月中国证监会出台《关于修改上市公司现金分红若干规定的决定》，鼓励上市公司现金分红，将上市公司再融资和现金分红相挂钩，促进了 A 股市场价值投资者的保护；2014 年 12 月，中证中小投资者服务中心有限责任公司注册成立，归属中国证监会直接管理，为中小投资者自主维权提供教育、法律、信息、技术等服务；2016 年 1 月，中证中小投资者服务中心有限公司为在资本市场创新推出证券纠纷解决小额速调机制，从而使普通投资者能够通过民事诉讼渠道维护自身合理合法的权益，从强势的上市公司获得应有的赔偿；2017 年 7 月中国证监会出台的《证券期货投资者适当性管理办法》正式实施，使投资者在开户过程中能得到充分的信息告知、风险揭示，令投资者能够购买与其自身风险承受能力相适应的金融产品，加强了对缺乏信息优势，风险判断能力较弱的中小投资者保护。

表 7－1 法律因素主要指标、定义与来源

指标	定义	来源
法律起源	由法律渊源的国家编制的一项指数，可分为四类：英国普通法、法国大陆法、德国大陆和斯堪的纳维亚大陆法	LLSV（1997）
法律准则	基于投资者调查的执法质量评估	LLSV（1997）
债权人权利	一种统计债权的指数，范围从 0（最弱债权）到 4（最强债权）	Djankov，S. 等（2007）
修订后反董事权指数	反董事权利指数的修订版，汇集了 100 多篇文章中的股东保护，包括股东投票和少数股东保护	La Porta 等（1998） Djankov，S. 等（2008b）
更正后的反董事权利指数	反董事权利指数的更正版，使用改进后的数据收集、编码和文档	Spamann（2010）
反自我交易指数	描述少数股东在限制公司内部人员征用方面的能力的指标	Djankov，S. 等（2008a）
反收购条款指数	衡量各国反收购管制程度的指标	Nenova（2006）
债务执行力度	等于通过法院解决付款纠纷的天数的对数	Djankov，S. 等（2008a）
信息披露	通过审查和评估公司年度报告中对 90 个项目的纳入或省略情况制定的指数，数字越高表明披露越多	国际会计与审计趋势，财务分析与研究中心

（三）中国投资者保护现状

虽然投资者保护相关政策不断完善，政府对中小投资者的保护水平不断提高，市场经济相关制度和环境逐步完善（Jiang 和 Kenneth，2014）。但是总体来讲，中国投资者保护水平仍然较低，在投资者保护相关法律方面的立法和执法都存在较大问题，中国经济的快

速发展和法律的缓慢建设之间存在巨大不平衡（Allen 等，2005）。具体而言，在立法层面，中国投资者保护相关法律主要集中于保护国家对上市公司的控制权（Macneil，2002），法律设计之初对于投资者保护的考虑就较为欠缺。例如，根据 2005 年修订的公司法，中国上市公司董事会职权与发达国家相似，具有任免企业 CEO 等权力，但却没有规定董事会成员必须通过股东大会选出，这使中国上市公司高管多由其母公司直接指派，公司股东的合法权利很难得到保障，高管人员和董事会成员的激励机制存在严重问题（Allen，Qian 和 Gu，2017）。比如 Fung、Firth 和 Rui（2003），Kato 和 Long（2006）就发现中国上市公司很少给企业 CEO 或董事会发股票期权，企业高层缺乏应有的约束和激励机制，严重影响了股东利益的实现；在司法层面，中国的司法体系存在审判系统缺乏效率、律师资源严重不足、律师知识技能相对欠缺等问题，总体司法能力亟待改善（Djankov 等，2003；Allen、Qian 和 Gu，2017）。举例来说，2007 年 6 月中国新破产法生效，新法律在许多条例上已经和发达国家相似，例如，新破产法强调了破产企业冻结资产管理人的独立性和专业性，但在具体实施层面却非常薄弱，中国很少有企业会真正破产（Allen、Qian 和 Gu，2017）。

四、法律与金融发展、结构

法律因素将通过法律起源、法律规则、投资者保护等渠道影响一国金融发展与结构。第一，一国法律起源和法律规则会直接影响企业的股东权利和债权人权利，进而影响该国的金融发展和结构。在实行普通法系的国家和地区，股权保护机制更加完善，完善的股权保护机制一方面使委托代理关系下，委托人的代理成本降低，企业股权融资成本降低；另一方面减轻了投资者信息不对称程度，使逆向选择和道德风险发生的可能性降低，投资者更加愿意通过股权投资获得收益。此外，完善的股权投资者保护机制下，投资者预期的风险更低，从而其预期收益也相应降低，企业股权融资成本降低，因而企业更容易通过股权融资，其股票市场更为发达（Porta 等，1997，1998；Modigliani 和 Perotti，2000；Erungor，2004；Liberti 和 Mian，2010）。第二，在采用大陆法系的国家和地区，债权人保护机制更加完善，银行信贷业务信息成本较低，能够很好地确定借款者风险情况，从而使信贷供给期限更长，贷款利率更低充足，因此信贷融资更加便利，银行信贷体系更为发达（Djankov、Mcliesh 和 Shleifer，2007；Qian 和 Strahan，2007）。第三，债权人保护对债务合约融资的影响同样适用于债券合约与债券市场。Gu 和 Kowalewski（2016）对 44 个国家的研究发现，债权人保护相对于股东保护更为健全的国家，债券市场往往相对于股票市场更为发达，同时，债权人权利保护对金融部门的影响往往依赖于信息披露的程度，对于信息披露更为健全的国家，上述关系更为显著。

还有一个不可忽视的问题是，金融改革对金融体系发展与结构的影响也是显著的。

Laeven 和 Valencia（2012）构建了全球金融危机的数据库，被广泛运用于大量实证研究中。第一，金融改革对金融发展的影响依赖于一个国家的机构环境，包括法律环境、机构建设等等（Detragiache、Abiad 和 Tressel，2008）；第二，金融改革对银行信贷的影响不显著；第三，金融改革对债券市场的影响，依赖于债权人权利保护与信息披露机制，在投资者权利保护更强的国家与信息披露机制更为健全的国家影响更大；第四，金融改革对金融发展与结构的作用在金融危机之后并不显著，一国的金融结构具有粘性，在危机之后几年内，往往会恢复到之前的状态（Allen、Gu 和 Kowalewski，2012）。

五、法律与公司金融

（一）法律与公司资本结构

债权人权利保护与公司资本结构的复杂关系是“法律与金融关系”的核心。增强债权人保护机制是否会带来企业杠杆水平的提高，在理论与实证领域存在争议。从供给端来看，（Porta 等，1998；Djankov 等，2007；Haselmann 等，2010）研究指出加强债权人权利保护，在借款人面临破产重组时，贷款人获取抵押物的能力更强；同时，更强的债权人权利保护可以使得贷款人更了解借款人的信息，比如信用历史等，降低信息不对称，因此，贷款人融资给失败项目的可能性更低。这两种渠道，前者被称为债权人权利保护影响融资的“权利渠道”（Townsend，1979；Aghion 和 Bolton，1992），后者被称为“信息渠道”（Stiglitz 和 Weiss，1981），在这种情况下，贷款者信贷意愿更高，从而能够提高借款者的债务空间。因此，在这种逻辑下，债权人权利保护更强的情况下，企业杠杆率往往更高。从需求端来看，加强债权人权利保护可以降低有担保债务的净损失成本，在借款者具有融资约束的情况下，加强债权人权利保护可以提高借款者对有担保债务的需求；但在更强的债权人权利下，由于债权人对抵押物的获取能力更强，或者提前清算的可能性更大，带来抵押物清算值的提高，在这种情况下，为了保证自己的利益，借款者很可能会减少抵押，从而反过来减少借款空间（Vig，2013；Bae 和 Goyal，2009；Acharya 等，2011）。因此，从需求端来看，债权人权利保护越高对债务融资规模的影响并不确定。

综合供给端与需求端两方面，现有文献也发现了关于债权人保护与公司资本结构关系并不一致的结论，例如，Acharya 等（2011）发现投资者权利保护更强的情况下，公司杠杆反而更低；Vig（2012）根据印度证券法改革后的经验，发现投资者权利保护增强之后，公司债务融资规模与杠杆都相应增长。对于银行贷款的影响来看，债权人权利更强将使得银行贷款规模更大、利率更低、期限更长（Qian 和 Strahan，2007）。在转型国家中，在法律制度（抵押法）变化前后，债权人权利保护显著增强，银行贷款规模相应增长（Haselman、Pistor 和 Vig，2009）。

更强的股东权利保护一般能带来规模更大的股权融资。原因主要包括几个方面，第一，更强的股东权利保护能使得财务报告更准确（Leuz、Nanda 和 Wysocki，2003）、交易套利活动更多（Morck、Yeung 和 Yu，2000），因此股价能够更准确地反映基本面；第二，更强的股东权利保护能使公司更好地为增值项目寻找外部融资（La Porta 等，2006）；第三，更强的股东权利保护下，公司经理以及控股股东占用公司资源为自身服务的可能性更小，但更愿意投资于那些有利于股东的项目（Wurgler，2000；Bekaert、Harvey 和 Lundblad，2010）。

近年来较多的法律与金融文献虽然提出了投资者保护会对公司资本结构产生影响的观点，但无论是从理论上，还是在经验证据上，都主要是从不同国家的法律因素与机构建设情况来阐明他们的观点，并没有具体说明同一个国家里不同公司在投资者保护执行方面的差异究竟如何对公司本身的外部融资产生作用。从这个角度探索投资者保护与资本结构之间的关系，对理解中国投资者保护与企业融资决策之间的关系至关重要。从公司微观层面来说，在投资者保护执行较好的公司中，控股股东对中小股东的资源剥夺行为会得到一定的约束，从而保护资本市场的权益资本提供者，使他们更愿意为公司提供权益资本。在这一方面，沈艺峰等（2009）提供了与法与金融文献结论一致的、来自中国上市公司的经验证据。

顾弦和王陈豪（2017）讨论了法律与公司融资结构关系对于中国经验的意义。2003 年至今，中国上市公司平均杠杆率从约 50.5% 上升至 60.0%。从公司属性来看，国有企业，包括中央国企和地方国企，自 2008 年开始，资产负债率与民营企业拉开距离逐步走高，并于 2014 年接近阶段性高位；而民营企业资产负债率自 2008 年以来呈现下行趋势，2010 年之后小幅回升。2016 年国有企业与民营企业资产负债率相差 6.4%。2017 年全国金融工作会议把国有企业降杠杆作为未来增长的重中之重，尤其是“僵尸企业”的处置任务，债转股、国企资产证券化、国企重组、混合所有制改革均是国企去杠杆的重要方式。从公司治理的角度来看，加强投资者保护有助于企业去杠杆的进行。虽然债权人保护与企业债务融资比率的关系并不确定，但股东权利保护增强，将有助于投资者，尤其是中小投资者对上市企业公司经营与治理的监督。2014 年以来，全国各省份推进国企混合所有制改革，主要方式包括资产注入、整体上市、借壳上市、员工持股等措施，在这种背景下，加强投资者保护的重要性更加突出，尤其是股东权利保护，对国有企业过高的经营风险进行监督。

（二）法律与公司投资政策

投资者保护可能会影响企业经营者的风险偏好，进而影响企业的投资决策与公司绩效。在更强的股东权利保护下，公司的风险偏好更高，更愿意承担风险较大、不确定性较大但回报更高的投资，例如，公司兼并重组、研发投入；在更强的债权人权利保护下，公司往往资本性支出比例更高。除了对本公司投资活动的影响之外，投资者保护机制还会影响公司信息对外部的传导情况，影响公司信息透明度，从而间接影响其他企业对该公司的投资活动，影响公司的融资约束。

第一，更强的股东权利保护将有助于公司研发投入与技术创新。企业是技术创新的主体，因此，促进技术创新需要以企业为落脚点。关于如何促进企业创新，理论与经验上并没有统一的模式。在一国或者一个区域之内，所有企业面临相同或者类似的政治、法律、文化和社会环境，不同企业的创新和业绩差异缘于企业或者行业层面的差异。股东权利保护影响公司研发与创新主要通过如下两种渠道：其一，更强的股东权利保护下，公司的经营策略更为激进，偏好有利于公司估值的投资项目，而这些项目往往未必有短期高回报，并存在投资风险（Acharya 等，2011；Acharya 和 Subramanian，2009）；其二，更强的股东权利保护下，企业面临的政府行政环境与法律环境都更为完善，这为企业创新、产权保护、履行合约、破产清算等都提供了良好的环境与机制，从而减少企业技术创新的技术成本，为企业和投资者构建稳定的创新预期（鲁桐和党印，2015）。

第二，更强的债权人权利保护有助于企业进行固定资产类投资。由于破产清算次序不同，债权人与股东的风险偏好也不同。债权人往往更为偏好固定资产等可作为抵押的资产。在更强的债权人权利保护下，企业债权人与股东的利益冲突相对较低，企业更容易获取更高的评级，在这种情况下，企业的资本性支出相对较高（Gu、Kadiyala 和 Mahaney - Walter，2018），但相比于现金资产，依然有可能给这类支出包含限制性条款。经验数据显示，大约 30% 以上的银行私人信贷合约都包含了对资本性支出的限制条款（Nini 等，2009）；而在债券市场上，只有大约不到 5% 的债务合同包含（或者隐含包含）了这种投资限制（Billett 等，2007）。

中国的数据则显示，投资者保护程度一方面能影响上市公司外部估值，另一方面能影响基金公司投资策略和投资决策。前者是由于加强投资者保护有利于减缓由控股股东对流动性资产偏好导致的投资不足，抑制控股股东进行资产转移的动机，从而使上市公司获得更高的外部估值（罗琦和王寅，2010）；后者则是因为加强投资者保护有利于改善公司信息的透明度，提升公司的盈利能力，吸引基金投资，而投资能力较强的基金公司又会选择投资者保护更差的企业，以获得超额收益（路磊和吴博，2012）。

顾弦和王陈豪（2017）讨论了在中国加强投资者保护对于企业创新的意义。在深化国有企业改革的进程中，鼓励企业创新是一个相当重要的内容，这也是中国经济新常态下实现经济结构转型的保证。从国际经验来看，大部分成功国家都是通过研发或者创新获得成功。从 2011 ~2015 年研发投入与 GDP 比例来看，中国的均值为 1.95%，大幅低于日本、德国与美国。从上市公司数据来看，2003 ~2016 年，国企与非国企在资本性支出方面基本变化趋势一致，其中，中央国企资本性支出与总资产比例从 2003 年的 8.67% 一直上升至

2008 年的 11. 96%，之后一路降落至 2016 年的 4. 90%；地方国有企业资本性支出与总资产比例的走势基本与央企一致。但在研发支出方面，国企与非国企表现差异巨大，从研发费用与总资产比例来看，中央国企从 2006 年的 0. 25%，仅仅缓慢上升至 2016 年的 0. 83%，地方国企类似，从 2006 年的 0. 12%，上升至 2016 年的 0. 80%；但非国有企业从 2006 年的 0. 31%，快速上升至 2014 年的 1. 64%，近两年小幅回落。所有上市公司的研发投入，大约 43. 9% 来自于非国企，而总资产中，仅有 31. 2% 来自非国企。上市企业中，相当一部分债务融资并没有进入本公司业务相关的生产或者研发，而是可能通过各种渠道进入了资本市场或者房地产。对于国企而言，如果要鼓励企业技术创新，必须具有长线的激励机制，以及放弃潜在的短期利益，加强股东权利与法律体制的建设有利于这种机制的形成。与跨国经验证据一致的是，中国上市企业在过去十多年，投资者保护与企业研发投入都经历了显著的增长。做得较好的是广东省与浙江省，市场与机构在资源分配方面的力量相对于政府更强，法律与机构建设更加完备，企业也体现出了更强的竞争力。

六、法律与金融未来研究方向

本章回顾和梳理了法律与金融近 20 多年的文献发展。法律为金融与增长的关系提供了一种解释，法律通过影响合同双方的选择，影响企业融资、投资决策，进而影响一国的金融结构是银行主导还是市场主导。

但正如本章献综述所示，法律与金融、增长的关系还远远没有达到定论。法律与金融的关系在不同法律体系中表现不同，因而对特定国家的研究结论比一般性研究更为有意义。事前与事后的规范，对金融合同定价、合同双方选择的影响，也会有所不同。在事前约束缺乏的情况下，如何设定合约条款中的事后规定来影响金融合同双方的行为，减少机会主义行为的发生，增强金融体系稳定性，也是值得研究的。

法律与金融的研究对中国经验也是意义重大的。中国经济正面临结构转型，“去杠杆”被列为“供给侧”改革的五大任务之一，同时，国有企业降低企业杠杆率又是任务的重中之重。在这一背景下，加强投资者保护，加强投资者的知情权、决策与监督权、收益权，有助于企业更好地控制杠杆水平与经营风险。无论是国企改革方案中的“债转股”，还是鼓励企业创新，都要求投资者保护的增强。以“债转股”为例，转股之后，原债权人可能变为中小股东，而现有状况是，中小股东参与公司治理的权利经常被“真空”。因此，如果股东权利保障未能得到重视，“债转股”将存在风险。增强投资者保护是降低企业杠杆与促进科技创新的重要出路。

文献索引

［1］樊纲和王小鲁（2004）:《中国市场化指数——各地区市场化相对进程 2004 年度报告》，经济科

学出版社。

［2］樊纲、王小鲁和朱恒鹏（2011）：《中国市场化指数——各地区市场化相对进程 2011 年度报告》，经济科学出版社。

［3］樊纲、王小鲁和余静文（2017）：《中国分省份市场化指数报告（2016）》，社会科学文献出版社。

［4］顾弦（2015）：“投资者保护如何影响企业融资结构与投资水平”，《世界经济》，第 11 期，168－192 页。

［5］顾弦和王陈豪（2017）：“企业去杠杆、投资与创新：一个投资者保护的视角”，《中国上市公司质量评价报告（2017～2018）》，社会科学文献出版社。

［6］姜付秀、支晓强和张敏（2008）：“投资者利益保护与股权融资成本——以中国上市公司为例的研究”，《管理世界》，第 2 期 117－125 页。

［7］鲁桐和党印（2015）：“投资者保护、行政环境与技术创新：跨国经验证据”，《世界经济》，第 10 期 99－124 页。

［8］路磊和吴博（2012）：“投资者保护和基金投资业绩”，《金融研究》，第 6 期 167－177 页。

［9］罗琦和王寅（2010）：“投资者保护与控股股东资产偏好”，《会计研究》，第 2 期 57－64 页。

［10］沈艺峰、肖珉和黄娟娟（2005）：“中小投资者法律保护与公司权益资本成本”，《经济研究》，第 6 期 115－124 页。

［11］沈艺峰、许年行和杨熠（2004）：“中国中小投资者法律保护历史实践的实证检验”，《经济研究》，第 9 期 90－100 页。

［12］沈艺峰、肖珉和林涛（2009）：“投资者保护与上市公司资本结构”，《经济研究》，第 7 期 131－142 页。

［13］王鹏（2008）：“投资者保护、代理成本与企业绩效”，《经济研究》，第 2 期 68－82 页。

［14］王跃堂、王亮亮和彭洋（2010）：“产权性质、债务税盾与资本结构”，《经济研究》，第 9 期 122－136 页。

［15］张维迎和柯荣住（2002）：“诉讼过程中的逆向选择及其解释”，《中国社会科学》，第 2 期31－43 页。

［16］张跃文和王力（2016）：《上市公司蓝皮书：中国上市公司质量评价报告（2014－2015）》，社会科学文献出版社。

［17］张跃文和王力（2017）：《中国上市公司质量评价报告（2016－2017）》，社会科学文献出版社。

［18］中国证券投资者保护基金有限责任公司（2011）：《中国资本市场投资者保护状况白皮书——2010 年度 A 股上市公司投资者保护状况评价报告》。

［19］中国证券投资者保护基金有限责任公司（2012）：《中国资本市场投资者保护状况白皮书——2011 年度 A 股上市公司投资者保护状况评价报告》。

［20］中国证券投资者保护基金有限责任公司（2013）：《中国资本市场投资者保护状况白皮书——2012 年度 A 股上市公司投资者保护状况评价报告》。

［21］中国证券投资者保护基金有限责任公司（2014）：《中国资本市场投资者保护状况白皮书——2013 年度 A 股上市公司投资者保护状况评价报告》。

［22］中国证券投资者保护基金有限责任公司（2015）：《中国资本市场投资者保护状况白皮书——2014 年度 A 股上市公司投资者保护状况评价报告》。

［23］中国证券投资者保护基金有限责任公司（2016）：《中国资本市场投资者保护状况白皮书——2015 年度 A 股上市公司投资者保护状况评价报告》。

［24］A. Demirguc – Kunt and R. Leveine（eds.），"Financial Structure and Economic Growth：A Cross Country Comparison of Banks，Markets and Development"，New York：Oxford University Press.

［25］Acharya V. V. and K. V. Subramanian（2009），"Bankruptcy Codes and Innovation"，The Review of Financial Studies，22，pp. 4949 – 4988.

［26］Acharya V. V.，Y. Amihud and L. Litov（2011），"Creditor Rights and Corporate Risk – taking"，Journal of Financial Economics，102，pp. 150 – 166.

［27］Adler B. E.（1992），"Bankruptcy and Risk Allocation"，Cornell Law Review，77，pp. 439 – 489.

［28］Aghion P. and P. Bolton（1992），"An Incomplete Contracts Approach to Financial Contracting"，Review of Economic Studies，59，pp. 473 – 494.

［29］Allen，F.，X. Gu，and O. Kowalewski（2012），"Financial crisis，structure and reform"，Journal of Banking & Finance，36（11）：2960 – 2973.

［30］Allen F.，J. Qian and X. Gu（2017），"An Overview of China's Financial System"，Annual Review of Financial Economics，9，pp. 13. 1 – 13. 41.

［31］Allen F.，J. Qian，G. Tu and F. Yu（2017a），"Entrusted Loans：A Close Look at China's Shadow Banking System"，Imperial College London Working Paper.

［32］Allen F.，Qian J.，and M. J. Qian（2005），"Law，Finance，and Economic Growth in China"，Journal of Financial Economics，77，pp. 57 – 116.

［33］Allen F.，X. Gu，J. Qian and Y. Qian（2017b），"Implicit Guarantee and Shadow Banking：The Case of Trust Products"，Imperial College London Working Paper.

［34］Allen，F.，X. Gu，and O. Kowalewski（2018），"Financial structure，economic growth and development"，in T. Beck and R. Levine（eds.），Handbook of Finance and Development，Edward Elgar Publishing.

［35］Bae K. and V. K. Goyal（2009），"Creditor Rights，Enforcement，and Bank Loans"，The Journal of Finance，2，pp. 823 – 860.

［36］Beck，T.，A. Demirguc – Kunt，R. Levine and V. Maksimovic（2001），"Financial Structure and Economic Development：Firm，Industry and Country Evidence"，Social Science Electronic Publishing，2000：189 – 242.

［37］Bekaert，G.，C. Lundblad，and C. Harvey（2010），"Financial Openness and Productivity，" World Development，39，pp. 1 – 19.

［38］Benstem，G.，P. Irvine，J. Reosenfeld，and J. Sinkey，"Bank capital structure，regulatory capital and securities innovations"，Journal of Money，Credit and Banking，35（3）：301 – 322.

［39］Billett M. T.，T. D. King，E. L. Cox and D. C. Mauer（2007），"Growth Opportunities and the Choice of Leverage，Debt Maturity，and Covenants"，The Journal of Finance，61，pp. 697 – 730.

［40］Boubakri N. and H. Ghouma（2010），"Conttol Ownership Structure，Creditor Rights Protection，and the Cost of Debt – financing：International Evidence"，Journal of Banking and Finance，34，pp. 2481 – 2499.

[41] Chen Z. , Z. He and C. Liu (2017), "The Financing of Local Government in China: Stimulus Loan Wanes and Shadow Banking Waxes", Chicago Booth Business School Working Paper.

[42] Cross, K. (2011), "Investment Arbitration Panel Upholds Jurisdiction to Hear Mass Bondholder Claims Against Argentina", ASIL Insights, No. 15 (30).

[43] Demirguc - Kunt A. and R. Levine (2012), "Bank - based and Market - based Financial Systems: Cross - country comparisons", World Bank policy working paper, No. 6175.

[44] Detragiache, E. , A. Abiad, and T. Tressel (2008), "A new database of financial reforms", IMF working paper, No. 08/266.

[45] Djankov S. , C. Mcliesh and A. Shleifer (2007), "Private Credit in 129 Countries", Journal of Financial Economic, 84, pp. 299 - 329.

[46] Djankov S. , La Porta, R. , F. Lopez - de - Silanes and A. Shleifer (2008), "The Law and Economics of Self - dealing", Journal of Financial Economic, 88, pp. 430 - 465.

[47] Djankov S. , R. La Porta, F. Lopez - de - Silanes and A. Shleifer (2003), "Courts", Quarterly Journal of Economics, 118, pp. 453 - 517.

[48] Erungor O. E. (2004), "Market - vs. Bank - based Financial systems: Do Rights and Regulations Really Matter?", Journal of Banking and Finance, 28, pp. 2869 - 2887.

[49] Fung P. , M. Firth and O. Rui (2003), "Corporate Governance and CEO Compensation in China", Hong Kong University Working Paper.

[50] Goldsmith, Raymond W (1969), "Financial structure and development", New Haven, CT: Yale University Press.

[51] Gu X. and O. Kowalewski (2016) "Credit rights and the corporate bond market", Journal of International Money and Finance, 67: 215 - 238.

[52] Gu X. , P. Kadiyala and X. Mahaney - Walter (2018), "Creditor Rights and Firm Investments: Evidence from Public Debt Market", working paper.

[53] Haselmann R. , K. Pistor and V. Vig (2010), "How Law Affects Lending", Review of Financial Studies, 23, pp. 549 - 580.

[54] Jiang F. and A. K. Kenneth (2014), "Corporate governance in China: A modern perspective", Journal of Corporate Finance, 6, pp. 190 - 216.

[55] Kato T. and C. Long (2006), "Executive compensation, firm performance, and corporate governance in China: evidence from firms listed in the Shanghai and Shenzhen stock exchanges", Economic Development and Cultural Change, 54, pp. 945 - 983.

[56] Laeven, L. and F. Valencia (2012), "Systemic banking crises database: an update", IMF working paper, No. 12/163.

[57] La Porta R. , F. Lopez - de - Silanes, A. Shleifer and R. Vishny (1997), "Legal Determinants of External Finance", Journal of Finance, 52, pp. 1131 - 1150.

[58] La Porta R. , F. Lopez - de - Silanes, A. Shleifer and R. Vishny (1998), "Law and Finance", Journal of Political Economy, 106, pp. 1113 - 1155.

[59] La Porta R., F. Lopez - de - Silanes, C. Pop - Eleches and A. Shleifer (2004), "Judicial Checks and Balances", Journal of Political Economy, 112, pp. 445 - 470.

[60] Levine, R. (2002), "Bank - based and Market - based Financial Systems: Which is Better?", Journal of Financial Intermediation, 11: 398 - 428.

[61] Leuz, C., D. Nanda, and P. Wysocki (2003), "Earnings Management and Investor Protection: An International Comparison." Journal of Financial Economics, 69, 505 - 527.

[62] Liberti J. M. and A. R. Mian (2010), "Collateral Spread and Financial Development.", Journal of Finance, 65, pp. 147 - 177.

[63] MacNeil I. (2002), "Adaptation and Convergence in Corporate Governance: The Case of Chinese Listed Companies", Journal of Corporate Law Studies, 2, pp. 289 - 344.

[64] McKinnon, Ronald I. (1973), "Money and Capital in Economic Development", Washington, DC: Brookings Institution.

[65] Mclean R. G., T. Zhang and M. Zhao (2012), "Why Does the Law Matter? Investor Protection and Its Effects on Investment, Finance, and Growth", Journal of Finance, 67, pp. 313 - 350.

[66] Miller D. P. and N. Reisel (2012), "Do Country - level Inverstor Protections Affect Security - livel Contract Design? Evidence from Foreign Bond Covenants", Review of Financial Studies, 25, pp. 408 - 438.

[67] Modigliani F. and E. Perotti (2000), "Security Market versus Bank Finance: Legal Enforcement an Investors' Protections", International Review and Finance, 1, pp. 81 - 96.

[68] Morck, R., W. Yu, and B. Yeung (2000), "The Information Content of Stock Markets: Why Do Emerging Markets Have Synchronous Stock Price Movements?" Journal of Financial Economics, 58, pp. 215 - 260.

[69] Nini G., D. C Smith and A. Sufi (2009), "Creditor Control Rights and Firm Investment Policy", Journal of Financial Economics, 92, pp. 400 - 420.

[70] Pistor, K., "A Legal Theory of Finance", Journal of Comparative Economics, 41: 315 - 330.

Qian J. and P. E. Straluui (2007), "How Laws and Institutions Shape Financial Contracts: Tlie Case of Bank Loans", Journal of Finance, 62, pp. 2803 - 2834.

[71] Shaw, Edward (1973), "Financial Deepening in Economic Development", New York: Oxford University Press.

[72] Spamann H. K. (2010), "The Anti - director Rights Index Revisited", Review of Financial Studies, 23, pp. 467 - 486.

[73] Stiglitz J. E. and A. Weiss (1981), "Credit Rationing in Markets with Imperfect Information", The American Economic Review, 71, pp. 393 - 410.

[74] Townsend R. (1979), "Optimal Contracts and Competitive Markets with Costly State Verification", Journal of Economic Theory, 21, pp. 265 - 293.

[75] Vig V. (2013), "Access to Collateral and Corporate Debt Structure: Evidence from a Natural Experiment", The Journal of Finance, 68, pp. 881 - 928.

[76] Wurgler, J. (2000). "Financial Markets and the Allocation of Capital", Journal of Financial Economics, 58, pp. 187 - 214.

第八章

非对称性定价和资产配置

本章主要介绍股票收益的非对称性在横截面上对于未来收益的解释程度以及对于资产配置的影响。本章先介绍了现有的非对称性与偏度的理论，接着介绍了美国股票市场上偏度、非对称相关的实证研究，这其中也包括了某些市场条件下，股票收益偏度或是其他非对称性与未来收益的关系。本章最后介绍了如果考虑了偏度或是非对称性情况下的资产配置，非对称性与其他极值测度的比较，以及中国市场上股票收益非对称性的相关研究。

一、有关非对称性和偏度的理论

本章所讲的非对称定价排除系统性风险。有关系统非对称性或者系统偏度研究是另一块研究领域①。对于股票收益分布的非对称性是否被定价，从 1967 年到现在已经有相当丰富的理论研究。相关论文包括 Arditti（1967），Scott 和 Horvath（1980），Barberis 和 Huang（2008），Goulding（2017），Han、Hirshleifer 和 Walden（2018）证明在横截面上，越大的股票收益分布偏度会带来越低的未来收益。Jiang、Wu、Zhou 和 Zhu（2018）进一步将收益分布偏度推广到收益分布非对称性，说明非对称性和未来收益的关系为负。

在这些模型理论论文中，大多数模型基于行为模型（例如，Barberis 和 Huang（2008）基于前景理论，认为投资者有对于偏度的喜好，这种喜好类似于博彩；Han、Hirshleifer 和 Walden（2018）基于社交传播的偏差，认为即使投资者没有对于偏度的喜好，由于投资者更愿意传播自己获益的股票信息，导致最终高偏度的股票未来收益更低），但也有少量论文依据理性模型，例如，Goulding（2017）。Goulding（2017）假设理性投资者具有 HARA（hyperbolic absolute risk aversion）偏好，正向偏度收益资产会导致资产的价格高于实际价值，而负向偏度收益资产会导致资产的价格低于实际价值，从而使得高偏度资产未来的收益较低。

二、美国股票市场偏度相关的实证研究

在实证中，通常用偏度来度量非对称程度。如何度量股票的偏度或者特质偏度，学界主要有 3 种方法：第一种是基于过去的低频数据，更具体地说是用一个月、三个月、半年、一年或者是五年的日度收益来估计股票的收益偏度。其中多数论文选择当月、近三个月或者是近一年的日度收益作为股票在当月收益的偏度。到了下一个月，因为新加入了一个月的日度收益，所求得的新的日度收益偏度会作为下一个该股票的月度收益。具体的方法可以参看 Bali、Cakici 和 Whitelaw（2011），Bali、Engle 和 Murray（2016）。第二种是基于对未来的预期来估计股票的偏度。这里面也分两种方法，一种是通过期权数据来估计，众所周知，期权价格代表着投资者对股票未来价格的预期，所以利用期权价格，可以得到股票收益的偏度估计，具体方法可以参考 Conrad、Dittmar 和 Ghysels（2013）；另外一种就是通过构建回归模型来预测未来的股票收益偏度，可以用股票过去的收益偏度、规模、市值账面价值比等作为自变量。具体的方法可以参考 Boyer、Mitton 和 Vorkink（2010）。第

① 对于系统非对称性有兴趣的读者可以阅读 Backus、Boyarchenko 和 Chernov（2016），Chabi - Yo 和 Colacito（2017），Jiang、Wu 和 Zhou（2017）等论文。

三种方法时基于高频数据，Amaya、Christoffersen、Jacobs 和 Vasquez（2015），基于高频数据估计出偏度，但在同一篇论文中指出基于高频交易计算出的偏度和基于每日收益计算出的偏度不同。

特质偏度的概念类似于特质波动率，因为总体偏度包含系统偏度的部分，研究者希望知道不能被市场以及其他因素所解释的部分，具体是股票收益中不能被市场风险或其他风险因子所解释的残差项的偏度被定义为股票的特质偏度。定义类似于特质波动率定义，不同的是特质波动率是计算残差的波动率，而特质偏度时计算残差的偏度。具体的计算方法参考 Harvey 和 Siddique（2000），Bali、Cakici 和 Whitelaw（2011），Bali、Engle 和 Murray（2016），Jiang、Wu、Zhou 和 Zhu（2018）。接下来的关于偏度的介绍基本基于特质偏度。

Arditti（1971），Zhang（2005），Kumar（2009）以及 Boyer、Mitton 和 Vorkink（2010）基于美国数据发现了支持理论研究，即股票收益分布的偏度与未来收益为负向关系的实证结果。近些年来，一些研究利用其他数据，即上面提到的第二种和第三种方法，例如，Conrad、Dittmar 和 Ghysels（2013），Amaya、Christoffersen、Jacobs 和 Vasquez（2015）分别利用期权和高频数据发现了支持理论研究的实证结果。但是同样使用期权数据的 Xing、Zhang 和 Zhao（2010）发现了截然相反的结果，股票收益分布非对称程度和未来收益是正向关系，而非负向。而使用高频数据的 Amaya、Christoffersen、Jacobs 和 Vasquez（2015），在同篇论文中指出基于高频交易计算出的偏度和基于每日收益计算出的偏度不同。Bali、Cakici 和 Whitelaw（2011）指出基于 1962 年 7 月至 2005 年 12 月美国市场，股票收益的偏度和未来收益回报并没有相关性。Jiang、Wu、Zhou 和 Zhu（2018）证实了这一点，同时指出偏度和未来收益的相关性的关系是正向还是负向取决于市场的流动性、市场投资者情绪、市场波动率、股票的特质波动率以及股票浮盈浮亏程度。这其中前三者是将研究时间段进行划分，后两者是在同一时间段，将股票按其特征分类。

三、新的非对称性测度与未来收益的关系

总的来说，市场上偏度是否能从横截面解释股票收益存在疑问和不确定性（Bali、Engle 和 Murray，2016）。因为，理论给予是非对称的支持，而并不是偏度，偏度不能完全替代非对称性（如图 8 - 1a 所示的密度函数非对称，但是其偏度为 0；而图 8 - 1b 所示的两密度函数有相同的偏度，但非对称性明显不同，两幅图选自 Jiang、Wu、Zhou 和 Zhu，2018）。寻找股票收益分布非对称程度和未来收益负相关的实证依据成为近年来的研究热点。

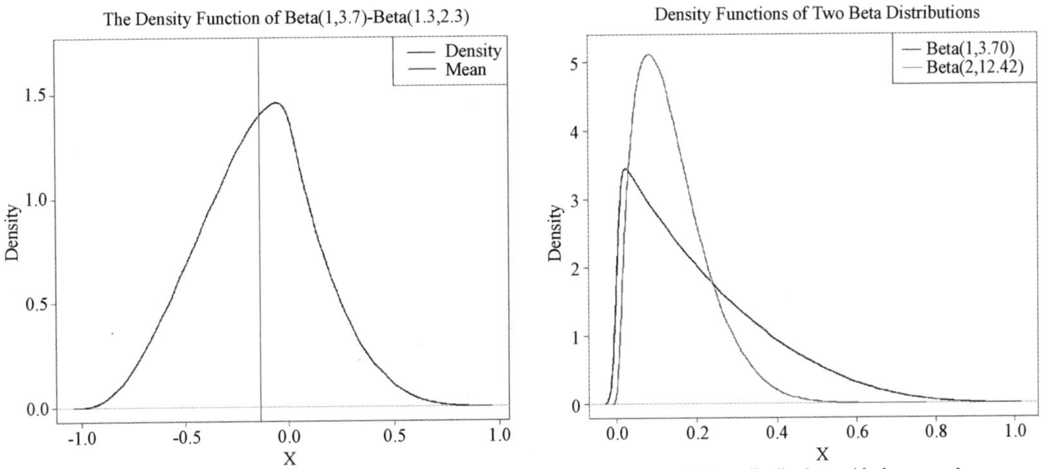

(a) Asymmetric distribution with skewness=0　　(b) Beta distributions with skewness=1

图 8-1

Jiang、Wu、Zhou 和 Zhu（2018）提供两种新的非对称性的度量方法，来实现对理论的支持。Jiang、Wu、Zhou 和 Zhu（2018）文中介绍的第一个新测度，假设 x 是某股票的每日超额收益，如果对原始的股票非对称性感兴趣，使用原始的收益，如果对特质非对称性感兴趣，就使用去除了市场因素影响的收益。不影响普遍性，假设 x 已经被标准化，均值为 0，方差为 1。Jiang、Wu、Zhou 和 Zhu（2018）将其命名为正向超额尾部概率（Excess tail probability，ETP）：

$$E_{\varphi} = \int_{1}^{+\infty} f(x)\,dx - \int_{-\infty}^{-1} f(x)\,dx = \int_{1}^{\infty} [f(x) - f(-x)]\,dx$$

在这里，尾部定义为 1 个标准差之外。前一项是正向收益，后一项是负向损失。如果 $E\varphi$ 为正，说明大的损失要少于大的收益。如果效用函数为凹函数，财富的线性函数是其一阶拟合。在这种情形下，如果一个标准差以内的资产收益相同，投资者将会倾向于购买大 $E\varphi$ 的资产。

Jiang、Wu、Zhou 和 Zhu（2018）介绍的第二个新测度是基于 Racine 和 Maasoumi（2007）提出的熵。首先考虑稳定的序列 $\{X\}_{t=1}^{T}$，期望为 $\mu_x = E[Xt]$，密度函数为 f（x）。令 $\tilde{X}t = -X_t + 2\mu_x$，是将原函数沿其均值翻转，得到的密度函数是定义为 $f(\tilde{x})$。如果 $f(x) \equiv f(\tilde{x})$ 对于每一点几乎处处成立，那么 $\{X\}_{t=1}^{T}$ 对于其期望对称。任何密度函数之间的差异都可以认作是非对称性的度量。Racine 和 Maasoumi（2007）提出的熵形式为：

$$S_{\rho} = \frac{1}{2}\int_{-\infty}^{\infty} (f_1^{\frac{1}{2}} - f_2^{\frac{1}{2}})^2\,dx$$

这里 $f_1 = f(x)$，$f_2 = f(\tilde{x})$。金融应用中，需要将正向非对称和负向非对称区别开。所以 Jiang、Wu、Zhou 和 Zhu（2018）对上面的熵做了改进，得到的是他们想要提出的第二个非对称新测度。

$$S_{\varphi} = \text{sign}(E_{\varphi}) \times \frac{1}{2}\left[\int_{-\infty}^{-1}(f_1^{\frac{1}{2}} - f_2^{\frac{1}{2}})^2 dx + \int_{1}^{\infty}(f_1^{\frac{1}{2}} - f_2^{\frac{1}{2}})^2 dx\right]$$

使用 $E\varphi$ 的符号保证 $S\varphi$ 和 $E\varphi$ 一样有相同的符号。从数学上看，$S\varphi$ 和 $E\varphi$ 相近，只不过 $E\varphi$ 度量的是非对称性的等值加权平均，而 $S\varphi$ 度量的是概率加权平均。从理论上看，$S\varphi$ 也许更受欢迎，因为其用到了分布函数的信息，所以对非对称性的把握更精准。从实证上看，它们的表现在不同情形下不同。

由此，相较于偏度是三阶矩，Jiang、Wu、Zhou 和 Zhu（2018）提出的测度基于密度函数分布。一个测度是上下尾部概率之差，可以衡量上涨和下跌发生概率的非对称性程度；另外一个测度是基于 Racine 和 Maasoumi（2007）用来测量非对称性所引进的熵。非对称性的新测度有两个用途：第一，他们可以用来检测股票收益的非对称性。文中可以通过模拟发现提出的非对称性新测度比偏度能更有效地测出非对称性。而基于美国实际股票市场数据研究，结论也是一样，比如，对于 10 个价值加权的按公司大小分类的投资组合，偏度只能测出最小的投资组合具有非对称性，而 Jiang、Wu、Zhou 和 Zhu（2018）的测度可以测出 10 个中的 4 个具有非对称性。当用来判断具体的股票时，用偏度只能测出数据样本中 13% 的股票收益分布具有非对称性，而用 Jiang、Wu、Zhou 和 Zhu（2018）提出的非对称性新测度时，可以测出其中的 20% 具有非对称性。

第二，通过 Fama - MacBeth 横截面回归和组合排序（sorting）的方法，Jiang、Wu、Zhou 和 Zhu（2018）发现新测度比偏度能更好地解释未来收益。应用 Fama - MacBeth 横截面回归，使用 1963 年 8 月至 2015 年 12 月的美国数据，文中发现高偏度股票未来收益并不低，证实了 Bali、Cakici 和 Whitelaw（2011）的发现。而使用 Jiang、Wu、Zhou 和 Zhu（2018）新提出的非对称性测度确可以解释未来收益，正向非对称性越大，横截面看未来收益越低。使用第二种方法时，每个月将股票按照非对称性高低分为 10 组，Jiang、Wu、Zhou 和 Zhu（2018）发现正向高非对称性的股票未来收益低，而使用偏度时，发现不了相似的结果。总的来说，新的非对称性的测度可以解释未来收益，是偏度以外有效的非对称性测度。

Jiang、Wu、Zhou 和 Zhu（2018）文中研究的数据，覆盖 1963 ~ 2015 年美国全市场的股票数据，同时考虑去掉小于 5 美元交易价格的股票。去掉 1 美元交易价格的全体股票数据结果类似。

Jiang、Wu、Zhou 和 Zhu（2018）根据实际市场股票每日收益，以近一年的每日收益分布，计算出每个月的偏度和非对称新测度。偏度和非对称新测度每个月进行更新，是月度数据。这是因为，每到新的月份，可以加入新的一个月度每日股票收益数据，同时去掉离得最远的 1 年前的那个月的每日股票收益数据，这样可以根据新的一年数据计算出新的月度偏度和非对称性新测度。利用美国市场得到的个股，可以检测偏度、波动率和非对称新测度的相关性，发现两个新测度之间的相关性在 60% 以上，而和波动率以及偏度的相关性不高。由此说明，非对称性新测度里包含了波动率和偏度以外的分布新信息。

到底什么样的公司正向非对称性更大，Jiang、Wu、Zhou 和 Zhu（2018）将特质非对称性作为因变量，公司市值、账面市值比、动量、换手率、流动性以及市场 β 作为自变量，做 Fama－MacBeth 横截面回归，可以获得特质非对称性和公司市值、账面市值比、动量、换手率、流动性以及市场 β 之间的关系。文章发现小市值、高成长型，过去六个月表现不错，流通性差以及市场风险大的股票正向非对称性高，同时偏度也高。唯一非对称性新测度和偏度不同的地方在换手率上。换手率高的股票偏度低，但是其非对称性新测度高。

通过 Fama－MacBeth 横截面回归，Jiang、Wu、Zhou 和 Zhu（2018）以月度股票收益作为因变量，非对称性新测度、偏度作为自变量分别做单变量回归分析非对称性的测度与股票未来收益的关系。文中为了证明结果稳健，加入市场 β 以及其他股票特质作为自变量，看结果会不会改变。稳健性检验还包括，因变量里去除掉股票市场、市值、账面市值比这几个因子，剩下的风险调整后的收益作为新的因变量，看结果是否会改变。另外调整偏度和非对称性新测度的度量方法（例如，用 6 个月的日度收益数据而不是 1 年的日度数据；使用 Boyer、Mitton 和 Vorkink（2010）和 Bali、Cakici 和 Whitelaw（2011）文中方法预计偏度和预计非对称性新测度，而不是历史数据），看结果是否一致。

Jiang、Wu、Zhou 和 Zhu（2018）的非对称性以及偏度都是通过计算而来，也许有人担心，因为市场 β 的估计不准，导致回归分析的偏差。为了减少这样的担忧，Jiang、Wu、Zhou 和 Zhu（2018）使用两种方法来检验结果的稳定性。第一种是使用前面四季度的季度非对称性平均值，做法参照 Kacperczyk、Sialm 和 Zheng（2008），先计算出前一年中按季度计算出来的非对称测度值，这样可以得到 4 个季度值，然后以这 4 个值的平均值作为该月的非对称性测度值。第二种方法是在资产组合上重新跑 Fama－MacBeth 横截面回归。具体说来，将所有股票根据市场规模、账面市值比、动量分成 5×5×5 共计 125 个资产组合，资产组合的收益就是所含股票收益的均值，资产组合分析可以减少对于非对称性以及偏度估计误差。

检测非对称性测度在横截面上的持续性，持续性越强，用历史的数据来预测未来测度的可行度就越高。可以用两种方法来检测。第一，应用 Fama－MacBeth 横截面回归，将这个月的非对称性测度作为因变量，而上个月的非对称性测度作为自变量，如果所得到的上个月的非对称性测度前的系数越接近于 1 时，测度的持续性就越好。第二，通过状态转移矩阵的平均概率来判断，状态转移矩阵中第 i 行，第 j 列的元代表的是股票从第 i 个十分位资产组合转移到后一个月第 j 个十分位资产组合的平均概率。对角线上的元就代表着这个月和下个月在同一个十分位资产组合的概率，如果超过 10%，那么就存在着持续性，超过越多，持续性越强。

根据正向非对称性大小来构造资产配置，看是否可以通过其构造投资策略来赚取超额收益率。每个月可以按照非对称性大小来将股票分成 10 组资产组合，考虑均值加权收益，所得到的就是资产组合的每月收益。如果不考虑成本，每个月买入非对称值最低的资产组合，卖出非对称值最高的资产组合，可以发现偏度没办法产生超额收益，而 Jiang、Wu、Zhou 和 Zhu（2018）提出的新测度可以产生统计和经济学上都足够大的超额收益，该超额收益没办法被 Fama French 三因子模型解释，也没办法被 Fama French 五因子模型解释（Fama 和 French，2015）。

四、某些市场条件下或是某种股票中偏度或是其他非对称测度和未来收益的关系

前面提到 Jiang、Wu、Zhou 和 Zhu（2018）指出偏度和未来收益的相关性的关系是正向还是负向取决于市场的流动性、市场投资者情绪、市场波动率、股票的特质波动率以及股票浮盈浮亏程度。

（一）和波动率的关系

Jiang、Wu、Zhou 和 Zhu（2018）通过两种方法来检测非对称性和波动率的关系，第一，是使用市场波动率来将时间分成两个部分，然后分别检测高低市场波动率时，非对称性和未来收益的关系。Jiang、Wu、Zhou 和 Zhu（2018）发现偏度与未来收益负向关系只存在于市场波动率高的时候，但使用两个新测度时，不管市场波动率高或者低，非对称性与未来收益相关性均为负向；第二，是使用两次排序的方法，先根据股票的波动率特质将股票分为 5 个资产组合，再根据股票的非对称性将已有的 5 个资产组合再分为 5 个资产组合。通过这种办法，文中发现偏度与未来收益负向关系只存在于特质波动率高的股票，而当使用两个新测度时，不管特质波动率高或者低，非对称性与未来收益相关性均为负向。

（二）和投资者信心指数的关系

根据投资者信心指数的高低①，将时间划分为高信心时期和低信心时期，通过 Fama-MacBeth 横截面回归来看非对称值和未来收益的关系是否在高低投资者信心时期不同。Jiang、Wu、Zhou 和 Zhu（2018）发现偏度与未来收益负向关系只存在于投资者信心高的时候，而使用两个新测度时，不管投资者信心高或者低，非对称性与未来收益相关性均为负向。

（三）市场流动性

和投资者信心指数一样，根据市场流动性的高低，将时间划分为高流动性和低流动性

---

① 投资者信心指数最早由 Baker 和 Wurgler（2006）提出，近期有其他改进的指标，例如，Huang、Jiang、Tu 和 Zhou（2015），等等。

时期，可以通过 Fama – MacBeth 横截面回归来看非对称值和未来收益的关系是否在高低流动性时期不同。Jiang、Wu、Zhou 和 Zhu（2018）发现偏度与未来收益负向关系只存在于市场流动性低的时候，而当市场流动性高的时候，偏度与未来收益关系为正。使用两个新测度时，不管市场流动性高或者低，非对称性与未来收益相关性均为负向。

（四）浮盈浮亏

Jiang、Wu、Zhou 和 Zhu（2018）通过两种方法来检测非对称性和股票浮盈浮亏的关系，第一，是使用 Fama – MacBeth 横截面回归，在自变量中加入浮盈浮亏虚拟变量（浮盈取 1，浮亏取 0）和浮盈浮亏虚拟变量与非对称测度的交叉项，通过交叉项前面的系数是否显著不同于 0 来判断浮盈浮亏是否影响非对称性和未来收益的关系。第二，是使用两次排序的方法，先根据股票的浮盈浮亏大小将股票分为 5 个资产组合，再根据股票的非对称性将前面 5 个投资组合中的股票再分为 5 个资产组合。通过这种办法，来看针对不同浮盈浮亏程度的股票，非对称值的大小是否还能和未来收益相关，或者说买入低对称股票，卖出高对称股票，是否能带来超额收益。Jiang、Wu、Zhou 和 Zhu（2018）发现偏度与未来收益负向关系只存在于股票处于浮亏的时候，而当股票处于浮盈的时候，偏度与未来收益关系为正。使用两个新测度时，不管股票浮盈浮亏的程度，非对称性与未来收益相关性均为负向。

（五）非对称性与股票其他特质的关系

类似于判断非对称大小与浮盈浮亏关系的方法，使用 Fama – MacBeth 横截面回归和两次排序的方法，判断非对称性和股票其他特质的关系（例如，规模、动量、流动性等），看在哪些非对称性程度时，股票其他特质被增强或者减弱。Jiang、Wen 和 Zhu（2018）发现特质的强弱和非对称性大小有关。

五、资产配置理论

资产配置是投资学中的重要一块，相关论文层出不穷，基本围绕在考虑投资者所有的效用函数考虑期望和波动率的情况下，如何在存在期望与波动率估计误差的情况下，最大限度地提高效用、夏普比率，或者是确定等价收益率。相关的论文包括 Mackinlay 和 Pástor（2000），Kan 和 Zhou（2007），Tu 和 Zhou（2011），Kan、Wang 和 Zhou（2017）。

（一）考虑了偏度或是非对称性情况下资产配置理论

实际市场上，人们发现很多情况下基金经理在追求高期望收益以及小波动率的同时，也会有意去增加投资组合的偏度。Mitton 和 Vorkink（2007）发现市场上同时存在两类投资者，一类投资者效用函数是传统的期望和波动率，而另外一类投资者的效用函数还另外考虑了偏度，事实上正是因为这种原因，实际市场上投资者的投资策略很多时候没有最大化地分散风险，而是保留一些以达到投资组合有些正向偏度。

（二）和其他极值测度的比较

相当多的研究人员对于偏度或者是非对称性与极值测度的相关性非常好奇。极值中Max（最大）和Min（最小）最先能让人想到。因为Bali、Cakici和Whitelaw（2011）发现的Max（最大）效应及股票收益的最大值和未来收益关系为负，有可能是因为最大值是偏度或者是非对称性的另一指标。但Bali、Cakici和Whitelaw（2011）在文中指出最大值和最小值不同于偏度，使对于最大值和最小值的研究独立于偏度之外。另外最大值效应被证实在美国市场中很强，也难以被其他特质解释。研究者们目前很好奇最大值形成的原因。如果将最大值效应归结于投资者的投机偏好。基于美国市场数据，发现投机偏好主要出现在个人投资者身上。但基于中国市场的数据，发现Max（最大）效应反而并不像美国那样显著，众所周知，中国市场主要由个人投资者构成，如果根据之前的理论和美国市场发现，中国市场的投机偏好应该更显著，从而最大值效应应该更显著才对。所以最大值效应成因目前仍然需要研究者去探索。

除了收益的最大值和最小值以外，Jiang、Wu、Zhou和Zhu（2018）的文章中考虑了Kelly和Jiang（2014）的尾部风险因子，以及财务金融中的公司财务困难（O score和P_CHS，2008；Campbell、Hilshcer和Szilagyi，2011），通过横截面回归分析，发现并没有对非对称性新测度的结果产生影响。

（三）中国市场非对称性以及资产配置的研究

因为中国股市相对较晚出现，另外偏度或是非对称性研究在国外属于前沿领域。所以针对中国股市收益偏度与未来收益的关系研究也是在近些年陆续发表出来。杨妙珍（2015），Nartea、Kong和Wu（2017）发现了支持理论结论的实证结果，以及收益偏度与未来收益关系为负。但如果仔细阅读这些论文会发现，Nartea、Kong和Wu（2017）基于1997~2014年中国市场数据，文中并没有展示偏度与未来收益回报单独回归结果，而且所汇报的结果也只有10%的统计显著性。而郑振龙、王磊和王路跖（2013）更是发现预期特质偏度本身无法解释收益，只有控制了他们所提出的未预期到的特质偏度，才能解释收益。另外，郑振龙、孙清泉和吴强（2016）；史代敏、田乐蒙和刘震（2017）给出了偏度风险与未来投资收益的关系分析，不同于其他论文的研究对象，郑振龙、孙清泉和吴强（2016）基于互换合约，史代敏、田乐蒙和刘震（2017）则基于偏度，而不是特质偏度。之前提到的Nartea、Kong和Wu（2017），他们除了给出股票特质偏度与未来股票收益的实证结果，主要发现中国市场也有类似于美国和欧洲市场的Max（最大）效应的证据。

中国市场的涨停和跌停限制也使对于非对称性包括偏度、波动率、日收益最大值或是最小值的估计产生偏差。尤其是对于收益率最大值或是最小值的估计，按照传统方法，最大值最大也只能是10%，而最小值最小只能是－10%（除非股票上市第一天，而且对于ST的股票涨跌停更是限制到5%），这样一来就低估了最大收益率，同时也高估了最小收益率。波动率的估计显然会偏小，而由于收益分布更集中于中部，对于非对称性或偏度的估计很难说是更多还是更少。Nartea、Kong和Wu（2017）文中在估计最大收益率的时候，采取的是遇到涨停的时候，就将涨停10%的涨幅叠加到下一天的涨幅，如果下一天还是涨停，则继续叠加，一直叠加到涨停结束的那一天，全部涨幅作为这些天的最大收益率，这样一来，可以有效减少对于最大收益率的低估。研究者可以考虑其他方法来更好地减少因为涨跌停限制对于最大收益率的估计。大多数文章对于非对称性包括偏度以及波动率的估计并没有考虑涨跌停限制造成的估计误差（参见Nartea、Kong和Wu，2017）。Nartea、Kong和Wu（2017）发现中国股票市场的最大值效应相对于美国市场要弱，因为美国市场的最大值效应不能被波动率效应解释，而中国市场的最大值效应可以被波动率效应解释（Fama－MacBeth横截面回归）。但在美国市场，最大值效应的t值相较于特质波动率的t值较大，而在中国市场，两者大小比较正好相反，这也许是以上相互解释不同之处的原因。而波动率和最大值之间的相关性特别高，Bali、Cakici和Whitelaw（2011）基于美国市场估计出两者的横截面相关性在75%以上。所以也有些文章认为收益最大值就是波动率的一个测度，或者波动率是收益最大值的测度。

在资产配置领域考虑对于偏度或者非对称的喜好，目前针对中国市场数据，也欠缺研究。

六、本章小结

除了前面针对股票低频和高频数据、期权数据，另外最近学术界也有针对信用违约掉期合约来估计股票预期收益的偏度。总的来说，相对于特质波动率，学术界对于特质偏度或是特质非对称性的研究还相对较少。

文献索引

[1] 史代敏、田乐蒙和刘震（2017）：“中国股市高阶矩风险及其对投资收益的冲击”，《统计研究》，10：66－76。

[2] 杨妙珍（2015）：“中国股市偏度对股票收益影响的研究”，南京理工大学。

[3] 郑振龙、王磊和王路跖（2013）：“特质偏度是否被定价?”，《管理科学学报》，16（5）：1－12。

[4] 郑振龙、孙清泉和吴强（2016）：“方差和偏度的风险价格”，《管理科学学报》，12：110－123。

[5] Arditti，Fred D，1967，Risk and the required return on equity，The Journal of Finance 22，19－36.

[6] Arditti, Fred D, 1971, Another look at mutual fund performance, Journal of Financial and Quantitative Analysis 6, 909 - 912.

[7] Amaya, Diego, Peter Christoffersen, Kris Jacobs, and Aurelio Vasquez, 2015, Does realized skewness predict the cross - section of equity returns?, Journal of Financial Economics, 118, 135 - 167.

[8] Backus, David, Nina Boyarchenko, and Mikhail Chernov, 2016, Term structures of asset prices and returns, National Bureau of Economic Research, Working Paper.

[9] Baker, Malcolm, and Jeffrey Wurgler, 2006, Investor sentiment and the cross - section of stock returns, Journal of Finance 61, 1645 - 1680.

[10] Bali, Turan G, Nusret Cakici, and Robert F Whitelaw, 2011, Maxing out: Stocks as lotteries and the cross - section of expected returns, Journal of Financial Economics 99, 427 - 446.

[11] Bali, Turan G, Robert F Engle, and Scott Murray, 2016, Empirical Asset Pricing: The Cross Section of Stock Returns (Wiley).

[12] Barberis, Nicholas, and Ming Huang, 2008, Stocks as lotteries: The implications of probability weighting for security prices, American Economic Review 98, 2066 - 2100.

[13] Boyer, Brian, Todd Mitton, and Keith Vorkink, 2010, Expected idiosyncratic skewness, Review of Financial Studies 23, 169 - 202.

[14] Campbell, John Y, Jens Hilscher, and Jan Szilagyi, 2008, In search of distress risk, Journal of Finance 63, 2899 - 2939.

[15] Campbell, John Y, Jens Hilscher, and Jan Szilagyi, 2011, Predicting financial distress and the performance of distressed stocks, Journal of Investment Management 9, 14 - 34.

[16] Chabi - Yo, Fousseni, and Riccardo Colacito, 2017, The term structures of co - entropy in international financial markets, Working Paper.

[17] Conrad, Jennifer, Robert F Dittmar, and Eric Ghysels, 2013, Ex ante skewness and expected stock returns, Journal of Finance 68, 85 - 124.

[18] Goulding, Christian, 2017, Pricing implications of clearing a skewed asset from the market, Working Paper.

[19] Han, Bing, David A Hirshleifer, and Johan Walden, 2018, Social transmission bias and investor behavior, Working Paper.

[20] Huang, Dashan, Fuwei Jiang, Jun Tu, and Guofu Zhou, 2015, Investor sentiment aligned: a powerful predictor of stock returns, Review of Financial Studies 28, 791 - 837.

[21] Jiang, Lei, Quan Wen, and Yifeng Zhu, 2018, Stock Return Asymmetry and Anomalies, Working Paper.

[22] Jiang, Lei, Ke Wu, and Guofu Zhou, 2018, Asymmetry in stock comovements: An entropy approach. Journal of Financial and Quantitative Analysis, Forthcoming.

[23] Jiang, Lei, Ke Wu, Guofu Zhou, and Yifeng Zhu, 2018, Stock return asymmetry: Beyond skewness, Working Paper.

[24] Kan, Raymond, and Guofu Zhou, 2007, Optimal portfolio choice with parameter uncertainty, Jour-

nal of Financial and Quantitative Analysis 42, 621 – 656.

[25] Kan, Raymond, Xiaolu Wang, and Guofu Zhou, 2017, On the value of portfolio optimization in the presence of estimation risk: the case with and without risk – free asset, Working Paper.

[26] Kelly, Bryan, and Hao Jiang, 2014, Tail risk and asset prices, Review of Financial Studies 27, 2841 – 2871.

[27] Kumar, Alok, 2009, Who gambles in the stock market? Journal of Finance 64, 1889 – 1933.

[28] MacKinlay, A. Craig, and L'uboš Pástor. 2000, Asset Pricing Models: Implications for Expected Returns and Portfolio Selection. Review of Financial Studies, 13 (4), 883 – 916.

[29] Mitton, Todd, and Keith Vorkink, 2007, Equilibrium underdiversification and the preference for skewness, Review of Financial Studies 20, 1255 – 1288.

[30] Nartea, Gilbert, Dongmin Kong, and Ji Wu, 2017, Do extreme returns matter in emerging markets? Evidence from the Chinese stock market, Journal of Banking and Finance 76, 189 – 197.

[31] Racine, Jeffrey S, and Esfandiar Maasoumi, 2007, A versatile and robust metric entropy test of time – reversibility, and other hypotheses, Journal of Econometrics 138, 547 – 567.

[32] Scott, Robert C, and Philip A Horvath, 1980, On the direction of preference for moments of higher order than the variance, The Journal of Finance 35, 915 – 919.

[33] Tu, Jun, and Guofu Zhou, 2011, Markowitz meets Talmud: A combination of sophisticated and naive diversification strategies, Journal of Financial Economics 99, 204 – 215.

[34] Xing, Yuhang, Xiaoyan Zhang, and Rui Zhao, 2010, What does the individual option volatility smirk tell us about future equity returns?, Journal of Financial and Quantitative Analysis 45, 641 – 662.

[35] Zhang, Yijie, 2005, Individual skewness and the cross – section of average stock returns, Yale University, Working Paper.

第九章

金融市场文本情绪研究新进展

由于现代计算机技术的飞速发展和互联网的广泛使用，研究者开始有机会获得曾经无法企及的文本大数据，通过对文本内容中与金融市场相关的部分进行挖掘，从而更加深入地理解和刻画资产价格变动机制。典型的文本大数据包括公司业绩披露、媒体新闻报道、社交论坛讨论等。在金融和会计领域，如何从文本中提取有效的情绪信息并研究其对资产价格变动的影响已经成为近年来的研究热点。本章总结了文本情绪分析在金融市场与资产定价相关领域的应用与研究进展，整理了主要的文本分析方法，包括词汇分类字典法、文本词汇加权和基于机器学习的朴素贝叶斯法等。本章还从横截面与时间序列两个方面介绍了文本情绪影响资产预期收益的计量方法和经济机制的最新成果。

一、引言

情绪是人类行为最难测度的复杂部分之一，人们也很早就意识到了情绪对资产价格有巨大影响。牛顿在经历了1720年的南海泡沫危机带给他巨大的亏损后感慨：“我能够预测天体之间的距离，但我却无法衡量人心的狂热。”凯恩斯在其名著《就业、利息和货币通论》（1936）中强调了情绪对资产价格和实体经济的重要性。在资产定价文献中，自从Shiller（1981）发现股票价格倾向于过度波动后，越来越多的研究开始关注非理性投资者情绪对资产价格变动的影响。

在金融市场中，情绪一般被定义为对上市公司未来现金流或折现率过于乐观或悲观的有偏预期。DeLong等（1990）建立了著名的DSSW噪音交易者模型，从理论上指出过度乐观的情绪化投资者倾向于过度买入股票，从而推高现期资产价格，带来资金价格泡沫和后续的崩盘。早期测度情绪的实证研究主要使用市场交易和财务定量数据。Baker和Wurgler（2006）使用封闭式基金折价、换手率等六个市场指标构造了BW投资者情绪指数，发现这一指标与投机性比较强的和套利成本比较高的横截面股票预期收益间存在较强的反向关系。Huang等（2015）提出了一个对资产价格变动解释能力更强的基于市场交易信号的投资者情绪指数，并指出情绪主要通过投资者对公司未来现金流过度乐观或悲观的预期来影响资产价格。

本章重点总结了从文本大数据中提取情绪信息，并用于资产回报建模和预测的最新研究方法和成果。文本分析（Textual Analysis）是指通过对文本内容进行挖掘和数据分析，获得文本提供者的特定立场、观点、价值和利益，并由此推断其意图和目的。其涵盖面非常广泛，包括计算语言学、自然语言处理、信息检索、内容分析和文体学等。在金融和会计领域内，如何利用文本分析方法提取有效的情绪信息并更好地理解其对市场的影响机制逐渐成为研究热点（Tetlock，2007；Henry，2008；Loughran和McDonald，2011）。文本情绪指的是文本中体现的诸如积极或消极的情感倾向。近年来，随着财经大数据的积累和互联网文本数据可获得性的提高，越来越多的研究尝试从媒体报道、公司新闻、社交网络等多个环节进行文本分析以提取情绪信息，并应用于资产价格波动预测和行为资产定价等领域的研究中。Antweiler和Frank（2004）运用文本分析法发现，网络媒体信息中包含的文本情绪可以预测未来股票波动。Li（2008）、Feldman等（2010）、Price等（2012）等通过提取公司披露的文本中所包含的情绪信息，指出这些信息与公司未来的股票价值和盈利状况等息息相关。Jiang等（2016）通过文本分析法构建了经理人情绪指数，并发现它可以反向预测未来股票市场的总体收益。

对于股票市场文本情绪分析的研究在国际上尚属于新兴事物，在国内更是处于起步阶段，还有不少有价值的理论与实际问题亟待解决。因此让更多学者关注、了解该领域的最新进展并尝试有效的方法解决这些问题。另外，为了避免中国股市在过去几年中经历的狂热上涨和惨烈崩盘反复发生，投资者和监管层比以往任何时刻都需要及时了解金融市场中情绪的波动信息，并采取合理反周期措施及时应对。推广该领域的研究成果将为他们提供更全面、更及时的市场情绪信息，从而使市场更为理性地应对短期的情绪波动，并有助于实体经济的发展。

二、情绪影响资产价格的理论基础与早期研究

（一）情绪影响资产价格的理论基础

现代资产定价理论从20世纪50年代的起源到快速发展，经历了数次理论突破。传统理性资产定价模型假设投资者是理性的、可获得完全信息并能进行无成本套利，因此资产价格等于折现预期现金流，而股票预期收益由系统性风险决定，情绪对理解资产价格变动不重要。但是，从20世纪70年代末开始，研究者们在美国证券市场上发现了许多有悖于传统金融理论的市场异象。例如，Shiller（1981）最早从股票价格倾向于过度波动的事实来质疑股票价格由“公司未来红利的预期值来决定”的假设；DeBondt 和 Thaler（1985）发现股票中长期收益存在着反转现象；Jegadeesh 和 Titman（1993）发现了动量效应，这些现象都与有效市场假说和基于风险的理性资产定价模型不一致。因此，将心理学引入到金融决策中的行为金融应运而生。

目前理解市场情绪影响资产价格的经济机制是行为金融领域一大核心研究问题。Kahneman 和 Tversky（1979）提出前景理论修改了理性人的假设，特别是关于投资者对于损失和收益的风险偏好的不同，显示出非理性的投资者情绪正是人类的特征。Barberis 等（1998）建模解释了投资者由于过分重视近期数据的选择性偏差会导致对于市场变化的反应过度，而不能通过了解最新的数据的保守性偏差会导致对于市场变化的反应不足。Daniel 等（1998）也指出投资者的过度自信会导致他们忽略公开信息。这些研究从不同侧面证明，投资决策不是完全理性而是存在情绪化倾向的，并加深了我们对金融市场情绪生成机制的理解。但这类研究一般只从一个较小的心理学现象出发解释某些特定的金融市场异象，缺乏对市场全局的解释能力。

投资者情绪研究侧重描述和刻画市场中全部或绝大多数投资者情绪的高涨或低迷程度，并研究其与市场资产价格变动（尤其是泡沫和崩盘）的相互作用。许多学者运用噪音交易者的概念对乐观或悲观情绪对资产价格的影响进行建模。Black（1986）将噪音交易者明确定义为无法获得内部信息而将噪音当作信息进行交易的非理性投资者。噪音交易者的本质就是情绪化的投资者，他们对市场信息的过度悲观或乐观解读偏差可以理解为情绪。

DeLong 等（1990）提出了著名的 DSSW 噪音交易者模型，他们将股票市场上的投资

者分为理性投资者和噪音交易者两类，并且假设：第一，与完全理性交易者相比，噪音交易者对市场信息的收集与处理存在差异，同时噪音交易者内部也存在显著的行为差异；但两类交易者的效用函数都包含常数形式的绝对风险厌恶系数：$U(w) = -e^{-\gamma w}$，其中，w 代表财富，γ 代表风险厌恶程度。第二，市场上存在无风险资产（每期支付固定红利 r）和风险资产（数量标准化为 1）；对于一个 t 期模型，投资者能够以 P 的成本购入一单位股票，并在下一期获得回报。第三，噪音交易者在市场中占比为 n，理性交易者占比为 1 - n；噪音交易者在 t - 1 期对 t 期的价格存在预期误差ρ_t，该预期误差服从均值为ρ^*，方差为 $var(\rho)$ 的独立正态分布。此外，两类投资者在 t 期会根据其对风险资产在 t + 1 期的预期价格来选择资产组合，并最大化预期效用。结合上述假设，用递归方法最终求得风险资产的均衡价格为：

$$P_t = 1 + \frac{n\rho^*}{r} + \frac{n(\rho_t - \rho^*)}{(1+r)} - \frac{\gamma n^2 var(\rho)}{r(1+r)^2} \tag{9-1}$$

式（9 - 1）中，第一项 1 代表股票的基本价值。第二项$\frac{n\rho^*}{r}$代表噪音投资者长期的平均估计偏差。当$\rho^* > 0$ 且其他变量不变时，表示噪音交易者对风险资产的未来价格乐观，这种对价格的压力效应将推动风险资产价格高于基本价值，噪音交易者对于风险资产的支付意愿相对较高，股价也会长期处于高位；反之，当$\rho^* < 0$ 且其他变量不变时，风险资产价格低于其基本价值，股价会长期处于低位。第三项$\frac{n(\rho_t - \rho^*)}{(1+r)}$代表由于噪音交易者 t 期的错误估价而引起的股价波动。如果 t - 1 期的噪音交易者对 t 期风险资产乐观的居多，则他们将推动 t 期股价上涨。反之，则 t 期股价下降。如果$\rho_t = \rho^*$，则意味着短期股价不会有大的波动。第四项$\frac{\gamma n^2 var(\rho)}{r(1+r)^2}$可以理解为噪音交易者所造成的风险溢价大小，它表示未来股市的情绪冲击对理性交易者而言是有风险的，因此理性交易者会避开高情绪的市场时期。但同时也意味着在高情绪的“牛市”中，若噪音交易者的资产主要集中于风险资产，他们的平均投资收益可能比理性交易者要高。总之，DSSW 模型揭示了由于市场上一部分噪音交易者受到非理性情绪影响，当情绪过度乐观或悲观时，相对于理性投资者来说，其对风险资产的需求往往过度旺盛或不足，进而对风险资产的价格产生影响。另外，噪音交易风险的存在使得理性交易者的套利行为也有风险，从而形成了有限套利。

（二）情绪测度的早期实证研究

尽管理论上以 DSSW 模型为代表的行为资产定价模型深刻揭示了市场情绪和资产价格之间的动态关系，但是要在实证上检验这些理论是否符合现实，深入研究不同的情绪信息对资产价格和股票收益的影响，最重要的环节是如何测度金融市场情绪。国内外学者对市场情绪进行量化和测度的早期研究主要可以分为以下三类：

第一，通过直接调查法（电话访谈、问卷调查等方式）来衡量金融市场情绪。例如，Brown 和 Cliff（2004，2005）曾通过美国个人投资者协会 AAⅡ的直接调查（考察投资者对未来 6 个月内市场涨跌幅的预期）来衡量投资者情绪。然而，由于投资者在面对直接调查时往往会策略性地隐藏自己对市场真实的看法，因而构建的情绪指标与真实的情绪信息间可能存在差异。另外，直接调查法在耗费研究者巨大的时间和精力的同时获取的样本容量有限，因此在最近的研究中使用频率逐渐降低。

第二，使用外生非金融市场变量作为衡量市场情绪的指标，进而预测股票市场收益。Goetzmanm 等（2015）从美国国家海洋和大气管理局（NOAA）综合数据库中选择了美国所有机构投资者所在地区的天气变化数据，通过研究机构投资者的投资行为与实时天气变化的关系，发现阴暗天气会使得机构投资者高估资产价值。Novy－Marx（2014）也发现全球气候、温度、日照长短、政治选举等指标对于股票市场未来收益的预测能力不错。可是，这类非金融市场变量所包含的绝大多数信息可能已经存在于与金融市场相关的变量中（如换手率等），其信息传导机制也远弱于金融市场中的变量。同时，由于缺乏较为坚实和令人信服的理论基础，该类研究并不处于主流地位。

第三，采用与金融市场交易相关的一个或多个变量作为衡量情绪的指标，构建单一性指标或者综合性指数。这些指标与市场情绪间存在较强的相关性和理论联系，进而可能在一定程度上预测未来的资产价格。目前广泛接受的是由封闭式基金折价、换手率等六个代理变量组成的运用主成分分析法构建的 BW 指数。Baker 和 Wurgler（2006）通过对横截面数据的研究发现了投资者情绪能够预测投机性强、套利困难的股票收益。Stambaugh 等（2012）指出投资者情绪对卖空端的预测能力尤其强。然而，Huang 等（2015）指出由于主成分分析法不能将投资者情绪和公共噪音区分开，因此 BW 指数可能存在较大测度误差。他们使用偏最小二乘法（Partial Least Squares，PLS）构造了一个新的投资者情绪指数，并赋予那些对投资者情绪敏感、股票收益预测能力强的代理变量较高的权重。实证研究发现，新的投资者情绪指数的股票收益预测能力比 BW 指数强很多，它不仅可以预测横截面股票收益，还可以反映股票市场总体价格的起伏变动。

国内近年来也涌现出了大量有关情绪资产定价的文献。早期的研究主要通过收集投资者对于后市的看法来测度情绪，数据来源有："央视看盘"、"三大报"（中国证券报、证券时报和上海证券报三种报纸）好淡指数、华鼎多空民意调查数据、巨潮投资者信心指数等。王美今和孙建军（2004）利用"央视看盘"数据构造了投资者情绪指数，发现投资者情绪的变化不仅显著地影响沪深两市收益，而且显著地反向修正沪深两市收益波动。伍燕然和韩立岩（2007）发现投资者情绪会对股市的当期收益和未来收益同时产生影响。胡昌生和池阳春（2013）研究了在不同估值水平下投资者情绪对于股票市场波动性影响的差异。随着 Baker 和 Wurgler（2006，2007）采用的方法得到广泛的认可，国内学者也开始使用 BW 指数中包含的代理变量来衡量中国的投资者情绪。例如，张宗新和王海亮

（2013）在实证研究中运用主成分分析法建立中国投资者情绪指数。此外，在中文权威期刊上，还有不少文章研究投资者情绪对资产定价、公司财务政策或会计政策的影响。

三、提取和分析文本情绪的主要方法与研究进展

随着计算机和互联网技术的飞速进步，越来越多的文本大数据（例如，新闻报道、公司业绩披露、社交媒体评论等信息）的可获得性大大提高，并引起了学者们的广泛关注。利用多种文本分析方法提取文本情绪成为目前金融和会计实证研究领域的热点。相对于金融市场相关的交易和财务定量数据所包含的情绪信息，文本情绪指标涵盖面更广，因此为研究者理解金融市场情绪提供了新的角度（Li，2006）。

从文本大数据中提取情绪信息的关键在于如何把文本的非结构化情绪信息有效地简化、准确地提取。文本数据一般是非结构化的（Unstructured Data），相较于能够用二维表结构来进行表达的结构化数据（Structured Data），非结构化数据所包含的信息无法用事先定义好的方式或数据模型表达和管理。目前在衡量文本情绪的大多数研究中，经常使用的文本分析法是“文字包”（Bag of words）技术。它在假设文字顺序并不影响信息传递质量的前提下，将大量的文本内容简化成一个以不同文字为行，文字频数为列的矩阵。“文字包”技术包括词汇分类字典法、文本词汇加权法和基于机器（统计）学习的多种分类法（如朴素贝叶斯法）。此外，研究者还可以通过不同的文本特征（诸如文本可读性、文本叙述方法等）进行文本分析，从而推断文本创作者所持的观点或情绪，并考察相应的市场反应。下面将对主要的文本分析方法和最新研究成果进行详细的介绍。

（一）词汇分类字典法

词汇分类字典法（Word lists）是“文字包”技术的一个实例。通过事先定义好的词汇字典，我们可以将文本中的文字根据其含义及属性的不同而简化为不同的类别。比如，在提取文本情绪信息的过程中，研究者通常以某一类别词汇出现的次数除以文本总字数来衡量文本的情绪倾向。更高的积极词汇占比表示文本透露出越强的乐观情绪，而更高的消极词汇占比则表示文本包含的悲观情绪越重。目前在研究中应用较广的词汇分类字典包括以下 4 个：哈佛大学通用调查字典（Harvard General Inquirer Word Lists，GI），亨利字典（The Henry Word Lists，2008），文辞乐观与悲观词汇字典（Diction Optimism 和 Pessimism Word Lists）以及洛克伦与麦克唐纳字典（Loughran 和 McDonald Word Lists，2011）。

由于创建时间早且易获得（2000 年 7 月即可通过互联网获得），哈佛大学通用调查字典（GI 词汇字典）是最早被研究者应用于会计和金融领域的词汇字典。Tetlock（2007）利用 GI 词汇字典中的Ⅳ-4 分类以区分《华尔街日报》“市场动态”专栏中的消极词汇，并运用主成分分析法构建了衡量媒体报道消极程度的投资者情绪指标。他发现更高的投资

者消极情绪在接下来的一天内会使道琼斯工业平均指数降低，但指数在随后的 2 ~ 5 天内发生反转。同时，更低的指数能够预测未来增长的投资者消极情绪。此后的越来越多的文献使用了 GI 词汇字典来区分报纸专栏等媒体中的情绪信息（Tetlock 等，2008；Kothari 等，2009；Hanley 和 Hoberg，2010）。Heston 和 Sinha（2015）从 2003 ~ 2010 年间汤森路透社（Thomson - Reutters）的 900754 条新闻中提取了情绪信息，并发现那些被新闻（中性新闻）提到的公司比没有任何新闻的公司股票收益高，而新闻中体现更多积极情绪的公司将在一周内有更高的股票收益，公司新闻中消极情绪较多的将在未来的一个季度内有较低的股票收益。然而，由于 GI 词汇字典最初并不是专门为金融文本分析创建的，其中的很多分类（如 IV - 4 分类）将许多不带有情感色彩的金融类文本常用词汇（如税收和负债等）和行业专用词汇（如癌症和矿产等）错误地归类为消极词汇，因此其提取信息的准确性往往被质疑（Loughran 和 McDonald，2011）。

亨利字典是首个专门针对金融类文本创建的词汇字典。Henry（2008）运用该字典对 1998 ~ 2002 年间电信以及计算机行业内公司的 1366 份盈利新闻稿文本词汇进行分类，发现新闻稿情绪会影响投资者的行为，且可由前景理论解释。Price 等（2012）也运用了亨利字典来衡量美国上市公司的季度盈利披露电话会议中体现的情绪倾向。他们发现在问答环节中透露出积极情绪越多的公司其未来三天或两个月的股票收益会更高，而电话会议中透露情绪越消极的公司其超额收益为负。亨利字典的缺点是总词汇数不多，特别是只包含了 85 个消极词汇，因此它可能遗漏了不少消极情绪的文本信息。

文辞乐观与悲观词汇字典包含了 686 个乐观词汇以及 920 个悲观词汇，它被应用于一款名为文辞（Diction）的计算机辅助文本分析软件中。文辞软件的数据库基于 50000 份经过分析的文档构建，它还能将文本分为 36 个子类（例如，演讲、诗歌、商业报告等）。许多会计领域的研究者用这款软件和它的乐观、悲观词汇分类字典来衡量文本的语气或情绪。Davis 等（2012）利用文辞字典衡量了净乐观语言（Net optimistic language，乐观词汇占比与悲观词汇占比之差），分析了 1998 ~ 2003 年间近 23000 份季度盈利披露新闻，研究发现，当公司盈利新闻中包含的语气或情绪越积极时，未来一年公司的资产收益率（Return on assets，ROA）越高。但与 GI 词汇字典类似，Loughran 和 McDonald（2011）指出文辞乐观与悲观词汇字典将许多在金融和会计文本中出现的但并不表示乐观情绪的词汇（如必须、权利等）错误地加入其中，使其准确性降低。

洛克伦与麦克唐纳字典（LM 词汇字典）是通过 1994 ~ 2008 年间的美国上市公司年报词汇使用情况构建的词汇分类字典，它将词汇分为 6 个类别，其中包含 354 个积极词汇以及 2329 个消极词汇。在金融、会计领域的文本分析中，相比于亨利字典而言，LM 词汇字典几乎没有遗漏常用的积极和消极词汇；相比于 GI 词汇字典和文辞乐观与悲观词汇字典而言，LM 词汇字典的分类方式则更加严谨和准确。因此，LM 词汇字典近年来被广泛地应用于该领域的研究中（Feldman 等，2010；Dougal 等，2012）。Garcia（2013）用 LM 词汇字典中的积极和消极词汇分类来提取1905~2005年间《纽约时报》中金融市场和华尔街话题两个专栏中体现的情绪信息，发现构建的情绪指标能够在经济衰退时有效预测股票市场收益。更进一步，越来越多的研究开始关注文本情绪会如何影响市场参与者的行为。Solomon等（2014）发现投资者更愿意购买那些近期被新闻积极和正面（用LM词汇字典衡量）报道的基金，而忽略收益同样不错但新闻关注度不高的基金。Huang等（2014）使用了LM词汇字典来衡量公司经理人在盈利披露新闻中所体现的异常积极语气或情绪，并指出异常积极情绪往往伴随着公司未来较低的盈利和现金流。经理人之所以在盈利披露新闻中体现出这样的情绪倾向，是因为想策略性地影响和控制投资者对公司基本面的预期。

（二）文本词汇加权

在使用不同文本词汇分类字典简化文本信息时，对某些词汇分类的不同会使得研究者所简化的信息出现差异。著名的齐普夫定律（Zipf's Law）指出，如果将单词出现的频率由大到小进行排列，则每个单词出现的频率与它的名次的常数次幂存在简单的反比关系。即大多数文本只有极少数的词被经常使用，而绝大多数词很少被使用。因此，不同词汇分类表对这些高频词汇定义的异同将影响所提取文本情绪信息的准确度，选取合适的词汇分类字典，或者选取不同的词汇分类字典进行文本分析和对比将有助于研究者得到更客观的结果（Li，2010；Twedt和Rees，2012；Loughran和McDonald，2016）。在将文本信息简化为单词和数量的矩阵过程中，还需要对词数进行标准化。这是由于不同文本的长度不同，如果只是简单地计算某一类词汇在所有文本中出现的数量，势必使其受到总字数较多的文本影响。解决这个问题的简单办法是计算某一类词汇在文档中出现的比例而不是数量。另外一种方法是赋予文本词汇以不同的权重，被称为文本词汇加权（Term weighting）。例如，可以赋予那些出现频率较低但表达的情感含义却很强烈的单词较高的权重。

Jurafsky和Martin（2009）指出在分析文本信息时对单词赋予不同权重将大大提高检索信息的效率。Loughran和McDonald（2011）考虑了一种常用的TF-IDF法（term frequency-inverse document frequency）来计算每个文本特征词在每篇文档中的权重。计算方法可由下式简单说明：

$$w_{i,j}=\begin{cases}\dfrac{(1+ln(tf_{i,j}))}{(1+ln(a_j))}ln\left(\dfrac{N}{df_i}\right) & 若 tf_{i,j}\geqslant 1\\ 0 & 其他\end{cases} \tag{9-2}$$

式（9-2）中，$w_{i,j}$表示第j篇文档中第i个单词的权重，它由文档总数量N、所有文档中包含的第i个单词（至少出现一次）的总文档数量df_i、第j个文档中第i个单词出现的总次数$tf_{i,j}$以及第j个文档中包含的平均单词数a_j决定。对于某一特定词汇，当它在某一文档中出现次数越高，而在所有文档中出现的次数越低，同时该文档中平均词数越少的情况下，它所获得的权重越高。另外，计算权重时选择对数形式可防止出现频率较高的单词获得过高权重。Loughran 和 McDonald（2011）指出使用 TF－IDF 方法比简单地计算某一单词在文本中出现的比例能更有效地提取文本信息，因此值得推广。Jegadeesh 和 Wu（2013）研究发现，对文本词汇进行合适地加权有时比选取准确的词汇字典能更有效地提取文本信息。

（三）基于机器学习的朴素贝叶斯法

随着计算机技术的快速进步，基于机器学习（也被称为统计学习）的文本分析法也被广泛应用。它包括基于概率方法的朴素贝叶斯分类器、基于实例的 k 近邻分类器、基于统计学习理论和结构风险最小基础上的支持向量回归等方法。目前，基于机器学习的朴素贝叶斯法在金融和会计领域的文本分析研究中最常用，下面将对其进行介绍。

给定一个已知的训练数据集，朴素贝叶斯法先使计算机学习该数据集中单词与不同类别的关系，然后依照这个关系对其他的文本信息进行最为相似的分类。它的实质是首先利用贝叶斯条件概率公式，计算出已知文档属于不同文档类别的条件概率；然后根据最大后验假设将该文档归结为具有最大后验概率的那一类。Antweiler 和 Frank（2004）是最早在金融领域内使用该方法进行文本分析的文献。他们从雅虎金融等网络媒体中分析了道琼斯工业指数中所包含的 45 家公司的近 150 万份股票信息，发现股票的新闻数量与随后的交易量存在较强联系。Das 和 Chen（2007）也用该方法衡量了 24 只高科技股票的董事会评论信息中的情绪，并指出情绪信息与股票交易量和波动率等息息相关。

朴素贝叶斯法的优点有：第一，它是目前大数据文本分析中历史最悠久、发展最成熟的方法，它使得机器能够遵循一定的规则，替代人类处理和分析非常庞大的文本信息。第二，朴素贝叶斯分类方法是基于条件“独立性假设”，因此适合于处理属性个数较多的分类任务，而文本分析正是多属性的分类任务。第三，一旦朴素贝叶斯分类器（分类规则）通过机器学习被定义完整后，在提取文本信息的过程中研究者的主观倾向性能够被很好地消除。Li（2010）用朴素贝叶斯法分析了美国上市公司年报和季报（10－K 和 10－Q 文档）中管理层讨论与分析（Management Discussion and Analysis，MD&A）板块的前瞻性声明（Forward－looking statement，FLS），首先从 FLS 文本中随机选择了 3 万个句子，将其人工分类为积极、中性、消极和不确定四类，然后将其作为训练集让计算机学习，并用计算机对剩余的约 130 万个句子进行分类，他发现公司管理层前瞻性声明中体现的语气或情绪越积极时该公司未来的盈利越高。此外，该项计算的训练误差低于 10%，这意味着朴素贝叶斯法对文档分类的正确率高于 90%，充分体现了该方法在处理庞大文本信息时的优势。

近几年越来越多的研究开始使用朴素贝叶斯法进行文本分析，提取文本中所包含的语气和情绪信息。在朴素贝叶斯法的框架下，Jegadeesh 和 Wu（2013）以公司年报文件的市场反应来对其包含的单词进行赋值并分类，这进一步消除了研究者主观判断所带来的误差。他们分析了 1995～2010 年 45860 份文档，发现公司年报中积极和消极词汇所包含的语气将对市场反应产生影响。此外，朴素贝叶斯法也可以根据不同的信息来源有效衡量文本中的情绪信息。Huang 等（2014）从标准普尔 500 指数所包含公司的 363952 份分析师报告中提取了情绪信息，发现分析师报告中的正向情绪对公司未来五年的盈利增长有很好的预测价值。Buehlmaier 和 Zechner（2016）使用朴素贝叶斯法衡量了 1999 ~ 2009 年间美国 130589 份新闻报纸关于并购宣布报道中的情绪信息，指出股票价格对于并购宣布报道中所体现情绪信息的反应明显不足。

尽管朴素贝叶斯法有许多优势，但是在使用这种方法过程中，需要提供让机器学习如何分类的初始训练集。这个训练集往往是随机地选取并由人工定义，因此分类种类和方法也总是因人而异，不仅缺乏统一的规范和标准，而且时间及人力消耗多。对于那些没有在训练集中出现的单词，计算机会把它归为中性或不确定一类，这也降低了该法提取文本信息的准确度。不过，对于还没有成熟的词汇字典的新文本问题，机器学习方法依然有很大的应用空间。

（四）基于其他文本特征的分析

上述提到的词汇分类字典法和基于机器学习的朴素贝叶斯法等都是使用“文字包”技术，从而忽略了文本内在的逻辑和结构等重要信息。近年来许多文献开始使用更高级的方法研究其他的文本特征，主要包括文本可读性（Readability）、文本叙述方法（Document Narrative）等。研究者可以通过这些文本特征来进一步推断文本创作者所持的观点或情绪，同时探讨其与阅读文本信息的投资者的行为或市场反应之间的关系。

1. 文本可读性

文本的可读性衡量了读者通过阅读获取文本真实信息的难易程度。对于文本信息的发布者，比如上市公司而言，当他们越不想让投资者了解公司目前存在的问题时，越倾向于发布晦涩难懂、可读性低的披露信息。当他们想尽快让更多的投资者了解自身的好消息以期待更高的股票回报时，所发布的信息言简意赅、可读性高。对于文本可读性的衡量方法有很多种，近几年在金融和会计领域运用得较为普遍的是迷雾指数（Fog Index）。它从句子长度和单词复杂度等方面衡量了阅读者读懂文本信息所需要的最低教育年限，即迷雾指数越高表示文本的可读性越低。Li（2008）用迷雾指数衡量了 1994 ~ 2004 年间美国上市公司年报文本的可读性与公司盈利能力之间的关系。实证结果显示，公司年报可读性越低的公司盈利能力越低，同时年报可读性越高的公司能维持更持久的正的盈利水平。可以推断，公司年报信息的可读性高低带有发布者一定的主观意图。另外，文本可读性的高低也会影响投资者的行为。Lawrence（2013）发现投资者更倾向于投资年报字数越少、可读性越高的公司。因此，文本的可读性在一定程度上影响了投资者对于公司运营情况的判断。

2. 文本叙述方法

不同于一系列“文字包”技术中所假设的文字顺序不影响文本表达的含义，最近逐渐有研究者从文本叙述方法的角度来分析文本信息。文本叙述方法或者说文本词组的排列方式，对于准确理解文本所包含的情绪信息和倾向性有着至关重要的作用。例如，英文中作者总是习惯将希望引起读者注意的重要信息放在句子的开头，而将其他信息用连接词或指示代词放在句子的其他部分。中文叙述中先抑后扬的叙述手法透露出作者对于描述对象总体的肯定态度，而先扬后抑的手法则表示否定。运用语法分析法（Syntactic analysis）等计算机技术可以处理大量的文本，从语法结构角度理解句子的含义。Allee 和 DeAngelis（2015）研究了上市公司发布信息的叙述结构，他们用语气分散度（Tone dispersion）衡量了 2004 ~2014 年，在上市公司经理人自愿披露的文本信息中，所包含的情绪在叙述时是较为集中还是比较分散的。实证结果显示，语气分散度能够反映公司经理人在发布信息时的潜在动机，同时较为集中的语气分散度将放大市场对于信息的反馈程度。

3. 文本主题结构和相似性

研究者还可以通过文本主题结构（Thematic Structure）和文本相似性（Document Similarity）进行文本分析。与网络搜索引擎类似，将文本的主题结构分类可以降低数据的复杂程度。Da 等（2011）利用 Google 搜索主题词，构建网络搜索情绪指标，并研究了这些情绪指标和股市价格指数行为的关系。Huang 等（2016）比较了上市公司盈利新闻披露和随后发表的分析师分析报告中文本主题结构的不同。他们发现分析师会讨论与上市公司盈利披露新闻主题结构不同的内容，当上市公司管理层有很强的动机去隐瞒与盈利相关的新闻时，投资者则更加关注分析报告中这些不同的主题内容。另外，从文本的相似性出发也有助于我们理解不同公司所发布的文本中的情绪信息。例如，新兴行业中成立年限较短的公司在不同时段发布的信息所体现的情绪色彩较为明显且差异较大，以吸引投资者的注意。随着公司成立年份的增加和行业成熟度的提高，公司披露的文本信息所含的情绪倾向于降低且相似度逐渐提高。目前使用较广泛的衡量文本相似度的指标是余弦相似度（Cosine Similarity），Brown 和 Tucker（2011）就使用该指标衡量了在管理层讨论与分析板块中，公司在不同年份披露的文本内容的相似程度。他们发现尽管该文本内容在不同年份相似度的变化很少反映与公司盈利相关的额外信息，但依然会影响投资者对于公司未来现金流的预期。

总之，通过上述四个部分所介绍的文本分析方法，我们可以从不同角度有效地挖掘金融和会计类文本数据所包含的情绪信息。此外，不少国内学者近年来也开始使用文本分析法对文本情绪或者文本信息进行研究。游家兴和吴静（2012）从报道基调、曝光程度、关注水平三个维度，用文本分析法构建了衡量媒体情绪指数的综合评价指标体系。他们发现当新闻报道所传递出的媒体情绪越高涨或越低落时，股票价格越有可能偏离基本价值水平。徐巍和陈冬华（2016）借助网页搜索等文本分析技术，研究了上市公司官方微博的信息作用特点，发现上市公司微博信息披露可以带来当日的超额回报与交易量的显著增加。

四、文本情绪与资产预期回报

在有效提取文本情绪信息后，许多研究着重探讨文本情绪对资产未来回报的预测能力。这类研究可以按照实证检验方式的不同分为横截面与时间序列两类。情绪横截面实证检验主要从个股层面的公司特征出发，探讨情绪与横截面个股价格变动之间的关系。时间序列实证检验则主要是从市场整体出发，探讨市场情绪与未来一段时间内市场整体股票价格走势之间的关系，研究情绪对于资产回报的预测能力和其背后的经济机制。

（一）横截面实证检验研究

横截面实证研究一般采用投资组合分析法（Portfolio analysis）和法玛—麦克白回归法（Fama – Macbeth regression）检验情绪与个股预期回报之间的关系。

投资组合分析法的实质是按因素排序，即在某一时点根据个股层面情绪代理变量的大小对所有股票进行排序、分组、构建包含积极情绪与消极情绪特征的投资组合并持有一定的时期（通常为一年），然后比较不同投资组合的超额投资收益是否有显著差异，从而检验情绪对于横截面股票收益的影响。投资组合分析法一般包含单因素排序和多因素排序法。单因素排序依靠单一情绪代理变量对目标公司进行排序。排序分组方式通常按照变量大小将目标公司沿升序（或降序）排列，分为3、5或10组。之后，计算未来一段持有周期内投资组合收益，观察投资组合收益是否有单调趋势存在，重点关注排序位于最高和最低的股票分组的投资收益差异。多因素排序一般使用两个或多个变量对横截面股票进行排序，致力于研究情绪指标和其他公司特征变量之间的互动关系，一般首先分别用每个代理变量对同一横截面股票同时进行排序分组，然后将不同代理变量的分组一一对应构建多元投资组合。

法玛—麦克白（Fama和Macbeth，1973）的两阶段回归法主要是为了解决实证分析中使用传统最小二乘回归会存在残差相关性的问题。它主要包括两步：第一步是对于每一个固定的时间节点进行最小二乘回归，得出估计参数，并将每个参数的估计值视为整体参数的一个样本值；第二步再对第一步中得到的所有样本值（即所有的时间点上的估计参数）求算术平均值，计算整体的估计参数，并进行统计检验。该方法简单明了，逐渐成为实证资产定价领域中研究情绪影响横截面股票回报的标准分析工具。

利用上述的两种方法，不少研究者提供了投资者情绪影响横截面股票价格的实证证据。Baker和Wugler（2006）首先使用主成分分析法构建了投资者情绪指数，然后将上市公司按照一些明显的公司特征（如盈利能力、投资水平等）从小到大分成投资组合。对于每一个投资组合，再根据其上一个财经年度所处的投资者情绪水平的不同分为正负两类，最终计算这些投资组合的月平均收益率。传统的金融学理论认为大多数投资者是理性的，在均衡状态下，投资组合的横截面预期收益只取决于横截面上的系统性风险。由于套利交易者的存在，即使市场上有非理性的投资者，其情绪化需求也不会对股票价格造成显著影响。然而 Baker 和 Wugler（2006）的研究结果却显示，当投资者情绪低迷时，那些成长型、规模小、成立时间短、股票波动大、盈利水平低、不分红的公司随后的股票收益率更高，意味着这类被视为投机性强、套利困难的公司的价值在低市场情绪期间被低估了；当投资者情绪高涨时，这类公司的价值却容易被高估，因此伴随着较低的股票收益。所以，投资者情绪会对横截面股票收益产生显著影响，支持了行为金融理论。Stambaugh 等（2012）使用由 11 个著名的市场异象构成的投资组合进一步研究了投资者情绪对股票横截面收益的影响，研究发现，由于卖空成本的存在，在高市场情绪时期和需要被做空时，股票更容易出现估值泡沫，即多空投资策略的空头（Short leg）在高情绪时期更容易出现错误定价。

在文本情绪相关的研究中，很多文献从个股层面研究文本情绪是否能预测公司未来的运营绩效和股票回报（Li，2010；Davis 等，2012；Huang 等，2014）。例如，Li（2010）衡量了公司管理层前瞻性声明中体现的情绪，发现文本情绪的高低可以预测公司未来盈利的高低。Tetlock 等（2008）用积极、消极词汇占比区分了公司新闻报道中所包含的情绪信息后，构建了一个简单的投资策略，即在每个交易日开始时做多前一个交易日公司新闻报道中体现出积极情绪倾向的公司，并做空新闻中体现出消极情绪倾向的公司。实证结果显示，公司新闻报道中体现的消极情绪倾向与未来股票收益呈显著的反向关系。Loughran 和 McDonald（2011）使用 LM 词汇字典区分了公司年度财务报表中的消极情绪，并根据公司的消极情绪程度将其分为了从小到大五个投资组合，投资组合持有期是公司年报公布后三天。他们发现，由公司年报中体现消极情绪越重的公司组成的投资组合超额收益越低。Jegadeesh 和 Wu（2013）用文本词汇加权构造了上市公司年报中积极（正）与消极（负）情绪指数，并分别根据积极与消极情绪指数的高低将公司分为十个投资组合，投资组合持有期与 Loughran 和 McDonald（2011）类似。实证结果显示，当年报文本中体现的积极情绪的语气降低或消极情绪的语气升高时，投资组合的收益都将显著降低。此外，Feldman 等（2010）、Price 等（2012）也通过不同的文本情绪特征构造投资组合并比较其超额收益的高低，研究了文本情绪对于横截面股票收益的影响。

（二）时间序列实证检验研究

时间序列实证分析一般采用线性预测性回归模型检验情绪与市场整体回报间关系，主要方法包括样本内预测和样本外预测法。

样本内时间序列预测一般采用如下预测性回归模型：

$$R_{t+1}^{m} = \alpha + \beta S_t + \varepsilon_{t+1} \tag{9-3}$$

式（9－3）中，R_{t+1}^{m}表示 t+1 期市场整体超额收益，例如，可以选择上海证券交易所股票价格综合指数超过无风险利率的部分作为R_{t+1}^{m}。S_t代表 t 期的情绪指数，它可以是通过文本分析法提取的市场情绪信息。样本内预测回归的原假设是情绪指数对于下一期市场超额收益没有预测能力，即$\beta=0$，原方程可以简化为$R_{t+1}^{m}=\alpha+\varepsilon_{t+1}$。但是，诸如前文提到的 DSSW 等行为金融模型指出，过度乐观（悲观）情绪的投资者倾向于过度买入（卖出）股票，从而推高（拉低）现期资产价格。最终，随着理性信息逐步反映到资产价格中，资产价格在未来反而会下跌（上涨），因此高（低）情绪能预测未来低（高）股票收益。总之，当期情绪与下一期市场收益往往呈反向关系，即 β 为负值。在实证中常检验原假设H_0：$\beta=0$ 和备择假设H_A：$\beta<0$。计量上，Inoue 和 Kilian（2004）也发现单侧备择假设能够增强检验效果。另外，用样本内预测方法还会遇到小样本偏差和伪回归的问题。Stambaugh（1999）提出了小样本偏差问题，指出当预测指标长期不变且与市场超额收益率相关性较高时，在有限样本预测中的估计系数可能有偏，而这种偏差也会使 t 统计量有偏。Ferson 等（2003）指出当预测指标是长期持续的，则可能存在伪回归的问题。实证中，Huang 等（2015）指出可以使用广义拔靴法（Bootstrap）在一定程度避免上述问题。

样本外预测法是指在 t 期只能用 t 期（含 t 期）之前的信息来预测 $t+1$ 期的股票收益，并比较其与真实收益间的关系，它更能模拟真实世界投资者对未来股票收益的预期（Goyal 和 Welch，2008）。以情绪指数为例，可以逐期进行包含滞后信息的情绪指数对市场收益的样本外预测回归：

$$\hat{R}_{t+1}^{m}=\hat{\alpha}_t+\hat{\beta}_t S_{1:t;t}^{k} \tag{9-4}$$

式（9-4）中的参数估计值$\hat{\alpha}_t$和$\hat{\beta}_t$是由常值和递归的情绪估计值$\{S_{1:t;s}^{k}\}_{s=1}^{t-1}$（解释变量）与市场整体收益$\{\hat{R}_{s+1}^{m}\}_{s=1}^{t-1}$（被解释变量）进行最小二乘回归计算得出。假设初始的样本期为常数 p，那么未来的期望收益可以从 $t=p+1$，$p+2$，…，T 期估计。因此，一共有 q（$=T-p$）个样本外估计区间，即有 q 个样本外预测市场整体期望收益：$\{\hat{R}_{t+1}^{m}\}_{t=p}^{T-1}$。Campbell 和 Thompson（2008）提出的R_{OS}^{2}统计量可以衡量情绪指数的样本外预测能力大小。简而言之，计算R_{OS}^{2}统计量的目的是比较由样本外预测方法得到的估计收益$\hat{R}_{t+1}^{m}$与只对历史收益取均值得到的$\bar{R}_{t+1}^{m}$这两个指标哪一个更能接近真实的未来收益。R_{OS}^{2}的计算方法如下：

$$R_{OS}^{2}=1-\frac{\sum_{t=p}^{T-1}(R_{t+1}^{m}-\hat{R}_{t+1}^{m})^{2}}{\sum_{t=p}^{T-1}(R_{t+1}^{m}-\bar{R}_{t+1}^{m})^{2}} \tag{9-5}$$

其中，$\bar{R}_{t+1}^{m}$表示历史均值收益，它建立在常预期收益模型的基础上（$R_{t+1}^{m}=\alpha+\varepsilon_{t+1}$）：$\bar{R}_{t+1}^{m}=\frac{1}{t}\sum_{s=1}^{t}R_{s}^{m}$。

R_{OS}^{2}统计量的值域为$(-\infty, 1]$。当$R_{OS}^{2}>0$时，情绪指数的样本外预测得到的股票收益$\hat{R}_{t+1}^{m}$比股票收益的历史均值$\bar{R}_{t+1}^{m}$更接近 $t+1$ 期真实的股票收益R_{t+1}^{m}。通过比较R_{OS}^{2}统计量

的大小，可以检验时间序列上不同情绪指数对股票市场整体收益预测能力的大小。

在实证检验的文献中，Brwon 和 Cliff（2005）发现通过直接调查法衡量的投资者情绪能够在一年以上的时间期预测未来股票收益。Huang 等（2015）运用新的计量方法（偏最小二乘法）改进了 Baker 和 Wugler（2006）构造的投资者情绪指数，并发现投资者情绪可以显著预测未来一个月到一年的股票市场总收益。具体而言，投资者情绪代理变量所包含的信息一般可以分解为三个不可观测的子部分：投资者情绪有效信息、公共噪音和个体噪音。Huang 等（2015）使用偏最小二乘法，把股票预期收益作为衡量投资者情绪的工具变量。同时，他们改进了与 BW 指数所包含的投资者情绪代理变量的赋值方法，在预测回归时赋予那些对投资者情绪敏感、股票收益预测能力强的代理变量较高的权重，而对另外的变量赋予较小的权重。这种方法可以有效提取投资者情绪代理变量中对股票收益预测有用的信息，同时去除公共或个体噪音的不利影响。实证结果显示，他们构造的投资者情绪指数对股票市场总体收益的预测能力强于绝大多数宏观经济变量（例如，短期国债利率、通货膨胀率等）。即使在控制宏观经济变量后，投资者情绪指数的预测能力仍保持显著。此外，高投资者情绪也能显著预测未来较低的股利、盈余和国内生产总值等现金流代理变量。Huang 等（2015）因此指出，投资者情绪的预测能力主要是来自现金流渠道：高情绪的投资者对未来的现金流预期过于乐观并且脱离了基本面，所以容易造成股票市场泡沫和泡沫破灭后的崩盘。总之，他们的研究第一次明确证明投资者情绪不仅可以预测横截面股票收益，还可以预测股票市场总收益，并为 DSSW 模型提供了月度频率的实证证据。

在文本情绪时间序列分析文献中，Antweiler 和 Frank（2004）运用朴素贝叶斯法从网络媒体报道中提取文本情绪信息，发现前一天在新闻中体现的高情绪冲击能预测随后一天负的股票收益，但考虑交易成本后预测的经济价值很低。Tetlock（2007）运用 GI 词汇分类字典衡量了报纸专栏中文本情绪的消极程度，发现消极情绪能显著预测未来一天下降的道琼斯工业平均指数，而且随着消极情绪的升高，道琼斯工业平均指数在第二天的下降幅度越大。同时，文本中消极情绪的增加也预示着未来一天成交量的降低。Malmendier 和 Tate（2005）指出，尽管经理人往往比其他投资者更加专业，且更容易获得他们所在公司的内部信息，但是却无法避免自身的行为偏差，也很难做到完全理性。因此经理人的非理性情绪与投资者情绪类似，也将对股票价格产生影响。Jiang 等（2016）收集了上市公司财务报表（年报和季报）以及盈利披露电话会议中所包含的文本大数据信息，然后使用 LM 词汇字典中的乐观和悲观词汇进行统计分析，构建了市场总体的经理人文本情绪指数。实证结果显示，市场整体经理人情绪指数能够显著地反向预测未来股票市场总体收益，其样本内和样本外预测能力高达 9.75% 和 8.38%，强于现有的投资者情绪指数和宏观经济变量。

五、结束语

本章梳理了近年来基于文本情绪分析的行为金融研究文献，介绍了该领域的主要理论模型、实证分析方法和研究热点。从股票市场文本情绪的衡量方法来看，目前主流方法是可以将文本内容简化成结构化数据的文字包，包括词汇分类字典法和基于机器学习的朴素贝叶斯法等。对于词汇分类字典法，研究者需注意的是，在分析不同领域的文本内容时要选择合适的分类字典。同时，对现有的词汇分类字典进行不断升级、改进和细化十分必要，这将有利于研究者更为准确地提取文本情绪信息。对于基于机器学习的朴素贝叶斯法，不仅要减少人工定义机器的分类训练集时所消耗的时间，而且需要增加研究结果的可复制性。另外，合理地对文本词汇进行加权可以使研究者更有效地提取文本情绪信息。除了基于文字包技术的主流方法外，研究者还可以通过不同的文本特征推断创作者所持的观点或情绪，并分析相关的市场反应。

从股票市场文本情绪信息获取来源来看，目前主要的文本分析数据集中于上市公司披露的信息（如年报、季报、电话会议等）和相关的新闻报道，还有许多有价值的文本信息很少被关注。比如，有影响力的社会名人的商业讲话，电视、广播、社交媒体信息以及政府的发展规划和报告等。此外，对于不同文化和不同语言种类的文本信息，还可以利用它们研究文本透露出的情绪程度的异同是否会导致不同的市场反应。

从实证资产定价的角度出发，在有效提取了股票市场文本情绪后，研究者可以从横截面和时间序列两个方面探讨文本情绪与股票回报之间的关系。这一类研究将有助于我们更全面、深入地理解资产价格异常波动的原因。同时，寻找股票市场文本情绪对资产价格影响的经济驱动机制将为更符合现实的理论模型提供实证证据。未来，研究者如果能够使用先进的文本分析方法实时提取股票市场的情绪信息并有效预测市场收益，则将不仅有广泛的实用价值，也能为证券市场监管，尤其对制定防止股市过度波动的政策提供良好的参考。

总体来看，随着文本大数据可得性的不断提高，对情绪的衡量已不局限于使用与金融市场交易和公司财务相关的结构化定量数据，非结构化的文本大数据的重要性正在提高。但是文本数据来源渠道广泛、内容丰富、内涵复杂，因此如何找到有良好理论基础的研究问题，选取合理的高质量文本数据，并使用合理的计量方法是文本情绪分析的关键。

文献索引

[1] 胡昌生和池阳春（2013）：“投资者情绪、资产估值与股票市场波动”，《金融研究》，第10期。

[2] 王美今和孙建军（2004）：“中国股市收益、收益波动与投资者情绪”，《经济研究》，第10期。

［3］伍燕然和韩立岩（2007）：“不完全理性、投资者情绪与封闭式基金之谜”，《经济研究》，第3期。

［4］徐巍和陈冬华（2016）：“自媒体披露的信息作用——来自新浪微博的实证证据”，《金融研究》，第3期。

［5］游家兴和吴静（2012）：“沉默的螺旋：媒体情绪与资产误定价”，《经济研究》，第7期。

［6］张宗新和王海亮（2013）：“投资者情绪、主观信念调整与市场波动”，《金融研究》，第4期。

［7］Allee，K. & M. Deangelis（2015），“The structure of voluntary disclosure narratives：Evidence from tone dispersion”，Journal of Accounting Research 53（2）：241 – 274.

［8］Antweiler，W. & M. Frank（2004），“Is all that talk just noise? The information content of internet stock message boards”，Journal of Finance 59（3）：1259 – 1294.

［9］Baker，M. & J. Wurgler（2006），“Investor sentiment and the cross – section of stock return”，Journal of Finance 61（4）：1645 – 1680.

［10］Baker，M. & J. Wurgler（2007），“Investor sentiment in the stock market”，Journal of Economic Perspectives 21（2）：129 – 152.

［11］Barberis，N. et al（1998），“A model of investor sentiment”，Journal of Financial Economics 49（3）：307 – 343.

［12］Black，F.（1986），“Noise”，Journal of Finance 41（3）：529 – 543.

［13］Brown，G. W. & M. T. Cliff（2004），“Investor sentiment and the near – term stock market”，Journal of Empirical Finance 11（1）：1 – 27.

［14］Brown，G. W. & M. T. Cliff（2005），“Investor sentiment and asset valuation”，Journal of Business 78（2）：405 – 440.

［15］Brown，S. & J. W. Tucker（2011），“Large – sample evidence on firms’ year – over – year MD&A modifications”，Journal of Accounting Research 49（2）：309 – 346.

［16］Buehlmaier，M. & J. Zechner（2013），“Slow – moving real information in merger arbitrage”，Working Paper，University of Hong Kong.

［17］Campbell，J. Y. & S. B. Thompson（2008），“Predicting excess stock returns out of sample：Can anything beat the historical average?”，Review of Financial Studies 21（4）：1509 – 1531.

［18］Daniel，K. et al（1998），“Investor psychology and security market under and overreactions”，Journal of Finance 53（6）：1839 – 1885.

［19］Da，Z. et al（2011），“In search of attention”，Journal of Finance 66（5）：1461 – 1499.

［20］Das，S. R. & M. Y. Chen（2007），“Yahoo! for Amazon：Sentiment extraction from small talk on the web”，Management Science 53（9）：1375 – 1388.

［21］Davis，A. K. et al（2012），“Beyond the numbers：Measuring the information content of earnings press release language”，Contemporary Accounting Research 29（3）：845 – 868.

［22］DeBondt，W. F. M. & R. Thaler（1985），“Does the stock market overreact?”，Journal of Finance 10（3）：793 – 805.

［23］DeLong，J. B. et al（1990），“Noise trader risk in financial markets”，Journal of Political Economy

98 (4): 703 – 738.

[24] Dougal, C. et al (2012), "Journalists and the stock market", Review of Financial Studies 25 (3): 639 – 679.

[25] Fama, E. F. & J. D. Macbeth (1973), "Risk, return, and equilibrium: Empirical tests", Journal of Political Economy 81 (3): 607 – 636.

[26] Feldman, R. et al (2010), "Management's tone change, post earnings announcement drift and accruals", Review of Accounting Studies 15 (4): 915 – 953.

[27] Ferson, W. et al (2003), "Spurious regressions in financial economics?", Journal of Finance 58 (4): 1393 – 1413.

[28] Garcia, D. (2013), "Sentiment during recessions", Journal of Finance 68 (3): 1267 – 1300.

[29] Goetzmann, W. N. et al (2015), "Weather – induced mood, institutional investors, and stock returns", Review of Financial Studies 28 (1): 73 – 111.

[30] Goyal, A. & I. Welch (2008), "A comprehensive look at the empirical performance of equity premium prediction", Review of Financial Studies 21 (4): 1455 – 1508.

[31] Hanley, K. W. & G. Hoberg (2010), "The information content of IPO prospectuses", Review of Financial Studies 23 (7): 2821 – 2864.

[32] Henry, E. (2008), "Are investors influenced by how earnings press releases are written?", Journal of Business Communication 45 (4): 363 – 407.

[33] Heston, S. L. & N. Sinha (2015), "News versus sentiment: Predicting stock returns from news stories", Working Paper, University of Maryland.

[34] Huang, D. et al (2015), "Investor sentiment aligned: A powerful predictor of stock returns", Review of Financial Studies 28 (3): 791 – 837.

[35] Huang, A., A. Zang & R. Zheng (2014), "Evidence on the information content of text in analyst reports", Accounting Review 89 (6): 2151 – 2180.

[36] Huang, X., S. H. Teoh & Y. Zhang (2014), "Tone management", Accounting Review 89 (3): 1083 – 1113.

[37] Huang, A. et al (2016), "Analyst information discovery and interpretation roles: A topic modeling approach", Working Paper, University of Michigan.

[38] Inoue, A. & L. Kilian (2004), "In – sample or out – of – sample tests of predictability: Which one should we use?", Econometric Reviews 23 (4): 371 – 402.

[39] Jegadeesh, N. & S. Titman (1993), "Returns to buying winners and selling losers: Implications for stock market efficiency", Journal of Finance 48 (1): 65 – 91.

[40] Jegadeesh, N. & D. Wu (2013), "Word power: A new approach for content analysis", Journal of Financial Economics 110 (3): 712 – 729.

[41] Jiang, F. et al (2016), "Manager sentiment and stock returns", Asian Finance Association 2016 Conference Working Paper.

[42] Jurafsky, D. & J. H. Martin (2009), Speech and Language Processing, Prentice Hall.

[43] Kahneman, D., A. Tversky (1979), "Prospect theory: An analysis of decision under risk", Econometrica 47 (2): 263 - 292.

[44] Kothari, S. P. et al (2009), "The effect of disclosures by management, analysts, and business press on cost of capital, return volatility, and analyst forecasts: A study using content analysis", Accounting Review 84 (5): 1639 - 1670.

[45] Lawrence, A. (2013), "Individual investors and financial disclosure", Journal of Accounting & Economics 56 (1): 130 - 147.

[46] Li, F. (2006), "Do stock market investors understand the risk sentiment of corporate annual reports?", SSRN Working Paper.

[47] Li, F. (2008), "Annual report readability, current earnings, and earnings persistence", Journal of Accounting and Economics 45 (2 - 3): 221 - 247.

[48] Li, F. (2010), "The information content of forward - looking statements in corporate filings: A naive Bayesian machine learning approach", Journal of Accounting Research 48 (5): 1049 - 1102.

[49] Loughran, T. & B. McDonald (2011), "When is a liability not a liability? Textual analysis, dictionaries, and 10 - Ks", Journal of Finance 66 (1): 35 - 65.

[50] Loughran, T. & B. McDonald (2016), "Textual analysis in accounting and finance: A survey", Journal of Accounting Research 54 (3): 1187 - 1230.

[51] Malmendier, U. & G. Tate (2005), "CEO overconfidence and corporate investment", Journal of Finance 60 (6): 2661 - 2700.

[52] Novy - Marx, R. (2014), "Predicting anomaly performance with politics, the weather, global warming, sunspots, and the stars", Journal of Financial Economics 112 (2): 137 - 146.

[53] Price, S. M. et al (2012), "Earnings conference calls and stock returns: The incremental informativeness of textual tone", Journal of Banking & Finance 36 (4): 992 - 1011.

[54] Shiller, R. J. (1981), "Do stock prices move too much to be justified by subsequent changes in dividends?", American Economic Review 71 (3): 421 - 436.

[55] Solomon, D. H. et al (2014), "Winners in the spotlight: Media coverage of fund holdings as a driver of flows", Journal of Financial Economics 113 (1): 53 - 72.

[56] Stambaugh, R. (1999), "Predictive regressions", Journal of Financial Economics 54 (3): 375 - 421.

[57] Stambaugh, R. F. et al (2012), "The short of it: Investor sentiment and anomalies", Journal of Financial Economics 104 (2): 288 - 302.

[58] Tetlock, P. C. (2007), "Giving content to investor sentiment: The role of media in the stock market", Journal of Finance 62 (3): 1139 - 1168.

[59] Tetlock, P. C. et al (2008), "More than words: Quantifying language to measure firms' fundamentals", Journal of Finance 63 (3): 1437 - 1467.

[60] Twedt, B. & L. Rees (2012), "Reading between the lines: An empirical examination of qualitative attributes of financial analysts' reports", Journal of Accounting and Public Policy 31 (1): 1 - 21.

第十章

大类资产配置理论研究评述

有效的大类资产配置被视为成功投资的关键。关于大类资产配置理论的研究始于20世纪30年代，传统的配置策略包括60/40组合、等权重投资组合和均值—方差模型等。20世纪90年代后，为了放宽策略的假设条件，提高理论在实践中的可行性，以GEYR模型为代表的一系列仅基于收益的大类资产配置策略被提出。进入21世纪以后，全球经济波动性加强，为了有效控制风险，最大化分散组合、风险平价组合等仅基于风险的大类资产配置策略成为投资者关注的焦点。与此同时，除了量化模型的应用以外，投资者也开始重视经济周期、政策周期和管理者能力的影响，拥有傲人业绩的大学捐赠基金和可操作性强的美林时钟模型成为投资者借鉴和使用的对象。

一、引言

长期以来，有效的大类资产配置被视为成功投资的关键。这种观点最早源于 Brinson 等（1986），该文采用业绩分解法衡量投资政策（大类资产配置）和投资策略（证券选择和市场择时）对投资收益的贡献大小，并指出资产配置政策解释了 91 只共同基金收益率方差的 93.6%。后来，Brinson 等（1991）又将这一数字调整为 91.5%，但是 Nuttall（2001）、Jahnke（2004）等对其方法、模型和数据提出了疑问，进而质疑结论的可靠性。另外，还存在关于推理逻辑和忽略投资成本的质疑（于瑾，2004）。不过也有学者对其结论进行了更稳健的测试，Ibbotson 和 Kaplan（2000）使用 94 只美国平衡型共同基金 10 年的月度收益率数据和 58 只养老基金 5 年的季度数据，进一步证实了 Brinson 等（1991）结果的可靠性，并提出更加全面的结论。

虽然大类资产配置对投资业绩的重要性到底有多大至今仍没有定论，但这并不影响其理论上的风险分散功能。对于多种资产投资组合来说，分散投资的过程即为大类资产配置过程。如果将资产配置的范围由国内扩展至国际，可以在分散风险的同时获得更高的收益，实现投资者有效边界的向外扩张（Grubel，1968；Levy 和 Sarnat，1970），这也是国际资产组合理论的本质。

为了加强大类资产的有效管理，美国率先致力于大类资产配置策略研究。20 世纪 30 年代，市场上经典的投资组合是将总资产的 60% 投资于国内债券，40% 投资于本国股票；50～60 年代，代表性投资组合除了考虑股票和债券，还持有约 10% 的现金及等价物；20 世纪 80 年代中晚期，在一部分活跃投资者的带动下，市场开始将部分资金投资于风险资本、房地产、私募股权、海外发达市场和新兴市场的股票和债券；到了 20 世纪 90 年代和新世纪后，投资者运用绝对收益策略将各种金融衍生工具纳入到投资范围中。随着资产类别的丰富，大类资产配置策略从 60/40 组合、等权重投资组合、全球市场投资组合等传统的配置策略发展到以收益、风险为基础的量化策略，以及以美林时钟模型为代表的非量化模型，大类资产配置理论经历了从静态到动态，从定性到定量、再到定量中融入主观判断的过程。

相比之下，中国大类资产配置仍处于起步阶段。实践层面，投资者在进行决策时主要依靠对宏观经济趋势的研究判断，缺乏量化模型的支撑，因而无法保证投资决策的稳定性。理论层面，基于中国资本市场的大类资产配置方面的代表性研究并不多见，而且由于滞后性和片面性，现有研究无法应用于实际操作。考虑到现有理论的不足和未来市场的实际需求，本章对大类资产配置策略进行全面总结和归纳，以期为学者和从业者们提供一个整体的大类资产配置理论框架（表 10－1 描述了文章对主要策略的划分和策略的部分信息）。

表 10 - 1　　　　大类资产配置策略

<table>
<tr><th colspan="2">策略风格</th><th>名称</th><th>提出者</th><th>提出时间</th><th>特点</th></tr>
<tr><td colspan="2" rowspan="2">恒定混合策略</td><td>60/40 投资组合</td><td>未知</td><td>20 世纪 30 年代</td><td>起源于美国、恒定混合策略</td></tr>
<tr><td>等权重投资组合</td><td>汉谟拉比法典</td><td>公元前 18 世纪</td><td>恒定混合策略、反转策略</td></tr>
<tr><td rowspan="15">量化大类资产配置策略</td><td rowspan="8">基于收益与风险</td><td>均值—方差模型</td><td>Markowitz</td><td>1952 年</td><td>现代投资理论的基石</td></tr>
<tr><td>再抽样有效边界法</td><td>Richard Michaud 和 Robert Michaud</td><td>1998 年</td><td rowspan="2">降低均值—方差模型估计误差</td></tr>
<tr><td>收缩方法</td><td>Ledoit 和 Wolf</td><td>2004 年</td></tr>
<tr><td>市场投资组合</td><td>Sharpe、Lintner 和 Mossin 等</td><td>1964 年</td><td>测算难度较高</td></tr>
<tr><td>Black - Litterman 模型</td><td>Black 和 Litterman</td><td>1992 年</td><td>纳入投资者主观观点</td></tr>
<tr><td>复制卖权（SPO）</td><td>Rubinstein 和 Leland</td><td>1981 年</td><td rowspan="3">通过合理配置无风险资产和风险资产保护投资者基本收益</td></tr>
<tr><td>固定比例投资组合保险策略（CPPI）</td><td>Black 和 Jones</td><td>1987 年</td></tr>
<tr><td>时间不变性投资组合保险策略（TIPP）</td><td>Estep 和 Kritzma</td><td>1988 年</td></tr>
<tr><td rowspan="3">仅基于收益</td><td>GEYR 模型</td><td>Mills</td><td>1991 年</td><td rowspan="2">利用股票收益率与长期国债利率的相关关系</td></tr>
<tr><td>FED 模型</td><td>Yardeni</td><td>1997 年</td></tr>
<tr><td>动量策略</td><td>Jegadeesh 和 Titman</td><td>1993 年</td><td>源自行为金融学派的理论</td></tr>
<tr><td rowspan="3">仅基于风险</td><td>最小化风险组合</td><td>Markowitz</td><td>1952 年</td><td>均值—方差有效前沿的最小方差点</td></tr>
<tr><td>最大化分散组合</td><td>Choueifaty 和 Coignard</td><td>2008 年</td><td>利用不同资产收益的相关性</td></tr>
<tr><td>风险平价模型</td><td>Bridgewater</td><td>1996 年</td><td>追求投资组合风险敞口的均衡</td></tr>
<tr><td>基于投资者效用</td><td>Full - Scale 模型</td><td>Adler 和 Kritzman</td><td>2007 年</td><td>投资者期望效用最大化</td></tr>
<tr><td colspan="2" rowspan="2">融入经济周期和主观判断的配置策略</td><td>大学捐赠基金模型</td><td>Swensen</td><td>1985 年</td><td>多样化资产、股权投资为主导</td></tr>
<tr><td>美林投资时钟模型</td><td>Greetham 和 Hartnett</td><td>2004 年</td><td>将实体经济与资产配置相联系</td></tr>
</table>

二、大类资产配置的思想根源及早期探索

20 世纪 60 年代以前，虽然许多投资者已经意识到资产配置的重要性，但仅停留在对

其风险分散功能的认可层面，采用的配置方法一般为简单的恒定混合策略，即保持投资组合中各类资产的价值权重不变。当某项资产相对于其他资产价格下跌时，投资者将买进该资产，反之则卖出。相较于买入并持有策略（Buy - and - hold Strategy），恒定混合策略（Constant - mix Strategy）形成的投资组合对资产下跌保护的能力和自身持续增值的能力都较弱。典型的恒定混合型配置策略包括等权重投资组合（equally weighted portfolio）和 60/40 投资组合策略。

等权重投资组合允许在有 n 种可投资的风险资产时，保持每种资产的投资权重为 1/n。这种将财富进行平均化的思想可以追溯到《巴比伦法典》（The Babylonian Talmud，也称《汉谟拉比法典》）中的记载：人们应将财富设置为同等比重的土地、商业贸易和现金储备。Plyakha 等（2014）认为保持 1/n 的固定权重实质上是一种反转策略。当某资产价格获得超常上涨时，其持有数量将被调低；当资产价格超常下跌时，其持有数量将被调高。因此当资产收益呈现均值反转的规律时，资产组合自然获利。该策略的关键是要保持所配置资产具有足够的多样性，以降低风险。瑞士经济学家和基金管理人 Marc Faber 长期使用等权重投资组合作为基础资产配置策略，将总资产等分为四份，分别投资在黄金、股票、房地产、债券和现金上（债券和现金看作同类资产）。从 1973 ~ 2013 年全球市场的实际数据来看，该组合是为数不多的十年期平均实际收益率均为正的投资组合之一（Faber，2015）。

60/40 投资组合普遍应用于 20 世纪 30 年代的美国市场。投资者认为股票收益和债券收益的相关关系几乎为零，因此，采用 60/40 配比原则（资产的 60% 配置标普 500 指数股票，40% 配置十年期美国政府债券）便能达到分散风险的目的。该策略的优点是简单易行，缺点是风险暴露较大。从历史数据（1913 ~ 2013 年）来看，60/40 投资组合平均获得了 0.4 的夏普比率和 52.38% 的最大回撤率，均优于单纯投资股票或债券。但是从时间维度来看，60/40 投资组合的收益率大约只有 22% 的时间处于新的高点，剩下 78% 的时间都在不同程度地下跌（Faber，2015）。因此，投资者需要更加分散、更高收益的投资组合。

随着投资者对待资产的态度趋于理性，恒定混合型大类资产配置策略已经不能满足投资者需求。各国金融市场的不断深化和交易信息的快速积累为资产配置决策数量化和模型化发展提供了基础。20 世纪 50 年代，Markowitz（1952）均值—方差模型的提出正式将（大类）资产配置由实践层面的摸索提升到了理论层面的推演。该模型首次使用期望、方差来刻画投资的收益和风险，将资产配置问题转化为多目标优化问题。这不仅标志着现代投资理论的诞生，而且成为其后大类资产配置理论演进的重要基础。为了得出最优配置解，Markowitz（1956）又提出了临界线算法，使用二次规划问题对模型求解。均值—方差模型的产生、计算机技术和统计学的发展使大量金融数据能够用于投资决策，资产配置理论开始由定性分析转入定量研究。

虽然均值—方差模型在优化资产配置方面取得了重大的科学成就，但是在实际应用中存在着一定的局限性。(1) 均值—方差模型局限于单期投资，属于静态模型，不利于实际应用。针对这一问题，Merton (1969, 1971) 从证券价格服从几何布朗运动的前提出发，开展连续多期最佳消费和证券投资组合研究，并将模型从两资产情形扩展至多资产情形，最终通过动态规划的方法得到了最优投资消费策略的显式解。但是 Merton 的方法要求随机过程必须是马尔科夫过程，为了研究更一般的问题，等价鞅测度的方法被提出 (Karatzas 等, 1987; Cox 和 Huang, 1989, 1991)。(2) 均值—方差模型使用方差作为测算风险的唯一方法，同等对待收益率的正负离差，没有区分收益和损失，不符合投资者的实际风险感受。并且当收益分布呈现非对称形状时，同一均值和方差对应的峰度和偏度可能不同，在模型的构建中忽视峰度和偏度十分容易产生高风险组合。(3) 均值—方差模型无法将样本外信息，尤其是投资者的直觉纳入决策之中。整体来看，除了参数预测可信度不高、模型过于敏感之外，灵活性不足也是阻碍均值—方差模型被投资者接受的重要原因。纳入样本外信息不仅能为决策者提供更多的操作空间，而且能够弥补样本信息不足问题，使结果更加准确和稳定。(4) 均值—方差模型容易产生太过集中的资产配置方案。由于均值—方差模型在确定各种资产权重时并没有考虑当前市场权重，优化结果主要依靠预期收益和协方差矩阵得出，因此常常导致极端组合和杠杆配置问题，不利于实际操作，解决方法是对资产组合实行上下限的约束。引入约束在某种程度上可以被看作是在优化过程中加入了样本外信息，从而提高协方差矩阵的作用效果 (Jagannathan 和 Ma, 2003)。(5) 均值—方差模型输出的结果不具备稳定性。在实际应用中，均值—方差模型对输入的微小变动过于敏感，导致优化过程中收益和风险的估计误差会极大影响资产权重的选取 (Michaud, 1989)，尤其是在资产种类多、观测样本种类少的情况下。为了避免使用历史数据进行估算而导致的参数无效性，Michaud (1998) 提出了再抽样有效边界法 (Re - sampled Efficient Frontier Optimization)，通过多次抽样使有效边界更加稳定。后来，Ledoit 和 Wolf (2003) 又提出了收缩法 (Shrinkage Methods)，试图通过收缩转换，从上下两方面拉近极端值与中间值的距离，系统地降低协方差矩阵的估计误差。鉴于以上问题，初期大多数金融机构和投资者仅将均值—方差模型作为理论参考，而放弃了其在资产管理中的应用。

在均值—方差模型不断完善的过程中，市场投资组合是均值—方差模型最直接也是最贴近于市场的产物，直观地体现了决策者对风险分散的重视。Markowitz (1952) 提出均值—方差模型后，Sharpe (1964)、Lintner (1965) 和 Mossin (1966) 在其基础上建立了资本资产定价模型 (CAPM)，并指出在一定假设条件下，市场投资组合 (Global Market Portfolio) 既是均衡组合，也是所有投资者风险资产的最优组合，因此建议投资者按照风险资产的市场价值权重进行资产配置。市场投资组合并不需要经常进行再平衡，因此相较于等权重投资组合，交易费用也更低。但是，市场投资组合实际操作起来却有一定的困难。从理论上来说，市场投资组合应包括世界上一切可以投资的资产种类，并且这些资产无限可分。然而现实中，上述两条都无法满足。另外，有些资产 (如黄金等) 在市场上的实际投资权重通常难以获得。因此，现有文献中关于市场投资组合的估计大多添加了一些人为假设。为了得到市场投资组合的近似估计，Doeswijk 等（2014）排除了不能被投资者投资的资产（如耐用消费品、人力资本、私人住房、政府持有的公司股票和央行持有的黄金等），构建出 1990～2012 年包括 8 类资产的全球市场组合及 1959～2012 年包括 4 类资产的全球市场组合。2014 年，Credit Suisse 研究中心统计了全球资本市场结构，并按照其中主要的可投资资产及权重构建全球市场投资组合。通过对 1973～2013 年的历史数据进行回测发现，除了 20 世纪 70 年代组合的实际收益率为负以外，其余每 10 年间组合的平均实际收益率均大于零，成功规避了 2000～2010 年仅投资于股票的损失和 2010 年后仅投资于现金的损失（Faber，2015）。

三、大类资产配置理论的演进和发展

从 20 世纪 50 年代均值—方差模型的出现到 90 年代之前，大类资产配置多停留于理论研究阶段，主要体现在对均值—方差模型应用的不断完善。量化投资策略的兴起也主要体现在对不同种类的股票进行配置，直接可用于大类资产配置的量化策略则不多见，主要是因为不同种类资产之间存在较大差异，很难通过统一的标准进行评价。直到 Black 和 Litterman（1992）在高盛投资公司（Goldman Sachs）就职期间提出 Black - Litterman 模型（简称 B - L 模型），可用于实践的量化型大类资产配置策略集才开始发展壮大。

（一）基于收益和风险的大类资产配置

B - L 模型综合运用了 Markowitz（1952）的均值—方差最优理论与 Bayesian 混合估计法，将投资者主观观点纳入决策，不仅解决了参数可信度问题，还使模型结果更加稳定。B - L 模型的思路大致为：首先，利用夏普的逆最优化理论以及资本资产定价模型逆向推导出各项资产的市场均衡超额收益率；其次，结合决策者对未来收益率的预期及对应的信心水平构成观点矩阵和信心矩阵，并据此运用贝叶斯法则形成新的期望收益率和方差参数；最后，将新形成的期望收益率向量和协方差矩阵代入均值—方差模型中以求得最优资产配置方案。B - L 模型推出之后在全球资产配置实务中得到了很好的应用，但由于参数估计中包含了投资者的主观观点，所以模型对观点质量要求较高。

作为大类资产配置市场重要投资主体之一的保险机构，由于受资产端成本的约束，往往比一般的机构投资者更关注投资风险。投资组合的资产收益率变动在一定时间内会对组合整体收益产生影响，投资者的风险承受能力也会随着组合价值的提高或降低而改变，对损失可控性的需求催生了关于投资组合保险策略的研究。Leland 和 Rubinstein（1976）在 Black - Scholes 期权定价公式的基础上提出，可以通过在投资初期支付一笔权利金（相当于保险费）来换取未来投资标的价格下跌时受到补偿的权利，从而锁定投资组合下跌的风险，并将这种方法称为基于期权的投资组合保险策略（OBPI，Option - based Portfolio Insurance），又称为欧式保护性卖权策略。然而，实际应用中并不一定能够找到对应标的卖权，即使找到，其期限也很难与投资组合期限一致。因此，Rubinstein 和 Leland（1981）提出了复制卖权（SPO，Synthetic Put Option）的思想，即用股票和无风险资产组合替代欧式看跌期权来对冲风险。虽然 SPO 弥补了 OBPI 的不足，但实际运用中需要对许多参数进行估计，并且需要根据市场变化不断调整，估计误差和交易成本很容易吞噬组合的收益甚至本金，这促进了设定参数型投资组合保险策略的产生。设定参数型投资组合保险策略具体包括两种：（1）固定比例投资组合保险策略（CPPI，Constant - Proportion Portfolio Insurance）。由 Black 和 Jones（1987）提出，允许投资者根据个人收益期望值和风险承受能力选择参数，通过动态调整风险资产和无风险资产的组合比例，保证本金安全。（2）时间不变性投资组合保险策略（TIPP，Time Invariant Portfolio Protection）。Estep 和 Kritzma（1988）认为相比资本金，投资者更关心资产当前价值的可得性，因此提出 TIPP 策略，将保险额度与资产净值挂钩。当市场走向多头时，TIPP 对保险额度进行只上不下的动态调整。设定参数投资组合保险策略消除了参数估计误差，但仍存在连续调整带来的交易成本吞噬收益的问题，因此有许多学者分别从策略绩效、保险成本、调整法则等角度进行了研究和修正。

（二）仅基于收益的大类资产配置

基于收益和风险的资产配置模型的前提假设是资本市场中性，即资产的预期收益与风险匹配，资产价格由收益和风险共同决定，且风险越高的资产收益越高。但现实中这一假设常常不成立。这种情况下，以均值—方差组合为基础的资产配置便失去了意义：如果某类资产的预期收益高而其对应的风险却很低，则投资者可以优先选择此类资产，放弃其他资产。另外，实践中投资者往往更关心资产的收益或价格，对风险的判断也多依赖于宏观经济形势和预期，而非历史数据。因此一些学者和机构投资者试图仅凭借资产收益或资产价格进行大类资产配置，寻找投资机会。

Gilt - Equity Yield Ratio（简称 GEYR）模型是判断投资股票还是投资债券的有效工具。大量研究表明：股票价格、分红和利率之间存在强相关关系（Haycocks 和 Plymen，1956，1964）。为了揭示国债收益率与股票价格的关系，Mills（1991）最先提出 GEYR 的概念，即可以通过长期国债收益率与股票市场收益率的比值（GEYR = yg/ys，其中，yg 为国债收益率；ys 为股票市场平均数收益率）来判断债券市场和股票市场的相对投资价值。Mills 证明了 GEYR 的大小对英国股票市场未来价格具有预测作用，并将 GEYR 称为持股信心因子。然而，Levin 和 Wright（1998）指出：GEYR 虽然对错误定价十分敏感，但同时还受其他变量的影响，原始 GEYR 指标不能帮助投资者进行有效决策，而应当使用调整后的 GEYR 阈值（纳入预期通胀率和股票风险溢价因素）作为判断依据。Brooks（2001）

在已有研究基础上，将 GEYR 阈值与体制转换模型相结合，构建投资转换机制。通过对英国、美国和德国的市场数据进行验证发现，使用这一机制构建的组合比不做调整的静态投资组合具有更高的平均收益率和更小的收益波动率。

另外，一些在股票市场效果良好的投资方法也逐渐被应用于大类资产配置领域，如动量策略。动量（relative strength/momentum）源自行为金融学理论。20 世纪 60 年代，美国投资公司（American Investors Company）的 George Chestnutt 就利用动量思想对个股和行业进行分类，用于基金管理活动。Levy（1967）也支持将动量用于投资过程。虽然到目前为止动量策略被用于实际投资已经快一个世纪了，但关于动量策略的学术研究却是从 20 世纪 90 年代才正式开始的。Jegadeesh 和 Titman（1993）首次对动量效应进行了系统的论证，并利用美国股票市场 1965 ~ 1985 年日收益率数据构建形成期为 12 个月、持有期为 3 个月的动量投资策略。利用该策略投资，可获得平均每年 12% 的异常收益率，月异常收益率可达 1. 31% 。此后，各国学者纷纷利用本国股票市场数据对动量策略进行论证，结果不一。近几年来，随着市场可投资产品的增加，动量策略的应用范围逐渐从股票市场内部扩展到包含债券、商品、货币等各种资产的组合构建。Lewis（2012）构建了以蒙特卡洛法为基础的动量资产配置方案，解决了传统动量策略的强日历效应、频繁调整、收益不稳定等问题。通过样本分析，Lewis 发现，用于大类资产配置的动量策略在短期（一季度或一年）内的收益水平不稳定，但长期（12 年）收益率却能百分之百跑赢标普 500 指数、60/40、巴克莱集合债券等基准组合。

与 GEYR 模型相似的一种择股择券方法是 FED 模型。1997 年 7 月，美联储发布的一份报告展示了标普 500 指数本益比和 10 年期国债名义利率的时间序列图，任职于德意志摩根建富集团的（Deutsche Morgan Grenfell）的 Ed Yardeni 注意到两个变量间具有相关关系，随后提出 FED 模型——通过对股票市场收益率（E/P）和长期政府债券回报的比较来判断股价是否合理（Yardeni，1997，1999）。FED 模型与 GEYR 模型唯一不同的是 GEYR 模型通过变量之比构成新指标，而 FED 模型采用直接对比方法。20 世纪八九十年代，FED 模型因为有效预测了标普 500 指数的走向而被广泛应用。但也有反对者认为 FED 模型过于理想化和简单，贸然将实际变量股票收益率与名义变量国债利率进行比较不合适，因为名义变量会随通胀率的变化而变化（Asness，2002）。19 世纪 60 年代以后，股票和长期债券的收益的确呈现出明显的相关性，但 1915 ~ 1960 年期间，两者相关性很低，FED 模型失效（Thomas 和 Zhang，2008）。2008 ~ 2009 年次贷危机期间，经济衰退，通胀被抑制，股票收益率和债券收益率之间的相关性也非常低。根据 Bekaert 和 Engstrom（2010）的观点，这同危机时期滞胀发生的频率低有关。

（三）仅基于风险的大类资产配置

均值—方差模型对输入的微小变动过于敏感，虽然贝叶斯方法、再抽样法、收缩法等消除估计误差的方法起到了一定作用，但改进后的均值—方差模型依然在夏普比率、确定性等价收益等方面逊色于等权重投资组合（DeMiguel 等，2009）。因此有学者提出：在均值—方差模型的收益被预测误差全部吞噬的情况下，可以通过简化目标来降低误差损失。Best 和 Grauer（1991，1992）曾指出均值—方差最优组合对资产收益率的期望值变化格外敏感，而对收益率的方差协方差矩阵变化则较为迟钝。Chopra 和 Ziemba（1993）也发现，期望收益率是均值—方差模型中最重要的估计参数，E（r）估计错误所引起的不良后果是 σ 估计错误的 10 倍，是 ρ 估计错误的 20 倍。于是，最小化风险组合、最大化风险分散比率组合、风险平价组合等仅基于风险的大类资产配置策略近年来受到市场的关注。

最小化风险组合（minimum variance portfolio）是均值—方差有效前沿上风险最小的一点，因为求解过程中无“给定预期收益率”这一条件，因此也被称为全局最小风险组合。该策略倾向于集中投资几种十分平稳的资产。在美国，最小化风险组合的主要应用者是阿卡迪亚资产管理（Acadian Asset Management）、道富环球投资管理（State Street Global Advisors），拉扎德资产管理公司（Lazard Asset Management）等。在欧洲，规模最大的应用者 Unigestion of Geneva 于 1997 年在瑞士率先发放了一只最小化风险组合基金，随后欧洲、日本、美国及一些新兴市场投资者开始积极效仿。十几年来，Unigestion 为客户提供各种基于瑞士、欧洲、日本、美国和新兴市场的风险最小化投资组合产品，并向全球发行。这些基金每年超过市场组合收益水平 2% ~8%，同时使风险降低了大约 40%。

与最小化风险组合对应的是最大化分散组合。最大化分散组合的支持者认为一些传统方法只是将资金分散在了不同资产上，并没有考虑资产收益情况的相关性。如果组合中存在多种收益率高度相关的资产，那么虽然从资本配置角度来看进行了多样化平衡，但从风险角度来看并没有起到分散作用。Choueifaty 和 Coignard（2008）根据分散化投资带来的好处源于不同资产之间收益的不相关性这一原理，提出可以通过最大化分散程度来降低整体风险。在他们的研究基础上，Choueifaty 等（2013）构建出分散化指数和最大化风险分散组合（most diversified portfolio），并且在均值—方差框架中研究最大化风险分散组合的最优性。对于偏好于投资多种资产的投资者来说，最大化分散组合是一种适合于一切市场环境的极好方法，因为它尽可能多地利用了多样化的好处，最大回撤率也更低，尤其是在市场动荡情况下。相较于风险平价（risk parity）等方法，该方法有两个优点：一是考虑了不同资产之间的相关关系；二是在没有增加杠杆的情况下获得了额外收益。不过最大化分散组合是一种寻求市场多元混合收益的策略，对于那些试图在股票牛市时抓住一切收益的投机者来说并不适合。

除了以上两种较为“保守”的策略，风险平价模型也属于一种将组合的长期收益着眼于风险控制上的投资策略。该模型追求组合风险敞口均衡的理念起源于 20 世纪 90 年代桥水基金的“全天候”投资组合（All Weather Portfolio）：当中长期宏观环境处于通胀压力加重或减弱、经济增长相较于预期过高或过低四种状态且无法预判时，等量持有四种子投资组合可以保证无论出现哪种经济环境，至少有一个子组合表现优异。后来，Qian（2005，2006）将这一思想与数理逻辑更为严密的风险贡献的概念相结合，建立了数学化的风险平价模型（也可以根据风险的不同测算方法称为波动率平价模型或 VaR 平价模型），并使用 1983～2004 年美国股票和债券数据进行检验，发现与风险贡献相结合的风险平价组合比 60/40 组合的夏普比率高出 0.2。Maillard 等（2010）将这种投资组合称为等量风险贡献组合（Equal－Weighted Risk Contribution Portfolio）。Lee（2011）在已有研究的基础上，构建了一种特殊的风险平价组合：贝塔投资组合（Portfolio Beta）。Lee 令各种资产的投资权重与该资产关于整个组合的贝塔系数成反比。风险平价的投资理念在后金融危机时期受到广泛关注，因为研究发现，大多数机构投资者尽管进行了分散投资，但投资组合的风险仍集中在少数具有高波动性的资产上（Chaves 等，2011）。即使是以分散化著称的市场投资组合，也被证实没有达到所期望的风险分散效果（Asness 等，2012）。从市场整体表现来看，风险平价型基金过去 20 年来的收益水平整体位于行业前列。具有代表性的 AQR 风险平价基金自成立以来，始终将风险在股票、债券、货币和大宗商品等资产之间平衡分配，并利用利差、动量和估值等技术进行战术调整。

（四）基于投资者效用的大类资产配置

期望和方差属于统计学概念，基于其建立的模型免不了受到很多假设限制。例如投资者是风险厌恶的，收益分布必须符合正态分布，或投资者的效用函数为二次型。

由 Adler 和 Kritzman（2007）提出的 Full－Scale 模型完全打破了均值—方差模型中关于收益分布假设条件的限制，也放弃了对风险的测度，并允许投资者根据情况自由设定效用函数。因此，Full－Scale 模型是一套更加灵活的投资策略。为了考察模型的效果，他们使用四种不同形式的效用函数代表不同投资者特征，效用值大小由收益率或财富水平决定。主要步骤为：先选定投资者效用函数，再遍历所有可行的组合方式，依靠历史数据分别计算不同时间段内组合的效用，找出能够形成最大期望效用的资产组合，定为最优投资组合。

无论是均值—方差模型还是 Full－Scale 模型，其结果都存在估计偏误，但 Full－Scale 模型排除了样本内近似误差，仅存在样本外的预测误差。Adler 和 Kritzman（2007）通过对样本外数据检验发现，相对于均值—方差模型，Full－Scale 模型获得的投资者效用水平更高。类似地，Sharpe（2007）基于投资者期望效用提出了新的反向投资组合优化算法。这种方法不仅允许投资者灵活调整关于资产未来收益率的预期，使资产当前价格所反映的信息被包含在计算过程中，而且当设定条件与均值—方差模型的假设相同时，能够得出与均值—方差模型相同的输出结果。

（五）融入经济周期与主观判断的大类资产配置

随着市场竞争的不断加剧和量化方法的广泛使用，仅从历史数据中提取信息进行资产配置并不总是可行和有效的。尤其是当宏观经济环境剧烈变动或是经济政策大幅调整时，投资者先前所使用的资产定价方式和资本操作模式都可能不再适用。因此，一些经验丰富的机构投资者往往在进行大类资产配置时，除了使用量化模型，还会考虑经济周期走势和未来的政策预期。另外，市场也开始更加注重管理人的能力，包括寻找经验丰富的基金管理人、效仿顶级基金的投资风格等。

大学捐赠基金模型（Endowment Model）是典型的融入经济周期和主观判断的大类资产配置，也是一类投资组合管理理念的统称，因为一些大学的捐赠基金而得名。由于独特的资金来源和组织形式，大学捐赠基金具有以下两个特征。一是永续性。这为其投资流动性低、投资周期长但回报率高的资产种类提供了可能，但由于其覆盖完整的经济周期，对管理者的主动管理能力要求也较高。曾任哈佛大学管理公司首席执行官的 Jack Meyer 在任职的 15 年间，使哈佛大学基金的资产从 47 亿美元暴增至 260 亿美元，年回报率达到 16%。他曾准确地预测了美国股市将遭遇科技泡沫，避免了投资风险。二是金额高。2016 年，排名第一位的哈佛大学捐赠基金规模高达 359 亿美元，耶鲁大学、斯坦福大学和普林斯顿大学紧随其后，分别为 239 亿美元、214 亿美元、210 亿美元。这使得这些基金可以通过全球资产配置实现宏观风险对冲。目前，从盈利能力来看，耶鲁大学投资办公室管理的耶鲁基金被称为是全球运作最成功的大学捐赠基金。过去 20 年，耶鲁基金平均年收益率达到 13.9%，超过美国大学基金 9.2% 的平均水平，良好的投资业绩使得美国各大高校基金纷纷效仿（Lerner 等，2008），甚至一些国家主权财富基金、家族资产基金、养老基金在管理过程中也或多或少地借鉴耶鲁基金的资产配置方法。但也有学者对大学捐赠模型的投资表现提出质疑。在耶鲁大学捐赠基金每年披露的年报中，私募股权的收益率通常最高，2011 年的年收益率达到 30.4%，这也被看作是基金快速增长的最大原因。

另一种非常出名的大类资产配置工具是美林证券公司的投资时钟模型（Merrill Lynch Investment Clock）。该模型基于美国近 20 年的经济数据，将宏观经济周期、大类资产收益率和行业轮动联系起来，指导投资者识别经济中的重要拐点，在不同经济周期中进行资产配置（Greetham 和 Hartnett，2004）。模型根据产出缺口和通货膨胀的不同状态，将中短期经济周期划分为复苏、过热、滞胀、衰退四个阶段。当经济处于复苏阶段（经济上行，通胀下行）时，股票对经济的弹性更大，相对于债券和现金存在明显的超额收益，配置策略应为：股票 > 债券 > 现金 > 大宗商品；当经济处于过热阶段（经济上行，通胀上行）时，大宗商品市场将会走向牛市，而通胀上升增加了现金持有成本，可能出台的加息政策也会降低债券的吸引力，配置策略应为：大宗商品 > 股票 > 现金或债券；当经济转向滞胀阶段（经济下行，通胀上行）时，股票和大宗商品会受到企业盈利下降的冲击，现金和债券的收益率相对较高，配置策略应为：现金 > 债券 > 大宗商品或股票；当经济到达衰退阶段（经济下行，通胀下行）时，货币政策趋向宽松，有利于债券走强，且经济见底预期逐步形成，增加了股票的吸引力，配置策略应为：债券 > 现金 > 股票 > 大宗商品。该模型很好地补充了其他模型对宏观经济研究的缺失，将实体经济与资产配置策略动态紧密地联系起来。但时钟模型也有自身缺陷，如其只针对经济周期和货币周期做出投资判断，未考虑当期资产本身价格高低，容易出现高回撤风险；再如后危机时代，全球各大央行不断改变货币政策常使得经济脱离周期运行，时钟模型有效性丧失。由于各国经济所处阶段不同，开放程度以及外在约束不同，在使用时钟模型时，需要对其不断调整和改进。在文献中，关于经济周期的划分以及大类资产收益率的测算口径均没有统一的标准，因此针对资产轮动现象的解释具有一定主观性。不过根据已有的检验结果来看，时钟模型在美国市场的表现要好于在中国和日本市场的表现。

四、未来大类资产配置的探索视角

从 2008 年金融危机爆发到 2015 年，为了控制风险，国内的大型基金在大类资产配置问题上大多参照“桥水”基金公司的“全天候”投资组合策略。但从 2015 年开始，“全天候”策略开始广受争议，例如在黄金急剧下跌时仍重仓持有黄金，在市场已经剧烈波动时的强制平仓加剧了市场波动。2015 年，“桥水”公司“全天候”组合的年收益率历史罕见地降低到了 -7%，投资者们也发现，单纯地复制“全天候”模型并不能实现持续收益。因此，许多机构投资者选择在“全天候”组合基础上添加了“Smart Beta”策略，即在参照桥水基金“全天候”模型，选择可以适应于不同环境的资产组合基础上，改变传统指数市值加权方式，采用基于规则或量化的 Smart Beta 方法配置不同资产的权重。

从 2005 年起，“Smart Beta”这一名词就不断地出现在各种资产市场中，然而对于 Smart Beta 的定义，目前并没有广泛一致认可的标准。这既是因为现代投资理论的多样性，也因为 Smart Beta 的内涵和外延在不断扩大。最开始，Smart Beta 被定义为：相对于以市场价值为权重计算的传统指数组合策略，Smart Beta 指数是更强调资产权重可选择的一系列非市值加权指数。后来，随着 CAPM 模型的演进和完善及 Fama - French 因子模型的提出，Smart Beta 被认为是一种因子投资，策略收益来自因子的风险溢价。从第一条定义来看，本章之前提出的大多数策略都属于“Smart Beta”策略。从第二条来看，这些策略在本质上仍涉及因子配置。例如，等权重加权法偏向于规模因子：在等权重配置下，超配低市值资产，低配高市值资产；再如，最小方差加权法偏向于低 Beta 因子和低波动率因子。其实无论投资者在实际的投资行为中使用何种投资策略，其都或多或少地涉及因子的使用。耶鲁基金在投资中大量配置投资期限长、门槛高的另类资产，包括各种私募基金、风险资本、对冲基金等，也是在一定程度上利用了价值因子和低流动性因子。

受各种因素限制，Smart Beta 目前在大类资产配置中的应用还有限，主要体现在前文所述的具体方法上。但在股票市场，却有大批投资者青睐于以 Smart Beta 概念推出的 ETF 产品。从数量来看，Smart Beta ETF 在 2005 ~ 2007 年、2011 ~ 2015 年两个阶段快速增长。

2016年，Smart Beta产品已经占到美国上市ETF市场的1/3。但从规模来看，2011年以来，Smart Beta产品整体趋于平稳，数量高速增长但募集规模越来越小。2015年，有103只新发行Smart Beta ETF，但规模仅有43.34亿美元，这显示Smart Beta在美国的发展可能遇到了瓶颈。Research Affiliates是美国最先开发出Smart Beta指数的公司之一，其首席执行官Rob Arnott和该公司的研究人员最近就指出：一些Smart Beta产品追逐高收益的行为实际上承担了许多额外风险，因为这一策略鼓励投资者买入更贵的股票，而不是基本面更好的股票。一旦当资金推出的高估值股票无法继续延续涨势，投资者将面临巨大损失（Arnott等，2016a，2016b）。其实不只是投资界，近几年学术领域关于Smart Beta的质疑声音也越来越强。Malkiel（2014）认为Smart Beta组合的超额收益来自于超额风险，Smart Beta策略无法通过正常的风险测试，投资者应当注意随着该策略在市场中热度的提升，资产的价格是否被高估。Glushkov（2016）通过对2003~2014年间的164只Smart Beta ETF产品实证检验发现，并没有证据表明它们能够跑赢基准组合和一般的ETF。文章认为，Smart Beta策略虽然能通过故意倾向于某些因子而获得因子溢价，但在构造组合的过程中，也会不经意带入一些足以抵消优势因子收益的其他因子。还有一些学者认为，Smart Beta带来的超额收益并不是永远存在的，随着策略受欢迎程度的增强，随之而来的交易成本将增加，会逐渐将超额收益消耗殆尽。据此，Garleanu和Pedersen（2013）、Landier等（2015）、Ratcliffe等（2016）通过交易成本模型预测了在不同交易模式下，各种Smart Beta因子策略的市场容量（超额收益与交易成本持平时的基金管理规模总额）。

即使目前关于Smart Beta策略的价值存在巨大争议，但这丝毫不阻碍学者们对因子研究兴趣的持续增强。在资产市场中，各类风险因子被认为是资产间价格联动的根本原因，描述了资产间某些共同特征。资产配置的实质是因子的配置，基于风险因子的配置较基于资产类别的配置在风险分散方面具有先天优势。投资者往往希望构建这样一种组合，在市场上行阶段，不同种类的资产价格或收益率行动一致（相关性高），以便投资者获取高收益；在市场下行阶段，不同种类的资产价格或收益率呈现多样化趋势（相关性低），投资者可以通过持有多种资产分散风险（Chua等，2009）。而在现实情况中，资产之间的相关性常常与投资者的期望不符：在牛市阶段，资产缓慢且不同步上涨，但在熊市或危机阶段，受市场传染性影响，大部分资产会同时暴跌。经过长期的研究，学者们认为这种非对称性来源于经济环境存在着在平稳增长与经济衰退之间的稳态转换（regime shifts）过程，这种转换可以被市场波动、通胀、GDP增长率等宏观变量所捕捉到。同时，这些变量作为风险因子也会在不同情况下对一种或多种资产的价格造成不同影响，导致资产之间相关性发生变化。很多投资者在资产配置时，首先想到的是通过整体分散化获取额外收益，但却没有对“上行”和“下行”两种不同情况进行区分。Page和Taborsky（2011）认为这种稳态转换对投资组合构建和风险管理提出了挑战，特别是在受共同风险因子驱动下跌的下行阶段，一些不同类别资产的价格由于受某些共同因子的影响，下跌的过程表现出了较强的相关性，如果投资者能在不同经济环境下对因子所承担的风险进行区别配置，分散化的效果会更好。

那么，能否像配置股票那样直接基于因子进行大类资产配置？构建基于风险因子的大类资产配置组合在理论上是可行的，但在实践过程中颇具挑战性。首先，哪些因子应该被选取？虽然目前已有几百种因子被识别，但大多存在于单个资产市场内部。其次，不同资产类别的共同因子如何提取？这是目前最大的挑战，这些因子包括宏观因子、基本因子和统计因子。再次，如何确定不同因子的代理变量？许多因子虽然被证明在理论上和实践上都有一定的意义和价值，但关于其定义却没有达成统一意见。同一种因子可能对应多种不同变量，有些简单直观，有些复杂稳健，在单一资产市场上进行抉择尚且有一定困难，在不同的资产类别中更是如此。最后，在因子模型的构建中还存在“多种不同因子之间的权重配置依据是什么”“单个因子中的资产构成是怎样”等问题。这些问题都有待进一步地研究和解决。

五、总结

虽然大类资产配置理论在国外已经发展了快一个世纪，但在中国，由于金融市场的发展时间有限，大类资产配置理论和实务才刚刚起步，市场和学术领域对于择时、择券的重视程度要远高于对于资产类别的选择。同时，还有不少从业者对大类资产配置的认识存在误区，认为其就是通过对各种宏观经济周期拐点的把握，在全球范围内进行资产选择的过程，而没有认识到其实质是一种依靠不同资产之间的低相关性对长期风险和收益进行管理的全局性策略，并不是局部策略的简单加总。

大类资产配置是获得长期收益和控制风险的主要驱动力。随着时间的推进，大类资产配置策略将发展为一系列更加复杂的模型，“何为最优策略”这个问题永远没有定论。因为每种策略的特性不同，适用的市场、时机和主体也不同（Perold 和 Sharpe，1988）。中国学者和机构投资者应该重视该领域的研究：一是在深刻理解资本市场运行规律的基础上，构建适用于中国大类资产市场的模型；二是加强与大类资产配置有关的人才体系建设，将学界和业界的研究成果相互融合，促使中国在该领域的学术水平与发达国家同步，为将来资本市场进一步开放做好准备。

文献索引

[1] 于瑾（2004）：“投资基金资产配置重要性的理论述评”，《经济管理》，第 19 期。

[2] Adler，T. & M. Kritzman（2007），“Mean – variance versus full – scale optimisation：In and out of sample”，Journal of Asset Management 7（5）：302 – 311.

[3] Arnott，R. et al.（2016a），“How can ‘smart beta’ go horribly wrong?”，Research Affiliates Re-

search Paper, Feb.

[4] Arnott, R. et al. (2016b), "To win with smart beta, ask if the price is right", Research Affiliates Research Paper, June.

[5] Asness, C. S. (2002), "Fight the fed model: the relationship between stock market yields, bond market yields, and future returns", Journal of Portfolio Management 30 (1): 11 - 24.

[6] Asness, C. S. et al (2012), "Leverage aversion and risk parity", Financial Analysts Journal 68 (1): 47 - 59.

[7] Bekaert, G. & E. Engstrom (2010), "Inflation and the stock market: understanding the "Fed Model", Journal of Monetary Economics 57 (3): 278 - 294.

[8] Best, M. J. & R. R. Grauer (1991), "Sensitivity analysis for mean - variance portfolio problems", Management Science, 37 (8): 980 - 989.

[9] Best, M. J. & R. R. Grauer (1992), "The analytics of sensitivity analysis for mean - variance portfolio problems", International Review of Financial Analysis 1 (1): 17 - 37.

[10] Black, F. & R. Litterman (1992), "Global portfolio optimization", Financial Analysts Journal 48 (5): 28 - 43.

[11] Black, F. & R. W. Jones (1987), "Simplifying portfolio insurance", Journal of Portfolio Management 14 (1): 48 - 51.

[12] Brinson, G. P. et al (1986), "Determinants of portfolio performance", Financial Analysts Journal 51 (1): 133 - 138.

[13] Brinson, G. P. et al (1991), "Determinants of portfolio performance II: an update", Financial Analysts Journal 47 (3): 40 - 48.

[14] Brooks, C. & G. Persand (2001), "The trading profitability of forecasts of the gilt - equity yield ratio", International Journal of Forecasting 17 (1): 11 - 29.

[15] Chaves, D. B. et al (2011), "Risk parity portfolio vs. other asset allocation heuristic portfolios", Journal of Investing 20 (1): 108 - 118.

[16] Chopra, V. K. & W. T. Ziemba (1993), "The effect of errors in means, variances, and covariances on optimal portfolio choice", Journal of Portfolio Management 19 (2): 6 - 11.

[17] Choueifaty, Y. et al (2013), "Properties of the most diversified portfolio", Journal of Investment Strategies 2 (2): 1 - 22.

[18] Choueifaty, Y. & Y. Coignard (2008), "Toward maximum diversification", Journal of Portfolio Management 35 (1): 40 - 51.

[19] Chua, D. et al (2009). "The myth of diversification", Journal of Portfolio Management 36 (1): 26 - 35.

[20] Cox, J. C. & C. Huang (1989), "Optimal consumption and portfolio policies when asset prices follow a diffusion process", Journal of Economic Theory 49 (1): 33 - 83.

[21] Cox, J. C. & C. F. Huang (1991), "A variational problem arising in financial economics", Journal of Mathematical Economics 20 (5): 465 - 487.

[22] Doeswijk, R. et al. (2014), "The global multi – asset market portfolio, 1959 – 2012", Financial Analysts Journal 70 (2): 26 – 41.

[23] DeMiguel, V. et al (2009), "Optimal versus naive diversification: how inefficient is the 1/n portfolio strategy?", Review of Financial Studies 22 (5): 1915 – 1953.

[24] Estep, T. & M. Kritzman (1988), "TIPP: Insurance without complexity", Journal of Portfolio Management 14 (4): 38 – 42.

[25] Faber, M. (2015), Global Asset Allocation: A Survey of the World's Top Investment Strategies, The Idea Farm.

[26] Garleanu, N. & L. Pedersen (2013), "Dynamic trading with predictable returns and transaction costs", Journal of Finance 68 (6): 2309 – 2340.

[27] Glushkov, D. (2016), "How smart are smart beta exchange – traded funds? analysis of relative performance and factor exposure", Journal of Investment Consulting 17 (1): 50 – 74.

[28] Greetham, T. & M. Hartnett (2004), "The investment clock", Merrill Lynch, Research Paper, No. 10, Nov.

[29] Grubel, H. G. (1968), "Internationally diversified portfolios: Welfare gains and capital flows", American Economic Review 58 (5): 1299 – 1314.

[30] Haycocks, H. W. & J. Plymen (1956), "Investment policy and index numbers", Journal of the Institute of Actuaries 82 (3): 333 – 390.

[31] Haycocks, H. W. & J. Plymen (1964), "The design, application and future development of the financial times – actuaries index", Journal of the Institute of Actuaries 90 (3): 267 – 324.

[32] Ibbotson, R. G. & P. D. Kaplan (2000), "Does asset allocation policy explain 40, 90, or 100 percent of performance?", Financial Analysts Journal 56 (1): 26 – 33.

[33] Jagannathan, R, & T. Ma (2003), "Risk reduction in large portfolios: why imposing the wrong constraints helps", The Journal of Finance 58 (4): 1651 – 1683.

[34] Jahnke, W. W. (2004), "The asset allocation hoax", Journal of Financial Planning 17 (8): 64 – 71.

[35] Jegadeesh, N. & S. Titman (1993), "Returns to buying winners and selling losers: Implications for stock market efficiency", Journal of Finance 48 (1): 65 – 91.

[36] Karatzas, I. et al (1987), "Optimal portfolio and consumption decisions for a 'small investor' on a finite horizon", SIAM Journal on Control and Optimization 25 (6): 1557 – 1586. Landier, S. et al (2015), "The capacity of trading strategies", HEC Paris Research Paper, No. 1089.

[37] Ledoit, O. & M. Wolf (2003), "Honey, I shrunk the sample covariance matrix", Journal of Portfolio Management 30 (4): 110 – 119.

[38] Lee, W. (2011), "Risk – based asset allocation: A new answer to an old question?", Journal of Portfolio Management 37 (4): 11 – 28.

[39] Leland, H. & M. Rubinstein (1976), "Evolution of portfolio insurance", in: D. Luskin (ed), Portfolio Insurance: A Guide to Dynamic Hedging, Wiley.

[40] Lerner, J. et al (2008), "Secrets of the academy: The drivers of university endowment success",

Journal of Economic Perspectives 22 (3): 207 – 222.

[41] Levin, E. J. & R. E. Wright (1998), "The information content of the gilt – equity yield ratio", Manchester School 66 (S): 89 – 101.

[42] Levy, H. & M. Sarnat (1970), "International diversification of investment portfolios", American Economic Review 60 (4): 668 – 675.

[43] Levy, R. A. (1967), "Relative strength as a criterion for investment selection", Journal of Finance 22 (4): 595 – 610.

[44] Lewis, J. (2012), "Tactical asset allocation using relative strength", https://ssrn.com/abstract=2025699.

[45] Lintner, J. (1965), "Security prices, risk, and maximal gains from diversification", Journal of Finance 20 (4): 587 – 615.

[46] Maillard, S. et al (2010), "The properties of equally weighted risk contribution portfolios", Journal of Portfolio Management 36 (4): 60 – 70.

[47] Malkiel, B. G. (2014), "Is smart beta really smart?", Journal of Portfolio Management 40 (5): 27 – 134.

[48] Markowitz, H. (1952), "Portfolio selection", Journal of Finance 7 (1): 77 – 91.

[49] Markowitz, H. (1956), "The optimization of a quadratic function subject to linear constraints", Naval Research Logistics Quarterly 3 (1 – 2): 111 – 133.

[50] Merton, R. C. (1969), "Lifetime portfolio selection under uncertainty: The continuous – time case", Review of Economics and Statistics 51 (3): 247 – 257.

[51] Merton, R. C. (1971), "Optimum consumption and portfolio rules in a continuous – time model", Journal of Economic Theory 3 (4): 373 – 413.

[52] Michaud, R. O. (1989), "The Markowitz optimization enigma: Is 'optimized' optimal?", Financial Analysts Journal 45 (1): 31 – 42.

[53] Michaud, R. O. (1998), Efficient Asset Management: A Practical Guide to Stock Portfolio Management and Asset Allocation, Harvard Business School Press.

[54] Mills, T. C. (1991), "Equity prices, dividends and gilt yields in the UK: Cointegration, error correction and 'confidence'", Scottish Journal of Political Economy 38 (3): 242 – 255.

[55] Mossin, J. (1966), "Equilibrium in a capital asset market", Econometrica 34 (4): 768 – 783.

[56] Nuttall, J. (2001), The Importance of Asset Allocation, University of Western Ontario Press.

[57] Page, S. & M. Taborsky (2011), "Invited editorial comment the myth of diversification: Risk factors versus asset classes", Journal of Portfolio Management 37 (4): 1 – 2.

[58] Plyakha, Y. et al (2014), "Equal or value weighting? Implications for asset – pricing tests", https://ssrn.com/abstract = 1787045.

[59] Qian, E. (2005), "Risk parity portfolios", PanAgora Asset Management Research Paper, Sept.

[60] Qian, E. (2006), "On the financial interpretation of risk contribution: Risk budgets do add up", Journal of Investment Management 4 (4): 41 – 51.

[61] Roy, D. (1952), "Quota restriction and goldbricking in a machine shop", American Journal of Sociology 57 (5): 427 -442.

[62] Rubinstein, M. & H. E. Leland (1981), "Replicating options with positions in stocks and cash", Financial Analysts Journal 37 (4): 63 -72.

[63] Sharpe, W. F. (1964), "Capital asset prices: A theory of market equilibrium under conditions of risk", Journal of Finance 19 (3): 425 -442.

[64] Sharpe, W. F. (2007), "Expected utility asset allocation", Financial Analysts Journal 63 (5): 18 -30.

[65] Thomas, J. & F. Zhang (2008), "Don't fight the Fed model", Yale University, School of Management Working Paper.

[66] Yardeni, E. (1997), "Fed's stock market model finds overvaluation", Deutsche Morgan Grenfell Research Paper, No. 38.

[67] Yardeni, E. (1999), "New, improved stock valuation model", Deutsche Morgan Grenfell Research Paper, No. 44.

第十一章

基于网络大数据挖掘的实证资产定价研究综述

随着计算机科学的飞速发展和互联网的广泛使用，互联网记录了人们越来越多的网络行为，网络大数据为分析投资者关注和投资者情绪提供了可能，基于网络大数据挖掘的实证资产定价逐渐引起了国内外学者的重视。本章总结了近年文献中网络大数据与投资者关注和投资者情绪的主要研究方法，整理了基于四种类型网络大数据的研究，包括网络新闻数据、网络论坛数据、社交网络数据和搜索引擎数据，分析了投资者关注和投资者情绪对资产价格影响及其传递机制。

一、引言

传统经济理论一般认为股票市场是有效的，即资产价格已经反映了资产的全部信息，投资者不能获得经市场调整后的超额收益。然而，从20世纪80年代开始，金融市场的过度波动以及大量的市场“异象”，如“盈余公告效应”“动量效应”“反转效应”等不能被经典金融理论所解释。有效市场假说不断遭遇挑战和质疑，为了寻求解释，许多金融经济学家开始将注意力转向行为金融学。目前，行为金融领域的研究主要可以分为市场非有效性和投资者行为两方面。其中，在对投资者行为的研究中，如何准确刻画投资者的心理和行为是至关重要的一环。得益于互联网的飞速发展，投资者在使用互联网的过程中产生了大量信息，这些信息为刻画投资者行为和揭示投资者心理提供了新的思路。

网络大数据已经引起了金融研究者的重视，这些研究主要集中在对投资者关注和投资者情绪上。市场上的信息只有被投资者关注，才能通过投资者的交易行为反映到资产价格中，而情绪则可以看成投资者在关注到信息之后对信息内容持有的平均乐观或悲观的程度。由于“投资者关注”和“投资者情绪”是市场反应前后相扣的两环，又都能通过大数据直接进行观察和度量，如果只从其中一个视角进行综述，将难以揭示网络大数据在实证资产定价中的适用性和规律性。本章首先综述了传统的投资者关注和情绪的研究文献，主要包括投资者关注和情绪的度量方法以及投资者关注和情绪与资产定价的相互关系和内在机制；然后，分类综述运用网络大数据进行资产定价的研究以及各资产数据下的具体度量方法、研究对象和研究结论。考虑到目前的研究趋势，本章对基于网络大数据挖掘的实证资产定价的研究进行了总结和归纳，希望能借此更好地理解两者的联系，并为以后的研究提供一些思路和启发（表11－1总结了网络大数据挖掘与资产定价主要研究和结论）。

表11－1　基于网络大数据挖掘的投资者关注与情绪主要研究和结论

数据类型	数据来源	代理变量	文献	内容	研究方法
网络新闻	道琼斯新闻服务	股票是否出现在新闻中	Barber 和 Odean（2008）	个人投资者更倾向购买新闻中出现的股票	组合分析法
	华尔街日报	业绩排序	Kaniel 和 Parham（2017）	共同基金业绩排名显著影响资金量	断点回归法（RDD）
	华尔街日报、道琼斯新闻服务	负面词汇占比	Tetlock 等（2008）	新闻中的负面词汇比例能够预测公司的低收益，股价对负面词的反映有延迟	OLS 回归
	华尔街日报、华盛顿邮报等	新闻报道语调的积极性和消极性	Solomon 等（2014）	投资者更愿意购买新闻中语调积极的基金	面板数据回归

续表

数据类型	数据来源	代理变量	文献	内容	研究方法
网络论坛	雅虎财经	发帖量	Antweiler 和 Frank（2004）	发帖量能预测当日股价波动率，高的发帖量将预测未来低的回报率	时间序列回归、面板数据回归
	股票论坛 The lion	在线交易者的声誉分数加权的情绪指数	Sabherwal 等（2011）	被讨论最多的股票在前一日和当日表现显著为正的超额收益，在之后两天变现出显著为负的超额收益	事件研究法
	雅虎财经	发帖内容情绪指数	Antweiler 和 Frank（2004）	看涨指数不能预测股票收益率，但意见分歧指数与股价波动性和交易量正相关	时间序列回归、面板数据回归
	股吧	发帖量、情绪指数	杨晓兰等（2016）	本地关注对股票收益率的影响取决情绪	面板数据回归
社交网络	新浪博客、微博	博客量、微博量	朱南丽等（2017）	博客量/微博量可以有效度量投资者关注，能正向预测交易量	面板数据回归
	新浪博客、微博	博客量、粉丝量	刘海飞等（2017）	投资者关注能显著反向应该股价同步性	非线性模型回归
	Facebook	情绪指数	Siganos 等（2014）	情绪指数与股票收益率正相关	横截面回归、格兰杰因果检验
	Twitter	情绪得分	Leitch 和 Sherif（2017）	情绪得分与同期股票回报率负相关	事件研究法
搜索引擎	谷歌搜索	搜索指数	Da 等（2011）	搜索量能正向预测未来两三周的股价走势	Fama－Macbeth 回归
	百度搜索	搜索指数	Ying 等（2015）	关注度能影响中国股票市场效率	横截面回归
	谷歌搜索	负面词汇数量	Da 等（2011）	情绪指标能够预测短期股价反转、短期的股价波动率增长和共同基金的资金流出	Fama－Macbeth 回归
	谷歌搜索	积极词语、消极词汇	Gao 等（2016）	情绪指数将反向预测下周市场回报率	面板数据回归

二、投资者关注与情绪

（一）基于传统数据的投资者关注与情绪度量

投资者关注是行为金融学一个重要研究主题。投资者由于时间和精力有限，无法在考虑所有股票后做出投资决策（Barberis 和 Thaler，2003），只有当投资者注意到市场上的信息后，才会对这些信息做出反应，进而影响资产价格（Kahneman，1973）。投资者情绪对金融资产价格的影响也是行为金融学近年兴起的一个重要研究主题。传统资本资产定价理论和有效市场假说都假设“投资者完全理性”以及“投资者具有同质预期”。现实生活中由于“有限关注”等原因，投资者同质信念遭到挑战（Harris 和 Raviv，1993；Peng 和 Xiong，2006；Foellmi 等，2016），不同投资者对资产未来价格持有不同情绪，进而影响资产价格。

根据数据来源的不同，传统的投资者关注的度量方式可以分为以下两种：第一种方式是利用金融资产的交易特点度量投资者关注度与情绪。通常的做法是使用交易量（Gervai 等，2001）、换手率（Chemmanur 和 Yan，2009；Hou 等，2009；Loh，2010）、成交量等变量测度股票是否受到了投资者关注。第二种方式是基于财务报表和公告数据测度投资者关注。Grullon 等（2004）、Chemmanur 和 Yan（2009）使用广告费和营销方式代理投资者关注。Jiang（2012）使用共同基金的促销数据，包括费率折扣购买渠道、费率折扣代理商数量以及分销商中经纪公司和银行的数量，证明了共同基金通过促销能够吸引投资者关注，从而吸收资金净流入。

根据情绪评价指标的客观性，投资者情绪的度量方式主要可以分为三种：第一种是用金融资产的交易特点等客观数据度量投资者情绪，包括使用封闭式基金的折价率、IPO 数量及首日收益、新增投资者开户数等与市场交易相关的变量测度投资者情绪（Lee 等，1990；Baker 和 Wurgler，2006）；第二种方式是通过分析公司董事、管理人员和分析师等人的情绪或者直接使用其他机构提供的市场情绪指标等主观指标度量投资者情绪（Feldman 等，2010；Price 等，2012；Jegadeesh 和 Wu，2013）；第三种方式是结合几种情绪测度代理变量，生成新的情绪度量指标，其中较为有代表性的为 Baker 和 Wurgler（2006）基于封闭式基金折价、股票周转率、IPO 数量、IPO 首日回报率、股利溢价、股票新发行量六个变量运用主成分方法构建了反映投资者情绪的 BW 指数，并能较好地预测股价；Huang 等（2014）用 PLS 方法改进了 BW 投资者情绪指数的测度方法，提高了情绪指标在股票总体市场和在横截面上的预测力。

以上数据能在一定程度上度量投资者关注和投资者情绪，但这些数据仍存在以下弊端：第一，传统数据缺乏对投资者关注和情绪的直接度量。第二，传统数据种类单一，缺乏以投资者为对象的数据，为深入研究投资者行为和心理带来了阻碍。第三，大多传统数据数量较少，计量误差较大。

（二）基于网络大数据的投资者关注测度

相较传统交易数据或财务报表数据，网络大数据具有其独特的优势。第一，规模性。网络数据的巨大规模为相关研究提供了理想的计量样本，提高了数据处理的容错率，保证了计量结果的准确性。第二，多样性。网络数据既包括投资者主动留下的信息，如个人基本信息、生活记录、网络留言等，又包括投资者非刻意留下的数据，如上网习惯、社交关系和情绪等。这些数据正是网络大数据用以刻画投资者心理和行为的关键优势。第三，高速性。网络大数据每时每刻都在记录着投资者的行为，能够直接揭示投资者心理状态。但同时，网络大数据中存在着较多噪声，研究者需要具备一定的大数据处理能力，以获得“干净”数据。

常见被用来测度投资者关注和情绪的数据来源有以下四种：基于网络新闻的数据、基于网络论坛的数据、基于社交网络的数据以及基于搜索引擎的数据。根据 2016 的中国网民互联网应用的使用率数据，以上 4 类应用的网民使用率分别为：84%（网络新闻）、82.4%（搜索引擎）①、37.1%（仅指微博）和 16.5%（网络论坛）。以上 4 类数据来源同时也呈现出了相互影响、协同加强的新特点。

在投资者关注方面，近年来运用网络搜索和社交网络等数据的文章发现投资者关注能够较好地预测个股收益率和波动性、市场收益率和波动性、基金资金净流入等金融资产变量（Da 等，2011；Leung 和 Ton，2015；Ben – Rephael 等，2017）。投资者关注的度量以“计数”为中心思想，即通过统计网络大数据中能够反映投资者关注或者能够吸引投资者关注的变量来实现。下文列出了文献中常见的投资者关注度量方法，其中新闻覆盖率法和业绩排名法仍为被动型指标，而搜索量和发帖量则是主动型指标。

第一，新闻覆盖率法。许多研究使用证券或者上市公司被媒体报道的新闻报道的绝对数量、频率以及相对其他证券或者上市公司被报道的相对比率测度投资者关注度。Barber 和 Odean（2008）基于道琼斯新闻服务社每日推送内容中涉及的上市公司数量构建了指标。Sirri 和 Tufano（1980）使用了共同基金出现的新闻报道加权数衡量媒体关注度，并将媒体关注度看作投资者搜索成本的代理变量。Kaniel 等（2007）使用了新闻是否报道某基金以及被报道的频率作为媒体关注的代理变量，他们认为新闻报道的数量可以反映关注度的深度，而新闻报道的传播量则反映了关注度的广度，关注度的广度比关注度的深度对基金资金净流入的影响更大。Solomon 等（2014）使用报道比率衡量基金投资者的关注度，发现过去业绩好的基金中，被媒体报道的基金会吸引资金流入，而没有被媒体报道的基金

① 数据来源：中国互联网络信息中心，第 39 次《中国互联网络发展状况统计报告》。

的资金流入没有明显变化。Dzieliński 等（2018）将分析师数量作为投资者关注的代理变量，发现投资者关注在市场行情差的情况下更强烈，这种关注度的不对称性会影响股票收益率波动性的不对称性。

第二，业绩排名法。Seasholes 和 Wu（2007）发现股票交易的涨停报道会影响投资者的关注度并引起股价上涨，但一周内股价会出现向均值回调的现象。业绩排名法较多地被用在基金的投资者关注研究上，不少媒体定期根据基金业绩对基金进行排序，并且认为排序越高，越容易吸引投资者关注。基金业绩排名能够“预测”过去业绩不佳的基金的未来表现，排名较好的基金能够显著吸引大量资金流入（Blake 和 Morey，2000；Del Guercio 和 Tkac，2008）。此外，基金的排名变化与资金流动净方向一致，基金星级的提高会增加基金的资金净流入（Guercio 和 Tkac，2008）。业绩排名法存在一定的内生性问题，存在这样一种可能：基金的业绩本身吸引眼球，从而影响后续资金流，而不是媒体报道行为所致。Kaniel 和 Parham（2017）采用了新颖的自然实验排除了排名所传达的信息干扰，证明了关注度与消费者投资行为之间的因果关系。他们的研究表明相比那些没有进入华尔街日报基金业绩排名的基金，排名突出的基金季度本地资金流增长 31%。

第三，发帖量法。发帖量包括网络社区针对某一只股票或基金的留言，也包括社交网络里博主发布的博客和微博等。使用发帖量代理投资者关注的实证文献较为丰富。Antweiler 和 Frank（2004）基于雅虎财经和 Raging Bull 上关于道琼斯工业平均指数和道琼斯互联网指数中的 45 家公司的 150 万条帖子构造了投资者关注度指标，发现发帖数量可以预测每天的股价波动率和日内股价波动率。Leung 和 Ton（2015）通过对澳洲股票市场的 Hot Copper 网站上的 250 万条发帖进行分析，发现发帖数量能够正向预测小盘股的回报率，并且在之后几天股价不会回落到之前的水平。Tumarkin 和 Whitelaw（2001）对 Raging Bull 上的发帖量做出统计，分析发现对于互联网行业的股票，当日超额发帖量与回报率和交易量的确相关，但无法预测未来的回报率和交易量。Sabherwal 等（2011）利用 The lion 网站每天公布当天网站内被讨论热度最高的十只股票，发现这些股票在上榜的前两天股价上涨，后两天股价下跌。

第四，搜索量法。基于网络搜索量来衡量投资者关注度的方法最早由 Da 等（2011）提出。他将谷歌每周对股票代码的搜索量指数 SVI（Search Volume Index）作为衡量关注度的变量。结果表明高的搜索量预示着未来两三周较高的股票价格，随后发生反转。根据对搜索对象的定义的不同，构建基于搜索量的投资者关注度指标的方法主要有以下两种：第一种方式是基于证券股票代码的搜索指数，如 Da 等（2011）。第二种方式是基于证券简称或公司名称或关键字的搜索指数，如 Tantaopas 等（2016）基于关键字的谷歌搜索量指数（SVI）探讨了投资者关注对各亚太地区股票市场的回报率、波动性和交易量的影响，证明了投资者关注能够降低回报率和波动性的可预测性，提高市场效率。

（三）基于网络大数据的投资者情绪测度

投资者情绪的度量方法以“分类”为中心思想，通过文本分析将网络大数据中有效信息分为“积极的情绪”“消极的情绪”以及“中立的情绪”。由于投资者情绪以人类语言即文本数据的形式存在于网络大数据中，因此分析文本数据的感情色彩是度量情绪的关键。而文本数据本身存在着字意复杂、词语歧义、句型多样等特点，计算机无法直接进行识别和计算，如何简化和提取文本的非结构化情绪信息则是本章分析的关键。下面将对文献中主要的三种文本分类方法进行介绍。

第一，词汇分类法。词汇分类法是通过使用已经完成情感倾向分类的字典为比对，判断目标文本中词汇的情感倾向，并将某一类词汇在整个文本中出现的次数除以文本总字数得到文本的最终情感倾向。比如，积极词汇的该比值越高则反映了文本中积极情绪越高。针对英文词汇分类的字典较多，其中以洛克伦与麦克唐纳字典（Loughran 和 McDonald Word Lists，2011）最为完备和严谨，近年来被广泛运用在该领域的研究中（Solomon 等，2014）。

第二，朴素贝叶斯分类法。朴素贝叶斯分类法是一种使用概率论进行分类的方法，通过利用类别的先验概率和特征分布相对于类别的条件概率计算文档类型的概率，是一种发展较为成熟的分类算法。Huang 等（2014）运用了朴素贝叶斯分类法分析了标准普尔 500 指数包含的公司的 30 多万份分析师报道，从中提取出积极情绪和消极情绪，发现分析师报告中的积极情绪能较好地预测该公司未来 5 年盈利增长情况。

第三，k－邻近分类法。k－邻近分类法使用矩阵进行分类，是最简单的分类算法，也是被研究者使用较多的分类方法。其主要思路是将待分类的本文与训练集本文进行比较，选取与训练集文本最接近的 k 篇文本，计算这 k 篇文本与待分类文本的相似度和权重，将待分类文本分到权重最大的类别中，从而完成分类。k－邻近分类法的优点在于算法思想简单，容易实现；缺点是分类不够精准，对于每个待分类的样本都需要一一计算其与训练样本的距离，计算量较大。

上述三种分类方法中，朴素贝叶斯分类法和 k－邻近分类法是两种机器学习的“监督学习”分类算法，也是近年被使用最多的分类方法。“监督学习”的思想是输入样本集，计算机从中计算目标变量的可能结果，能取得较为准确的结果。但这种方法也存在问题：如训练集通常由人工分类得到，缺乏统一的规范和标准。“监督学习”还包括决策树算法、支持向量机算法、Adaboost 算法和 Logisitic 回归法（Harrington，2012）。原则上，这些算法都可以运用在文本分析情绪上，但文献中较多使用朴素贝叶斯分类法和 k－邻近分类法，因此本章特别列出。

从文本中提取出情绪信息之后，需要进一步对已分类的数据构建投资者情绪指标。文献上通常的做法是基于分类结果构建看涨指标和情绪分歧指标，然后通过实证方法验证指标与资产价格的影响。看涨指标以 Antweiler 和 Frank（2004）提出的文本情绪指标为代表，较多文献引用该方法或者在此基础上稍作修改（Leung 和 Ton，2015）。Antweiler 和 Frank（2004）对发布在雅虎财经上 150 万条消息进行了文本分析，根据文本的“看涨”、“看跌”和“中立”情绪将文本分为三类，然后对分类后的数据构建了市场总体涨跌指标（$Bullishness_{i,t}$）

$$Bullishness_{i,t}=\frac{M_{i,t}^{BUY}-M_{i,t}^{SELL}}{M_{i,t}}\times\ln\left(1+M_{i,t}\right)$$

其中，$M_{i,t}^{BUY}$指证券 i 在 t 时间段的看涨的帖子数目、$M_{i,t}^{SELL}$指证券 i 在 t 时间段的看跌的帖子数目、$M_{i,t}$指证券 i 在 t 时间段的帖子总数。该研究认为看涨程度并不能显著影响股票收率和波动性。

此外，研究者还建立了不同的情绪分歧指标。其中，Antweiler 和 Frank（2004）的意见分歧指标（$A_{i,t}$）构建方法如下：

$$A_{i,t}=1-\sqrt{1-\left(\frac{M_{i,t}^{BUY}-M_{i,t}^{SELL}}{M_{i,t}}\right)^2}$$

其中，$M_{i,t}^{BUY}$指证券 i 在 t 时间段的看涨的帖子数目、$M_{i,t}^{SELL}$指证券 i 在 t 时间段的看跌的帖子数目、$M_{i,t}$指证券 i 在 t 时间段的帖子总数。从而得到每只证券每天意见分歧指标。实证结果表明意见分歧程度与当天的成交量正向相关，但与第二天的成交量负相关。

另有一些学者提出新的分歧指标。Das 等（2007）根据看涨消息和看跌消息的数量构建了分歧程度指标（DISAG）：

$$DISAG=\left|1-\left|\frac{BUY-SELL}{BUY+SELL}\right|\right|$$

其中，BUY 指看涨消息的数量，SELL 为看跌消息的数量。该指标可以用来测度任意时间段内的情绪分歧程度，并且将分歧程度标准化在 0 到 1 之内。Siganos 等（2017）基于 Facebook 情绪指数构建了用以衡量金融市场上的情绪分歧指数（$DoS_{i,j}$）：

$$DoS_{i,j}=\left|\frac{x_{p,i}-x_{p,all}}{\sigma_{p,all}}+\frac{x_{n,i}-x_{n,all}}{\sigma_{n,all}}\right|$$

$DoS_{i,j}$表示国家 j 在 i 日的情绪分歧程度，其中，$x_{p,i}$和$x_{n,i}$表示国家 j 在 i 日积极词汇和消极词汇平均数，$x_{p,all}$和$x_{n,all}$表示该指数存续时期内的平均积极词汇数和消极词汇平均数，$\sigma_{p,all}$和$\sigma_{n,all}$为标准差。该指数能直观地衡量不同金融市场上积极情绪与消极情绪之间的绝对距离，能够以标准化的数据反映情绪分歧程度。他们的研究都表明情绪分歧程度与交易量正相关。

三、网络大数据与实证资产定价

本章根据网络大数据的不同来源，从数据特点、投资者关注与情绪的传导机制以及资产定价研究结论等方面分别做详细地阐述。

（一）基于网络新闻数据挖掘的实证资产定价

网络新闻指媒体在互联网上发布的新闻，包括股票分析或上市公司动态等内容，被诸多学者用以研究投资者关注和情绪与资产价格之间的相关性。总的来讲，基于网络新闻的数据具有数量大、时效高和种类多的特点。网络新闻并不能直接代理投资者对证券的关注，只有仅当投资者接收到这些信息后，才会对相应证券投以关注，Dzieliński 等（2018）还认为投资者往往在市场行情差的情况下更愿意关注网络新闻。因此，基于网络新闻数据的度量方法仍然是一种间接的度量方法。

基于新闻的投资者关注对股票价格的影响机制存在以下三种解释：

第一种解释是信息风险假说（Fang 和 Peress，2009）。当投资者个人面临较大搜索成本时，将会把媒体提到的金融工具纳入考虑（Merton，1987）。没有被新闻报道的股票受到低的投资者关注，因此具有更大的信息不对称性，需要更高的收益率作为风险补偿（Fang 和 Peress，2009）。第二种解释是基于卖空限制市场下的价格压力假说。在卖空市场下，投资者更可能买入新闻中的股票（Barber 和 Odean，2008）。一些学者发现那些被新闻提到的公司即使不带积极或消极情绪，也比没有任何新闻的公司股票收益高（Fang 和 Peress，2009；Heston 和 Sinha，2015；Blankespoor 等，2018）。另外，从投资者情绪的角度，异质信念在卖空限制的条件下使悲观者的情绪无法表达，而乐观者会买入股票。在这种解释下，基于新闻的投资者关注度与股票价格正相关。第三种解释是基于“有限关注”的过度关注弱势理论。该理论认为短期内由于卖空限制，投资者对高关注的股票过度反应会导致股票收益率增加和交易量增加，但长期而言，投资者逐渐认识到资产价格缺乏基本面支撑，股价将回落到正常水平。因此，股价和关注度之间呈现短期正相关长期负相关的关系。

研究还发现当基金家族出现了一只吸引投资者关注的基金时，投资者往往会认为该家族的其他基金也拥有相似的特质，从而会增加对基金家族的申购，受关注的基金产生明显放大的正向溢出效应。Kaniel 和 Parham（2017）以出现在华尔街日报上的基金业绩排名作为反应投资者关注的变量，并发现排名突出的基金季度本地资金流显著增长的同时，其基金家族里的其他基金的资金流入也会显著增加，特别是那些小的基金家族。

网络新闻可以被分为两种类型：客观类型和主观类型。客观类型指客观描述事件的新闻，主观类型指媒体通过调查和分析做出的具有倾向性的报道，正因如此，针对同一事件，不同的网络媒体会发布不完全相同甚至观点迥异的新闻，这些具有感情色彩的新闻评述会向大众传递积极或消极的情绪。Tetlock 等（2008）基于华尔街日报股票新闻构建了情绪指数，发现悲观情绪会导致股价下跌。Heston 和 Sinha（2015）使用路透社新闻数据，发现新闻中传递积极情绪多的公司在一周内股票收益率更高，而传递消极情绪多的公司在未来的一个季度内股票收益率更低。尽管文献对媒体报道覆盖率对股价的影响做了全面的研究，但新闻媒体报道与股价之间的内生性问题一直难以克服，举例而言，即使证明新闻覆盖率与股价存在正相关关系，也无法确定股价变动是由新闻覆盖率引发的投资者关注带来的。公司的利好新闻反映了公司较好的基本面情况，而较好的基本面情况本身就可能促使股价上涨。

（二）基于搜索引擎数据挖掘的实证资产定价

投资者对证券的关注直接地体现在对相关证券信息的搜寻中。互联网搜索引擎的发展和移动设备的普及使人们能随时随地对吸引其注意的事物获取进一步的信息。截至 2016 年年底，中国搜索引擎用户规模为 6.02 亿，使用率为 82.4%①，用户规模相比 2015 年年底增长 6.4%。该类数据最大特点在于它直接反映了人们对某证券的关注，被学术界广泛用于研究投资者关注与资产价格之间的关系。

根据研究结论的不同，此类文献主要可以分为以下 3 类：第一，研究投资者关注度与股票收益率之间的关系。多数学者支持过度关注弱势理论，认为股价在经历短期的高价之后将进入反转状态（Da 等，2011；Joseph 等，2011）。另有研究表明投资者关注与未来收益率负相关（Bijl 等，2016）。第二，分析投资者关注度与个股股价波动率、市场波动率之间的关系。Andrei 和 Hasler（2015）认为投资者关注和不确定性都是资产定价的关键因素，并在理论框架下探究了投资者对信息的关注和对不确定性的学习对资产定价的共同作用。根据该模型，股票回报率的波动性和风险溢价都随着关注度和不确定的增加而增加，并且呈现出二次性的关系。第三，探究投资者关注度对市场效率的影响。Preis 等（2013）发现搜索量与交易量正相关。Ben - Rephael 等（2017）认为机构投资者的关注引导了个人投资者关注，从而促进市场对新信息的消化，资产价格发生变化。

除了直接利用搜索引擎数据外，还有部分学者使用金融终端内的搜索量作为投资者关注的度量指标。如 Ben - Rephael 等（2017）将机构投资者关注和个人投资者关注加以区分：根据彭博金融终端上投资者对股票的新闻搜索和新闻阅读行为构建机构投资者异常关注指标，而将谷歌搜索行为视为个人投资者关注，发现机构投资者对新闻事件的反应更加迅速。此外，也有学者将来源不同的数据量人工合成新的变量来衡量投资者关注。Drake 等（2012）使用网络搜索数据指数（SVI）、分析师预测公告、新闻报道以及上市公司季报和年报的下载量 4 个方面的搜索数据合成了新的度量指标。

关键词所体现的情绪也被用来研究资产价格走势。Da 等（2011）基于 2004 ~ 2011 年利用谷歌搜索中负面情绪的关键词数量构建了反映金融和经济态度的指标，发现该指标能够预测短期股价反转、短期的股价波动率变化和共同基金的资金流出。Gao 等（2016）使

① 数据来源：中国互联网络信息中心，第 39 次《中国互联网络发展状况统计报告》。

用2004~2014年40个国家的每周谷歌搜索中经济相关的、排在前30个的、积极和消极词语的搜索指数构建投资者情绪指数，发现40个国家的数据都呈现出情绪与下周市场回报率负相关的关系，并且证明了当期情绪与市场回报率存在同步性。此外，他们还发现在信息程度更透明的市场上，投资者对情绪的反映更小，情绪对回报率的影响更小；在卖空限制下，市场纠正错误定价的能力下降，情绪对回报率的影响更大，并且积极情绪比消极情绪对市场的影响更大。

（三）基于社交网络数据挖掘的实证资产定价

Facebook、Twitter、微博、博客等社交网络是人们信息传递和交流的重要平台。基于社交网络的数据有以下两大特点：第一，社交网络的分享功能使得任何消息都能够迅速传播，为研究投资者关注与市场对信息的反应提供了合适的样本。一方面，根据 DeMarzo 等（2001）的研究，由于人们往往高估其他人的意见，因此成为有影响力的发言者将有利可图，当市场均衡时，所有参与者都愿意从别人获取信息尤其是一些更有影响力的人；另一方面，一旦人们通过学习形成了自己的观点，他们倾向于向其他个体传播（Acemoglu 等，2010）。第二，不同于网络论坛上具有针对性的发帖，社交网络数据记录了大量独立的情绪，有利于研究异质性风险与市场效率。信息在社交网络中扩散，由于个人在网络中所处的位置差异，不同的个体收到信息的速度也不一样，因此个体形成信念或者情绪的速度不一样。投资者情绪不断影响投资者行为，最终影响资产价格。

社交网络为实证研究投资者情绪提供了新颖便利的数据（Salhin 等，2016；Pikulina 等，2017）。Bar－Haim 等（2011）对 StockTwits 网站中人们发布内容的本章分类，将文本分为“看涨”和“看跌”两类，分析其与股票走势的关系，并将预测准确的发布者视为“专家”。Liew 和 Budavari（2017）根据 StockTwits 网站的发帖窗口为用户提供了点击“看涨”或“看跌”的选择，使用该网站2012年1月至2015年10月的发帖及用户自定义的情绪数据对情绪是否能预测股票超额收益展开了研究，发现情绪可以作为资产定价的另一种因子。

较多学者都使用了来自 Twitter 网站的大数据。Bollen 等（2011）将 Twitter 网站上人们的发布内容按照其体现的情绪差异分为六类：“平静的”“警惕的”“确定的”“活力的”“宽容的”“愉快的”，发现“平静的”情绪可以较为准确地预测道琼斯工业平均指数的变动。尽管他们的研究表明 Twitter 体现的情绪与股票市场相关，但并未将其与个股的价格走势联系起来。Liu 等（2015）分析了 NYSE 和 NASDAQ 市场上两只股票指数的走势与 Twitter 情绪的同步性，结果表明拥有 Twitter 账户的公司的股票具有更高的同步性。Rao 和 Srivastava（2012）在研究了股票价格短期走势与情绪之后，也得出了类似的结论，他们认为短期的情绪在指数市场、股票市场和债券市场上扮演者重要的角色。Yu 等（2013）认为诸如 Twitter 的社交网络比传统媒体对股市具有更大的影响力。Leitch 和 Sherif（2017）

基于对 Twitter 内容的数据挖掘，构建了 Twitter 情绪得分（Twitter Sentiment Score），并发现该分数与同期股票回报率负相关。

另有一些学者使用了 Facebook 网站中的数据。Siganos 等（2014）使用 Facebook 提供的情绪指数，研究情绪对金融市场的影响。不同于 De Long 等（1990）提出的情绪的积极程度与股票收益率负相关，Siganos 等（2014）发现 Facebook 情绪指数与股票收益率正相关。此外，Sun 等（2016）利用 Marketpsych 网站上通过对每天新闻内容和社交媒体内容进行文本分析提供的各国金融市场情绪的数据，发现滞后半小时的投资者情绪能够预测日内标普 500 指数的回报率。

（四）基于网络社区数据挖掘的实证资产定价

投资者能在网络社区通过发帖和留言实现互动。网络社区主要指具备论坛功能的财经类网站，如东方财富股吧和雪球网。个人投资者可以在这些网站发布对证券市场的看法，以及阅读和评论别人的评论。在分析投资者行为和心理的研究中，基于网络社区的数据具有显著优势：第一，网络社区发帖内容能第一时间反映投资者关注和情绪（Wysocki，1998）；第二，网络社区的发帖内容包含投资者的分歧意见，而情绪分歧与市场交易的发生相关（Harris 和 Raviv，1993）；第三，网络社区的发帖内容还包含部分非公开信息，而这些信息对预测股票收益率有显著作用（Bagnoli 等，1999）；第四，财经类网络社区具有一定的专业性，发帖者和阅读者有一定的金融市场知识，排除了一部分网络噪声。

发帖量是一种能够直接度量投资者关注的指标。根据实证研究对象的不同，这类研究又可以分为以下三小类：第一类是探究发帖量与股票未来收益之间的关系。较多研究发现高发帖数量与未来低回报率相关（Wysocki，1998；Antweiler 和 Frank，2004），这些结果可能能为信息风险假说提供证明，即关注度低的股票信息不对称性更大，风险更大，所以需要更高的回报率作为补偿。也有一些学者证明发现发帖数量能够正向预测小盘股的回报率，并且在之后几天不会发展反转（Leung 和 Ton，2015）。Sabherwal 等（2011）则发现股票在被热烈讨论的前一日和当日表现显著为正的超额收益，在之后两天变现出显著为负的超额收益。第二类是研究发帖量的增加是否会引发更大的股价波动率。Antweiler 和 Frank（2004）认为发帖数量可以预测每天的股价波动率和日内股价波动率。第三类则将发帖量的高低与成交量的高低相联系。多数学者都证明了发帖量增加会带来交易量的增加（Wysocki，1998；Tumarkin 和 Whitelaw，2001）。

学术界不仅针对网络社区的发帖量展开投资者关注的研究，而且还对发帖内容进行分析，进一步判断投资者情绪与资产价格之间的关系。市场参与者之间的交流对于市场均衡具有重要作用，当投资者得知存在其他投资者与他持有相同的观点时可能将参与交易（Cao 等，2002）。相关研究主要围绕以下两方面展开：从网络社区文本提取的看涨程度指标是否能预测股票回报率和股票价格波动率？更大的情绪分歧是否与短期更大的成交量相联系？

研究者对看涨程度对股票收益和波动性的影响尚未达成一致看法。Antweiler 和 Frank（2004）认为看涨指标无法预测股票收率率和波动性。而 Sabherwal 等（2011）使用同样的指标计算了 The lion 网站帖子的看涨指标，表明该指标在对股票收益率、波动性和小盘股的成交量上，比发帖量和意见分歧指标具有更好的解释力。根据他们的研究，看涨指数与同期股票收益率正相关，与第二天的股票收益率负相关；与同期股价波动和第二天的日内股价波动率负相关。现有金融理论提供了两种截然不同的观点。传统金融理论认为意见分歧有利于促进交易（Karpoff，1986；Harris 和 Raviv，1993）。而基于 Milgrom 和 Stokey（1982）"无交易理论"，理性投资者在做交易决策时，会首先考虑对方与自己交易的动机，然后修正自己所获得的信息偏误和对市场的信念，导致交易终止。现有文献普遍支持更大的情绪分歧会增加交易量的观点（Antweiler 和 Frank，2004；Das 等，2007；Siganos 等，2017）。

国内近几年来也涌现大量基于网络大数据挖掘的实证资产定价研究。刘锋等（2014）用媒体每日发布和转载的上市公司及其股票相关的新闻数量测度媒体关注度，发现投资者关注度与当期的股票收益具有正相关关系，而媒体关注度对当期股票收益具有负相关关系。宋双杰等（2011）基于谷歌搜索数据，发现 IPO 前的投资者关注引起的股票价格过度反应，是造成首日高超额收益的重要原因，长期股价将随投资者关注度水平的正常化而向内在价值回归。俞庆进和张兵（2012）使用百度指数上证券简称和证券代码之和构建投资者关注度指标，发现非交易日的投资者关注度将显著影响下一交易日股票集合竞价时的价格跳跃。饶育蕾等（2010）通过考察基于新浪新闻的关注度，发现关注度越高的公司在未来一个月内的收益率越低，为基于"有限关注"的过度关注弱势理论提供了有力证据。朱南丽等（2017）发现基于浪博客和微博数据的投资者关注度代理变量能够及时反映投资者对股票市场的关注度。刘海飞等（2017）用上市公司微博号的博文数量和粉丝数量构建了关注度指标，证明了上市公司社交网络微博平台能显著影响股价同步性。唐国豪等（2016）对文本挖掘金融市场情绪的文献做出了较为详细的综述。杨晓兰等（2016）以股吧发帖内容为研究对象，使用 k－邻近分类法将文本分为："积极""消极"和"中立"三类，就投资者情绪倾向对股票市场的影响进行了研究，发现本地关注对股票收益率的影响取决于情绪。

四、结束语

人们在参与金融活动时伴随着自主性、学习性以及人同社会互动产生的交互性，因此对于参与金融活动的人的心理和行为的分析难度较大。在互联网尚未兴起之前，此类研究面临较大挑战。得益于互联网的发展和网络大数据的可获得性，学者可以通过观察人的网络行为揭示投资者心理状态，分析投资者关注和情绪与资本市场的相关性。本章梳理了近年来资产定价领域通过网络大数据挖掘分析投资者心理与行为的研究。国外学者使用网络大数据挖掘开启了资产定价领域研究的新范式。国内相关的实证研究才刚刚起步，理论研究则更为稀少。网络大数据的处理和挖掘需要较大工作量。一方面，网络大数据多为非结构性数据，需要通过网络爬虫程序获得。另一方面，只有通过专业和深度的分析，才能发挥大数据自身优势，挖掘其蕴藏的研究价值。随着网络大数据的可得性不断提高，数据的来源渠道广泛，如何寻找高效、高质的数据具有十分重要的意义。

进一步发挥网络大数据优势，既有利于实现数据的自身价值，又为资产定价领域提供了新颖的研究思路。中国学者应该重视该领域的研究：一是利用网络大数据构建的投资策略能否获得超过市场的收益；二是通过网络大数据检验政策能否促进证券市场效率；三是运用网络行为数据检验行为金融学经典理论，如过度自信和反应不足等行为偏差。

文献索引

［1］刘锋、叶强和李一军（2014）："媒体关注与投资者关注对股票收益的交互作用：基于中国金融股的实证研究"，《管理科学学报》，第17（1）期。

［2］刘海飞等（2017）："社交网络、投资者关注与股价同步性"，《管理科学学报》，第20（2）期。

［3］饶育蕾、彭叠峰和成大超（2010）："媒体注意力会引起股票的异常收益吗？——来自中国股票市场的经验证据"，《系统工程理论与实践》，第30（2）期。

［4］宋双杰、曹晖和杨坤（2010）："投资者关注与IPO异象"，《经济研究》，第1期。

［5］唐国豪、姜富伟和张定胜（2016）："金融市场文本情绪研究进展"，《经济学动态》，第11期。

［6］杨晓兰、沈翰彬和祝宇（2016）："本地偏好、投资者情绪与股票收益率：来自网络论坛的经验证据"，《金融研究》，第12期。

［7］俞庆进和张兵（2012）："投资者有限关注与股票收益——以百度指数作为关注度的一项实证研究"，《金融研究》，第8期。

［8］朱南丽等（2015）："基于博客/微博信息量的投资者关注度测量研究——来自中国股票市场的经验数据"，《经济问题探索》，第2期。

［9］Acemoglu, D. et al（2010），"Spread of（mis）information in social networks"，Games and Economic Behavior 70（2）：194 – 227.

［10］Andrei, D. & M. Hasler（2015），"Investor attention and stock market volatility"，Review of Financial Studies 28（1）：33 – 72.

［11］Antweiler, W. & M. Z. Frank（2004），"Is all that talk just noise? The information content of internet stock message boards"，Journal of Finance 59（3）：1259 – 1294.

［12］Bagnoli, M. et al（1999），"Whisper forecasts of quarterly earnings per share"，Journal of Accounting and Economics 28（1）：27 – 50.

［13］Baker, M. & J. Wurgler（2006），"Investor sentiment and the cross – section of stock return"，Journal of Finance 61 (4): 1645 - 1680.

[14] Barber, B. M. & T. Odean (2008), "All that glitters: The effect of attention and news on the buying behavior of individual and institutional investors", Review of Financial Studies 21 (2): 785 - 818.

[15] Barberis, N. & R. Thaler (2003), "A survey of behavioral finance", in: Constantinides G. M. et al (eds), Handbook of the Economics of Finance, Elsevier.

[16] Bar - Haim, R. et al (2011), "Identifying and following expert investors in stock microblogs", in: Association for Computational Linguistics (eds), Proceedings of the Conference on Empirical Methods in Natural Language Processing.

[17] Ben - Rephael, A. et al (2017), "It depends on where you search: Institutional investor attention and underreaction to news", Review of Financial Studies 30 (9): 3009 - 3047.

[18] Bijl, L. et al (2016), "Google searches and stock returns", International Review of Financial Analysis 45: 150 - 156.

[19] Blake, C. R. & M. R. Morey (2000), "Morningstar ratings and mutual fund performance", Journal of financial and Quantitative Analysis 35 (3): 451 - 483.

[20] Blankespoor, E. et al (2018), "Capital market effects of media synthesis and dissemination: Evidence from robo - journalism", Review of Accounting Studies 23 (1): 1 - 36.

[21] Bollen, J. et al (2011), "Twitter mood predicts the stock market", Journal of Computational Science 2 (1): 1 - 8.

[22] Cao, H. H. et al (2002), "Sidelined investors, trade - generated news, and security returns", Review of Financial Studies 15 (2): 615 - 648.

[23] Chemmanur, T. & A. Yan (2009), "Product market advertising and new equity issues", Journal of Financial Economics 92 (1): 40 - 65.

[24] Da, Z. et al (2011), "In search of attention", Journal of Finance 66 (5): 1461 - 1499.

[25] Das, S. R. & M. Y. Chen (2007), "Yahoo! for Amazon: Sentiment extraction from small talk on the web", Management Science 53 (9): 1375 - 1388.

[26] DeMarzo, P. M. et al (2001), "Persuasion bias and social influence", Stanford University Working Paper.

[27] De Long, J. B. et al (1990), "Noise trader risk in financial markets", Journal of Political Economy 98 (4): 703 - 738.

[28] Del Guercio, D. & P. A. Tkac (2008), "Star power: The effect of morning star ratings on mutual fund flow", Journal of Financial and Quantitative Analysis 37 (4): 907 - 936.

[29] Drake, M. S. et al (2012), "Investor information demand: Evidence from Google searches around earnings announcements", Journal of Accounting Research 50 (4): 1001 - 1040.

[30] Dzieliński, M. et al (2018), "Asymmetric attention and volatility asymmetry", Journal of Empirical Finance 45: 59 - 67.

[31] Fang, L. & J. Peress (2009), "Media coverage and the cross - section of stock returns", Journal of Finance 64 (5): 2023 - 2052.

[32] Feldman, R. et al (2010), "Management's tone change, post earnings announcement drift and accruals", Review of Accounting Studies 15 (4): 915 – 953.

[33] Foellmi, R. et al (2016), "Do professionals get it right? Limited attention and risk – taking behavior", Economic Journal 126 (592): 724 – 755.

[34] Gao, Z. et al (2016), "Googling investor sentiment around the world", Chinese University of Hong Kong Working Paper.

[35] Grullon, G. et al (2004), "Advertising, breadth of ownership, and liquidity", Review of Financial Studies 17 (2): 439 – 461.

[36] Harrington, P. (2012), Machine Learning in Action, Manning Publications Co.

[37] Harris, M. & A. Raviv (1993), "Differences of opinion make a horse race", Review of Financial Studies 6 (3): 473 – 506.

[38] Heston, S. L. & N. R. Sinha (2015), "News versus sentiment: Predicting stock returns from news stories", Robert H. Smith School Research Paper.

[39] Hou, K. et al (2009), "A tale of two anomalies: The implication of investor attention for price and earnings momentum", Social Science Electronic Publishing 45: 416 – 418.

[40] Huang, A. H. et al (2014), "Evidence on the information content of text in analyst reports", Accounting Review 89 (6): 2151 – 2180.

[41] Jegadeesh, N. & D. Wu (2013), "Word power: A new approach for content analysis", Journal of Financial Economics 110 (3): 712 – 729.

[42] Jiang, P. et al (2012), "Is mutual fund promotion bittersweet? Evidence from Chinese mutual funds", China International Conference in Finance.

[43] Joseph, K. et al (2011), "Forecasting abnormal stock returns and trading volume using investor sentiment: Evidence from online search", International Journal of Forecasting 27 (4): 1116 – 1127.

[44] Kahneman, D. (1973), Attention and Effort, Prentice – Hall.

[45] Kaniel, R. et al (2007), "Headlines and bottom lines: Attention and learning effects from media coverage of mutual funds", Social Science Electronic Publishing.

[46] Kaniel, R. & R. Parham (2017), "WSJ Category Kings – the impact of media attention on consumer and mutual fund investment decisions", Journal of Financial Economics 123 (2): 337 – 356.

[47] Karpoff, J. M. (1986), "A theory of trading volume", Journal of Finance 41 (5): 1069 – 1087.

[48] Lee, C. et al (1991), "Investor sentiment and the closed – end fund puzzle", Journal of Finance 46 (1): 75 – 109.

[49] Leitch, D. & M. Sherif (2017), "Twitter mood, CEO succession announcements and stock returns", Journal of Computational Science 21: 1 – 10.

[50] Leung, H. & T. Ton (2015), "The impact of internet stock message boards on cross – sectional returns of small – capitalization stocks", Journal of Banking & Finance 55: 37 – 55.

[51] Liew, J. & T. Budavari (2017), "The 'sixth' factor: A social media factor derived directly from tweet sentiments", Journal of Portfolio Management 43 (3): 102 – 111.

[52] Liu, L. et al (2015), "A social - media - based approach to predicting stock comovement", Expert Systems with Applications 42 (8): 3893 - 3901.

[53] Loh, R. K. (2010), "Investor inattention and the underreaction to stock recommendations", Financial Management 39 (3): 1223 - 1252.

[54] Merton, R. C. (1987), "A simple model of capital market equilibrium with incomplete information", Journal of Finance 42 (3): 483 - 510.

[55] Milgrom, P. & N. Stokey (1982), "Information, trade and common knowledge", Journal of Economic Theory 26 (1): 17 - 27.

[56] Peng, L. & W. Xiong (2006), "Investor attention, overconfidence and category learning", Journal of Financial Economics 80 (3): 563 - 602.

[57] Pikulina, E. et al (2017), "Overconfidence and investment: An experimental approach", Journal of Corporate Finance 43: 175 - 192.

[58] Preis, T. et al (2013), "Quantifying trading behavior in financial markets using Google Trends", Scientific Reports 3: 1684.

[59] Price, S. M. et al (2012), "Earnings conference calls and stock returns: The incremental informativeness of textual tone", Journal of Banking & Finance 36 (4): 992 - 1011.

[60] Rao, T. & S. Srivastava (2012), "Analyzing stock market movements using twitter sentiment analysis", Proceedings of the 2012 International Conference on Advances in Social Networks Analysis and Mining (ASONAM 2012), pp. 119 - 123.

[61] Tumarkin, R. & R. Whitelaw (2001), "News or noise? Internet message board activity and stock prices.", Financial Analysts Journal 57 (3): 41 - 51.

[62] Sabherwal, S. et al (2011), "Do internet stock message boards influence trading? Evidence from heavily discussed stocks with no fundamental news", Journal of Business Finance & Accounting 38 (9 - 10): 1209 - 1237.

[63] Salhin, A. et al (2016), "Managerial sentiment, consumer confidence and sector returns", International Review of Financial Analysis 47: 24 - 38.

[64] Seasholes, M. S. & G. Wu (2007), "Predictable behavior, profits, and attention", Journal of Empirical Finance 14 (5): 590 - 610.

[65] Siganos, A. et al (2014), "Facebook's daily sentiment and international stock markets", Journal of Economic Behavior & Organization 107 (B): 730 - 743.

[66] Siganos, A. et al (2017), "Divergence of sentiment and stock market trading", Journal of Banking & Finance 78: 130 - 141.

[67] Sirri, E. R. & P. Tufano (1998), "Costly search and mutual fund flows", Journal of Finance 53 (5): 1589 - 1622.

[68] Solomon, D. H. et al (2014), "Winners in the spotlight: Media coverage of fund holdings as a driver of flows", Journal of Financial Economics 113 (1): 53 - 72.

[69] Sun, L. et al (2016), "Stock return predictability and investor sentiment: A high - frequency per-

spective", Journal of Banking & Finance 73: 147 – 164.

[70] Tantaopas, P. et al (2016), "Attention effect via internet search intensity in Asia – Pacific stock markets", Pacific – Basin Finance Journal 38: 107 – 124.

[71] Tetlock, P. C. et al (2008), "More than words: Quantifying language to measure firms' fundamentals", Journal of Finance 63 (3): 1437 – 1467.

[72] Wysocki, P. D. (1998), "Cheap talk on the web: The determinants of postings on stock message boards", University of Michigan Business School Working Paper.

[73] Ying, Q. et al (2015), "Investor attention, institutional ownership, and stock return: Empirical evidence from China", Emerging Markets Finance and Trade 51 (3): 672 – 685.

[74] Yu, Y. et al (2013), "The impact of social and conventional media on firm equity value: A sentiment analysis approach", Decision Support Systems 55 (4): 919 – 926.

第十二章

资本账户开放与资本管制影响研究

本章从资本账户开放程度测算、资本账户放松管制的影响、资本账户开放与金融稳定性的关系、资本管制的影响和各国资本账户开放的经验五个方面，对文献进行整理归纳，得出以下基本一致观点：第一，资本账户开放对经济增长的影响受多种因素影响，但可能通过其他渠道为开放国带来经济收益，如促进金融系统发展、降低资本成本等；第二，资本账户开放下，资本内流激增可能通过信贷繁荣、资产价格波动和传染效应导致金融危机的发生，并且债权资本和股权资本分别通过信贷扩张和资产价格波动致使危机发生；第三，资本账户开放下，资本内流的骤停和反转与各类金融危机具有显著的相关性，并可能带来投资和产出下降，汇率波动等其他成本；第四，资本管制可能仅对净外流有效，而各国的区域间合作和政策协调，有可能提高资本管制的效率；第五，我国放松资本管制可能将同时扩大总资本流入和流出，引起直接投资和证券投资的调整，影响我国的国际投资头寸。但资本账户开放和资本管制影响的实证检验结果仍呈现出复杂性，需要学者后续深入研究。

一、引言

20 世纪 70 年代，金融自由化趋势显现，发达国家开始允许资本流动；20 世纪 80 年代和 90 年代，拉丁美洲和亚洲地区也纷纷效仿发达国家，开始逐渐开放资本账户；20 世纪 90 年代后期，亚洲金融危机导致该趋势反转；2008 年金融危机爆发再次导致资本管制程度加强。面对变化多端的国际环境和资本流动，各国使用资本管制措施，避免经济过度波动，同时在长期内推进资本账户开放，实现资本自由化，吸引更多的资本流入。资本账户开放的影响以及资本管制措施的有效性不仅是众多学者积极讨论的问题，也是各国政策制定者始终关注的核心内容，直接影响各国资本账户管制的强度。

本章剩余部分的内容结构如下：第二部分介绍资本账户开放程度的衡量方法；第三部分分析资本账户开放的影响；第四部分关注资本账户自由化与金融稳定性之间的关系；第五部分分析资本管制的影响；第六部分对各国资本账户开放的经验进行总结，并预测中国未来开放资本账户的影响；第七部分为结论。

二、资本账户开放的测度方法

资本账户开放的测度是研究资本账户开放经济效应的基础性问题，其测度方法和相应开放指标的选择直接影响实证的最终结论。基于研究角度的不同，资本账户开放有多种测算方法，这些方法大体上可以分为两类：一类是根据法规标准的定性度量（rule - based measure），即法规（de jure）指标；另一类是根据实际资本流动进行的定量测度（quantitative measure），即事实（de facto）指标。

Edison 等（2004）从定性度量和定量测量两个角度，对资本账户开放的测度方法进行了整理。定性测度方法包括以下几类：（1）Share 指标测量一国资本无限制年份数目在样本期年数段内所占的平均比重，直接使用 IMF 每年出版的《汇兑安排和汇兑限制年报》（Annual Report on Exchange Arrangements and Exchange Restrictions，AREAER）的原始信息编制而成；（2）Quinn（1997）在 AREAER 信息的基础上对资本项目限制强度进行直接划分，其资本开放度的总指数值介于 0 ~ 4，大于 2 表示较为开放，小于 2 表示较为封闭；（3）在 OECD 的《资本流动自由化法规》中对 OECD 成员国 11 类跨国交易行为的限制情况进行说明；（4）Montiel 和 Reinhart（1999）基于各国央行年度报告中的信息，编制的资本账户开放的指标数值介于 0 ~ 2，0 表示资本账户限制程度较低，2 表示资本账户限制程度较高；（5）许多学者较关注各国股票市场开放程度的度量方法，比如 Levine 和 Zervos（1998）与 Henry（2000a，2000b）编制了表示新兴国家股票市场开放的二元指标。

Edison 等人将定量测度方法分为三类：（1）以一国储蓄与投资的相关程度来衡量一国资本

账户的开放程度，该方法由 Feldstein 和 Horioka（1980）最早提出；（2）依据套补利率平价理论，计算一国在岸市场与离岸市场之间的利差，从而衡量该国资本账户的开放程度；（3）计算资本流入总量和流出总量占 GDP 的比值来衡量资本账户开放程度，Lane 和 Milesi – Ferretti（2001）将外国直接投资和证券投资的资产和负债总量占 GDP 的比值作为衡量资本开放程度的指标。

虽然目前衡量资本账户开放的程度存在许多方法，但是由于各学者考察的时间段、选取的样本以及采取的计量方法不同，因此一些常用的衡量方法并不适用于个别国家，难以准确衡量其资本账户开放程度，需要在原有方法的基础上对其加以改进。另外，在进行实证研究时，法规指标和名义指标的选取也应当十分慎重，这两种指标即使描述同一国家的开放程度，也可能出现不同程度的偏差。Prasad（2009）同时使用法规指标和名义指标对 1985 ~2005 年印度的资本账户开放程度进行统计性描述，由于法规指标难以反映资本管制措施的实施力度，因此，Chinn 和 Ito（2007）研究的指标显示印度的资本开放程度一直较低，但 Lane 和 Milesi – Ferretti（2006）研究的实际指标显示 1985 ~2005 年印度资本账户开放程度不断提高，而事实上印度的央行也确实对资本内流和外流放松了管制。Ma 和 McCauley（2013）在比较印度和中国资本开放程度时，认为法规指标不适用于渐进开放中的国家，因此，选择了 Lane 和 Milesi – Ferretti（2001）的实际指标，而不是 Chinn 和 Ito（2007）的法规指标。

为更准确地衡量中国资本账户开放程度，Chen 和 Qian（2015）主要利用 AREAER 的信息，结合中国的具体情况，编制了法规指标和综合指标（hybrid index）。在 Schindler（2009）提出方法的基础上，Chen 和 Qian 对 IMF 和 OECD 的国际收支中资产和负债的类别加以调整，从总资本流动、资本流入与流出、居民与非居民交易三个角度，编制资本账户开放的法规指标。综合指标具有法规指标和实际指标的综合特点，在法规指标的基础上，按照资产价值，对各个资产子类别分别赋予权重。Chen 和 Qian（2015）认为，与 Schindler（2009）编制的指标相比，新指标具有以下优点：（1）该指标为月度数据，能够更好反映短期内资本账户控制程度的变动；（2）相比其他指标，该指标变动更明显，更能体现出政策变动的程度；（3）该指标在编制过程中对各资产子类别赋予权重，主观性较低。

三、资本账户开放的影响

资本账户开放政策实施带来的影响是政策制定者关注的焦点，也是学者争论的关键所在。纵观有关资本账户开放的文献，各学者对于资本账户开放的效应研究主要集中在以下 5 个方面（见图 12 – 1）：一国资本账户开放能否提高经济增长率；除经济增长外，资本账户开放能否带来国内金融体系改革的加速、国内福利水平的提高、严明的政策纪律等附加收益；资本账户开放是否影响本国的资本流动、利率和汇率；资本账户开放是否影响一国的金融稳定性；资本账户开放对经常账户余额有何影响。其中，关于资本账户开放与金融稳定性的关系涉及资本账户开放与金融危机概率的影响以及资本账户开放下金融危机的产生机制，内容较多，故单独在第四部分进行论述。

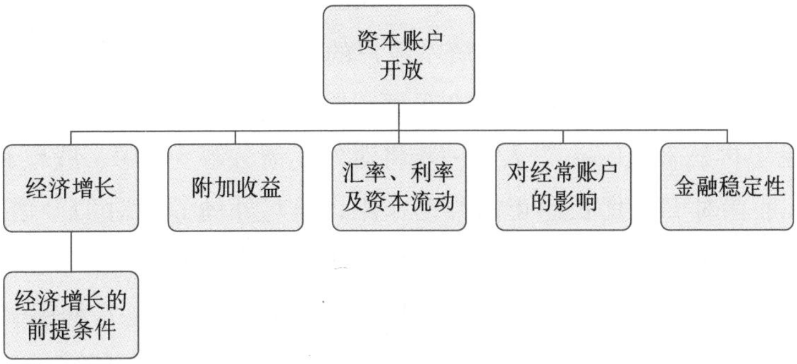

图 12－1 资本账户开放的影响

（一）资本账户开放与经济增长

1. 资本账户对经济增长的影响

资本账户开放与经济增长的关系是众多学者集中讨论的问题，存在较大争议，尚未形成一致的观点。对于资本账户开放与经济增长背后的理论机制，学者间比较统一的观点是资本账户放松管制后，资本从低边际生产率向高边际生产率的国家流动，配置效率得到改善，从而使得资本账户开放国实现了经济增长（Kose、Prasad 和 Terrones，2009；Sulimierska，2014）。

然而，随着学者们不断深入的实证考察，大多数实证检验的结果并不支持资本账户开放与经济增长间的正相关效应，学者们也尝试对复杂的实证结果予以解释。首先，总的经济增长率并不能全面地反映资本账户开放带来的影响，不同行业部门的外资吸引能力不同，其对资本账户放松管制的反映也有所差异，因此各行业相互抵补后得到的总增长率难以反映真实的经济效应；其次，资本流动的具体影响也取决于其本身的组成，债权资本相比于股权资本更容易推动行业的发展，另外行业的异质性使得其对以上两种资本的吸引力也不尽相同，从而进一步导致资本账户开放政策效应的复杂性（Igan、Kutan 和 Mirzaei，2016）；再次，将资本账户开放纳入新古典经济增长模型中后，发展中国家实行资本账户开放政策后，其资本成本将由于资本流入而永久性降低，有效人均资本将暂时性上升，有效人均产出增长速度也将一次性提高，但随着该国逐步向经济增长的稳态转变，该国的有效人均产出增长率在资本账户开放前的状态，即全要素增长率，因此，资本账户开放的政策效应仅暂时性表现为经济加速增长，在长期内，经济仍将回归稳态增长速度（Henry，2007）。

因此，针对不同的理论猜想，学者们采用不同的实证方法进行检验，其结论也并不严格支持资本账户开放与经济增长间的正相关关系，具体的方法和结果见表 12－1。一部分学者的实证研究结果支持资本账户开放能够促进经济增长的结论。Honig（2008）采用五种资本账户开放程度的衡量方法，检验资本账户开放的影响，发现无论法规指标还是实际指标均与经济增长呈正向关系。Islam、Islam 和 Siddiqui（2014）以孟加拉国 1997 年为资本账户开放时间节点，对开放前后的经济增长、投资和消费进行比对，发现开放前后的 GDP 增长率有所提高。

基于新古典增长理论，Kose、Prasad 和 Terrones（2009）将研究的重点放在资本账户开放与人均产出增长率的关系上，发现资本账户的名义指标和实际指标的实证结果存在差异，名义资本开放在中期与 TFP 增长存在显著正向关系，但是以实际资本开放作为解释变量时，该种关系不再显著。Kose 等人进一步将对外负债分解为 FDI、股票和债券后重新估计发现，FDI 和股票对 TFP 增长起正向推动作用，但对外债务则对 TFP 增长起阻碍作用。进一步结合资本账户开放名义指标和实际指标的不同特点，Sulimierska（2014）利用名义资本开放指标建立 probit 面板模型，另外为避免政策的内生性问题，利用 VAR 模型考察实际资本开放、经济增长和货币危机之间的动态相互关系，VAR 模型结果显示资本账户开放对经济增长起促进作用。

表 12-1　　资本账户开放对经济增长的文献整理

研究文献	国家个数及年份	资本开放测量方法	被解释变量及实证方法	主要结果
Donald（2015）	117 个，1980～2010 年	外国净资产变动/GDP	全要素增长率（TFP），OLS 估计	净资本流动与 TFP 之间呈负向关系
Kose、Prasad 和 Terrones（2009）	67 个，1966～1985 年和 1986～2005 年	AREAER、总外债/GDP	TFP，GMM 估计	名义资本开放与 TFP 间呈正向关系，实际资本开放与 TFP 间无正向关系
Honig（2008）	122 个，1970～2015 年	AREAER、Quinn（1997）、Chinn 和 Ito（2007）、总资本内流/GDP、总资本流动/GDP	人均 GDP 增长率，OLS 估计和工具变量估计	资本账户开放与经济增长之间呈正向关系
Islam、Islam 和 Siddiqui（2014）	1 个，1991～1996 年和 1997～2003 年	二元变量（0—未开放，1—开放）	GDP 增长率、人均 GDP 增长率	相比于开放前经济增长提高
Zenasni 和 Benhabib（2012）	3 个，1970～2009 年	Chinn 和 Ito（2007）	实际人均 GDP 增长率，OLS、TSLS 和 GMM	摩洛哥资本账户开放与经济增长之间呈正向关系，另外两个国家不显著
Sulimierska（2014）	39 个，1995～2005 年	AREAER、Chinn 和 Ito（2007）等九类指标	衡量是否发生经济增长的二元指标，VAR 模型和 probit 面板模型	资本账户开放与经济增长之间呈正向关系

另一部分学者的实证结果显示资本账户开放对经济增长的推动作用并不显著，甚至存在负面作用。虽然同样基于新古典经济增长模型，由于采取的资本开放测度方法、全要素生产率（TFP）的估计方法等方面存在差异，Donald（2015）的实证结果显示资本账户开放对 TFP 的增长存在抑制作用。Zenasni 和 Benhabib（2012）以摩洛哥、突尼斯和阿尔及

利亚三个国家为样本进行研究，虽然经济增长与金融系统发达程度存在显著的协整关系，具体关系为金融系统的发展能够促进一国经济的提高，但资本账户开放仅对摩洛哥的经济发展起到推动作用，对另外两个国家的影响并不显著。

针对资本账户开放的增长效应不显著的问题，Henry（2007）从实证方法不足的角度分析了该问题的原因：第一，资本开放带来的暂时增长效应不能够通过截面方程验证；第二，运用政策实验的方法比较政策开放前后宏观经济的表现，将会带来政策内生性的问题，而且无法考察知识溢出效应和金融自由化改革的影响；第三，资本流动可能会形成信贷扩张，导致资产价格泡沫，对经济产生不利影响，因此资本账户开放对经济增长的影响存在不确定性。

2. 资本账户开放增长效应的前提条件

针对一些实证检验得出资本账户开放增长效应不显著的结论，大部分学者选择从阈值效应的角度展开解释，认为只有当国内需满足一定的前提条件或达到某一阈值时，开放资本账户对该国经济才能起到推动作用（IMF，2012，2013）。大部分学者得出需满足的前提条件主要包括：国内金融体系发达程度、政府腐败程度、国内机构体系效率、国民收入、政策风险、贸易开放程度、法律法规健全程度、会计准则是否完善等（见表 12 –2）。

表 12 –2　　有关资本账户开放增长效应前提条件的文献整理

研究文献	国家个数及年份	资本开放测量方法（CAL）	重要解释变量	被解释变量及实证方法	主要结果
Kunieda，Okada 和 Shibata（2014）	109 个，1985 ~2009 年	Chin 和 Ito（2006，2008）指数、（总资产 + 总负债）/GDP	腐败指数，腐败指数 × CAL	实际人均 GDP 增长率，GMM 估计动态面板数据	资本账户开放有利低腐败国的经济增长，不利于高腐败国
Eichengreen，Gullapalle 和 Panizza（2011）	49 个，1980 ~2004 年	Lane 和 Milesi – Ferretti（2007）	金融发展程度、是否为发展中国家、会计准则质量、法律法规、债权保护	产业增加值，GMM 估计	收入高、具备发达的金融体系、良好的会计准则、完善的法律法规和债权保护的国家实行资本开放能够推动经济增长
Sedik 和 Sun（2012）	37 个，1995 ~2011 年	根据 AREAER 构造的区分资本流入、流出及净流动的名义变量	实际人均 GDP 增长率初始值、通胀、股权回报率、银行资本充足率	实际人均 GDP 增长率，GMM 估计	金融体系发达、政府机构质量高、财政赤字低以及贸易开放程度高的国家实行资本开放能够推动经济增长
Klein 和 Olivei（2008）	95 个，1976 ~1995 年	根据 AREAER 确定的连续开放年数占样本区间的比例	是否为 OECD 国家（OECD），OECD × CAL	1976 ~1995 年实际人均 GDP 对数的变化，三阶 OLS 估计	资本账户开放有利低腐败国的经济增长，该推动作用在低收入国家不显著

续表

研究文献	国家个数及年份	资本开放测量方法（CAL）	重要解释变量	被解释变量及实证方法	主要结果
Ahmed 和 Van Hulten（2014）	2 个，20 世纪 80 年代和 90 年代	案例分析	案例分析	案例分析	金融深化、良好的宏观经济政策、贸易开放、产业政策、机构质量影响增长效应的重要因素
Gammoudi 和 Cherif（2015）	17 个 MENA 国家，1985～2009 年	Chinn 和 Ito（2008）	政策风险、政策风险 ×CAL	FDI，GMM 估计	资本账户开放能为政策风险小的国家带来吸引更多的 FDI，政策分析的阈值效应成立
Klein（2005）	71 个，1976～1995 年	AREAER	机构质量、CAL × 机构质量、CAL × 机构质量 2、CAL × 机构质量 3	1976～1995 年实际人均 GDP 对数的变化，GMM 估计	资本账户开放的增长效应随机构质量不同而不同，但机构较优（非最优）的国家效果最好
Edison 等（2004）	随资本开放程度指标不同而不同	Quinn（1997）、Arteta 等（2001）、Grilli 等（1995）、Bekaert 等（2001）、Rodrik（1998）	CAL × 初始实际人均 GDP 对数、CAL × 初始实际人均 GDP 对数 2	实际人均 GDP 对数的变化，GMM 估计	资本账户开放的增长效应在中等收入国家效果最明显

针对以上前提条件，其对资本账户开放经济增长效应限制的理论机制具体如下：（1）金融体系发达程度和政府机构监管质量，金融体系不够发达且监管不完善的国家更容易吸引债务资本，在这样的国家中，政策性较强、与政府关系密切的公司的规模更加壮大，外国资本也更容易被这样的公司吸引，从而削弱社会整体效率和 TFP 的增长（Kose、Prasad 和 Terrones，2009）。（2）政府腐败程度，当一国的金融管制程度较高时，政府腐败仅通过对劳动收入征税（包括不可观测的贿赂行为）抑制经济增长，一旦两国家间金融一体化程度有所增强时，由于高腐败国的投资回报率低于低腐败国，从而使资本从高腐败国流向低腐败国，因此资本账户放松管制时，相比于低腐败国，高腐败国的经济增长现象并不明显（Kunieda、Okada 和 Shibata，2014）。（3）宏观经济稳定，在资本账户开放之前或过程中，注重国内财政政策、汇率政策和货币政策的搭配，根据国内实际情况实现多样化的产业政策，保持温和稳定的通货膨胀率、一定的财政盈余和避免高估的汇率制度，增强贸易开放程度，实现宏观经济的稳定和较高的企业投资回报，将有利于该国通过资本账户开放推动经济增长（Ahmed 和 Van Hulten，2014）。（4）政策风险，对于资本账户开放

的国家，该国环境中的政治因素具有不可或缺的作用，较低的政策风险不仅有利于吸引国外投资，而且能够有效避免资本恐慌性逃离（Gammoudi 和 Cherif，2015）。

针对以上各种前提条件的理论解释，各学者的具体实证方法和结果如表 12 - 2 所示。Ahmed 和 Van Hulten（2014）将博茨瓦纳和尼日利亚两国进行比较，这两国均在 1986 年开始推行金融开放，并在 20 世纪 90 年代完成。这两国具有相近的人均 GDP，均依赖资源拉动出口，并且法律传统以及机构组织结构相近，但两国实现金融开放政策后的境况完全不同。Ahmed 和 Van Hulten 用阈值效应来解释这一现象，由于实施开放前两国的宏观经济政策、贸易与产业政策以及机构效率不同，从而导致两国开放后表现明显不同，尼日利亚出现大量资本外流，博茨瓦纳并无明显的资本外流，通货膨胀率和银行系统均表现稳定。Kunieda、Okada 和 Shibata（2014）将政府腐败程度纳入资本账户开放影响的考察中，建立起包括政府腐败程度和资本账户开放的两国模型，通过模型推导得出资本账户开放将使高腐败国与低腐败国之间经济增长的差距拉大，放大政府腐败对经济的影响，高者愈高，低者愈低，并且面板数据的实证结果也验证了该结论，即低腐败国实行资本账户开放将有利于经济增长。Eichengreen、Gullapalle 和 Panizza（2011）提出由于政策的内生性，因此以经济整体增长率作为被解释变量可能会对实证结果有所影响，他们选择以产业增加值替代经济增长率，并且多方面考察其他因素对资本账户开放增长效应的影响，经过估计得到收入、国内完备金融体系、完善的会计准则、法律法规和债权保护是开放资本账户重要的前提条件。

在资本账户开放前提条件基础上，另有学者提出该前提条件是否存在某一临界值或阈值，当该前提条件在该阈值水平之上或之下时，资本账户开放可以给国内带来良性的经济效应，反之则相反。针对该种阈值效应，学者们主要验证了该阈值存在与否以及具体处于何种水平。Sedik 和 Sun（2012）除了对 37 个国家 1995 ~ 2011 年的整体样本建立回归外，通过整理以往文献，以中位数为阈值，将样本按照金融发达程度、政府质量、财政余额/GDP 和贸易开放度四个变量分别进行划分，对各个变量阈值以上和阈值以下的子样本分别进行回归，从而确定各变量达到阈值后，资本账户开放对经济增长率的影响是否放大，实证结果表明各变量水平达到 50% 以上后，资本账户开放的增长效应显著增强。Gammoudi 和 Cherif（2015）侧重估计阈值所处的水平，他们利用 GMM 估计得到系数，经过计算后得出其样本政策风险的阈值水平为 35%，即样本中 35% 国家由于政策风险较高，将无法享受资本账户开放带来 FDI 内流、经济增长等益处。

在资本账户开放的前提条件的基础上，另一种研究角度是各种前提条件与资本账户开放的经济效应间的关系并非是线性的，而更倾向于非线性关系。Klein（2005）通过新古典理论模型的推导，考察资本账户开放下经济增长的变化率与国内机构质量之间的关系，发现两者之间存在倒 U 形关系，因此，Klein 在其面板模型中加入资本账户开放与机构质量一到三阶的交互变量，从而拟合两者间的倒 U 形关系，实证结果表示该种关系显著存在，并且说明资本账户开放的增长效应在机构质量中上等国家最明显，机构质量及效率最高的国家并未能享受到资本账户开放带来的高速增长。Edison 等（2004）将资本账户开放程度与初始实际人均 GDP 平方的交互变量加入到回归模型中，该交互变量系数显著为负表明中等收入国家在资本开放的过程中最为受益。

（二）资本账户开放的附加收益

针对资本账户开放对经济增长的直接影响并不显著，部分学者提出了另一种解释该现象的角度，即一国实行资本账户开放时该国的经济增长是通过其他途径而间接实现的，或资本账户开放可以该国带来附加收益（collateral benefits），进而这种附加收益可作为一条带动国内经济加速发展的渠道。Prasad 和 Rajan（2008）对资本账户开放的附加收益理论进行了非常系统的梳理，从整体上看，资本账户开放程度提高后将增加国内金融行业的竞争程度，并且国外投资需求将倒逼国内政府监管和法律法规的完善，与此同时国内的宏观政策实施将更具纪律性。具体来看，各种附加收益的具体表现及其实现渠道为：

第一，金融体系的深化表现为银行业和证券市场规模的扩大，也包括监管体系的完善，一方面，国外银行的入驻将通过行业竞争提升国内金融服务的质量和金融机构的运行效率；另一方面，证券市场的规模也将因其开放程度的提高而不断壮大，流动性更加充足。在实证方面，Klein 和 Olivei（2008）首先检验资本账户开放能否促进金融深化，进一步通过联立方程使用三阶最小二乘法进行估计，实证结果显示资本账户开放能够推动金融深化，从而提高经济增长率，但这种关系在 OECD 国家较为明显。

第二，随着资本账户开放性的提高，国内的企业监管框架也将因国外竞争的引进和国际投资需求的激增而逐步完善。来自其他监管更完善、制度更合理国家的资本将为国内的政府监管改革提供支持，并且国内政府治理和机构也将资本流出国作为一种可供参考的发展方向，进而解决国内较为复杂的监管问题。

第三，一国资本账户管制放松后，该国将更加注重宏观政策的纪律性，避免因大额的财政赤字或较高的通货膨胀，导致国际资本的恐慌性逃离或骤停，使得国内经济出现大幅波动。

除以上方面，资本账户开放的附加收益也在公司层面上有所表现：首先，公司股价将因资本账户开放产生变动。资本账户放松管制能够降低资本成本，从而刺激公司投资，改善公司前景，提升公司股价，降低股票市场的波动性（Moore，2010）。针对该问题，学者比较了政策实施前后股价的变动情况。例如，对于泰国 2007 年 1 月 29 日起允许投资者对冲其外汇交易，Vithessonthi 和 Tongurai（2012）以该事件为研究对象，一方面考虑资本账户开放政策对股价的影响，另一方面考虑政策的反复性是否影响其效用。利用市场模型进行估计后发现该政策对于股价的正向影响较小，按行业类别重新估计后，发现建筑业、服务行业、信息行业的股价仍因资本账户开放政策而出现超常收益。Chan 和 Kowk

（2014a，2014b）和 Chan（2014）以 2014 年 4 月 9 日中国宣布实行沪港通为政策研究对象，即上海证券交易所和香港联合交易所允许两地投资者通过当地证券公司（或经纪商）买卖规定范围内的对方交易所上市的股票，以在 A 股市场和 H 股市场共同上市的 84 家公司的股价为样本，观测该政策颁布前后股票价格的变动情况，实证结果显示该政策不仅使 A 股和 H 股的价格背离缩小，而且两种股票价格呈现出对称性调整，即当 H 股价格高于 A 股价格时，A 股价格上升趋近于 H 股价格，反之亦成立。

其次，资本账户开放将通过改变公司信用评级从而影响公司的借贷成本。Pasricha 等（2015）以 15 个新兴国家 1995 ~2004 年 11 个行业中的 492 家公司作为样本，将各家公司历年的 S&P 信用评级作为被解释变量，衡量各家公司获得资本的成本，显示资本账户开放对公司的信用评级有正面影响，从而提高公司在国际信贷市场上的融资能力，而可贸易公司与不可贸易公司对资本账户政策的反映不同，可贸易公司通过出口获得外部资金的能力较强，所以对资本账户管制程度变动不敏感，但不可贸易公司的融资能力直接受到资本账户政策变动的影响。

（三）资本账户开放与资本流动、汇率和利率

资本账户开放对一国汇率、利率以及资本流动的影响，直接决定该国开放后经济的稳定性。正如前文所述，如果一国不能满足一定的前提条件，如良好的机构质量、完善的法律法规，则实行资本账户开放并不能带来经济的增长，具有较强顺周期性和波动性的资本内流反而会导致经济的波动，从而放大汇率的波动性以及汇率的错位程度（Moore，2010；Ramos，2012）。

资本流动是资本账户放松管制后的直接影响，其规模和方向变化对经济的稳定运行具有决定性的作用。新古典增长理论中普遍的观点是，资本账户开放后，由于穷国的资本边际报酬较高，资本流动应由富国流向穷国，但 Lucas 悖论提出几乎很少的资本是由富国流向穷国的。Reinhardt、Ricci 和 Tressel（2013）重新对这一问题进行了检验，他们以开放前后经常账户余额反映资本流动方向的变化，经检验发现资本开放后收入低的国家更倾向于发生资本内流，收入高的国家更容易发生资本外流。

仅从资本流动方向的变化，难以全面地考察资本账户开放对经济的真实影响，一些学者主要从资本流动、汇率及利率方面综合考虑提高资本账户开放程度对经济稳定性的影响。资本账户开放对资本流动、汇率和利率具有不确定性的影响，一方面，资本账户放松管制的情况时，国内资本成本降低，投资项目质量上升，资本和外汇市场得以深化发展，对于冲击的抵御能力更强；另一方面，资本频繁流入流出将直接加剧汇率和国际收支余额的波动性。Bogdanov（2012）则是从以上两个角度研究资本账户开放对资本流动和汇率的波动性影响，其将净资本流动按净长期流动和净短期流动进行分解，以 Logit 模型基本模型，采用倾向得分匹配法评估资本账户开放对资本流动及汇率波动性的影响，模型的结果

显示资本流动开放对长期和短期的资本流动均无显著影响，在中长期内资本账户开放有利于外汇市场的完善和发展，因此资本账户开放政策未显著加剧汇率的波动性。

对于资本账户开放对汇率波动性的影响，一些学者提出其他观点。Ezzahid 和 Maouhoub（2015）以摩洛哥为研究对象，利用 SVAR 模型考察其自 1993 年实施开放后对实际有效汇率、利率等变量影响，脉冲响应及方差分解结果显示资本账户开放对实际有效汇率的影响最大，实际有效汇率经历先升值后贬值的过程，资本账户开放对 SVAR 模型中的其他变量影响较小。因此，鉴于资本账户开放汇率的波动性的放大效应，有学者提出应当保证汇率制度的灵活性，应渐进开放资本账户，避免资本账户开放对经济竞争力带来较大冲击（Ezzahid 和 Maouhoub，2015）。

（四）资本账户开放对经常账户影响

直观上来看，作为国际收支的组成部分，资本账户和经常账户之间必然存在非常紧密的相互关联。首先，从国际收支恒等式来看，经常账户赤字可以通过资本与金融账户或净官方储备流动进行融资，反之，若只有当保持一定规模的经常账户盈余时，才可能实现官方国际储备的净增加；其次，从开放经济一般均衡角度来看，两者存在结构性的相互依赖关系。经常账户余额相当于国内私人和政府部门的储蓄之和与国内投资的差额，即国内产出的超额供给，资本与金融账户余额为本国持有的外国资产，即对资产的超额需求。

Tang 和 Fausten（2008）对以上两种框架进行检验，其结果更支持第一种框架下两者的相互依存关系。因此，一国资本账户放松管制时，资本与金融账户的余额对经常账户余额也会造成影响。Saadaoui（2013）利用面板模型对资本账户开放与经常账户余额的中长期关系进行探究，Saadaoui 将样本分为工业化国家和新兴国家两个子样本，并且按照名义和实际资本账户开放分别进行回归，回归结果表明由于国内投资率的下行压力，资本账户开放对工业化国家的经常账户余额有正向作用，但对新兴国家的经常账户余额有负向作用。

四、资本账户开放与金融稳定性

资本账户放松管制后，在国内外因素引导下，资本跨境流动规模将会增大，为资本大幅内流和反转提供了条件，并可能会对开放国造成较大冲击，危及国内的金融秩序和稳定性。比对 IMF（2016）与 Furceri、Guichard 和 Rusticelli（2011）整理得的世界各国对外危机情况和资本大幅内流情况（具体见附录 1 和附录 2），可以看出：首先，在 1970 ~ 2007 年期间，许多发生外部危机的国家，在危机前夕对应发生了净资本大规模流入，例如巴西在 1983 年、1999 年和 2001 年均发生了三次外部危机，而在 1981 年、1995 ~ 1997 年和 2000 年都有净资本大规模流入巴西，阿根廷在 1995 年和 2001 年发生了两次外部危机，

1993 年和 1997 ~ 1999 年阿根廷也发生了两次净资本大幅流入。其次，从各类资本流动情况来看，债权资本内流的波动幅度明显高于股权资本和 FDI，其规模多达占 GDP 的 50% 左右，股权资本受各国管制政策的影响，其规模大多仅在 GDP 的 10% 以内，说明各国资本内流中债权资本占比相对较大。

因此，资本账户开放与金融稳定性的具体关系是各学者研究的核心问题，资本账户开放能否导致金融危机及其产生机制是该方面研究的重点内容。在现有资料中，学者从资本账户开放顺序入手，主要关注了资本账户开放与金融危机发生概率的关系，以及危机的产生机制。另外，资本流动在金融危机中的反转和骤停现象，也对资本自由化国家带来较大冲击，本部分也将梳理众学者关于资本骤停和反转的讨论。

（一）资本账户开放顺序

各学者关于资本账户开放顺序的讨论不仅局限于各类资本管制放松的次序，而且涵盖了宏观层面上开放资本账户与深化金融体系、增强汇率制度灵活性的先后问题，因此资本账户开放事实上是一系列政策相互协调的过程。资本账户开放顺序问题之所以关键，是因为资本账户放松管制时各种政策的顺序处理不当可能将直接导致国际资本大规模流入流出，增加经济中的系统性风险，对经济金融的稳定造成较大破坏。

当前，关于宏观层面资本账户开放顺序最常见的观点是由 McKinnon（1973）提出的，即合理的资本账户自由化顺序有利于该国在自由化的过程中实现收益最大化和风险最小化，且该国在放松资本账户管制之前，应当率先保证宏观经济的稳定，发展国内金融体系，创新金融产品。另外，为保证资本账户开放后货币政策的独立性，在权衡利弊后有必要维持较为灵活的汇率制度（Prasad、Rumbaugh 和 Wang，2005），这种观点也从侧面印证了推行资本账户开放是存在一定的前提条件。

除以上观点，另外还存在两种其他观点，一种是出于政治因素的考虑，国内各项改革在没有外界压力的情况下难以实现，而资本账户开放将在各类经济改革中起到重要的催化作用，倒逼国内各项改革的推进；另一种则中和以上观点，即资本账户开放与国内各项宏观经济的结构性改革是互为一体、共同实现的。在实际中，以上三种资本账户开放顺序的抉择是由各国推行改革的目标决定的（Johnston，1998）。

进一步具体到各类资本流动管制的放松，Mohan 和 Kapur（2010）针对新兴国家资本账户的开放，将其开放顺序总结为：优先放开资本内流管制，谨慎对待资本外流自由化的时机及各部分的开放顺序；鉴于外国直接投资具有稳定性并且促进专业技术和管理能力的提高，对外直接投资应当最先开放，其次为股票投资内流，债券投资的开放应当最为谨慎，其中以本币计价的债券投资应先于外币计价债券开放，避免因利差的存在而导致大量资本流入，造成国内信贷供给过剩。另外，对银行等金融机构的限制力度应高于企业公司，避免银行倒闭带来系统性风险。虽然，第六部分中各国资本账户开放的共同经验能够证明以上逐步开放资本账户的可行性，但以上逐步开放资本账户的政策效果是受到资本管制有效性和各国实际情况干扰的（Johnston，1998），这也是各国在逐步放松资本管制时遇到形形色色问题的原因。

（二）资本账户开放与金融危机发生概率的关系

一国放松资本账户后，跨境资本流动的规模和频率都将提高，尤其是资本大规模流入和撤离会对该国经济和金融稳定性产生显著影响（Sulimierska，2014），而且资本账户自由化还会在一定程度上削弱长期利率和短期利率的联系，进而降低货币政策的有效性和调节能力（Jain－Chandra 和 Unsal，2012）。面对美国加息等外部冲击，开放程度高的国家的利率将面临上行压力，实际有效汇率上浮（Dedola、Rivolta 和 Stracca，2016）。

因此，许多学者将研究的重点放在资本账户开放与金融危机发生概率的关系上，尤其是大规模资本流入后金融危机的发生概率。

关于资本账户放松管制后金融危机的发生概率，各学者主要考察资本管制放松的背景下资本流动与金融危机发生概率的关系。具体整理见表 12－3。由表 12－3 可以看出，学者们通过实证检验得出一致的结论：资本账户管制放松的背景下，资本大规模跨境流动将削弱一国宏观经济和金融体系的稳定性，进而导致货币危机、系统性银行危机和债务危机发生概率的上升。在各类资本中，债权资本内流和银行贷款增加是对银行危机发生概率的影响尤为显著。

表 12－3　　有关资本账户开放与金融危机发生概率的关系文献整理

研究文献	结果
Caballero（2012）	资本净内流大幅增长将提高第二年银行危机的概率 资本净内流增长越强劲，发生银行危机的概率越高
Furceri、Guichard 和 Rusticelli（2011）	资本净内流大幅增长将增加银行危机和货币危机的概率，且银行危机常先于货币危机发生 债权资本净内流增加是导致银行危机概率提高的主要因素
Powell 和 Tavella（2012）	总资本大量内流导致银行危机发生概率提高 债权资本和其他资本中银行贷款是诱发银行危机的主要因素
Ahrend 和 Goujard（2012）	分析了金融账户头寸结构对系统性银行危机（伴有货币危机和债务危机）的推动因素 对外负债中，债务占比越大，货币错配程度越高，短期银行负债占比越大，银行危机发生概率越高

鉴于三元悖论下资本账户开放和汇率制度的关系，故将汇率制度纳入考虑范围内。Jongwanich（2006）运用泰国 1988～1996 年的宏观经济数据，模拟泰国固定汇率下资本开放、固定汇率下资本管制、浮动汇率下资本开放和浮动汇率下资本管制四种情况的货币危机发生概率后，提出泰国在外汇市场与金融不够发达的情况下，过早地开放其资本账户并采取有管理的浮动汇率制，使得实际汇率升值对经济造成了不利影响。Esaka（2010）经

实证得出固定汇率制度下实行开放政策，发生货币危机的概率最小。Dedola、Rivolta 和 Stracca（2016）提出的外部冲击（如美国加息）抵御能力最强的政策组合为浮动汇率制度和资本管制政策。由此可见，资本账户自由化和浮动的汇率制度间确实存在一定冲突。

由于资本账户放松管制的前提条件和长期内的增长效应及附加收益，部分学者得出与上述相反的结论。Shen 和 Yang（2015）运用有限滞后分布模型研究中国 1983～2013 年资本账户开放与其金融稳定性之间的关系，将外汇市场压力指数（EMP）作为被解释变量放映货币危机的压力，其模型估计结果显示中国资本账户开放的第一年会加剧金融的波动性，但长期内有利于资本账户开放有利于保持金融的稳定性。Glick、Guo 和 Hutchison（2004）通过列举以往资本管制国发生货币危机的反例及相关研究，提出实施资本管制的国家经济基本面更加不稳定，存在一定脆弱性，而资本账户开放程度较高的国家宏观经济和政策环境可能更加稳定，金融机构更加发达，因此发生货币危机的概率较低，研究其 probit 基准模型（具体结果见附录 3）和匹配倾向得分模型，分别得出一国资本账户开放程度与经常账户盈余、贸易开放程度、金融机构发达水平和政府改革变动次数呈正相关，与金融压抑和政府支出呈负相关，以及资本账户开放程度较高的国家发生货币危机的概率较低的结论。Sulimierska（2004）虽然同意资本账户管制放松加剧宏观经济和金融体系的波动性，但其实证结果支持 Glick、Guo 和 Hutchison（2004）的观点，即当一国经济稳定增长时，该国政府也会倾向放松该国的资本管制。

鉴于资本账户开放与金融危机的关系，一些学者选择将资本账户开放应用于金融危机的预测，以达到预警作用。Chamon、Manasse 和 Prati（2007）预测的对象包括主权债务危机、银行业危机和企业危机，用于预测的危机指标分为外部指标、财政指标、金融指标、公司指标，其中外部指标包括国际储备、经常账户余额、实际汇率的高估程度、名义汇率制度类别、对外债务。Chamon 等人利用二元分类树方法，对 49 个国家 1994～2005 年间的数据依次进行样本内拟合和样本外预测，从而筛选危机指标，最终发现国际储备、经常账户余额、短期外债是二元分类树法的主要评价指标。与 Chamon、Manasse 和 Prati（2007）不同，Qin 和 Luo（2014）利用预警系统（Early Warning System）对 G20 国家的银行业危机进行预测，并且在危机指标中加入 Chin 和 Ito（2007）提出的资本账户开放程度指标，建立面板 logit 模型，进行样本内拟合和样本外预测，结果显示资本账户开放具有较好的预测意义。

目前的研究结果均表明资本账户开放程度具有显著的预测意义，但该方面的研究仍然不够充分，并且学者对资本账户开放的指标选取问题仍没有达成一致，多种法规指标和名义指标的测算方法中哪一种指标最适用于危机预测，这是危机预测中亟待解决的核心问题。

（三）资本账户开放下金融危机的产生途径

大部分学者的研究都提出资本账户开放程度提高将推动金融危机的产生，并且提出了金融危机具体的形成机制，如图 12－2 所示，当前较完整的形成途径分为以下三种：资产价格波动、信贷繁荣和金融脆弱性的传染效应。本部分将根据现有文献，对以上三种机制进行整理。除了以上三种，另有学者提出资本大规模流入致使实际汇率升值，国内制造业及高附加值产品的竞争力降低，从而导致“荷兰病”的现象，且将付出较大的调整成本，并可能引起衰退（Powell 和 Tavella，2012；Davis，2014）。

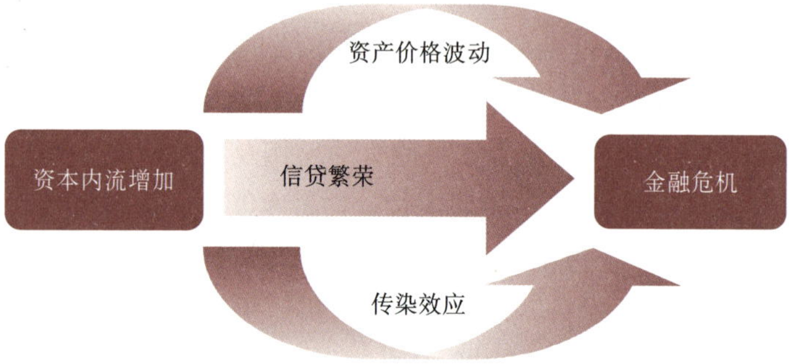

图 12－2　资本账户开放下金融危机的产生途径

1. 资产价格波动

当一国推行资本自由化，尤其是新兴国家放松资本管制后，更多的资本将流入该国，对国内资产需求上升，国内资产价格存在上行压力，资产泡沫相伴而生。例如，Reinhart 和 Reinhart（2008）通过总结以往各国资本大规模流入时期的特点，提出股价和房价的趋势相近，均在资本大规模流入时达到峰值，在资本大规模流出时开始下滑，Balakrishnan、Nowak 和 Panth（2012）也指出亚洲金融危机时期亚洲股票市场和房地产市场明显过热。资产价格上升使得银行业和非银行企业的净值得到改善，银行和企业均调整其业务，以实现自身规模扩张，一旦资产价格扭曲被发现，泡沫被挤出，企业收益将无法偿还贷款，银行贷款无法收回，抵押物价值下降，出现大量不良资产，从而导致银行危机爆发（Powell 和 Tavella，2012）。

Caballero（2012）通过区分债权资本、FDI 和股权资本三种资本大规模流入发现，所有种类的资本均提高了银行危机的发生概率，债权资本和 FDI 大规模流入主要通过信贷繁荣来推动银行危机的发生，但股权投资在不存在信贷繁荣时对银行危机发生概率的影响依然显著，说明股权投资大规模净流入通过推动资产价格上行，积聚了潜在金融风险。Davis（2014）的脉冲响应结果也得出相同结论，股票价格由于总资本流入的大幅增加而显著上升，但对总资本按种类分解后发现，只有股权投资的大规模流入对股价有显著影响。

2. 信贷繁荣

推行资本账户开放后，在资产价格上升的影响下，净值效应将改善金融业和非金融业企业的资产负债结构，使得其资产负债表更加健康，从而促使银行更倾向扩大资产规模，企业也趋于获得贷款进行投资。另外，若国际资本直接以银行贷款的形式进入本国，进而使银行存款和其他类型负债增加，银行信贷规模也相应放大（Amri 等，2016）。国内信贷过度扩张进一步推高资本市场泡沫以及实际汇率的高估程度，资产负债货币和期限的错配程度显著增加，银行业潜在风险积聚，金融危机发生的可能性就较高（Calderon 和 Kubota，2012）。

以上述理论为基础，针对信贷繁荣在金融危机的推动作用，众学者的实证检验主要分为两个方面：第一，检验资本大规模流入后是否伴随信贷繁荣的产生；第二，检验信贷过度扩张是否导致金融危机。

针对前者，大多学者均发现了资本大幅内流或资本内流规模扩大与信贷繁荣的正相关关系，并债权资本在其中起到主要作用。Davis（2014）以脉冲响应结果显示出资本价格上升，总资本内流增加也将带来信贷规模的显著增加，而按照种类对总资本进行分解后发现，债权资本内流的影响与总资本相近，也会导致信贷规模的扩张，但含有 FDI 的股权资本内流的影响并不显著。Calderon 和 Kubota（2012）分别以总资本内流的规模和资本净内流的规模为对象，考察其与信贷繁荣的关系，面板 probit 估计结果显示，总资本内流和资本净内流对信贷繁荣都有推动作用，具体来看，含有银行信贷和债券投资的债权资本与信贷繁荣具有显著的正相关关系，但含有股票投资和 FDI 的资本内流并无显著影响，甚至在加入其他控制变量的情况下具有减缓信贷繁荣的效应。但由于测算方法和考察期限的不同，一些学者实证检验得到的结果并不明确，如 Amri、Kim 和 Nurgoho（2016）采取多种资本大规模流入和信贷繁荣的测算方法进行实证检验，受测算方法和其他因素的影响，资本大规模流入和信贷繁荣之间的关系并不紧密。Furceri、Guichard 和 Rusticelli（2011）的研究显示，短期（2 年）内资本大幅内流导致信贷出现小幅（2%）增长，但从中长期（7 年）来看，信贷规模呈现大幅（7%）萎缩，另外，配合灵活的汇率制度逆周期的财政政策，也将减弱信贷扩张的规模。

针对后者，现有文献不仅考察了资本内流激增是否通过信贷繁荣导致金融危机，而且进一步对各类资本的具体影响进行区分。Calderon 和 Kubota（2012）按信贷繁荣后是否伴随金融危机将信贷繁荣进行分类，从而检验资本内流激增对两类信贷繁荣的影响，实证显示含有银行贷款的债权资本内流规模扩大将导致伴随有金融危机的信贷繁荣增加，而股权资本和 FDI 与信贷繁荣未呈现显著正关系，FDI 甚至能够降低伴随金融危机的信贷繁荣的概率。Caballero（2012）在证明了资本净内流激增将提高银行危机之后，进一步通过实证检验指出存在信贷繁荣时资本净内流激增对银行危机发生概率的影响更大，债权投资净内流的影响在信贷繁荣下也显著提升，但股权投资的影响并未因信贷繁荣而发生显著变化。

3. 传染效应

一国实现资本自由化后，外部冲击对国内的影响加大，即使国内宏观经济稳定，金融体系完善，由于外部金融危机的传染效应，也会导致本国的国际信贷资源萎缩，该国仍有可能爆发危机（Janus 和 Riera – Crichton，2016）。Ahrend 和 Goujard（2012），Schmukler、Zoido 和 Halac（2010）将传染效应的具体途径总结为以下三种：

第一，贸易或其他实际联系。危机发生货币贬值时，导致其他国家出口产品竞争力下降，或对 FDI 的吸引力下降，从而影响其他国家经济的正常运行，造成危机的扩散。

第二，金融途径或金融机构资产负债表。危机国带来的外部冲击导致其他国家银行或其他金融机构资产负债表恶化，促使其出售对外资产，或撤回对外贷款，收紧信贷，提高信贷门槛来满足国内监管要求，造成其他国家的资金短缺，融资成本增加，资金需求难以满足。

第三，金融市场预期或羊群效应。危机国带来的负面冲击导致投资者对于类似国家的预期恶化。特别是在债权人对负面冲击的缘由或借款人的信用状况存在高度不确定性的情况下，外国银行会减少其跨境借贷，机构投资者也会减持相似国家的金融资产，从而推动金融危机的自我实现。

针对金融危机的传染效应，现有研究主要对资产负债表和金融市场预期两方面进行检验。Ahrend 和 Goujard（2012）考察了资产负债表途径，并按照债权人撤回对外贷款的直接影响和收紧信贷、抬高信贷门槛的间接影响，将该途径进行区分，实证表明资产负债表途径在金融危机中具有明显的冲击作用。尤其在全球经济衰退期、银行对外国资金依赖程度高和持有较高比例短期外债时，通过金融机构资产负债表恶化带来的传染效应尤为明显，且间接影响在其中则发挥主要作用。

Ahrend 和 Schwellnus（2012）研究了金融市场途径，发现对邻国市场情绪变动能够对资本流动的方向产生影响，即针对邻国市场的预期优化时，资本内流增加，反之，则相反，但投资者的市场情绪反转与本国的结构性政策有关，如实施严格的市场监管、建立发达的资本市场、提高信息透明度和灵活的汇率制度均有助于减缓对邻国市场的情绪变化带来的影响。

本部分梳理了金融危机的产生机制，整体来看具有以下特点：第一，资本自由化下，一国面临大规模资本内流将通过信贷繁荣、资产价格波动和传染效应三种途径，推动金融危机的产生；第二，不同种类的资本形成金融危机的途径不同，债权投资和股权投资分别通过信贷繁荣机制和资产价格波动，推动金融危机产生，FDI 能够在一定程度上防止金融危机的发生；第三，传染效应中，金融机构资产负债表和金融市场预期是危机国溢出效应的重要途径，且均与信息的不对称性相关。

（四）资本账户开放与资本骤停

资本账户放手管制后，大规模资本内流可能受外部冲击或投资者预期改变的影响，出现骤停和反转现象，对国内经济金融的稳定性具有较大的破坏性，甚至可能导致金融危机，资本骤停也成为资本账户自由化下金融稳定性的研究内容之一（见图 12 – 3）。

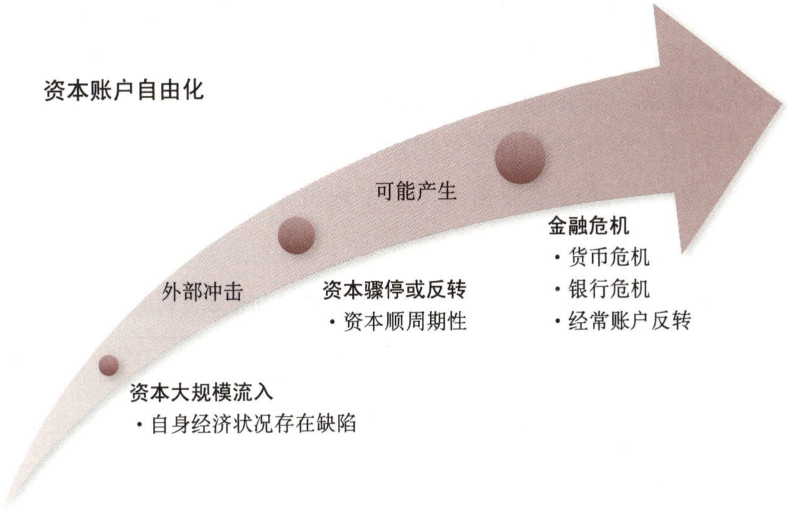

图 12-3 有关资本骤停和反转的研究内容

在资本账户自由化的背景下，资本大规模内流是资本出现骤停或反转的前提条件，同时，该现象也与资本流入国经济基本面状况有关。Furceri、Guichard 和 Rusticelli（2011）的实证检验结果显示，除前期大规模资本流入是资本骤停的诱发因素外，资本账户开放程度较高、贸易开放程度较高、国家经济体量小、对外债务偿还能力低都可能导致资本骤停。Arteta、Kose 和 Ohnsorge（2015）通过整理其他学者的研究发现，影子银行、经常账户失衡、国内负债美元化和高杠杆率都可能导致资本骤停，而贸易开放度较低也可能导致资本骤停的发生（具体见附录 4）。

资本骤停反映了国际资本流动顺周期性的特点。由于资本账户放松管制时，资本流动的顺周期性加强，经济繁荣时，大量资本流入，导致资产价格上升，一旦经济前景放缓，资本可能停止内流，甚至大量流出，各类金融机构减价出售资产，导致资产价格加速下降，经济状况更加恶化，该种顺周期性不仅加剧了经济周期的波动，而且削弱了逆周期政策的效率（Ocampo，2015），是金融危机的外部因素之一（Schmukler、Zoido 和 Halac，2010），放大了国内实体经济和金融体系的脆弱性。另外，国际资本遵循市场机制，反应迅速，短时间内能够大量流入和撤离，虽然长期内可以改善基本面，但短期内会引起对经济基本面情况变动的过激反应，导致发生危机的概率增加，例如，亚洲金融危机和 2008 年金融危机发生前，由于经济前景乐观，大量资本流入亚洲发展中国家，危机发生后，已流入的资本会迅速撤回发达国家避险（Gupta 和 Sengupta，2014）。

资本骤停将使一国面临国际信贷约束，并容易受到国际投资者预期转变的影响，使资本流入明显减少，经济的稳定性遭到破坏，甚至可能推动金融危机的形成（Yazdani、Tayebi 和 Harvie，2013），因此，许多学者通过实证检验验证了资本骤停和金融危机之间的相关关系。Hutchison 和 Noy（2006）提出资本反转不一定伴随货币危机，也不是货币危机或国际收支危机的特点之一，表 12－4 显示其样本数据中 24 个新兴国家 1975～1997 年货币危机和资本反转的分布情况，发生资本反转和不发生资本的货币危机比例相近，但资本骤停和货币危机存在一定的相关性。Janus 和 Riera－Crichton（2016）得出银行危机与资本反转相关的结论，但相对于 OECD 国家，该相关性在发展中国家更加显著。Arteta、Kose 和 Ohnsorge（2015）通过整理相关文献发现资本骤停和银行危机、经常账户反转相关。

表 12－4　Hutchison 和 Noy（2006）样本中货币危机和资本反转的频率

	Currency crisis	No crisis
A. "Normal" crises and capital flow reversals		
Capital flow reversal	34（6%）	85（16%）
No reversal	26（5%）	389（73%）
B. Major crises and major capital flow reversals		
Capital flow reversal	26（5%）	49（9%）
No reversal	23（4%）	436（82%）

注：本表来自 Hutchison M M，Noy I. Sudden Stops and the Mexican Wave：Currency Crises，Capital Flow Reversals and Output Loss in Emerging Markets [J]. Journal of Development Economics，2006，79：225－248。

另外，除了相伴而生的金融危机，资本骤停还能在短期内对实际 GDP 增长率产生比货币危机更强烈的负向影响，其影响机制主要在于通过信贷约束的收紧，限制了资本流入国中间产品和投资品的进口，导致投资和产出的下降，而且资本骤停还将伴随实际汇率的波动，降低工业产值，高度依赖外资行业的失业率也将上升（Hutchison 和 Noy，2006；Arteta、Kose 和 Ohnsorge，2015）。资本骤停发生国的自身特点也将放大或减轻资本骤停的影响，部分美元化和短期资本流动导致资本骤停成本增加，灵活汇率制度、扩张性货币政策、相机抉择财政政策则可以降低资本骤停成本（Arteta、Kose 和 Ohnsorge，2015）。

五、资本管制的影响

理论上，由于资本管制不仅能够改变资本内流的组成，延长对外负债的期限，而且可以增强货币政策的独立性（Ocampo，2015），因此各国均采取不同程度的资本管制。许多学者针对资本管制的影响展开研究，本研究将从两个角度对该问题进行介绍：一方面，在三元悖论下，学者主要考察实施资本管制能否提高货币政策的独立性；另一方面，加强资本管制能否对利率、汇率、资本流动等经济变量产生显著影响是另一研究的重点问题。

（一）资本管制对货币政策独立性和汇率制度选择的影响

三元悖论下，资本自由流动、固定汇率制和独立的货币政策必须要放弃其中一个目标。Straetmas、Versteeg 和 Wolff（2013）将资本管制的影响分为直接税收效应和政治风险溢价，均纳入套补利率平价（CIP）和非套补利率平价（UIP）等式中，检验资本管制对 CIP 和 UIP 的影响程度，从而研究资本管制能否增强货币政策使用利率来调节宏观经济的能力，回归结果显示在新兴国家和欧洲国家，资本管制对 CIP 有较小的显著影响，但对 UIP 无显著影响，说明资本管制对货币政策独立性的提高无显著影响。Gupta 和 Sengupta（2013）对 1996 ~ 2011 年印度资本管理的研究显示，印度的政策组合为有选择的资本管制、适当灵活的汇率制度以及对过度的资本内流进行冲销干预，相对于另外两个目标，央行独立性的实现程度较低，但近些年印度在保持一定的资本管制水平下，通过提高汇率变动的灵活程度，使央行的独立性明显增强。

关于汇率制度的选择，Ezzahid 和 Maouhoub（2014）利用序贯博弈理论，研究摩洛哥在逐渐放松资本管制的过程中汇率制度的选择问题，比较不同资本账户开放程度和汇率制度组合对一国经济竞争力及价格稳定的影响，进一步确定各种情况下央行的损失。各种组合的损失情况表明当资本账户开放程度超过 40% 时，浮动汇率制为最佳选择。

（二）资本管制的有效性

各国的资本管制措施变化趋势主要表现为危机前放松资本流出管制，危机发生时加强资本流入管制（Pasricha 等，2015）。目前大部分新兴国家都采取了资本管制措施，其目的是限制资本流入（Pasricha，2012）。本章对资本管制有效性的定义为资本管制的实施能够在一段时间内对特定经济变量产生显著影响，如利率、汇率、货币供应量、通过膨胀、外汇储备等。保证资本管制的有效性需要合理的监管框架，依据资本流动的类别实施相应资本管制（Nunnenkamp，2001）。另外，应当加强国际间的合作，制定多边的资本管制措施（Ghosh、Qureshi 和 Sugawara，2014）。本部分内容分为资本管制的有效性检验和区域合作对资本有效性的影响（见图 12 -4）。

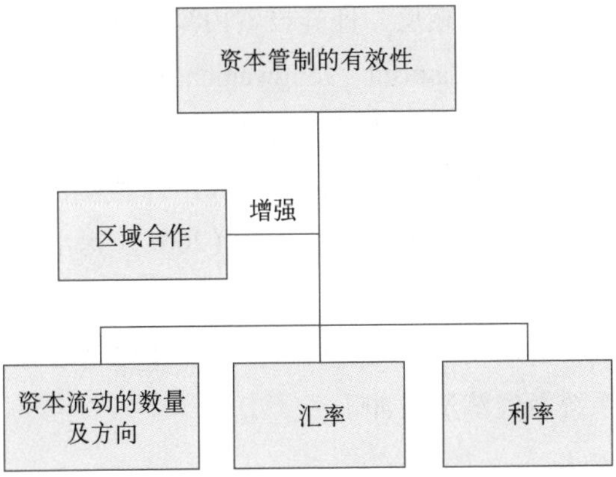

图 12 -4 本部分内容框架

1. 资本管制的有效性检验

由于资本管制对多种经济变量均有影响，大多数学者主要将资本管制按照资本流动种类和方向进行划分，分别研究各类资本管制措施的效果，对有效性的检验主要分为资本流动的数量及方向变动与利率和汇率变动两方面。现有文献中实证检验的结论基本一致，资本管制仅能够显著影响资本净外流，但对实际汇率无显著影响。

Pasricha 等（2015）按照净资本流动方向将 17 个国家 2000 ~ 2001 年的资本管制措施分为净流入紧缩措施（net inflow tightening measures）和净流出放松措施（net outflow easing measures），将两种资本管制措施与汇率、货币政策独立性、资本流动一同作为内生变量建立 VAR 模型，研究各变量间的动态关系，得出资本管制措施的效果有限的结论，资本管制措施的效果与货币独立性存在矛盾关系，例如，当保持独立的货币政策时，净资本流入紧缩措施无法减少资本内流或抑制本币升值，但净资本流入紧缩措施对其他国家有显著的溢出效应，在拉美地区国家尤为显著，该效应的传导主要是通过汇率变动，而不是资本流动实现的。

Binici、Hutchison 和 Schindler（2009）认为直接分析资本管制对总资本流动的影响可能会带来误导，因此他们将资本管制按照资产种类和方向划分为股票内流和外流限制、直接投资内流和外流限制以及债券内流和外流限制六种，分别研究各类资本管制对各部分资本流动的影响。回归结果显示虽然资本管制对总流动有影响，但其对资本内流无显著影响，仅对各类资本外流有显著影响。Gochoco - Bautista、Jongwanich 和 Lee（2010）得出了相似的结果，他们对 9 个亚洲新兴国家的资本管制有效性进行了检验，脉冲响应函数显示资本管制仅对净外流有明显控制效果。

关于资本管制对利率和汇率的影响，Tamirisa（2004）考察了马来西亚 1994 年和 1997 年金融危机期间分别放松资本管制和加强资本内流控制的影响，建立起包含证券净资产、实际汇率、实际利差、四种不同资产类别资本管制指数的误差修正模型，估计结果表明证券投资外流管制能降低实际利差，相反，证券投资内流管制将推高实际利差，但两者均对实际汇率无明显影响。Gochoco - Bautista、Jongwanich 和 Lee（2010）的研究同样表明两种管制对实际汇率的影响有限。1990 ~ 2003 年印度在逐渐放松资本账户管制的过程中，大量资本内流下实际汇率未出现大幅升值，国内利率和国外利率仍存在一定利差，且黑市的汇率风险溢价以及资本外逃水平明显下降，Jadhav（2003）提出了印度的资本管制是有效的这一结论。

由以上分析可知，资本管制具有一定的有效性，主要是通过控制资本净外流，防止资本快速流出来避免金融系统及经济遭受冲击。

2. 资本管制的区域合作

1997 年随着经济与监管政策的多边影响，IMF 从关注资本流入国的政策调整，转变为注重资本流入国和资本流出国的共同调整（Tallada，2013）。亚洲金融危机后，亚洲出现了多个联合体，由于缺乏秘书长人选、协调失败以及利益冲突等原因，亚洲国家的多边合作进展缓慢，直至2008年金融危机爆发后，各国才重新加强了对多边合作的重视（Goyal，2010）。在金融一体化和国际化的趋势下，资本管制的区域合作也成学者热议的内容。Gupta 和 Sengupta（2014）梳理了亚洲发展中国家1995~2011年资本流动及其管制措施的实施情况，强调单边资本管制可能会对其他国家造成不良影响，主张国际组织应当对资本管制措施进行共同协调。

另外一部分学者分别从理论和实证的角度对区域合作的作用与影响进行分析。Ostry、Ghosh 和 Korinek（2012）建立纯理论模型来讨论资本流动多边管理的作用，理论推导结果显示资本流动的区域合作能够提高政策的管理效率。结合实际，Ostry 等人提出资本流动应由资本流入国和资本流出国共同管理，从多边角度考虑资本管制政策的成本与收益。Ghosh、Qureshi 和 Sugawara（2014）从实证的角度考虑该问题，与以往学者不同，他们以银行跨境资本流动为研究对象，将资本管制按照债券、股票、直接投资、金融信贷管制和审慎性措施分类，比对资本流入国或资本流出国单独一方施加资本管制的影响与双方共同施加管制的影响，发现单边的各类资本管制措施均能够有效管理资本流动，但是资本流入国和流出国相互配合共同实施管制措施更有效。Ghosh 等人进一步检验了资本管制的溢出效应，一国采取资本内流管制措施，将导致其他相近的国家资本内流显著增加。

现有文献显示，多边合作实施的资本管制更加有效，不仅经济的调节作用更为显著，而且降低了各国实施管制的整体成本。资本管制区域合作的研究处于刚刚起步的状态，许多问题还有待探讨，比如资本流入国和资本流出国各自实施的资本管制政策强度是否有所不同，资本管制溢出效应的影响范围等。

六、各国资本账户开放经验

目前，许多国家积极实行资本账户开放，并取得了显著成效。各国学者纷纷梳理不同国家的开放进程，总结各国在开放中问题与可取之处，为其他国家实行资本开放政策提供了宝贵经验。

（一）各国资本账户开放的共同点

多位学者对印度、日本、东南亚等国家资本开放过程进行了系统论述及评价。从各国资本账户的开放过程来看，由于各国经济条件、外部环境以及金融系统发达情况不同，其推进开放的顺序、持续时间以及效果也存在差异，但各位学者仍在资本账户开放的基本问题上达成了一致。

关于资本账户开放顺序，本研究以日本和印度为例。日本资本账户开放的大体趋势表现为：1960年，首先开放经常账户对应的汇兑交易，其次为对内直接投资和其他投资，对外直接投资和其他投资在1972年基本放开，最后，直至20世纪70年代中期部分机构投资者才允许对外进行证券投资（Aramaki，2006）。相比之下，印度的开放顺序更加清晰：股权投资最先开放，其中外国直接投资先于股票投资；债券投资中长期债券投资开放优先于短期债券投资开放。与上文第四部分中理论相一致，两者均选择放开直接投资，股票投资次之，最后才放松债券投资的限制。

关于资本账户开放受益的前提条件，本章在第二部分中，大量实证研究都表明资本账户开放正向收益的产生需要一定的前提条件。另外，一些学者们梳理了不同国家开放政策的特点与受益国基本条件。纵观这些研究结果，众学者对资本账户开放前提条件的总结基本包括以下几点：第一，避免激进地迅速开放资本账户，渐进地实施资本账户开放，将其作为稳定宏观经济的工具和审慎性措施；第二，在开放资本账户前，提高汇率制度的灵活性，确保货币政策的独立性，降低投机动机；第三，实现资本账户开放需有稳定的宏观经济条件、发达的金融市场体系和完善的监管框架（Ahmed 和 Van Hulten，2014；Roy、Misra 和 Misra，2006；Aramaki，2006；Gupta 和 Sengupta，2014；Prasad、Rumbaugh 和 Wang，2005）。

（二）中国资本账户开放的问题研究

中国目前已逐步推进资本账户开放，实现部分资本项目可兑换，但管制模式仍以行政审批和数量控制为主，资本流出的管制程度高于资本流入的管制程度，交易主体和交易形式的管理也存在差异性。中国未来资本账户还存在较大的开放空间。由于中国庞大的经济体量对世界经济的影响力较强，因此中国资本账户开放受到众多外国学者的关注。目前，众学者的研究内容主要集中在中国资本账户开放程度现状及未来资本账户开放的效果预测。

1. 中国资本账户开放的现状

20世纪90年代早期，中国开始放松资本管制，对内直接投资的限制程度降低，尤其次贷危机期间。1999年早期，中国允许对外直接投资。2002年和2006年，中国分别推出合格境外投资者（QFII）和合格境内投资者（QDII），并且后续扩大了QFII和QDII的限额和范围。近些年，中国开始推进人民币国际化，以期实现资本账户可兑换（Lardy 和 Douglass，2011）。中国当前对资本账户的管制仍相对严格，金融活动受限，国际金融资产和负债规模相对份额较小，且资本流出难度较大。以印度为例，中国当前开放速度较快，但开放程度仍低于印度（Ma 和 McCauley，2013；Kruger 和 Pasricha，2016）。当前相对于其他地区，中国资本账户的开放水平相对较低，具体参见本章附录12－8。

针对中国资本流动情况，Lai（2008）将资本流动划分债券流动、股票流动、银行信贷流动和直接投资，研究中国1999年1月到2008年10月资本流动的市场敏感性，确定资本流动各组成的性质，实证结果表明以上四种资本流动均具反转性，其中，银行信贷的趋势维持得最久，直接投资的趋势性较弱，Lai 认为这一结果主要是由于一部分热钱混入 FDI 资本流动中。另外，当中国资本管制程度增强时，直接投资和债券投资显著增加，而股票投资减少则说明中国资本管制措施在直接投资和债券投资方面是有效的。

另有学者根据中国目前的开放程度与经济特点，对中国最优的资本管制程度和货币政策提出建议。Chanf、Liu 和 Spiegel（2015）将中国目前的政策特点纳入 DSGE 模型中，即资本管制、汇率目标以及冲销干预，提出中国最优的政策制度实际上是冲销成本和国内价格稳定性之间的权衡，出于宏观经济稳定和社会福利效应，中国最优的开放政策是将放松资本管制和提高汇率的灵活性结合起来。

2. 未来中国资本账户开放的影响

由于中国对世界经济的影响力较大，中国资本账户开放的影响备受学者关注，多位学者从不同角度采用实证手段对其影响进行预测。现有文献中，少数学者关注的是资本账户开放对世界的影响。Verikios（2015）利用可计算的一般均衡模型（CGE），预测直接投资管制程度降低 50% 对中国及世界其他国家资产配置、贸易、宏观经济的影响，结果显示中国直接投资管制程度降低 50%，将使世界整体的直接投资内流增加、资本回报率下降、资本存量上升、GDP 和 GNP 显著增加，但在众多国家和地区中中国是自身资本账户开放的最大受益者。

大部分学者预测的是中国资本账户开放对自身的影响。Sedik 和 Sun（2012）利用 37 个已实现资本账户自由化或资本管制放松的国家 1995～2011 年的数据进行模型进行估计，然后利用该模型预测中国资本账户开放对经济增长率、资本流动等因素的短期和长期影响，预测结果表明，资本账户开放不仅具有潜在收益，而且也会提高危机发生的可能性，中国资本账户开放将带来更高的资本内流和外流、更高的经济增长率、更低的通货膨胀率、更高的股权回报率和更低的银行资本充足率，但是这些影响取决于资本账户开放的具体措施以及开放的顺序。

从未来资本流动和头寸变动来看，He 等（2012）在其他 25 个国家估计得到的面板模型基础上，利用 1995～2009 年数据预测至 2020 年中国各类资本流动变化，发现随着未来中国资本账户的开放程度提高，直接投资外流将显著提高，但直接投资头寸仍为负值；对外证券投资的增长将快于对内证券投资的增长；国际投资净头寸中私人部门的头寸将趋于平衡，但政府部门的净头寸却将显著降低。Bayoumi 和 Ohnsorge（2013）与 Kruger M 和 Pasricha G K（2016）均提出中国开放资本账户后资本流动的整体规模将增加，该调整主要来自证券投资和私人资本流动增加，而证券投资资本的净流动主要来自股票和证券资本流动的迅速增加。

由以上各学者的预测研究可见，中国资本账户开放虽然会导致资本外流增加，导致危机发生的可能性增大，但是直接投资的内流也可能增加，从而提高中国的资本存量，促进中国经济发展。

七、结论

外国学者对资本账户开放的影响以及资本管制有效性等问题进行反复争论，认识不断加深，进而逐渐达成共识。通过整理和分析现有的文献，本文总结出如下几点共识：第一，目前各学者提出多种资本账户开放程度的衡量方法，但是分析具体国家时，需根据不同国家的特点，对开放程度的指标进行筛选，或改进其计算方法，使其准确反映不同国家开放程度的变动。第二，资本账户开放对经济增长的影响受多种因素影响，目前尚未得出统一的结论，但资本账户开放可能通过其他渠道为开放国带来经济收益，如促进金融系统发展、降低资本成本等。第三，资本账户开放下，资本内流激增对国内金融稳定性具有一定破坏性，并可能通过信贷繁荣、资产价格波动和传染效应导致危机发生，并且债权资本和股权资本分别通过信贷扩张和资产价格波动致使危机发生，而传染效应存在三种机制，即贸易等其他实际关联、金融机构资产负债表恶化和市场预期变动。第四，资本账户开放下，资本内流的骤停和反转与各类金融危机具有显著的相关性，并可能带来投资和产出下降、汇率波动、信贷资源匮乏、相关行业失业率上升等后果。第五，众学者研究表明，资本管制可能仅对净外流有效，而各国通过区域间合作协调资本管制措施，有可能提高资本管制的效率。第六，中国放松资本管制将同时增加总资本的流入和流出，引起直接投资和证券投资的调整，影响中国的国际投资头寸。

纵观现有文献，各学者在一些问题上还有较大的研究空间，具体包括以下三个方面：第一，Henry（2007）分析资本账户开放增长效应不显著的原因时，提出应从微观角度考察这一问题的观点。目前文献中，有关资本账户开放增长效应的微观研究较少，较少的学者试图从微观角度切入解决该问题。第二，部分学者认为影响资本账户开放增长效应的前提条件存在某一阈值，并试图求证该阈值，另外一部分学者则试图将资本开放程度与其他变量的非线性交互项纳入到回归方程中，从而解释该现象。针对这两种方法，并未有比较研究表明哪一种更有效。第三，学者关于资本管制区域合作问题的讨论较少，许多问题需要学者进一步深入考察，例如区域合作的资本管制应当如何协调设计，合作国家中各国实施资本管制的强度应有何差别等。

文献索引

[1] Ahmed A D, Van Hulten A. Financial Globalization in Botswana and Nigeria: A Critique of the Thresholds Paradigm [J]. The Review of Black Political Economy, 2014, 41: 177 – 203.

[2] Ahrend R, Goujard A. International Capital Mobility and Financial Fragility – Part 1. Drivers of Systemic Banking Crises [R]. OECD, Economics Department Working Papers No. 902, 2012.

[3] Ahrend R, Schwellnus C. International Capital Mobility and Financial Fragility – Part 4. Which

Structural Policies Stabilise Capital Flows When Investors Suddenly Change Their Mind [R]. OECD, Economics Department Working Papers No. 967, 2012.

[4] Amri P, Kim S, Nurgoho W, Ouyang A, Willett T D. Capital Surges and Credit Booms: How Tight is the Relationship? [J]. Open Economies Reviews, 2016, 27 (4): 637 – 670.

[5] Aoki K, Benigno G, Kiyotaki N. Adjusting to Capital Account Liberalization [R]. Center for Economic Performance, Discussion Paper, No. 1014, 2010.

[6] Aramaki K. Sequencing of Capital Account Liberalization—Japan's Experience and Their Implication to China [J]. Public Policy Review, 2006, 2 (1): 177 – 232.

[7] Arteta C, Kose M A, Ohnsorge F, Stocker M. The Coming U. S. Interest Rate Tightening Cycle: Smooth Sailing or Stormy Waters [R]. World Bank Group, Policy Research Note No. 2, 2015.

[8] Balakrishnan R, Nowak S, Panth S, Wu Y. Surging Capital Flows to Emerging Asia: Facts, Impacts, and Reponses [R]. International Monetary Fund, Working Paper No. 130, 2012.

[9] Bayoumi T, Ohnsorge F. Do Inflows or Outflows Dominate? Global Implications of Capital Account Liberalization in China [R]. International Monetary Fund, Working Paper No. 189, 2013.

[10] Bicaba Z, Brixiova Z, Ncube M. Capital Account Policies, IMF Programs and Growth in Developing Regions [R]. IZA, Discussion Paper Series, No. 8774, 2015.

[11] Binici M, Hutchison M, Schindler M. Controlling Capital? Legal Restrictions and the Asset Composition of International Financial Flows [R]. International Monetary Fund, Working Paper No. 208, 2009.

[12] Blotevogel R. Measuring and Mending Monetary Policy Effectiveness Under Capital Account Restrictions— Lessons from Mauritania [R]. International Monetary Fund, Working Paper No. 77, 2013.

[13] Bogdanov B. Liberalised Capital Accounts and Volatility of Capital Flows and Foreign Exchange Rates [R]. European Commission, Economics Paper No. 521, 2012.

[14] Borio C, James H, Shin H S. The international monetary and financial system: a capital account historical perspective [R]. Bank of International Settlement, Working Paper No. 457, 2014.

[15] Caballero J. Do Surges in International Capital Inflows Influence the Likelihood of Banking Crises? [R]. Inter – American Development Bank, Working Paper No. 305, 2012.

[16] Calderon C, Kubota M. Gross Inflows Gone Wild: Gross Capital Inflows, Credit Booms and Crises [R]. World Bank Policy Research, Working Paper No. 6270, 2012.

[17] Calinica M R, Calinica D. Risks Associated with Romanian Capital Account Liberalization [C]. International Conference "Risk in Contemporary Economy", 2012, Galati, Romania, pp. 25 – 30.

[18] Cappiello L, Ferrucci G. The Sustainability of China's Exchange Rate Policy and Capital Account Liberalization [R]. European Central Bank, Occasional Paper No. 82, 2008.

[19] Carriere – Swallow Y, Garcia – Silva P. Capital Account Policies in Chile Macro – financial Considerations along the Path to Liberalization [R]. International Monetary Fund, Working Paper No. 107, 2013.

[20] Chamon M, Manasse P, Prati A. Can We Predict the Next Capital Account Crisis [R]. International Monetary Fund, Staff Papers, 2007, 54 (2): 207 – 305.

[21] Chan M K, Kwok S. Capital Account Liberalization and Dynamic Price Discovery: Evidence from

Chinese Cross - Listed Stocks [R]. the University of Sydney, Economics Working Paper Series, 8, 2014.

[22] Chan M K, Kwok S. Connecting the Markets? Recent Evidence on China's Capital Account Liberalization [R]. the University of Sydney, Economics Working Paper Series, 11, 2014.

[23] Chan M. How Well Do Prices Converge in Anticipation of Capital Control Liberalization? Evidence from a Chinese Reform [R]. University of Technology Sydney, Working Paper No. 22, 2014.

[24] Chanf C, Liu Z, Spiegel M M. Capital Controls and Optimal Chinese Monetary Policy [J]. Journal of Monetary Economics, 2015, 74: 1 - 15.

[25] Chelsky J. Capital Account Liberalization: Does Advanced Economy Experience Provide Lessons for China [R]. The World Bank, Economic Premise, 74, 2012.

[26] Chen J, Qian X. Measuring the on - going changes in China's capital flow management: a De Jure and a hybrid index data set [R]. Hong Kong Institute for Monetary Research, Working Paper No. 11, 2015

[27] Cotton C. Competing for Attention [R]. Queen's Economics Department, Working Paper No. 1344, 2015.

[28] Davis J S. The Macroeconomic Effects of Debt - and Equity - Based Capital Inflows [R]. Federal Reserve Bank of Dallas, Working Paper No. 214, 2014.

[29] Dedola L, Rivolta G, Stracca L. If the Fed Sneezes, Who Catches a Cold [R]. NBER International Seminar on Macroeconomics, 2016.

[30] Donald M M. Patterns of International Capital Flows and Productivity Growth: New Evidence [R]. Queen's Economics Department, Working Paper No. 1345, 2015.

[31] Edison H J, Klein M W, Ricci L A, SlØk T. Capital Account Liberalization and Economic Performance: Surveys and Synthesis [R]. International Monetary Fund, Staff Paper, 2004, 51 (2): 220 - 256.

[32] Eichengreen B, Gullapalle R, Panizza, U. Capital Account Liberalization, Financial Development and Industry Growth: A Synthetic View [J]. Journal of International Money and Finance, 2011, 30: 1090 - 1106.

[33] Esaka T. De facto exchange rate regimes and currency crises: Are pegged regimes with capital account liberalization really more prone to speculative attacks [J]. Journal of Banking and Finance, 2010, 34: 1109 - 1128.

[34] Ezzahid E, Maouhoub B. Capital Account Liberalization and Exchange Rate Flexibility: Scenarios for the Moroccan Case [R]. The Open - Access, Open - Assessment E - journal, Discussion Paper, No. 18, 2014.

[35] Ezzahid E, Maouhoub B. Capital Account Liberalization and Moroccan Macroeconomic Performances [R]. MPRA Paper No. 67627, 2015.

[36] Faia E. Welfare Implications of Capital Account Liberalization [R]. Center for International Studies Tor Vergata, Working paper No. 96, 2007.

[37] Furceri D, Guichard S, Rusticelli E. Episodes of Large Capital Inflows and the Likelihood of Banking and Currency Crises and Sudden Stops [R]. OECD Economics Department, Working Paper No. 865, 2011.

[38] Furceri D, Guichard S, Rusticelli E. The Effect of Episodes of Large Capital Inflows on Domestic Credit [R]. OECD Economics Department, Working Paper No. 864, 2011.

[39] Gammoudi M, Cherif M. Capital Account Openness, Political Institutions and FDI in the MENA Region: An Empirical Investigation [R]. The Open – Access, Open – Assessment E – journal, Discussion Paper, No. 10, 2015.

[40] Ghosh A R, Ostry J D, Tsangarides C G. Shifting Motives: Explaining the Buildup in Official Reserves in Emerging Markets since the 1980s [R]. International Monetary Fund, Working Paper No. 34, 2012.

[41] Ghosh A R, Qureshi M S, Sugawara N. Regulating Capital Flows at Both Ends: Does it Work [R]. International Monetary Fund, Working Paper No. 188, 2014.

[42] Glick R, Guo X, Hutchison M. Currency Crises, Capital Account Liberalization, and Selection Bias [R]. Federal Reserve Bank of San Francisco, Working Paper No. 15, 2004.

[43] Gochoco – Bautista M S, Jongwanich J, Lee J W. How Effective are Capital Controls in Asia [R]. Asia Development Bank, Working Paper No. 224, 2010.

[44] Gottschalk R, Sodre C A. The Liberalization of Capital Outflows in CIBS [R]. United Nations University, Research Paper No. 68, 2008.

[45] Goyal A. Inflows and Policy: Middling Through [R]. MPRA Paper No. 39868, 2010.

[46] Goyal A. The Future of Financial Liberalization in South Asia [R]. Indira Gandhi Institute of Development Research, Working Paper No. 22, 2010.

[47] Grenville S. Rethinking Capital Flows for Emerging East Asia [R]. Asian Development Bank Institute, Working Paper No. 362, 2012.

[48] Gupta A S, Sengupta R. Capital Flows and Capital Account Management in Selected Asian Economies [R]. MPRA Paper No. 58982, 2014.

[49] Gupta A S, Sengupta R. Management of Capital Flows in India: 1990 – 2011 [R]. MPRA Paper No. 46217, 2013.

[50] Hagen J V, Zhang H. A Welfare Analysis of Capital Account Liberalization [R]. Singapore Management University, Working Paper No. 19, 2007.

[51] He D, Cheung L, Zhang W, Wu T. How Would Capital Account Liberalization Affect China's Capital Flow and the Renminbi Real Exchange Rates [R]. Hong Kong Institute for Monetary Research. Working Paper No. 9, 2012.

[52] He D, Luk P. A Model of Chinese Capital Account Liberalization [R]. Hong Kong Institute for Monetary Research, Working Paper No. 12, 2013.

[53] Henry P B. Capital Account Liberalization: Theory, Evidence, and Speculation [R]. Stanford Institute for Economic Policy Research, Discussion Paper No. 07 – 04, 2007.

[54] Honig A. Addressing Causality in the Effect of Capital Account Liberalization on Growth [J]. Journal of Macroeconomics, 2008, 30: 1602 – 1616.

[55] Hutchison M M, Noy I. Sudden Stops and the Mexican Wave: Currency Crises, Capital Flow Reversals and Output Loss in Emerging Markets [J]. Journal of Development Economics, 2006, 79: 225 – 248.

[56] Igan D, Kutan A. M. , Mirzaei A. Real Effects of Capital Inflows in Emerging Markets [R]. International Monetary Fund, Working Paper No. 235, 2016.

[57] International Monetary Fund. Guidance Note for the Liberation and Management of Capital Flows [R]. April, 2013.

[58] International Monetary Fund. The Liberalization and Management of Capital Flows: An Institutional View [R]. November, 2012.

[59] International Monetary Fund. Too Slow for Too Long [R]. World Economic Outlook, April, 2016.

[60] Islam A, Islam R, Siddiqui H. Convertibility of Capital Account: A Comparative Analysis [J]. Business and Economic Research, 2014, 4 (1): 108 - 132.

[61] Iwawa S, Tanner E. Pick Your Poison: The Exchange Rate Regime and Capital Account Volatility in Emerging Markets [J]. Journal of Economics and Finance, 2007, 57: 363 - 381.

[62] Jadhav N. Capital Account Liberalization: The Indian Experience [A]. A Tale of Two Giants: India's and China's Experience with Reform and Growth [C], New Delhi, 2003.

[63] Jain - Chandra S, Unsal D F. The Effectiveness of Monetary Policy Transmission Under Capital Inflows: Evidence from Asia [R]. International Monetary Fund, Working Paper No. 265, 2012.

[64] JanusT, Riera - Crichton D. Banking Cries, External Crises and Gross Capital Flows [R]. Federal Reserve Bank of Dallas, Working Paper No. 273, 2016.

[65] Jeanne O. Capital Account Policies and the Real Exchange Rate [R]. Peterson Institute for International Economics, Working Paper No. 14, 2012.

[66] Johnston R B. Sequencing Capital Account Liberalizations and Financial Sector Reform [R]. International Monetary Fund, Paper on Policy Analysis and Assessment No. 8, 1998.

[67] Jongwanich J. Exchange Rate Regimes, Capital Account Opening and Real Exchange Rates: Evidence from Thailand [R]. Department Working Paper, 2006.

[68] Klein M W, Olivei G P. Capital Account Liberalization, Financial Depth, and Economic Growth [J]. Journal of International Money and Finance, 2008, 27: 861 - 875.

[69] Klein M W. Capital Account Liberalization, Institutional Quality and Economic Growth: Theory and Evidence [R]. National Bureau of Economic Research, Working Paper No. 11112, 2005.

[70] Kose M A, Prasad E S, Terrones M E. Does Openness to International Financial Flows Raise Productitvty Growth [J]. Journal of International Money and Finance, 2009, 28: 554 - 580.

[71] Kruger M, Pasricha G K. What to Expect When China Liberalizes Its Capital Account [R]. Bank of Canada, Staff Discussion Paper No. 10, 2016.

[72] Kunieda T, Okada K, Shibata A. Corruption, capital account liberalization, and economic growth: Theory and evidence [J]. International Economics, 2014, 139: 80 - 108.

[73] Lai J T. Capital Flows to China and the Issue of Hot Money: an Empirical Investigation [R]. MPRA Paper No. 32529, 2008.

[74] Lardy N, Douglass P. Capital Account Liberalization and the Role of the Renminbi [R]. Peterson

Institute for International Economics No. 11 – 6, 2011.

[75] Ma Guonan, McCauley R N. Is China or India More Financially Open [R]. Bank for International Settlements, Working Paper No. 410, 2013.

[76] McKinon R. Money and Capital in Economic Development [M]. The Brooking Institution, Washington, D. C., 1973.

[77] Mecagni M, Atoyan R, Hofman D, Tzanninis D. The Duration of Capital Account Crises [R]. International Monetary Fund, Working Paper No. 258, 2007.

[78] Mecagni M, Atoyan R, Hofman D. The Persistence of Capital Account Crises [R]. International Monetary Fund, Working Paper No. 103, 2009.

[79] Mohan R, Kapur M. Liberalization and Regulation of Capital Flows: Lessons for Emerging Market Economies [R]. Asian Development Band Institute, Working Paper No. 186, 2010.

[80] Moore W. Managing the Process of Removing Capital Controls: What Does the Literature Suggest [R]. MPRA Paper No. 21584, 2010.

[81] Noy I, Jance J P. The IMF and the Liberalization of Capital Flows [R]. University of Hawaii, Working Paper No. 6, 2007.

[82] Nunnenkamp P. Liberalization and Regulation of International Capital Flows: Where the Opposites Meet [R]. Kiel Institute of World Economics, Working Paper No. 1029, 2001.

[83] Ocampo J A. Capital Account Liberalization and Management [R]. World Institute for Development Economics Research No. 48, 2015.

[84] Ostry J D, Ghosh A R, Korinek A. Multilateral Aspects of Managing the Capital Account [R]. International Monetary Fund, Staff Discussion Note No. 10, 2012.

[85] Park Y C, Takagi S. Managing Capital Flows in an Economic Community: The Case of ASEAN Capital Account Liberalization [R]. Asian Development Bank Institute, Working Paper No. 378, 2012.

[86] Pasricha G K. Recent Trends in Measures to Manage Capital Flows in Emerging Economies [J]. North America Journal of Economics and Finance, 2012, 23: 286 – 309.

[87] Pasricha G, Falaglarda M, Bijsterbosch M, Aizenman J. Domestic and Multilateral Effects of Capital Controls in Emerging Markets [R]. European Central Bank, Working Paper Series, No. 1844, 2015.

[88] Powell A, Tavella P. Capital Inflow Surges in Emerging Economies: How Worried Should LAC Be [R]. Inter – American Development Bank, Working Paper No. 326, 2012.

[89] Prasad E S, Rajan R G. A Pragmatic Approach to Capital Account Liberalization [R]. IZA, Discussion Paper No. 3475, 2008.

[90] Prasad E S, Rajan R G. Controlled Capital Account Liberalization: A Proposal [R]. International Monetary Fund, Policy Discussion Paper No. 7, 2005.

[91] Prasad E S. India's Approach the Capital Account Liberalization [R]. IZA, Discussion Paper Series, No. 3927, 2009.

[92] Prasad E, Rumbaugh T, Wang Q. Putting the Cart before the Horse? Capital Account Liberalization and Exchange Rate Flexibility in China [R]. International Monetary Fund, Policy Discussion Paper No.

1, 2005.

[93] Prati A, Schindler M, Valenzuela M. Who benefits from capital account liberalization? Evidence from firm – level credit ratings data [J]. Journal of International Money and Finance, 2015, 31: 1648 – 1637.

[94] Qin X, Luo C. Capital Account Openness and Early Warning System for Banking Crises in G20 Countries [J]. Economic Modelling, 2014, 39: 190 – 194.

[95] Ramos R A. Dealing with Exchange Rate Issues: Reserves of Capital Controls [R]. Policy Centre for Inclusive Growth Research Brief No. 32, 2012.

[96] Reinhardt D, Ricci L A, Tressel T. International Capital Flows and Development: Financial Openness Matters [R]. Bank of England, Working Paper No. 472, 2013.

[97] Reinhart C M, Reinhart V R. Capital Flow Bonanzas: An Encompassing View of the Past and Present [R]. National Bureau of Economic Research, Working Paper No, 14321, 2008.

[98] Roy M, Misra R, Misra S. A Review of Cross – Country Experience in Capital Account Liberalization [R]. Reserve Bank of India Occasional Papers, 27 (1), 2006.

[99] Saadaoui J. Global Imbalances and Capital Account Openness: an Empirical Analysis [C], 62nd Congress of the French Economic Association, Jun 2013, Aix – en – Provence, France.

[100] Schmukler S L, Zoido P, Halac M. Financial Globalization, Crises, and Contagion [J]. Progress in Economics Research, 2010, 57 (1): 1 – 30.

[101] Schmukler S L. Benenfits and Risks of Financial Globalization: Challenges for Developing Countriesd [J]. Federal Reserve Bank of Atlanta Economic Review, 2004, 6: 39 – 66.

[102] Sedik T S, Sun T. Effects of Capital Flow Liberalization – What is the Evidence from Recent Experiences of Emerging Market Economics [R]. International Monetary Fund, Working Paper No. 275, 2012.

[103] Shen Y, Yang L. Does Capital Account Liberalization Affect the Financial Stability: Evidence from China [J]. Journal of Reviews on Global Economics, 2015, 4: 152 – 158.

[104] Steiner A. Contagious Policies: An Analysis of Spatial Interactions among Countries' Capital Account Policies [R]. Institute for Empirical Economic Research, Working Paper No. 80, 2010.

[105] Straetmas S T M, Versteeg R J, Wolff C C P. Are Capital Controls in the Foreign Exchange Market Effective [J]. Journal of International Money and Finance, 2013, 35: 36 – 53.

[106] Sulimierska M. Effectiveness of Capital Control, Economic Growth and Animal Spirit: A Cross – country Analysis [R]. University of Sussex, Working Paper No. 70, 2014.

[107] Tallada J R. The IMF and Management of Capital Flows: the Long Road towards a Pragmatic Approach [A]. Quarterly Selection of Articles [C], 2013, 31: 63 – 86.

[108] Tamirisa N T. Do Macroeconomic Effects of Capital Controls Vary by Their Type? Evidence from Malaysia [R]. International Monetary Fund, Working Paper No. 3, 2004.

[109] Tang T C, Fausten D K. Current and Capital Account Interdependence: an Empirical Test [R]. Monash University, Discussion Paper, 2008.

[110] Verikios G. The Implications for Trade and FDI Flows from Liberalisation of China's Capital Account [R]. Victoria University, Centre of Policy Studies Working Paper No. G – 251, 2015.

[111] Vithessonthi C, Tongurai J. The Impact of Capital Account Liberalization Measures [J]. Journal of International Financial Markets, Institutions and Money, 2012, 22: 16-34.

[112] Zenasni S, Benhabib A. Capital Account Liberalization and Economic Growth in Developing Economies: An Empirical Investigation [R]. Global Financial Markets, Working Paper No. 40, 2012.

附录 12－1　　世界部分国家净资本内流时间及规模

Country	Years	Size (% GDP)	Country	Years	Size (% GDP)	Country	Years	Size (% GDP)	Country	Years	Size (% GDP)
Algeria	1978	13.2	Czech Rep.	1995	14.9	Italy	1976	2.6	Philippines	1994-1997	36.7
Antigua & Barbuda	1986-1987	82.3	Czech Rep.	2002	14.1	Italy	1980	2.6	Poland	1995	6.7
Antigua & Barbuda	2006-007	20.8	Denmark	1985-1987	17.7	Italy	1989-1990	6.5	Poland	1998	7.7
Argentina	1993	8.9	Denmark	1997	5.0	Italy	2008	3.5	Portugal	1981-1982	20.1
Argentina	1997-1999	17.5	Denmark	1999	4.3	Jamaica	1984-1985	33.6	Portugal	1989	6.9
Aruba	1991	26.2	Denmark	2009	8.4	Jamaica	1987	10.9	Portugal	2000-2001	20.5
Aruba	1999	26.5	Djibouti	1992	10.0	Jamaica	2001	18.2	Romania	1990-1992	10.8
Aruba	2002	18.2	Djibouti	2007-2008	36.1	Jamaica	2008	20.7	Romania	2004-2007	61.4
Australia	1971	4.3	Dominica	1989-1992	64.2	Japan	1980	1.8	Russian Federation	2007	7.3
Australia	1982	6.5	Dominica	1995	10.5	Japan	2003	1.7	Seychelles	1982	23.0
Australia	1986-1988	17.5	Dominica	1999	7.9	Jordan	1978	16.7	Seychelles	1986	16.1
Australia	1999	7.1	Dominican Rep.	1974	8.2	Jordan	1991	50.0	Seychelles	1989	14.4
Australia	2003-2005	20.6	Dominican Rep.	1980-1981	15.1	Jordan	2006	22.4	Seychelles	2007-2009	89.5
Austria	1975-1977	8.2	Dominican Rep.	1999-2001	18.4	Kazakhstan	2006	20.0	Singapore	1981-1983	44.8
Austria	1980	3.5	Dominican Rep.	2008	8.9	Korea	1979-1980	17.4	Singapore	1990-1991	16.1
Austria	1995	3.1	Egypt	1981	8.7	Korea	1996	4.3	Slovenia	1997	5.7
Austria	1998-2000	8.5	Egypt	2005	6.2	Kuw ait	1991	352.1	Slovenia	2001-2002	14.5
Azerbaijan	2003-2004	65.4	El Salvador	1978	10.9	Latvia	2006-2007	55.3	Slovenia	2008	6.9
Bahrain	1990	27.3	El Salvador	1981	5.5	Lesotho	1995-1998	153.5	South Africa	1995-1997	9.8
Bahrain	1993-1994	32.6	El Salvador	1997-1998	14.5	Lithuania	1998	12.8	South Africa	2006-2007	13.1
Belarus	1997	5.2	El Salvador	2003	7.0	Lithuania	2006-2007	31.5	Spain	1987-1991	23.3
Belarus	2007-2009	28.8	Equatorial Guinea	1996	121.1	Macedonia	1998	9.6	Spain	2006-2008	27.9
Belgium	2008	2.3	Estonia	1997	15.9	Macedonia	2008	12.5	Sri Lanka	1980-1983	37.8
Belize	1988	8.7	Estonia	2006	18.2	Malaysia	1982-1983	26.3	Sri Lanka	1993-1994	18.1
Belize	2000-2003	80.4	Fiji	1981	11.3	Malaysia	1991-1996	62.1	Sri Lanka	2006	2.4
Bolivia	1978	9.3	Fiji	1990	6.1	Malaysia	2004	4.1	St. Kitts & Nevis	1983	25.9
Bolivia	1997-1999	35.6	Fiji	2004-2007	37.8	Maldives	1980-1982	122.2	St. Kitts & Nevis	1989-1990	67.9
Bosnia & Herzeg.	2001	17.3	Finland	1975	7.4	Maldives	2005-2007	108.9	St. Kitts & Nevis	2001	16.9
Bosnia & Herzeg.	2005	16.8	Finland	1987	7.9	Malta	1972	16.8	St. Kitts & Nevis	2008	10.8
Botsw ana	1976	19.8	Finland	1990	8.9	Malta	1983	8.4	St. Vincent & Grenad.	1997-1998	30.3
Botsw ana	1985	11.0	Finland	1994	4.1	Malta	1994	17.7	St. Vincent & Grenad.	2006	3.4
Botsw ana	1992	6.7	Finland	2008-2009	11.9	Malta	1999	11.9	St. Vincent & Grenad.	2008	5.8
Botsw ana	2005	4.2	France	1982-1983	3.2	Mauritius	1979-1980	9.8	Sudan	1979	2.1

附录 12－2　　世界部分国家债权资本内流时间及规模

Country	Years	Size (% GDP)	Country	Years	Size (% GDP)	Country	Years	Size (% GDP)	Country	Years	Size (% GDP)
Algeria	1979	8.1	Finland	2000	17.2	Lithuania	2006-2007	34.4	St. Vincent & Grenad.	1980	10.5
Australia	1988	6.8	Finland	2009	23.2	Luxembourg	2005-2006	957.2	St. Vincent & Grenad.	1987	11.2
Australia	2003-2006	42.5	France	1990	8.9	Macedonia	2005	8.2	Sw aziland	1978	13.9
Austria	1999-2000	42.2	France	2005-2007	65.6	Macedonia	2009	7.6	Sw aziland	1982-1983	23.3
Austria	2005-2006	49.5	Georgia	2007	7.2	Maldives	1992	7.8	Sw aziland	1996	6.2
Belgium	2007	46.8	Germany	1998-1999	24.4	Maldives	2005-2007	85.6	Sw aziland	2008	6.2
Bolivia	1977-1978	22.0	Germany	2007	15.0	Malta	1998	62.6	Sw eden	1989-1990	32.2
Bosnia & Herzeg.	1999	17.0	Grenada	1981-1983	30.1	Malta	2007	127.7	Sw eden	1998	13.6
Botsw ana	1975	37.3	Hong Kong	2007	86.3	Mauritius	2007	43.0	Sw eden	2007	20.4
Cameroon	1980	9.0	Hungary	1985	7.2	Moldova	1994	16.5	Sw itzerland	1999-2000	84.9
Cameroon	1983-1984	15.8	Hungary	1993	7.3	Moldova	2007-2008	18.7	Sw itzerland	2007	68.2
Canada	1976	7.0	Hungary	2006-2008	42.5	Netherlands	1998	26.3	Syrian Arab Rep.	1992-1994	34.1
Canada	1981	11.6	Iceland	2005-2007	432.2	Netherlands	2001	29.6	Thailand	1991-1996	53.2
Canada	2009	7.0	Indonesia	1983	6.7	Netherlands	2006-2007	68.8	Trinidad & Tobago	1979	8.0
Chile	1978-1981	45.8	Iran	1993	7.2	Norw ay	2000-2002	35.0	Tunisia	1977-1978	18.3
Croatia	1997	10.5	Ireland	2004-2007	454.7	Norw ay	2006-2007	55.4	Tunisia	1994-1996	18.6
Croatia	2003	14.4	Israel	1978-1982	78.5	Portugal	1982	8.0	Ukraine	2007	19.7
Czech Rep.	1994-1995	27.1	Italy	1973	6.7	Portugal	1997	15.8	United Kingdom	2004-2007	198.0
Djibouti	1992	7.7	Italy	1981	6.1	Portugal	2000-2001	45.9	United States	2004-2007	43.2
Dominica	1982-1984	23.5	Italy	1998-1999	21.2	Romania	2007	12.2	Uruguay	2001	10.5
Equatorial Guinea	1989	8.2	Italy	2005-2006	26.1	Russian Federation	2007	10.5	Uruguay	2003	11.5
Estonia	1997	20.7	Kazakhstan	2006	29.6	Spain	1993	13.3	Vanuatu	1985	66.3
Estonia	2004-2007	77.6	Korea	1995-1996	13.4	Spain	2000	15.5	Venezuela	1976-1979	29.2
Fiji	1981	7.2	Korea	2006-2007	19.1	Spain	2005-2006	48.3			
Finland	1990	10.1	Latvia	2006-2007	74.1	St. Kitts & Nevis	1983	24.2			

附录 12 – 3　　　　世界部分国家 FDI 内流时间及规模

Country	Years	Size (% GDP)	Country	Years	Size (% GDP)	Country	Years	Size (% GDP)	Country	Years	Size (% GDP)
Antigua & Barbuda	1980-1982	52.5	Czech Rep.	2005	9.3	Latvia	2006-2007	16.4	Poland	2004-2007	19.8
Antigua & Barbuda	2005-2007	90.3	Denmark	1999-2000	32.2	Lesotho	1995-1998	125.6	Portugal	2000-2003	17.3
Argentina	1999	8.5	Djibouti	2007-2008	46.2	Libya	2007	6.5	Portugal	2006	5.6
Aruba	1991	21.2	Dominica	1987-1989	30.3	Lithuania	1998	8.2	Romania	1998	4.8
Aruba	1999	26.9	Dominica	1995	24.1	Lithuania	2006	6.1	Romania	2004-2006	24.4
Australia	2002-2004	12.0	Dominica	2008	15.1	Luxembourg	2002	524.9	Russian Federation	2007-2008	8.7
Australia	2007	4.8	Dominican Rep.	1970	4.8	Luxembourg	2009	371.5	Seychelles	1976	12.9
Austria	2005-2007	45.0	Dominican Rep.	1999-2001	14.5	Macedonia	2001	13.0	Seychelles	2007-2009	82.9
Azerbaijan	2003-2004	86.1	Dominican Rep.	2008	6.3	Malaysia	1974	5.7	Singapore	1988-1990	39.1
Bahrain	1991-1992	31.7	Egypt	1979	6.7	Malaysia	1991-1993	24.4	Singapore	1999-2001	55.5
Bahrain	1996	33.6	Egypt	2005-2007	24.2	Maldives	2007-2008	19.3	Singapore	2004-2007	71.8
Bahrain	2006	18.4	El Salvador	1998	9.2	Malta	1999-2000	38.9	Slovenia	2002	7.2
Belgium	2007-2008	42.1	El Salvador	2007	7.4	Malta	2003	20.1	South Africa	2001	6.1
Belize	1989	5.1	Equatorial Guinea	1996	145.2	Malta	2006	29.3	Spain	2000-2002	17.1
Belize	2004-2005	21.9	Estonia	1998	10.4	Mauritius	2000	5.8	Spain	2007-2008	9.3
Belize	2008	14.0	Estonia	2005	21.2	Mauritius	2007	4.5	St. Kitts & Nevis	1983	22.5
Bolivia	1997-2002	58.6	Fiji	1990-1992	14.0	Mexico	2001	4.8	St. Kitts & Nevis	1989-1990	59.2
Bosnia & Herzeg.	2007	13.6	Fiji	2004-2007	37.6	Moldova	2000	9.9	St. Kitts & Nevis	2000	29.5
Botswana	1979-1980	26.1	Finland	1998-2002	29.4	Moldova	2007-2008	23.9	St. Vincent & the Grenad.	1994	19.3
Botswana	2002-2003	21.5	Finland	2007	5.2	Mongolia	2008-2009	30.9	St. Vincent & the Grenad.	1997-1998	59.5
Brazil	1999-2000	10.0	Gabon	2004	4.5	Morocco	2003	4.6	St. Vincent & the Grenad.	2008	27.4
Bulgaria	2006-2007	57.9	Georgia	2006-2007	32.3	Namibia	1991	4.8	Swaziland	1979	13.5
Cameroon	2002	5.5	Germany	2000	11.1	Namibia	1995	4.4	Swaziland	1987-1989	26.5
Canada	2000	9.1	Grenada	1987-1988	16.9	Namibia	2008-2009	9.8	Swaziland	1998	9.8
Canada	2007	8.3	Grenada	1998	14.3	Netherlands	1998-2001	48.7	Swaziland	2002	7.8
Cape Verde	1999	9.1	Grenada	2003	18.6	Netherlands	2007	16.0	Sweden	1999-2000	32.1
Cape Verde	2006-2008	40.1	Grenada	2007-2008	45.8	New Zealand	1984-1985	11.3	Switzerland	2000	7.9
Chile	1987	4.3	Guatemala	1988	4.2	New Zealand	1993-1995	15.3	Switzerland	2006-2007	18.5
Chile	1999	12.0	Honduras	1999-2000	9.8	New Zealand	2000	7.5	Thailand	1998-2001	18.6
China	1993-1997	26.5	Honduras	2004-2007	25.9	New Zealand	2006-2008	11.6	Trinidad & Tobago	1976	5.3
Colombia	1997	5.2	Hong Kong	2000	36.6	Nicaragua	1997-2000	27.9	Trinidad & Tobago	1994	10.4
Colombia	2005	7.1	Hungary	2007-2008	93.1	Nicaragua	2008	9.8	Trinidad & Tobago	1997-1998	29.5
Congo, Rep.	1999	22.9	Iceland	2005-2007	73.0	Norway	1999	4.3	Tunisia	1982	4.2
Congo, Rep.	2007	34.5	Ireland	1999-2003	92.8	Oman	1975	5.1	Tunisia	2006-2008	21.3
Costa Rica	1998	4.3	Israel	2000	6.5	Oman	2005-2007	17.3	Ukraine	2005-2007	21.2
Costa Rica	2006-2008	20.7	Israel	2006	10.5	Panama	1980-1982	20.5	United Kingdom	1998-2000	19.3
Croatia	1999-2001	18.4	Jamaica	1999-2003	30.5	Panama	1997-1998	23.9	United Kingdom	2005-2007	21.3
Croatia	2007	8.5	Jamaica	2008	9.8	Panama	2006	14.9	Uruguay	2005-2008	23.8
Cyprus	1999-2002	37.7	Jordan	2000	10.8	Paraguay	1998	4.3	Vanuatu	1991-1996	81.0
Cyprus	2008	15.5	Jordan	2005-2007	55.0	Peru	1994-1996	18.3	Venezuela	1997-1998	12.7
Czech Rep.	1999-2002	39.7	Kazakhstan	2001	12.8	Poland	1999-2000	9.8			

附录 12 – 4　　　　世界部分国家股权资本内流时间及规模

Country	Years	Size (% GDP)	Country	Years	Size (% GDP)	Country	Years	Size (% GDP)	Country	Years	Size (% GDP)
Argentina	1993	2.4	Finland	1998-2000	22.3	Kazakhstan	2006	3.4	South Africa	2006	5.7
Australia	1971	1.9	France	1999-2000	7.2	Korea	1999-2000	5.2	Spain	1989	1.6
Australia	1993-1994	4.7	France	2005-2006	7.1	Korea	2003	2.2	Spain	1998-2000	6.6
Australia	1998-1999	5.5	Georgia	2006	1.8	Korea	2009	3.1	Swaziland	1985	0.5
Australia	2003	2.6	Germany	1998	2.6	Lithuania	2000	1.1	Swaziland	1988-1989	2.0
Austria	2000	1.8	Germany	2001	4.1	Lithuania	2005	0.5	Swaziland	2008	1.5
Austria	2004-2006	7.7	Germany	2007	1.8	Luxembourg	2005	731.8	Sweden	1993-1994	5.2
Belgium	2008	1.7	Hong Kong	1999-2000	64.8	Macedonia	2006-2007	3.5	Sweden	2000	7.3
Botswana	1978	0.7	Hong Kong	2007	21.1	Malta	2000	1.7	Switzerland	1985-1986	10.9
Botswana	1996	0.6	Hungary	1997-1999	5.8	Mauritius	1996-1997	1.6	Switzerland	1996	3.8
Brazil	1993-1994	2.8	Hungary	2004	1.5	Mauritius	2007	0.7	Switzerland	2000	3.5
Brazil	2007	1.9	Iceland	2004-2006	9.8	Mexico	1991-1993	6.0	Switzerland	2008	4.9
Brazil	2009	2.4	India	1994	1.7	Morocco	1994	0.8	Thailand	1989	2.0
Canada	1993	1.7	India	2007	2.7	Morocco	2004	1.0	Thailand	1993	2.1
Canada	2000	3.3	Indonesia	1993-1994	2.2	Namibia	1994-1996	3.9	Thailand	1997	2.6
Canada	2004	2.7	Irel&	1998-2002	312.7	Namibia	1999	1.2	Thailand	2005-2006	5.4
Canada	2009	1.7	Irel&	2006	72.5	Netherlands	1999	7.4	Tunisia	1981-1984	3.8
Chile	1990	1.2	Israel	1983	2.8	Netherlands	2005	13.0	Ukraine	1998	0.5
Chile	1993-1994	4.0	Israel	2000	3.2	Norway	2005-2006	6.3	Ukraine	2007	0.5
Chile	1997	2.1	Israel	2004-2006	7.5	Poland	1998	1.0	United Kingdom	1999-2000	19.9
Chile	2005	1.3	Italy	1996-1998	2.7	Poland	2004	0.7	United States	1999-2001	4.4
Chile	2008	1.1	Italy	2004-2006	1.9	Portugal	2003-2004	10.3	United States	2007	2.0
Croatia	2006-2007	1.6	Italy	2009	1.0	Romania	1997	0.6	Venezuela	1994-1997	5.0
Czech Rep.	1993	3.3	Japan	1991	1.4	Russian Federation	2002	0.8			
Czech Rep.	2003	1.2	Japan	1999	2.4	Russian Federation	2007	1.4			
Estonia	1999	4.1	Japan	2003-2005	7.1	South Africa	1997-1999	16.9			

注：附录 12 – 1 至附录 12 – 4 来自 Furceri D，Guichard S，Rusticelli E. Episodes of Large Capital Inflows and the Likelihood of Banking and Currency Crises and Sudden Stops［R］. OECD Economics Department，Working Paper No. 865，2011.

附录 12 -5 世界部分国家外部危机时期

Country	1980 ~ 1989 年 Year of External Crisis	Country	1990 ~ 2007 年 Year of External Crisis	Country	2008 ~ 2015 年 Year of External Crisis
Korea	1980	Bulgaria	1990	Ecuador	2008
Philippines	1980	Albania	1991	Hungary	2008
Costa Rica	1981	Croatia	1992	Latvia	2008
Poland	1981	Slovenia	1992	Turkey1	2008
Sri Lanka	1981	Argentina	1995	Ukraine	2008
Thailand	1981	Mexico	1995	Armenia	2009
Argentina	1982	Korea	1997	Belarus	2009
Mexico	1982	Thailand	1997	Georgia	2009
Romania	1982	Armenia	1998	Romania	2009
Brazil	1983	Indonesia	1998	Sri Lanka	2010
Chile	1983	Moldova	1998	Moldova	2011
Ecuador	1983	Ukraine	1998	Ukraine	2014
Philippines	1983	Brazil	1999	Albania	2015
Uruguay	1983	Ecuador	1999		
India	1984	Turkey	2000		
South Africa	1985	Argentina	2001		
Thailand	1985	Brazil	2001		
Paraguay	1986	Moldova	2002		
		Uruguay	2002		
		Paraguay	2003		

注：（1）当一国发生债务重组、违约或多边金融组织为其提供的援助金额超过其在该组织配额二倍时，即认为发生外部危机。

（2）该表来自 International Monetary Fund. Too Slow for Too Long [R]. World Economic Outlook, April, 2016.

附录 12 -6

Explanatory Variable	(1)	(2)	(3)	(4)
Current Account/GDP t - 1	0. 59 **	0. 64 **	0. 50	0. 52
	(2. 36)	(2. 52)	(1. 30)	(1. 39)
Govt. Spending/GDP t - 1	-1. 06 ***	-1. 30 ***	-2. 03 ***	-1. 66 ***
	(-3. 50)	(-4. 56)	(-4. 31)	(-3. 65)
Openness t	0. 26 ***	0. 23 ***	0. 32 ***	0. 27 ***
	(11. 31)	(8. 01)	(4. 19)	(3. 46)
U. S. Real Interest Rate t - 1	0. 53	0. 58	0. 05	-0. 01
	(0. 63)	(0. 70)	(0. 46)	(-0. 009)

续表

Explanatory Variable	(1)	(2)	(3)	(4)
Total Changes of Government t	2.75*** (4.73)	2.58*** (4.86)	1.22 (1.56)	1.51* (1.81)
Private Credit/GDP t-1		0.12 (1.63)	-0.25** (-2.17)	-0.37*** (-2.93)
Financial Repression t			-5.67* (-1.78)	-4.08 (-1.32)
Institutional Quality				10.95*** (5.88)
No. of observations	1219	1193	867	736
Percent of liberalization observations correctly predicted	61.6	63.2	58.0	67.2
Percent of capital control observations correctly predicted	51.7	52.1	53.2	60.2
Log likelihood	-556.47	-547.42	-354.31	-300.98
Pseudo-R^2	0.3665	0.3787	0.3855	0.4298

注：(1) 本表来自 Glick R, Guo X, Hutchison M. Currency Crises, Capital Account Liberalization, and Selection Bias [R]. Federal Reserve Bank of San Francisco, Working Paper No. 15, 2004.

(2) Table reports the change in the probability of capital account liberalization in response to a 1 unit change in the variable, evaluated at the mean of all variables (x 100, to convert into percentages). Associated z-statistic (for hypothesis of no effect) based on bootstrapped standard errors in parentheses below. Results significant at 1, 5, and 10 percent levels are indicated by ***, **, and *, respectively. Constant included, but not reported. Observations are weighted by real GDP per capita (in dollars). Threshold for correct predictions given by 16.2%, the unconditional frequency of capital account liberalization; see Table 1.

附录 12-7　　　资本骤停相关文献整理

Authors	Country/data	Methodology	Objectives and Results
Becker and Mauro (2006)	167 countries / annual, 1970-2001	Event study; multivariate probit	"Expected" output cost of sudden stops, based on conditional and unconditional probability of sudden stop. · Cost of sudden stops on median output growth is 1.5% per year for emerging markets. · Cost of sudden stops are not significant for developing economies
Bordo, Cavallo and Meissner (2010)	20 emerging markets (at the time) / annual, 1880-1913	Panel treatment regression	Impact of sudden stops on trend growth and output gap. · Sudden stops associated with financial crises widen the output gap, but not trend growth. Growth appears to resume quickly. · Sudden stops not accompanied by financial crises reduce trend growth.

续表

Authors	Country/data	Methodology	Objectives and Results
Calderón and Kubota (2013)	99 countries / quarterly, 1975 – 2010	Event study	Probability of inflow – driven versus outflow – driven sudden stops and their effects on output and credit. · Negative effects of capital outflows – driven shocks are less than those of inflows – driven shocks.
Calvo, Izquierdo and Mejía (2004)	32 mostly emerging markets and advanced economies / quarterly and annual, 1990 – 2001	Event study; panel probit	Effects of current account reversals on growth and real exchange rate. · Sudden stops in emerging markets are accompanied by large real exchange rate devaluations. · However, the same is not the case in developed countries.
Calvo, Izquierdo and Mejía (2008)	110 countries / annual, 1990 – 2004	Event study; Probit panel regressions	Characteristics and probability of systemic sudden stops. · They are accompanied by large real exchange rate fluctuations. · They occur in different countries at the same time, suggesting external shocks as causes. · High leverage of tradables absorption and high domestic liability dollarization increases the probability of these events.
Calvo and Reinhart (2000)	Non – empirical policy analysis	Case study; event study	Effects of sudden stops in real economy and policy analysis. · Sudden stops cause output losses and real exchange rate devaluation via (a) drop in aggregate demand due to nominal rigidities (Keynesian channel), and (b) an increase in non – performing loans due to decrease in the relative price of non – tradables and a surge in ex – post interest rate faced by domestic producers (Fisherian channel). · (Partial) dollarization and higher short term flows increase costs by increasing non – performing loans. · Sudden stops likely trigger banking crises (but not necessarily currency crises). · Flexible exchange rates help by avoiding compression in non – tradables prices. · Full dollarization recommended by authors.
Caner, Koehler – Geib and Vincelette (2009)	43 mostly emerging markets and advanced economies/ annual, 1993 – 2006s	Panel regression	Effect of sudden stops on GDP growth. · Following sudden stops, GDP growth falls by 4 – 5 percent.

续表

Authors	Country/data	Methodology	Objectives and Results
Catao (2007)	16 emerging markets (at the time) / annual, 1870 – 1913	Case study; Event study; panel regressions	Link between sudden stops and currency crashes. · Not all sudden stops triggered depreciations or currency crises. · Interesting results because of the time period, during which countries in sample were pegged to gold and international spreads were much lower than in the past few decades. · Currency crashes were likely not the result of external factors but domestic frictions, like lobbying linked to the export sector.
Cavallo et al. (2015)	63 advanced, emerging, and frontier economies/ quarterly, 980 – 2012	Event – based, time series regression; pooled regression	Changes in GDP and real effective exchange rates in the 10 quarters before and after sudden stop. · Differentiation between sudden stops in net inflows, gross inflows, gross outflows, and combinations. · Sudden stops in net flows that coincide with sharp reductions in gross inflows are associated with larger drops in output compared to those that coincide with sharp declines in gross outflows. · The effects of sudden stops on real exchange rates are not robust.
Cowan and Raddatz (2013)	45 advanced, emerging, and frontier economies/ annual, 1975 – 2003	Panel (cross – industry, cross – country) regression	Impact of sudden stops on industrial production. · For average industry, industrial production declines 5%. · Production in industries that depend on external finance declines by more, especially in less developed economies. · Contraction is larger in industries with small comparative advantage. · The contraction after sudden stops is largest for industries that produce durable goods, especially in less financially – developed countries. This suggests that financial frictions due to sudden stops affect the observed cyclical behavior of durable goods. · High international reserves reduce production contractions. · Expansionary monetary policy dampens the impact of sudden stops in industry production in emerging and less financially – developed economies.
Edwards (2004)	157 countries / annual, 1970 – 2001	Simultaneous regression	Probability of current account reversal and effects of current account reversal on growth. · Current account reversals are closely related to sudden stops. · Current account reversals reduce GDP growth by 1.8 – 5.1%. · Effects depend on trade openness and exchange rate regime.
Gallego and Tessada (2012)	Brazil, Chile, Colombia, Mexico/annual, 1978 – 2001	Panel (cross – sector, cross – country) regression	Impact of sudden stops on job creation and destruction. · After sudden stops, job creation tends to decrease more in sectors dependent on external finance. · After sudden stops, job destruction is higher in sectors with greater liquidity needs.

续表

Authors	Country/data	Methodology	Objectives and Results
Guidotti, Sturzenegger and Villar (2004)	122 countries / annual, 1974 – 2002	Event study	Impact of sudden stops on GDP deviation from trend depending on current account adjustment. · Current account adjustment of more than 2 percentage points of GDP is associated with GDP falling 1.8% below trend. · Current account adjustment of less than 2 percentage points of GDP is associated with GDP falling 0.8% below trend.
Hutchison and Noy (2006)	24 mostly emerging markets/ annual, 1975 – 1997	Panel regression	Investigates the effect of crises/sudden stops on GDP growth. · It includes currency and sudden stop dummies on growth regressions. · Sudden stops are associated with 6 – 8% decrease in GDP growth. · The effects are short – lived and disappear after the second year.
Hutchison, Noy and Wang (2010)	66 emerging, frontier, and developing economies/ annual, 1980 – 2003	Panel regression	Output costs of sudden stops depending on monetary and fiscal policy. · Monetary and fiscal policy tightening during sudden stops exacerbates output losses (deviation of output from trend). · Discretionary fiscal policy is associated with lower output costs (deviation in output from trend), whereas expansionary monetary policy has no effect.
Ortiz et al. (2009)	31 mostly emerging markets/ quarterly, 1990 – 2006	Event study; cross – country regression	Costs of systemic sudden stops and fiscal/monetary policy · Output falls 7.2% on average from peak to trough. · Significant variation in output change across country episodes (lowest: –20%; highest: +6.6%) and fiscal and monetary response. · Countries that tightened monetary and fiscal policy during sudden stops experience larger contractions in output.
Rothenberg andWarnock (2011)	24 mostly emerging markets/ quarterly, 1989 – 2005	Event study	Impact of sudden stop on GDP growth and its components and quarter – on – quarter exchange rate movements against the U. S. dollar. · After a "true sudden stop" (drop in inflows is greater than drop in outflows), GDP growth falls sharply (even below zero in a couple of quarters); the exchange rate depreciates as much as 40%. · After a "sudden flight" (drop in outflows greater than drop in inflows), GDP growth falls (from 5 – 6% to 2 – 3%) but does not fall below zero; the exchange rate depreciates around 10%. · Investment and, to a lesser degree, imports are the most affected components of GDP.

续表

Authors	Country/data	Methodology	Objectives and Results
Zhao et al. (2014)	85 countries / annual, 1980 – 2012	Event study; logit regression	Impact of sudden stops on probability of currency crises. · Low trade openness, shallow financial markets and current account imbalances increase the probability that sudden stops will be followed by currency crises.

注：本表来自 Arteta C，Kose M A，Ohnsorge F，Stocker M. The Coming U. S. Interest Rate Tightening Cycle：Smooth Sailing or Stormy Waters［R］. World Bank Group，Policy Research Note No. 2，2015.

附录 12 – 8　　中国资本管制程度

1997 年和 2010 年世界各地资本账户管制程

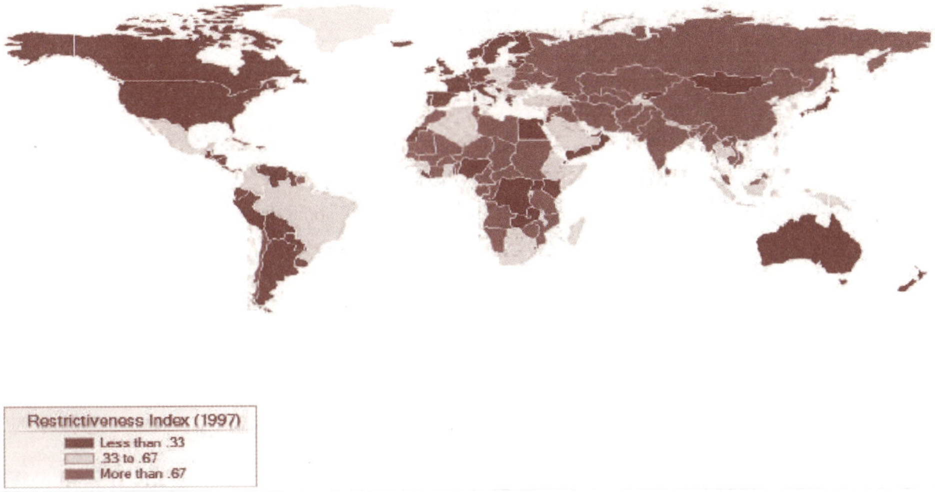

图 1

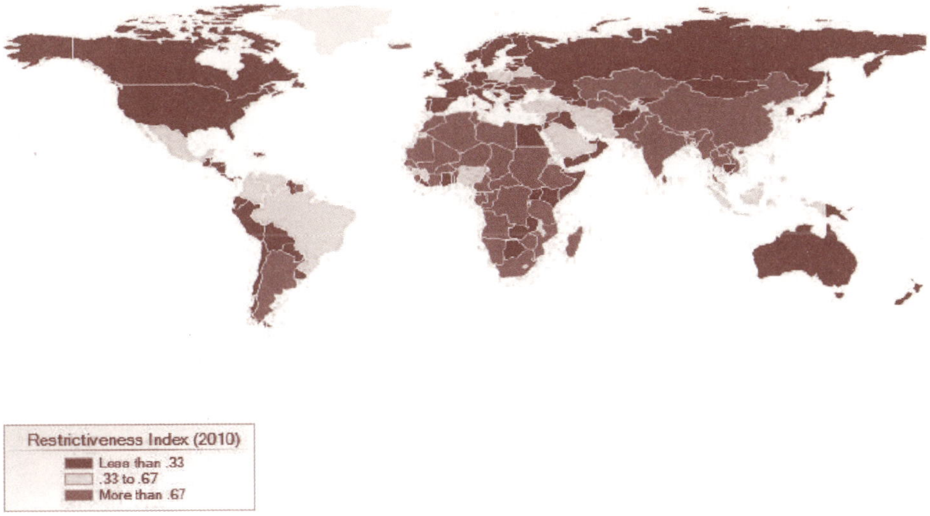

图 2

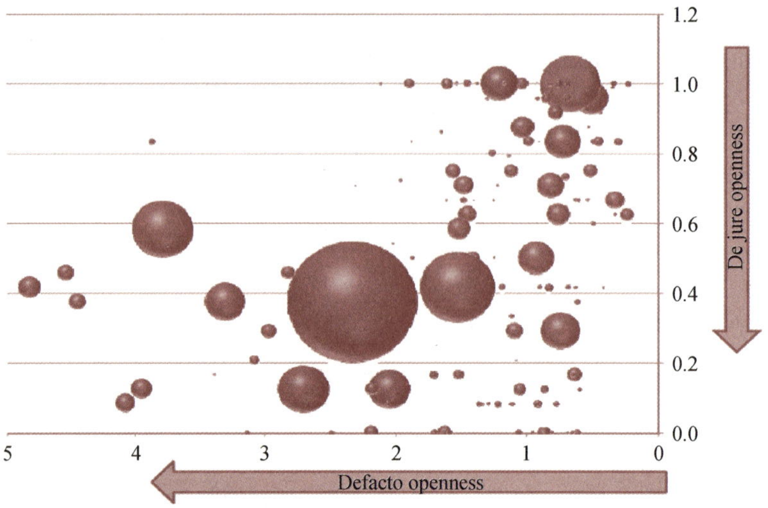

图 3

注：(1) 图 3 中红色圆圈代表中国资本账户开放程度。

(2) 以上三张图片均来自 Sedik T S, Sun T. Effects of Capital Flow Liberalization – What is the Evidence from Recent Experiences of Emerging Market Economics [R]. International Monetary Fund, Working Paper No. 275, 2012.

第十三章

新兴经济体应对金融全球化
——基于国际资本流动的视角

在金融全球化背景下，国际资本流动在全球经济中扮演重要角色。新兴经济体在金融全球化当中机遇与挑战并存，一方面，资本流动会降低融资成本、减少投资风险和深化本国金融市场的发展，另一方面又可能因为本国金融部门发展水平较低、机构治理质量较差等原因导致新兴经济体无法从资本流动中获益，甚至带来更大的经济波动。国际金融危机中，资本流动成为危机传导的重要渠道，加重了一些国家经济形势的恶化，引起人们的重视。在此背景下，金融危机后大量文献对资本流动的意义、驱动因素、影响等进行研究，本章从新兴经济体在金融全球化当中，如何应对国际资本流动的视角出发，对国际资本流动的现状与趋势、驱动因素、对新兴经济体的影响和相关应对措施等领域的文献进行梳理，以期对中国政府管理跨境资金流动提供一定的启示和借鉴。

一、引 言

随着全球金融开放程度的提高和经济一体化进程的推进，跨境资本流动作为全球金融联系的纽带而急剧增加，作为衡量金融全球化的重要代理变量，国际资本流动相对于全球GDP比重显著提高。1990年，全球资本流动规模占全球GDP比重约为7.10%，2008年金融危机前这一数字达到50.81%的峰值水平，2008年金融危机后，国际资本流动经历了停滞期，这反映了来自发达经济体资本流动的衰减和银行跨境资本流动活力的下降（Lane和Milesi－Ferretti，2017）。然而，随着世界经济逐渐复苏，国际资本流动规模逐渐增加，2017年这一数字达到13.50%，约为危机后资本流动最低点的3倍。国际资本流动已经在全球经济中扮演重要角色，尤其是对于新兴经济体来说，作为资本流动的主要接收国，如何利用好国际资本流入、如何应对大规模资本流动对宏观经济和金融稳定带来的冲击，对其经济发展至关重要。在这种背景下，新兴经济体如何应对国际资本流动就成为学界关注的焦点问题。

受到金融危机的影响，国际资本流动的大起大落及其对相关国家的影响引发了学者们的进一步研究。首先，资本流动受到全球金融周期的影响，并且金融周期伴随着市场的不确定性和风险厌恶程度而发生变化（Rey，2013），大规模的资本流动会显著降低资本管制政策的效果，在市场波动性和风险厌恶程度低时资本流动趋于增加，在市场波动性和风险厌恶程度高时又趋于下降（Passari和Rey，2015）。虽然近期这一结论受到挑战，但Cerutti等（2017）、Alstadheim和Blandhol（2018）并没有发现全球金融周期对资本流动的显著性影响。其次，全球金融危机期间产生的冲击会在全球金融系统之间传导，随着金融全球化和金融业的发展，全球金融系统变得更为复杂，现有的各国金融监管能力存在局限性（Lo，2016）。再次，金融危机期间，美联储和欧央行为了刺激总需求、恢复经济活动、降低失业率，出台了非常规的货币政策，即量化宽松货币政策，然而大规模的经济刺激政策会产生全球性的溢出效应，尤其是对于新兴经济体，更容易受到国际资本流动、汇率风险、长期债券收益等冲击（Khatiwada，2017）。当前，世界经济增长势头良好，以美国为代表的发达国家逐步退出量化宽松货币政策，开启了货币政策正常化进程，美联储退出量化宽松货币政策将对新兴经济体产生资本流动冲击，引发新兴经济体资本外流，对新兴经济体的对外经济部门造成冲击（王大为和孙文奕，2016）。最后，金融危机后资本流动的本质已经发生了很大变化，虽然总资本流动相对于全球GDP的比重不足2007年顶峰的一半，但流入新兴经济体的资本超过总资本流入的1/3，是金融危机前的两倍（IMF，2016）。这一趋势反映了金融危机后发达国家受量化宽松货币政策影响，资本收益率下降，发达国家之间的资本流动急剧下降，资本更趋向于流入资本收益率更高的新兴经济体，也反映出新兴经济体进一步推动金融全球化的进程。

金融全球化不仅导致国际资本的流动规模增加，也影响了资本流动的驱动因素、资本流动冲击传播和传染机制，这要求新兴经济体进一步完善应对资本流动的监督、预防和应对机制，降低资本流动冲击的风险。1990～2017 年国际资本流动总额与全球 GDP 的比值具体如图 13－1 所示。

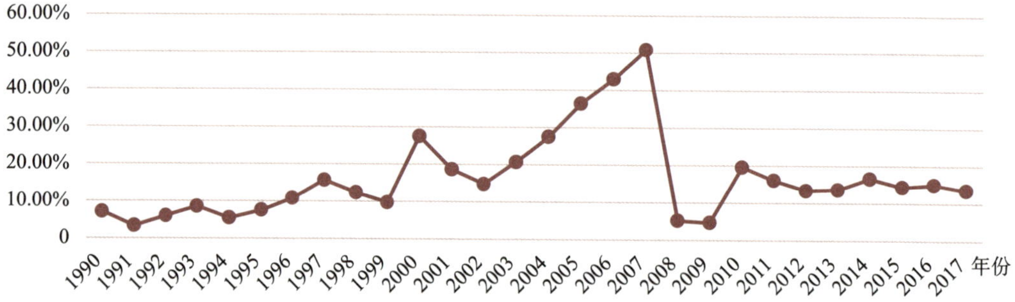

图 13－1　国际资本流动总额/全球 GDP

资料来源：BOPS、IFS 数据库，IMF。

二、当前国际资本流动研究的重要趋势

（一）净资本流动与总资本流动

资本流动相关文献中的资本流动研究对象主要分为三类：总资本流入、总资本流出和净资本流入。在金融危机前，大部分文献都将净资本流动作为主要研究对象，新兴经济体由于资本流出规模较小，其净资本流入大致反映了总资本流入。由于本国投资者的总资本流出量较小，净资本流动的变化又可以被解释为由外国资本流动所驱动。金融危机后，总资本流动的规模和波动性大幅增加，总资本流入和总资本流出的差额变得愈发重要，净资本流入不能完全反映新兴经济体资本流动的变化（Forbes 和 Warnock，2011）。一些文献将总资本流动进一步细分为外国直接投资；资产组合资本流动，包括债权资本流动和股权资本流动两部分；其他资本流动，包括政府相关资本流动和私人部门资本流动，私人部门资本流动又可细分为银行部门资本流动和非银行部门资本流动（Pagliari 和 Hannan，2017）。

在研究各国资本流动异常时期的驱动因素时，Forbes 和 Warnock（2011）使用了总资本流入和总资本流出指标用来测算资本流动是否处于异常时期。Cerutti 等（2017）在识别资本流动的全球金融周期及其驱动因素时使用了总资本流动，并将其区分为外国直接投资、资产组合资本流动等。Byrne 和 Fiess（2016）在研究新兴市场国家资本流动的影响因素时也使用了总资本流动，并进一步将总资本流动细分为股权资本流动、债券资本流动和银行借贷资本流动。Cerutti 等（2017）发现新兴经济体之间的总资本流动存在联动性，并

且在细分的不同种类资本流动间这种联动性存在显著的异质性。

（二）国际资本流动对微观主体的影响

金融危机后，随着宏观经济状况的改变，新兴经济体非金融企业杠杆率显著上升，由于美联储货币政策、全球 GDP 增长等因素提高了通过企业杠杆渠道的全球金融风险溢出效应，增大了新兴经济体经济的脆弱性（Herwadkar，2017）。在金融危机前，全球银行资本流动占据总资本流动的比重最高，金融危机后新兴经济体债券资本流动占据的比重最高，银行资本流动的比重下降不仅反映了危机后全球银行部门经济活动的下降，也反映了新兴经济体本国经济状况的改变（Obstfeld，2015）。受到美国利率和汇率预期的影响，金融危机后新兴经济体非银行部门居民的美元信贷迅速上升，美元信贷比例的上升使得借款者会遭到美元收益率上升和美元汇率升值带来的风险（McCauley 等，2015）。在一些新兴经济体非金融企业中，一些现金持有量多的企业更愿意发行美元债券，这种现象也与企业对美元汇率下降的预期相关（Bruno 和 Shin，2016）。Caballero 等（2016）发现非金融企业并没有系统性地对冲货币错配风险。非金融企业主要通过贸易融资、外国直接投资、固定资产融资等方式借入外国货币，当套息交易的收益高时，非金融企业更容易充当金融中介。

新兴经济体非金融企业杠杆率上升，需要政策指引非金融企业更多地依赖股权融资，从而引导资本流动更多地由债务资本流动转向股权资本流动。Ahrend 和 Goujard（2012）发现公司的税收政策使得公司相比股权融资更偏好于债务融资，由此带来了更高份额的外部债务融资，增加了金融危机风险。Cournède 等（2015）指出，在大多数 OECD 国家，更多的债务伴随着更低的经济增速，需要应对非金融企业融资的债务偏好。Mooij 和 Hebous（2017）认为可以限制甚至取消银行和企业的债务服务费用税收减免政策或者提供股权收益补贴来限制非金融企业的负债偏好。然而，Eichengreen（2016）指出这样做可能会导致股权融资风险上升，债务融资的减少可能会减少国际流动性的供给。

三、影响新兴经济体资本流动的驱动因素

20 世纪 90 年代以来，学者们开始关注资本流动的驱动因素。Forbes 和 Warnock（2011）、Fratzscher（2011）对各类影响因素进行了较为详尽的梳理，建立了“推动因素—拉动因素”分析框架。推动因素是指国家外部因素，包括全球影响因素和传染性影响因素，拉动因素主要是指本国因素，包括本国宏观经济因素和结构性因素（Pagliari 和 Hannan，2017）。全球影响因素一般包括以美国影子利率衡量的美国货币政策姿态、美国实际 GDP 增长率、全球风险厌恶程度和经济不确定性、以油价为代表的全球大宗商品价格水平等。传染性影响因素主要包括三类，贸易渠道（直接贸易、第三方市场的竞争、进口价格

的改变）、金融渠道（银行信贷、证券投资）、国家相似性渠道（共享相同区域的地理位置、相似的经济特征）。本国宏观经济因素包括本国实际 GDP 增长、本国政策利率、人均收入水平等。本国结构性因素包括本国资本账户开放度、贸易开放度、本国机构质量等。

Koepke（2015）、Eichengreen 和 Gupta（2016）发现资本流动的驱动因素随着时间发生变化，并且不同类型资本流动的驱动因素存在差异。金融危机以来，大部分的文献集中在对推动因素的研究上。Fratzscher（2011）发现，推动因素是金融危机期间及危机后资本流动急剧变动的主要驱动因素。这一结论得到了 Ghosh 等（2014a）的证实，他们发现债务驱动的资本流入剧增主要是受全球风险厌恶因素驱动，风险厌恶度和经济不确定性因素成为研究的重点，VIX 成为衡量风险厌恶度和经济不确定性的重要代理变量。（Passari 和 Rey，2015；Rey，2016）认为资本流动存在全球性金融周期，并且该周期和 VIX 存在联动现象。另外，Baker 等（2016）编制的经济政策不确定性指数 EPU（Economic Policy Uncertainty）作为经济不确定性的代理变量之一，其对资本流动的影响也得到了关注（谭小芬等，2018）。

金融危机后，美联储及欧央行等发达经济体的货币政策成为资本流动的主要驱动因素。Koepke（2014）发现对美联储政策利率的市场预期是资产组合资本流入新兴经济体的重要决定因素。Ahmed 和 Zlate（2014）发现新兴经济体与发达经济体之间的经济增长率差、利率差是私人资本净流入的重要决定因素。Dahlhaus 和 Vasishtha（2014）通过建立跨国比较分析确认美联储货币政策预期是近年来股权资本，尤其是债券资本流动的主要驱动因素。

不同类型资本流动间的驱动因素有着差异性。Eichengreen 等（2017）发现 FDI 资本流入比非 FDI 资本流入更稳定，非 FDI 资本流入中债务资本和银行资本流动最具波动性。FDI 资本流入主要受拉动因素驱动，债务资本和股权资本流入主要受推动因素驱动，银行资本流入受拉动和推动因素结合驱动。Sarno 等（2016）使用贝叶斯潜在因素模型研究资产组合资本流动的驱动因素，发现股权和债券资本流动变动的 80% 可以由推动因素解释。Avdjiev 等（2017）发现银行资本流入和公司债务资本流入会受全球信贷冲击的影响，主权债务资本流动则不会。

四、国际资本流动对新兴经济体经济增长的影响

新兴经济体推动资本自由流动和减少资本流动障碍会带来直接收益。一方面，能够均等化各国资本成本。新兴经济体一般来说是资本相对稀缺的国家，如果能够消除资本跨国流动的成本，吸引资本充裕国家的资本流入，则可以降低本国资本成本（Wei，2018）。Forbes（2003）研究了 1991 ~ 1998 年智利实行的强制存款（encaje）资本管制政策，发现在资本管制期间，小规模公司显著受融资约束，大规模公司并未受融资约束，而且融资约

束与公司规模之间存在强的线性负相关关系。进一步来讲，Andreasen 等（2017）发现对资本流入的管制对受融资约束的小公司影响尤为强烈，但是未发现对资本流出管制的显著性影响。

那么，如果放开资本管制，推动资本自由流动，降低资本成本，就能从中刺激投资，提高经济效率，降低产出波动性。Quinn 和 Toyoda（2008）使用 94 个国家样本数据，发现对于发达和新兴经济体来说资本账户自由化与经济增长之间存在正向相关性。Bekaert 等（2011）发现金融开放会带来更高的经济增长率，并且这种效应具有持续性，通过对股票和银行部门的开放效应检验，自由化后出现了更快的生产力增长，这种增长获得的收益高于在银行危机中遭遇的损失。

另一方面，促进资本流动能够推动本国与外国居民的风险分担。资本流动会改善信息流通状况，提高外国投资者投资于本国资产的意愿，违约风险也会随资本流动而降低（Lane 和 Milesi – Ferretti，2008）。然而，Yeyati 和 Williams（2012）认为原有的国际资本流动与 GDP 的比重衡量投资分散化程度有被高估的倾向，在改进新兴经济体的投资分散化程度测算方法后发现，新兴经济体投资分散化程度仍远低于发达国家并且近年来这一状况并未得到改善。

资本流动还会带来所谓的“附属收益”，如推动新兴经济体本国金融市场的深化发展。本国银行体系与金融市场的发展能够减少资本流动障碍，便利本国居民对金融资产的交易，逐渐消除外部金融中介的作用，降低交易成本。本国金融市场的发展也能刺激外国投资者投资于本国金融市场，本国金融产品的创造也会刺激外国对本国债权的需求，这意味着，本国金融市场的发展和金融国际化之间正向相关（Lane 和 Milesi – Ferretti，2008）。然而，Mishkin（2007）认为这种推动作用是有时间窗口的，外国资本的进入会增强本国金融市场的竞争性和流动性，从而改善本国金融市场状况，但是金融危机会中断这种联系。

然而一些文献发现资本自由流动可能会导致资源配置的扭曲，阻碍生产力的提高，放大随之而来的反转效应（Guichard，2017）。Benigno 等（2015）以中等收入和高收入国家为研究对象，发现在大规模资本流动时期，劳动力会脱离制造业部门，尤其是大规模资本流入开始于低国际利率环境下。并且，大规模资本流入时期积累下的国际储备似乎会限制劳动力再分配。孙俊和于津平（2014）通过 DSGE 模型模拟不同的资本账户开放路径对中国宏观经济的影响，发现如果对外商直接投资过度开放，但对本国金融机构的对外证券投资进行严厉监管，可能会使宏观经济陷入“低增长、高波动”的陷阱。另外，国际资本流动具有易变性，韩剑等（2015）发现国际资本流入激增对国际资本流动的中断具有直接影响，新兴经济体频繁遭遇这种激增和中断会放大经济周期的波动幅度。韩剑和张二震（2009）对国际资本流动中断这种“急刹车”现象的概念与识别、产生动因、影响和作用机制等做出了详尽梳理。

不同种类资本流动的影响不同，文献主要集中在区分债务资本流动和股权资本流动的影响差异上。当由非金融企业外部债务驱动的大规模资本流入新兴经济体时，在短期内会对新兴经济体的信贷状况产生较大的显著性影响，对其他类型的资本流动影响不显著（Furceri 等，2012）。Ghosh 和 Qureshi（2016）基于 53 个新兴国家 1980 ~ 2013 年的样本发现，债务资本流动相比于其他类型资本流动更容易引发经济过热和本国信贷扩张，进一步细分，债务性质的资产组合资本流入也会伴随着更严重的宏观经济失衡和金融脆弱性。Igan 等（2016）发现债务资本流入比股权资本流入会带来更大的产出增长波动，尽管债务资本流入会缓解一些融资约束比较强的部门的融资条件。面对债务资本流动带来的冲击，许多文献指出本国运行良好的金融市场和银行体系可以减小债务资本流动带来的波动性。

五、实现资本流动对经济增长正向效应的基础

消除资本流动障碍可以降低资本成本，推动国内金融市场深入发展，满足居民投资分散化需求，从而推动生产力发展，提高经济运行效率。但是为什么一些新兴经济体在推动资本自由流动后无法获得收益甚至遭受损失？金融全球化背景下，影响资本自由流动与经济增长之间关系的因素存在初始条件的“门槛效应”，这些因素包括经济结构特征和宏观经济政策（Kose 等，2011）。邓敏和蓝发钦（2013）运用门槛模型发现，一国初始条件较高时有助于发挥资本自由流动带来的经济增长效应，降低资本流动风险。杨子晖和陈创练（2015）采用面板平滑转换回归模型发现资本账户开放带来的资本流动收益依赖于金融深化发展水平。高禄和车维汉（2018）发现这种门槛效应值的变化具有动态性，且呈上升趋势。具体影响因素包括以下内容：

第一，金融部门发展水平。金融部门深化发展可以提高资本自由流动带来的经济增长收益，减小经济波动和面对危机的脆弱性。本国和国际融资约束在金融发展水平较低的新兴经济体中扮演重要角色，Aoki 等（2010）使用存在本国和国际融资约束的模型发现，当本国金融部门发展水平较低时资本账户自由化不一定会带来收益，这是因为在长期中全要素生产率增长会发生停滞或者在短期中劳动雇佣会下降。Eichengreen 等（2011）在研究资本账户自由化对行业增长的影响时发现，只有在那些有着较为发达的金融系统、良好的会计标准、强大的债权人权力和法规的国家资本账户自由化才会带来正向影响。

第二，机构治理质量。公司和公共治理质量、法律框架、政治体制和民主程度、腐败水平等都会影响资源配置，而且，一国的机构发展需要支撑金融部门、公司部门和家庭部门的资产负债表弹性（Arora 等，2013）。Wei 和 Zhou（2018）发现一国的公共治理水平较低会导致外部融资中更高的债务比例以及更短的债务期限。Kaya 等（2012）发现新兴经济体股票市场开放要考虑到工业化水平、金融部门发展水平、投资者保护水平和政府参与经济的程度。然而，当一国想在机构质量较低时进行资本账户自由化时，可以使用社会

资本弥补机构质量较低的不足（Elkhuizen 等，2018）。另外，Kunieda 等（2014）通过理论模型与实证检验发现，腐败程度高的国家会征收更高的税率，因此在腐败程度高的国家推动资本账户自由化时会放大政府腐败对经济增长的负面影响。然而，Lopes 和 Rivera - Castro（2018）发现高信任度的民主国家相比于民主程度低的国家会减少投资水平、增加政府消费，降低经济增长速度，那么民主程度对于资本流动收益的影响就值得进一步探究。

第三，贸易开放程度。贸易开放会减小资本账户开放带来危机的概率，或者降低危机成本。贸易开放度高的国家在经常账户调整时会遭受更小的汇率贬值，面对更轻的由汇率贬值对资产负债表造成的不利影响，因此，贸易开放度高的国家债务违约风险将更低（Kose 等，2011）。Cavallo（2008）发现贸易开放度的提高会促进经济增长，且会降低产出波动性，从而有利于实现经济和金融稳定。

第四，宏观经济政策。宏观经济政策包括财政政策、货币政策和汇率政策，良好的宏观经济政策使资本流动带来更多收益，帮助实体经济克服资本流动波动带来的影响（Arora 等，2013）。Kaminsky 等（2005）发现新兴经济体的净资本流入、财政政策和货币政策存在顺周期性现象，这种政策的顺周期性将会带来经济风险。Aizenman 和 Pasricha（2013）发现新兴经济体为了应对资本净流入的压力，会放松资本流出管制，尽管这样会减少外部融资约束所产生的财政收入，那些汇率升值压力更高和实际汇率波动性更大的国家管制放松程度会更高。另外，资本账户开放条件下应考虑到最优的外汇储备量，陆磊等（2017）通过测算发现中国外汇储备规模从 2014 年开始已向最优数量收敛。

六、国际资本流动的管理

（一）IMF 对待资本流动的态度

对于资本流动，国际货币基金组织的基本主张是减少货币当局干预，鼓励资本自由流动（IMF，2016）。《国际货币基金组织协定》（以下简称《协定》）中的第八条第二款中指出“未经基金组织同意，各成员国不得对国际经常性交易的支付和资金转移实行限制”。

1997 年亚洲金融危机前明确主张资本自由流动。《协定》中的第四条第一款中指出“国际货币制度的根本宗旨是提供一个促进国与国之间货物、服务和资本的交换以及保持经济健康增长的框架”。但是 20 世纪 90 年代金融危机频发，IMF 逐渐意识到资本流动在危机中的作用，1997 年亚洲金融危机爆发后，IMF 开始重视资本自由流动的风险，并且在《协定》第六条第三款提出“成员国可以采取必要的管制，以调节国际资本流动”。2008 年金融危机后，IMF 的立场迅速转变。从 2010 年开始，IMF 在多篇委员会报告中阐述资本管制工具在面对资本流入情形中的必要性（Ostry 等，2010；IMF，2010，2011）。2012

年，国际货币基金组织甚至发表声明，提出应对资本流动的新制度性观点，在官方立场上支持在必要时暂时使用资本管制措施（IMF，2012）。

（二）IMF 资本流动管理框架

1. 资本流动管理的政策工具

资本流入剧增会致使经济过热、汇率过度升值，还会给一些特定经济部门带来压力，如信贷繁荣和资产价格泡沫，因此需要合适的政策工具来应对。应对资本剧烈流入的政策工具包括宏观经济政策、宏观审慎政策（macroprudential measures，MPMs），在特定条件下还包括资本管制政策。

宏观经济政策调整主要应对资本流入导致的宏观经济风险，包括汇率政策、外汇储备政策、冲销干预、货币与财政政策。宏观审慎政策主要应对资本流入导致的金融风险，包括与外汇相关的宏观审慎政策和其他宏观审慎政策。与外汇相关的宏观审慎政策是根据标价货币的不同歧视性对待而不是交易者的居住地，主要包括对银行的外汇敞口限制与外汇资产投资限制等，其他宏观审慎政策用来降低系统性风险，包括限制本国金融系统的贷款增长等。资本管制用来限制居民或非居民进入资本市场进行交易的权利，或是影响这些交易带来的转移和支付，包括对来自非本国居民的资本流动征税、对资本流动的无偿准备金需求（unremunerated reserve requirements，URR）等（Ostry，2010）。

为了应对资本流动带来的风险，IMF 提出了资本流动管理（capital flow management，CFM）工具。资本流动管理工具既包括一些资本管制政策又包括一些与外汇相关的宏观审慎政策，另外还包括如最低停留期限等针对非金融部门的工具（IMF，2012；张春生，2016）。具体关系如图 13－2 所示。

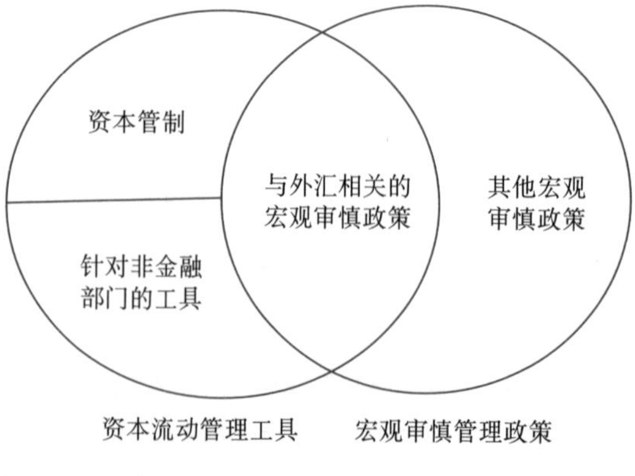

图13－2　资本流动管理工具与宏观审慎工具的关系

使用 CFMs 工具前首先要识别资本剧烈流入，识别资本剧烈流入是判断性问题。Ghosh 等（2014a）将资本剧烈流入定义为净资本流入量超过一段时间内历史均值，如历史均值的前30%分位数。Forbes 和 Warnock（2011）利用总资本流动数据捕捉资本极端流动时期，主要是通过计算超过过去5年滚动历史均值一定幅度的某一时期资本流动量。这两类方法都是对资本流动长期趋势做出观察，不过对于净资本流动和总资本流动两个指标看法不同。

CFMs 的使用需要满足一定的条件，这样才能支持宏观经济政策调整，保护金融系统稳定，主要包括（IMF，2013）：（1）当宏观经济政策的调整空间有限时，存在经济过热或资产泡沫的信号，汇率过度高估，或者外汇储备过度充裕。（2）当资本流入剧增增加了金融系统不稳定风险时，被用来限制资本流入的宏观审慎政策（属于 CFMs），如果能伴随着必要的宏观经济政策调整和金融监管可能会起到作用。（3）当状况快速改变，宏观经济状况难以快速评估，或者安排好的政策要用较长时间实施和生效，CFMs 可以短期内使用来争取时间。具体的政策适用情况如图 13－3 所示。

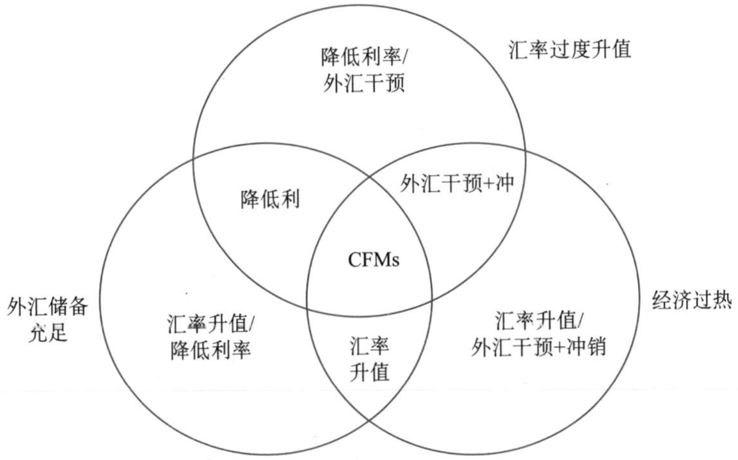

图 13－3 应对资本急剧流入

资料来源：IMF，Guidance note for the liberalization and management of capital flows，2013。

根据 IMF（2016）的调查研究，新兴经济体在 2013～2016 年主要面对的是资本急剧流入后急剧流出的逆转效应。应对资本流出的资本流动管理工具主要在发生危机或危机逼近时使用，这与传统观点相一致。当然，使用应对资本流出的资本流动管理工具有时是为了应对特定风险，并不意味着要应对危机。应对资本流出的资本流动管理工具也要与宏观经济政策、宏观审慎政策协调使用才会更有效。对资本流出的应对流程与应对资本流入的流程相似，政策方向相反。具体的政策适用情况如图 13－4 所示。

2. 何时使用 CFMs

一些研究认为应该逆周期性使用资本管制，尤其是在经济状况好的时候应使用资本管制避免企业过度借款，这样就能避免经济状况恶化时降杠杆带来的冲击。Bianchi（2011）

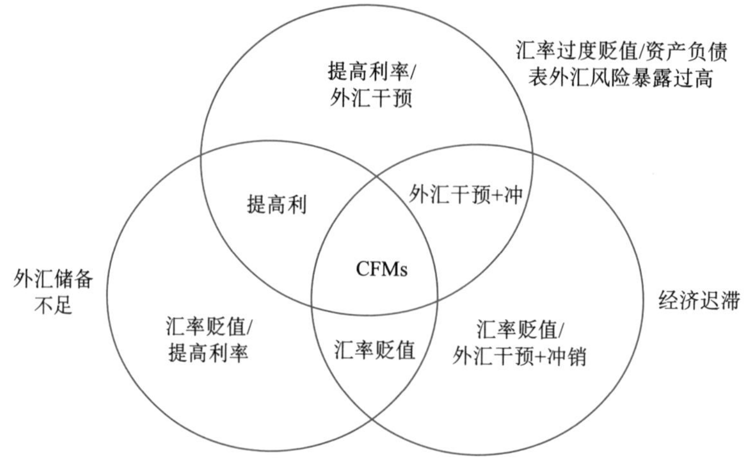

图 13－4　应对资本急剧流出

资料来源：IMF，Managing capital outflows—further operational considerations，2015。

使用 DSGE 模型证明在小型开放经济体内企业在经济状况良好时受到一定的融资约束会带来更高的社会福利。一些实证结果支持政策制定者会逆周期使用政策，如 Ghosh 等（2017）使用新兴经济体 2005～2013 年数据研究发现政府会使用宏观经济政策、宏观审慎政策和资本管制政策这样的政策组合来应对经济过热和资本剧烈流入的状况。然而，Schmitt－Grohe 和 Uribe（2016）发现当开放经济模型中考虑到因资本流动担保约束而产生的租金外部性时，才会出现顺周期性资本管制现象，这与传统观点不符。

3. CFMs 的政策效果

对 CFMs 效果的检验具有一定的挑战性。在面对不同的目标时，CFMs 总是会改变，导致一些选择性偏好（Forbes 等，2015），面对不同宏观经济状况也有许多政策组合。对资本管制或宏观审慎政策的测算也有困难，这样使得一些学者关注于比较是否使用政策措施带来的不同，当然也有一部分学者直接对政策效果进行检验。对资本账户管制强度的衡量可以使用法律指标，如使用 IMF 的 AREAER 和 OECD 的 Code of Liberalisation of Capital Movements 等数据库进行检验；另一种是事实上的指标，通过分析经济变量数值对监管强度进行定量判断，主要包括以资本流量、存量占 GDP 比重为基础的数量指标，基于无套利定价理论比较国内外资产价格的价格指标，综合考虑数量和价格的混合指标（苟琴等，2012）。大多数文献利用不同的国家、时间、频率等样本进行实证检验（Ghosh 等，2014a；Fernandez 等，2015）。

金融危机后，学者们主要研究 CFMs 对资本流动、汇率、资产价格等经济变量的影响，得到的结果是多样的。Bruno 等（2016）通过评估宏观审慎政策和 CFMs 政策对银行和债券资本流入的影响，发现 CFMs 会影响资本流入，并且对不同部门的政策会影响资本流动的组成。De Crescenzio 等（2017）的研究进一步证实这一观点，他们发现基于货币的 CFMs 政策会减少短期银行跨境资本流动。然而，Pasricha 等（2015）发现资本管制对于净资本流入、汇率和货币政策独立性仅有有限的影响。Forbes 等（2015）甚至发现大多数的 CFMs 都会不显著地影响汇率、资本流动等关键的经济目标。

宏观审慎政策正越来越多地用来代替和补充 CFMs。Korinek 和 Sandri（2016）发现资本管制和宏观审慎政策都能使经济更加稳定，减少危机的偶发性和严重性，但相比于资本管制，宏观审慎政策对新兴经济体和发达经济体都有效。Forbes 等（2015）利用周度资本流入和流出管制变动数据，使用偏好指数匹配法比较宏观审慎政策和 CFMs 的效果，结果发现宏观审慎政策能够显著减少金融脆弱性，而除资本流出管制外，大部分 CFMs 都不能显著地实现目标。Unsal（2011）证实，与单独使用货币政策相比，配合使用宏观审慎管理会降低本币和外币贷款的增速，控制信贷增长，减缓资产价格上涨，降低经济波动。Bruno 等（2017）也证实宏观审慎政策和货币政策配合使用将更有效。Claessens（2014）对政策工具进行文献梳理，提出宏观审慎政策工具应该与其他政策工具协调使用，尤其是新兴经济体，应该使用这些工具减少资本流动的顺周期性，降低危机风险。然而，Ahnert 等（2017）发现对银行外汇管制的宏观审慎政策虽然能够减轻银行面对汇率变动和全球金融周期的脆弱性，但可能会将这部分脆弱性转嫁到其他部门。

另外，关于资本流动管理工具的政策效果问题也涉及对于传统的“三元悖论”讨论。根据蒙代尔的“三元悖论”，当一国采用浮动汇率制度时，可以同时实现资本自由流动并确保货币政策独立性，无须对资本流动实施任何管制。近期的理论文献对此提出质疑，并开始提出，开放经济状态下并不存在“三元悖论”，而仅存在“二元悖论”。这些研究认为，即使汇率完全浮动，也难以确保货币政策独立性，有必要对资本流动进行管理（Frankel，2004；Rey，2013，2016；Farhi 和 Werning，2014）。Obstfeld 等（2017）使用 40 多个国家样本发现固定汇率制会减少货币政策的独立性，对国际资本流动会更加敏感，新兴经济体存在“二元悖论”现象。伍戈和路简（2016）通过融入全球避险情绪的蒙代尔—弗莱明模型提出“二元悖论”成因的假说：全球避险情绪上升可能削弱国内扩张性货币政策的效果，从而削弱浮动汇率的效果。Han 和 Wei（2018）提出了“2.5 元悖论”，即当中心国家收紧货币政策时，浮动汇率制有效；当中心国家宽松货币政策时，浮动汇率失效。

4. CFMs 的溢出作用与国际政策协调

随着国际金融一体化的深化，货币政策或者金融冲击将会通过金融系统传递到其他国家，导致其他国家宏观经济失衡或金融系统不稳定，尤其是在金融危机期间。从全球金融网络的视角来看，Elliott 等（2012）通过建立模型发现分散化投资增加了各国之间金融的关联性和依赖性，也增加了危机的传染性，并使用欧洲债务危机期间债务的跨国持有数据对此进行证实。Forbes 等（2012）发现巴西对资本流入征税时会减少外国投资者对巴西资产组合的持有，增加巴西对其他国家资产组合持有量。Giordani 等（2014）发现，有着相似宏观经济特征的发展中国家和新兴经济体，一国对资本流入的限制将对其他国家产生强烈的溢出效应，但是没有发现地理因素的影响。Ghosh 等（2014b）关注于银行资本流动，发现国家经济特征和地理因素会驱动一国银行资本政策对其他国家产生溢出效应。Korniyenko 等（2018）使用新的多层网络框架来联系各国之间的债务和股权关系，发现全球金融网络在金融危机后已经发生改变，中心国家的金融系统结构有明显改变，但外围国家的金融系统结构改变较小，一些亚洲国家如今在金融网络中扮演重要角色，尤其要关注源于中国的金融冲击。近年来，主要发达经济体央行通过改变短期政策利率、调整资产负债表来开启货币正常化进程，这会对固定汇率制的新兴经济体产生金融溢出效应，而且固定汇率制新兴经济体很难使用单一政策工具应对冲击（Singh 和 Wang，2017）。

因此，应对国际资本流动，除了从国别层面加强管理，还应该加强国际政策合作与协调。对于国际政策协调，不仅需要 CFMs 的协调，因为国际失调状态不仅仅由溢出效应导致，还因为政策制定者没有在国际市场中积极行动、政策制定者没有充足的政策工具应对外部交易还有国际市场是不完美的（Korinek，2017）。国际政策协调主要包括货币政策协调，即从追求本国效用最大化的货币政策转向追求国家之间共同效用最大化的货币政策（Taylor，2013）；金融部门政策和资本管制政策协调，即追求全球金融稳定性的提高（Jeanne，2014；Obstfeld，2015），包括本国和多边政策协调的全球金融安全网（Scheubel 和 Stracca，2016）等。

七、中国的资本流动与资本管制政策效果

从 2014 年第 2 季度到 2016 年第 4 季度，中国的资本与金融账户经历了持续 11 个季度的逆差，累计金额为 9848 亿美元，直至 2017 年上半年该趋势才得到扭转。在这段时期内，中国资本与金融账户主要呈现三个特点：第一，国际收支呈一顺一逆新格局，资本项目持续逆差；第二，其他投资项是逆差主推手；第三，其他投资项的波动主要来自货币存款、贷款项目的波动。

2001 年以来，中国资本账户开放程度显著提高，根据 IMF《汇兑安排与汇兑限制（2015）》中的评价标准，中国 43 个资本账户细分项目中只有 4 项仍然实行严格的控制，其余项目已经实现基本开放或部分开放。然而，实现资本账户完全可兑换仍任重道远，尤其是面对资本流动剧烈波动时，需要采取适当的资本管制措施。近年来，一些国内学者采用多种方法对中国资本管制效果进行测算，如金荦和李子奈（2005）、白晓燕和王培杰（2008）、苟琴等（2012）、朱鹤等（2015）。在此基础上，一些学者研究了资本管制对金融市场、宏观经济的影响。一类文献基于 DSGE 模型进行研究，如孙俊和于津平（2014）、李力等（2016）、肖卫国等（2016）、杨小海等（2017）、陈国进等（2018）；另一类文献采用其他理论与实证方法进行研究，如熊衍飞等（2015）、游宇和黄宗晔（2016）、郭桂和霞彭艳（2016）、方意等（2017）。研究得到的主要结论是：中国的资本管制在短期内

基本有效，但长期来看这种有效性呈下降趋势；资本管制的放松会加剧资本外流压力，对金融市场和宏观经济冲击加大，并且对不同经济部门、金融市场的影响具有异质性（见表 13－1 和表 13－2）。

表 13－1　　中国资本管制效果测算

文献来源	检验方法	样本区间	结论
金荦和李子奈（2005）	货币政策独立性检验法；资本流动规模的检验法；国际收支法；国内外利率差	1994～2003 年	中国资本管制的有效性面临挑战
白晓燕和王培杰（2008）	国内外利率差；利率平价检验法	1996～2006 年	虽然资本管制的效力随时间推移有所下降，但中国的资本管制基本有效
徐明东和解学成（2009）	储蓄—投资相关性检验法；Edwards－Kahn 模型法（国内外利率差异）；基于法律的年度资本管制强度指标；利率平价检验法	1982～2008 年	1982 年以来，中国的资本管制政策短期内基本有效，但资本管制的有效性呈下降趋势
黄益平和王勋（2010）	基于法律的年度资本管制强度指标；资本流动规模的检验法；储蓄—投资相关性检验法；利率平价检验法	1952～2008 年 1999～2010 年	从长期来看，项目管制的措施已经基本或部分失效；短期来看管制还是有效的，但管制也已经失效或者效率开始显著降低
荀琴等（2012）	基于法律的月度资本管制强度指标	1999～2010 年	当前资本账户管制能够有效控制短期资本流动
朱鹤（2015）	利率平价法 AB－SETAR 模型	2006～2015 年	中国当前的资本管制仍然是有效的
刘红忠等（2015）	基于法律的年度资本管制强度指标；资本流动规模的检验法；储蓄率—投资率测度法；基于时变参数的利率平价法	1994～2014 年	过去 30 年，长期内资本管制的有效性呈现逐渐减弱的趋势，但从时变参数的利率测度法来看，短期内的有效性自 2008 年后却在增强

表 13－2　　资本管制对金融市场、宏观经济的影响

文献来源	研究方法	样本区间	结论
孙俊和于津平（2014）	基于 DSGE 模型	1995 年第 1 季度～2012 年第 1 季度	中国对外国直接投资过度开放、对外证券投资严厉监管的管制策略具有局限性，可能使经济陷入“低增长、高波动”困境，需要进行调整
李力等（2016）	基于 DSGE 模型；MS－VAR 模型	1995 年第 1 季度～2015 年第 4 季度	资本账户开放程度增加，短期资本流动对金融稳定和宏观经济冲击增大；中国短期跨境资本流动性呈现明显的高低状态，对本国经济冲击产生非对称性影响
肖卫国等（2016）	基于 DSGE 模型		随着资本开放程度增加，逆周期的宏观审慎政策应避免与央行刺激性货币政策相冲突，央行货币政策的制定应考虑银行信贷水平变化

续表

文献来源	研究方法	样本区间	结论
杨小海等（2017）	基于 DSGE 模型		在各种政策安排下，放松资本管制都会使中国面临资本外流的压力，而且流出的速度会随着管制程度的放松而加快
陈国进等（2018）	基于 DSGE 模型	1996 年第 1 季度～2016 年第 4 季度	中国资本账户开放程度的不同会对不同的财政货币政策组合产生不同影响；从社会福利损失角度看，价格型优于数量型混合货币政策
熊衍飞等（2015）	基于法律的年度资本管制强度指标；系统性 GMM 模型	1973～2012 年（跨国面板数据）	资本账户开放提高新兴经济体人均实际 GDP 增长率波动，人均消费增长率波动得到缓解。资本流动对新兴经济体 GDP 增长率波动，人均消费增长率波动影响高于 OECD 国家
游宇和黄宗晔（2016）	基于法律的年度资本管制强度指标；系统 GMM 法	1995～2010 年	对股票、债券、直接投资等不同资产的管制对经济增长产生异质性影响，资本管制会调整资本流动的组成
郭桂和霞彭艳（2016）	多门槛面板回归模型	1990～2012 年	资本账户开放对经济增长存在门槛效应，中国处于资本账户开放红利期；资本账户开放度与其对经济增长作用之间存在非单调关系；中国不同地区资本账户开放对经济增长的促进作用存在差异
方意等（2017）	基于银行资产负债表的分项及其综合视角分析		在银行资产层面，资本账户开放会加大资本流动波动性，加剧对金融市场、宏观经济冲击，影响银行资产与股价；银行负债层面会降低银行零售存款吸收能力、影响银行杠杆，加大银行风险

八、文献评述与展望

金融全球化背景下，本研究对新兴经济体应对国际资本流动提出一些看法与展望。

第一，随着国际资本流动在全球经济中地位的上升，国际资本流动的波动将会对新兴经济体产生更大的冲击。许多学者意识到全球金融周期对资本流动波动的影响，使用 VIX 等指标刻画全球金融周期，但是利用这一指标的实证研究得到的结果差异性很大，这一指标是否是合适的全球金融周期代理变量还需要进一步研究。

第二，大量研究都认为推动因素是金融危机以来资本流动的主要驱动因素，但是一些研究也发现某些拉动因素同样起到作用，这时要考虑推动因素的作用是否被过度高估，还有一些周期性更强的因素的作用可能被忽略，需要进一步发掘。近年来，一些新兴经济体面临资本剧烈流出的压力，对资本流出的驱动因素需要深入研究。

第三，对于 IMF 提出的资本流动管理框架，其实用性及实施效果有待观察，尤其是面对各国不同经济状况带来的异质性影响。大多国家对资本流入和资本流出采取非对称性管理是否会带来相应风险，也需待进一步研究。面对资本流动及其管理带来的影响，政策制定者要如何依据国情进一步完善资本流动管理的政策工具组合是未来研究的重点。

第四，当前国际资本流动的相关文献，尤其是实证分析，面临着数据和方法上的困难，难以分析 CFMs 的效果是否会因一国是国际资本流动的中心国家还是外围国家而有所差异，更难以分析中心国和外围国在应对国际资本流动中应如何开展国际政策协作。未来可以通过全球金融网络的视角进行深入研究。

第五，中国在金融危机以来也面临着资本流动的剧烈波动，但是中国的资本账户尚未完全开放，央行对于外汇干预能力较强，因此能够对资本流动实施有效管理。未来，在面对资本账户逐步开放的趋势下，要关注影响中国资本流动的驱动因素、资本流动带来的影响、政策回应及其溢出效应等，未来将会有更多的研究空间。

文献索引

[1] 白晓燕和王培杰（2008）：“资本管制有效性与中国汇率制度改革”，《数量经济技术经济研究》，2008，9：65－76。

[2] 陈国进、杨翱和赵向琴（2018）：“不同资本账户开放程度下的中国财政货币政策效果分析”，《数量经济技术经济研究》，2018，3：96－113。

[3] 邓敏和蓝发钦（2013）：“金融开放条件的成熟度评估：基于综合效益的门槛模型分析”，《经济研究》，2013，12：119－129。

[4] 方意、颜茹云和郑子文（2017）：“资本账户开放对银行风险的影响机制研究”，《国际金融研究》，2017，11：33－43。

[5] 高禄和车维汉（2018）：“资本账户开放的经济基础条件分析”，《世界经济研究》，2018，2：13－25。

[6] 国际货币基金组织（2011）：“国际货币基金组织协定”。

[7] 国际货币基金组织（2015）：“IMF 汇兑安排与汇兑限制”。

[8] 郭桂霞和彭艳（2016）：“中国资本账户开放的门槛效应研究”，《金融研究》，2016，3：42－58。

[9] 苟琴、王戴黎、鄢萍和黄益平（2012）：“中国短期资本流动管制是否有效”，《世界经济》，2012，2：26－44。

[10] 韩剑、陈继明和李安娜（2015）：“资本流入激增会诱发突然中断吗？——基于新兴市场国家的实证研究”，《金融研究》，2015，3：36－49。

[11] 韩剑和张二震（2009）：“国际资本流入急刹车现象研究进展”，《经济学动态》，2009，7：97－101。

[12] 黄益平和王勋（2010）：“中国资本项目管制有效性分析”《金融发展评论》，2010，6：107－134。

[13] 金荦和李子奈（2005）：“中国资本管制有效性分析”，《世界经济》，2005，8：22－31。

[14] 李力、王博、刘潇潇和郝大鹏（2016）：“短期资本、货币政策和金融稳定”，《金融研究》，2016，9：18－32。

[15] 刘红忠、杨小海和韩永超（2015）：“再论中国资本管制有效性”，《世界经济文汇》，2015，6：

20－32。

［16］陆磊、李宏瑾和苏乃芳（2017）：“最优外汇储备与金融对外开放改革”，《财贸经济》，2017，12：19－34。

［17］孙俊和于津平（2014）：“资本账户开放路径与经济波动——基于动态随机一般均衡模型的福利分析”，《金融研究》，2014，5：48－64。

［18］谭小芬、张凯和耿亚莹（2018）：“全球经济政策不确定性对新兴经济体资本流动的影响”，《财贸经济》，2018，3：35－49。

［19］王大为和孙文奕（2016）：“美国退出量化宽松货币政策对新兴经济体的影响”，《经济纵横》，2016，3：119－122。

［20］伍戈和路简（2016）：“全球避险情绪与资本流动——“二元悖论”成因探析”，《金融研究》，2016，11：1－14。

［21］肖卫国、尹智超和陈宇（2016）“资本账户开放、资本流动与金融稳定——基于宏观审慎的视角”，《世界经济研究》，2016，1：28－38。

［22］熊衍飞、陆军和陈郑（2015）：“资本账户开放与宏观经济波动”，《经济学（季刊）》，2015，4：1255－1276。

［23］徐明东和解学成（2009）：“中国资本管制有效性动态研究：1982－2008”，《财经研究》，2009，6：29－41。

［24］杨小海、刘红忠和王弟海（2017）：“中国应加速推进资本账户开放吗？——基于 DSGE 的政策模拟研究”，《经济研究》，2017，8：49－64。

［25］杨子晖和陈创练（2015）：“金融深化条件下的跨境资本流动效应研究”，《金融研究》，2015，5：34－49。

［26］游宇和黄宗晔（2016）：“资本管制对融资结构和经济增长的影响”，《金融研究》，2016，10：32－47。

［27］张春生（2016）：“IMF 的资本流动管理框架”，《国际金融研究》，2016，4：13－25。

［28］朱鹤（2015）：“基于 AB－SETAR 模型的中国资本管制实际程度度量”，《国际金融研究》，2015，10：76－86。

［29］Ahnert, T., Forbes, K., Friedrich, C., Reinhardt, D., 2017. “Macroprudential FX regulations: shifting the snowbanks of FX vulnerability?.” NBER working paper. December 28.

［30］Ahrend, R., Goujard, A., 2012. “International capital mobility and financial fragility－Part 3: How do structural policies affect financial crisis risk? Evidence from past crises across OECD and emerging economies.” OECD Economics Department Working Papers.

［31］Ahmed, S., Zlate, A., 2014. “Capital flows to emerging market economies: A brave new world?” Journal of International Money and Finance. 48 (1): 221－248.

［32］Aizenman, J., Pasricha, G. K., 2013. “Why do emerging markets liberalize capital outflow controls? fiscal versus net capital flow concerns.” Journal of International Money & Finance. 39 (4): 28－64.

［33］Alstadheim, R., Blandhol, C., 2018. “The global financial cycle, bank capital flows and monetary policy. evidence from Norway.” Working papers fra Norges Bank.

[34] Andreasen, E., Schindler, M., Valenzuela, P., 2017. "Capital controls and the cost of debt." IMF Working Paper.

[35] Aoki, K., Benigno, G., Kiyotaki, N., 2010. "Adjusting to capital account liberalization." General Information. (4): 561 –562.

[36] Arora, V., Habermeier, K., Ostry, J. D., 2013. "Weeks – Brown R. The liberalization and management of capital flows: an institutional view." Revista De Economía Institucional. 15 (28): 205 –255.

[37] Avdjiev, S., Hardy, B., Kalemliozcan, S., Servén, L., 2017. "Gross capital flows by banks, corporates and sovereigns." NBER Working Paper.

[38] Baker, S. R., Bloom, N., Davis, S. J., 2016. "Measuring economic policy uncertainty." Quarterly Journal of Economics. 131 (4): 1593 –1636.

[39] Bekaert, G., Harvey, C. R., Lundblad, C., 2011. "Does financial liberalization spur growth?" Journal of Financial Economics. 77 (3): 55.

[40] Benigno, G., Converse, N., Fornaro, L., 2015. "Large capital inflows, sectoral allocation, and economic performance." Board of Governors of the Federal Reserve System International Finance Discussion Papers.

[41] Bianchi, J., 2011. "Overborrowing and systemic externalities in the business cycle."

[42] American Economic Review. 101 (7).

[43] Bruno, V., Shin, H., 2016. "Global dollar credit and carry trades: a firm – level analysis." NBER working paper. August.

[44] Bruno, V., Shim, I., Shin, H. S., 2017. "Comparative assessment of macroprudential policies." Journal of Financial Stability. 28: 183 –202.

[45] Byrne, J., Fiess, N., 2016. "International capital flows to emerging markets: National and global determinants." Journal of International Money and Finance. 61: 82 –100.

[46] Caballero, J., Fernάndez, A., Park, J., 2016. "On corporate borrowing, credit spreads and economic activity in emerging economies: an empirical investigation." IDB Working Paper Series. No. IDB –WP –719.

[47] Cavallo, E. A., 2008. "Output volatility and openess to trade: a reassessment." General Information. 9 (1): 105 –152.

[48] Cerutti, E. M., Claessens, S., Puy, D., 2017. "Push factors and capital flows to emerging markets: why knowing your lender matters more than fundamentals." Social Science Electronic Publishing. 15 (127): 1.

[49] Cerutti, E., Claessens, S., Rose, A. K., 2017. "How important is the global financial cycle? evidence from capital flows." BIS Working Paper. No. 661.

[50] Choi, S., Furceri, D., 2018. "Uncertainty and Cross – Border Banking Flows." IMF Working Paper. No. 18 January.

[51] Claessens, S., 2014. "An overview of macroprudential policy tools." IMF Working Paper. No. 214, December.

[52] Cournède, B., Denk, O., Hoeller, P., 2015. "Finance and inclusive growth." OECD Economic Policy Papers. No. 14, OECD Publishing, Paris.

[53] Dahlhaus, T., Vasishtha, G., 2014. "The impact of US monetary policy normalization on capital flows to emerging – market economies." Bank of Canada Working Paper. No. 14 – 53.

[54] De Crescenzio, Golin, M., Molteni, F., 2017. "Have currency – based capital flow management measures curbed international banking flows?" OECD Working Papers on International Investment.

[55] Eichengreen, B., Gullapalli, R., Panizza, U., 2011. "Capital account liberalization, financial development and industry growth: a synthetic view." Journal of International Money & Finance. 30 (6): 1090 – 1106.

[56] Eichengreen, B., 2016. "Global monetary order in The future of the international monetary and financial architecture." ECB Conference proceedings.

[57] Eichengreen, B., Gupta, P., 2016. "Managing sudden stops." WBG working paper. April.

[58] Eichengreen, B., Gupta, P., Masetti, O., 2017. "Are capital flows fickle? Increasingly? and does the answer still depend on type?" WBG working paper. February.

[59] Elkhuizen, L., Hermes, N., Jacobs, J., Meesters, A., 2018. "Financial development, financial liberalization and social capital." Applied Economics. (5): 1 – 21.

[60] Elliott, M., Golub, B., Jackson, M. O., 2012. "Financial networks and contagion" Social Science Electronic Publishing. 104 (10): 3115 – 53.

[61] Farhi, E., Werning, I., 2014. "Dilemma not trilemma? capital controls and exchange rates with volatile capital flows." IMF Economic Review. 62 (4): 569 – 605.

[62] Fernandez, A., Rebucci, A., Uribe, M., 2015. "Are capital controls countercyclical?" Journal of Monetary Economics. 76: 1 – 14.

[63] Fratzscher, M., 2011. "Capital flows, push versus pull factors and the global financial crisis." NBER Working Paper. No. 17357, August.

[64] Furceri, D., Guichard, S., Rusticelli, E., 2012. "The effect of episodes of large capital inflows on domestic credit." The North American Journal of Economics and Finance. 23 (3): 325 – 344.

[65] Forbes, K. J., 2003. "One cost of the chilean capital controls: increased financial constraints for smaller traded firms." NBER Working Papers. 71 (2): 294 – 323.

[66] Forbes, K. J., Warnock, F. E., 2011. "Capital flow waves: surges, stops, flight, and retrenchment." Journal of International Economics. 88 (2): 235 – 251.

[67] Forbes, K. J., Fratzscher, M., Kostka, T., Straub, R., 2012. "Bubble thy neighbor: portfolio effects and externalities from capital controls." ECB Working Paper. No. 1456.

[68] Forbes, K. J., Fratzscher, M., Straub, R., 2015. "Capital – flow management measures: what are they good for?" Journal of International Economics. 96: 76 – 97.

[69] Frankel, J. A., Schmukler, S. L., Serven, L., 2004. "Global transmission of interest rates: monetary independence and currency regime." Journal of International Money and Finance. 23: 701 – 733.

[70] Ghosh, A. R., Qureshi, M. S., Kim, J. I., Zalduendo, J., 2014a. "Surges." Journal of International Economics. 92 (2): 266 – 285.

[71] Ghosh, A. R., Qureshi, M. S., Sugawara, N., 2014b. "Regulating capital flows at both ends: does it work?" IMF Working Papers. No. 14/188.

[72] Ghosh, A. R., Qureshi, M. S., 2016. "Capital Inflow Surges and Consequences." ADBI Working Paper. No. 585.

[73] Ghosh, A. R., Ostry, J. D., Qureshi, M. S., 2017. "Managing the tide: how do emerging markets respond to capital flows?" IMF Working Paper. March.

[74] Giordani, P., Ruta, M., Weisfeld, H., Zhu, L., 2014. "Capital flow deflection." IMF Working Papers. No. 145.

[75] Guichard, S., 2017. "10 years after the Global Financial Crisis: what have we learnt about international capital flows?" Journal of International Commerce, Economics and Policy. 8 (3), October.

[76] Han, X. H., Wei, S. J., 2018. "International Transmission of Monetary Shocks: Between a Trilemma and a Dilemma." Journal of International Economics. 110: 205 – 219, January.

[77] Herwadkar, S., 2017. "Corporate leverage in EMEs: did the global financial crisis change the determinants?" BIS Working Papers. No 681, December.

[78] Igan, G., Kutan, A. M., Mirzaei, A., 2016. "Real effects of capital inflows in emerging markets." IMF Working Paper. December.

[79] International Monetary Fund, 2010. "The fund's role regarding cross – border capital flows." International Monetary Fund. November 15.

[80] International Monetary Fund, 2011. "Macroprudential policy: an organizing framework." International Monetary Fund. March 14.

[81] International Monetary Fund, 2012. "Liberalizing capital flows and managing outflows." International Monetary Fund. March 13.

[82] International Monetary Fund, 2013. "Guidance note for the liberalization and management of capital flows." International Monetary Fund. April 25.

[83] International Monetary Fund, 2015. "Managing capital outflows—further operational considerations." International Monetary Fund. December 3.

[84] International Monetary Fund, 2016. "Capital Flows—Review of Experience with the Institutional View." International Monetary Fund. December.

[85] IRC Task Force on IMF issues, 2016. "Dealing with large and volatile capital flows and the role of the IMF." ECB Occasional Paper Series. No. 180, September.

[86] Jeanne, O., 2014. "Macroprudential policies in a global perspective." NBER Working Paper. No. 19967.

[87] Kaminsky, G. L., Reinhart, C. M., Végh, C. A., 2005. "When it rains, it pours: procyclical capital flows and macroeconomic policies." NBER Chapters. 19 (19): 11 – 53.

[88] Kaya, I., Lyubimov, K., Miletkov, M., 2012. "To liberalize or not to liberalize: political and economic determinants of financial liberalization." Emerging Markets Review. 13 (1): 78 – 99.

[89] Khatiwada, S., 2017. "Quantitative easing by the Fed and international capital flows." IHEID Working Paper. No. 02 – 2017, January.

[90] Koepke, R., 2014. "Fed policy expectations and portfolio flows to emerging markets." IIF Working

Paper.

[91] Koepke, R. , 2015. "What drives capital flows to emerging markets? A Survey of the Empirical Literature." MPRA working paper. April 23.

[92] Korniyenko, Y. , Patnam, M. , Riochanon, R. M. D. , Porter, M. A. , 2018. "Evolution of the global financial network and contagion: a new approach." IMF Working Paper. No. 18/113, May.

[93] Korinek, A. , Sandri, D. , 2016. "Capital controls or macroprudential regulation?" Journal of International Economics. 99 (218): 27-42.

[94] Korinek, A. , 2017. "Currency wars or efficient spillovers? a general theory of international policy cooperation." IMF Working Paper. February.

[95] Kose, M. A. , Prasad, E. S. , Taylor, A. D. , 2011. "Thresholds in the process of international financial integration." Journal of International Money & Finance. 30 (1): 147-179.

[96] Kunieda, T. , Okada, K. , Shibata, A. , 2014. "Corruption, capital account liberalization, and economic growth: theory and evidence." International Economics. 139 (139): 80-108.

[97] Lane, P. R. , Milesi-Ferretti, G. M. , 2008. "The drivers of financial globalization." Institute for International Integration Studies Discussion Paper. 98 (2): 327-32.

[98] Lane, P. R. , Milesi-Ferretti, M. , 2017. "International financial integration in the aftermath of the global financial crisis." IMF Working Paper. May.

[99] Levy, Y. , Williams, T. , 2011. "Financial globalization in emerging economies: much ado about nothing?" Working Paper, Latin America Initiative at Brookings. April.

[100] Lo, A. , 2016. "Moore's Law vs. Murphy's Law in the financial system: who's winning?" BIS Working Papers. No. 564, May.

[101] Lopes, T. H. C. R. , Rivera-Castro, M. A. , 2018. "Democracy, trust and economic growth." Empirical Economics Letters. 16 (12) .

[102] McCauley, R. N. , McGuire, P. , Sushko, V. , 2015. "Dollar credit to emerging market economies." BIS Quarterly Review. December.

[103] Mishkin, S. F. , 2007. "Is Financial Globalization Beneficial?" Journal of Money, Credit.

[104] and Banking, Blackwell Publishing. 39 (2-3): 259-294.

[105] Mooij, R. , Hebous, S. , 2017. "Curbing corporate debt bias: do limitations to interest deductibility work?" IMF Working Paper. No WP/17/22.

[106] Obstfeld, M. , 2015. "Trilemmas and tradeoffs: living with financial globalization." in Global Liquidity, Spillovers to Emerging Markets and Policy Responses. January.

[107] Obstfeld, M. , Ostry, J. D. , Qureshi, M. S. , 2017. "A tie that binds: revisiting the trilemma in emerging market economies." IMF Working Paper. June.

[108] OECD, 2011. "Getting the most out of international capital flows." OECD Economic Outlook. Vol. 2011/1 Chap 6, OECD Publishing, Paris.

[109] Ostry, J. D. , Ghosh, A. R. , Habermeier, K. , Chamon, M. , Qureshi, M. S. , 2010. "Capital inflows: the role of controls." IMF Staff Position Notes. 12 (23): 135-164.

[110] Pasricha, G., Falagiarda, M., Bijsterbosch., M., Aizenman, J., 2015. "Domestic and multilateral effects of capital controls in emerging markets." ECB Working Paper. No. 1844.

[111] Passari, E., Rey, H., 2015. "Financial flows and the international monetary system." Economic Journal. 125: 675-698, May.

[112] Pagliari, M. S., Hannan, S. A., 2017. "The volatility of capital flows in emerging markets: measures and determinants." IMF Working Paper. February.

[113] Quinn, D. P, Toyoda, A. M., 2008. "Does capital account liberalization lead to growth?" Review of Financial Studies. 21 (3): 1403-1449.

[114] Rey, H., 2013. "Dilemma not trilemma: the global financial cycle and monetary policy independence." in Proceedings of the 2013 Federal Reserve Bank of Kansas City Economic Symposium at Jackson Hole. 285-333.

[115] Rey, H., 2016. "International channels of transmission of monetary policy and the Mundellian trilemma." NBER Working Paper. No. 21852, January.

[116] Sarno, L., Tsiakas, I., Ulloa, B., 2016. "What drives international portfolio flows?" Journal of International Money and Finance. 60: 53-72.

[117] Schmitt-Grohé, S., Uribe, M., 2016. "Is optimal capital-control policy countercyclical in open economy models with collateral constraints?" NBER Working Paper. No. 22481.

[118] Scheubel, B., Stracca, L. L., 2016. "What do we know about the global financial safety net? Rationale, data and possible evolution." ECB Occasional paper. No. 177, September.

[119] Singh, M., Wang, H. B., 2017. "Central bank balance sheet policies and spillovers to emerging markets." IMF Working Paper. July.

[120] Taylor, J., 2013. "International monetary policy coordination: past, present and future." BIS Working Papers. No 437.

[121] Taylor, J., 2011. "Rethinking the international monetary system." Cato Journal. 36 (2).

[122] Unsal, F. D., 2011. "Capital flows and financial stability: monetary policy and macroprudential responses." IMF working paper. August.

[123] Wei, S. J., Zhou, J., 2017. "Quality of public governance and the capital structure of nations and firms." Columbia University Working Paper.

[124] Wei, S. J., 2018. "Managing financial globalization: insights from the recent literature." NBER Working Papcr 24330. February.

[125] Yeyati, E., Williams, T., 2012. "Emerging economies in the 2000s: Real decoupling and financial recoupling." Journal of International Money & Finance. 31 (8): 2102-2126.

第十四章

泰勒规则的研究进展及其在中国的应用

本章介绍了泰勒规则的研究进展。主要从泰勒规则与最优货币政策的设计、泰勒规则的经验检验及其具体操作和运用等方面对相关文献进行梳理和比较，提出了泰勒规则研究可能出现的发展趋势，在此基础上，结合中国实际，展望泰勒规则在中国的应用前景。本文认为，泰勒规则抓住了货币政策的本质意图，可以作为货币政策操作的理论依据和参考基准。鉴于中国利率市场化进程的滞后和货币政策利率传导机制的低效性，目前泰勒规则还无法在中国实施和应用。随着利率市场化的推进与利率弹性的增大，利率有可能比货币供应量更适宜作为中国货币政策的中介目标。

一、引言

货币政策究竟应该如何调控经济？是应该选择相机抉择的货币政策还是规则的货币政策，国内外的学者争论已久。相机抉择的货币政策能够针对不利的供给波动或意外的货币需求波动迅速、灵活地进行政策调整，以缓解不利冲击可能引起的危害，这种特点使相机抉择的货币政策至今仍被许多国家的中央银行采用。然而，相机抉择的货币政策拥有动态不一致性（dynamic inconsistency）问题，同时也容易产生通胀偏差（inflation bias）和稳定性偏差（stabilization bias），导致社会福利的降低。由于相机抉择的这些不足之处，故人们不断探索其他的货币政策决策方式对选择最优货币政策所带来的有利因素，特别是人们日益重视对货币政策规则的研究。货币政策规则有助于降低货币政策的动态不一致性、提高货币政策的透明度和可信度，同时也为货币政策制定与操作的系统性和科学性提供必要的决策支持和参考基准。

泰勒规则（Taylor rule）是常用的简单货币政策规则之一，由泰勒于 1993 年针对美国的实际数据提出。泰勒规则是描述短期利率如何针对通胀率和产出变化进行调整的准则，以其简单、灵活和易于操作的特征，受到了学术界和应用界的广泛关注，因而在随后的 10 多年里得到迅速的发展和推广，涌现出大量关于泰勒规则的文献。在理论研究方面，学者们主要是将泰勒规则引入宏观经济模型，考察泰勒规则在各种宏观经济模型中的表现，寻求最优和稳健的货币政策规则。在实证研究方面，学者们主要是根据实际数据来估计泰勒规则，模拟各国的货币政策实践，并且通过估计不同时期的泰勒规则，客观地评估货币政策的实施效果以及货币政策体制的变化情况。

目前中国货币政策的中介目标为货币供应量，然而，随着市场化改革的深入，中国现行货币供应量指标的可控性、可测性和与国民经济的相关性均出现了明显问题。不仅货币供应量的目标值无法实现，其测量口径引起许多争议，而且货币供应量的变动与物价、经济增长率的变动趋势也出现了不一致（夏斌和廖强，2001）。甚至有学者提出，货币供应量已不宜作为当前中国货币政策的中间目标，应借鉴泰勒规则，采用利率指标。随着中国利率市场化改革的推进，利率有可能比货币供应量更适宜作为中国货币政策的中介目标（王煜、张红地和余明，2002）。因此，我们需要做好从货币供应量目标向利率目标转移的理论研究的准备，在利率市场化主导下探讨泰勒规则在中国的适应性，借鉴国际经验构建适合中国国情的利率规则。本文拟从泰勒规则的理论框架与经验检验两个层面分析泰勒规则的发展脉络，对相关文献进行梳理、比较和评述，提出未来可能出现的研究趋势和方向，并结合中国实际，分析泰勒规则在中国货币政策中的适应性，以期为中国货币政策研究提供一些有益的参考。

Taylor（1993）根据多国的数据模拟结果，发现根据产出和物价水平与设定目标值之间的差距来调节利率的货币政策规则最有利于央行保持产出与物价稳定，Taylor 用一个简单的政策规则来说明货币政策的制定，即著名的“泰勒规则”（Taylor rule），其模型表达式为：

$$i_t = \pi_t + r^* + \alpha(\pi_t - \pi^*) + \beta y_t$$

其中，i_t 为短期名义利率；r^* 为长期均衡的实际利率；π_t 为通货膨胀率；π^* 为中央银行目标通货膨胀率；y_t 为产出缺口。Taylor（1993）对美国 1987～1992 年的季度数据进行分析，假定 $\bar{r} = 2\%$，$\pi^* = 2\%$，$\alpha = \beta = 0.5$，而 π_t 是前 4 个季度的平均通货膨胀率，潜在产出则由实际 GDP 的对数进行线性趋势拟合，于是模型变为：

$$i_t = \pi_t + 2 + 0.5(\pi_t - 2) + 0.5y_t$$

泰勒用这一规则计算出的联邦基金利率规则值与历史实际值进行比较，发现这种规则很好地拟合了美联储 20 世纪 80 年代以来的货币政策操作。只有 1987 年，当美联储对股灾做出反应时，规则值与实际值有一个较大的差距。后来，泰勒又检验了 1879～1997 年间美国的货币政策，他发现通胀率较低且较稳定的时期与非常紧密地符合泰勒规则的货币政策存在系统相关性。实际上，利率也只有在通胀率低而稳定的环境中才能成为理想的货币政策中介目标，在通胀率高而波动的环境中不能显示中央银行的货币政策取向，也易于误导货币政策。

泰勒规则是一种简单的利率反馈规则，其基本含义是，货币当局应根据通胀缺口和产出缺口的变化来调整利率的走势，以保持实际均衡利率的稳定性。如果产出的增长率超过潜在水平，或失业率低于自然失业率，以及通货膨胀率超过目标通货膨胀率，则使实际利率偏离实际均衡利率，货币当局就应运用政策工具调节名义利率，使实际利率恢复到实际均衡利率。泰勒规则的形式虽然很简单，但它既可以很好地概括现实中影响货币政策的基本因素，同时还可以很好地反映货币政策的最终目标，即在短期内将实际产出稳定在潜在产出水平附近，同时在长期内有效控制通胀率。

二、泰勒规则的修正与扩展

作为一个重要的货币政策规则，泰勒规则因其简单、灵活和对美国经济有较好的引导，受到学术界的广泛关注，因而在随后的十多年里得到迅速发展和推广，涌现出大量关于泰勒规则的文献。这些后续研究对泰勒规则提出各种问题，并进行修正和扩展，形成了一系列将利率的目标值设定为通胀缺口和产出缺口的函数的利率规则，即所谓的“泰勒型规则”（Taylor - type rules）。具体而言，学者们主要沿着以下几个方面对泰勒规则进行推广：

第一，通胀缺口与产出缺口权重的确定。泰勒根据当时的一些研究成果和基于简化的考虑，将这两个调整系数均设定为 0.5。但许多学者认为，若采用各国的历史数据和计量方法估计这两个系数，可能更符合货币政策的历史情况。此外，人们通常在宏观经济模型中引入泰勒规则，通过随机模拟结构性模型和最小化中央银行的损失函数，推导出泰勒规则的最优权重。在这种情况下，反应系数还必须根据模型的结构和决策者的偏好加以修正（Taylor，1999a；Clarida、Gali 和 Gertler，简称 CGG，2000）。

第二，引入滞后性变量。原泰勒规则使用的是当期数据，即当期的联邦基金利率必须按照当期的产出缺口以及通胀缺口来调整，而实际上通胀和产出数据最快也只能在下个季度获得，在这种情况下，原泰勒规则不具有操作性。基于此，有学者提出应使用上一期的产出和通胀缺口来设定本期的联邦基金利率（Orphanides，2001）。由于通货膨胀和产出水平具有一定惯性，故用滞后的通胀率和产出缺口代替当前值并不会对结果产生多大影响（Rudebusch 和 Svensson，1999）。

第三，引入利率平滑（smoothing）和前瞻性（forward - looking）变量。Orphanides（2001）在泰勒规则中引入利率平滑，使本期的利率除了取决于产出与通胀缺口因素外，还取决于上期利率。结果表明，利率平滑的泰勒规则较之原泰勒规则能够更好地符合实际观察到的政策。CGG（2000）考虑到货币政策的前瞻性特点，使短期利率成为通货膨胀预期缺口和产出缺口的函数，从而能够更真实地反映央行的实际决策过程，以及更好地适应货币政策作用的时滞。Levin、Wieland 和 Williams（LWW，1999）提出，如果在前瞻性泰勒规则中引入利率平滑，则泰勒规则对经济的稳定性作用更加明显。

第四，修正产出缺口以降低潜在产出的测量误差。到目前为止，潜在产出还没有一个精确的定义，其估计方法也有许多种，由此就有许多种衡量产出缺口的方法，产出缺口的这种测量误差会对货币政策操作产生严重的影响。基于此，Orphanides（2003）用产出的增长率代替产出缺口，并将这种规则称为盯住自然增长率（natural - growth targeting）规则。自然增长率规则与美联储的货币政策历史非常吻合，而且能够更好地缓解经济波动。还有一些学者用失业率缺口代替产出缺口，发现其拟合效果优于原泰勒规则，并且能够更好地起到稳定经济的作用。

第五，引入产出和通胀率之外的其他变量。货币当局不应只考虑产出和通货膨胀，也应关注资产价格等其他变量。因为资产价格可能反映了通货膨胀预期和产出信息，即使央行不直接盯住资产价格，也可以将其作为利率调整的信息变量和参考指标。Siklos、Werner 和 Bohl（2004）提出，资产价格可以作为前瞻性和基于预期规则的工具变量，但不适合作为目标变量进入泰勒规则。Gerlach - Kristen（2004）将长期债券利率引入前瞻性泰勒规则，认为长期债券利率通常反映了未来通货膨胀预期，在短期利率政策制定中起着重要的作用。Ball（1999）建立了在开放经济条件下的政策规则，通过在泰勒规则方程中添加汇率变量来决定利率，央行选择的政策工具是利率或货币状况指数（Monetary Condition Index，MCI）。MCI 是利率和汇率的加权和，权重由两者对总需求影响的相对重要性决定。此外，经济学家们还在泰勒规则中添加其他变量，如货币增长缺口（货币总量的增长率对其目标水平的偏差）和国外利率水平（CGG，1998）、长期信贷与短期信贷的利差以及央行的不对称偏好（Castelnuovo，2003）。泰勒规则的推广汇总如表 14－1 所示。

表 14－1　　泰勒规则的推广

模型来源	引入的变量	模型形式
Orphanides（2001）	利率平滑	$i_t=\rho r_{t-1}+(1-\rho)[\pi_t+r^*+\alpha(\pi_t-\pi^*)+\beta y_t]$
Judd 和 Rudebusch（1998）	产出缺口滞后项	$i_t^*=r^*+\pi_t+\alpha(\pi_t-\pi^*)+\beta_1\tilde{y}_t+\beta_2\tilde{y}_{t-1}$　$\Delta i_t=\gamma(i_t^*-i_{t-1})+\rho\Delta i_{t-1}$
CGG（2000）	前瞻性	$i_t=r^*+E[\pi_{t,k}\mid\Omega_t]+\alpha(E[\pi_{t,k}\mid\Omega_t]-\pi^*)+\beta E[y_{t,q}\mid\Omega_t]$
	利率平滑、前瞻性	$i_t=\rho r_{t-1}+(1-\rho)\{r^*-\alpha\pi^*+(\alpha+1)E[\pi_{t,k}\mid\Omega_t]+\beta E[y_{t,q}\mid\Omega_t]\}$
Orphanides（2003）	产出增长率	$i_t=\theta_0+\theta_i i_{t-1}+\theta_\pi\pi_{t+3}^a+\theta_{\Delta y}\Delta^a y_{t+3}+\theta_y y_{t-1}$
Orphanides 和 Williams（2002）	失业率缺口	$i_t=\pi_t+r^*+\alpha(\pi_t-\pi^*)+\theta(u_t-u_t^*)$
		$i_t=\rho i_{t-1}+(1-\rho)(\pi_t+r^*)+\alpha(\pi_t-\pi^*)+\theta(u_t-u_t^*)+\delta(u_t-u_{t-1})$
Siklos、Werner 和 Bohl（2004）	资产价格	$i_t=a+\lambda\pi_{t+k,\pi}+\vartheta y_{t+k,y}+\kappa s_{t-1}+\rho i_{t-1}$
Gerlach－Kristen（2004）	长期利率	$i_t=\pi_t+r^*+\alpha(\pi_t-\pi^*)+\beta u_t+\gamma(b_t-\pi_t-\tau)$ 或 $i_t=c+(1+\alpha-\gamma)\pi_t+\beta u_t+\gamma b_t$
Ball（1999）	MCI 规则	$\gamma_1 i_t+(1-\gamma_1)e_t=\gamma_2 y_t+\gamma_3(\pi_t+\lambda e_{t-1})$
Taylor（1999）	最优泰勒规则	$y_t=-\beta(i_t-\pi_t-r)+u_t$　$\pi_t=\pi_{t-1}+\alpha y_{t-1}+\nu_t$ $i_t=g_\pi\pi_t+g_y y_t+g_0$　α、β、g_π、$g_y>0$

一些国家的中央银行如德意志银行在进行货币政策运作中，对泰勒规则可能出现的一些理论与现实问题进行了修订。首先，对产出的数量水平测量变成了增长率；其次，德意志银行的利率规则中，中央银行在对偏离目标量的缺口予以反应时，是基于变动上一期的短期利率水平，而在泰勒规则中，则是相对于均衡利率来进行名义利率调整的；最后，考虑到未来通货膨胀的风险会通过上一期现金持有量的增长反映出来，中央银行不仅对通货膨胀、产出的波动给予反应，而且，也要对流通速度偏离其运动趋势给予关注。正如 CGG（1998）的研究表明，德意志中央银行自 1973 年以来所奉行的货币操作主要是以泰勒规则更为复杂的演化形式为基础进行的。

三、影响最优工具规则选择的主要因素

鉴于泰勒规则的重要性，人们通常在宏观经济模型中引入泰勒型规则，通过随机模拟结构性模型和最小化中央银行的损失函数，推导出最优工具规则。中央银行损失函数通常以通货膨胀偏差和产出偏差的加权平方和表示，有时还加上利率与目标利率偏差的平方，

它们的相对权重反映了决策者的偏好，相对权重大小由货币政策制定者依经济状况给定。因此，在宏观经济模型框架下，泰勒型规则的通胀缺口和产出缺口的相对权重不仅取决于经验估计结果，而且取决于模型的结构和决策者的偏好（Ball，1997；Taylor，1999a；CGG，2000）。最优泰勒型规则权重的求解方法是，根据中央银行的损失函数得出政策边界（通货膨胀缺口和产出缺口方差的坐标图），政策边界上的每一个点代表决策者的某种偏好，若政策边界上的工具规则能够最小化损失函数，则它是有效的工具规则。根据这种方法得出的政策规则与模型是一致的，因而被称为最优工具规则。利率平滑（smoothing）、前瞻性（forward - looking）和后顾性时间区间（backward looking time horizon）以及测量误差都与最优货币政策的设计密切相关。

（一）货币政策传导机制

宏观经济模型中的货币政策传导机制是影响最优政策规则选择的重要因素。价格和产出的惯性（persistence）、需求的利率弹性、经济的开放度以及预期的形式都会影响到最优工具规则的相对权重。因此，货币政策传导机制的确定对于有效工具规则设计非常重要。本文仅考察货币政策的金融市场传导机制，即货币政策通过影响金融资产回报率和价格水平对实体经济产生影响。小型的宏观经济模型包含 3 个方程，即总需求方程、价格调整方程和工具规则方程。大型的宏观经济模型则更详细地描述了总需求和价格的调整过程。

在不同的模型框架下，总需求在货币政策传导机制中的本质性区别主要有以下三个方面：第一，总需求对利率变化的反应不同。一些模型假定总需求对短期利率做出反应，而另一些模型则假定总需求受长期利率的影响。第二，产出惯性不同，这将影响到稳定产出水平所需的利率调整幅度。第三，在开放经济条件下，货币政策传导时滞受到影响。相对于封闭经济，开放经济条件下的利率会通过汇率对通货膨胀发生影响，缩短货币政策传导的时滞。许多宏观经济模型，尤其是美国的宏观经济模型，没有考虑汇率等外部因素，因而根据这些宏观济模型得出的最优利率规则未必适合小型开放经济体。

不同模型中的价格调整方程也不同，这决定了货币政策如何影响模型中的实际变量。一些模型假定后顾性价格调整机制，另一些模型假定交错价格或工资（staggered price or wage）调整机制。对于后一种情况，通货膨胀可以是纯前瞻性的（pure forward - looking），也可以是预期通胀率和滞后通胀率的加权。

理性预期模型引出了货币政策的另一条传导渠道。预期通货膨胀和价格通过影响短期利率水平，进而影响长期利率和总需求。然而，这些预期能够在多大程度上影响实际利率取决于模型的工资和价格调整行为（Svensson，2000）。若中央银行的通货膨胀目标具有可信性，预期通胀率就很低，这能够降低工具规则中的通货膨胀权重（Smets，1998）。

（二）利率平滑

是否将利率平滑性纳入政策规则方程取决于特定的政策规则和模型结构。在大多数情况下，这两个因素决定了利率平滑能否实现经济稳定的目标。利率平滑的方式有很多，不同的政策规则的利率平滑系数差异也很大，例如，以下两个纳入利率平滑因素的泰勒方程：

$$i_t = \alpha\pi_t + \beta y_t + \rho i_{t-1} \tag{14-1}$$

$$i_t = (1-\rho)[(r^* - \alpha\pi^*) + (\alpha+1)\ \pi_{t,k} + \beta y_{t,q}] + \rho\ (L)\ i_{t-1} + \varepsilon_t \tag{14-2}$$

如果平滑项 ρ 趋近于1，公式（14－1）的利率变化很大，因为它是在上一期利率水平的基础上对当前经济形势做出反应；公式（14－2）的利率变化则很小，因为本期利率水平与上一期利率水平非常接近。

是否应该引入利率平滑的另一项决定因素是模型结构，具体来说，就是利率期限结构中的预期形式。在理性预期假设下，长期利率是根据预期短期利率变化而调整。如果总需求是长期利率的函数，政策制定者无须大幅调整短期利率就能够熨平经济波动（Taylor，1999b；Levin、Wieland 和 Williams，简称 LWW，1999；Woodford，2001）。LWW（1999）通过缩短模型的长期利率期限，得出最优平滑参数将会下降的结论。在后顾性预期假设下，如果长期利率不对预期的短期利率做出反应，长期利率上升幅度会更小，最终对总需求的影响也会更小。按照期限结构理论，短期利率变动只会引起长期利率的小幅度波动。在这种情况下，利率平滑降低了对总需求的反应。然而，如果总需求是对短期利率而不是长期利率做出反应，利率平滑的无效性将会降低。Williams（1999）使用联邦储备模型，考察了利率平滑和利率期限结构中的预期形式之间的关系。结果表明，在理性预期假设下，利率的一阶差分规则（利率平滑参数等于1）优于基于 VAR 预期的规则。Ball（1999）根据后顾性模型，发现利率平滑会加剧通货膨胀和产出的波动。

如果利率期限结构的预期形式是后顾性的，那么货币政策的反馈过程会更长。然而，尽管理性预期具有理论上的优越性，但结果主要依赖于经验估计是如何对预期进行假定的。正如 Taylor（1999a，1999b）所指出的，理性预期模型也是后顾性的，因为其依赖于滞后数据形成对未来的预期。因此，理性预期模型与后顾性预期模型的估计结果是否存在显著差异还不清楚。

（三）前瞻性与后顾性泰勒规则

后顾性泰勒规则使用当期数据和滞后数据，前瞻性或基于预期的泰勒规则是对预期通货膨胀做出反应。一般认为，货币当局会基于对未来经济形势的预期来制定政策，相应地，大多数研究者倾向于运用前瞻性或基于预期的利率规则，而不是当期或后顾性利率规则。Levin、Wieland 和 Williams（1999）认为，应基于预期政策综合考虑最新的宏观经济信息、货币政策传导滞后以及经济的结构性特点。而且，基于预期的政策规则可以作为促进与公众了解货币政策目标和操作程序的基准，从而增加货币政策的透明度。CGG（1998）和 Orphanides（2001）发现，基于预期的反应函数合理、准确地描述了德国、日本和美国在 20 世纪 80 年代和 20 世纪 90 年代的利率变化。因此，宣布将基于预期的规则作为政策基准有助于政策交流以及政策的连续性。Batini 和 Haldane（1999）认为，基于预期的政策暗含了关于当前经济状态与未来的预期变化的诸多信息，优于简单的泰勒规则。Batini 和 Haldane（1999）认为，由于货币政策传导的滞后性，央行应设计基于预期的规则，否则，将会导致经济出现周期性的不稳定。货币当局通常采用所有的相关信息进行预期，从这一角度看，基于预期的规则就是信息集规则，而后顾性规则未必具有这一特征。尽管前瞻性泰勒规则具有许多优越性，但最优货币政策规则的选择仍取决于模型结构，尤其是工资—价格的形成机制。如果工资议价（bargaining）是后顾性的，前瞻性规则能够抵消私人部门的后顾性行为从而起到稳定经济的作用，但如果工资是完全弹性的，就没有必要采用前瞻性规则。Batini 和 Haldane 提出，当货币当局和私人部门的行为都具有高度的前瞻性特点时，前瞻性规则反而会造成经济不稳定。

并非所有研究者都发现了基于预期规则的证据。Rudebusch 和 Svensson（1999）使用后顾性模型，发现基于预期的泰勒规则优于当期泰勒规则。然而，其优越程度并不明显。事实上，当期规则非常接近于预期规则。Smets（1998）使用类似于 Rudebusch 和 Svensson（1999）的模型，假定潜在产出是内生的，发现当期规则略优于预期规则。Taylor（1999a）也认为，基于预期的规则并不优于当期规则，两者在衡量预期通货膨胀和实际通货膨胀时没有明显区别。只要前瞻性区间不是太长，当期规则就非常接近于预期规则。

近年来的研究表明，基于预期的政策规则可能具有重大的理论缺陷。首先，它可能导致实际不确定性和太阳黑子波动（Carlstrom 和 Fuest，2000）。其次，它对于经济模型的不确定性具有不稳健的性质（LWW，1999）。再次，基于预期的工具规则对应的损失函数与弹性通货膨胀目标制下的跨期损失函数不一致，并且具有时间不一致性（Svensson，2001）。最后，它容易造成经济体系的不稳定。如果不能确定通货膨胀目标均衡，基于预期的规则容易出现学习周期和太阳黑子均衡等失常行为，而且在学习动态下，经济容易处于流动性陷阱。（Eusepi，2005）。相反，后顾性泰勒规则能避免自我实现机制导致的宏观经济波动，保证价格水平的确定性和宏观经济的稳定性（Carlstrom 和 Fuerst，2000；Eusepi，2005）。

（四）产出缺口的测量误差

产出缺口的测量误差对最优货币政策规则的相对权重也有影响。Orphanides 和 Tetlow（1999）使用联邦储备模型分析了测量误差对政策规则的影响。他们采用原泰勒规则，发现通货膨胀、产出和利率的方差随着测量误差的增加而增加。如果测量误差较小，利率平滑的泰勒规则优于原泰勒规则，然而，随着测量误差的增加，利率平滑的泰勒规则次于原泰勒规则。这并不表明产出缺口的权重应设为零，因为当产出缺口权重小于 0.5 时，其产出和通胀方差小于零产出缺口时的产出和通胀方差。Smets（1998）得出了类似的结论，他通过估计美国的IS曲线和菲利普斯曲线，比较了6个货币政策规则方程下产出缺口和通胀缺口的权重，其中4个是泰勒型规则。如果不存在测量误差，产出缺口权重大于通胀缺口权重。而考虑到测量误差后，泰勒型规则的产出缺口权重大幅降低。两个泰勒型规则的产出缺口权重低于通胀缺口权重，而通胀缺口权重只是略有下降。

如何应对测量误差迄今还是一个悬而未决的问题。一些研究者主张采用保守和谨慎的货币政策，而另一些研究者主张采用更加积极的货币政策，还有一些研究支持“确定性等价”（certainty equivalence），认为测量误差对决策者行为和反应参数没有影响。

四、IS曲线、菲利普斯曲线与最优工具规则

最优货币政策规则的研究框架有两种。一种认为实际产出和通胀水平具有惯性，即当期的实际产出和通胀水平取决于它们的滞后值，这就是“后顾性”模型（Ball，1997；Svensson，1997；Rudebusch 和 Svenssson，1999；Taylor，1999b）。另一种则采用理性预期框架，被称为“前瞻性”模型，认为当期的实际产出和通胀水平取决于它们的预期值（Woodford，2001；Svensson，2000）。本章对 Ball（1997）提出的后顾性结构模型加以修正，建立货币政策传导机制和选择最优工具规则之间的关系。货币政策传导机制可以通过动态一般均衡模型加以描述（见模型（14－3）、模型（14－4））：

$$\tilde{y}_t = -\omega\,\tilde{r}_{t-1} + \phi\,\tilde{y}_{t-1} + \varepsilon_t \qquad \omega > 0,\ 0 \leqslant \phi \leqslant 1 \tag{14-3}$$

$$\tilde{\pi}_t = \psi\,\tilde{\pi}_{t-1} + \varphi\,\tilde{y}_{t-1} + \eta_t \qquad \psi > 0,\quad \varphi > 0 \tag{14-4}$$

其中，$\tilde{y}_t$ 为产出缺口；$\tilde{r}_t$ 为实际利率与均衡利率水平的偏离；$\tilde{\pi}_t$为通胀缺口；ε_t、η_t 均为随机扰动项，分别代表需求冲击和供给冲击并服从正态分布。决策者根据观察到的当前冲击 ε_t 和 η_t 来确定实际利率水平。方程（14－3）代表总需求的IS曲线，利率对滞后一期的产出存在影响。方程（14－4）代表总供给的加速菲利普斯曲线，通货膨胀对滞后一期的产出缺口存在影响。因此，这组简单的模型描述的货币政策传导机制可以表示为：

第 t 期实际利率 $i_t\uparrow \Rightarrow$ 第 $t+1$ 期产出缺口 $y_{t+1}\downarrow \Rightarrow$ 第 $t+2$ 期通货膨胀 $\pi_{t+2}\downarrow$

ε_t 是无法预测的，产出的期望表示如下：

$$E[\tilde{y}_{t+1}] = -\omega\,\tilde{r}_t + \phi\,\tilde{y}_t \tag{14-5}$$

在该模型中，决策者可以通过选择适当的利率水平达到既定的产出期望值，但通胀率的期望值必须是给定的，因为实际利率对滞后两期的通胀率存在影响。因此，决策者可以将期望产出看成是期望通胀率的函数：

$$E[\tilde{y}_{t+1}] = -qE[\tilde{\pi}_{t+1}] = -qE[\psi\,\tilde{\pi}_t + \varphi\,\tilde{y}_t + \eta_{t+1}] = -q\psi\,\tilde{\pi}_t - q\varphi\,\tilde{y}_t \tag{14-6}$$

联合方程（14－5）和方程（14－6），可以得出货币政策规则方程：

$$\tilde{r}_t = \left(\frac{\psi q}{\omega}\right)\tilde{\pi}_t + \left(\frac{\phi + \varphi q}{\omega}\right)\tilde{y}_t \equiv \alpha\,\tilde{\pi}_t + \beta\,\tilde{y}_t \tag{14-7}$$

α 和 β 为模型参数的函数，可以看出，方程（14－7）等同于原始泰勒规则。

参数 q 由决策者损失函数的最小化条件决定。中央银行的损失函数为：

$$L=\sigma_y^2+\mu..\sigma_\pi^2 \tag{14－8}$$

其中，σ_y^2 为产出缺口方差；σ_π^2 为通胀缺口方差；μ 为损失函数中赋予产出缺口的相对权重。方程（14－8）最小化问题的解为：

$$q=\frac{-(1-\psi^2+\mu\varphi^2)+\sqrt{(1-\psi^2+\mu\varphi^2)^2+4\varphi^2\psi^2\mu}}{2\psi\varphi} \tag{14－9}$$

可以看出，q 为模型参数的函数，方程（14－7）的相对权重为：

$$\alpha=\frac{\psi q}{\omega} \qquad \beta=\frac{\phi+\varphi q}{\omega}$$

可以看出，q 是 μ 的增函数。如果中央银行更为关注通胀缺口方差，通胀缺口权重 α 和产出缺口权重 β 将上升，这意味着，当经济面临同样的外部冲击时，利率需要以更大的幅度进行调整才能够起到稳定经济的作用。如果通货膨胀惯性 ψ 相对于产出惯性 φ 上升，α 将相对于 β 上升，这表明，政策规则的最优参数值与模型的相关变量的惯性成正相关关系。此外，它们依赖于总需求的利率弹性。例如，IS 曲线的斜率 ω 增加，α 和 β 将下降，因为总需求对利率变化更为敏感，实际利率只需以更小的幅度偏离均衡利率就能够起到稳定经济的效果。

五、汇率在泰勒型规则中的作用

在封闭经济中，中央银行可以只关注利率；在开放经济中，汇率变化对价格水平、通货膨胀预期和通货膨胀变化具有直接的影响，汇率还通过影响总需求对通货膨胀压力产生间接的影响。因此，在开放经济下，泰勒规则需要重新修正。Ball（1999）对 IS 曲线和菲利普斯曲线进行如下改进：

$$\tilde{y}_t=-\omega'\tilde{r}_{t-1}-\sigma\tilde{e}_{t-1}+\phi'\tilde{y}_{t-1}+\varepsilon_t \tag{14－10}$$

$$\tilde{\pi}_t=\psi'\tilde{\pi}_{t-1}+\varphi'\tilde{y}_{t-1}-\zeta(\tilde{e}_{t-1}-\tilde{e}_{t-2})+\eta_t \tag{14－11}$$

$$\tilde{e}_t=\vartheta\tilde{r}_t+\nu_t \tag{14－12}$$

其中，y 为产出；π 为通胀率；r 为实际利率；实际汇率 $\tilde{e}_t=e_t-\bar{e}$；ε，η，υ 是随机经济冲击；所有变量定义为与均衡水平的偏离；所有参数均为正。方程（14－10）是开放经济条件下的 IS 曲线；方程(14－11）是开放经济条件下的加速菲利普斯曲线；方程（14－12）是利率平价条件。在这个模型中，利率对通货膨胀的影响滞后一期，而在封闭经济中，利率对通货膨胀的影响滞后两期。联合方程（14－10）和方程（14－12），可得到政策规则：

$$\gamma_1\tilde{r}_t+(1-\gamma_1)\tilde{e}_t=\gamma_2\tilde{y}_t+\gamma_3(\tilde{\pi}_t+\zeta\tilde{e}_{t-1}) \tag{14－13}$$

γ 是模型中其他参数的函数。开放经济中的政策变量是利率和汇率的组合，而不同于封闭经济下仅利率一个工具变量。Ball（1999）将方程左边解释为货币状况指数（monetary condition index，MCI），其基本原理是，开放经济下决策者必须考虑利率和汇率间的相互关系，根据两者对总需求影响的相对重要性分别赋予一定的权重。开放经济规则与封闭经济规则的另一项区别是，方程（14－13）包含长期通胀率，该变量试图分离出汇率对通货膨胀的暂时性影响。

Ball（1999）认为以 MCI 为政策规则调控货币政策的影响不大，因为对利率调整并不要求改变 MCI。而最近对 MCI 是否应该出现在货币政策规则里面的争议也很大，因此，对方程（14－13）进行变换，得到：

$$\tilde{r}_t = \frac{\gamma_2}{\gamma_1}\tilde{y}_t + \frac{\gamma_3}{\gamma_1}(\tilde{\pi}_t + \zeta\,\tilde{e}_{t-1}) - \frac{1-\gamma_1}{\gamma_1}\tilde{e}_t = f\pi_t + gy_t + h_0 e_t - h_1 e_{t-1} \tag{14-14}$$

方程（14－14）的左边是实际利率，修改后的公式将汇率放到了等式的右边，即政策制定者通过调整利率来控制产出、通货膨胀和汇率。这个公式的好处是加入了汇率的因素，如果利率规则忽略了汇率这个重要变量，那么政策制定者将失去一个通过调整利率以抵消汇率的变动对支出影响的机会，其结果就是带来产出和通货膨胀大幅波动。同时，当汇率受到冲击时，这个公式能得到一个与标准泰勒规则不同的结果。

Ball（1999）使用不同的参数组合，对方程（14－14）确定的政策规则进行评估。研究发现，当损失函数中通货膨胀和产出权重相同时，开放经济下通胀缺口的最优参数没有发生改变，而产出缺口的参数比封闭经济下略大。因此，根据开放经济和封闭经济下的利率规则计算出的利率，没有明显的区别。给定产出方差，最优开放经济规则下的通胀方差并不比封闭经济下低。因此，Ball（1999）认为汇率变化确实会对通货膨胀形成暂时影响。如果试图消除这种影响，就可能导致产出过度波动。

Svensson（2000）建立了类似于 Ball（1999）提出的小型开放经济模型，该模型利用前瞻性模型以及更精确的微观基础，在原泰勒规则中纳入汇率因素，并考虑到货币政策的汇率传导机制，得出的结论是：纳入汇率因素的货币政策规则降低了通货膨胀方差，但提高了产出方差和实际利率方差，即利率对汇率直接反应会破坏产出的稳定性。不过，该结论对决策者的偏好十分敏感。

Taylor（1999b）仅找到微弱的证据支持将汇率纳入政策规则中。他使用多国模型，分别模拟了封闭经济下的利率规则方程（14－7）和开放经济下的利率规则方程（14－14）。结果表明，以产出和通胀方差来衡量，开放经济规则相对于封闭经济规则只是略有改善。为什么泰勒规则中利率直接对汇率做出反应，没有使通货膨胀和产出方差得到太大的改善？Taylor（2001）在分析造成其原因时指出，利率对汇率变化的反应主要是间接性的。标准泰勒规则虽然没有直接考虑汇率，但汇率变化效应会影响总需求和通货膨胀，最后对利率产生影响。同时，实际汇率可能偏离基于购买力平价的汇率水平，使得利率不能弥补汇率的变化。这样，汇率变化对通货膨胀形成的暂时性影响不大，从而对利率的影响也不大。因此，是否将汇率纳入政策规则无关紧要。

以上研究表明，对于开放度不高的大国经济体，汇率在货币政策传导机制中的作用不大，泰勒规则可以忽略汇率因素。然而，对于汇率实行一定程度管制的发展中的小国经济来说，汇率成为货币政策的重要传导渠道（Taylor，2001），这些国家的中央银行是否应该对汇率变化给予关注，有待于将来的进一步研究。

六、泰勒型规则的稳定性条件

最优泰勒规则应满足泰勒原理（Taylor Principle），即名义利率对通货膨胀的反应参数应大于1，当通货膨胀水平上升时，中央银行应该提高名义利率使实际利率上升。否则，通货膨胀会以自我实现的方式不断上升（CGG，2000；Taylor，1999a；Woodford，2001）。另外，利率对产出缺口的反应参数应该为正，才能实现稳定性均衡。

Taylor（1999b）使用一个传统的IS曲线来说明通货膨胀参数小于0将会产生向上倾斜的需求曲线，这种情况是不稳定的。简单泰勒型规则的稳定性均衡取决于宏观经济模型的结构和泰勒规则的形式。Woodford（2001）在前瞻性的IS曲线和菲利普斯曲线模型的框架下提出了泰勒规则的稳定性条件。笔者对他的模型进行简化，将菲利普斯曲线表示如下：

$$\pi_t = \varphi \tilde{y}_t + \psi E_t \pi_{t+1} \tag{14-15}$$

$\tilde{y}_t$ 为产出缺口，$E_t\pi_{t+1}$为 t 期对 $t+1$ 期的预期通货膨胀。将IS曲线表示为：

$$\tilde{y}_t = E_t \tilde{y}_{t+1} - \omega(i_t - E_t \pi_{t+1}) \tag{14-16}$$

i_t 为名义利率。以方程（14－17）定义泰勒型利率规则：

$$i_t = \tilde{i} + \alpha(\pi_t - \tilde{\pi}) + \beta(\tilde{y}_t) \tag{14-17}$$

$\tilde{i}$ 为截距，$\tilde{\pi}$ 为目标通货膨胀率。Woodford（2001）按照唯一解的条件，对线性差分模型求解，得出稳定性条件为：

$$\alpha + \frac{1-\psi}{\varphi}\beta > 1 \tag{14-18}$$

方程（14－18）表明泰勒规则的稳定性条件取决于通货膨胀参数 α 和产出参数 β。当 $\beta=0$ 时，泰勒原理简化为 $\alpha>1$，因此，只要中央银行提高利率，对产出缺口上升做出反应，通货膨胀反应参数小于1也能够满足均衡条件。换句话说，在标准的模型中，产出缺口反应参数 α 和通胀反应参数 β 存在此消彼长的关系。特别是，当产出缺口反应参数等于0时，均衡的条件就是通货膨胀反应参数大于1。在这个模型中，只要任何一个参数足够大就能够保证稳定性条件成立。CGG（1998）采用同样的方法，在前瞻性宏观经济模型中考察了泰勒型规则的稳定性条件。他们对模型校准后发现，当产出缺口参数 β 上升时，通

胀缺口参数 α 的最小值下降。事实上，只有当 β 为 0 时，α 才等于 1。这表明，利率以小于 1:1 的比例对通货膨胀做出反应，也能够实现宏观经济的稳定。只要利率对产出缺口做出充分的反应，泰勒规则的稳定性条件就能够成立。

方程（14－18）阐明了菲利普斯曲线的斜率与 α、β 值之间的关系。当菲利普斯曲线变得更为陡峭时，φ 上升，给定 β 时 α 将上升。Isard、Laxton 和 Eliasson（1999）在一个非线性的菲利普斯曲线模型框架下，论证了原泰勒规则的稳定性条件。结果表明，当产出达到潜在产出水平时，泰勒规则存在唯一均衡；当菲利普斯曲线斜率上升到某一个临界值，此时存有大量的过度需求，泰勒规则不存在唯一均衡。该结论与方程（14－18）不谋而合，因为菲利普斯曲线斜率 φ 增加时，若产出缺口参数不变，通胀参数必定上升。因此，当过度需求水平较低时，原泰勒规则存在唯一均衡，而当过度需求水平处于高位时，则不存在唯一均衡。

如果将利率平滑引入泰勒规则，可以得出相似的结论，含有利率平滑的泰勒规则可以表示为：

$$i_t = \tilde{i}_t + \rho(i_{t-1} - \tilde{i}_{t-1}) + \alpha(\pi_t - \tilde{\pi}) + \beta(\tilde{y}_t) \tag{14－19}$$

其中，$\rho \geqslant 0$，Woodford（2001）得出均衡条件为：

$$\alpha + \frac{1-\psi}{\varphi}\beta > 1 - \rho \tag{14－20}$$

方程（14－20）符合泰勒原理。

Woodford（2002）还进一步分析了前瞻性泰勒规则的稳定性条件。方程（14－21）描述了前瞻性泰勒规则，稳定性条件为方程（14－18）和方程（14－22）。因此，当利率规则具有前瞻性特点时，稳定性条件成立，当 β 不变时，方程（14－18）的 α 存在最小值，方程（14－22）的 α 存在最大值。

$$i_t = \tilde{i} + \alpha(E_t\pi_{t+1} - \tilde{\pi}) + \beta\ (\tilde{y}_t) \tag{14－21}$$

$$\alpha < 1 + \frac{1+\psi}{\varphi}\ (\beta + 2\omega^{-1}) \tag{14－22}$$

根据方程（14－22），如果 α 很大，由于预期的自我实现机制，利率对通货膨胀缺口的反应将会导致均衡波动（equilibrium fluctuation）。Dupor（2002）根据资本积累的新凯恩斯主义模型框架分析了前瞻性泰勒规则的稳定性条件，得出了相似的结论。他认为，泰勒原理仍然满足稳定性条件，不过通货膨胀反应参数存在一个上限，才能实现唯一的理性预期均衡。CGG（2000）证明了 α 存在最大临界值，不过该临界值非常大。

当泰勒规则的假设条件发生变化时，泰勒原理需要重新修正才能成为稳定性条件。Christiano 和 Gust（1999）发现，当引进限制参与（limited participation）假设时，简单泰勒规则的稳定性特点发生了显著变化。Galí、López－Salido 和 Vallés（2004）在动态的新凯恩斯主义模型框架下，研究了拇指规则消费者对泰勒原理的影响。结果表明，在价格黏性很高和拇指规则消费者份额很大的经济体中，泰勒原理不能成为唯一均衡的稳定性条件。

七、泰勒型规则的稳健性

研究人员需要在特定的宏观经济模型中确定最优泰勒规则，这就要求所模拟的经验模型能够准确描述真实的经济结构。然而，由于人们对于真实经济结构模型和经济冲击根源的未知以及货币政策传导机制的不确定，经验模型与真实经济模型间的差异究竟有多大是不确定的。经验模型的不确定性必然会导致最优货币政策规则存在着不稳健的可能性。当货币当局使用一个不稳健的泰勒规则指导其货币政策实践时，可能会带来意想不到的损失。

现有文献对于货币政策规则的稳健性检验主要依据以下假设：假定围绕真实利率传导机制可以建立足够多的经验模型，由这些经验模型所组成的名义模型集合足以将真实利率传导机制模型包括在内。若建立在某一经验模型基础上的最优货币政策规则，对于名义模型集合中的其他经验模型同样可以使货币政策制定者的损失函数最小化，则可以判定这样的政策为稳健性规则，否则为不稳健性规则。通常采用的方法是，选择几个有代表性的似乎合理的经验模型来检验最优货币政策规则的稳健性。

Taylor（1999b）选择了 9 个不同类型的经验模型对 5 种泰勒规则的稳健性进行检验，结果表明，包含利率平滑性、通胀反应参数大于 1 的泰勒规则在模型不确定情形下是稳健的，并且好于复杂政策规则的稳健性。Williams（2003）在联邦储备模型下发现，对平滑的通货膨胀、产出缺口和滞后利率做出反应的简单规则并不劣于与对 FRB/US 模型的 100 多个变量做出反应的最优政策规则，并且简单规则对模型的不确定性更为稳健。LWW（1999）使用四个结构性模型考察了可供选择的货币政策规则的稳健性。分析结果表明，在模型不确定的情形下，稳健的政策规则具有以下特征：对超前一年的通货膨胀预期和当前产出缺口做出反应，并具有较大的货币政策惯性。前瞻性区间越长，政策规则的稳健性越差，并容易产生多重均衡问题。LWW（2003）发现简单泰勒规则与考虑众多变量的复杂政策规则一样好，而且非常趋近于最优政策规则。对于宏观经济结构和货币政策传导机制的不确定性，复杂政策规则的稳健性不如简单泰勒规则。然而，当利率对前瞻性经济变量做出反应时，很难识别稳健性规则。Isard、Laxton 和 Eliasson（1999）在非线性宏观经济模型框架下比较了简单泰勒规则、利率平滑的前瞻性泰勒规则和一阶差分的利率规则。结果发现，这些规则在线性宏观经济模型中表现很好，但是在非线性的宏观经济模型中很难满足稳定性条件。作者提出，不包含利率平滑、基于通货膨胀预期的利率规则是稳健的。Leitemo 和 Söderström（2001）考察了简单货币政策规则在不同的汇率决定模型中的表现及其稳健性。结果表明，标准泰勒规则的表现总体上稍逊于引进实际汇率因素的最优政策规则，但引进实际汇率因素的最优政策规则对于模型不确定性非常敏感，而标准泰勒规则对于模型不确定性则更为稳健。以上这些研究都是在新凯恩斯主义模型框架下进行的。Hendry、Ho 和 Moran（2004）在开放的限制参与模型中，分析了刚性价格调整机制下政策规则的稳健性。结果表明，对滞后利率、当期产出和通货膨胀缺口做出反应的泰勒规则是稳健的，滞后利率的反应参数较大的政策规则能够更好地起到稳定经济的作用。Armour、Fung 和 Maclean（2002）在加拿大 QPM 模型框架下，比较了简单泰勒规则、基于通货膨胀预测（IFB）的规则和 Ball 规则的表现。结果表明，当期通货膨胀系数为 2、产出缺口系数为 0.5 的简单政策规则是最合适的，但泰勒型规则的表现次于 IFB 规则，其原因在于泰勒型规则没有考虑前瞻性特点和利率平滑行为。开放经济规则的表现取决于汇率变化，汇率变化越大，Ball 规则的表现越好。均衡汇率成趋势性变动时，Ball 规则的表现很差。

Smets（1998）研究了产出缺口的不确定性对简单利率规则的影响，认为产出缺口的不确定性降低了产出缺口反应系数（但仍然大于 0）。因此，Smets（1998）认为应该减少政策规则对产出缺口的反应系数，而 Taylor（1999）则认为，不管产出缺口如何不确定，中央银行都有必要对其进行反应，美国和日本在 20 世纪 80 年代的情况就是如此，美国央行对产出缺口进行反应而日本却没有，从而导致美国货币政策成功、日本失败。Walsh（2003a，2003b）则提出，决策者最好只对产出缺口变化做出反应。

八、泰勒规则与货币政策稳定性评估

泰勒规则的部分文献试图量化 20 世纪 70 ~ 90 年代为控制通货膨胀而制定的货币政策，以评估货币政策的实施效果以及货币政策体制的变化情况。例如，Taylor（1999b）和 CGG（2000）通过划分样本时期的方法分阶段估计泰勒规则，发现 20 世纪 80 年代以来美联储货币政策发生了显著变化。具体来说，就是在沃尔克与格林斯潘领导时期，通货膨胀反应参数大于 1，当通货膨胀上升时，名义利率的上升幅度大于通胀率的上升幅度，使实际利率上升，从而起到稳定经济的效果。而在前沃尔克时期，通货膨胀反应参数小于 1，使实际利率伴随通货膨胀预期的上升而下降，从而造成通货膨胀和产出的持续性波动，对经济造成了不稳定。鉴于美联储的利率调整在这两个时代对经济稳定具有不同的效应，这些学者认为，20 世纪 70 年代出现的高通货膨胀应归咎于美联储实施的“适应性”货币政策，而 20 世纪 80 年代以来美国宏观经济的出色表现则源于美联储执行了积极的稳定性货币政策。

然而，CGG（2000）等人没有指出为什么美联储的货币政策会发生这种变化？为什么 20 世纪 80 年代后的货币政策会更有效？对此，学者们做了进一步的分析，提出了以下几种观点：

第一种观点认为，以往研究所发现的货币政策变化是由于使用了事后修正数据。Orphanides（2001，2003）指出，采用实时数据估计的货币政策反应函数是稳定的。如果 20

世纪 70 年代美联储没有系统性地低估潜在产出水平，当时的货币政策或许是适当的，从而否定了美联储在当时实施了“适应性”货币政策的观点。

第二种观点认为，美联储主席换任导致了货币政策的变化。Jalil（2004）通过估计反应参数随时间变化的泰勒规则，发现通胀率参数发生了显著变化，而产出缺口参数则较为稳定。作者分析了货币政策反应函数的不稳定性来源，认为这是由美联储主席换任和选举周期所致，而不是由数据类型造成的。因为即使采用实时数据，货币政策反应函数依然是不稳定的，这对 Orphanides（2001，2003）的研究结果提出了挑战。

第三种观点认为，美联储在两个时期对通胀率的反应不同源于经济冲击的差异。Rabanal（2004）使用美国 1960～2003 年的数据对泰勒规则进行估计，发现其反应参数随着时间和经济形势的变化而发生明显的变化。在经济繁荣时，美联储盯住通货膨胀率，而且利率平滑程度很高。在衰退时期，美联储盯住产出增长，以更积极的方式进行政策操作，利率往往发生急剧变化。作者在小型的凯恩斯模型框架下发现，当经济面临成本推动的外部冲击时，反应参数的这种变化能够降低产出波动，但同时也付出了高通胀的代价。

第四种观点认为，货币当局对生产率趋势变化的学习（learning）过程导致了货币政策反应函数的变化。Bullard 和 Eusepi（2003）阐述了美联储对生产率增长趋势的错误认识是如何导致 20 世纪 70 年代高通胀出现的。其逻辑推理如下：货币当局没有意识到生产率下降，因而高估了负的产出缺口值，按照泰勒型政策规则降低名义利率，进而造成了高通货膨胀。作者认为，如果将来出现未预测到的生产率大幅下降时，即使货币当局采用泰勒型规则，也依然无法逃脱类似于 20 世纪 70 年代高通胀的厄运。

Doménech、Ledo 和 Taguas（2002）提供了另外一种解释，他们认为以往的经验分析通常都假设实际均衡利率为常数，这样估计的政策规则往往会高估滞后利率和通胀缺口的反应参数。作者发现，若考虑到通货膨胀率目标和实际均衡利率在各个时期的变化，则美联储在 20 世纪 70 年代、20 世纪 80 年代和 20 世纪 90 年代都实施了积极的稳定性货币政策。

九、泰勒规则与各国的货币政策实践

为检验泰勒规则能否较好地模拟和描述中央银行的货币政策操作，经济学家们使用各种泰勒型方程，选择不同的样本时期，采用各种计量方法，对主要工业化国家的货币政策反应函数进行估计后，得出的研究结果具有明显的差异。但总的来说，泰勒规则得到了各国货币政策实践的支持。

泰勒规则的研究大多是采用美国的历史数据进行经验估计和检验的。美国近期的泰勒规则研究主要沿着以下三个方向演进：首先，考虑到数据的非平稳性，检验泰勒规则变量是否存在协整关系。Christensen 和 Nielsen（2003）模拟了向量自回归模型，发现联邦基金利率、失业率和长期利率存在稳定的长期关系，通货膨胀是通过长期利率影响通货膨胀预期进而影响货币政策决策，表明美联储主要是对经济活动、预期通货膨胀和金融市场状况做出反应。Siklos 和 Wohar（2005）发现含有误差修正项的泰勒方程能够更好地解释利率变化，其预测效果也更好。除沃尔克时期外，误差修正项都是显著的，说明不应忽略泰勒规则中的长期均衡条件。然而，也有学者提出了不同的观点。Bunzel 和 Enders（2005）对美国季度数据进行检验，发现通货膨胀、产出缺口和利率不存在协整关系。即使是考虑数据的结构性裂变和泰勒方程可能遗漏的变量如股票市场的非理性繁荣、消费者信心等，三者依然不存在稳定的长期关系。Osterholm（2005）对美国、澳大利亚和瑞典的相关数据检验表明，通货膨胀、产出缺口和利率不存在协整关系。作者指出，泰勒规则和实际数据的拟合效果不佳可能源于泰勒规则的方程误设（misspecification），例如，纳入利率平滑导致了系列相关误差，也可能是由于中央银行实际上并没有机械地遵循泰勒规则。Chadha、Sarno 和 Valente（2004）在前瞻性泰勒规则（CGG，1998）中引入资产价格和汇率，结果表明，美国和英国的资产价格和汇率的反应参数在统计上是显著的，但数值较小。作者认为，资产价格和汇率是货币政策决策应该考虑的因素，但不应作为央行的政策目标。只有当资产价格和汇率变化对实体经济造成影响时，央行才应对它们做出反应。

其次，考虑到泰勒规则参数的不稳定性，检验了参数随时间变化的泰勒规则。Rabanal（2004）根据状态转换模型（state switching regime model）对美国 1960 ~ 2003 年的泰勒规则进行估计，发现泰勒规则的参数随着时间和经济形势的变化而发生显著变化。在经济繁荣时，美联储盯住通胀率，而且利率平滑程度很高。在衰退时期，美联储盯住产出增长，并以更积极的方式进行政策操作，利率容易发生急剧变化。Sims 和 Zha（2004）也发现不同货币政策制度下美国的泰勒规则反应参数不同。Losso 和 Bueno（2004）使用卡尔曼滤波法（Kalman Filter）和马尔科夫转换模型（Markov – Switching Regimes）检验了美国泰勒规则参数对不同产出测量方法的敏感性，发现参数随产出测量方法的改变而改变。Jalil（2004）也发现美国泰勒规则的通胀率参数随时间发生显著变化，货币政策反应函数的不稳定性来源于美联储主席换任和选举年度效应，而不是由所使用的数据类型造成的。Kim 和 Nelson（2004）基于事后数据，估计了参数随时间变化的前瞻性货币政策规则，得出了不同于与以往研究的结论，认为 1970 年以来美联储货币政策可以划分为 20 世纪 70 年代、20 世纪 80 年代和 20 世纪 90 年代这 3 个时期，以往将其划分为前沃尔克时期（1979 年前）和沃尔克—格林斯潘时期（1979 年后）的做法很可能错误模拟了美联储的货币政策实践。Kim 和 Nelson 认为，20 世纪 70 年代美联储主要关注产出稳定，但由于当时对潜在 GDP 的测量存在较大误差，造成了宏观经济的不稳定。Boivin（2005）则采用实时数据，估计了参数随时间变化的前瞻性泰勒规则，结果发现，美国货币政策发生了显著变化，从 20 世纪 80 年代中期开始，美联储才实施了更为稳定的货币政策。和以往研究不同的是，作者发现 1973 年以前的通货膨胀反应参数很大，并且该参数在 20 世纪 80 年代后期逐渐增加。然而，Bovin（2005）忽略了宏观经济变量预测的不确定性，因此，如果采用 Kim 和 Nelson（2004）的方法对实时数据进行研究，会得出什么样的结论？有待于将来的进一步研究。

最后，鉴于货币政策操作的非对称性，一些学者对非线性泰勒规则进行了模拟。Dolado、Pedrero 和 Ruge - Murcia（2004）通过在泰勒规则中添加通胀方差变量来考虑通胀的 ARCH 类型效应（ARCH - type effects），发现非线性规则仅能较好地拟合 1983 年后的美国货币政策。Siklos 和 Wohar（2005）也发现泰勒规则的残差项存在 ARCH 类型效应。他提出，格林斯潘时期的货币政策表现出明显的非对称性，当不同期限的利率差增加时，预期通货膨胀上升，美联储将会提高利率。但如果不同期限利率差缩小时，美联储不会降低利率。Bunzel 和 Enders（2005）则发现通货膨胀低于 2.3% 时，美联储不会做出反应，而当通货膨胀较高时，则存在类似于原始泰勒规则的反应函数。

泰勒规则的研究也扩展到其他国家和地区。欧元区泰勒规则研究大致可以分为三类：第一类研究根据 1999 年欧元发行前的数据估计德意志银行的货币政策反应函数，将泰勒规则的参考值与欧洲中央银行（ECB）的实际利率进行比较，发现 1999 年以来 ECB 的利率水平明显偏离泰勒规则的参考值。第二类研究将 1999 年前 EMU 国家的数据加总来估计 EMU 的货币政策反应函数，然后比较利率的实际值与泰勒规则的参考值，发现泰勒型规则可以作为 EMU 货币政策评估的参考基准。特别是，这些研究认为 1999 年前后 EMU 的货币政策没有产生结构性裂变。这表明，分析 EMU 成立前的货币政策有助于理解欧元发行后的货币政策。第三类文献模拟了 1999 年以来欧元区的货币政策反应函数，但由于样本数据的限制，这些研究结论是否准确还有待于进一步证实。

Nelson（2000）使用英国 1972 ~ 1997 年的季度数据，对前瞻性和后顾性泰勒规则进行估计，发现泰勒规则较好地描述了英格兰银行事后的货币政策操作，可以作为货币政策评估的参考基准。Husing（2004）对扩展的泰勒规则进行估计，发现日本银行对产出缺口、通货膨胀缺口、股票价格、日元贬值和滞后利率做出反应。利率的方差分解表明，除滞后利率外，通货膨胀缺口和汇率的贡献度最大。Kuttner 和 Posen（2004）运用泰勒规则评估了日本货币政策的实施效果。结果表明，当名义利率接近于零时，日本银行没有意识到政策预期的重要性，因而自 1996 年以来在稳定通货膨胀预期和降低长期债券利率方面无所作为。作者还讨论了通货紧缩环境下运用泰勒规则所存在的问题，认为在持续性经济衰退和通货紧缩环境下，潜在产出的不确定性程度很高，使得货币政策反应函数的参数估计非常不可靠。Huang、Margaritis 和 Mayes（2001）对新西兰的货币政策反应函数进行估计，发现泰勒规则很好地描述了新西兰的货币政策，新西兰储备银行主要关注通货膨胀目标，而对产出缺口赋予的权重很小。其他学者也得出了类似的结论，并讨论了如何将泰勒规则纳入新西兰储备银行的决策框架。Chang（2005）使用中国台湾地区的数据模拟了泰勒型规则，发现利率对通货膨胀和股票价格做出反应，而产出缺口和汇率在统计上不显著。除滞后利率外，通货膨胀缺口比其他变量能够更好地解释利率的变化，表明其货币当局主要关注通货膨胀目标。

Virmani（2004）研究了印度在国际收支危机之后（1992 年第 3 季度至 2001 年第 4 季度）的货币政策反应函数，发现后顾型泰勒规则拟合效果并不好，而后顾型麦克勒姆规则（McCallum rule）与样本时期储备货币变化轨迹相当吻合，表明印度储备银行的货币政策是盯住名义收入增长目标。Sánchez－Fung（2000）对多米尼加共和国（DR）的泰勒型规则进行估计，发现 1985～1998 年的货币政策操作遵循了隐性的货币政策规则。Aron 和 Muellbauer（2001）分析了南非货币政策历史和货币政策制度变化，结果表明，无论是基于预测数据还是实际数据，纳入滞后变量和美国短期利率的泰勒规则与实际数据拟合效果均不理想。然而，当纳入货币增长率缺口和金融自由化指标后，泰勒规则的拟合效果较好。

十、泰勒规则与利率平滑效应

许多学者都注意到央行有平滑利率走势的偏好，这意味着货币政策对通胀与产出缺口的反应与调整不是在一个季度内一次完成的，而是在几个季度内逐渐完成的，这种现象通常被称为利率平滑或货币政策惯性。Sack 和 Wieland（2000）分析了利率平滑行为究竟是货币政策当局对宏观经济条件持续性的被动反应还是刻意为之。他们认为，如果利率平滑行为仅是货币当局对宏观经济变量持续性的被动反应，那么滞后利率项的参数应该比较小或者不显著。然而，对包含利率滞后项的泰勒型规则进行检验的典型结果表明，这一参数比较大并且显著，说明利率平滑现象应该是中央银行的刻意行为。

然而，Rudebusch（2002）对泰勒规则的利率平滑性提出了质疑，认为以往研究忽略了自相关扰动对方程估计的影响。他根据期限结构理论，发现包含利率平滑性的泰勒规则对利率的预测能力远超过实际数据的预测能力。因此，滞后利率参数显著与利率平滑无关，它是由系列相关的外生性经济冲击（如股票市场崩溃、信贷恐慌、生产率变化和国际金融危机）的惯性所致，利率平滑仅仅是一种幻觉。作者使用嵌套模型检验了利率平滑假说和系列相关假说，但由于存在观测性等价而没有得出明确的结论。随后，English、Nelson 和 Sack（ENS，2003）在 Rudebusch（2002）的基础上，运用一阶差分的泰勒规则解决了观测性等价的问题，并使用美国的数据，对利率平滑和系列相关假说进行检验，得出了与 Rudebusch 相反的观点，认为利率平滑是美联储货币政策操作的一个重要特点。Castelnuovo（2003）扩展了 ENS（2003）的分析，发现美国的数据都支持了利率平滑效应。作者认为，系列相关冲击导致了泰勒规则的利率参考值与实际值发生偏离，但不能够充分解释利率渐进调整的现象。美联储的系列相关误差主要是因为遗漏了央行的不对称偏好和金融市场的风险升水，一旦考虑这两个因素，系列相关误差的影响微乎其微。

与此同时，ENS（2003）和 Castelnuovo（2003）也遭到了其他学者的指责和批评。Söderlind、Söderström 和 Vredin（2003）通过对美国数据的检验发现，利率平滑的直接效应很小，滞后利率参数显著的泰勒规则可能遗漏了不容易观察的变量。利率变化的可预测性来源于通货膨胀率和产出缺口的可预测性，而非货币政策惯性，这就说明了利率平滑的泰勒规则对利率变化的可预测性高于收益率曲线的原因，为 Rudebusch（2002）的结论提供了实证上的支持。Rudebusch（2005）从最优货币政策的视角对央行平滑利率的原因进行分析，认为降低利率波动性、形成货币政策的预期机制以及对数据和模型不确定性做出最佳反应这 3 项因素都不足以证明利率平滑效应的存在。作者通过模拟标准的期限结构模型、无套利的宏观金融模型以及收益率曲线对宏观经济数据的日历反应，发现央行对新闻和信息的反应非常迅速，几乎不存在利率平滑，实际利率偏离泰勒规则源于美联储对产出和通胀率之外的其他一系列变量做出的持续性反应。

另外一些研究也在某种程度上支持了 Rudebusch（2005）的结论。比如，Gerlach - Kristen（2004）提出，经验估计时如果考虑到预期通货膨胀和金融市场的风险升水，泰勒规则的滞后利率参数将会下降，货币政策将以更快的调整速度来应对经济冲击。因此，利率平滑效应在很大程度上来源于未观测到的变量。Collins 和 Siklos（2004）认为最优泰勒规则中的利率平滑可能源于对中央银行预测区间（horizon）的不合理假设。大多数最优政策规则的研究都假定央行对未来的贴现率等于实际利率，这意味着对中央银行的预测区间大约超前 10 ~ 25 年。实际上，预测区间超前 1 ~ 2 年更符合中央银行的货币政策实践。

总之，目前对泰勒规则的检验并没有证明政策惯性的确存在，大量的利率平滑研究似乎各执一词，没有得出一致的结论。

十一、泰勒规则操作和运用中的问题

（一）泰勒规则的理论优点

泰勒规则以其简单、灵活和易于操作的特征，概括了现实中影响货币政策的主要因素，较好地模拟了中央银行的政策行为，并表现出理论上的诸多优越性。

第一，泰勒规则清晰地刻画了联邦基金利率与通胀率和产出之间的关系，由泰勒规则计算出来的利率参考值切合联邦基金利率走势，从而对美联储调节利率的行为进行了系统性解释。泰勒规则形式上的简洁为货币政策的操作提供了一个参考基准，并且通过估计不同时期的泰勒规则，可以客观地评价货币政策的实施效果及观察货币政策体制的变化情况。

第二，泰勒规则囊括了货币政策需要考虑的各个重要方面，能够简便、易行地指导货币政策的制定工作。泰勒规则在奉行长期物价稳定政策的同时也重视短期产出稳定的目标，其中，通胀缺口调整因素在货币政策的制定中加入了中央银行的长期目标，产出缺口是中央银行逆风向操作的短期目标，两者的权重反映了中央银行权衡长期目标和短期目标利弊得失的态度。

第三，在封闭经济下，泰勒规则可能是最优货币政策规则，或趋近于最优货币政策规则。大部分研究表明，在封闭经济条件下，泰勒规则非常趋近于具有微观基础的、简单宏观经济模型下的最优货币政策规则。

第四，泰勒规则在大多数宏观经济模型中的表现与考虑许多变量的复杂政策规则一样好，并且对于模型的不确定性具有更稳健的特质，这是泰勒规则最主要的优点。在模型不确定的情况下，央行采用稳健的简单工具规则指导其货币政策实践时，不会带来什么损失。当政策制定者既不了解经济结构又不知道运行中的经济冲击根源时，面临各种环境下的不同冲击，最优泰勒规则通过大规模运用经济模型对经济进行随机模拟，使货币政策取得的良好经济绩效。

第五，中央银行采用泰勒规则有利于加强中央银行与公众之间的政策交流，在公众与央行之间建立起有效的沟通渠道和反馈机制，引导公众预期的形成，提高货币政策有效性和透明度。中央银行通过实施泰勒规则，不允许通货膨胀率在经济周期中随机行走，向公众表示了反通货膨胀的决心，增强了货币政策的可信度。公众可以通过泰勒规则了解货币政策行动内在的合理性，以及这些行动如何符合其目标，从而减轻人们心理上的不安定感，避免预期效应引起的紊乱，保证货币政策的顺利执行。泰勒规则将长期的通货膨胀率目标具体化，为宏观经济提供了一个内在的名义锚。中央银行会采取行动来应对影响实际产出和就业的经济周期，产出和通货膨胀率离目标水平的偏差越大，货币政策所做出的反应也就越强烈，也就有利于缓解宏观经济波动带来的不利影响。

（二）泰勒规则的经验问题

泰勒规则的研究文献揭示了泰勒规则经验检验中需要考虑的问题。一是测量通货膨胀率以及估计实际均衡利率和潜在产出均存在各种不同的方法，估计结果对这些方法的选择是否敏感？二是货币政策当局选择不同类型的数据会影响政策规则的结构以及政策结果，现实中的中央银行往往是根据实时数据（real – time data）来设计利率路径的，那么依据事后修正数据（ex – post revised data）估算泰勒规则是否合适？三是根据不同的样本期间和计量方法得出的结果不同，而且通胀缺口和产出缺口的系数通常随时间发生变化，那么采用稳定的、单一的泰勒方程是否合适？

第一，泰勒规则的估计结果对于通货膨胀率和潜在 GDP 的测量方法非常敏感，不同方法得出的结果具有明显的差异（Kozicki，1999）。衡量通货膨胀率的指标有很多，应该选择消费物价指数、扣除能源和必需品的核心消费物价指数，还是 GDP 平减指数等？是选择年度数据还是季度数据？如果选择年度数据，是选择四个季度的平均通货膨胀率还是四个季度的物价水平上涨率？如果是采用预期通货膨胀率进行检验，由于通胀率的预期值本身是不可测的，因此在计算中必须采用代理变量，而代理变量的选取会直接影响到通货膨胀率估测的准确程度。目前一些国家采用前四季度的平均通胀率数值替代预期通胀率并在此基础之上计算名义利率的合理数值，这种方法较适合于通胀率变动平稳的时期，但对于物价急剧上涨或剧烈波动等非平稳时期则不适用，会使政策执行陷于被动境地。同样的问题也适应于产出缺口的测量，而且潜在产出还会随劳动力供给、生产率和技术的变化而变化，产出缺口的这种测量误差对货币政策操作会产生严重的影响。如果对潜在 GDP 的估计过高，就可能使模拟的利率路径低于必要增长路径，结果导致通货膨胀；反之，则会使模拟的利率增长路径高于必要增长路径，从而抑制经济增长。

第二，实际均衡利率水平的测度。泰勒规则是由一个未观测到的均衡实际利率水平和一个在多数情况下未观测到的通货膨胀目标所组成的，解决这个问题的一种最常用的方法是在两个变量中先假定一个变量值，然后再估计另一个变量（Judd 和 Rudebusch，1998；Kozicki，1999；CGG，2000），均衡实际利率被视为平均联邦基金利率和平均通货膨胀率之差。有了测算均衡实际利率的方法，就可以由估计出的泰勒规则模型的常数项并求出目标通货膨胀率。反之，如果开始给定的是通货膨胀目标，也能用这种方法计算出均衡实际利率水平。这种方法在经济稳定时期是有效的，但如果样本期内通货膨胀率发生大幅波动，比如在 20 世纪 60 年代和 20 世纪 70 年代，通货膨胀的急剧上升使得实际利率低于均衡利率水平，通过上述方法计算的实际均衡利率必然是低估的。此外，实际均衡利率水平会随时间变化，但目前大部分的经验分析都是假定它为一个常数，这往往会高估利率平滑系数和通货膨胀缺口系数。

第三，统计数据的修订问题。众所周知，经济数据会在原始数据的基础上经过数次修正，有些修正甚至发生在几年之后。泰勒规则的估计通常都是采用修正数据，而事实上，中央银行只能基于实时数据进行决策。根据实时数据提出的政策建议与根据事后修正数据得出的政策建议截然不同，更严重的是，基于事后修订数据估计的泰勒规则错误地描述了美国的货币政策，无助于我们了解决策者当时如何对所获取的信息变量做出反应（Orphanides，2001）。

第四，泰勒规则的系数往往随着国家的不同、样本期间的变化、估计方法的不同而发生变化。在进行经验检验时，如果样本期跨度太大，政策制度可能发生变化，此时泰勒规则的估计可能不合理。另外，如果样本期太短，则样本容量太小，估计的结果也不可靠。采用单一、稳定的货币政策反应函数未能成功地模拟美联储的利率政策（Judd 和 Rudebusch，1998），有研究表明，泰勒规则的参数会随着时间和经济形势的变化而发生显著变化。

（三）泰勒规则的操作缺陷

泰勒规则很好地描述了中央银行的政策行为，然而，泰勒规则对货币政策历史的成功解释并不表明它能够作为预测未来利率变化的“事先”货币政策规则。在实际的货币政策操作中，机械地遵循泰勒规则是不可行的。

首先，对于不同类型的经济冲击，中央银行要做出不同的政策反应，泰勒规则过于机械而不能成为中央银行的行动准则。中央银行制定货币政策时，需要准确判断造成经济波动的根源。在实践中大致有两类经济波动，第一类波动由总需求的冲击变化造成，它使得经济的潜在增长率长期地偏离其均衡位置。这种波动将同时提高产出水平和物价水平。对付这种波动，可以运用泰勒规则提高利率，使产出和物价水平下降。第二类波动由供给冲击造成，例如，石油价格上升。石油价格冲击最终会传导至物价总水平，使得通胀率超过目标通货膨胀率。如果货币当局遵循泰勒规则，将会提高利率，造成实际产出低于潜在产出水平，产出向下调整的压力又会使得通货膨胀率回落至其目标水平。由于通货膨胀对利率的反应滞后，价格和产出对冲击的反应使得利率朝相反方向变化。当冲击周期结束后，很难将利率降低到这样一种合适的水平，即在稳定物价的同时又能避免产出的过度波动。面对这种情况，泰勒规则显得无能为力。

其次，泰勒规则没有考虑政策操作的随机性，将所有利率变动都看成是对产出缺口和通胀缺口的系统性反应，中央银行无法利用主观判断和其他信息来实现通货膨胀的稳定。泰勒规则过于简单，所包含的信息太少，它既没有考虑政策制度、经济环境以及决策者偏好的变化，也没有为中央银行的判断调整以及模型以外的信息留下空间。如果按照泰勒规则制定利率，货币政策决定就会变成一个配有简单公式和手工计算器的普通职员所做的事了。中央银行的决策程序只不过是收集数据和计算数据，计算过程完全是机械性的。除非判断可以进入对潜在产出的估计，否则货币政策完全没有判断的余地。这种过于简单和机械的政策规则，既不能完整地描述中央银行详尽和复杂的货币政策决策程序，也不能够应付复杂多变的经济形势。特别是，当经济出现不可预见的供给波动或货币需求波动时，泰勒规则无法迅速、灵活地进行政策调整，以避免不利冲击可能引起的危害。在实践中，每个中央银行都会使用包含更多信息的利率规则，没有中央银行愿意将自己限制在以事先规定好的方式对新的信息机械地做出反应，这也正是迄今为止还没有一个国家公开承诺采用泰勒规则这样的简单工具规则或正式宣布将某一工具规则作为货币政策的行动准则的重要原因。

再次，泰勒规则与美联储货币政策实施中的某些实际情况并不相符，但它没有提出适当的规则来应对。泰勒认为，美联储在 1987 ~ 1997 年基本上采用了泰勒规则，泰勒规则为美联储的货币政策提供了很好的总体指南。但曾有某些期间，美联储的决策和依据泰勒规则所应采取的行动之间存在很大差异。例如，美联储对 1987 年的股灾做出反应时，泰勒规则值与实际值有一个较大的偏差；1998 年美联储降息救助长期资本管理公司更是与泰勒规则不符；20 世纪 90 年代以来，以格林斯潘为首的联储系统运用其充分的信息和准确的判断才创造了美国的“新经济”奇迹，也不是按泰勒规则行事就能实现的。泰勒规则虽然考虑了通胀缺口和产出缺口的偏离情况，但是当出现与规则本身相关的偏离情况时，它没有提出恰当的规则来应对。因此，泰勒规则是不完善的，且过于模糊，不具有操作性。

最后，泰勒规则在实际操作中存在诸多困难，如不能直接观测到某些解释变量、某些变量往往出现实时测量误差、经济数据会在原始数据的基础上经过多次修正。通货膨胀率的衡量是选择消费物价指数、扣除能源和必需品的核心消费物价指数，还是 GDP 缩减指数呢？是选择年度数据还是季度数据？如果选择年度数据，是选择四个季度的平均通货膨胀率还是四个季度的物价水平上涨率？如果是采用预期通货膨胀率，必然涉及代理变量的选取，这也会直接影响到通货膨胀率估测的准确程度。泰勒规则的系数对于通货膨胀率的测量方法非常敏感，不同方法得出的结果具有明显的差异（Kozicki，1999）。同样的问题也适应于产出缺口和实际均衡利率的测量。另外，货币政策当局选择不同类型的数据会影响政策规则的结果，现实中的中央银行往往是根据实时数据来设计利率路径的，那么依据事后修正数据估算泰勒规则是否合适？此外，泰勒规则还假定潜在产出、目标通货膨胀率和实际均衡利率是恒定的。如果这些假设不成立，那么该规则不仅不能反映实际的政策制定过程，还会使政策执行陷于被动境地。基于此，中央银行在实践中有必要采取灵活的货币政策。其中的一种方法是，不拘泥于泰勒规则具体的代数公式，只是根据规则的基本特征进行操作。例如，当通货膨胀上升时，提高利率；而产出低于预定的潜在产出时，降低利率。对于规则，只关注系数的符号，而对系数的大小、通货膨胀目标或产出目标都不做具体规定。

当今很少有经济学家认为应该遵循机械的货币政策规则，因为宏观经济结构和经济冲击是未知的，中央银行需要准备调整反应模式，明智地采取相机抉择。Taylor（1993）自己也认为："泰勒在实际应用中不能够被机械地遵循，各种特殊的经济冲击和需要估计潜在的 GDP 增长率这两点就是对它的制约。"泰勒规则只是一种规范的指导原则，其作用是为货币政策提供决策信息，而不是约束和决定货币政策。总体而言，尽管泰勒规则有些缺陷，但在央行制定货币政策时仍然非常有用。在大多数情况下，泰勒规则可以为货币政策的操作方向提供参考，但不能作为中央银行事先的行动准则和显性的货币政策框架。

十二、泰勒规则评述及其未来研究的发展趋势

通过对大量有关泰勒规则文献的回顾总结，本文对泰勒规则未来可能出现的研究趋势和方向提出一些看法。

（一）理论层面

在理论研究层面，泰勒规则仍有许多不确定性的问题，有待于将来的进一步研究。

第一，在粘性价格模型下，泰勒规则虽然与美国的历史数据非常吻合，但容易导致价

格水平的不确定性和多重均衡，造成宏观经济波动。此外，泰勒规则让实体经济失去了锚，容易造成经济的不稳定。如何在不确定环境下设计出最优的、时间一致的、稳健的泰勒型规则，并且能够避免太阳黑子均衡等失常行为，保证价格水平的确定性，是未来值得深入研究的问题。此外，当泰勒规则的假设条件发生变化时，如何重新修正泰勒原理使之成为稳定性条件，有必要加以进一步的研究。

第二，在非线性宏观经济模型中，简单政策规则是不稳健的。目前的大部分研究都是在线性宏观经济模型下对泰勒规则稳健性进行分析，然而，泰勒规则可能是非线性的。首先，利率对产出缺口和通货膨胀率的影响可能不是线性，比如，消除负的产出缺口比消除正的产出缺口更为困难，通货膨胀上升比下降更容易。其次，央行的损失函数可能是非对称的，联储能够对通货膨胀的容忍程度略高于通货紧缩。再次，在经济周期中，宏观经济变量的变动轨迹可能是不对称的。最后，参数的不稳定可能造成非线性的泰勒规则。尽管目前已有少数研究（Cukierman，2004；Siklos，2005）对非线性泰勒规则进行了理论分析和经验检验，但这方面研究还很薄弱，未来的方向是为非线性规则提供理论上的支持并对其进行广泛的经验检验。

第三，潜在产出存在各种不同的测量方法，而且潜在产出增长不是常数，可能随着劳动力、生产率和技术的变化而变化，决策者如何应对潜在产出的测量误差仍是一个悬而未决的问题。一些研究者主张采用谨慎的政策，而另外一些研究者主张采用更为积极的政策。一些研究支持“确定性等价”（certainty equivilance），认为决策者行为和反应系数没有发生变化。总的来说，目前还没有对此达成共识。

第四，人们对最优的货币政策规则的结构仍有许多未知之处。对最优泰勒的研究主要依赖于具体规则和模型其他部分的相互关系。不同的模型动态结构导出的政策规则的函数形式不同。另外，决策者偏好对相对权重的影响也至关重要。损失函数中通胀和产出权重的大小影响到泰勒规则中系数大小。在设计最优规则时，如何定义通货膨胀和潜在产出、前瞻性和后向型预期、当前数据与滞后数据以及利率平滑也是应该考虑的重要议题。最优泰勒规则设计中的另一个重要问题是，对于开放度较高的小国经济，汇率是货币政策的重要传导渠道，如何在泰勒规则中考虑到汇率变化对货币政策的影响，有待于进一步研究。

第五，是否应该在泰勒规则中纳入资产价格。货币当局不应该仅仅考虑产出和通货膨胀，也应关注资产价格等其他变量。但货币政策究竟在多大程度上对资产价格的变化给予关注，是近年来各国央行面临的一个重要难题。有的学者主张中央银行应该通过调整利率对股票市场的变化做出反应，还有一些学者深入讨论了资产价格与货币政策规则之间的关系，认为在货币政策规则中纳入股票价格是中央银行的最优行为，建议将资产价格膨胀因素纳入泰勒规则，而另外一些学者认为货币政策对对股票市场的作用有一个时滞，其作用很可能适得其反，从而主张货币政策操作不应关注股票市场，更不应直接对资产价格做出反应。

第六，泰勒规则的兴起与诠释和20世纪70年代以来世界各国为控制通货膨胀而进行的货币政策操作密切相关。然而，20世纪末低通胀、低增长和低利率的现象出现，使得零利率限制成为泰勒规则的一个重要约束。因此，在低通货膨胀环境下，中央银行应该如何运用泰勒规则降低实际利率，是否需要从泰勒规则转向其他货币政策规则，以及是否有必要配以适当的财政政策，都是未来值得探讨的话题。

第七，当存在除通胀缺口和产出缺口以外的其他状态变量（state variable）时，承诺使用简单规则并不是最优行为（Svensson，2003，2004）。实际上，各国央行已经摸索出一套非常详尽和复杂的决策程序。其间，大量的信息被收集、整理和分析，大量的判断需要进行。每个中央银行都会使用所有相关的信息进行决策，如货币总量、汇率、经常账户和金融市场变量，此外，劳动生产率、就业和供给冲击也都是调整联邦基金目标利率的重要考虑因素，中央银行的判断也在决策过程中起着重要的作用。

第八，基于泰勒公式的政策建议忽视了中央银行的判断性调整和预期因素，这些因素通常包含产出缺口和通胀所没有反映的信息。许多经济学家试图在泰勒规则中添加新的变量以改善其拟合效果，但这种尝试和努力注定要失败，因为遗漏的变量可能是判断性因素，它们无法进入像泰勒规则这样的工具规则方程。无论信息集如何广泛，货币政策制定都不可能由“携带计算器的职员”来完成，中央银行应根据经济形势做出相应的判断和决策。

（二）经验层面

在经验研究方面，泰勒规则的参数估计面临诸多不确定性问题，同时也还有很多需要验证的问题。

第一，泰勒型规则中通胀缺口和产出缺口的相对权重，通常随着政治制度、经济体制和经济结构以及决策者偏好的变化而发生变化。如果选择的样本期间很长，则货币政策体制可能发生变化，采用单一的泰勒规则方程将得出错误的结论；如果样本期间较短，泰勒规则的参数估计又可能不准确。解决方法之一就是运用误差修正模型和非线性技术对泰勒规则进行估计。目前已有少数学者对此进行了探索性分析，但这方面研究还很薄弱，未来努力的方向是为非线性泰勒规则提供理论上的支撑并对其进行经验检验。

第二，前瞻性和后顾性泰勒规则的选择。前瞻性货币政策规则的设计和应用存在一些关键的问题必须解决：一是最优前瞻性区间的确定，未来预测区间过大或过小都不利于宏观经济稳定。二是前瞻性规则的应用如何使用预测？如何寻找除当前通货膨胀之外的代理变量来表示未来的预期通货膨胀？

第三，目前很难区分包含利率平滑性的泰勒规则与包含系列相关冲击的泰勒规则。前者是央行的刻意为之，而后者是央行对宏观经济形势变化做出的持续性反应。未来值得探讨的问题是：找出影响央行利率平滑行为的潜在性、长期性因素，并对其进行模拟。分析收益率曲线反映的货币政策信息。研究央行与私人部门对未来的贴现率是否相同？如果不同，两者究竟有多大差别？随着时间的变化，央行的偏好是否稳定，是否会随着商业周期或金融危机的出现而产生变化？到目前为止，利率平滑研究主要集中于美国，如果将其检验方法运用到其他国家，结果又将如何？

第四，目前大多数的研究没有考虑泰勒方程中变量的非平稳性和协整关系，从而可能产生伪回归、遗漏误差修正项以及忽略货币政策操作非对称性等问题。经验研究表明，泰勒规则的拟合效果很好，但并不表明它反映货币政策本质。相反，这种经验关系可能反映的是名义利率、通货膨胀和产出缺口的长期关系（费雪效应）或者是不同类型的货币政策规则（如基础货币规则）①。是否确实存在所谓的“泰勒规则”，还需要提供更多理论和经验支持。

第五，就目前计量方法而言，能否真正正确估计泰勒规则，依然是不确定的。目前有关泰勒规则的经验研究还没有就异方差（heteroske dasticity）问题达成共识。许多学者使用泰勒规则评估美联储、英格兰银行、欧洲中央银行和日本银行等工业化国家央行的货币政策的实施效果，而对于新兴市场国家和发展中国家的货币政策操作行为的检验还处于起步阶段。这些国家通常没有明确的通货膨胀目标，而且还存在制度性和结构性的变化，以及统计数据的缺失等技术性障碍，泰勒规则的估计更为复杂。如何解决这些问题，是未来研究不可避免的挑战。

尽管泰勒规则有些缺陷，但是它在央行制定货币政策时仍然非常有用：按照泰勒规则行事会使国民经济的运行保持在一个稳定且持续增长的理想状态；泰勒规则概括了现实中影响货币政策的主要因素，能够简便、易行地指导货币政策的制定工作；泰勒规则为开展政策讨论提供了一个便捷的交流准则，尤其是有利于公众理解中央银行制定货币政策。这正是迄今为止还没有任何一个国家正式宣布采用泰勒规则作为行动准则，而在货币政策操作的实践中又确实有一些国家模仿其思想的重要原因之一。

十三、泰勒规则在中国的适应性分析

中国于 1996 年正式引入货币供应量作为货币政策的中介目标。然而，随着市场化改革的深入，中国现行货币供应量指标的可控性、可测性和与国民经济的相关性均出现了明显问题。不仅货币供应量的目标值无法实现，其测量口径引起许多争议，而且货币供应量的变动与物价、经济增长率的变动趋势也出现了不一致（夏斌和廖强，2001）。甚至有学者提出，货币供应量已不宜作为当前中国货币政策的中间目标，应借鉴泰勒规则，采用利率指标。随着中国利率市场化改革的推进，利率有可能比货币供应量更适宜作为中国货币

① Minford 等（2002）、Auray 和 Feve（2003，2004）证实了货币供给规则等价于泰勒规则。

政策的中介目标（王煜、张红地和余明，2002）。有研究表明，泰勒规则可以恰当地描述中国银行间拆借利率的具体走势，并充当央行货币政策的决策依据（陆军和钟丹，2003）。然而，由于中国利率市场化进程滞后，利率的灵活性与结构性还不可能合理，利率传导机制的有效性不强，实际的均衡利率难以形成，加之中国在汇率方面实行的是“以市场供求为基础的、有管理的浮动汇率制度”，还不是完全的浮动汇率制度，因此，在中国的现行金融体制下，泰勒规则在具体实施和应用中还受一定条件的限制。

（一）最终目标

泰勒规则要求政策当局拥有双重目标，即保持稳定的经济增长和控制通货膨胀。对于追求单一目标或多重目标的国家，按照泰勒规则行事就有一定的困难。中国货币政策的目标已被确定为“保持币值稳定，并以此促进经济增长”，这一规定以保持人民币币值为首要目标，同时照顾到以币值稳定手段、达到促进经济增长的目的。从法理上来看，中国现行的货币政策目标是符合泰勒规则适用的政策目标前提的。然而，在经济转轨时期，由于政府本身承担过多的责任，中国人民银行作为政府的一个部门，其最终目标必须服从政府的阶段性政策目标，因此人民银行的货币政策最终目标也存在多目标约束，包括物价稳定、促进就业、确保经济增长、支持国有企业改革、保持人民币汇率稳定、化解金融风险等。由于多目标之间存在冲突，所以多目标约束使泰勒规则的实施增加了难度。

（二）汇率制度

在浮动汇率下，一国中央银行可以根据产出和通货膨胀来调整短期利率，但在固定汇率下一国不能单独决定其短期利率，因为利率的升高将导致外币流入，对本币造成升值压力（Taylor，1993）。这其实也是克鲁格曼“不可能三角”的一个结论，即资本自由流动、货币政策的独立性和汇率稳定这 3 个经济目标不可兼得，最多只能取其二。因此，在资本自由流动的情况下，泰勒规则实施的一个前提是浮动汇率制。

中国目前人民币汇率不再盯住单一美元，而是按照中国对外经济发展实际情况，选择若干种主要货币，赋予相应权重，组成一个货币篮子。同时，根据国内外经济金融形势，实施以市场供求为基础的、有管理的浮动汇率制度。这种汇率制度要求货币当局在适当的时候买卖外汇以便将汇率维持在某一区间内，鉴于中国的资本项目尚未实现自由兑换，中国货币政策具有一定的独立性。然而，随着近年来中国外汇储备的快速增加，使大量基础货币被动投放，进而影响了央行货币政策独立性。从这个角度看，中国现阶段实施泰勒规则的货币独立性前提又受到严重制约。

（三）利率市场化

在泰勒规则中，实际均衡利率的确定是关键，而且通胀率、产出和汇率都可能影响市场利率，因而利率市场化是实施泰勒规则的必要条件。泰勒规则通过调节利率来影响预期从而调控经济。因此，只有在经济发达，利率形成机制完善，利率市场化程度高，市场反应灵敏的国家才能拥有相适应的政策传导机制，泰勒规则指导下的货币政策才可能成功实施。反之该规则对于市场经济不发达或利率管制较严格的国家则指导意义不大。

在中国，尽管自 1996 年放开同业拆借市场利率以后，已经相继放开了贴现市场利率、货币市场债券回购和现券交易利率，可以从这些利率中选择一种作为货币政策操作目标，但是正常的从短期同业利率到市场利率的生成机制还远未形成。中国仍然是一个以管制利率为主的国家，目前央行还掌控着作为货币政策操作工具的利率体系，包括法定准备金利率、超额准备金利率、再贷款利率、再贴现利率和央行票据利率等。这种管制利率与市场化利率并存的"双轨制"利率体系，很难反映公众对未来的预期和风险贴水，使得已经市场化的利率在形成机制上和经济效果上存在极大不确定性。央行在制定利率政策时常有掣肘之感，其利率政策效力不免大打折扣。因此，现行的利率管制体制是限制泰勒规则在中国使用的最根本障碍。

（四）泰勒规则的稳定性条件

泰勒规则指导下的货币政策对国民经济发展发挥正面作用的前提，被称为"泰勒原理"（taylor principle），即名义利率对通货膨胀的反应参数应大于 1，实际利率应伴随通货膨胀的上升而上升（Taylor，1999；CGG，2000）。然而，对中国货币政策反应函数的估计表明，通胀率对利率的调整系数小于 1，这是一种不稳定的货币政策规则，在这一制度下，通货膨胀或通货紧缩的产生和发展有着自我实现的机制（谢平和罗雄，2002）。此外，要在中国的货币政策实践中实施泰勒规则同样也会遇到计算潜在 GDP 和通货膨胀率、确定目标通货膨胀率和实际均衡利率、统计数据滞后和定期调整等技术性障碍。而且，由于中国实行市场经济体制的时间较短，统计数据的部分缺失在具体实践中也将无法避免。

总之，由于货币政策的多重目标约束、利率市场化进程的滞后和利率传导机制的低效性，使泰勒规则在中国的具体实施和应用还存在一些根本性的障碍。不过，随着中国利率市场化的推进与利率弹性的增大、人民币汇率形成机制改革的深入以及货币政策独立性的增强，利率有可能比货币供应量更适宜作为中国货币政策的中介目标。我们需要做好从货币供应量目标向利率目标转移的理论研究准备，在利率市场化主导下借鉴国际经验，构建适合中国国情的泰勒型规则。

文献索引

[1] Aron, Janine & Muellbauer, John (2001), "Estimating Monetary Policy Rules for South Africa," Working Papers Series 2001 - 7, Centre for the Study of African Economies, University of Oxford.

[2] Ball, Laurence (1997), "Efficient Rules for Monetary Policy," NBER Working Paper No. 5952.

[3] Ball, Laurence & Tchaidze, Robert (2002), "The Fed and the New Economy," American Economic Review Papers and Proceedings, 92 (2): 108 - 14.

[4] Boivin, Jean (2005), "Has U. S. Monetary Policy Changed? Evidence from Drifting Coefficients and Real - Time," NBER Working Paper NO. 11314.

[5] Bullard, James & Eusepi, Stefano (2003), "Did the Great Inflation Occur Despite Policymaker Commitment to a Taylor Rule?," Working Paper 2003 - 013, Federal Reserve Bank of St. Louis.

[6] Bunzel, Helle & Enders, Walter (2005), "Is the Taylor Rule Missing? A Statistical Investigation," Iowa State University Working Paper NO. 05015.

[7] Carare, Alina and Tchaidze, Robert (2005), "The Use and Abuse of Taylor Rules: How precisely can we estimate them?," IMF Working Paper NO. 05148.

[8] Castelnuovo, Efrem (2003a): "Describing the Fed's Conduct with Taylor Rules: Is Interest Rate Smoothing Important?," Working Paper NO. 232, European Central Bank.

[9] Castelnuovo, Efrem (2003b), "Taylor Rules and Interest Rate Smoothing in the US and EMU," Woking Paper 2003 - 002, Bocconi University.

[10] Jagjit S., Lucio Sarno, and Giorgio Valente (2004), "Monetary Policy Rules, Asset Prices, and Exchange Rates," IMF Staff Papers, Vol. 51, No. 3.

[11] Thanaset Chevapatrakul, Paul Mizen and Tae - Hwan Kim (2001), "Using Rules to Make Monetary Policy: The Predictive Performance of Taylor Rules Versus Alternatives for the United Kingdom 1992 - 2001," September 2001.

[12] Christensen, Anders Møller and Heino Bohn Nielsen (2003), "Has US monetary policy followed the Taylor rule? A cointegration analysis 1988 - 2002," Danmarks Nationalbank Working Paper 11, September 2003.

[13] Christiano, Lawrence J., and Christopher J. Gust (1999): "A Comment on Robustness of Simple Monetary Policy Rules under Model Uncertainty," in J. B. Taylor Monetary Policy Rules, University of Chicago Press.

[14] Clarida, Richard, Jordi Gali, and Mark Gertler (1998), "Monetary policy rules in practice Some international evidence." European Economic Review 42 (6): 1033 - 67.

[15] Collins, S. and P. Siklos (2004), "Optimal Monetary Policy Rules and Inflation Targets: Are Australia, Canada, and New Zealand Different from the U. S.?" Open Economies Review15: 347 - 62.

[16] Dolado, Juan, R. Pedrero, and F. J. Ruge - Murcia (2004), "Nonlinear Policy Rules: Some New Evidence for the U. S.", Studies in Nonlinear Dynamics and Econometrics, 8 (3).

[17] Doménech, R., M. Ledo, and D. Taguas (2002), "Some new results on interest rate rules in EMU and in the US," Journal of Economics and Business, 54: 431 - 446.

[18] Eggertsson, G., & Woodford, M. (2005). "Optimal monetary policy when interest rates are bounded at zero," Journal of Economic Dynamics and Control, Elsevier, vol. 29 (1 - 2): 97 - 133.

[19] English, W. B, W. R. Nelson, and B. Sack (2003), "Interpreting the Significance of the Lagged Interest Rate in Estimated Monetary Policy Rules," Contributions to Macroeconomics, Vol. 3 (1), Article 5.

［20］ Faust, Jon, John H. Rogers and Jonathan H. Wright (2001), "An empirical comparison of Bundesbank and ECB monetary policy rules," Board of Governors of the Federal Reserve System International Finance Discussion Paper 705.

［21］ Gerdesmeier, Dieter, and Barbara Roffia (2004), "Empirical Estimates of Reaction Functions for the Euro Area," Swiss Journal of Economics and Statistics 140, 37 – 66.

［22］ Gerlach, Stefan, and Gert Schnabel (2000), "The Taylor Rule and Interest Rates in the EMUArea," Economics Letters 67, 165 – 171.

［23］ Giannoni, Marc, and Michael Woodford (2003a), "Optimal Interest – Rate Rules: I. General Theory," NBER Working Paper NO. 9419, (January).

［24］ Giannoni, Marc, and Michael Woodford (2003b), "Optimal Interest – Rate Rules: II. Applications," NBER Working Paper no. 9420, January.

［25］ Goodhart, C. A. E., and B. Hofmann (2002), "Asset Prices and the Conduct of Monetary Policy," Paper presented at the Royal Economic Society Annual Conference.

［26］ Scott Hendry, Wai – Ming Ho, and Kevin Moran (2004), "Simple Monetary Policy Rules in an Open Economy, Limited Participation Model," Bank of Canada Working Papers NO. 03 – 38.

［27］ Hetzel, R. L. (2000), "The Taylor Rule: Is It a Useful Guide to Understanding Monetary Policy?", Federal Reserve Bank of Richmond Economic Quarterly 86, 1 – 33.

［28］ Husing, Y. (2004), "Estimating the Bank of Japan's Monetary Policy Reaction Function," Banca Nazionale del Lavoro Quarterly Review, 57 (229), 169 – 183.

［29］ Huang, A., Margaritis, D. and Mayes, D. (2001), "Monetary Policy Rules in Practice: Evidence from New Zealand", Multinational Finance Journal 5, 175 – 200.

［30］ Hui S. Chang (2005), "Estimating the Monetary Policy Reaction Function for Taiwan: A VAR Model," International Journal of Applied Economics, 2 (I), March 200. 50 – 61

［31］ Isard, Peter, Douglas Laxton, and Ann – Charlotte Eliasson (1999), "Simple Monetary Policy Rules Under Model Uncertainty," International Tax and Public Finance, Vol. 6: 537 – 77.

［32］ Jalil, Munir A. (2004), "Monetary Policy in retrospective: a Taylor rule inspired exercise," Working Paper NO. 375238, University of California, San Diego.

［33］ Judd, John P. and Glenn D. Rudebusch (1998), "Taylor's Rule and the Fed: 1970 – 1997." Federal Reserve Bank of San Francisco Economic Review 3: 3 – 16.

［34］ Kim, Chang – Jin & Charles R. Nelson (2004), "Estimation of a Forward – Looking Monetary Policy Rule: A Time – Varying Parameter Model using Ex – Post Data," www. economics. ucr. edu/seminars/winter05/econometrics/chang – jin. pdf.

［35］ Gerlach – Kristen, Petra (2003), "Interest – Rate Reaction Functions and the Taylor Rule in the Euro Area," European Central Bank Working paper No 258.

［36］ Gerlach – Kristen, Petra (2004), "Interest – Rate Smoothing: Monetary Policy Inertia or Unobserved Variables?" Contributions to Macroeconomics 4, 1 – 17.

［37］ Kuttner, Kenneth & Adam S. Posen (2004), "The difficulty of discerning what's too tight: Taylor rules and Japanese monetary policy," North American Journal of Economics and Finance 15: 53 – 74.

[38] Krugman, Paul R. (1998), "It's Back: Japan's Slump and the Return of the Liquidity Trap." Brookings Papers on Economic Activity 49 (2), 137 – 206.

[39] Kydland, Finn and Edward Prescott (1977), "Rules Rather than Discretion: the Inconsistency of Optimal Plans." Journal of Political Economy, vol. 85, No. 3.

[40] Lansing, Kevin. 2002, "Real Time Estimation of Trend Output and the Illusion of Interest Rate Smoothing," Economic Review, Federal Reserve Bank of San Francisco, pp. 17 – 34.

[41] Leigh, Daniel (2004), "Monetary Policy and the Dangers of Deflation: Lessons from Japan, Johns Hopkins University, August 10, 2004, Johns Hopkins University Economics Working Paper NO. 511.

[42] Leitemo, K. and Söderström, U. (2001), "Simple Monetary Policy Rules and Exchange Rate Uncertainty", Working Paper No. 122, Sveriges Riksbank.

[43] Levin, A., V. Wieland, and J. Williams (1999), "The Robustness of Simple Monetary Policy Rules under Model Uncertainty," in Monetary Policy Rules, ed. by J. B. Taylor. ChicagoUniversity Press, Chicago.

[44] Levin, A., V. Wieland, and J. Williams (2003), "The Performance of Forecast – Based Monetary Policy Rules under Model Uncertainty." American Economic Review vol. 93 (3), pp. 622 – 645.

[45] Rodrigo DeLosso da Silveira Bueno (2004), "Taylor Rule With Hidden States," July 28, 2004, http://home.uchicago.edu/rdbueno/.

[46] Mehra, Y. (2001), "The Taylor principle, interest rate smoothing and Fed policy in the 1970s and 1980s," Working Paper 2001 – 5, Federal Reserve Bank of Richmond.

[47] McCallum, B. T. (2000), "The Present and Future of Monetary Policy Rules". International Finance, 3.

[48] McCallum, Bennett T. 2001. "Should Monetary Policy Respond Strongly to Output Gaps?" American Economic Review Papers and Proceedings 91 (2) (May) pp. 258 – 262.

[49] McGough, Bruce, Glenn Rudebusch and John C. Williams (2004), "Using a Long – Term Interest Rate as the Monetary Policy Instrument," Federal Reserve Bank Of San Francisco Working Paper Series Working Paper 2004 – 22, December 2004.

[50] Nelson, Edward (2000), "UK Monetary Policy 1972 – 97: A Guide Using Taylor Rules," Bank of England Working Paper No. 120 (July).

[51] Orphanides, Athanasios. (2001) "Monetary Policy Rules Based on Real – Time Data." American Economic Review, 91: 4, 964 – 985.

[52] Orphanides, Athanasios and Volker Wieland (2000), "Efficient Monetary Policy Design Near Price Stability," Journal of the Japanese and International Economies, 14, 327 – 365.

[53] Orphanides, Athanasios and John C. Williams (2002), "Robust Monetary Policy Rules with Unknown Natural Rates," Working Papers 2003 – 01, Federal Reserve Bank of San Francisco.

[54] Osterholm, P. (2005), "The Taylor Rule: A Spurious Regression?," Bulletin of Economic Research, Vol. 57, No. 3, pp. 217 – 247.

[55] Peersman, Gert and Frank Smets. (1999), "The Taylor Rule: A Useful Monetary Policy Benchmark for the Euro Area?" International Finance 2 (1): 85 – 116.

[56] Plantier, C and D Scrimgeour (2002), "Estimating a Taylor Rule for New Zealand with a Stochastic Neutral Real Rate", Reserve Bank of New Zealand Discussion Paper, 2002 – 06.

[57] PauRabanal (2004), "Monetary Policy Rules and the U. S. Business Cycle: Evidence and Implications," IMF Working Paper, NO. 164.

[58] Romer, D. (2000), "Keynesian Macroeconomics without the LM Curve" . Journal of Economic Perspectives, 14 (2), 149 – 169.

[59] Rotemberg, Julio and Woodford, Michael (1999), "Interest Rate Rules in an Estimated Sticky Price Model," In Monetary Policy Rules, edited by John B. Taylor, University of Chicago Press, 57 – 119.

[60] Rudebusch, Glenn D. (2001), "Is the Fed too Timid? Monetary Policy in an Uncertain World," Review of Economics and Statistics, 83 (2): 203 – 17.

[61] Rudebusch, Glenn D. (2002), "Term Structure Evidence on Interest Rate Smoothing and Monetary Policy Inertia," Journal of Monetary Economics 49, 1161 – 1187.

[62] Glenn D. Rudebusch (2005), "Monetary Policy Inertia: Fact or Fiction?," Federal Reserve Bank of San Francisco, Working Papers 2005 – 19. " in: J. B. Taylor (ed.), Monetary Policy Rules, University of Chicago Press for NBER.

[63] Ruth, K. (2004). "Interest Rate Reaction Functions for the Euro Area: Evidence from Panel Data Analysis", Deutsche Bundesbank working paper 33/2004.

[64] Sack, Brian and Volker Wieland. (2000), "Interest – Rate Smoothing and Optimal Monetary Policy: A Review of Recent Empirical Evidence. " Journal of Economics and Business, 52, 205 – 228.

[65] Sauer S. and J. – E. Sturm (2003), "Using Taylor rules to understand ECB monetary policy," CESifo Working Paper No. 1110.

[66] Seyfried, William L. and Bremmer, Dale S. (2001), "Analyzing Fed Behavior Using a Dynamic Taylor – Type Rule," Journal of Economics and Finance, Volume 25, Number 1.

[67] Siklos, Pierre L. , Thomas Werner & Martin T. Bohl (2004), "Asset Prices in Taylor Rules: Specification, Estimation, and Policy Implications for the ECB," Discussion Paper, Series 1 No 22, Bundesbank.

[68] Pierre L. Siklos, Mark E. Wohar (2005), "Estimating Taylor – Type Rules: An Unbalanced Regression?," http: //info. wlu. ca/ ~ wwwsbe/faculty/ psiklos/papers/sw_ trules. pdf.

[69] Sims, Christopher A. & Zha, Tao (2004). "Were There Regime Switches in US Monetary Policy? FRB of Atlanta Working Paper No. 2004 – 2014.

[70] Stefano Eusepi (2005), "Comparing Forecast – Based and Backward – Looking Taylor Rules: A "Global" Analysis," Federal Reserve Bank of New York Staff Reports No. 198.

[71] Svensson, L. E. O. (2000), "Open Economy Inflation Targeting," Journal of International Economics, 50: 155 – 183.

[72] Surico, P. (2003), "Asymmetric reaction functions for the euro area," Oxford Review of Economic Policy, 19 (1): 44 – 57.

[73] Söderlind, P., Söderström, U, and A. Vredin (2003), "Taylor Rules and The Predictability of Interest Rates," Working Paper No. 147, Sveriges Riksbank.

[74] José R. Sánchez – Fung (2000), "Estimating a Taylor – type monetary policy reaction function for the case of a small developing economy," February 2000.

[75] Taylor, John B. 1993a. "Discretion versus policy rules in practice." Carnegie – Rochester Conference Series on Public Policy, 39: 195 – 214.

[76] Tchaidze, Robert (2004), "The Greenbook and U. S. Monetary Policy", IMF Working Paper, NO. 213.

[77] Ullrich, K. (2003), "A comparison between the Fed and the ECB: Taylor rules," ZEW Discussion Paper No. 03 – 19, Mannheim.

[78] Virmani, Vineet (2004), "Operationalising Taylor – type Rules for the Indian Economy Issues and Some Results (1992Q3 – 2001Q4)," IIMA Working Papers No 2004 – 07 – 04.

[79] Welz, Peter and Österholm, Pär (2005), "Interest Rate Smoothing versus Serially Correlated Errors in Taylor Rules: Testing the Tests," Working Paper 2005 – 14.

[80] Williams, John C. (1999), "Simple Rules for Monetary Policy." Finance and Economics Discussion Series, 1999 – 12, Federal Reserve Board.

第十五章

国际货币体系改革与人民币国际化

近年来，人民币国际化发展较快，但仍与中国的国际经济地位不匹配，还需加快推进人民币国际化进程。本章从货币国际化的经验研究入手，为推进人民币国际化进程提供借鉴；然后详细梳理了人民币国际化的背景、进程和进展，介绍人民币离岸市场的设计、影响及风险控制，分析人民币加入 SDR（特别提款权）的影响；在此基础上，分析人民币国际化的综合影响及促进人民币国际化的相关政策效果。研究视角上，本书兼具宏观影响与微观运作机制，关注历史进程和未来发展趋势，为国际货币体系改革与人民币国际化相关研究提供有益借鉴。

一、货币国际化的经验研究

（一）货币国际化的内涵

顾名思义，货币国际化是国际金融市场和国际贸易发展的产物，它具体是指能够在国际市场上作为一般等价物而发挥经济作用的经济现象。而且货币国际化是货币成为国际货币的必经过程。然而，对于国际货币的定义，Blinder（1996）认为国际货币具备四个特征，其中包括货币的三个典型的功能，即交换媒介、计算单位、价值储存，另外国际货币还需是国际金融市场的主导货币。而在国际贸易中，货币计价是国际宏观经济学的核心内容，同时也意味着所计价的货币在国际上的重要性。Kenen（1993）认为，20 世纪 80～90 年代开放资本账户交易的背景下，金融市场的扩张能够加强美元作为主要国际货币的地位。

（二）国际贸易中的货币计价选择

最早对结算货币选择理论进行研究的是 Swoboda（1968），从交易成本的角度对计价结算货币的选择进行了解释，他认为交易成本与一国货币能否成为计价结算货币有着紧密的联系。Krugman（1980）也从交易成本的角度进行分析，他认为有着最低交易成本，即最大交易量的一国，其货币将成为计价结算货币。此外他还发现计价货币的选择存在惯性。Grassman（1973）通过对瑞典国际贸易数据进行考察，发现瑞典 66% 的出口贸易使用瑞典克朗计价结算，而对于瑞典的进口贸易，只有 25.8% 使用本国货币作为结算货币。此外研究还发现在瑞典与英国和美国进行国际贸易时，无论是出口还是进口都主要使用英镑和美元结算，而在与东方国家开展跨境贸易时，常常使用瑞典克朗或第三方国家的货币作为计价结算货币，随后在对丹麦和西德的数据进行分析后发现了同样的现象，由此得出经验性规律：贸易双方在选择计价结算货币时偏向于选择使用商品生产国（Selling Country）或者出口方的货币，其次是选择商品购买国（Purchasing Country）或者进口国货币，很少使用第三国（Third Country）货币作为计价结算货币。该规律又被称为：“Grassman 法则”。Magee（1973）认为这是由于出口商具有较强的溢价能力。Page（1977）分析德国、日本、荷兰、英国等地的数据，证实了“Grassman 法则”的存在。Mckinnon（1979）从贸易商品分类的角度研究了结算货币选择理论，他认为贸易商品可以根据出口商议价能力的高低分为异质化商品和同质化商品，同质化商品主要选择美元及其他国际货币进行计价结算，而异质化商品由于有较高的价格支配能力，一般以本国货币作为结算货币。“Grassman 法则”对 20 世纪 60～70 年代的发达国家之间的结算货币选择做出了规律性的假设，之后学者们也从不同的角度对“Grassman 法则”进行解释，随着全球经济一体化的发展，学者们对结算货币选择的研究在理论上和实证上都有了重要的突破。在理论上主体使用厂商利润最大化模型，根据汇率波动是否内生分为局部均衡模型和一般均衡模型，部分学者将从博弈论的角度探讨贸易双方的讨价还价结果受哪些因素影响。为了深入分析国际贸易中货币计价选择问题，现对已有的计价货币选择的相关文献进行梳理、总结。

1. 微观层面的决定因素

（1）产品特性因素。在产品需求价格弹性较小时，意味着产品的差异化程度较高，此时出口商越倾向于选择 PCP，反之选择 LCP。其中，Grassman（1973）和 Page（1981）认为计价货币选择会因为产品性质的不同而有所差异。McKinnon（1979）强调同质产品如石油和其他初级商品，通常会选择一种货币进行计价，这样不仅是为了提高交易效率，更是为了防止汇率波动引起不同货币价格之间的套利行为；而非同质产品通常会选择 PCP。Rauch（1999）基于分类的差异化产品和同质商品，通过世界贸易流动来探讨货币搜索模型在宏观经济层面的应用，并得出了差异化产品国际贸易的网络/搜索观点。Bacchetta 和 Van Wincoop（2005）在对国际贸易的计价货币进行研究时，他们指出影响出口商定价策略的主要是出口成本的需求弹性和出口商品需求的价格弹这两因素。倘若商品为非同质的，出口商更有可能选择 PCP 计价；反之，若商品是同质的或差异性较小，则出口商倾向于选择 VCP 计价（Tao Liu、Dong Lu 和 Ruifeng Zhang，2017）。Goldberg 和 Tille（2008）指出，出口商会通过限制价格波动来应对竞争对手的产品，当货物产品之间可互为替代时，出口商会选择竞争对手的货币（即所谓的“联合效应”）。然而，在三国模型中，计价货币选择的方式有 PCP、LCP 和 VCP 三种方式，对于同质商品则倾向于选择 VCP 计价方式，与这与 Goldberg 和 Tille 提出的“联合效应”保持一致。

（2）讨价还价能力。除了从厂商利润最大化角度进行分析之外，部分学者从博弈论的角度建立进出口双方的讨价还价模型，对跨境贸易货币选择问题进行了研究。Bilson（1983）建立双边贸易模型，研究风险在贸易双方的分配问题。Viaene 和 de Vries（1992）建立讨价还价的博弈模型，其研究认为“Grassman 法则”的形成原因很可能是进口商和出口商之间的讨价还价能力不对称。Friberg 和 Wilander（2008）通过对瑞典出口商的调查发现货币是通过出口商和购买者者之间的谈判确定的。Goldberg 和 Tille（2009）建立模型分析得出进、出口商都具有使用本国货币以规避汇率波动风险的动机，在双方的谈判中，最终计价结算货币的选择结果偏向于进口商的货币，当贸易额较大时这种现象将更加明显。Magee（1973）认为在国际贸易中，由于出口商比进口商具有更高的谈判能力，通常都是很多的进口商面对为数不多的出口商，交易失败对进口商的打击更大一些，因此出口商比进口商更容易要求用本国货币，如果出口商第一个出价就更加容易。Bilson（1983）提出了一种讨价还价模型，对国际贸易中进出口商双方的计价货币选择进行了研究。结果发现，汇率风险会带来额外的损失，特别是在长期的交易契约中。为此，以 PCP 方式计价的进口商为了弥补贸易中汇率波动的风险，会对交易价格做一些调整。Viaene 和 Vries

(1992) 则指出在国际贸易中，贸易双方就计价货币进行谈判时，都会优先选择本国货币进行计价。Goldberg 和 Tille (2016) 综合了货币选择的宏观、微观和战略因素，对加拿大进口交易的计价货币选择进行了实证检验，并证明了较大的交易规模和议价能力较高的出口商更倾向于选择本国货币进行计价，即选择 LCP 计价方式。Tao Liu、Dong Lu 和 Ruifeng Zhang (2017) 认为出口商的低议价能力会限制一种货币的受欢迎程度，但其影响相对较小。此外，微观因素方面，他们计量检验结果显示同质商品比差异化商品更有可能在 VCP 中相对于 PCP 具有计价能力。

(3) 交易成本。Swoboda (1968) 对欧元市场进行了探究，发现若交易中使用一种货币计价，则会带来整体交易成本的走低，而对外币的持有规模会减少。Krugman (1980) 通过构建一个三国支付均衡与交易成本模型，探讨了诸如英镑、美元这样的一些货币是如何成为其他货币的交换媒介的，以及通过动态模型研究了货币作为国际交换媒介的替代方式。结果发现，交易成本最小的货币更可能成为国际贸易中的计价货币。Rey (2001) 认为在使用特定国际货币时，存在惯性的特点。对于存在这种惯性的原因解释是，如果使用多种货币，较高的交易成本将转嫁到出口价格上。因此，贸易方会只使用一种计价货币来维持较低的国际价格和竞争力。计价货币的选择依据是"厚度市场外部性"，即在市场上使用交易成本随市场规模而降低的特定货币。因此，交易中更有可能选择贸易量大、开放程度高、双边贸易流量大的国家的货币进行计价。

(4) 市场份额。Donnefeld 和 Huag (2003) 认为贸易方的规模越大，在国际贸易中讨价还价就越具有优势，因此该贸易方就会倾向于选择 LCP 货币计价。Bacchetta 和 Wincoop (2005) 使用局部均衡理论与一般均衡模型讨论了企业以特定货币计价结算的动机，其研究发现市场份额和商品差异化是影响结算货币的两个重要因素。在一国的跨境出口贸易中，竞争越少，市场份额和产品差异化就越明显，则该国以自己的货币定价的可能性就越大。此外 Donnenfeld 和 Haug (2003)、Silva (2004) 也对市场份额与计价结算货币的选择进行了研究，得出了类似的结论。Devereux、Dong 和 Tomlin (2017) 探究了产品市场结构在国际贸易中的汇率传递和结算货币的作用，在 6 年时间内使用了非常详细的加拿大进口贸易数据。Devereux 等认为在进口关系双方——即进出口公司——市场份额是比较重要的一个变量。结果发现，汇率传递和计价货币取决于进出口双方的规模 (或市场份额)。非常小的或非常大的出口商有较高的通过率，并且倾向于用外币计价，而在中等程度的出口商则相反。相比之下，对于较大的进口商来讲，通关费用较低，LCP 计价方式更为普遍。

综合以上分析，可以清楚看到，影响计价货币选择的微观决定因素分别有产品特性、交易双方讨价还价的能力、贸易中的交易成本以及市场份额等。对于产品特性这一因素来讲，若产品是同质的，则倾向于选择 VCP 计价，对于非同质产品，则倾向于选择 PCP 计价。而讨价还价能力这一因素，对国际贸易中货币计价方式也是非常重要的，经过分析我们了解到，议价能力较高的一方，贸易中更有可能使用其国家货币计价。另外，货币的交易成本越低，越有可能被作为计价货币使用。当然，市场份额是影响国际贸易中货币计价的重要因素，市场份额越大，其规模也会越大，货币计价更具有优势和话语权。

2. 宏观层面的决定因素

（1）通货膨胀。Stephen 和 Rao（1980）认为通货膨胀水平不同的两个进行国际贸易时，通货膨胀水平低的国家的货币在货币计价上更具有优势，而高通货膨胀水平国家的货币充当计价货币的可能性很小。Gopinath（2015）对“国际价格体系”进行了释义，并对35 个国家和地区的贸易数据进行了实证检验，认为国际价格体系具有两个特点：一是世界贸易的绝大部分以很少的货币计价且以美元为主导货币；二是以计价货币结算的国际价格，对近年的汇率不敏感。另外，在这个价格体系中他强调一个国家对汇率波动的通货膨胀敏感性的一个很好的指标就是以外币计价进口商品的比例。因此，美国通胀相对于汇率冲击的影响要小得多，而其他国家则对其高度敏感。这样来看，美国的货币政策对其他国家的通胀产生了溢出效应，而其他国家的货币政策对美国通胀的溢出效应则较为温和。

（2）汇率波动因素。Baron（1976）指出了汇率波动对国际贸易量和贸易货币使用的作用，并认为汇率波动会对产出结构和成本、利润最大化和贸易决策产生一些负面影响，进而会减少贸易和货币使用（Cushman，1983；Gros，1987；De Grauwe 和 Verfaille，1988；Giovannini，1988；Bini－Smaghi，1991）。Donnenfeld 和 Zilcha（1991）建立局部均衡模型分析发现，对于出口国家而言，使用出口的目标国家货币计价结算占优于使用本国货币。在局部均衡模型中，汇率的不确定性作为外生变量存在于模型中，而随着进一步研究，学者们认为与其将汇率视为直接的、外生性冲击，更严格的方法是首先通过货币供应和生产率的变化来产生外部冲击，并使整体经济通过汇率内生变化来适应这些冲击，从而建立了一般均衡模型。使用一般均衡模型研究计价结算货币选择理论的代表性文献是 Bacchetta 和 Wincoop（2002）、Devereux 和 Engel（2001）研究的，两者的区别在于将货币引入模型中的方式不同从而引起了对汇率的不同表达方式。前者中汇率表示为本国货币供应与外国货币供应之比，而后者中汇率不仅受国内和国外的货币供给影响，还受国内外的相对风险厌恶程度价格水平影响。后者的情况更为复杂（Oi H、Otani A 和 Shirota T，2003）。Gopinath、Itskhoki 和 Rigobon（2010）应用一般均衡模型建立内生货币选择模型，认为相比于长期的汇率传导，计价结算货币的选择与中期汇率传导关联更为紧密，并通过实证结果证实了在理论模型中得出的观点。有关于汇率波动对计价结算货币选择的影响相关的文献还有 Johnson 和 Pick（1997）、Friberg（1998），其研究结果均显示汇率波动与计价结算货币的选择存在联系。Donnenfeld 和 Haug（2003）建立多元回归模型对加拿大的贸易数据进行研究，其结果显示汇率波动与使用进口商货币进行结算存在正向关系，即汇率波动性越高风险越大，贸易双方越可能使用进口商货币作为结算货币。而 Silva（2004）、Kamps（2006）的研究结果表明，汇率波动不是提高美元计价结算比例的原因。Devereux 和 Engel（2002）认为实际汇率和名义汇率的高波动性可能是由于 LCP 定价消除了汇率变动对消费者价格的传递。Donnefeld 和 Huag（2003）对加拿大出口商的货币计价的数据进行了实证分析，对此进行了确认，并且发现大程度的汇率波动，出口商会避开对 VCP 和 PCP 的使用，而会选择 LCP 的计价方式。Devereux、Engel 和 Storgaard（2004）构建了一个开放经济宏观经济框架下的内生汇率传递模型，在此框架下，汇率传递和汇率同时确定并相互作用。传递是内生的，因为公司选择其设定出口价格的货币。在汇率波动性随汇率传递程度的降低而增大的情况下，存在一种独特的传递均衡率。研究表明，汇率波动与经济结构之间的关系可能会受到内生传递的影响。另外还发现，汇率传递与货币政策的相对稳定性有关。货币增长波动性相对较低的国家汇率传递率相对较低，货币增长波动性较大的国家汇率传递率相对较高。Corsetti 和 Pesenti（2005）指出计价货币会作用于宏观经济的方式进行传递，与出口商能够在本国货币价格不受汇率波动下更好地将价格与汇率变化传递给消费者，而进口商也倾向于用 LCP，以尽量减少他们对货币变化的敞口。Fukuda 和 One（2006）通过垄断竞争的开放经济模型，对计价货币的选择进行了研究，认为在汇率不确定的情况下，计价货币是由汇率变动的预期及历史习惯决定的。Wilander（2006）选取了来自瑞典央行结算报告的九个行业的数据集，并构建了多项式 logit 模型，对瑞典出口公司在国际交易中的汇率波动与计价货币选择的相关问题进行实证研究。结果发现，外国市场规模和进口国更加发达的金融市场，增加了进口国的货币使用的可能性；而通货膨胀、距离和外汇限制降低了进口国的货币被使用的可能性；较大的汇率波动使得出口国的货币不太可能被使用，而是增加了媒介货币使用的可能性。同时，还提出欧元作为国际货币角色变化的结论以及瑞典克朗作为国际货币的使用状况，发现欧元正被广泛地作为国际货币使用，主要的原因是 1999～2002 年欧元是主要的交易货币。Engel（2006）公司有时会为他们的出口产品写价格表或目录，所以他们会设定一段时间的价格，在这段时间内不会根据环境的变化调整价格。公司可以用自己的货币或者进口商的货币来定价。本文在计价货币选择和公司的定价决策之间建立了一个简单的联系。具体来讲，如果后一家公司的价格在其本国货币方面的方差低于进口商的货币，那么有价格表的公司将以本国货币定价（否则将以外币定价）。这种关系的建立是考虑到有价格表的公司是一个特殊的公司，它将出口价格与汇率联系起来。Kamps（2006）利用广泛的计价数据集合一个面板数据模型，对国际贸易中货币计价的决定因素进行了实证分析。结果发现，一个国家的欧盟成员国或潜在成员国在选择欧元作为计价货币方面起着决定性的作用，而欧元作为交易货币的作用逐渐增强，但与美元相比还有差距。货币不稳定和低产品分化有利于以美元计价的交易。随着汇率波动加剧，欧元计价能力增强，助推了欧元作为交易货币的功能。同时，高市场力量也加大了国际贸易中以欧元计价的可能性。Ligthart 和 Silva（2007）对荷兰企业 1987～1998 年出口到 OECD 30 个国家的计价货币选择的面板数据进行了实证分析，认为荷兰盾之所以在贸易中计价占比较低，是因为荷兰的贸易伙伴国的金融市场很发达，并且贸易伙伴国的贸易占比也相当大，出现了荷兰盾预期贬值。Goldberg 和 Tille（2008）根据 24 个国家在进出口中使用发票货币的数据，证明美元是大多数涉及美国的交易的首选货币。在不直接涉及美国的国际贸易流动中，美元也被广泛用作工具货币。与我们模型的结果一致，最后的发现主要来自有组织的交易所买卖的参照价格的货物和货物的国际贸易。虽然商业周期波动的大小对差异更大的产品的开发很重要，但对非差异产品的开发却不那么重要。Chung，W.（2016）以英国进出口交易数据为样本，并构建实证计量模型，对出口商是否依赖进口投入来影响他们的计价货币选择的问题进行了研究。结果发现，更加依赖于以外币计价的投入的出口商会更倾向于选择用外币进行定价，这与理论预测相符。

（3）货币政策与货币供给层面的决定因素。Devereux 和 Engel（2001）分析了发达国家和发展中国家不同的厂商贸易结算的货币选择。经研究发现，贸易双方会选择货币政策相对稳健的国家的货币。Devereux、Engel 和 Storegaard（2004）的研究表明，价格传递效应与国家之间相对货币政策稳定相关。货币增长波动性相对较低的国家，其汇率传导率将相对较低，从而提高了选择该国货币进行计价结算的可能性。此外关于货币供应和通胀的研究还有 Magee 和 Rao（1980）、Tavlas（1997）以及 Silva（2004），其研究均表明一国稳健的货币政策和较低的通货膨胀水平将增大使用该国货币作为结算货币的可能性。Tao Liu、Dong Lu 和 Ruifeng Zhang（2017）认为糟糕的货币政策很可能会带来高通胀水平和大的汇率波动，严重损害贸易中货币的使用，另外，Tao Liu 等（2017）还强调了通胀和汇率变化系数的一个标准偏差的增加将使使用该货币的可能性分别降低 6.8% 和 3.8%。Reiss（2015）使用巴西的贸易数据，对国际贸易中计价货币选择进行了探究。结果发现，巴西、阿根廷提供与其货币之间的兑换交易有关付款订单的政策对选择计价货币产生了很大的影响，并且金融工具的可用性和计价货币选择之间具有很大的联系。Reiss 还指出，在巴西以巴西雷亚尔（BRL）计价的主要出口商品是同质商品（例如糖和烟草），由此说明即使商品在国际市场上交易，双方讨价还价的现象依然存在。

由上可知，决定货币计价选择的宏观层面的因素主要有通货膨胀、汇率波动以及货币政策等。就通货膨胀这一因素而言，若一国的通胀水平越高，在国际贸易中以该国货币计价就越困难。汇率在国际贸易以中扮演重要的角色，汇率稍微有个风吹草动都会影响到国际贸易中的货币计价。同样地，货币供给和货币政策对国际贸易中的货币计价的影响也是不容忽视的。糟糕的货币政策，会导致高通货膨胀水平和大幅度的汇率波动，影响到货币计价选择。

3. 金融层面的决定因素

（1）金融市场发展状况：金融市场越发达，货币越有可能被作为计价货币使用。Swoboda（1968）认为一国的国际贸易规模越大，其货币的交易量也会越大。同时，他还指出金融市场越发达的国家，该国货币越有可能作为计价货币使用。Devereux 和 Enge（2002）基于跨国背景下研究了贸易计价货币选择的决定因素，并重点关注了资本账户开放与人民币使用之间的联系。他们指出金融市场较发达的国家倾向于用美元计价，而资本账户较开放的国家倾向于用欧元或本国货币计价。由此说明，金融发展和金融开放是挑战美元主导地位的关键，也是人民币国际化的关键。Ahn、Amiti 和 Weinstein（2011）认为不包含金融摩擦的经济模型只能够解释 2008 ~2009 年世界金融危机中的贸易衰退的 70%~80%。另外，他们进行了一些论证检验，发现金融因素能够导致巨大的贸易衰退，其中有两种支持该观点的论据：第一，在金融危机期间制成品出口价格相对于国内价格上涨；第二，那些对贸易融资问题更为敏感的进出口海运产品价格相对于陆运或海运的价格上涨。由于国际贸易中出口商需要外部资本，倘若金融市场不完善，则会严重限制国际贸易的流动。出于这方面的考虑，Manova（2013）对信贷约束影响贸易的三种机制进行了界定和量化：选择异质企业进入国内生产，选择国内制造商出口，选择企业出口的水平。Manova 还将金融摩擦纳入一个异质企业模型，并将其应用于一个大型国家小组的贸易数据汇总中。作者通过利用各国金融发展的变化和跨部门金融脆弱性的变化建立了因果关系，发现信贷限制对贸易的影响约有 20%~25% 是由总产出的减少所驱动的。另外，在贸易效应方面，1/3 反映出有限公司进入出口，2/3 是由于出口商的销售收缩。经济发达的经济体出口更多的金融脆弱部门，因为他们进入更多的市场，将更多的产品运往每个目的地，并销售更多的产品。这些结果对欠发达国家具有重要的政策影响，这些国家依赖出口来实现经济增长，但金融机构薄弱。Feenstra、Li 和 Yu（2014）研究了为什么在银行不关注企业生产率的情况下，会出现国内和出口企业的信贷约束，发现为了保持激励相容，银行贷款低于公司最优生产所需的数额，出口货物需要更长的时间，这导致对出口商的信贷限制比对纯粹的国内公司更严格，即使是在出口市场。另外，他们在分析中国企业数据中，发现随着企业出口份额的增加、出口发货时间的延长以及企业因信息不完备而产生的生产差异增大，信贷约束更为严格，即出口商比纯粹的国内企业面临更严格的信贷约束。Zhang（2014）在 Lagos 和 Wright（2005）、Lester 等（2012）提出的货币经济学模型的基础上，提出了一种基于信息的国际货币理论，展开了对货币计价方式的研究。而且，Zhang（2014）通过使用具有多个相互竞争货币的开放经济搜索模型，并将货币选择各种决定因素尤其是贸易融资和金融发展的结合进行分析，发现交易中买卖双方在投资组合选择上的战略互补产生了具有不同国际货币制度的多重均衡。Manova（2013）、Chaney（2016）构建的异质性企业模型证明了金融摩擦对国际贸易的密集性和广泛性均具有影响。这些研究中的信贷约束通常是指流动资金贷款，它是在生产前进行的，主要是使用本国货币。Liu（2016）利用 SWIFT 贸易融资数据验证了金融发展对货币国际化的重要性。Liu 通过构建一个两国货币搜索模型，在这个模型中，贸易需要时间，而缺乏承诺使得进出口依赖银行中介金融。代理人的货币选择与贸易条件、货币政策和金融效率有关，最优货币政策因货币制度而异，并且讨论了规模效应和全球失衡等相关问题。

鉴于贸易融资和金融市场发展与计价货币选择相联系的理论较少，早期文献对这块的正式建模却分析很少。而事实经验表明，贸易融资和金融市场发展能够助推货币国际化进程。因此，Tao Liu、Dong Lu 和 Ruifeng Zhang（2017）在 Zhang（2014）研究的基础上，提出了一个统一的开放经济货币搜索框架，并引入贸易融资和金融中介变量，使用多项 logit 模型对金融市场效率与计价货币选择之间的问题进行了计量研究。结果发现，在出口商控制了宏观、微观、企业议价能力和行业—年—地域固定效应后，他们往往会倾向于在更发达、更有效的金融市场中使用货币。由此说明，金融因素是能够显著影响货币使用模式。

（2）贸易融资因素。Amiti 和 Weinstein（2011）认为金融危机的一个显著的特征是由于出口相对于产出的崩溃。针对这一观点，Amiti 和 Weinstein 选取了一套独特的数据集，在 1990～2000 年的日本金融危机期间，对出口商与提供贸易融资的银行进行了计量分析，发现金融机构的健康运行的确是企业出口的重要决定因素。由于交易商在国际货物运输中的风险和时间，为了分配风险和填补生产和销售之间的时间差距，会使用一系列的支付合同。Schmidt－Eisenlohr（2013）对这些支付合同之间最优选择进行了研究，并且考虑了一次性交易、重复性交易对贸易的影响。结果发现，均衡是由金融市场效率和合同环境共同决定的，而且融资成本减少与贸易所需时间成正比，实证回归结果与模型保持一致。银行在促进国际贸易方面发挥着关键作用，它们为国际支付提供担保，从而降低了贸易交易的风险。Schmidt－Eisenlohr 和 Niepmann（2015）通过使用美国的银行数据，对信用证使用和类似银行担保的新经验模式进行了记录研究。结果发现，贸易融资是一种规模庞大、高度集中的业务。另外还发现，出口商向风险中等的国家出口时，使用信用证最多。此外，在融资成本低、总体不确定性高的时候，它们更依赖这种工具。然而，企业并没有对全球利率和风险的变化做出一致的反应。那些向高和低风险国家发货的国家对信用证的使用进行了最大幅度的调整，故需要对国际贸易中支付合同选择的标准模型进行修改，使这些实证结果合理化。Ahn（2015）使用哥伦比亚和智利的数据记录了发货后付款的主导地位，并以应收账款融资为特征的模型进行了解释。

由上可知，影响国际贸易中货币计价的金融因素主要涵盖了金融市场发展以及贸易融资等因素。总体来讲，金融市场发达的地区，其货币计价更有优势，而贸易融资是为买卖双方提供交易资金的有力保障，而买卖双方也承担融资成本，进而影响货币计价选择。

4. 战略层面的决定因素

Sokolova（2015）选取了 2005～2009 年俄罗斯联邦出口公司人口的高度分类数据，对出口商货币计价决策的战略因素进行了研究。针对货币计价选择问题，Sokolova 首先对交易双方的议价能力进行了一个企业层面的测试，发现与宏微观决定因素相比，议价能力在总体和企业层面上对货币选择的影响是有很大差异的。在行业层面，参与国的议价能力越高，对交易货币的依赖程度越低，贸易伙伴货币的使用概率越高，而随着企业层面议价能力的提高，则交易货币的使用概率越高。这表明，在对货币面额进行推断时应考虑企业层面的维度。其次，战略货币选择决定因素包括国际贸易竞争增强的特征。新证据表明，企业层面的货币选择“模仿”了企业之间的货币选择，以及对相对廉价商品的汽车货币偏好。这些结果的稳健性在异质出口商规模的子样本中得到了检验，Sokolova 发现双边贸易伙伴货币使用的扩大主要来自较小的出口商。总体来讲，企业出口规模的增加会改变买卖双方对计价货币的偏好。

5. 跨境贸易计价货币内生选择的理论

理论上，企业对计价货币的选择取决于不确定条件下哪种货币能最大化预期利润（或者最大化利润的预期效用）。这一领域的研究可以分为两类：第一类是局部均衡研究方法。这类方法中的唯一不确定性是汇率的波动，该方法是目前主要的研究方法。第二类是一般均衡研究方法。这一研究方法随着开放宏观经济研究的进步而渐受青睐。一般均衡研究方法将各种冲击（例如，货币冲击、生产冲击）引起的汇率变化考虑进来，而这些冲击也影响其他宏观变量，计价货币的选择会考虑这些冲击的所有影响。通过分析内生货币选择理论的文献，我们致力于发现计价货币选择的标准和决策的制定依据。

（1）局部均衡方法。局部均衡方法假设汇率波动带来的不确定性，不考虑需求和生产成本的不确定性，分析面临向下倾斜需求曲线的垄断竞争企业是如何选择计价货币的。局部均衡方法可进一步分为两个不同的模型：最简单的垄断模型（只有一个垄断企业存在）和寡头垄断模型（多个垄断竞争企业在出口市场上竞争）。

①垄断模型。

A. 在母国货币和当地货币间选择。垄断模型中的计价选择很大程度上取决于需求方程、成本方程以及最终的利润方程的性质。假定，以母国货币计价的名义汇率 e 存在不确定性时，出口企业在知晓汇率之前制定价格。另外，企业有两种选择：出口商品用外国货币定价且等价于国内售价（*PCP*）；出口商品用当地货币定价（*LCP*）。

$D(p)$ 为对产品的需求（曲线），$C(q)$ 企业成本方程，p 为出口市场上消费者面临的价格，q 为产量。P^P 为母国货币标价的价格，p^P/e 为 *PCP* 条件下外国货币标价的出口价格，p^L 为 *LCP* 条件下出口价格。以上假设条件下，*PCP* 条件下利润 Π^P 和 *LCP* 条件下利润 Π^L 定义为下式：

$$\Pi^P = p^P D(p^P/e) - C(D(p^P/e)) \tag{15-1}$$

$$\Pi^L = ep^L D(p^P) - C(D(p^L)) \tag{15-2}$$

由于汇率具有不确定性，企业选择 *PCP* 还是 *LCP* 取决于哪种定价策略能够带来最高利润期望效用。也就是说，如果 *PCP* 条件下利润的期望效用高于 *LCP* $[EU(\Pi^P) > EU(\Pi^L)]$，企业会选择母国货币作为计价货币；如果 *LCP* 条件下利润的期望效用高于 *PCP* $[EU(\Pi^L) > EU(\Pi^P)]$，企业会选择贸易伙伴的货币作为计价货币。

下面对决定 $EU(\Pi^P)$ 和 $EU(\Pi^L)$ 大小的条件进行分析。假定企业在 *PCP* 和 *LCP* 两种情况下都选择了最优价格，Bacchetta 和 van Wincoop（2002）表明了 *PCP* 和 *LCP* 的预期效用之差 $[EU(\Pi^P) - EU(\Pi^L)]$ 和汇率波动带来的不确定性之间的关系（见式（15－

3))。

$$EU(\Pi^P)-EU(\Pi^L)=0.5U'\frac{\partial^2(\Pi^P-\Pi^L)}{\partial e^2}\sigma^2 \tag{15-3}$$

式（15－2）表明Π^L关于汇率的二阶导数为零。因此，式（15－3）表明当Π^P关于汇率是凸函数（$\partial^2\Pi^P/\partial e^2>0$），企业选择母国货币作为计价货币；当$\Pi^P$关于汇率是凹函数（$\partial^2\Pi^P/\partial e^2<0$），企业选择当地货币作为计价货币。这一结论表明，计价货币的选择与利润函数的形状有关，其背后有重要启示。假定汇率围绕一个预期的水平进行波动。在*LCP*情况下，由于利润方程线性于汇率，则期望利润等同于实际汇率与预期汇率相等时的利润。在*PCP*情况下，利润函数为凹函数，期望利润低于实际汇率与预期汇率相等时的利润。因此，企业选择*LCP*来稳定汇率波动带来的当地货币价格变化。

利润方程是凹函数还是凸函数取决于需求方程和成本方程的性质。式（15－4）、式（15－5）表示企业产品的差异程度是如何影响计价货币的选择的。

$$D(p)=p^{-\mu} \tag{15-4}$$

$$C(q)=wq^{\eta} \tag{15-5}$$

μ为需求的价格弹性，w为工资率。将式（15－4）和式（15－5）代入式（15－3）中，式（15－3）可以改写为：

$$EU(\Pi^P)-EU(\Pi^L)=0.5U'(\mu-1)\bar{p}^{1-\mu}[1-\mu(\eta-1)]\sigma^2 \tag{15-6}$$

假定$E(e)=1$且$\bar{p}^P=\bar{p}^L=\bar{p}$，则$\bar{p}$为企业的最优价格。因此，企业选择*PCP*则$\mu(\eta-1)<1$（*PCP*条件下，利润函数为凸函数），企业选择*LCP*则$\mu(\eta-1)>1$。μ为需求的价格弹性，μ越低，则产品差异越大，产品越具有竞争力。同样，给定η，当产品差异化程度高时，企业选择*PCP*，产品差异化程度低时，企业选择*LCP*。

B. 第三国货币作为计价货币。虽然美国在世界商品贸易中只占14%的份额，但美元在全球贸易中计价货币的占比超过50%。因此，不仅要考虑母国货币和贸易伙伴货币作为结算货币，还需要考虑使用第三国货币作为计价货币的可能性。计价货币的选择不仅依赖于利润函数的性质也依赖于两种汇率的不确定性。这两种汇率分别是母国货币和贸易伙伴货币之间的汇率以及第三国货币与贸易伙伴货币之间的汇率。采用上面的框架检查选择第三国货币的条件。

使单位第三国货币对贸易伙伴货币的汇率为e^0，用第三国货币标价的出口价格为p^0。当企业选择第三国货币作为计价货币时，企业利润Π^0可以表示为：

$$\Pi^0=\frac{e}{e^0}p^0D\left(\frac{p^0}{e^0}\right)-C\left(D\left(\frac{p^0}{e^0}\right)\right) \tag{15-7}$$

假定e和e^0相互独立，得到在第三国货币和*LCP*之间以及在第三国货币和*PCP*之间进行选择的条件：

$$EU(\Pi^0)-EU(\Pi^L)=0.5U'\frac{\partial^2\Pi^0}{\partial(e^0)^2}(\sigma^0)^2 \tag{15-8}$$

$$EU(\Pi^0)-EU(\Pi^P)=-0.5U'\frac{\partial^2\Pi^P}{\partial(e)^2}\sigma^2+0.5U'\frac{\partial^2\Pi^0}{\partial(e^0)^2}(\sigma^0)^2 \tag{15-9}$$

假定企业在给定汇率水平下制定了企业的最优价格，$E(e)=E(e^0)=1$。从式（15－3）、式（15－8）和式（15－9）中，我们可以推断出在第三国货币可供选择时，企业计价货币的选择及条件。

当利润函数Π^P和Π^0关于汇率 e 和e^0都是凹函数时（$\frac{\partial^2\Pi^P}{\partial(e)^2}<0$，$\frac{\partial^2\Pi^0}{\partial(e^0)^2}<0$），*LCP* 会产生最高的预期利润。如果第三国货币和贸易伙伴货币之间汇率的波动性小于母国货币和贸易伙伴货币之间汇率的波动性 $[(\sigma^0)^2<\sigma^2]$，*LCP* 条件下企业选择第三国货币作为计价货币时会得到最高预期效用。

当利润函数Π^P和Π^0关于汇率 e 和e^0都是凸函数时（$\frac{\partial^2\Pi^P}{\partial(e)^2}>0$，$\frac{\partial^2\Pi^0}{\partial(e^0)^2}>0$），无论是选择母国货币还是第三国货币作为计价货币时有最大波动性，*LCP* 都会产生最低预期利润。

②寡头垄断模型。

垄断模型中，企业选择计价货币只取决于自己，并不受其他企业的影响。在多个垄断竞争企业情形下，企业决策受其他企业的影响，他的行动也会对其他企业产生影响。这就需要在博弈论的理论框架下考虑企业的计价决策。下面将垄断模型拓展为寡头模型：母国有很多生产通知最终产品的企业，这些企业在国外互相竞争。

N 为在母国生产相同产品的企业数目，N^* 为外国这些企业的数目。$n[n=N/(N+N^*)]$为母国市场份额。j 企业产品的需求表示为式（15－10）。

$$D_j(p_j,\ P^*)=\frac{1}{N+N^*}\left(\frac{p_j}{P^*}\right)^{-\mu}d^* \tag{15-10}$$

p_j为 j 企业用外国货币标价的产品价格，P^* 为外国的一般价格指数，d^* 为外国实际的消费支出。

外国的一般价格指数由式（15－11）定义：

$$P^*=[(1-n)(p^*)^{1-\mu}+nf(p^P/e)^{1-\mu}+n(1-f)(p^L)^{1-\mu}]^{1/(1-\mu)} \tag{15-11}$$

f 为母国中用 *PCP* 来定价出口产品的企业比例。式（15－11）表明一般价格指数受到母国企业计价决策的影响。因此，式（15－10）表明对企业出口品的需求不仅受企业出口价格的影响，也受母国竞争企业的计价决策的影响。

为了简化计算，假定$d^*/(N+N^*)=1$，利用式（15－10）和式（15－11）重新计算式（15－3），得到计价货币选择条件：

$$EU(\Pi^P)-EU(\Pi^L)=0.5U'(\mu-1)\bar{p}[1-\mu(\eta-1)(1-2fn)]\sigma^2 \tag{15-12}$$

同样的，假定 $E(e)=1$ 且$\bar{p}^P=\bar{p}^L=\bar{p}$，则$\bar{p}$为企业的最优价格。

对比寡头情形（式（15－12））和垄断情形（式（15－6）），发现母国占比 n 的大小影响了企业的计价决策。这反映了现实中，对企业产品的需求会通过外国一般价格指数而受到母国竞争企业计价决策的影响。

式（15－12）表明当$\mu(\eta-1)<1$（利润方程在 *PCP* 条件下为凸函数）时，企业选择 *PCP*，与垄断模型一样。

当$\mu(\eta-1)>1$（利润方程在 *PCP* 条件下为凹函数）时，结果与垄断模型不同。此时，只要母国在贸易伙伴市场的占比 n 小于某一固定值$\bar{n}[=0.5-0.5\mu(\eta-1)]$，企业选择 *LCP*。如果这一比例超过$\bar{n}$则有三种可能的均衡：所有企业选择 *LCP*；所有企业选择 *PCP*；一部分企业选择 *LCP*，剩余部分企业选择 *PCP*。

当 n 超过$\bar{n}$的时候，竞争企业会共同调整，他们更倾向于选择 *PCP*。为了理解这一点，考虑 $n=1$ 的情况。此时外国的一般物价指数由母国企业的定价决定。当其他企业选择 *PCP* 时，这一企业面临产品需求随汇率而变动的风险。当这一企业选择 *PCP* 时，P 和p_j的变动与汇率带来的变动相同，P/p_j是固定的，这就排除了汇率波动带来的对企业产品需求的不确定性。相应地，母国企业占较高的份额，所有企业协调并选择 *PCP* 会使得预期效用最大化。

（2）一般均衡方法。局部均衡方法假定汇率波动是唯一的外生不确定性。但是更加严格的方法是首先通过货币供给和生产率产生外部冲击，将整个经济通过内生汇率的变动而进行的调整考虑在内，而不是将汇率作为一个直接的外生的冲击。这些冲击不仅会影响汇率，也会影响实际消费和其他宏观经济变量。

最近有些研究是从这个角度出发的，从一般均衡角度分析了计价决策。下面介绍两个采用了一般均衡分析的模型：Bacchetta 和 van Wincoop（2002）、Devereux 和 Engel（2001）。

①Bacchetta 和 van Wincoop（2002）。为了分析选择计价货币的条件，Bacchetta 和 van Wincoop（2002）假定母国和外国的货币供给是不确定性的来源，并通过添加一些假设将上文提及的局部均衡模型拓展到两个国家的一般均衡模型。这些假设有：两个国家的货币供给的方差是一致的；钱满足预付现金约束且两国的实际消费随货币供给变化；每种产品的需求受到汇率变动和实际消费的影响，同时劳动供给受到产品需求的影响。在这一模型中，均衡汇率由母国货币供给占外国货币供给的比例决定的。

通过上述的分析框架，Bacchetta 和 van Wincoop（2002）对比了 *PCP* 和 *LCP* 情形下利润的期望效用，在名义工资刚性和实际工资刚性条件下，分析了计价货币选择母国货币还是贸易伙伴的货币。

首先检验了在名义货币刚性条件下的情况，结果与上面式（15－12）相同。当$(\mu-1)(\eta-1)<1$时，企业选择 *PCP*。当$(\mu-1)(\eta-1)>1$时，如果母国出口到贸易伙伴国的产品占比较小，所有企业选择 *LCP*；如果企业的占比足够大，那么就有两种可能的均衡：所有企业选择 *PCP*；所有企业选择 *LCP*。这两种均衡中，如果企业进行协调，那么他们会选择 *PCP*。因此，不管$(\mu-1)(\eta-1)$大小如何，只要母国占比越大，那么母国货币就越有可能成为计价货币。

接下来在实际工资刚性条件下，发现名义工资与价格指数成比例变动，得出国家规模会严重影响计价货币选择的结论。小国的企业选择 *LCP*，大国的企业选择 *PCP*。

之所以会产生这样的结果，是因为母国企业用母国货币标价在母国销售的产品。只要母国规模足够大，母国的价格指数几乎完全不受外国的出口品价格影响。因此，汇率的波动基本不影响母国的价格指数。假定产品价格是粘性的，则大国的价格指数也是粘性的，名义工资也是粘性的。因此，对于一个大国，选择计价货币的条件与在实际工资以及名义工资刚性条件下选择计价货币的调价几乎相同。对于小国而言，当大国选择 *PCP*，小国货币的贬值会引起小国价格指数的上升，相应地，名义工资也上升，小国的名义生产成本上升。如果小国在这种情况下选择 *PCP*，大国中对小国产品的需求会因为小国货币贬值而增加。但是，由于这并不会改变以小国货币计算的单位出口收入，名义成本的上升会拉低其利润。当小国的企业选择 *LCP*，小国单位出口品的名义收入会上升，此时利润不会像选择 *PCP* 时下降那么多。因此，只要大国选择 *PCP*，小国就会选择 *LCP*。

②Devereux 和 Engel（2001）。与 Bacchetta 和 van Wincoop（2002）中母国和外国货币供给具有相同方差的假设不同，Devereux 和 Engel（2001）建立了一个动态一般均衡模型，将母国和外国货币供给不同的不确定性考虑进来，分析了发达国家和发展中国家的的企业定价行为。

Devereux 和 Engel（2001）并未直接对比 *PCP* 和 *LCP* 的预期利润，而将分析集中在一个竞争的企业与其他所有企业做出相同决策的条件，或者是 *PCP*，又或者是 *LCP*。他们接着展示了计价货币选择均衡的条件，在这一条件下，所有企业都选择同一种计价货币。

他们发现母国和外国企业都会选择货币供给方差最小的货币。换句话来讲，当母国货币供给的方差很小时，母国企业会选择 *PCP*，外国企业会选择 *LCP*；当母国货币供给方差较大时，母国企业选择 *LCP*，外国企业选择 *PCP*。

③计价决策条件的总结。先从选择计价货币的局部均衡方法开始，接着回顾一般均衡方法的理论进展。局部均衡模型抽象出基础冲击（货币冲击、生产率冲击）传递到汇率和其他宏观经济变量上这一机制。因此，局部均衡分析的假设是外部冲击直接导致了汇率的波动，除了受汇率变化影响的一些变量会发生变化，其他变量都不受影响。这样设定模型虽简单却有失严格。一般均衡分析方法虽然理论上的拓展是正确的，唯一冲击是货币供给冲击，但是目前我们仍不能判断这一假定带来的结论是否稳健。

为了评价本国货币作为计价货币的使用状况，我们总结了下面这些在局部均衡分析方法和一般均衡分析方法中得到的内生计价货币选择条件。第一，如果企业可以选择第三国货币作为计价货币且没有选择 *LCP* 方式，那么无论是母国货币还是第三国货币，哪种货币相对贸易伙伴货币的汇率方差最小，企业就会选择哪种货币作为计价货币。第二，产品差异越大，企业越有可能选择 *PCP*。第三，母国在贸易伙伴市场所占份额越高，企业越可能选择 *PCP*。第四，经济体量越大，该国企业越可能选择 *PCP*。第五，母国货币供给方差小于（大于）外国，母国企业选择 *PCP*（*LCP*）。出口商品计价货币选择条件如表 15－1 所示。

表 15－1　出口商品计价货币选择条件

	高/大	低/小
（1）var（e）与 var（e^0）的比率	第三国货币	*PCP*
（2）产品差异	*PCP*	*LCP*
（3）贸易伙伴市场上母国占比	*PCP*	*LCP*
（4）母国规模	*PCP*	*LCP*
（5）母国货币供给方差与外国货币供给方差的比率	*LCP*	*PCP*

注：条件（1）是在第三国货币可用，即使利润方程关于汇率为凹函数应该选择 *LCP* 的情况下，且企业仍不会选择 *LCP*。

（三）货币国际化的标准、条件和路径设计

目前对于货币国际化的影响因素和条件的讨论大致可以分为从经济学领域和政治学领域考虑，从经济学领域又可分为微观和宏观两个角度。

微观上讨论主要基于国际贸易的视角，采用局部均衡或者一般均衡分析框架，以厂商为研究对象，探讨在不完全竞争市场上、面临不确定的外部冲击时，出口商在国际贸易中如何选择计价货币以实现其预期利润效用的最大化。大多文章普遍认为出口方在进口市场上的份额是影响计价货币选择的主要因素（Tavlas，1990；Bacchetta 和 Wincoop，2005），市场份额越大越可能以出口方货币计价（Fukuda 和 Ono，2006），Bacchetta 和 Wincoop（2005）发现，同质商品的国际贸易中出口商选择计价货币时存在聚集效应（coalescing effect）。Donnenfeld 和 Haug（2008）对加拿大的实证研究认为，汇率波动也会影响计价货币的选择，汇率风险与以进口方货币计价成正相关，与以另两种货币计价成负相关。冯涛和魏金明（2011）延续 Bacchetta 和 Wincoop（2005）的模型，研究了两国、三币不完全竞争的局部均衡模型，认为卖方市场结构决定了何种因素会影响出口商的计价策略。在卖方垄断情形下，此时影响计价货币选择的因素只有出口商品的需求价格弹性。而在卖方寡占市场上，出口商会在三种计价货币中做出选择，决定单个出口商计价货币选择的主要因素依次为：出口商品的需求价格弹性、出口国所占进口市场的份额、其他出口商的计价策略、两种汇率的相对波动程度。除此之外，邱崇明和刘郁葱（2010）从比较优势理论视角出发，认为如果缺乏相应的产业竞争力作为基础，从长期来看，其货币国际化进程必然所

阻，缺乏可持续性，甚至还可能带来许多负面影响，例如，投机资金大量涌入，最终引发泡沫经济。徐奇渊和李婧（2008）从国际分工的视角，通过对美国和日本的经济发展历史和美元、日元执行国际货币的现状考察分析，认为一国分工体系在国际的扩展是货币国际化的最根本推动因素。

宏观上的分析大多从国际货币的三大职能出发，基于 Chinn 和 Frankel（2005）的国际货币分析框架，针对多个币种构建面板数据模型进行估计，发现 GDP、金融地位、外汇交易量、资本账户自由化、通货膨胀率、汇率波动和实际利率等指标是决定货币国际化的决定因素（蒙震等，2013；李稻葵和刘霖林，2008；石巧荣等，2011）。Cruz 等（2014）认为国内金融市场发展是决定一国货币国际地位的关键因素。Ito 和 Kawai（2016）研究表明，主要货币发行国与其他经济体的贸易联系程度对该国货币的贸易结算份额具有正向影响，金融发展程度和开放度的提高有助于促进该国货币在国际贸易结算中的使用。He 等（2016）发现货币流入国和流出国之间的贸易和资本往来、货币流入国的经济规模、制度和文化因素都能显著影响国际货币的地区分布，但地理距离的影响不显著。也有学者分开研究各个国际货币的国际化进程的影响因素，白钦先和张志文（2011）指出，日本高额的外汇储备对日元国际化具有很大的负面影响，而黄金储备和 SDR 对日元国际化具有积极作用。杨荣海（2011）通过实证分析发现，美国、欧元和日本国际债券市场的发展与美元、欧元和日元的国际化之间存在着稳定的长期均衡关系，货币国际债券市场的发展可以提升货币的国际化程度。张志文和白钦先（2013）探索澳元未能成为重要国际货币的原因，对时间序列进行回归分析发现澳元对美元汇率的波动性与澳元国际化之间成负相关。元惠泙（2011）分别建立了美元、欧元、日元、英镑国际地位影响因素的回归模型，认为由于银行的国际金融业务在发挥货币国际职能方面提供了便利性，从而对货币国际地位起着一定作用，对于美元和欧元，国际地位最重要的影响因素是币值，对于日元和英镑，国际地位重要的影响因素是 GDP。

从政治学角度，主要以货币政治学者 Eric（2008）提出的观点为分析货币国际化的政治指导框架，他指出政治因素可以通过直接和间接两个渠道影响货币国际化。例如，货币发行国通过经济援助、市场准入和军事保护换取其他国家对本国货币海外使用的支持来直接影响货币国际化，同时又可以通过货币国际化所需的流动性、信心和交易网络这些核心经济条件间接发挥作用。Emily（2003）、Posen（2008）认为国际货币发行国可以通过地缘政治和军事干预对国际货币地位产生一种“反市场”的锁定效应。刘玮（2014）认为货币国际化不仅有经济上的决定因素还有政治上的决定因素，并且对国内政治起了很大作用，而政治作用的动力根源在于利益分配效应。伍聪和赵然（2015）认为，货币国际化的过程是各国对国际货币的竞争、限制和占有的过程，是国家权力之间的对抗与平衡，是一种政治现象，并从币缘政治的角度指出，各国不惜通过政治对抗乃至军事战争来控制国际货币体系，最终获得币权。

以上关于货币国际化的影响因素上的文献局限性在于只能单一的从国际货币的一种职能来考量货币国际化的程度而无法将各个因素综合在一起进行考量，构建货币国际化指数能解决以上问题。李瑶（2003）采用相同的权重对本币境外流量指数、本币境外流通范围指数和本币储备占比指数进行加权平均，构建了货币国际化指数。在此基础上，人民币国际化研究课题组（2006）增加了本币在国际贸易中支付数量指数，以及本币在国际贷款市场、国际债券市场、直接投资中的计价数量指数，据此测算了 2002 年主要货币的国际化程度。结果表明，如果以美元国际化程度为基准 100，欧元的国际化程度约为 40，日元为 28.2，人民币仅为 2。Thimann（2009）构建了一个“货币全球地位”指标，该指标包括规模和结构两方面，前者包含经济规模（占 33%）和金融市场规模（占 67%），后者包括金融市场管制、国家治理、货币问题和贸易壁垒（各占 25%），两方面指标加权汇总，即得到以百分比表示的货币全球地位指标。Tung 等（2012）构建了基于储备货币占比、外汇交易占比、国际债券投资占比等 7 个指标的货币国际化程度指数。结果显示，2010 年人民币国际化指数仅为 0.58，而美元为 54.5，欧元为 45.7，但该研究忽视了外商直接投资的货币占比等重要指标。中国人民大学国际货币研究所（2017）构建了人民币国际化指数（RII），结果表明，2013 年底 RII 达 1.69，2014 年底 RII 跃升至 2.47，2016 年年底该值相对下降，达 2.36，但具体指标的权重如何设置并未做出说明。彭红枫和谭小玉（2017）通过主成分分析法解决了构建指数时权重难以确定的问题，并根据国际货币的职能出发构建了货币国际化总量指数，分为相对指数和绝对指数，解决了一些文献仅针对经济基本面因素而没有考虑制度、金融体系发展等结构性因素的问题，他认为从总量指数来看，人民币国际化程度相较于美元和欧元仍比较低，从相对指数来看，中国金融市场的发展不足、金融体系不健全以及政策措施力度不足阻碍了人民币国际化的进程。

在有关货币国际化的路径设计上，曹远征（2013）认为，货币国际化路径的选择应满足“三元悖论”的约束，具体而言，主权货币国际化的本质是以本币实现全面可兑换、资本项目完全开放为基础，以本国发达的金融市场为依托，通过本币流出与回流机制，向全世界提供流动性的过程。Eichengreen（2011）指出，货币国际化应遵循如下先后顺序：第一步，鼓励本国货币在国际贸易报价与结算中的运用；第二步，鼓励本币在私人金融市场交易中的运用；第三步，鼓励本币成为中央银行或政府的官方储备。

（四）主要货币的国际化路径和经验

1. 美元的国际化路径

美元是取代英镑后的又一重要的国际货币，其深厚的经济基础、发达的金融市场以及特定历史条件带来的契机在其国际化进程中起着重要的作用。美元的国际化进程有几个重要阶段：一是 19 世纪至 20 世纪初期，资本主义工业化迅速发展，使得美国奠定了世界工业强国的地位，集聚了雄厚的经济实力，同时带动了对外贸易发展，使得美国在 20 世纪初其经济总量就已经超越英国，但此时美元并没有取代英镑，但其扎实的经济基础为日后超越英镑打下了基础。第二阶段是两次世界大战以及20世纪30年代的世界经济大萧条重挫了英国的经济实力，削弱了英镑的国际地位，对比之下，美国抓住历史契机，在这一时间段布雷顿森林体系的建立以及马歇尔计划等的实施则确立和加速了美元的霸权地位。第三阶段就是后布雷顿森林体系时期，虽然美元体系自身的脆弱性造成了布雷顿森林体系瓦解，在一定程度上挫伤了美元作为国际货币的实力，但是一方面由于国际货币的历史惯性，另一方面由于美国逐渐由工业强国向金融强国转变，美国政府在这一时期一系列经济政策的调整，包括限制垄断、鼓励金融创新和金融发展等为巩固美元国际货币的地位起了很大的支撑作用（蒋炜，2015）。美元国际化进程发展至今，虽然受到来自欧元、日元等其他国际货币的挑战，国际货币体系逐渐向多极化发展，但美元仍然以其历史惯性、强大的经济政治实力和国际贸易实力在国际货币体系中占有绝对优势，无法被轻易取代。

具体美元国际化的路径可以概括为，依托全球性货币汇率制度安排成为唯一的国际计价单位，成为与黄金相同的国际储备货币；与黄金脱钩、失去制度基础后，依赖先入为主的存量优势在世界信用货币体系中处于优势地位；国际政治经济实力的强大巩固和发展了这种优势，继续充当国际货币的“领头羊”（李建军和田光宁，2011）。韩龙（2012）认为，美国国际化进程中，经济实力是决定性因素，政府的推动力量不可或缺，开放、流动、有活力的金融市场是关键。何帆和李婧（2005）总结美元国际化进程中认为，除了雄厚的经济基础、良好的金融市场，还有国际货币格局的变化是美元国际化的外部条件，并且国际货币会具有历史惯性，因此一国货币要打破美元本位的地位客观上是一个漫长的过程。

2. 日元的国际化路径

（1）日元国际化路径。日元的国际化的过程大概可以分为三个阶段：第一阶段是消极被动阶段（第二次世界大战到20世纪70年代）。这一阶段日本经济迅速发展，经济总量位列世界第二，并且日本成为国际货币第八条款国，开始承担日元的自由兑换的职责，但是这一时期日元国际化并不是日本政府急需解决的问题，如何避免日元升值、扩大对外贸易规模才是日本政府政策的核心考量，因此这一阶段日元是在被动地进行国际化的进程。第二阶段是日元国际化迅速发展的阶段（20世纪80年代到20世纪90年代），日本政府通过一系列金融开放和深化金融发展的政策措施来推动日元国际化的发展，例如开设东京离岸市场、取消欧洲对日元的海外存款限制等，为日元在全球市场上自由流通创造了条件。第三阶段是日元国际化的倒退时期（20世纪90年代末至今），这一时期虽然日本政府仍然致力于推行日元国际化进程，日元国际化的功能性战略被区域性战略所取代，标志着“日元亚洲化”战略的形成。但由于亚洲金融危机、欧元的诞生等给日元国际化带来了巨大的冲击以及日元国际化推进过程中本身存在金融市场发展滞后、日元在计价单位这一职能上的功能不足以及政府缺乏长期战略目标等问题，导致日元国际化在这一阶段被欧元超越，有所倒退。

对于日元国际化的路径选择的分析，大多学者认为，日本国际化一个是由政府推动、经济发展和金融开放与发展起了很大作用的过程（陈虹，2004；张肃，2011）。李建军和田光宁（2003）认为日元国际化走过的是一条金融深化与发展的道路，通过外汇自由化、贸易自由化、经常账户自由化、资本流动自由化、利率与金融市场自由化使日元成为国际经济活动中普遍使用的货币。管涛和陈之平（2014）认为日元国际化是在经济实力迅速增强、对外贸易持续大额顺差、本币汇率较快升值的条件下发展起来的，通过国内金融市场自由化、改善外国金融机构市场准入、欧洲日元市场自由化等措施使得日元国际化迅速发展。赵柯（2013）总结，日元走了一条“金融型”国际化道路：通过放开资本管制，日本政府积极鼓励本国和海外金融机构参与和日元相关的金融资产交易，以金融渠道对外输出日元。

（2）日元国际化困境。陈虹（2004）认为，日本国内金融体系的健全度和开放度不能适应本币国际化的要求，日元对美元汇率的大幅波动，以及日本脱离亚洲经贸网络是阻碍日元国际化进程的重要影响因素。李晓（2004）指出日本直接挑战美元霸权忽略地域经济基础的战略偏误是使其陷入困境的关键原因。此外，日本进口贸易的不合理、国内金融市场的封闭落后也是导致日元国际化停滞的重要原因。张国庆和刘骏民（2009）认为由于日本政府缺乏一以贯之的指导思想，导致日本国际化进程没有有步骤地向前推进，加上所处国际、国内环境复杂，日元汇率波动严重使得人们对日元失去了信心，这严重阻碍了日元国际化进程。刘瑞（2012）认为日元国际化在资本交易中未能取得进展的根本原因不在制度层面，而是由于日本对外投资无法摆脱对美元的依赖，只能单方面承担汇率风险。金融交易中日元国际化进展缓慢的主要原因存在于金融市场功能和国际金融中介功能中。

同时，何帆（2010）、徐奇渊（2010）以及傅缨捷等（2014）着重考察和强调了贸易因素是日元国际化陷入困境的重要原因。徐奇渊（2010）认为，相对于金融领域的发展，日元国际化在贸易领域的发展较不顺利，日元相较于美元更多执行的是价格储藏职能，导致其在贸易结算中使用的份额较低，阻碍了国际化的进程。傅缨捷等（2014）专门从双边贸易角度探究日元国际化陷入困境的原因，日本以大宗商品和初级品为主要进口对象的进口品贸易结构是导致日元国际化困境更为重要的原因。同时，日本自身宏观经济的不稳定和汇率波动也是导致日元国际化停滞的原因。石淇玮（2013）对比德国马克和日元国际化进程，认为一国货币只有紧紧依托国际贸易的真实需求，其国际地位才能稳固。而日本脱离实体贸易需求，试图通过放松金融管制，降低交易成本，提高本国货币的国际使用，这种空中楼阁式的货币地位只能是暂时的，不会长久。上川孝夫和今松英悦（1997）指出，日本贸易国家的特征以及贸易结构和贸易对象的限制使得日元难以在亚洲贸易中发挥载体货币职能，也就难以实现彻底的国际化。

3. 马克的国际化路径

（1）马克国际化的动因和条件。大多文献认为马克国际化具备和其他货币国际化一样的经济条件，例如稳定的币值、较强的经济实力与贸易实力和开放的金融市场。（黄梅波等，2010；沈姗姗，2017），刘谊等（2010）认为马克国际化的动因来源于三个方面：一是传统合作意识和特殊历史背景的潜在动因，二是坚持央行独立性的制度性动因，三是美元地位衰落的外部动因。黄梅波等（2010）认为除了上述的经济因素之外还有欧洲一体化上的制度因素。赵柯（2013）则认为将马克国际化成功的原因仅仅归结于以上方面并未涉及深层原因，他认为真正促成马克国际化的因素是德国强大的工业竞争力，也就是“工业型”的货币国际化之路才是大国特别是后起大国更应选择的途径。

（2）马克国际化前期受限因素。关于德国马克国际化过程的受限因素的讨论一般可以分为国内因素和国外因素。在国内因素上，大多观点认为由于德联邦担心经济受到国际资本冲击或者为了维护国内经济稳定和货币政策的独立性而主动限制马克的国际化进程（王信，2009；刘谊等，2010；Tavlas，1990）。Frankel（2011）认为，因为德国制造业害怕马克国际化后国际市场对于马克的需求剧增，从而导致马克币值的不稳定，挫伤和制造业的竞争力。付敏等（2014）认为马克国际化受限既有主观因素也有客观因素，并且之间存在内在联系。主观因素来源于德国马克把稳定物价作为唯一的货币政策目标，而客观因素来源于德国金融市场的极端落后和资本管制。

4. 澳元、韩元、法郎、雷亚尔的国际化路径和经验

关于澳元国际化的讨论较少，大多文献认为澳元国际化其国内的金融发展起了很大的作用（McCauley，2006；Battellino 和 Plumb，2011）。王玮（2012）在梳理澳元国际化历程过程当中认为澳元的国际化发展中循序渐进的汇率制度改革、金融体系的改革和发展、完善的离岸市场以及适度开放资本账户起了很大的作用。

澳元虽然无论从资本账户开放、国内金融市场发展状况、稳定的政局上看都具备了成为国际货币的一切条件，但除了在外汇市场上澳元交易比较活跃外，其他方面的国际使用（如结算和储备）仍然非常有限（张志文和白钦先，2013）。Cohen（2005）选择美元、日元、德国马克、英镑、瑞士法郎、加元、澳元和欧元为研究对象，分币种对国际债券发行中的货币选择问题进行了研究，发现澳元对美元名义汇率的水平值、美国10年期政府债券收益率与澳大利亚同期国债收益率之差对澳元在国际债券发行中所占份额起着显著的负面影响。张志文和白钦先（2013）通过实证分析发现，澳元对美元较大的汇率波动性对澳元国际化具有统计上显著的不利影响。汇率波动性较大的货币，将可能更多地成为外汇市场上的“投资货币”，甚至成为“投机货币”，而其在贸易结算和外汇储备中的份额可能会非常小。因而，在推动本币国际化的进程中，增加汇率的弹性是重要的。

（五）货币国际化不同阶段的成本、收益和风险控制

1. 货币国际化的收益

学术界在货币国际货币化收益上的研究主要可以归结为以下几个方面：

（1）国际铸币税收入。陈雨露、王芳和杨明（2005）认为，货币国际化利益主要表现为国际铸币税收入，以及运用境外储备投资的金融业收益，他们估算美元国际化的年收益最高可达到美国当年 GDP 的 1.77%。Aliber（1964）认为美国从美元的国际运用中获得的铸币税利润收入优势随着美国黄金存量作为外国官方机构持有的美元资产的支持数量的增加而下降。Cohen（1971）以 1965～1969 年的英镑的净铸币税收益为例，验证了其对于国际货币发行国铸币税收益的推断，测试结果显示英国在 1965～1969 年从英镑的国际使用中获得的净铸币税收益为 0。Cohen 指出铸币税的收益与货币发行国的垄断地位相关。完全垄断铸币税最大，但竞争的国际货币较多，货币发行国会为吸引外国人的继续持有而被迫为其债务支付利息，最终在完全竞争和资本自由流动的情况下，丧失净铸币税收益。Bergsten（1975）对美元的铸币税收益进行了分析，他认为美国获得的铸币税收益会随着欧洲货币市场和欧洲债券市场不断发展而日益下降。货币国际化对于资本项目的改善具有明显优势。Subramanian（2011）从货币作为国际储备角度提出，当一国货币成为国际储备货币，它能给本国公民带来便利，能为发行国带来铸币税收入和更广泛的铸币税即“过度特权”以及政治权利和威望。

（2）贸易条件的改善。Aliber（1964）认为，国际货币发行国能够通过发行货币便利地实现为国际收支赤字融资，并且由于增发货币引起本币的距值，从而有利于刺激出口、降低以本币计价的外债负担。Kannan（2007）论述了一国货币在国际上的使用是如何通过改善贸易条件而形成福利改善的新途径的，该文证明了欧元国际化获得的福利收益占欧元区总消费的值，其中 0.5%～0.7% 是铸币税收入，而其他福利收益则主要源于贸易条件的改善。Trejos 和 Wright（1995，1996）通过讨价还价机制把价格引入了货币搜寻模型，在分析货币购买力和汇率问题时发现，国际货币在国内比国外有更大的购买力，可接受性和流动性给予了模型中货币的价值，在国外可接受性和流动性增加了其在国内的价值。

（3）利于国内的金融发展和金融深化，带来金融业收益。张宇燕和张静春（2008）认为使用货币发行国的货币、购买发行国的金融资产往往伴随着发行国向储备国提出进一步金融自由化的要求，从而为货币发行国提供了打开别国金融市场的便利。张桂文（2012）认为随着一种货币国际化进程的推进，与该国际货币相关的各种金融业务都将通过货币发行国的金融机构进行，所以国际货币发行国的金融机构将受益于规模经济带来的好处，为发行国的金融市场创造了更好的发展环境。随着发行国金融机构业务量的增加，金融机构的规模逐渐增大，金融服务的成本也将随之降低，这有利于发行国提供更优质的金融服务。良性循环下，货币发行国的金融市场将更加专业化与规范化。Bergsten（1975）

认为随着一种货币国际运用的扩张，使得贷款、投资和商品、服务的购买都将通过该货币发行国的金融机构进行，金融部门的收益会增加。Tavalas（1998）指出货币实现国际化扩展了其国家的金融机构的经营规模，涵盖了服务及投资和商品，还有贷款等业务，可以大大提高此国金融机构的收入。陈雨露（2005）指出美元的国际化能带来金融业收益，指将其他国家存在美国联邦储备银行体系的资金贷放给国内外企业而赚取的利息收入，并通过实证分析估算了美元国际化所带来的金融业收益，在2002年大约占到了同年GDP的2%。

2. 货币国际化的成本及风险

对于货币国际化成本的讨论大多有以下几个方面：一是货币发行国家面对的特里芬难题，二是国内货币政策的有效性可能受到影响，三是可能使国内经济受到外部的冲击。

（1）特里芬难题。Triffin（1961）最早指出了在布雷顿森林体系下，美元承担的两个责任即保证美元按官价兑换黄金、维持各国对美元的信心和提供清偿力（即美元）之间是相互矛盾的。

（2）影响国内货币政策的有效性。Aliber（1964）、Bergsten（1975）认为美元作为世界关键货币不仅面临特里芬两难，而且美元的国际作用减少了美国执行独立货币政策以及运用货币贬值政策的能力，加强了美国货币政策的困难。此外，美元的国际作用限制了美国运用货币贬值政策。若美国实施美元贬值政策，由于美元的国际作用，其他国家会以同样的比例贬值其货币而抵消美元贬值，美国不应该也不能够贬值美元。Tavalas（1998）认为在钉住汇率制下，外国人偏好的转移可能会导致大量的资本流动，破坏货币当局控制基础货币的能力并影响国内经济活动。在浮动汇率制下，这种转移导致汇率的大幅度变动，可能会限制货币当局的国内政策能力。

（3）对国内经济造成冲击。刘辉和巴曙松（2014）根据历史经验和现实情况，认为某种货币随着其国际化程度不断提高，较之于成为国际货币之前，其汇率波动将加剧，波动幅度将扩大。宋芳秀和王庆云（2006）认为美元作为国际货币会面对铸币税的逆转风险。如果美元的持有者在美元和其他货币之间迅速转换，将导致美元剧烈贬值以及美元回流。大量美元的回流不仅意味着传统意义上国际铸币税总量和其他类型的国际铸币税增量的减少，还有可能增大美国国内的通货膨胀压力，导致美国国内经济的波动甚至可能引发经济危机。Canzoneri等（2008）构建了两国对称模型，结论表明当外国抛售美国债券而使得美国居民需要降低消费来偿还债务时会导致债务供给增加，进而会引发美元贬值、通胀、贸易条件恶化以及利率上升，挫伤美国经济。Maziad等（2011）认为，货币国际化之后，由于离岸市场发展以及离岸市场与在岸市场之间的联系，政策当局对货币总量与国内利率的调控能力将被削弱，使得货币管理的难度加大。同时，伴随资本项目逐步开放，资本流动的高度易变性以及突然的资本流入或流出，将给金融体系承受巨额资本流动的能力带来严峻挑战。张宇燕和张静春（2008）认为在发行国货币政策对别国带来不对称冲击的同时，储备国的货币政策也会反作用于发行国。尽管通常而言这种影响相对较小，但是如果若干储备国同时采取与发行国的货币政策相悖的政策，则有可能对发行国造成反向冲击。

3. 货币国际化不同阶段的成本收益

陈小安（2012）通过收益成本函数分析了不同阶段的货币国际化成本与收益。他认为货币国际化收益和成本的演变可划分为四个阶段：第一阶段是国际货币成长期，货币国际化的收益有限，但成本很高。第二阶段是国际货币壮大成熟期，货币国际化的成本逐步减小，收益明显加大，净收益为正值且逐步增加。第三阶段是国际货币成熟下降期，货币国际化的收益依然很大，成本依然较小，但从动态角度来看，边际成本明显上升，边际收益开始下降，该阶段净收益仍为正值，但逐步递减。第四阶段是国际货币的衰落期，货币国际化的成本急剧上升，收益急剧下降，成本远远大于收益，净收益又回到负值。

（六）离岸本币与境内本币套利和各国中央银行的控制手段

1. 建立离岸市场对于货币国际化的必要性

马骏（2012）指出，美元等绝大部分主要储备货币的国际使用是通过离岸市场实现的。离岸市场具有方便投资者分离货币市场与国家风险分散结算、清算和交割等金融基础设施的经营风险的作用，并且由于离岸市场与在岸市场收益率存在差异，在离岸市场常常可以获得超额收益。在一国货币国际化的过程中，离岸市场的出现不可避免，关键要积极引导离岸市场有序发展，防止离岸市场对国内货币政策、金融稳定造成不良影响。员瑜平（2012）认为“纯离岸型”的离岸市场一直在欧洲美元市场中占据主导地位，“纯离岸型”的欧洲美元市场降低了全球美元的交易成本，加强了第三方对美元的依赖，从而有助于巩固美元在国际货币体系中的地位。丁一兵（2016）认为发展本币离岸市场既是拥有成熟开放金融市场的国家扩大其本币国际流通使用规模与被接受程度的一种补充形式，也是本国金融市场开放度不足情况下为国际市场提供本币流动性与投融资渠道的必要途径。T. K. Jayaraman（2010）分析指出：在一国建立离岸金融市场可以增加本国的经济业务往来并为本国引进先进的交易工具，有助于该国经济业务的发展和金融目标的实现。Rose 和 Spiegel（2005）指出离岸金融市场可方便国家间资金融通，进而促进区域经济发展。T. K. Jayaraman（2010）认为离岸金融市场可以从引进国际人才机构和实施国际监管标准这两方面促进国内金融市场国际化进程。Sikka（2003）指出离岸金融中心的形成和发展属于经济全球化的一部分，离岸金融市场能够为资本在世界领域内的流动提供组织条件和制度条件。

何帆和张斌（2011）考虑到中国目前不断壮大的经济实力和政治影响力，可以向欧洲深陷债务危机的国家提供人民币贷款借以提高人民币的国际地位，而离岸市场恰好为其提供了渠道，因此，从这一角度看是促进人民币国际化进程的。

2. 离岸市场经验总结

关于离岸市场对于货币国际化影响的经验总结上大多学者均基于对日本东京离岸金融

市场发展历程的分析。马骏（2012）总结美国、日本、泰国三个离岸市场认为，日本离岸金融市场的教训在于，当本币处于升值状态下时，设立离岸金融市场时离岸账户和在岸账户必须严格分离，防止离岸账户成为资本流入国内的通道。泰国离岸市场的教训在于，在泰铢危机期间，泰国离岸市场为国际资本逃出泰国提供了快车道，加剧了泰国金融体系的动荡。金融危机的始作俑者是国内的宏观基本面的问题，但是离岸市场通常有加速危机演进的特点，因此必须对离岸市场的资本进出进行严格管控。李晓（2005）认为，日本“内外分离”的离岸金融市场模式导致日元难以走向国际舞台并最终成为国际货币，离岸市场并不是在任何情况下都能有效推动货币国际化的。员瑜平（2012）在梳理美国和日本离岸市场的发展过程中得出结论，在货币国际化的早期阶段，需要着力培育“纯离岸型”和“国际借贷流出型”的离岸市场，并通过后者扩大货币在境外的流通，同时要有效控制资本回流的规模以减少其对宏观经济的冲击。当货币国际化进入成熟期以后，“纯离岸型”的离岸市场应发挥更重要的作用。殷剑锋（2011）总结日元国际化受阻的原因时认为，在日本国内实施金融管制、资本项目完全放开的背景下，日元的离岸市场和在岸市场之间上演了一幕日后被日本学者称作“再贷款”的剧情，成为了推动 1990 年日本泡沫危机和随后长期经济萧条的重要原因。他们认为，离岸市场的发展并不是发展国际化的“因”而仅仅是“果”，因此对于想运用离岸市场的发展来促进货币国际化需要多加考量。丁一兵（2016）在总结了美国和日本离岸市场发展经验后认为离岸市场能否对货币国际化产生正向推动作用还要取决于市场本身的制度设计和发展类型。张明和何帆（2012）证明了现阶段人民币国际化的进程主要是基于人民币在岸和离岸市场之间的套汇行为，与中国政府推进人民币国际化的初衷相差甚远，因此现阶段实行人民币国际化并不是最优的战略时机。

（七）不同的全球货币体系格局下货币国际化战略

1944 年 7 月联合国货币和金融会议在美国新罕布什尔州的布雷顿森林举行，确立了美元作为主要国际储备货币的地位，建立了美元与黄金挂钩、各国货币与美元挂钩的国际货币体系安排，对世界经济复苏产生了巨大推动作用。但随着美国财政贸易赤字的不断膨胀，美元危机此起彼伏。20 世纪 70 年代初布雷顿森林体系瓦解。然而，进入后布雷顿森林时代（又称“牙买加体系”），国际货币体系并非完美无缺，改革依然任重道远。现行货币体系在汇率制度、资本流动和美元本位方面仍然存在问题（管涛，2014）。其中，美元本位问题是引起货币体系变革的主要原因，换句话说，储备货币是国际货币体系改革的主要方面。

近年来关于国际货币体系中美元储备货币的稳定性问题一直存在争论，并有截然相反的两派观点。以 Obstfeld 和 Rogoff（2005、2007）为代表的学者认为美元储备资产是不稳定的，并预测未来美元将以剧烈贬值的形式调整到均衡水平。相反地，另一派学者认为，从估值效应来看，美元资产是相对稳定的，美国虽然国际收支逆差，但是却获得了正的估值效应收益（Gourinchas 和 Rey，2007；Lane 和 Shambough，2010）。Caballero 等（2008）、Mendoza 等（2009）的研究为美国可以持续获得正的估值效应提供了理论支撑，认为金融发展水平的差异使得资本源源不断地从非储备货币流向储备货币国家。

也有研究从储备货币需求方面而不是对外负债变化角度分析储备货币的稳定性问题。Caballero 等（2008）指出新兴市场等贸易盈余国的金融发展水平较低，无法为国内储蓄提供充足的金融资产，英语国家的资金便会源源不断地流入美国等金融发展水平较高的贸易赤字国家，出现了全球失衡、低利率和以美元计价的资产数量急剧增加的现象。徐建炜和姚洋（2010）提出了基于金融市场—制造业比较优势得到的国际分工新形态，美国、英国等主要提供金融服务，中国、日本等国则提供制造品。在这种新型国际分工下，费储备货币国家基于储蓄需求增加了储备货币的积累。以上是储备货币的储蓄性需求，除此之外还有很多对于储备货币预防性需求的研究。Obstfeld 等（2008）指出，资本急停（sudden stop）会引发货币危机，资本急增（sudden flight）的危害更大，资本急停会产生外部枯竭（external strain），资本急增则会导致内部枯竭（internal strain）。非储备国家在进行外汇储备需求决策时，会考虑资本急增的可能性，中央银行持有外汇储备的目的更多的是应对资本急增，保护本国的金融机构，维护本国金融稳定。

国际货币体系多元化对于国际货币体系稳定至关重要，人民币将扮演重要角色。Obstfeld（2011）指出储备货币的发行需要财政收入的支撑，国际货币体系改革的根本任务是寻找替代美元的货币以提供国际流动性。Farhi 等（2011）指出未来的世界是多极化的，国际货币体系的多极化也成为一种必然趋势，人民币将在国际货币体系中扮演更加重要的角色。Talor（2013）则进一步指出，人民币国际化将有助于避免储备货币危机的发生，对国际货币体系的稳定性起到至关重要的作用。范小云等（2014）从储备货币供给与需求的视角出发，基于新开放经济框架分析了储备货币稳定的条件，指出如果人民币成为国际储备货币，将强化储备货币的供给能力，弱化储备货币的需求，这对于国际货币体系的稳定至关重要。

（八）人民币国际化和国际货币体系改革之间的关系

美国“次贷危机”爆发后，国际货币体系理论成为关注的焦点。陆前进（2010）总结整理了全球货币体系改革的三种方向：建立全球单一货币体系，创建新的超主权的全球储备货币体系，推进多元化的国际货币体系。学界主流的争论焦点在后两种方向，形成了超主权储备货币体系与多元储备货币体系之争。随之，人民币在国际货币体系中应该扮演何种角色引起广泛争论。前央行行长周小川（2009）提出创造一种与主权国家脱钩并能保持币值长期稳定的国际储备货币，从而避免主权信用货币作为储备货币的内在缺陷，是国际货币体系改革的理想目标。部分学者认为超主权国家货币体系的建立是推进国际货币体系改革的根本方向（张燕生，2009），主张以 SDR 为基础构建全球储备货币体系（Stiglitz，

2012）。通过扩大SDR的发行规模、增强其国际货币职能来推动改革（乔依德和徐明棋，2011；王信，2011）。但相比超主权货币体系，当前多数学者认为多元化的国际货币体系相比金本位或者一种单一世界货币而言是一种次优安排，是当前的合理性选择（盛斌和张一平，2012；李稻葵和尹兴中，2010；王华庆，2010）。陆前进（2010）等分析其合理性认为，多元化的国际货币体系有利于形成若干相互竞争的国际区域货币，摆脱对某一国货币的过度依赖。Dailami 和 Masson（2009）则主张建立一个以美国、欧盟和“金砖四国”为主权的多元化国际货币体系。

随着国际货币体系改革方案的不断被推出，人民币国际化的呼声也越来越高。Frankel（2009）认为在多元国际货币体系建立中除了美元、欧元、SDR外，人民币将扮演重要角色。Eichengreen（2009）认为美元仍将在国际货币体系中处于主导地位，但重要性会下降。短期内欧元将在欧洲地区扮演重要角色，长期内人民币在亚洲地区的影响将越来越重。大量的研究表明，人民币是极有可能成为第三个主要的国际储备货币的。Tung等（2012）采用主成分分析法对GDP、贸易量、通货膨胀率、汇率波动率、资本账户开放度、货币惯性等影响货币国际化程度的指标进行加权，构建了人民币国际化前景指数。人民币国际化前景指数为12.72，且表现出了持续的上涨趋势。在不久的将来，存在人民币超越日元的可能性，但超越美元和欧元仍然存在非常大的困难。Wu等（2014）展望了人民币作为国际储备货币的前景，结果表明，在未来15年，人民币的国际地位可能超过日元和英镑，并接近欧元。Chen 和 Peng（2009）预测了人民币在完全可自由兑换的情况下作为储备货币的潜能，结果显示，未来人民币的国际储备份额可与日元和英镑一争高下。李稻葵和刘霖林（2008）在假设人民币可自由兑换的前提下预测了人民币的未来国际化需求，结果表明，到2020年人民币在国际储备和国际债券中的占比可能达到20%。石巧荣（2011）利用国际储备货币竞争模型和国际结算货币竞争模型预测得出人民币将在2023年超越日元成为第四大国际储备货币，在2030年超越美元成为全球第二。李建军、甄峰和崔西强（2013）运用主要国际货币的历史数据对国际储备的币种构成情况进行了类似分析，并预测了未来人民币在国际储备中的占比。结果表明，人民币将在2030年成为第三大国际货币。Eichengreen（2011）认为世界正迅速形成一个多极国际货币体系，未来最有可能出现的三大储备货币是美元、欧元和人民币。

而在人民币国际化与国际货币体系改革之间的关系的研究上，王元龙（2009）指出，推进国际货币体系改革和构建国际金融新秩序至关重要，而人民币国际化则成为国际货币体系改革中的重要组成部分。Campanella（2014）认为，人民币国际化的快速推进，很可能会产生一种多极货币体系，这种体系能够以比当前货币体系更好的方式平衡和分配各国责任。庄太量和许愫珊（2011）认为，由美元、欧元和人民币组成的三元外汇储备组合较二元体系更为稳定，因而人民币国际化将有利于推动现行国际货币体系的改革，使二元体系发展成为更加稳定的三元体系，进而促进全球经济健康发展。张云和刘骏民（2010）认为，当代国际货币体系的困境主要源于当前极不稳定的美元与欧元的“双本位制度”，主张构建美元、欧元、人民币三者的汇率协调机制，形成多元化货币体系。Farhi 等（2011）指出未来的世界是多极化的世界，国际货币体系的多极化也将成为一种趋势，人民币将在国际货币体系中扮演更加重要的角色。Talor（2013）则进一步指出，人民币国际化将有助于避免储备货币危机的发生，对国际货币体系的稳定性起到至关重要的作用。陆磊和李宏瑾（2016）认为人民币是后布雷顿森林体系时代第一个真正新增的、第一个按可自由使用标准纳入的、第一个来自发展中国家的 SDR 篮子货币，这将极大增强人民币的国际储备货币地位，是 2009 年正式启动的人民币国际化重要的里程碑，对塑造更加稳定多元的国际货币体系、促进全球经济金融健康发展具有深远的影响。范小云等（2014）基于新开放经济分析框架研究了国际货币体系的稳定性问题。研究发现，国际货币体系的稳定条件是储备货币国家的经济体量足够大，并且储备货币国家偿付能力增长率不低于非储备货币国家的实际产出增长率和储备货币实际收益率。人民币国际化对于国际货币体系的稳定具有不可替代的重要作用。

二、人民币国际化的背景、进程和前景

（一）人民币作为跨境贸易结算货币和国际储备货币的潜力分析

1. 跨境贸易结算货币

2009 年 4 月 8 日国务院举行常务会议，在上海、广州、深圳、珠海、东莞开展跨境贸易人民币结算试点，并在 2009 年 7 月 2 日出台《跨境贸易人民币结算试点管理办法》，此后关于人民币跨境结算的探讨逐渐丰富起来。在人民币作为跨境贸易结算货币的发展分析中，学者们普遍认为推进人民币跨境结算是人民币国际化的基石，在当前时期中国的人民币国际化首要关注货币的计价、交易职能（孙杰，2014）。李婧（2011）总结了中国在人民币跨境贸易结算中的运行现状，并通过对试点以来的跨境贸易的数量以及地域分布进行分析，提出该试点已取得了一定的成果，但人民币跨境结算还处于初期阶段，存在着明显的地域非均衡性，在进一步扩大人民币结算业务的规模时将受到来自制度和市场的双重约束。孙杰（2014）分别对人民币国际化的好处和挑战、收益和成本进行列举之后逐条进行分析得出：中国当前的人民币国际化条件和必要性尚不成熟，当前的首要目标是让人民币结算额与中国对外实体经济活动规模相适应，跨境交易人民币化应优先于人民币国际化。赵然和伍聪（2014）通过对结算货币选择理论的研究进行整理和分析，提出目前人民币不成为国际结算货币的最主要因素是中国制品的产品差异化程度较低，从而降低了厂商的议价能力。史龙祥、阮珍珍和强梦萍（2015）通过对中国进口行业问卷调查数据分析得出了中美贸易结算货币选择的影响因素，其研究结果显示：中美产业内贸易商品的需求价格弹

性越大，中国的相对市场份额优势越突出，进口商品订单的平均金额越大，人民币作为结算货币的可能性就越大，此外该文还具体指出了适于采用人民币结算的行业。史龙祥、葛绍慰和王滢达（2015）认为中日贸易结算货币的选择主要与供给方、需求方市场份额的影响力以及进口市场的集中度有关，并指出了推进中日人民币结算的具体行业。徐国祥和蔡文靖（2018）建立 PSTR 模型，对资本账户开放和人民币作为国际货币的职能之间的关系进行分析，其研究指出，相对而言，不同金融发展水平下，资本账户开放对国际结算货币的影响显著小于对计价货币和国际储备货币的影响，证实了在货币国际化的初期阶段，资本账户开放与否对货币国际化的影响并不大，此时没有必要开放资本账户。

2. 国际储备货币

在对影响一国货币作为国际储备货币的因素分析中，学者们主要从金融市场的深度与广度、币值稳定以及惯性因素三方面进行讨论。

Heller 和 Knight（1978）认为安全性、流动性、风险规避和收益等经济因素会对外汇储备币种的选择产生影响，同时政治和制度因素也有一定的作用，此外一国的汇率制度与其国际贸易模式是央行在选择储备货币时考虑的重要考虑因素。Eichengreen（2005）、Chen 和 Peng（2007）、姜晶晶和孙科（2015）发现金融市场发展程度可以解释国际货币地位变化。Huang Y、Wang D 和 Fan G（2014）使用国际货币基金组织的官方外汇储备（COFER）数据库中 1999～2011 年的数据进行分析，结果显示一国的经济水平、世界贸易中市场份额、金融市场的开放性和深度以及经济和法律制度的公信力水平都是影响其货币在国际储备中所占份额的重要因素。币值稳定既包括对外的汇率稳定也包括对内的价格水平稳定。Hartmann（1998）发现汇率波动程度较低是国际货币的一个显著特征。汇率稳定是一国货币国际化的前提和重要保障，其大幅波动将导致市场预期波动和避险情绪上升，从而影响其在国际货币中的地位（姜晶晶等，2015）。Devereux 和 Shi（2005）指出，通货膨胀率的大幅上升会通过影响金融产品的合理定价而影响该国货币的国际地位。姚大庆（2016）建立动态面板数据模型，对 1999～2012 年世界官方外汇储备数据进行研究，发现在发达国家选择储备货币时，货币发行国的通货膨胀率和实际有效汇率上升将增加该国货币的比重，而对于发展中国家而言，通胀率上升产生的影响方向相反。Horii（1986）发现当国际汇率制度发生大幅度变动时各国储备货币的币种仍较为稳定，Eichengreen 和 Mathieson（2000）在对发展中国家的数据进行研究后也得出了相同的结论，这说明国际储备货币的币种构成变动是缓慢的。关于这种现象的主流解释是网络外部性的作用，当一国货币作为国际储备货币被央行以及私人投资者持有后，将进入国际贸易网络中流动，从而带来正外部性。Eichengreen（1998）将一国货币在国际竞争中的在位优势与网络外部性相结合。Cohen（2000）认为网络外部性强化了货币的惯性。Lim（2006）、Flandreau 和 Jobst（2009）都通过实证分析证实了网络外部性的存在。Chinn 和 Frankel（2007）将影响储备货币国际地位的因素分为决定因素（Determinant）、网络外部性以及惯性三类，其中网络外部性也称为经济规模和范围，并对欧元是否能在未来的竞争中超越美国成为世界主要储备货币进行预期，其结果显示竞争的成功与欧元区的经济规模以及人民对美元价值的信心有关。

国内关于人民币作为国际储备货币的观点大致分为两种，一种通过计量模型对未来人民币在国际储备货币中的数据进行估计，预测人民币在国际中的地位将在不久的未来提升；另一种则从理论和实证分析的结果上讨论人民币在成为国际主要储备货币的目标上还有很长的路要走。李稻葵和刘霖林（2008）在回归结果上预测至2020年人民币在国际货币的占比可能达到近20%。石巧荣（2011）利用国际储备货币竞争模型和国际结算货币竞争模型预测得出人民币将在2023年超越日元成为第四大国际储备货币，2030年超越美元成为全球第二。Subramanian（2011）指出人民币国际化正稳步向前，并预估人民币在未来10年就能成为主要国际储备货币。这些预测的结果似乎过于乐观，在对影响国际货币地位以及国际储备货币币种选择的影响因素分析中，许多国内学者也对人民币在国际储备货币中的表现做出了一定的分析。孙杰（2014）认为人民币目前还不是国际储备货币，尚处于发展阶段。姜晶晶和孙科（2015）认为人民币在成为国际主要储备货币的进程中仍然面临经济增长不确定、金融市场发达程度、金融改革水平等内部因素以及惯性与网络外部性等外部因素的阻碍，并对未来的发展提出三点建议：推进金融改革，刺激人民币境外流动以及加强支付的基础设施建设。姚大庆（2016）认为中国的人均GDP仍处于落后水平，为了提升人民币在国际货币中的地位，中国需要进一步开放金融市场，保持汇率稳定。

在对人民币作为跨境贸易结算货币和国际储备货币的潜力分析文献中，可以看得跨境贸易结算货币和国际储备货币选择的影响因素存在着部分重叠。跨境贸易结算和国际储备分别从私人和国家层面反映了人民币的国际地位，且分别体现了国际货币的计价和交易媒介职能、价值储藏职能，两者具有较为紧密的联系，但大部分的文献都是对其中一者进行讨论而忽略了对两者的比较分析。

（二）人民币境外流动的规模与境外人民币需求测算

境外人民币流动规模主要以境外人民币存量和流量两种数据表示，流量表示人民币流入、流出境内的总量，存量表示人民币跨境净流量。为了对境外人民币需求进行测算，多数论文都假设境外人民币需求与供给保持平衡，因此，境外人民币需求在部分文献中也被称为境外人民币存量。目前测算境外人民币流量和存量的方法主要有两种：直接估计法和间接估计法。

1. 直接估计法

直接估计法主要通过对边境贸易、出入境旅游探亲消费、投资活动以及地下汇兑等多个人民币跨境流通渠道的数据进行汇总，以计算人民币境外流通规模。

姜波克（1994）使用直接估计法预测了1993～2003年间的人民币流出规模，到2003

年人民币累计流出总额将达到2000亿元。李靖、管涛和何帆（2004）认为边境贸易和游客跨境消费是人民币跨境流通的主要渠道，并以此估计1994～2003年人民币境外流通的流量和存量，得到2002年实际人民币跨境流通规模在1200亿元至1400亿元之间，考虑到地下渠道的人民币交易，海外人民币境外存量为50亿元至120亿元。钟伟（2008）通过直接估计法分别估测了中国香港、澳门地区、新加坡、越南、泰国、印度尼西亚的存量和流量，发现存在回流压力。张远军（2011）使用直接估算法对中俄人民币跨境流通规模进行测算，并对中俄间人民币跨境流通的影响因素进行了分析。

2. 间接估计法

国外的间接估计法主要使用季节法、极大似然法以及M0/GDP法。Porter和Judson（1996）使用季节法对美元的境外流通存量和流量进行测算，彭文生和施燕玲（2002）使用极大似然法对港币的境外流通量进行了估计，该方法假设取样期间内有固定比例的境外货币持有，通过修改该比率得出对数似然函数，并挑选最高对数似然函数对应的比率作为最佳估计值，估计结果显示港币的持有率约为16%。Greenwood（1990）使用M0/GDP趋势法对港币境外持有进行估计，并得出至1989年港币的境外持有率约为18%。而以上三种方法在测量人民币境外流动规模时，因受制于多种原因而无法得到较好的估计结果。

国内的间接估计法主要使用境外缺口估计法，也称扣除本地需求法，该方法依据货币需求理论，建立境内货币实际需求方程，并假设中国境内实际货币需求与一些宏观经济变量之间存在着一种长期不变的稳定关系。根据方程估算境内实际货币需求，并计算其与实际货币供应量的差额。由于在均衡时货币供应量与总货币需求保持一致，因此该差值的经济学意义为境外人民币需求，现有文献中也将该差值作为人民币境外流通的规模，即人民币境外存量。

徐奇渊和刘力臻（2006）使用“缺口估计法”以M1为口径对2000～2005年的中国香港人民币存量进行估计，将人民币在港存量变动划分为六个阶段。马荣华和饶晓辉（2006）使用扣除本地需求法，综合货币需求理论，将国民收入、利率以及货币化程度作为境内实际货币需求的决定因素，得出境外人民币规模从1997年的19亿元上升至2005的310.5亿元。但该文章使用城镇人口占总人口的比例作为货币化程度指标，只能模拟货币化过程中的某一部分。董继华（2008）在此基础上进行改进，使用广义货币M2与GDP之比作为货币化程度指标，同时由于一国的税率水平与其的地下经济规模有显著的正向关系，该文章在模型中加入中国宏观税率，即中国每年财政收入与每年国内生产总值的比率，作为中国地下经济规模的指标。结果显示人民币境外存量从1999年的80多亿元一直增加到2005年的250多亿元，2003年甚至一度达到1060亿元。巴曙松和严敏（2010）在董继华的基础上将货币化程度指标替换为M2与GNP的比值，对中国1999～2008年境外人民币持有规模进行估计。研究发现在样本时期境外人民币的需求占人民币现金总量的比率均值为7.62%，且其流通规模逐年递增。陶士贵和叶亚飞（2013）在货币需求函数中引入准货币流通速度和前期收入变量，并以 M2 作为境内实际货币需求的指标，估测出 2006～2012 年的人民币境外存量，并将结果与人民银行统计的人民币跨境交易量进行对比，分析得出人民币回流机制不畅通。

直接估测法在应用中存在着诸多缺陷，如人民币流入流出的渠道众多，不止边境贸易和出入境携带，其他途径以及非正常渠道流出的人民币数量无法估量，同时该方法的主观随意性较强，如在估测出入境携带人民币数量时，对每个出境游客携带人民币数量的估计会产生较大的误差，而国内的间接估测法使用境外缺口的方法避免了这些问题，但间接估测法所测量的指标为境外人民币需求，也就是境外人民币存量，在估计境外人民币流量时，仍然需要使用直接估测法进行计算。

（三）人民币国际化的进展和问题、风险分析

1. 人民币国际化进展

自 2009 年中国启动了人民币跨境贸易结算试点后，人民币国际化取得了显著的进展。

中国人民银行发布的《2017 年人民币国际化报告》显示，人民币国际化得到了稳步推进，截至 2016 年底，人民币已经成为全球第 6 大支付货币，此外，2016 年 10 月，人民币加入国际货币基金组织特别提款权货币篮子成为人民币国际化的又一重要里程碑。

2016 年跨境人民币的收付金额达到 9.85 万亿元，选择人民币作为跨境结算的境内企业高达 24 万家。2010～2016 年，人民币一直是中国第二大跨境收付货币。从中国跨境贸易结算的地域分布上看，境内跨境人民币首付总额的排名前三位分别为广东省、上海市和北京市，对于境外而言，与中国发生跨境人民币结算的国家和地区高达 239 个，其中与中国香港地区的人民币结算额所占的比重为 53.6%，该值相比 2015 年上升 0.7%。人民币在作为国际储备货币方面也有较大的进展，人民币加入 SDR 充分体现出人民币在国际上的使用得到了国际认可，官方外汇储备货币构成数据（COFER）显示：至 2016 年年底，人民币已经被 60 多个国家和地区计入外汇储备中，其在国际中的储备总计约 845.1 亿美元，占比 1.07%。

此外，中国在人民币资本项目可兑换、利率市场化改革以及人民币汇率形成机制改革等体制改革方面都取得了重要进展，目前人民币在七大类共 40 项资本项目交易中，已实现可兑换、基本可兑换、部分可兑换的项目共计 37 项，占全部交易项目的 92.5%。利率市场化在培养基准利率体系、拓宽自律机制成员范围、推进金融产品创新以及完善利率调节系统等方面都有一定进步，“收盘汇率＋一篮子货币汇率变化”的汇率形成机制得到了进一步完善。

2. 人民币国际化的问题与风险

离岸市场币值对在岸人民币汇率和利率产生冲击，货币政策的独立性受到影响。张明和何帆（2011）发现无论是对于跨境贸易结算还是离岸人民币市场，人民币国际化的进程

在2011年下半年都处于停滞状态。他们认为出现停滞的原因是人民币国际化进程受到离岸与在岸市场的套汇、套利行为的影响。提出人民币国际化的实质是中国资本账户的开放，并对政策的优先执行次序进行排序，张明（2013）进一步对该问题进行分析，提出当前跨境贸易人民币结算的高速发展的部分原因是与中国香港地区的关联企业利用市场汇率差、利率差进行跨境套利。这种做法虽然从表面上表现为扩大人民币跨境贸易结算的规模，但很可能造成国民福利损失、外汇储备上升以及政府调控能力下降，在对人民币国际化的未来发展提出建议时，重点强调了推动国内结构性改革，壮大金融市场，避免资本账户过快开放等。何帆等（2011）还提出短期资本流入的增加也将影响汇率的波动。

人民币国际化将增加国内外汇储备。徐永定（2011）分析得出，人民币国际化以人民币贸易结算为主要内容，则一定会引起新增美元外汇储备的增长，推行人民币计价比推行人民币结算具有更重要的意义。张斌（2011）认为人民币国际化将同时增加对外负债和对外资产，对外资产的增加将拉动中国外汇储备增长，增加人民币的升值压力，在短期内对宏观经济的稳定产生影响。

部分学者也讨论了人民币国际化对国内经济体制改革的影响。张明和何帆（2011）认为国内经济结构的调整优于人民币国际化，利率与汇率市场化改革以及国内的金融市场深化优于资本账户的开放。徐奇渊（2015）总结了关于人民币的争论，将其分为人民币国际化对在岸市场和离岸市场的影响，并将目前关于人民币国际化的所有争论归结为中国金融市场改革所遵循的顺序问题。

目前人民币国际化进程中的问题与风险主要与离岸市场币值、外汇储备以及经济改革三个方面因素有关，但大部分的文献以理论分析为主，缺少使用计量方法的进行实证研究。

（四）如何扩大人民币在国际贸易结算中和贸易融资中的使用

就目前实际情况来看，近年来人民币国际化虽然得到了迅速推进，但若要使其成为名副其实的国际货币，仍有很长的一段路要走。随着金融体系的开放，当前的国际贸易结算和贸易融资方式趋于丰富。而人民币在国际贸易结算和贸易融资中的使用是当前形势的需要，也是人民币国际化的必经阶段。因此，有很多学者认为为有效稳步推进人民币国际化，首先应积极推行人民币在国际贸易结算和贸易融资中的使用，使其成为国际贸易中的计价结算货币。那么，究竟通过什么方式来扩大人民币在国际贸易结算和贸易融资中的使用呢？针对这一问题，很多学者从不同的研究角度进行了分析，并提出了不同的建议方法以推进人民币在国际贸易上的使用。总体来说，已有文献主要涵盖了以下几方面的内容：

1. 人民币在跨境贸易结算中的风险与路径

鉴于人民币在跨境贸易结算中存在一定的风险，一些学者认为管控好结算风险，选取适合人民币国际化的路径，是能够促进人民币在贸易中的使用的。其中，张涛（2010）认为在实现人民国际化路径中，人民币区域化是必经之路。为了解决中国与东盟金融合作过程中的诸多问题，顺利实现人民币区域化，张涛认为除了出台必要的政策法规之外，还强调在东盟区域内建立人民币结算体系。另外，石巍和王志远（2013）通过对中俄两国的货币国际化路径的对比分析，认为中国是凭借着对外贸易优势，选取了一条先区域后国际化的道路，分别实现人民币的支付功能和投资功能。针对这样的先区域后国际化的路径，很多学者纷纷表示了赞同（严佳佳和辛文婷，2017；郭晴、钟华明和陈伟光，2018）。史龙祥、王乐、王黎和谢文斌（2014）探究了人民币在国际贸易结算的路径风险并对比分析了影响人民币和日元国际贸易结算的因素。在他们看来，在国际贸易结算中人民币在市场份额、汇率稳定性上比日元更有优势，但就贸易结构而言，人民币结算却不及日元结算有优势。另外，他们认为还存在着"出口外币结算、进口人民币结算"的局面，而为了扭转单一的结算路径，在国际贸易结算中可以更大范围内地使用人民币结算，通过优化出口商品结构来实现。景政彬（2016）通过分析进出口贸易中所用的结算货币对贸易的影响，认为中国当前国际贸易结算中存在着进口的本币化程度高于出口的特点，并且他指出，这种结构特点对人民币国际化是非常不利的，并建议应该将国际贸易中的计价货币与结算货币进行区分，以资本账户逆差来扩大国际贸易中人民币的流通使用。

2. 发展和完善金融体系，促进人民币在贸易结算中的使用

考虑到境外主体主要通过贸易渠道来获取人民币，为此，施琍娅（2010）指出为了扩大跨境贸易人民币结算的使用，应该积极发展和完善国际金融中心的建设。

梅德平（2012）指出企业层面、制度建设、人民币汇率形成机制以及金融体制上的障碍均限制了人民币跨境贸易结算。然而，考虑到能够有序、顺利地推进人民币跨境贸易结算，扩大人民币在国际贸易中的使用，梅德平从出口商品结构、银行提供贸易融资的服务、汇率机制改革以及贸易地区的结构等方面给出了针对性建议。李长春（2011）、闫屹和马新姿（2013）通过研究分析，一致认为人民币跨境贸易结算中存在着收付不平衡的特征。出现这种特征的主要原因是人民币预期升值减弱、中国对外贸易市场竞争力不够强以及中国香港地区套利资金的减少导致的。另外，闫屹等建议从增强汇率弹性、加大产品创新以提高贸易市场的话语权、加快建设人民币国际收付系统以及扩大人民币在国际上的投资渠道等方面来促进人民币在国际贸易结算中的使用。为了推动人民币在国际金融交易中的使用，使其成为国际货币，有不少学者认为应该稳步推进人民币汇率市场化改革和形成汇率机制（林元辉和范世云，2012；梅德平，2012；张国兵和安烨，2013；何平、钟红和王达，2017；刘一贺，2018）。另外，林元辉和范世云（2012）还认为在中越贸易中使用人民币结算既能规避汇率风险，又能提高越南对中国的支付能力，还能使中国获得国际"铸币税"的收益。但在两国贸易中人民币却还不是主要结算货币，因此，为了扩大人民币在两国贸易结算中使用比例，他们认为在贸易中使用人民币结算贸易方可以给予出口退税等激励。

有部分学者认为金融发展市场经济规模和金融市场发展的成熟程度是影响国际储备货币的构成因素（李向阳和丁剑平，2014），另外，金融发展规模和金融市场效率能够促进跨境贸易中的人民币结算（霍伟东和邓富华，2015）。为此，应该尽量减少结算障碍，降低交易成本，应加快金融体制改革来完善金融体系，推动资本项目的开放，促进离岸人民币回流，推进人民币在国际贸易中结算。

3. 优化出口产品结构，增强对外贸易的竞争力

梅德平（2012）认为应通过改善出口商品结构，提高在贸易中的竞争力，进而增强人民币在贸易计价结算中的话语权。史龙祥、王乐、王黎和谢文斌（2014）认为就中日贸易结构而言，在中日贸易结算中人民币没有日元有优势，并且人民币在国际贸易结算中还存在着“出口外币结算、进口人民币结算”的问题，而为了扭转人民币这种单一的结算路径，在大范围的国际贸易结算中使用人民币，他们认为可以优化出口商品结构。贾利军和刘宜轩（2016）通过构建 VAR 模型，对人民币国际贸易化程度及影响因素展开了实证研究，发现工业增加值能够正向促进人民币国际贸易化程度，贸易竞争优势对人民币国际贸易化的影响较小，而汇率对人民币国际贸易化程度有着显著的反向作用。基于这影响，贾利军等认为可以提升人民币币值、保持充足的外汇储备以及优化出口商品结构来强化人民币国际贸易化程度。

4. 其他方面

姚鹏和卢正惠（2011）指出中国已经具备了与东盟国家进行跨境贸易人民币结算的经济基础，在贸易中若以人民币结算可为双方带来可观的经济效益。为此，他们认为，中国可以从货币互换协议、境外人民币头寸供给、跨境流动检测以及政治信任四方面，推动跨境贸易人民币结算，进而促进人民币国际化。

通过对上述文献的梳理，可以清晰地知道若要进一步扩大人民币在国际贸易结算和贸易融资的使用，就企业层面上来讲，应该加大产品创新、优化产品结构等来提高在贸易中的竞争优势，实现在贸易结算的话语权。就金融体系讲，发达的金融体系能够促进贸易结算中人民币的使用，为此，应该加快金融市场的发展，完善金融体制，并加快汇率形成机制改革，维持汇率的基本稳定。另外，银行等金融机构应该提高服务质量，为贸易企业提供融资便利。贸易国政府之间的有效沟通，为国际贸易结算铺垫了经济政治基础，这也是至关重要的。

（五）如何扩大人民币在跨境金融交易中的使用

为了更快地推进人民币国际化进程，中国政府努力推进人民币在国际上的使用。自 2009 年 7 月出台跨境贸易人民币结算试点以来，跨境人民币业务逐渐发展起来，规模也在不断壮大，这项业务为市场交易主体提供了结算便利、节约了交易成本、降低了汇率风险，更重要的是它对人民币国际化进程具有重要的意义。

然而，对于人民币在跨境交易中的使用，主要是体现在资本和金融项目下的跨境直接投资业务、跨境双向人民币资金池业务、沪港通业务以及境外机构投资银行间债券市场等。当然，人民币跨境使用基础设施建设（例如，人民币跨境支付系统 CIPS、人民币跨境收付信息管理系统 RCPMIS）在人民币在跨境交易的使用中也扮演了非常重要的角色。针对人民币跨境交易方面的文献，学术界基本上对跨境业务的相关问题进行了如下分析研究。

1. 大力发展离岸金融市场，扩大人民币在跨境交易中的使用

离岸人民币金融市场的发展能够促进跨境交易中人民币的使用（董有德和张弘意，2013），继而推动人民币国际化进程（蒋序怀，2015）。已有的很多文献基于不同的出发点，纷纷对此进行了研究分析。

当前人民币资本账户尚未实现完全自由化，对人民币国际化带来一定的限制。为此，张国兵和安烨（2013）认为应该提升人民币在国际中结算货币、投资货币和储备货币方面的作用，来进一步实现人民币国际化。他们指出可以加快建设人民币离岸市场，加快汇率形成机制改革，维持汇率基本稳定，有助于人民币成为投资货币。王景武（2014）认为可以借助于海上丝绸之路这个桥梁，推动与沿线国家的贸易往来使用人民币计价结算，并大力支持沿线国家建设人民币离岸中心，加强人民币在岸与离岸市场的联动性，促进人民币在贸易中的使用。乔桂明、申健杰和程蕾（2014）选取了 2010 年 10 月至 2013 年 9 月的数据，对跨境贸易人民币结算规模的影响因素进行了研究，发现人民币跨境结算规模受离岸人民币市场发展水平、汇率波动和贸易发展程度的影响。乔桂明等认为为了进一步促进人民币在跨境结算业务中的使用，还需继续拓宽离岸人民币市场的广度、加强离岸市场之间及离岸人民币市场与在岸人民币市场的联动发展。袁申国和徐冬梅（2014）基于 VAR 实证模型，对国际贸易中人民币结算规模展开了探究，认为离岸金融市场的发展对跨境贸易人民币结算的增长具有积极影响，而且人民币的长期升值也显著推动着跨境贸易人民币结算。同样地，李波、伍戈和裴诚（2013）也认为推动跨境贸易人民币结算，首要任务应该健全完善离岸人民币市场的发展。罗忠洲和吕怡（2014）基于 Probit 模型对影响跨境贸易结算货币的因素进行了计量分析，结果表明很多企业倾向于选择以美元进行跨境贸易结算。此外，还发现企业注册资本规模、出口量占营业收入的比重、贸易对象与公司股权的关系以及跨境支付的银行等，都会影响跨境贸易中货币结算的选择。对于这种结果，罗忠洲等提议政府要做好对跨境贸易人民币结算的宣传，鼓励贸易中人民币结算，而且还要积极完善人民币结算的基础设施等。当然，除此之外，发展好离岸人民币业务也是非常关键的一步。刘昊虹和李石凯（2016）经过分析，认为人民币国际化进程虽然取得了显著成效，但不同区域和不同形态下的人民币国际化发展出现了明显的不均衡性。为了引导人民币国际化由这种非均衡性向均衡性转变，刘昊虹等建议可加强建设人民币离岸金融中心，并积极引导国内商业银行等金融机构的战略转型升级。杨正东、王海全和唐明知（2017）

对人民币计价结算中存在问题进行了概括分析，发现人民币的计价功能与结算功能有一定偏离、人民币计价权比较微弱。为了积极应对这些问题，杨正东等认为有必要推动“一带一路”倡议沿线国家的贸易使用人民币，加快离岸人民币市场建设。田乐蒙和刘雨绮（2018）选取了2012年5月2日至2016年12月20日的在岸市场汇率、离岸市场汇率以及汇差的数据，对人民币国际化背景下在岸与离岸人民币市场发展协调程度进行了实证研究，发现在人民币贬值非常极端的状况下，会导致在岸市场汇率与离岸市场汇率的失衡。为此，他们提出在加强风险监管和在岸金融市场改革的情况下，还需多关注离岸金融市场的发展和转型。

2. 资本账户开放与资本流动

有学者认为资本项目的开放度是影响未来人民币成为国际储备货币因素之一（李向阳和丁剑平，2014），所以应该加快资本项目自由可兑换（刘一贺，2018）。潘大洋（2015）认为，为了让人民币从境外顺利回流，建设境内外人民币回流渠道是非常迫切的。张春生（2017）通过研究分析，人民币在尚未完全开放的资本项下推行国际化，会带来诸如离岸市场与在岸市场的规模性套利以及外汇流动比例异常等问题。为了应对人民币国际化带来的负面影响，张春生认为应保持理性态度对待人民币国际化收益，提高人民币国际化和人民币资本项目的协调度，并积极发展金融市场。徐国祥和蔡文靖（2018）基于PSTR模型估计，对相关的面板数据做了CCE处理，研究了在金融发展存在差异的情况下，资本账户开放对货币国际化的影响，发现直接投资开放、债务类证券开放以及权益类证券开放对货币国际化的推动作用是不同的，其中直接投资开放能够促进一国货币成为国际储备货币和国际贸易计价货币；债务类证券开放能够促进货币成为国际金融计价货币；而权益类证券开放对国际金融计价货币的作用会随着金融市场的发展而增强。李曦晨、张明和朱子阳（2018）在资本流动的情况下，研究了套利因素和基本面因素对人民币国际化的影响，发现套利因素会通过境外人民币存款和跨境贸易结算方式显著影响人民币的净流出与总流出，而基本面因素会显著影响人民币的总流入。杨海蓉（2018）通过测度2001～2016年人民币的境外存量，探究了资本账户开放对人民币离岸金融市场的发展状况。结果表明，资本账户的开放，加强了国内金融市场与境外金融市场之间的联动性，促进了人民币的境外流通量。另外，结果还显示了自2010年以来人民币的境外存量并未对人民币离岸业务有明显的影响，这意味着人民币国内金融市场与境外金融市场之间的回流机制还不顺畅。

3. 债券与人民币国际化

项卫星、钟红和李宏瑾（2017）选取了1999～2015年国际债券的有关数据，并通过实证模型，研究发现能显著影响国际债券发行货币币种结构的因素主要有惯性效应、网络效应和外部币值稳定性。这个结论也正说明了货币的媒介支付功能和价值储藏功能对货币国际化的重大作用。但是当前人民币还不具备国际货币的价值储藏功能，为此，项卫星等学者认为可以通过放开外汇市场准入和产品交易限制，发展离岸金融市场，加快对汇率机制进行改革，形成市场化汇率，进而实现人民币在国际金融市场上的使用。何平、钟红和王达（2017）经过对国际债券计价货币的选择及研究人民币的使用之后，也给出了与项卫星等学者相同的建议。周宇（2017）通过分析总结美元国际债券和日元国际债券的经验，认为可以发行人民币国际债券为“一带一路”倡议沿线国际和地区提供基础设施融资服务，进一步推动人民币国际化。

4. “一带一路”倡议的建设推动了人民币的跨境使用

王晓芳和于江波（2014）指出可以通过“能源—货币”机制，使得人民币成为丝绸之路经济带上的沿线国家的商品交易货币。据此，他们认为可以通过建设石油交易自贸易区、丝绸之路经济带能源交易所来推动人民币在沿线国家的使用。另外，他们还强调能源开采和能源研发对推动人民币的使用也是可取的。林乐芬和王少楠（2016）基于 GMM 模型，研究发现经济规模、对外直接投资、贸易规模以及经济自由度等均能够显著影响“一带一路”倡议下的人民币国际化水平。为了实现货币国际化，林乐芬等认为一方面可以通过扩大对外贸易投资，与贸易国达到经济互动效应；另一方面，通过政府作用，逐步实现资本项目的自由化，进而实现人民币国际化。周天芸（2017）认为“一带一路”倡议会对人民币国际化进程具有重要作用，其中货币惯性、经济实力、金融发展水平和实际汇率的提升会促进人民币的国际化进程，而汇率的大幅波动和贸易顺差则不利于人民币的国际化。严佳佳和辛文婷（2017）认为“一带一路”倡议有利于人民币成为国际货币，助推人民币国际化进程，并且他们借鉴了马歇尔计划，认为可以先实现人民币区域化，再实现人民币国际化。郭晴、钟华明和陈伟光（2018）基于 SVAR 模型，对“一带一路”倡议沿线上的 16 个国家的数据进行了实证分析，结果发现人民币具备区域货币的潜力。同时，他们认为中国应加强与“一带一路”倡议沿线国家的合作，来实现人民币的区域化，继而实现人民币的国际化。

综合上述分析，我们可以知道离岸金融市场的发展能够促进人民币在跨境交易中的使用，但离岸金融市场的发展还不完善，日后还需加快建设和发展离岸市场。显然，资本账户开放的程度也是影响跨境交易中人民币使用的重要因素之一，鉴于当前中国的资本账户尚未实现自由可兑换，所以应该结合中国的实际情况，放开资本账户。国际债是扩大人民币在跨境交易中使用重要方式之一，另外，“一带一路”倡议也推动了沿线国家对于人民币的跨境使用。

（六）央行政策（货币互换）对人民币国际化的推动作用

2008 年以来，中国人民银行与世界上很多国家和地区陆陆续续签订了双边本币互换协议，旨在建立一个货币盟友体系来推动人民币国际化。双边本币互换协议，实质上是两个国家或地区的中央银行签订一份协议，并约定在一定条件下，其中一国的中央银行用一定数量的本币换取等值的另一国的货币，便于对双边贸易投资进行结算以及为金融市场提供应急流动性支持和帮助，最后两国中央银行再换回本币，而使用资金一方并支付相应的利息。可以看出，双边本币互换协议，体现了国家和地区之间经济金融的深度合作，同时为双方贸易投资中使用本币提供了极大的便利，也规避了贸易中的汇率风险。

货币互换协议便于双方的贸易。姚鹏和卢正惠（2011）认为中国与东盟国家签订货币互换协议，有利于双方贸易以人民币结算，为双方带来可观的经济效益。张帆、余淼杰和俞建拖（2017）经过估算，发现货币互换协议能够显著促进双边贸易发展。在张帆等看来，中国与其他国家签订货币互换协议对提高双边贸易值是非常有利的。范小云和陈雷（2015）也认为在金融危机发生的情况下货币互换协议可以缓解双方进出口贸易中的贸易障碍。并且，范小云等还强调了与中心国家签订货币互换协议，可以更大程度上增强人民币的流动性，有利于人民币国际化进程。

货币互换协议有利于维护金融市场稳定。其中，杨荣海（2013）研究了美国货币互换市场价格波动对美国货币国际化的影响，并认为在短期内，美国货币互换市场价格的波动对货币国际化的影响难以确定，但长期来看，货币互换市场的发展是能够促进美国货币国际化的。借鉴美国的经验，杨海蓉指出中国优先发展人民币的货币互换市场，能有效抵御海外金融市场的冲击，进而达到人民币成为国际经济往来中储备货币的目的。货币互换协议有利于国际金融市场的稳定发展，还能促进国际货币体系的改革（徐明棋，2016）。

货币互换协议能够促进人民币国际化进程。陈宏（2010）指出中韩货币货币协议能够缓解中韩双方在金融危机背景下的进出口贸易困难，并认为货币互换协议是人民币国际化的加速剂，能够推动人民币国际化。刘文娟（2013）认为中国与东盟签订的货币互换协议能够使双方不受美元危机的影响，维护双方的金融稳定，更重要的是它还能够扩大人民币在在国际上的使用，助推了人民币国际化进程。李仁真和杨心怡（2014）认为中欧货币互换有利于促进中欧双边贸易与投资便利化，增强中欧金融市场稳定性，推动人民币国际化进程。人民币国际化进程并非一帆风顺，现实经济中存在的贸易结构不合理、人民币国际结算的失衡和“霸权货币”的抵制等问题，阻碍了人民币国际化进程。面对这种状况，蒋序怀（2015）认为可以东亚货币合作为基础，中国与更多的国家签订货币互换协议，推进国际货币合作，促进人民币国际化。

三、人民币离岸市场的设计、影响及其风险控制

（一）人民币在岸市场与离岸市场的联动机制

1. 对离在岸人民币联动效应的研究

在岸与离岸外汇市场间的联动效应通常表现为一种资产价格的率先变化，进而引发另一种资产价格协同运动的过程（石建勋，2018）。

香港人民币离岸金融市场建立之前，学界对在岸和离岸市场联动效应的研究主要集中于研究对境外 NDF（无本金交割远期）市场、境内人民币远期和即期之间市场关系。黄学军（2006）通过对远期 NDF 市场和即期汇率的因果关系检验，得出境内即期人民币市场引导境外 1 月期和 1 年期 NDF 走势，1 月期 NDF 引导即期汇率但 1 年期 NDF 不引导即期汇率的结论。徐剑刚等（2007）借助 MA(1) - GARCH(1,1) 模型，验证了人民币即期市场对远期 NDF 市场没有报酬溢出效应，而远期 NDF 市场对即期市场有报酬溢出效应。李晓峰和陈华（2008）以人民币即期外汇市场、境外期货市场和境外 NDF 市场为研究对象，实证检验了三者间的信息流动关系，认为境外 NDF 市场的价格引导力量更强，处于市场价格信息的中心。严敏等（2010）也通过实证研究境内机构从事 NDF 交易被禁止后人民币即期汇率市场、境内远期汇率市场和境外 NDF 市场之间的动态关联关系，印证了境外 NDF 市场处于市场价格信息中心的观点。

香港人民币离岸金融市场建立之后，其与在岸市场的联动关系逐渐进入学者们的研究视野。2009 年，跨境人民币业务的发展加快了人民币国际化步伐。2010 年以后，香港人民币市场发展迅速，其与人民币在岸市场的联系也更为密切。刘辉（2014）认为香港 CNH 市场的建立加强了人民币在岸离岸汇率间的联动。Gu 和 McNelis（2011）的研究表明人民币在岸和离岸市场即期汇率间存在着较强的联动关系。Prasad 和 Ye（2012）研究发现 2010 年第 4 季度后，人民币在岸市场即期汇率和香港人民币离岸市场即期汇率之间的相关程度显著提高；而 Ding 等（2014）认为人民币在岸与离岸及其汇率之间的联动关系主要是美元兑香港人民币即期汇率（CNH）定盘价推出后产生的。

虽然学者普遍认同人民币在岸和离岸市场间存在联动关系，但是对于两个市场的价格引导关系和方向，学界却存在一定的偏差。

早期研究中有观点认为两个市场间不存在价格引导关系。Ding 和 Tse（2014）、Dingetal（2012）分别通过因果分析法和方差分解、脉冲响应函数分析方法研究香港人民币离岸市场与在岸市场之间的价格后发现问题，结果均表明，两市场间不存在价格引导关系，境内人民币市场与境外 NDF 市场之间存在价格引导关系。

在之后的研究中，多数学者特别是国内学者认为人民币在岸和离岸市场间存在价格引导关系。Whalley 和 Chen（2013）研究发现，人民币在岸和香港离岸市场汇率间可相互追踪。修晶（2013）分时段检验了人民币在岸市场与香港离岸市场以及远期 NDF 市场之间汇率波动性的动态相关关系，发现三者间相关性有显著增强的趋势，并得出不同人民币市场之间的信息溢出程度加强、境内外市场融合度逐步提高的结论。阙澄宇和马斌（2015）借助二元 VAR - GJR - MGARCH - BEKK 模型，实证研究了人民币在岸和离岸即期汇率、在岸远期汇率和离岸 NDF 汇率、在岸即期汇率和离岸 NDF 汇率、在岸远期汇率和离岸即期汇率的关系，发现这四种组合的波动均具有一定的非对称效应，在岸与离岸市场不同期限的远期汇率之间存在波动溢出和均值溢出效应。李政（2017）通过协整 VAR 模型的动态溢出指数方法，对比分析境内外即期外汇市场的联动关系和远期外汇市场的联动关系，得出境内外即期市场的一体化程度高于远期市场的结论。

但是对于人民币在岸和离岸市场价格引导关系和方向的研究结果，存在一定分歧。有学者认为在岸市场引导离岸市场。伍戈和裴诚（2012）借助 AR－GARCH 模型研究在岸和离岸汇率关系型，发现两者互相影响但在岸汇率对离岸汇率的影响更为显著。周先平和李标（2013）的研究认为在岸即期汇率对离岸汇率的引导作用更为显著，境内人民币汇率对离岸人民币汇率的影响远大于离岸对在岸人民币汇率的影响。也有学者提出相反的观点，认为人民币离岸市场引导在岸市场。刘华等（2015）认为离岸汇率波动对在岸汇率波动的影响更大，且离岸人民币汇率在水平值和波动溢出上对亚洲国家货币汇率具有显著影响，崔学刚和邓衢（2016）的研究认为人民币汇率的影响方向为离岸市场向在岸市场传递。

通过细化市场类型和发展阶段来研究两个市场的价格引导问题似乎更为严谨。Maziad 和 Kang（2012）实证结果表明在岸市场人民币即期汇率对离岸市即期汇率有显著影响，同时离岸市场人民币远期汇率对在岸市场人民币远期汇率的变动起到预测作用。在此基础上，贺晓博和张笑梅（2012）通过构建 VAR 模型，采取协整检验、脉冲响应函数等多种方法研究境内的外市场价格引导关系，发现在即期汇率层面，人民币在岸市场对香港离岸市场具有引导作用，而在远期市场，香港人民币可交割远期汇率影响在岸远期汇率，而远期 NDF 市场对于香港和境内的人民币汇率都有较强的影响。杨帆（2015）研究认为人民币在岸即期汇率对离岸市场具有显著的引导效应，离岸 NDF 市场对在岸市场的波动具有溢出效应，而香港离岸即期汇率对在岸市场的两种效应均不明显。区分发展阶段来看，有学者将"811"汇改作为分界点。刘一楠和宋晓玲（2017）认为"811"汇改前离岸 NDF 汇率引导在岸远期汇率，此后在岸远期汇率引导离岸 NDF 汇率。而石建勋和孙亮（2018）认为"811"汇改后，在岸 CNY 市场逐渐失去人民币汇率定价中心的地位，离岸 CNH 和远期 NDF 市场汇率的影响力增强。

2. 对离在岸人民币联之间价差的研究

离岸市场所受限制较少，交易环境也更为自由，对市场环境更为敏感，调整速度更快（Giddy，1979），这导致在岸和离岸市场间存在一定的价差。但两者差异过大就可能会影响到国内金融市场的稳定和货币政策的实施效果（严兵等，2017）。

人民币离岸在岸价差存在持续性和结构性变换问题。叶亚飞（2016）、严兵等（2017）研究发现：人民币在岸和离岸汇率差异存在高度持续性，即离、在岸市场因受到市场冲击而产生或扩大的价差需要很久才能恢复。当离岸人民币汇率在价差增大时会产生结构性变换问题。Liu（2015）借助门限自回归模型（TAR），通过对人民币离岸和在岸市场高频交易数据的实证检验，证实所选区间内样本具有门限效应，当定价差异超出门限水平时，外部波动对汇率差异的影响加大。王芳（2016）、石建勋（2018）的研究也证实了在岸与离岸市场的人民币汇率波动存在非线性门限特征，且当汇率变动超出门限值时，其变动带来的冲击具有更为持久的预期性和延续性。

对于价差产生的原因，国内外学者的研究认为主要集中在资本管制、市场波动和参与者风险偏好及预期差异等方面。金荦（2005）、G Ma 和 RN Mccauley（2010）以及严敏（2010）都认为资本管制和境内外市场的微观结构差异是造成人民币市场分割以及人民币汇率差异的主要原因。Funke 等（2015）从基本面、全球因素和政策因素三个维度入手，利用 GARCH 模型研究人民币离岸和在岸的定价差异，认为两市场间流动性水平的差异是汇价差的重要决定因素，全球风险偏好加大会加大价差的波动性。朱孟楠和张雪鹿（2015）通过构建汇率的微观决定模型，同样得出境内外交易主体风险偏好不同会使人民币离岸和在岸汇率存在显著差异的结论。严兵等（2017）在此基础上进行补充，实证表明人民币离岸和在岸市场定价差异是多方面因素共同作用的结果，除两个市场流动性差异外，参与者预期差异对于价差会产生显著影响，全球风险厌恶情绪上涨和美元升值会加大人民币在两个市场的价差及其波动。

总之，从已有研究结论来看，人民币在岸和离岸市场的联动关系是存在并逐渐密切的。但是对于市场间的价格引导关系及方向，学者们的研究结果存在一定的分歧。随着后续研究的不断深入，一些学者发现在不同的市场类型和发展阶段中，在岸和离岸市场间的价格引导方向及效用不同。在人民币离岸和在岸市场发展的过程中，离岸市场环境相对自由的特点使得两市场间存在一定的价差，学者们对价差的研究主要集中在其特点和形成原因上。但是，人民币在岸市场与离岸市场的联动关系方面，还有在未来研究中有待改进的地方：由于人民币离岸市场发展时间不长，相关数据在样本量和丰富度上存在不足，这就可能导致实证结果不佳，在未来的研究中可以利用更加丰富的数据进行实证研究。

（二）资本账户渐进开放下人民币离岸金融市场的设计

在资本项目尚未完全开放的人民币国际化阶段，离岸市场可以为在岸市场资本账户的逐渐开放提供缓冲带（乔依德等，2014）。He 和 Robert（2010）提出，对于想要推动本币国际化的新兴市场国家而言，发展离岸市场可以在控制资本账户开放节奏的同时提高本币的国际认同和接受程度。

随着资本项目的渐进开放，包括 QFII、RQFII、QDII、沪港通、深港通在内的多种交易机制建立并发展起来，人民币在离岸市场与在岸市场间的交易规模和流动性逐渐增强。而中国香港地区作为全球最大的离岸人民币市场，学界对其离岸市场的建立和发展路径的研究则更为丰富。

1. 对于香港人民币离岸中心设立的建议

第一，坚持人民币国际化的双轨制战略。对于人民币国家化的路径，李稻葵和刘霖林（2008）指出可以采取双轨制、渐进式，人民币在岸和离岸市场并行发展。Subacchi（2010）提出实行双轨策略的两个方式：一是推动人民币作为跨境贸易中的结算货币，二是通过在中国香港地区建立人民币离岸市场以增强人民币对外投资者的吸引力。Otero - Iglesias（2010）提出人民币国际化的双轨制策略，既要鼓励在贸易往来中使用人民币，又要鼓励在中国香港地区发行人民币债券，提供人民币投资机会。Whalley 和 Chen（2013）提出离岸市场汇率应由市场决定，而在岸市场汇率应锚定官方即期汇率，并保证资本项目的不可兑换性。

第二，做大中国香港地区人民币资产池。何帆等（2011）提出，做大中国香港地区人民币资金池，最重要的举措是扩大中国香港地区人民币债券市场，然后加速发展人民币IPO，再发展人民币保险和理财产品，最后发展人民币的衍生品市场。巴曙松和叶聃（2015）提出稳步拓展中国香港地区人民币资金池的两种路径：其一是挖掘海外机构持有离岸人民币的交易和投机动机并积极推动和安排海外人民币的使用，中国香港地区通过扮演人民币跨境结算中心角色来扩大中国香港地区人民币资金池；其二是增加向中国香港地区离岸人民币资金池补充流动性的途径。

第三，优化境外人民币的回流机制。曾之明（2011）认为较为单一的境外人民币金融产品类型和资本项目管制阻碍境外人民币回流，香港人民币离岸金融市场回流机制仍待健全和完善。陈菁泉（2015）建议放宽境外人民币通过合格境外机构投资者回流投资额度；马骏（2012）提出应保持“回流机制”和“体外循环”的协调，如果仅依赖“回流机制”，会严重抑制离岸市场的长期发展潜力；我们需要推动和培育境外对人民币的需求，完善人民币市场的流动性、基础设施和市场规则，提升人民币“体外循环”比率。

第四，丰富香港离岸人民币计价金融产品和金融服务类型。在资本项目渐进开放下，人民币在离岸和在岸市场间的流动性增强。石建勋等（2018）提出央行应致力于加快离岸市场以人民币计价的衍生产品创新，扩大离岸市场人民币外汇衍生产品的交易规模，丰富交易品种，更好地满足市场主体的避险需求，同时在离岸市场增加更多样化的保险服务、证券与期货交易服务、对冲基金、外汇黄金买外等金融服务项目。借助当前“一带一路”倡议的契机，巴曙松（2015）建议可以开发针对“一带一路”倡议需求的香港离岸人民币产品，包括融资产品、大宗商品衍生品等。

针对“811”汇改后两个市场间价差逐渐扩大的问题，叶亚飞（2016）、严兵等（2017）提出通过深化利率市场化改革、强化离岸与在岸市场的互联互通、发展多元化外汇市场交易类型、适时适量引入对冲基金、资产管理公司等非银行金融机构来促进价差收敛，同时注意保持市场开放与政策干预的平衡，维持市场稳定。

2. 不同地区设立境外人民币离岸市场的作用和定位

对于人民币离岸市场设计的研究不能只局限于中国香港地区。马骏（2012）在分析不同地区人民币离岸市场定位时提出，中国香港应主要承担人民币离岸市场的“批发功能”，具体是成为海外人民币资金中心、资产管理中心，人民币外汇、债券、离岸股票的定价中心和交易中心；而包括新加坡、伦敦、纽约、上海在内的其他离岸市场应主要发挥“零售功能”。巴曙松（2012）也提出中国应建立以中国香港地区离岸人民币中心为主导、多市场并存的离岸人民币市场体系。陈菁泉（2015）提出应积极在海外建立和拓展人民币离岸金融市场。潘英丽（2015）认为应以中国对外真实经济关系及其地区格局的现状与未来发展趋势出发来布局人民币离岸市场，建议关注中国香港地区与新加坡、澳大利亚悉尼、中东迪拜、欧洲卢森堡、印度的孟买、俄罗斯的莫斯科、加勒比海的开曼群岛和英国伦敦等离岸金融中心，并将其作为人民币国际网络拓展中的枢纽或战略。

总体来看，在讨论人民币国际化的战略选择时，很多学者建议实行双轨制策略，并行发展人民币在岸和离岸市场。对于人民币离岸金融市场的设计和发展问题，学者们讨论的对象或切入点多为中国香港地区。随着中国资本账户的渐进开放，学者们从当前离岸市场发展的问题出发，提出了包括做大中国香港地区人民币资产池、优化境外人民币的回流机制、丰富中国香港地区离岸人民币计价金融产品和金融服务类型等建议。在设计和发展中国香港地区离岸市场的同时，学者们也有从更高的视野，考虑人民币境外离岸市场的全球布局。但是，针对这方面的研究，我们认为还可以在以下几方面进一步深入探讨：一是离岸人民币市场发展中的风险问题研究；二是研究如何协调好资本项目逐步开放和离岸市场的发展的关系和步调；三是对人民币离岸市场的全球布局方面的研究。我们需要从当前人民币发展的程度和目标出发，判断不同地区的特点，系统性研究全球范围内境外人民币离岸市场的布局。

（三）离岸人民币与境内人民币相互流动的机制和通道设计

1. 人民币境内外的主要流通渠道和机制

在跨境人民币流动方面，夏斌和陈道富（2011）分析了境内外人民币流动的主要渠道和机制。胡志浩和杨承亮（2015）从跨境贸易、金融市场、直接投资、官方、银行、个人和自贸区这七个方面总结了人民币在离岸和在岸市场流动的渠道。伍戈和杨凝（2015）分析了境外主体在境内存放人民币资金的主要模式并讨论了离岸市场人民币货币创造的主要机制。

2. 离岸人民币与境内人民币的套汇套利问题

Garber P（2011）分析了人民币升值预期下的套利交易逻辑：人民币升值预期增强导致 CNH 市场投机性需求上升，离在岸市场间人民币现汇价差扩大，刺激内地进口商在中国香港地区的结算，这使得人民币由内地流向香港，最终导致是香港人民币存款供给增加、离岸与在岸市场之间的价差缩小。同时他认为人民币跨境贸易结算和 FDI，在人民币升值预期的激励下，也可能具有投机性。张斌和徐奇渊（2012）分析了香港人民币离岸市场与境内在岸市场的套利活动与交易主体的互动机制。张明和何帆（2012）认为香港离岸市场与内地在岸市场之间的套汇与套利活动与人民币国际化进程密切相关，并对套汇与套利行为的机制与证据进行了梳理：两市场间套汇活动包括利用两地的人民币现汇差价套汇和利用持续的人民币升值或贬值预期套汇；套利活动主要基于人民币信用证的内保外贷和内地企业到香港发行人民币债券来进行。余永定（2012）则基于利率平价，同时考察了由于利差和汇差存在而导致的两市场间的套汇与套利行为，并认为套汇与套利活动的方向逆转是2012年下半年香港离岸市场人民币贬值的主要原因。

当前离岸人民币与境内人民币流动机制还存有一定问题，处理不当会产生负面影响。姜其林（2016）认为在香港人民币离岸市场回流渠道不畅通、境外人民币回流还未形成常态化趋势的条件下，境外人民币回流易引发短期跨境资本的波动。杨雪峰（2016）提出大规模的人民币流入和流出会对国内货币政策带来影响，邹玲和周陈曦（2017）认为其对中国货币供给和货币调控的影响程度取决于央行的调控政策及其市场参与行为。

3. 离岸人民币与境内人民币相互流动的通道设计

殷剑锋（2009）分别研究了人民币流出和流出机制的设计问题，针对人民币流出机制的建设，他提出可以从货物贸易进口、服务贸易进口、对外援助和企业国际化四方面展开；而人民币回流机制可以从货物贸易出口、服务贸易出口、外商直接投资、发行离岸债券、RQFII和现钞回流六个方面入手。潘大洋（2015）提出要建立和完善境内外人民币双向循环机制，强调解决人民币“回流”渠道建设问题更为迫切，并从扩大离岸人民币资金存量、提升境内企业议价能力、进一步拓宽人民币回流渠道等方面提出境外人民币回流渠道建立的政策建议。同时在通道设计中也应关注风险防控，何帆（2011）提出建设人民币的流入、流出机制应注重积极推动和审慎监管，具体建议包括继续保留中银香港作为香港人民币唯一清算行的地位，在考虑更宽松的人民币回流的投资渠道的同时，必须对投资机构的资格进行审核，并对总投资规模、投资流向给予限制。

总之，在理清人民币境内外的主要流通渠道和机制的基础上，学者们研究了离岸人民币与境内人民币的套汇套利问题，由于当前资金流动渠道还不是很通畅，离岸人民币与境内人民币流动机制还存有问题，处理不当会对市场稳定和政策调控造成一定的负面影响。在离岸人民币与境内人民币相互流动的通道设计方面，学者从资金流入流出的角度给出了建议，并考虑了资金流动中的风险防控问题。但是，当前研究成果中的建议仍有些笼统，对于如资本项目逐步开放下资金流动机制的设计和协调、不同通道选择所面临的具体风险等现实问题，在未来的研究中可以进行更为细致的探讨。

（四）境内人民币离岸中心的设立与风险管理

2013年9月29日，“中国（上海）自由贸易试验区”在上海正式挂牌成立。在国务院正式公布《中国（上海）自由贸易试验区总体方案》中，推进上海自贸区金融改革的先行先试为重要内容。在金融服务领域的开放方面，要支持试验区设立外资银行和中外合资银行，允许试验区内符合条件的中资银行开办离岸业务，“人民币离岸金融中心”成为未来上海自贸区的重要功能定位之一（闻岳春，2014）。上海自贸区人民币离岸金融中心鼓励企业在自贸区使用人民币进行跨境贸易结算（高晶，2015）；通过在自贸区与海外之间建立的特殊通道，资金进出自贸区实现自由化，这就使自贸区成为境内的人民币离岸市场（徐明棋，2016）。

1. 境内人民币离岸中心的设立模式选取

对于境内人民币离岸市场的设立模式的选择问题，学者们通过对国外经验（杨承亮，2013）的分析借鉴和对境内市场发展情况（沈飞，2014）的考察，形成了较为一致的观点，即现阶段实行离岸账户和在岸账户分开管理的内外分离型模式，之后随着市场的发展成熟，可尝试向渗透型模式转变。

徐明朝和高中良（2007）认为渗透型模式对市场的监管水平有较高的要求，鉴于中国的风险控制和监管水平，发展内外分离型模式更为合适。马俊和徐剑刚（2012）认为上海自贸区可以借鉴美国 IBF、日本 JOM 建立内外分离型的人民币离岸金融中心，防控套利资金流动。汪川和刘佳俊（2014）认为上海自贸区人民币离岸中心应首选内外分离型建设，离岸金融账户管理和完善应以“一线放开，二线管住”为原则，严控离岸资金流动引起的金融风险，待到市场逐步完善，国内汇率与利率市场化改革基本完成后可以考虑向渗透型离岸市场转变。耿亚莹（2015）认为分离型模式在防控资本频繁流动方面有更大的益处，一方面防止国际游资通过离岸市场大量涌入国内，另一方面避免离岸账户成为国内资金出逃国外的通道，减轻对国内金融市场的冲击。陈丽英和江宏伟（2016）基于对中国当前尚不完善的金融监管体系和有效控制风险能力的考虑，提出境内离岸金融市场建立初期应以内外分离型模式为基础，但未来向渗透型过渡的方式是合理可行的。

2. 对境内人民币离岸中心设立和发展的建议

学者们主要从境内人民币离岸中心的业务、制度和功能定位上，给出了对境内人民币离岸中心设立和发展的建议。

在业务方面，孙立坚（2013）梳理了自贸区内的金融开放和服务的八个层面，提出自贸区内金融发展必须围绕并匹配实体经济的发展。丁剑平（2014）自贸区离岸金融业务的发展需要考虑两点：一是在税收制度设计上，离岸金融市场对区内跨国企业和金融机构征税时可以借鉴“卢森堡模式”，即可根据区内企业与实体经济联系及其所做出的社会贡献，灵活调节“税前扣除”项目；二是吸取东京离岸市场建立的教训，在满足实体经济需要的框架下，早日将已发展成熟的跨境人民币衍生品业务在区内推进，以降低企业风险。

在制度设计方面，闫海洲等（2014）在分析中国香港、日本、新加坡自贸区和开曼群岛 4 个离岸金融中心建立的基础上，结合自贸区框架下离岸金融市场建设与运作的经验，认为上海自贸区建设离岸金融市场，应实行包括利率市场化、保持存款准备金率、建立存款保险制度、推动资本项目开放、取消利息预扣税等措施。叶亚飞（2017）从离岸金融市场发展的问题出发，提出上海离岸市场发展的建议：针对两市场间汇差问题，可考虑在自贸区内实现资本项下人民币的自由兑换；针两市场间利差问题，应逐步推动利率市场化改革，实现上海自贸区内基准利率体系的市场化；针对联动性不足的问题，上海自贸区应积极拓展在岸的人民币市场，进一步丰富人民币业务并产品，满足不同程度的人民币需求。

在功能定位方面，汪川（2014）认为不同于中国香港、新加坡、伦敦等境外人民币离岸市场，境内人民币离岸中心的建设主要面向国内，旨在为区内走出去企业提供离岸金融服务，并通过发展离岸金融业务吸引国际资本，辐射长三角经济区。管涛（2014）认为上海自贸区的金融开放试点的目的是探索在全国可以复制并推广的金融管理经验，因此在建设过程中要注重改革的系统性、整体性与协同性。

3. 境内人民币离岸中心的风险管理

境内离岸市场的建设在加强境内外资金流动的同时也会带来一定的风险。学者们大多认同在初期建立境内人民币离岸中心内外分离制度，很大程度上也是从风险防控的角度出发的。在内外分离型模式下，离岸和在岸账户严格分离，还应吸取日本的教训（朱琳，2012），防控国外资金通过离岸账户想境内渗透（严佳佳，2015）。

境内人民币离岸中心在实行内外分离管理的同时，还应建立和完善风险防控和监管体制。在监管方面，杨承亮（2013）提出要加强金融产品交易的横向监管，严控商业银行资产负债的期限错配和货币错配问题，牢牢守住不发生系统性、区域性金融风险的底线。除一般的监管措施外，闫海洲（2014）提出上海自贸区应建立层级防火墙机制，重点关注资金流动和市场交易环节。沈飞（2014）提出上海自贸区要建立适应内外分离发展模式的分阶段风险调控机制。叶亚飞（2017）从建立风险监测、预警信息系统和监管体系，对风险的态度调整及监管体制改革等方面阐述建立和完善境内离岸市场的风险防范机制。

总之，在境内人民币离岸中心的设立模式选取问题上，学者们形成了较为一致的观点：现阶段实行离岸账户和在岸账户分开管理的内外分离型模式，之后可尝试向渗透型模式转变。而对于境内人民币离岸中心设立和发展的建议，主要集中在其业务、制度和功能定位上。对于发展境内离岸金融中心的风险防控，学者们给出的建议多从模式选取、政策体系制定角度出发。但是在对于境内离岸市场设计的研究中还存在一些问题：由于中国境内离岸市场尚处于初步建立阶段，对于如何设计和发展，学者们应多尝试借鉴国外的经验。对于国外的结构设计和发展虽进行了详细描述，但是缺乏和中国的对比，对于中国可以借鉴多少、怎么借鉴的论述有些单薄。因此，在之后的研究中，可以着重国外模式与中国现实的对比分析，并从中国实际出发，探寻合适中国的境内离岸市场发展道路。

（五）离岸人民币市场对货币政策的影响

1. 离岸货币与中央银行货币政策的关系

离岸货币对央行货币政策关系的观点集中于两点：一是离岸货币削弱了中央银行货币政策的有效性，二是离岸货币会导致中央银行货币政策外溢。

Aliber（1964）认为美元国际化弱化了美国货币政策独立性，货币贬值对刺激经济增长的作用效果受到影响。Brimmer（1969）发现美联储采用紧缩性货币政策时，欧洲美元的流入会使得美联储货币政策效果弱化、货币政策复杂化。Arize（1991）认为货币国际化时，境内外利差会引起货币替代现象，增加央行对货币存量调控难度。Tavalas（1997）发现无论实行固定汇率还是浮动汇率制度，货币国际化都会弱化央行基础货币控制，干扰货币政策实施效果。Walter H. Diamond（2003）表示，避税港型离岸金融中心会造成所在国资本外逃后回流，降低货币政策独立性。Yang、Shin 和 Khan（2007）对美元利率的研究发现，随着离岸美元市场的发展，境内货币政策制定不能独立于境外离岸市场。He 和 McCauley（2010）认为，如果不有效控制跨境资金流动，将影响在岸市场货币数量，并通过信贷传导等途径，使货币政策在实施的过程中产生偏差。Battellino 和 Plumb（2011）以澳元离岸市场为研究对象，发现离岸市场为商业银行对冲中央银行公开市场操作提供了空间，削弱了中央银行通过商业银行调节基础货币的能力。Ahmed 等（2011）认为，货币国际化涉及货币和金融稳定的一些潜在风险，包括使货币管理复杂化，使金融体系充分吸收资本流动的能力受到影响。缺乏规模和深度的货币市场和其他金融市场也可能成为系统性不稳定的根源。

2. 离岸人民币市场对中国货币政策的影响

由于人民币离岸市场起步较晚，离岸人民币资金池规模及离岸人民币产品种类均有限，受此限制离岸人民币市场的可交收利率互换以及人民币本金可交收远期等交易的规模更为有限，即便如此，众多研究表明，离岸人民币市场对中国货币政策仍有显著影响。曹源芳（2005）基于人民币跨境流通降低了中央银行的“前瞻性”和“资平波动型”货币政策的效力，提出通过加强与周边国家的协作加强跨境流通统计监测、建立人民币回流机制、建立安全预警机制等措施来提高货币政策有效性，以应对人民币跨境流通对境内人民币汇率机制产生的不利影响。Yu 和 Zhang（2008）研究发现，NDF（尤其是 3 月期）对中国货币市场利率有显著的波动溢出效应。Garber（2011）分析了离岸、在岸市场的套汇交易机制，估算香港离岸人民币货币创造乘数 1.07，继而指出马骏（2010）假设货币创造乘数为 2，低估了离岸市场发展对内地货币政策的影响。Park 和 Song（2011）认为人民币国际化会带来中国汇率政策调控的难度，货币当局要维持人民币与美元汇率的稳定将面临来自国内和周边国家的压力。张明（2011）对 2011 年第 1 季度的数据研究发现，人民币进出口结算比例失衡表现出人民币跨境结算的跛足现象，这导致中国外汇储备额增加了 408 亿美元，从而对货币政策造成冲击。何帆等（2011）对香港人民币离岸市场进行分析认为，离岸市场发展可能会削弱内地货币政策效力，但并未分析影响货币政策的渠道和机制。张斌和徐奇渊（2012）在考察香港离岸人民币市场发展情况后认为，离岸人民币市场的发展会增加外汇市场的外币净供给，从而影响中央银行货币政策的实施。刘华、朱佳青和李广众（2016）研究发现，香港离岸人民币市场的发展对中国货币政策中间目标构成了“替代效应”，在一定程度上降低了货币政策实施的有效性。叶亚飞和石建勋（2018）研究发现，人民币币值越稳定、人民币离岸在岸汇率联动性越强、中国内地与中国香港地区金融一体化程度越高、经贸一体化程度越高、外汇储备越充足，越有利于人民币在中国香港地区的货币替代。Robert 等（2017）实证结果证明，“811”汇改以来，中国在岸人民币交易市场的多重分形程度不断降低，意味着市场效率不断提高，央行干预方式的变化是市场效率变化的主要原因。McCauley 和 Chang（2018）研究发现，市场参与者认为稳定人民币有效汇率和稳定美元兑人民币双边利率的预期目标之间存在矛盾关系。贸易加权的有效汇率稳定有助于提高人民币竞争力和价格稳定性，而美元对人民币汇率的稳定限制了中国企业偿还美元债务的积极性。人民银行 2017 年提出的反周期因素强调需要抵制自我实现的市场预期。

关于人民币离岸市场发展对中国货币供给的影响，大部分研究认为影响有限且可控。例如，马骏（2011）以外币结算作为基准情形，分析了人民币流出境外后不同的回流渠道对境内 M2 的影响，并考虑了央行为维持汇率稳定进行外汇市场操作的因素，认为与基准情形相比，人民币流出境外对 M2 无影响；原先没有其他融资渠道的中资机构在境外筹得人民币并将其汇入境内，会导致境内 M2 的增加；而其他类型的人民币回流及人民币在境外的使用并不影响境内的货币供应量。因此，只要审慎控制境内企业在境外的人民币融资，离岸市场的发展对境内货币供应的影响都是有限且可控的。吴宇（2012）以 2004 年 2 月至 2011 年 6 月的数据运用状态空间模型估算了香港人民币离岸市场对内地货币供应量的影响，得出结论香港人民币离岸市场对内地货币供应量的影响有限，其对 M2 的动态弹性在（-0.01，0.01），即香港人民币离岸市场规模 1% 的变化将会使境内广义货币供给量产生 -0.01%~0.01% 的变化，但总体而言这方面的研究仍然十分薄弱。

对于已有的关于离岸货币对境内货币政策的影响的文献研究，主要结论为：离岸货币会削弱境内货币政策独立性，弱化货币政策调控效果，增加央行制定货币政策的复杂性。已有文献对离岸人民币与离岸人民币市场对境内货币供给量的影响路径和影响机制的相关研究较少，这也是中国货币当局一直关注和关心的问题。

（六）离岸市场对在岸市场价格和内地宏观调控的影响

1. 离岸与在岸市场价格联动效应研究

Hendershott（1967）研究发现，美国国债利率引导欧洲美元利率变动，调整时滞为 1 月到 1 年，即利率信息由在岸金融市场传导至离岸金融市场，但调整周期较长。Lo 等（1995）发现日元在岸市场与离岸市场利率间的联动关系在 1990 前后发生了变化：1990 年之前欧洲日元市场利率处于绝对的价格信息中心，在岸日元市场利率受欧洲日元市场利率单向引导，而 1990 年之后，在岸日元利率市场地位增强了，表现为双向传导。Chan 和 Lee（1996）考察了 1983 年前后欧洲美元市场和美元在岸市场间利率联动关系的变动，发现 1983 年后欧洲美元市场利率的影响在增强，两岸市场之间的关系从单向传导变成了双向传导。Apergis（1997）对英国、美国、日本和德国离岸货币市场利率与国内货币市场利率之间的关系进行了研究，结果发现：汇率是否自由浮动对国内货币市场和离岸货币市场利率之间的相互关系存在显著影响。汇率自由浮动时，离岸与在岸货币市场的利率表现为双向影响关系；汇率固定时，离岸货币市场利率价格表现出对国内货币市场的利率的单向影响关系。Yang、Shin 和 Khan（2007）对 1983～2002 年美元在岸利率和欧洲美元利率间的关系进行研究，发现 1992 年前两种利率不存在长期协整关系，1992 年后则表现出明显的长期协整关系。

学者已有研究认为，人民币离岸与在岸金融市场的发展存在相互影响关系，相互促进的同时也会增加潜在风险。一些研究认为，货币市场利率主要表现为境内利率引导离岸利率。何帆和张斌（2011）指出与香港离岸人民币较为市场化的资产价格相比，内地的汇率、利率机制的市场化程度还比较低。同时指出虽然在岸市场的价格受离岸市场上人民币汇率与利率的影响，但价差的存在有利于在岸和离岸市场价格的互动，离岸市场的“价格发现”功能有助于促进在岸市场汇率与利率的市场化改革。余永定（2012）的研究中同时考虑了套利和套汇交易，认为两种汇率、两个市场同时存在，且资金跨境流动自由，套汇、套利活动活跃。随着国际金融环境变化，不可避免会影响在岸市场交易行为与交易价格。周先平等（2014）认为在岸人民币市场有绝对的价格信息优势，但是离岸市场的影响作用有增强的趋势。冀志斌、周先平和曲天遥（2015）从离岸人民币利率变动预期角度入手，运用 MGARCH－in－Mean VAR 模型分析了其与在岸人民币利率之间的相互作用，发现一旦市场因素发生较大变动，改变了离岸人民币利率预期，就会传导至在岸人民币市场，引起利率发生相应的变化，并且这种影响会持续很长时间。Löchel 和 Packham（2015）通过将香港以人民币计价的离岸政府债券收益率曲线与在岸政府债券收益率曲线在涉及相关宏观经济变量的 VAR 框架中比较，发现离岸收益率曲线确实比在岸汇率曲线更具市场驱动性，对汇率预期的影响尤为显著。此外，我们亦证实在岸市场对离岸市场的外溢效应虽然疲弱，但现阶段，内地资金流入香港市场的渗透率较反向（即香港流向内地）更高。Shu 等（2015）发现，CNH 市场对亚洲货币产生不同于 CNY 市场的影响。在控制了其他主要货币走势以及中国货币政策向该地区的传导之后，两个市场的人民币兑美元汇率变化对亚洲货币兑美元汇率变化产生了统计上和经济上的显著影响。离岸人民币市场的持续增长意味着 CNH 市场的影响力上升，但独立影响持续多久可能取决于中国在资本账户开放方面的进展。严佳佳、幸进成和黄健铭（2016）以 2010 年 3 月至 2015 年 6 月期间离、在岸人民币同业拆借利率为研究对象，采用 ARDL－ECM 模型以及边界检验证明了对超过 14 天期限品种而言，离岸利率对在岸利率的倒逼效应是真实存在的，并且资本账户开放对倒逼的刺激作用已经显现。

对于离岸货币对在岸货币价格（利率或汇率）影响的研究，以欧洲美元与美国美元的研究居多，多数得出这样的结论：离岸货币价格波动明显；离岸货币市场发展初期，价格引导关系表现为在岸价格引导离岸价格波动；随着离岸货币市场的发展，离岸价格引导在岸价格能力明显增强；在汇率自由浮动的情况下，离岸价格与在岸价格存在双向影响关系，而在固定汇率制下，离岸价格与在岸价格仅存在单向影响关系。当前人民币在岸市场与离岸市场的联动效应研究多集中于影响方向的定性研究，研究结果多表明离岸市场会对在岸市场产生倒逼影响。

2. *离岸市场对内地宏观调控的影响*

Krugman（1996）认为国际短期资本会伺机攻击宏观经济脆弱和国内外政策失调的国家。在政策及预期下，投机者会进行投机性攻击，很有可能摧垮一国的货币系统。李东荣（2003）认为人民币跨境流通带来的影响包括：境内外人民币的利差和汇差会引来大规模套利行为；人民币如果出现异常大规模回流会影响人民币汇率的稳定；非法的人民币跨境流通渠道会为洗钱、走私和贩毒等非法活动提供便利。这些都将影响中国的物价、利率和汇率水平，同时会对货币政策的制定和执行造成干扰。张春清和杨净捷（2005）认为，人民币跨境流通的影响表现为，人民币在周边国家流通、沉淀且跨境流通频繁，增加了人民币现金在边境地区流通的不确定影响因素，加大了中国人民银行在边境地区进行现金管理和发行调拨的难度；对中央银行在边境地区反洗钱和反假等操作增加难度；影响人民币汇率稳定以及人民币汇率的生成。马骏（2011）认为离岸人民币只有被境内企业融资得到并回流境内才会增加外汇储备对冲压力和货币供应量，中国政府应该加强引导，最好能够让离岸人民币在体外循环，减少回流冲击，以达到控制风险的目的。He 和 McCauley（2010）认为离岸市场在货币国际化工作中经常发挥重要作用，并且通常导致境内市场发展，包括美元，但离岸市场的发展应与国内金融深化同步进行。Yongding Yu（2012）认为，人民币的国际化需要资本账户的可兑换和自由化。由于金融体系的脆弱性和缺乏吸引力的金融工具，中国的资本项目自由化以及人民币国际化必须逐步进行。Rhee 和 Sumulong（2014）表示，随着离岸人民币存款数量的增加，中国将面临更多的外部压力。允许离岸人民币汇回国内以放宽资本市场管制和资本市场自由化，必将加速人民币国际化，并且从长远来看是不可避免的。但放松管制将使汇率和货币政策管理复杂化，并在短期内造成资本波动风险。中国政府需要在确保资本市场有秩序放松管制的政策目标与发展离岸资本市场并促进人民币国际化的目标之间进行平衡。Airaudo（2014）认为对于小国经济而言，在较高货币替代率的情况下，国外借款会面临更高的风险溢价，不利于国内的宏观经济安全。

对离岸市场对一国宏观调控的影响的研究，多集中于离岸市场对一国金融经济体系的冲击以及应对方式的研究。研究结果表明，离岸市场的健康发展要有金融深化和内外一致的调控政策等配合。已有文献对离岸人民币与离岸人民币市场如何影响内地宏观调控政策的选择和使用研究较少。

（七）离岸人民币市场对人民币汇率形成机制的影响

对离岸市场对人民币汇率形成机制影响的研究多为对离、在岸即期汇率和远期汇率之间的决定关系的研究（分为离、在岸即期汇率之间的决定关系，离、在岸远期汇率之间的决定关系和远期与即期汇率之间的决定关系）和对人民币中间价影响因素的研究等。

1. 离、在岸即期汇率和远期汇率之间的决定关系

Wang（2014）发现，即期外汇市场上可兑换限制违反了境内远期市场的抵补利率平价（CIP），特别是中国当局通过阻止某些资本账户交易来实施兑换限制，以实现资本流动平衡。在决定兑换限制水平时，中国当局面临实现资本流动平衡和干预经常账户交易之间的权衡。经验证据表明，中国的兑换限制确实随着非抵补利率平价（UIP）偏差而增加，并随着出口增长而下降。Yongding Yu（2014）表示，尽管中国贸易的庞大规模以及人民币结算交易的便利化是交易便利化的关键因素，但利率套利也起着重要作用。离岸人民币市场与在岸人民币价差的下降有助于人民币进口结算与人民币出口结算比率更加平衡。Cheung 和 Rime（2014）发现，在岸和离岸汇率显示出长期和短期的相互作用，CNH 会根据预期的长期关系变化进行调整。但是，子样本结果显示，同一货币的两种汇率之间的短期因果关系会随着时间的推移而变化。在样本期结束时，CNH 汇率对 CNY 的影响较强，而 CNY 对 CNH 的影响在前期更为明显。Michael Funke 等（2015）利用扩展的 GARCH 模型，发现离岸和在岸人民币的价差与两个市场流动性的差异有显著关系，并且全球风险规避的上升则往往会增加价差的波动性。Owyong 等（2015）研究发现，即期在岸汇率对即期离岸汇率有较强的因果关系，而远期在岸汇率和远期离岸汇率间表现为双向因果关系。Hai－Chuan Xu 等（2017）研究发现，对于日常数据，CNY 和 CNH 在大多数时间段内表现出弱势交替的先期滞后结构。当 CNY 和 CNH 存在较大差距时，主导滞后关系是不确定的，并取决于当时的市场因素。美元升值与从境外到境内的领先—滞后关系相关，而（逆势）人民币升值与从境内到境外的领先—滞后关系相关。

2. 离岸市场对人民币中间价的影响

Cheung 和 Rime（2014）认为人民币汇率在很大程度上是通过政策措施来管理的，CNY 和 CNH 都根据政策偏差进行调整。两个离岸市场变量——人民币汇率收益率和人民币汇率指令流量（CNH order flow）对人民币汇率中间价具有一定的预测能力。Michael Funke 等（2015）认为，在政策方面，允许跨境人民币流出的措施对减少两个市场之间的价格差距的波动具有明显影响。Owyong 等（2015）发现，国内市场的信息优势仅在极短的时间内存在，这可能是因为它与央行举措、政策变化和数据发布等当地事件更接近。从长期来看，经济基本面等因素对人民币汇率的影响将是相对占主导地位的。Bastien DRUT 等（2016）研究表明，造成美元—欧元—人民币三级体系不稳定的主要原因是，包括中央银行在内的投资者有能力和动机改变其国际投资组合和外汇储备的构成，以应对各种事件

和冲击。这些变化使外汇市场更加动荡，未来三极体系的稳定将取决于发行国的（政治、社会、金融和经济）稳定。Qing Hea 等（2016）使用 1995 ~2013 年来自 26 个国家和地区的 7 种国际货币交易数据，采用引力模型研究国际货币地理位置分布的决定因素，并预测人民币交易在全球外汇市场的分布。结果表明，来源国和东道国之间的双边贸易和资本流动是国际货币地理使用的重要决定因素。事实上，中国香港的人民币交易额远高于经验模型预测值，这可以用中国对资本流动的限制和中国香港的首选地位来解释。人民币要在国际上得到广泛应用，人民币应该在美国和英国大量交易，但是直到资本流动的限制放松到很大程度，这才可能实现。管涛（2016）研究表明，离岸人民币于我仍是外汇属性，于外才是人民币属性。曹红钢（2016）对汇改前后人民币汇率形成机制进行研究，发现服务实体经济的人民币供求缺口是离岸人民币汇率的重要因素，“811”汇改后，套利驱动的人民币供求缺口的影响力大幅提升，在岸市场的影响增强。Cheunga 和 Yiub（2017）从 Tobit 定性框架得出的实证结果表明，人民币交易活动受东道国市场特征及其与中国关系的影响。具体而言，股票市场资本化的规模、金融发展阶段、互换线的规模以及与中国的双边 FDI 流动，都是统计上的重要因素。进一步分析表明，一个经济体拥有离岸人民币市场的机会，受国内生产总值、金融发展阶段、股票市场规模以及与中国自由贸易协议存在的影响。McCauley 和 Shu（2018）将 2015 年“811”汇改以来的人民币汇率管理划分为过渡期、篮子管理和逆周期管理三个阶段。在篮子管理时期，汇率定价最为透明。Cheung 等（2018）研究了 2015 年 8 月至 2016 年 12 月期间人民币兑美元中间价的经验性决定因素。在线性回归框架中，在岸人民币和离岸人民币汇率、美元指数都与人民币中间价显著相关，2015 年 8 月政策变化后，人民币在岸汇率的影响显著增强，美元指数效应减弱，政策透明度提高。进一步研究发现，在线性框架中未检测到的人民币指数效应可以用乘法交互模型来揭示。具体而言，在控制乘数 CNH 波动性之后，CFETS 人民币指数显示了样本中观测值的 76.5% 的显著影响。此外，CNH 波动性会降低 CFETS 人民币指数的边际效应，这可能导致人民币指数与线性模型中间价的观察脱节。CNH 波动性也削弱了中间价和其他决定性因素之间的联系。这些发现与轶事证据相一致，即中国在面对不必要的波动时倾向于加强控制和行政措施。

已有文献基本集中于信息跨市场传导的角度，探讨离、在岸市场即期、远期汇率之间的决定关系，近几年逐渐出现对离岸市场对人民币中间价定价影响的相关研究，但是文献多为定性研究，如管涛（2016）、余永定（2017）等众多学者都从理论角度探讨了人民币汇率形成机制及离岸市场在其中的作用，定量研究尚未完善。因人民币汇率形成机制处于动态发展中，故未来相关研究须不断完善。

四、人民币加入 SDR（特别提款权）的影响分析

人民币纳入特别提款权（SDR）篮子是国际社会对中国经济发展和改革开放成果的肯

定，也是人民币国际化重要的里程碑，使中国在国际地位上得到进一步的认可，有助于扩大金融业开放、企业走出去和推动转型升级，对人民币汇率、对债券、对美元权重都有较大的深远影响，也对中国的金融改革开放提出了更高的要求。今后应进一步加快推进包括金融在内的全方位深层次改革，稳步实现新常态下的中高速经济增长，切实提升人民币国际化的水平和质量，为人民币国际储备货币地位提供坚实有效的支撑，在国际责任与能力权益相匹配原则下，通过金融双向开放积极促进国际货币体系改革和全球治理体系的完善。

（一）人民币加入 SDR 篮子的收益和成本

人民币加入 SDR 短期内对中国成本和收益的影响都是不明显的；从中长期看，收益高于成本，对中国是有利的，但是以特别提款权的广泛运用为前提。如果特别提款权不能被广泛运用，人民币加入特别提款权的货币篮子难言实质性收益。

1. 收益

一些学者认为人民币加入 SDR 篮子的收益在于加快了人民币国际化进程。赖颖（2017）认为人民币的境外需求加大，各个货币当局主动增持。人民币不仅可以在国内及周边地区流通，还可以借助 SDR 提供的权限实现真正的“国际化”，逐渐提升人民币在国际贸易支付、偿还、投资等方面的比例。郑联盛（2015，2016）指出人民币一旦成为超主权货币，将与美元、欧元、日元和英镑等同台竞技，人民币通过 SDR 将更加国际化，通过扩大双边本币互换协议、人民币业务清算行等方面的合作，加强区域经济金融合作。Chen 和 Peng（2010）利用经验模型实证了人民币作为储备货币的巨大潜力，并指出中国香港可在中国内地金融市场改革中发挥重要作用。另一些学者认为加入 SDR 后人民币提升了其国际储备地位。陆磊和李宏瑾（2016）指出人民币是牙买加体系时代下第一个真正的、纳入 SDR 的发展中国家货币，具有重大历史意义，人民币国际储备地位因此得到极大增强。吴秀波（2016）认为人民币“入篮”相当于 IMF 为人民币信用背书，全球各央行可在做好风险控制的前提下配置和持有人民币资产，显著提升人民币作为国际储备资产的接受度。Chey（2012）认为中国可借助 IMF 这一平台获得巨大的政治和经济利益，美元的铸币税利益将被削弱，可倒逼美国遵守国际规范，降低再次发生全球金融危机的风险。还有一些学者认为人民币“入篮”改善了人民币的国际货币职能。涂永红（2018）指出人民币在国际支付中的占比不断上升，中国银行业跨境清算与结算、贸易融资等业务显著增加。昌忠泽（2015）认为中国将更多参与世界的资本市场，有利于资源的全球配置，减少美元汇率波动对贸易和投资的冲击，并将中国的风险分散到世界，可促进地区经济、贸易、与投资的发展。

此外，有的学者还在推进金融改革、拓宽人民币投资渠道等方面研究了人民币加入 SDR 的收益。黄海洲（2010）认为“入篮”是国际社会对中国推进金融改革的认可，可促进中国经济结构的转型和升级。赖颖（2017）认为无论是对于小额消费或大宗贸易，还是包括证券、股票等金融产品，人民币的直接注入将减少大量的兑换成本，直接拓宽人民币的投资渠道。胡巍和白钦先（2016）指出，人民币加入 SDR 还会给中国提供一种更稳健的外汇投资工具。

也有学者认为短期内人民币加入 SDR 象征意义更大，仅仅代表国际市场对中国经济金融重要性的认可。由于 SDR 只是一个计价单位，而非实际货币，现今超主权货币的制度体系并不健全（王朝阳和郑步高，2018）。王永利（2015）指出，中国无须对人民币加入 SDR 抱有极大的热情，因为在 IMF 被美国控制的现有体制下，SDR 本身难以发挥应有的作用，人民币加入只会带来更多的责任和束缚。彭兴韵（2015）认为人民币要在国际货币体系中发挥更大作用，取得更重要的储备货币的国际地位，并不能指望 SDR。

总的来讲，人民币加入 SDR 货币篮子最大的收益是人民币国际化，可增加人民币在国际上的需求，助力人民币完善和提高国际支付结算、金融交易、官方储备等国际货币职能。由于 SDR 并不是真正意义上的货币，只是一种账面资产，没有国家信用和金融市场的支撑，私人部门流动性很弱，而且还受到美元垄断优势、网络外部性和美国政治的阻碍，因此，人民币加入其中后，在短期内几乎不可能取得立竿见影的实际效果，更多的仅仅是一种象征意义，因而短期收益主要体现在提高人民币的国际影响力和公信力、增强投资者信心方面，其实质效果将更多体现在中长期。潜在的实质性“收益”主要包括三个方面：一是实质推进人民币国际化；二是享受 SDR 超主权货币的权益，如铸币税、储备资产地位等；三是通过 SDR 成为国际货币体系新的名义锚。然而，这些收益取决于 SDR 能否成为超主权货币，存在较大的不确定性。

2. 成本

由于 SDR 不可以直接交易和支付，其需求量与使用和范围短期内极其有限，向私人部门的扩展进程十分缓慢，因此，人民币加入 SDR 的直接成本并不明显，且难识别。肖立晟（2016）认为人民币加入 SDR 的直接成本主要体现在人民币需求变化导致的对货币政策独立性和有效性的影响方面，但是这方面的影响不易担心。赖颖（2017）认为加入 SDR 后国际社会对中国货币、经济、金融等干预和冲击，会使人民币的市场化责任感不断增强；国际金融市场的波动会直接传到国内，导致国内金融市场的不稳定；海外人民币市场的主动性将被强化，削弱央行的定价权，对中国经济发展造成冲击。人民币加入 SDR，其存在的潜在风险和冲击主要有以下几点：

一是汇率波动加大。人民币加入 SDR 篮子后，以人民币计价资产的需求量增加。涂永红（2017）认为随着人民币国际需求规模的扩大，汇率决定更加市场化，市场预期更加困难。与贸易企业相比，金融市场参与者对汇率波动更敏感，容易出现汇率严重偏离其长期均衡水平的“超调”现象，这将加剧汇率波动风险，也增加了人民币汇率管理的难度；金融机构将成为中国跨境资本流动的主力军，在外部冲击下容易发生流动性危机。郑联盛

（2016）认为，人民币希望加入SDR是“811”汇改的一个重要动因，此后人民币的大幅波动即是改革成本。

二是随着资本账户进一步开放，资本流动的波动性加大，并且更加难以预测，与此同时，国际金融的运行尚不稳定，增加中国防控金融风险的难度，给人民币“入篮”的稳定带来新挑战。何正全和韦颖（2017）认为在人民币对外升值、对内贬值的背景下，放松资本管制会导致资本大量外流，人民币面临巨大贬值压力，从而可能引发金融危机。张鼎立（2016）认为加入SDR后，随着国际化进程的推进，资本双向流动规模将进一步扩大，人民币汇率决定机制也要愈发遵从于市场选择。因此，未来人民币币值的波动幅度会进一步扩大，风险头寸亦将增加。

三是制定金融政策的难度加大。人民币成为国际货币意味着中国在制定金融政策时有义务维持人民币的灵活稳定，承担地区金融稳定的责任（昌忠泽，2015），而这一目标有时可能会与国内经济调控方向相背离；特里芬难题依旧存在，即为全球提供流动性和保持人民币币值稳定之间存在冲突；人民币跨境结算增加，货币当局不得不购入更多外汇，并投放更多人民币，国内货币政策独立性受到威胁（张明，2011）。而且短期内，金融市场和资本管制放开的成本收益较难确定，人民币加入SDR会导致利率市场化进程加速，从而对银行业乃至金融业造成冲击（郑联盛，2016）。这些均增加了金融政策制定与宏观调控的难度。

四是削弱中国监管层对金融市场的管控，增加金融脆弱性。宋科和李昊泽（2015）认为人民币加入SDR迫使资本账户开放，外汇管制的权力由此削弱。同时，随着人民币可自由使用程度的提高，大幅取消个人跨境投资、证券交易、衍生品交易的限制，人民币的跨境金融交易增加，国际投机资本甚至有可能将人民币作为炒作对象，加剧中国金融市场和实体经济受热钱冲击的风险。人民币国际化将削弱中国监管层对金融市场的管控，同时引入可能影响汇率甚至金融系统稳定的多重因素。

综上所述，人民币加入SDR后利率、汇率市场化、资本账户开放和人民币国际化进程将会提速，这会导致汇率波动和跨境资金频繁进出，可能给中国宏观经济与金融体系带来以下风险：（1）由于国内要素市场改革尚未完成，跨境资金大规模流入将可能加剧产能过剩和使产业结构进一步失衡；（2）在私人企业投资环境没有明显改善的情况下，跨境资金大量流出，会导致中国的资本积累水平下降，不利于经济的可持续增长；（3）由于国内或国际经济原因，短时间内跨境资金大量流入导致宏观经济过热，进而导致实际货币升值、经常账户恶化和货币危机；（4）当房地产泡沫周期出现恶化、宏观经济取向硬着陆时，跨境资金流出有可能加剧中国经济的危机；（5）资本账户开放、人民币汇率机制改革和市场化的利率体系建设不协调，将导致货币政策有效性的下降；（6）在金融监管不足的条件下，金融市场和资本账户的放开，有可能导致“资产泡沫生成和破灭周期”频繁交替与发展，成为金融动荡的根源；（7）在面向市场的经济改革尚未取得实质性改革之前，利率和汇率的市场化有可能造成利率和汇率更大幅度的波动，从而影响资产配置的方式和效率，造成更为严重的内外经济失衡。

同时，人民币加入 SDR 后，中国需要承担更多国际责任，遵守国际规则，逐步开放资本市场与货币市场。从根本上需要根据国内经济改革的进程（包括国有企业改革、资源价格改革、银行部门改革、利率市场化、汇率弹性化等），相应制定审慎的、渐进的和选择性的进一步开放战略。同时，面对金融市场更加开放后中国经济不确定性的增大，需要有关部门不断提升宏观经济政策水平、金融监管水平，包括对跨境资本流动的实时监测和管理水平。在操作层面上，利用动态随机均衡分析方法和其他现代计量模型，构建一套有效的风险评估和危机预警模型，将是防范资本账户进一步扩大后中国经济金融动荡的重要技术手段。

（二）人民币加入 SDR 篮子对人民币国际化的影响

不少学者（王国刚，2017；吴秀波，2016；张鼎立，2016；Tseng，2016）认为人民币成为第一个纳入 SDR 的新兴市场国家货币，是 IMF 对中国经济、贸易实力和金融市场地位的认可，显著提升了人民币的公信力和国际地位，加速了人民币国际化的进程。

首先，人民币纳入 SDR 触发了全球央行和主权财富基金吸收人民币资产的新一轮浪潮，已有 60 多个国家和地区将人民币作为外汇储备。基于 Ito（2010）实证研究显示，人民币在亚太地区已有重要影响。Arlos 和 Fiedler（2014）证实，金融危机后，中国的汇率政策强烈影响着亚洲新兴市场国家的汇率和货币政策，人民币的国际影响增强。加入 SDR 后，Tseng（2018）认为人民币虽然还不是锚货币，但其国际储备货币的地位得到提升，人民币国际化的发展潜力更加显现。张鼎立（2016）认为人民币加入 SDR 加速了利率市场化、汇率市场化、资本项目开放以及离岸人民币市场建设，有助于增强境外投资者信心，进一步助力人民币国际化，提升其国际影响力。

其次，王朝阳和郑步高（2018）认为人民币纳入 SDR 后，离岸人民币中心数量的增多和人民币跨境支付系统（CIPS）的使用，提升了以人民币为载体的对外进行全球资产配置的能力，使跨境贸易投资更加便利。根据国际清算银行（BIS）的统计，人民币全球外汇成交量的占比也在逐渐增大，表明人民币的全球吸引力逐渐增强。人民币成为黄金、铁矿石、原油、粮食等大宗商品的计价结算货币后，加大了国际社会对人民币的需求量（涂永红，2018）。

最后，“入篮”表明人民币国际化正式进入主场驱动期，在岸金融市场开始承担推进人民币跨境使用的重任，人民币国际化程度稳步提升。作为国际流动性的新供给者，为其他各国提供了一种避险资产投资多样化的选择，在推动建立更加完善、稳健和公平的国际货币体系中提供中国方案，保持人民币在国际货币体系中的稳定地位（鄂志寰，2018；Tseng，2016）。长期来看，人民币最终实现国际化是必然的（Cai 等，2013）。

不过也有学者认为其对人民币的国际影响力尚且不足。Glick 和 Hutchison（2013）实证分析了中国和主要亚洲经济体之间的利率关联度很低，人民币资本管制自由化进程任重道远。Bowles 和 Wang（2013）指出人民币还远不能同美元抗衡，更不用说替代美元的主导地位。陆磊和李宏瑾（2016）认为从 SDR 审议的“可自由”标准看，在国际经济交易和国际外汇市场交易的广泛使用方面，人民币国际化水平与主要国家货币仍存在一定的差距。易纲（2017）强调人民币距离一流储备货币还有不小差距。“入篮”不是实现人民币国际化的必要条件，人民币国际化的前景主要取决于未来中国金融市场的发展、利率与汇率机制改革以及人民币计价金融工具的发展和风险管理平台的设立与不断完善等基本面。

此外，潘英丽（2016）认为由于 SDR 难以克服自身发展的缺陷，人民币“入篮”对人民币国际化可能并无实质影响。吴秀波（2016）认为，人民币加入 SDR 的短期影响小，虽能鼓励各国政府和私人部门配置人民币资产，但规模有限且不确定性较高，暂时体现不出计价单位与支付结算等作用。刘瑛（2017）认为“入篮”可助推人民币资本项目的可兑换程度，但由于 SDR 在国际贸易往来中实际上用得不多，基本只用于各国央行之间交易，且在全球外汇储备中占比小，SDR 会推动人民币资产需求的增加，但是影响不会太大，象征意义更大。

总之，人民币被纳入 SDR 货币篮子，是人民币国际化的标志事件，人民币成为第一个纳入 SDR 的发展中国家货币，是对中国经济、贸易实力和金融市场地位的认可，人民币将在国际货币体系中扮演更重要角色，有利于提高人民币作为全球储备货币地位，增强人民币资产的全球吸引力，提升以人民币为载体对外进行全球资产配置的能力，并进一步推动人民币国际化进程。人民币加入 SDR 只是人民币国际化的一个阶段性成果，并不表明人民币国际化大功告成。人民币国际化的最终目标是取得与中国的国际经济地位相匹配的货币地位。因而，短期内象征意义更大。同时，人民币作为国际储备货币在国际流动性和价值稳定性上将承担更大责任，对中国政策和金融体制也提出更高要求，面对频繁的国际资本流动和汇率波动，如若应对不当，可能会造成人民币在国际货币体系中的地位出现波折。因此，加入 SDR 是人民币国际化的新起点。

（三）人民币加入 SDR 篮子对金融市场发展的影响

一些学者（Lee，2014；Orăştean，2013；Eichengreen，2013；Srivastava，2012；Cohen，2012）认为中国尚未形成一个开放、深入和广泛的金融体系，风险管理能力欠发达。Cai 等（2013）认为，这会阻碍人民币国际化进程，而人民币纳入 SDR 可倒逼国内金融改革，有序推进利率市场化、资本账户开放、汇率形成机制改革和资本市场化改革（鄂志寰，2015；朱海斌，2015）。易宪容和张榉成（2016）认为 SDR 每 5 年评估一次，达不到标准就要被逐出来，这种刚性约束会倒逼国内改革。Frankel（2012）认为中国政府需要完全开放金融市场（开放资本账户、减少资本管制和实行浮动汇率制度）以实现人民币国际化。Tseng（2016）认为加入 SDR 对中国金融市场开放具有重要的促进作用，一方面，证明了中国改革开放方向正确与广泛经济转型的成功，这将进一步促进中国深化金融业改革；另一方面，也对完善外汇市场运行机制和资本账户开放形成进一步的倒逼动力，促使中国有序实现资本项目可兑换、金融体系进一步开放和汇率市场化改革。

首先，利率市场化改革方面，郑联盛和张明（2015）指出，尚未市场化的人民币利率会阻碍 SDR 货币篮子的利率定值，因此人民币加入 SDR 会加速人民币的利率市场化改革。事实上近两年改革成效显著。王朝阳和郑步高（2018）指出，一是加强了金融市场基准利率体系的培育，夯实国债收益率曲线的基准行；二是完善了市场利率定价自律机制，自律机制成员范围进一步拓宽；三是金融产品创新成果显著，存单发行主体范围扩大，同业存单、大额存单发行交易更加规范。

其次，汇率形成机制改革方面，郑联盛（2016）认为人民币加入 SDR 会使改革面临更加直接且多元的压力。涂永红（2017）认为“入篮”后，国际货币属性增强，国际需求规模扩大及主体多元化，外部的高度关注使中国汇率形成机制面临更大压力，人民币汇率决定更加市场化，其变化直接影响 SDR 价值的变化。黄翰庭（2017）实证了人民币加入 SDR 改变了 SDR 货币结构，对人民币汇率形成机制产生了显著影响。

再次，资本账户开放方面，中国为了人民币加入 SDR 采取了一系列措施：全国范围内实施全口径跨境融资宏观审慎管理，向境外投资者开放中国银行间债券市场，以人民币标价的国际债券余额和非居民持有境内人民币金融资产余额不断增加；开通“深港通”与“债券通”，标志着资本市场开放逐步深化（王国刚，2017 ；Tseng，2016）；加快境外人民币清算机制的建设，使境外贸易投资更加便利（王朝阳和郑步高，2018）。一系列的资本市场对外开放措施为境外投资者进入中国资本市场提供了途径，深化了中国资本市场互联互通机制的开放。但何正全和韦颖（2017）认为人民币加入 SDR 使得中国资本管制开放速度加快，中国经济面临更大风险，一旦投机过度，就会导致各种危机。Liu 等（2017）认为人民币加入 SDR 迫使人民币更具可兑换性，中国应采取相应法律措施，应对在推动人民币资本账户可兑换过程中可能遇到的各种挑战。

最后，货币政策决策改革方面，由于人民币汇率的官方施压和投机攻击不断，在制定货币政策时，加强货币政策的国际协调尤为重要，既要减轻国外溢出效应的负面影响，又要考虑国内财政、贸易、外交政策的相应变化。涂永红（2017）指出，“一带一路”倡议实施以来，还需考虑对周边特别是东盟国家的溢出效应，实现内外均衡的可持续发展。

Prasad 和 Ye（2011）认为，中国政府面临的最大挑战是通过大规模的国内改革来支持其温和的国际政策行动；从中期来看，随着资本账户变得更加开放，金融市场变得更加发达，这一战略将更多地转向促进上海作为国际金融中心的地位。巴曙松（2016）认为，从市场角度看，人民币加入 SDR 后，更加需要建立离岸市场和在岸市场的良性互动机制。仅靠人民币在岸市场或者仅靠离岸市场，都很难满足不断涌现的金融服务需求。在新的市场需求驱动下，人民币离岸和在岸市场的联系必然会更为紧密，以共同满足人民币国际化进程中产生的这些新的需求。

综合以上观点，人民币加入 SDR 不是一个孤立的事件，它既是国际货币体系改革的重要一环，也会倒逼国内金融改革与开放，进一步推动中国资本账户开放，人民币纳入 SDR 货币篮子还有利于中国的汇率制度改革和利率走廊建设。人民币加入 SDR 需要放在人民币国际化的大框架里讨论，从更高的角度看，人民币国际化、自由浮动汇率、利率市场化和人民币资本项目可兑换“四位一体”是互为充要条件、缺一不可的。因此，人民币加入 SDR 后中国必须在资本账户开放、汇率制度改革、金融市场发展与开放、跨境资金流动、离岸在岸市场联动和更广泛的经济结构调整等方面采取有针对性的配套措施，审慎防范并有效控制人民币纳入 SDR 后的宏观经济失衡风险与金融风险。

（四）人民币加入 SDR 篮子对金融机构跨国经营的影响

一国境外业务的发展与其货币的国际化推进息息相关，目前人民币纳入 SDR 已经一年多，中国金融对外开放格局也进一步深化。

一方面，人民币纳入 SDR 有助于降低中国企业在海外的融资成本，为商业银行跨国经营提供更广阔空间（易宪容和张栟成，2016），促进更多国家或地区与中国加强和深化国际合作，为中国加强区域经济金融合作提供支点，有利于中国企业“走出去”，并逐渐形成良性循环（鄂志寰，2015；涂永红和王芳，2015；朱海斌，2015）。Feng 和 Liu（2016）实证了人民币加入 SDR 和中国对外贸易之间存在长期均衡关系，且前者是后者的第二大外部因素，即人民币入篮将在某种程度上改善中国的对外贸易发展。Ito（2017）实证了在过去几年中，人民币在全球私人部门金融交易中的占比有所提升，并认为其在全球金融市场的权重也将增加。当人民币被越来越多的境外机构和个人持有时，离岸人民币市场得到了发展，这不仅有助于推动中国企业走出去，而且还进一步促进人民币在跨境贸易和投资结算等方面的使用，提高人民币计价的比例（涂永红，2018），为金融机构提供增加利润的新来源。涂永红和王芳（2015）指出，随着人民币使用程度的不断提高，中国企业将获得更多的人民币自主定价的话语权，从而规避海外贸易的汇率风险，促进中国进出口贸易的平稳发展。

另一方面，结合“一带一路”倡议，人民币跨境融资渠道不断拓宽，商业银行的跨国布局和业务结构调整紧跟人民币国际化步伐。闫苏静（2016）指出商业银行境外机构正在由外币主导转变为由本币主导；商业银行的业务更加多元，人民币负债来源扩大，中间业务的发展渠道也得以拓宽，离岸人民币交易和信贷业务成为商业银行资产业务重要的增长点。王朝阳和郑步高（2018）认为虽然目前人民币的结算地域范围主要只是中国周边地区，人民币兑换的限制也加剧了人民币结算的限制，但人民币交易范围和交易量还是有很大的提升潜力的。张青龙和王舒婷（2010）指出，中国目前金融机构大多聚集在国内，外设机构数量和规模都很小，但随着人民币国际化的深入，金融机构的外币业务和境外本币业务必将不断增加，这就对其风险管理能力和国际化经营能力提出了巨大挑战。如何在复杂的经营环境下合理拓宽负债来源、有效管理境外分支机构、加强流动性管理、进行金融产品创新，这都是金融机构所需思考的问题（王国刚，2017）。

因此，人民币加入 SDR，国际地位不断上升，给金融机构跨国经营带来了机遇。人民币在计价、支付和储备等方面得到国际认可，离岸人民币市场得到长足发展，不仅为发展跨境人民币业务、创新人民币产品、拓展海外服务等提供了原发性通道，而且有利于金融机构业务结构的国际化调整。同时，我们也应该看到，金融机构进行跨国经营也面临着经营环境复杂、经营管理风险增加、业务操作难度加大等挑战。只有抓住人民币国际化的机遇，积极应对挑战，才能更好地进行跨国经营。

（五）人民币加入 SDR 篮子对国际货币体系改革的影响

全球现行国际货币体系长期存在结构性缺陷，其中最主要的有两个：一是全球储备资产需求相对美国经济总量在上升，巨大的储备资产需求与有限的储备资产供给之间存在矛盾；二是美国国内政策目标优先与国际货币稳定之间存在冲突。这两个缺陷都与美元单一货币充当储备货币有关。面对这些缺陷，国际货币体系改革的方案，大致分为两个层面：一是降低国际储备需求；二是实现储备货币供给的多样化，向全球发行储备资产。同时，采取其他配套政策，包括全球政策协调、加强监管、增强系统性金融安全网、资本账户有序开放和新兴市场国家的金融深化。人民币加入 SDR，有利于形成若干个相互竞争、相互制约的国际区域货币，摆脱对某一国货币的过度依赖，也为推广 SDR 在国际货币体系中的广泛使用带来了新契机。

一些学者认为，人民币纳入 SDR 有助于实现 SDR 的定值稳定性。钱文锐和潘英丽（2013）认为，不同于其他成员国的超低利率甚至负利率，具有较高收益率的人民币会减少 SDR 对主要货币汇率的短期波动性，提升其质量与稳定性。Bénassyquéré 和 Capelle（2011）也表达了类似观点，并分析了人民币的加入对 SDR 作为记账单位和价值储藏功能发挥的影响。Bénassyquéré 和 Capelle（2012）还进一步对此进行了深入研究，认为人民币的加入可以提高货币篮子的合法性，推迟人民币的加入会造成 SDR 表现得不连贯，最终影响其组成的稳定性，人民币加入之后 SDR 价值的波动性将取决于人民币汇率制度的变化。Hassanain（2015）认为，欧元区的量化宽松（QE）给欧元带来很大的贬值压力，人民币的加入可以有效缓解 SDR 的长期贬值趋势，增强其稳定性。

在实证研究中，于恩锋和龚秀国（2017）定量分析了人民币加入 SDR 不但可以降低 SDR 利率波动性，缓解其长期贬值趋势，还可以显著提升其利率平价有效性。Zhi 等（2015）实证了如果人民币能尽快加入货币篮子，对美元的冲击将会很小，并且人民币不会对 SDR 货币篮子的短期和长期均衡价值产生趋势冲击。胡巍和白钦先（2016）实证了人民币加入 SDR 可以提升 SDR 长期稳定性，改善美元霸权地位的不合理性，降低外汇储备损失风险，促进人民币国际化进程的稳步推进。Yu 和 Gong（2017）实证了人民币纳入 SDR 会使 SDR 利率在贬值趋势中更加稳定和缓慢，并且中国 3 个月国债收益率的高收益率不会对 IMF 的贷款计划造成太大损害。

还有一些学者认为人民币纳入 SDR 提升了 SDR 的代表性，增强其作为储备资产和记账单位的吸引力，在国际货币体系中发挥更重要作用。2008 年金融危机后，以中国为首的新兴经济体的崛起在相当程度上改变了世界经济格局。黄剑和黄卫平（2018）认为人民币“入篮”体现了新兴经济体的经济增长受到全球广泛认可。Bénassyquéré 和 Capelle（2012）认为虽然人民币尚未广泛应用于当前金融交易，但从中期来看全球经济的发展越来越离不开中国的支持。Lee（2014）认为人民币使用范围的扩大可以减少非储备货币国家保值增值时的内生负外部性，促进全球金融稳定，对新兴经济体有重要意义。McCauley 和 Schenk（2015）从 SDR 替代账户的运作角度分析了摆脱单一依靠美元的国际货币体系改革的可行性，认为替代账户有效运作的条件之一是 SDR 收益率与美元资产收益率的比较，SDR 资产的收益率如果太低不足以吸引持有美元储备资产的国家使用替代账户。Shi 和 Wang（2017）运用模拟投资法研究了 SDR 债券市场的风险回报特征，认为将人民币纳入 SDR 有助于进一步增强 SDR 债券吸引力。肖立晟（2016）认为人民币加入 SDR 货币篮子为中国参与国际货币体系改革与合作提供了一个新的机制。人民币进入 SDR 货币篮子，使中国得以参与国际经贸规则制定。中国金融体系将进一步国际化，帮助解决全球经济失衡的问题。

此外，一些学者还认为人民币成为 SDR 篮子货币之一本身就是对国际货币体系多元化改革的直接贡献。黄剑和黄卫平（2018）认为，人民币加入 SDR 有助于各国在国际贸易、投资与储备等领域降低对美元的过度依赖，维护本国金融市场的稳定；对于发达国家，有助于加强南北合作，促进世界经济的深度融合，提升经济弹性。人民币“入篮”还可以加强储备货币发行国的纪律约束（UN，2009），提高经济政策的有效性（Wolf，2009）。Chinn（2014）认为人民币加入 SDR 有助于增加国际货币体系的稳定性，利于国际货币格局的均衡发展，而 Jenkins 和 Zelenbaba（2012）认为目前人民币对国际货币体系稳定性和灵活性的改善还不够。

总的来说，人民币纳入 SDR 为推广 SDR 在国际货币体系中的广泛使用带来了新契机。有助于增强 SDR 的代表性、吸引力和稳定性，扩大 SDR 使用范围和影响力，提高 IMF 在全球储备货币提供和发挥全球央行作用中的影响力，削弱 SDR 汇率与美元的挂钩，降低美元权重，发挥全球货币锚的作用；有助于 IMF 的改革和发展，符合全体 IMF 成员国的利益，也有助于完善现有的国际货币体系；SDR 因为人民币的加入而呈现更加稳定的价值，有利于提升其作为储备货币的质量；中国国内金融改革与 IMF 改革可以形成相互协调、相互促进之势，为提高 SDR 在国际上的地位也带来良机。同时，人民币成为 SDR 篮子货币之一本身就是对国际货币体系多元化改革的直接贡献，并将成为推动现行国际货币体系改革的切入点，推动 IMF 在普通提款权、份额和治理结构、监督职能、贷款机制和附加条件等方面的改革，进而推进国际储备货币多元化发展。

纵观已有的文献大多集中在定性层面，定量研究的少；宏观研究和总量研究多，微观研究和各类主体研究少；静态研究多，动态研究少；聚焦当下的研究多，展望未来的研究少；套用理论的研究多，数据分析的研究少；解释现象的多，讨论政府作用的少。鉴于人民币 2016 年 10 月才真正纳入 SDR，很多研究集中于探讨人民币加入 SDR 的收益和成本，以及对国内金融市场发展和人民币国际化等方面的影响，而关于人民币加入 SDR 对中国金融机构跨国经营和宏观经济内外均衡的研究较为缺乏，定量研究更少。国际上关于 SDR 的文献又主要侧重于讨论人民币加入 SDR 后对其定值稳定性、利率波动的影响，而结合人民币纳入 SDR 后如何从中国的角度去参与全球金融治理的研究还远远不够，尤其是如何扩大 SDR 的供给和需求的各项政策选择，中国应该如何寻找突破口和切入点，提升中国参与国际货币体系改革和全球金融治理的能力，同时，有效防范人民币加入 SDR 给中国经济带来的宏观经济失衡风险和金融风险，需要未来进一步深入研究。随着人民币国际化进程的推进，将会有更多理论和实证方面的研究，分析人民币加入 SDR 对中国和其他国家货币的影响，对中国金融市场、汇率制度、资本账户开放、人民币国际化等方面的影响，以及对国际货币体系改革的影响等。

人民币顺利纳入 SDR 货币篮子是对人民币国际化成果的认可，人民币作为国际储备货币的地位得到进一步提高，而在国际流动性和价值稳定性上也肩负更大的责任。虽然以购买力平价计算的中国经济总量已于 2014 年超过美国，已纳入 SDR 促进海外人民币资产配置需求，但人民币在相当长的一段时间内都难以挑战美元的主导地位。纳入 SDR 后国际资本流动和汇率波动将更为频繁，这对中国政策和金融体制提出了更高的要求。今后应进一步推进包括金融在内的全方位、深层次改革，真正实现市场在资源配置中的决定性作用并更好地发挥政府作用，顺利实现新常态下的结构优化升级、创新驱动和中高速经济增长，这是顺利推进人民币国际化的根本保障。在金融方面，还要加快推进人民币汇率形成机制改革，有序实现资本项目可兑换，加强政策协调并处理好开放的次序，深化发展包括基本衍生品在内的外汇市场和资本市场，丰富市场参与主体和交易产品，有效平衡在岸市场与离岸市场关系，提高金融信息处理和风险监测能力，完善危机预警体系和应对预案，切实提升人民币国际化的水平和质量，真正使人民币成为在国际经济中广泛使用并具有稳定价值的世界货币，为人民币的国际储备货币地位提供坚实有效的支撑。

我们应该看到，基于当前美元为主的储备货币格局相对稳定的现状，一个良好的国际收支调节和各国政策协调机制对稳定的国际货币体系至关重要，这就需要对包括汇率制度选择和资本流动监管等在内的全球经济金融治理框架进行全方位、深层次改革。2008 年全球金融危机的爆发再次暴露了当前国际货币体系的内在缺陷，发达国家自身已难以独力支撑世界经济增长，需要新兴经济体的紧密配合。人民币纳入 SDR，将在多元国际货币体系中发挥重要的稳定作用。在国际责任与能力权益相匹配原则下，中国应牢牢抓住契机，积极推动 IMF 份额和决策机制改革，充分利用二十国集团（G20）等各种国际合作框架，有效发挥包括亚投行和金砖国家新开发银行在内的新型国际金融组织的作用，通过金融双向开放积极促进国际货币体系改革和全球治理体系的完善。

五、人民币国际化的综合影响分析

（一）人民币国际化对微观经济主体（企业出口、金融机构经营和风险）的影响

1. 企业出口

大部分研究货币国际化对企业出口影响的文献，都是从货币国际化程度会影响进出口标价货币的选择，进而标价货币的选择会影响企业的汇率风险暴露这一逻辑出发。标价货币的选择一直以来都被认为是国际经济学的重要部分，因为它决定了是出口商还是消费者承担了汇率风险，以及汇率波动是否会带来对于不同国家生产商品的需求的转变。有大量的理论和实证文献讨论标价货币的决定因素，其中有部分文献关注到货币国际化程度或货币国际地位对标价货币选择的影响。Swoboda（1968，1969）强调作为交易媒介的货币通常是低交易成本的货币，并且这种低交易成本通常反映了该货币具有高流动性的外汇交易市场。Krugman（1980）指出了标价货币选择中的惯性现象。当一种货币在市场中占主导地位时，企业没有动机去用其他货币进行标价，因为这会带来更高的交易成本和更大的波动性。Ito 和 Kawai（2016）研究发现，一国货币在贸易国家的隐性货币篮子中占有的比重会影响该国货币在该贸易国家的标价货币中的份额。总体来看，一国货币的国际化程度越高，对该国货币成为标价货币有正向推动作用。同时，有研究发现，以本币作为标价货币可以降低本国企业的汇率风险暴露。Ito 等（2015）基于对日本企业的研究发现，使用日元作为标价货币可以减轻日本企业的汇率风险暴露。因此，一国货币的国际化程度越高，该国货币在标价货币中的份额越高，本国企业承担的汇率风险越小。

人民币国际化对企业出口影响的研究基本支持这一观点，即人民币国际化程度的提升有助于中国企业减少汇率风险暴露。曹红辉（2008）认为，考虑到对外贸易从签订合同到结汇，一般存在几个月的时差，如果采用美元报价，则企业的利润可能会随着美元汇率的变动而遭受损失，因而人民币国际化的一大好处是外贸企业以人民币进行结算，可以大大减少其面临的汇率风险。王元龙（2009）指出，人民币国际化使得中国企业在国际经济交易中可以使用人民币计价和结算，其在对外贸易中所面临的汇率波动风险和货币交易成本也随之降低，这种双重收益将进一步促进中国对外经济的发展。Eichengreen（2011）、Orastean（2013）认为人民币国际化的主要好处之一，是企业可以以人民币进行跨境结算，

进而消除了额外成本和汇率风险。何平和钟红（2014）指出，中国企业在对外贸易中面临的汇率风险主要包括交易风险、经济风险和会计风险三类。随着人民币国际化的不断推进，企业不仅可以在跨境贸易阶段中使用人民币进行结算，避免签约日与履约日之间美元汇率波动导致的应收资产或应付债务价值发生变化产生的交易风险，而且随着人民币汇率逐步趋于均衡，企业使用人民币结算，其未来净现金流价值的波动程度更小，承担的经济风险也更小。因此，人民币国际化从降低交易风险和经济风险两个角度降低了中国企业承担的汇率风险。彭红枫等（2015）在对人民币国际化收益的总结中指出，人民币国际化使更多的外贸将由人民币计价和结算，中国企业面临更低的汇率风险，促进了对外贸易的发展。

上述文献基本是在定性论述人民币国际化对企业出口的有利影响，也有一些文献对这一问题进行了定量分析。胡宗义和刘亦文（2009）利用一个中国动态可计算一般均衡（CGE）模型—MCHUGE 模型，分析人民币国际化对中国进出口贸易的影响，结果表明，人民币国际化对贸易条件的改善有正向作用。许祥云和吴烨（2011）关注于货币国际化是否影响贸易中的汇率风险这一问题。文章基于日本的经验，通过实证研究发现，日本的出口标价结构和日元对主要标价货币的名义汇率变动直接决定了日元对标价货币的汇率变动，说明出口中的本币国际化程度对企业的出口价格和收入产生直接影响，货币国际化能够有效降低出口的汇率风险。

2. 金融机构

人民币国际化将使中国经济金融体制面临深刻变革，考虑到金融机构在中国金融体系中扮演着重要的角色，因此研究人民币国际化对于金融机构的影响具有十分重要的意义。目前关于这一问题的研究，基本都认同人民币国际化对于中国金融机构而言，既带来了宝贵机遇，又带来了重大挑战。

大部分文献都认为，人民币国际化为金融机构带来了机遇（Eichengreen，2011；Aizenman，2015；杨爱民，2016），主要包括以下几个方面：

第一，人民币国际化能够推动金融机构的国际化经营。王哲和郗立涛（2012）认为，人民币国际化将促进人民币的跨境流动和境外运用，境外客户对人民币的需求势必转换为对中资银行的需求，因此中资银行在这一过程中拥有得天独厚的先发优势。Orastean（2013）认为，人民币国际化的主要好处之一，是银行可以以本币进行国际交易，并且可以进入国际金融市场。胡子润（2015）认为，人民币国际化将为境外机构带来诸多业务机会，其中大部分业务需由境外机构独立承接，或通过境内外联动完成，这为商业银行境外机构发展提供了基础。金锐（2012）认为，人民币国际化使得中国商业银行可以涉及跨境或境外的海外人民币业务，在这些业务上中资银行拥有外资银行所不具备的独特竞争优势，从而推动中资银行“走出去”。

第二，人民币国际化能够增加金融机构的业务。巴曙松和吴博（2008）、卢松

（2013）和徐劲松（2017）认为，人民币国际化会增加商业银行资产业务、负债业务和中间业务。首先，对于资产业务，随着人民币跨境结算业务的发展，人民币的贸易融资需求在增加，同时随着人民币国际地位的提升，境外投资者对人民币的投资需求增加，而且国内企业对外投资的增加也会使对人民币的投融资需求增加，这些都为商业银行带来资产业务的增长点。其次，对于负债业务，随着人民币跨境结算业务的加速，境外人民币存款将大幅增长，并且人民币债券的境外发行也成为人民币回流的一种渠道。最后，对于中间业务，随着人民币国际化的推进，中国商业银行的银行卡业务、国际结算业务、国际清算业务、金融性服务业务、理财业务等中间业务收入会大幅度增加。韩长征（2011）认为，人民币国际化的发展将在国际结算及相关业务、境内企业人民币贷款、境外人民币投资业务、国际金融同业往来业务等领域为中资银行带来新的业务机会。赵继臣（2015）认为，人民币国际化后，金融机构的业务收入会有很快的增长，包括境外人民币拆借市场、外汇交易市场、同业市场、证券市场逐步建立健全，为中国金融业带来巨大的跨境和海外人民币投融资、结算，进而带来提高收入的机会。陈丛笑（2015）认为，人民币国际化进程的推进会给中国商业银行带来诸多业务机会，其中包括人民币衍生品交易、人民币账户融资和拆借、人民币债券代理交易与结算、企业跨境资金归集与管理等。

第三，人民币国际化能够提升金融机构的竞争力。高海红和余永定（2010）认为，由于人民币国际化将使中国金融机构更容易获取大量的人民币资产，因而，将提高中国金融机构的融资效率，从而大大提高其国际竞争力，竞争力的提高将进一步推动中国金融服务行业的扩张。韩长征（2011）认为，随着人民币国际化的推进，中资银行的人民币国际结算量会相应增加，中资银行承担起人民币清算行的角色，这将提升中资银行在国际金融市场上的形象和声誉，有助于竞争力的提升。彭红枫等（2015）认为，人民币国际化有助于降低金融交易成本、提高中国金融机构的融资效率，从而大大提高其国际竞争力。胡子润（2015）认为，近年来中资企业“走出去”步伐加快，商业银行可以随着客户“走出去”，为企业提供全方位的人民币金融服务，有助于提升银行综合竞争力。

第四，人民币国际化有利于金融机构拓展客户。蔡昕（2011）认为，开展人民币跨境贸易结算后，国内商业银行可以充分发挥人民币存量规模巨大、清算系统发达、经营网点覆盖面广等优势，吸引具有人民币结算需求的境内外客户。李娜（2012）认为，规模巨大的人民币存量，发达的清算系统，全方位覆盖的经营网点等，都有力地保证了国内商业银行在满足境内外客户对于人民币结算需求方面的能力，使国内商业银行具有很大的客户扩展空间。王哲和郏立涛（2012）认为，人民币国际化的将推动国内商业银行由片面依赖境内客户转变为更加突出全球客户。同时，跨境人民币业务的优势地位将强化国内商业银行在境内客户“走出去”和境外客户“走进来”中的主导地位，结合国际同业合作，吸引更多优质客户。卢松（2013）认为，随着人民币在国际市场的流通、交易规模不断增加，中国商业银行开拓海外客户的机会更多，条件也更有利。陈丛笑（2015）认为，人民币国际化的推进必然需要在全球范围内建立一套人民币国际清算网络系统，中国商业银行的境外分支机构将成为清算系统的重要组成部分。随着清算渠道的延展和清算链条的延伸，中国商业银行的体系内将不断累积境外商业账户和非商业账户信息，随之而来的是大量商业渠道和客户资源信息。

第五，人民币国际化能够促进金融机构产品创新。王哲和郏立涛（2012）认为，人民币国际化将释放巨量的跨境投融资、理财、汇率避险等金融服务需求，同时离岸市场产品的在岸化运作乃至人民币衍生品市场发展，都将推动商业银行的复杂化、定制化创新。卢松（2013）认为，人民币国际化为商业银行带来很多产品创新机会，包括商业银行可以为境外银行开立人民币清算账户；为进出口企业办理人民币汇款、托收、信用证业务；为走出去企业办理人民币境外保函业务；为境外银行、客户提供人民币现金管理方案；为企业提供人民币海外代付、委托付款、福费廷等人民币贸易融资产品；为企业提供跨境人民币结售汇、人民币掉期等衍生产品等。

与此同时，也有较多文献指出，人民币国际化不仅为金融机构带来了机遇，也带来了挑战，主要包括以下几个方面：

一是人民币国际化增加了金融机构的经营风险。马荣华（2009）认为，人民币国际化进程中中国金融机构的经营风险会越来越大，比如，境内银行面临境外人民币集中返存和大量提现的压力；银行会有不断增加对境外居民和企业贷款的冲动，造成过度放贷和不良资产问题的积累。徐劲松（2017）认为，人民币国际化加大了商业银行传统业务国际化经营风险，包括因为中国人民币清算系统还不完善，人民币的自由兑换还没完全实现，以及中国商业银行境外机构和人民币离岸市场的规模有限导致的流动性风险；人民币汇率频繁波动以及银行国际业务的增多导致的汇率风险；人民币国际化使中国与世界紧密联系在一起，这也加大了中国面临的经济风险和金融危机而导致的信用风险。

由于经营风险的扩大，相应的人民币国际化就对商业银行的风险管理能力提出了更高的要求。王哲和郏立涛（2012）认为，商业银行全面风险管理能力亟待提高。李娜（2012）认为，人民币国际化使得商业银行承受了风险管理的压力。随着国内商业银行的各项业务逐渐延伸至国外，商业银行出现了更多的不确定性因素，这将考验到国内商业银行相应的管理和应对能力。卢松（2013）认为，人民币国际化使得中国商业银行在市场风险、操作风险、信用风险以及流动性风险管理方面面临一些挑战。

二是人民币国际化增加了金融机构的竞争压力。张青龙和王舒婷（2010）认为，人民币国际化后，银行业会存在两种竞争压力。一种是来自人民币境外市场上外资银行与中资银行的竞争，另一种是来自境外离岸市场与在岸市场人民币业务的竞争。韩长征（2011）认为，在人民币国际化进程中，中资银行会面临来自于外资先进银行、境外离岸市场等新的竞争压力。蔡昕（2011）认为，外资银行一直以来在境外市场具有市场主导地位，人民币国际化为其进一步拓展中国市场提供了契机，对中国商业银行构成较大的竞争压力。王哲和郏立涛（2012）认为，人民币国际化使得中国商业银行面临来自人民币离岸市场、海外经营争夺等更加直接、激烈的竞争。

三是金融机构在国际业务方面依然存在不足。张青龙和王舒婷（2010）认为，目前中国商业银行海外分支机构数量较少，离形成强大的金融资产扩张网络和全球竞争态势还有较大差距，国际化经营不足。韩长征（2011）认为，相对于外资银行，中资银行在经办国际业务方面缺乏优势，主要表现有海外机构覆盖尚有空白、专业化水平不高、金融产品创新能力较低、跨国经营能力不足等。卢松（2013）认为，综合考量中国商业银行的境外网络布局和服务方式，其服务集成化程度不够高，难以充分满足客户的需求，而且目前银行人民币跨境业务较成熟的地区仅限于中国香港和东盟地区，在其他地区的经营还有待进一步深入。

从已有的研究来看，学者们大都认可人民币国际化对企业出口有积极影响，但是已有的研究集中于定性论述人民币国际化对于企业贸易结算的好处，定量研究还相对缺乏，而关于人民币国际化对金融机构影响的研究，同样停留在定性讨论的阶段，未能形成对于具体影响的量化分析。因此，人民币国际化对微观经济主体影响的实证分析还有待进一步探索。

（二）人民币国际化对跨境资本流动和资本账户开放的影响

过去几年来，大多数中国资本账户开放的措施都与中国政府推进人民币国际化的举措有关（Zhang，2011），因此研究人民币国际化和资本账户开放间的关系，在当下具有重要的理论和现实意义。

大部分学者从资本账户开放是人民币国际化的前提条件这一角度对两者的关系进行研究。这部分研究认为，加快资本项目开放有助于推动人民币的国际使用，当前人民币资本项目开放度不高阻碍了人民币国际化进程，因此，人民币想要达到更高的国际化程度，当务之急是加快资本项目开放速度。钟伟（2002）指出，一国货币国际化可分为四个阶段：首先是经常项目可兑换，其次是资本项目可兑换，再次是政府推动的本币国际化，最后是本币的完全自由可兑换阶段。这说明，资本项目的可兑换是货币国际化的必经之路。曹凤岐和林敏仪（2004）认为，人民币自由兑换并不能意味着人民币的国际化，但使人民币发展为一种国际化的货币，放开资本和金融项目，允许人民币资本和金融项目的自由兑换，却是必需的前提条件。吴念鲁等（2009）则指出，资本项目开放是主权货币国际化的必要条件，资本项目的开放着眼于外汇供给层面，而货币国际化侧重于非居民的需求层面。高海红和余永定（2010）明确指出，货币可兑换性与资本管制程度是人民币国际化的条件。周小川（2012）也指出，实现一定程度的资本项目的双向开放是国际化所必需的。Frankel（2012）指出，从以往发达国家货币国际化的进程来看，经济实力已经不是货币国际化的主要决定因素，而金融市场的发展以及金融开放逐渐成为货币国际化的关键因素。相比于其他国际货币发展情况，人民币国际化仍有很长的路要走。Tung 等（2012）实证发现，人民币国际化程度指数和人民币国际化潜力指数两者之间存在着较大差距，文章认为造成这一差距的重要原因是中国存在资本账户管制。Ito 和 Chinn（2014）构建了随机效应模型，研究发现若贸易国资本账户开放，则倾向于使用欧元或本国货币作为其计价货币，并指出金融市场的深度及开放性将会影响国际贸易中计价货币的选择，金融抑制将限制一国货币在国际交易中使用。张国兵和安烨（2013）认为，中国资本账户开放程度有限，在汇兑管制、市场化程度较低的国内汇率市场与市场化的中国香港人民币离岸市场间的隔离、资本、证券类和对外直接投资资本账户的管制等方面阻碍了人民币国际化的进程。Lai 和 Yu（2014）认为，市场的厚外部性以及联合效应是影响一国货币成为国际贸易计价货币的最主要因素，并指出中国只有充分的金融开放，才能成为区域经济的主要计价货币。李向阳和丁剑平（2014）将资本项目的开放程度纳入经验分析范畴，发现资本项目的开放度是重要的国际储备货币构成的决定因素，为资本项目的重要性提供了经验证据。甄峰（2014）提出，人民币国际化核心竞争力的实现，关键在于如何稳步推动资本项目可兑换，使人民币为计价交易扫清障碍。杨荣海和李亚波（2017）通过实证研究证实了开放资本账户提升了人民币隐性“货币锚”的地位。

有一些学者强调，尽管资本账户开放对人民币国际化有推动作用，但是资本账户完全开放并不是人民币国际化的前提条件。在中国金融市场发展尚未成熟、金融改革尚未完成的条件下，资本账户的完全开放并不现实，也无必要。赵海宽（2003）反驳了“人民币没有实现自由兑换，就根本没有资格谈论人民币的国际化”这一观点。文章认为，一种货币成为世界货币，同这种货币是否实现自由兑换，既紧密联系又不是一回事情。成熟的世界货币必然是可以自由兑换的，但向世界货币之一发展的起步阶段并不一定要完全自由兑换。赵庆明（2011）认为，人民币国际化确实对资本项目开放有要求，比如要求中国开放金融市场，但是并不意味着所有的金融市场都要开放。尤其在人民币国际化初期，中国开放存款市场和债券市场就完全能满足境外人民币持有者的需求。高焰（2011）认为，人民币国际化是一个动态的过程，在这个过程中，资本账户管制的制约程度是不一样的，是变化的，相应需要采取的应对措施也是不同的。因此，人民币国际化不需要坐等资本账户开放之后才能进行。Eichengreen 和 Kawai（2014）指出，在人民币国际化初期，资本市场完全开放是没有必要的。但境外主体需要使用人民币作为融资货币、储备货币，或使用人民币进行资产管理时，资本项目开放就显得十分必要。杨荣海（2014）研究发现，外国直接投资以及证券组合股权的流入将有利于货币国际化的深入，而对外直接投资的流出不利于货币国际化。贾宪军（2014）研究发现，日本资本跨境流动与日元国际化之间呈现倒 U 形关系。在日元国际化的中后期，日本国内金融改革尚未完成，但日本政府过快地推进金融自由化，最终使得日元的国际地位反而出现倒退，这对于人民币国际化进程有借鉴作用。宋暄（2017）以新兴市场国家为研究对象，研究资本账户开放对货币国际影响力的影响。结果表明，资本账户开放对新兴市场国家本币影响力的提升极为有限，因此人民币国际化进程中，应保持克制的资本账户开放政策。徐国祥和蔡文靖（2018）通过建立实证模型研究不同金融发展水平下，资本账户开放对主要国际储备货币、国际计价货币以及国际结算货币的影响。研究表明，资本账户开放对货币国际化存在非线性影响，即资本账户开放对货币国际化的影响作用将随着国内金融发展水平提升而发生变化。因此文章认为，在货币国际化初期，资本账户完全开放并没有必要。

另一部分学者从人民币国际化影响资本账户开放这一不同的角度入手，对两者的关系进行研究。李瑶（2003）认为，非国际货币部分履行国际货币的职能，在货币可兑换或资本项目可兑换进程中将部分减少可兑换进程的风险，减轻可兑换的数量约束压力。因此，推进本币的国际化，可以有助于资本项目可兑换。Lardy 和 Douglass（2011）认为人民币国际化是否推动了资本账户开放这一问题尚无定论，考虑到历史上大部分国家都是资本账户开放先于货币国际化，中国的经历某种程度上踏入了一个未知的领域。余永定（2011）认为，人民币国际化实质是资本项目自由化，有人民币国际化之名却无国际化之实，无资本项目自由化之名却有其实。余永定（2014，2015）还认为，人民币国际化隐含了人民币资本项目开放路径。马骏（2013）认为，人民币国际化与人民币资本项目开放有一定的替代性。张春生（2017）分析认为，本币国际化对资本项目开放具有替代性，推动本币在资本项目下的交易支付实质为资本项目开放，并且人民币资本项目未开放下的人民币国际化导致资本项目事实上更为开放。

有一类文献综合了资本账户开放影响人民币国际化，以及人民币国际化影响资本账户开放这两个角度的文献，提出人民币国际化和资本账户开放相辅相成、相互促进这一观点。何慧刚（2007）指出，资本项目自由化和人民币国际化互为条件、相互促进。一方面，资本项目自由化是人民币国际化的必要条件；另一方面，人民币国际化进程又将推动资本项目自由化进程。人民币国际化必须与人民币资本项目自由化相同步。邵路遥和刘尧成（2016）认为，目前来看，人民币国际化和中国资本账户的开放实际上是相互促进的。一方面，随着人民币国际化的逐步推进，人民币在全球贸易中作为支付和结算货币使用的规模的不断扩大，资本项目的管制成为人民币进一步国际化的主要障碍；而另一方面，人民币国际化也能够促进中国资本账户的彻底开放，并能够抵御资本账户开放之后的潜在风险。杨荣海和李亚波（2017）认为，人民币国际化和资本项目开放相辅相成，两者并不矛盾。人民币国际化不必等到资本项目开放后再进行。当然，推进人民币国际化也必将为资本项目开放创造有利条件。

目前，学术界没有对人民币国际化和资本账户开放的关系形成统一的观点，同时，对于人民币国际化是否需要资本账户完全开放，学术界说法不一。当前中国的现实正是在资本账户尚未完全开放的情况下推进人民币国际化，照搬已经实现资本账户开放的发达国家推进货币国际化的措施不一定适用于中国。因此，资本账户开放和人民币国际化如何相互影响，以及如何将渐进开放资本账户和推进人民币国际化相结合，仍有待进一步研究。

（三）人民币国际化的成本、收益和风险评估

在不断推进人民币国际化的过程中，进一步了解人民币国际化过程中所能获取的收益以及可能面临的风险，对人民币国际化进行成本收益分析是非常必要的。较多的文献讨论了人民币国际化的收益和成本（王元龙，2009；Chen 等，2007；高海红和余永定，2010；Eichengreen，2011；Ito，2011；Frankel，2012；彭红枫等，2015；Zhang 和 Tao，2016）。可以将人民币国际化的收益和成本情况归纳如下：

1. 收益

人民币国际化的收益包括以下几点：第一，人民币国际化可以使中国获得铸币税收益。在人民币币值能在较长时间内保持稳定并逐步推进人民币国际化的设想下，钟伟（2002）估算出中国至少能从中获得 25 亿美元的铸币税收入。陈雨露等（2005）通过实证分析得出，到 2002 年，由美元国际化而产生的名义国际铸币税收益已经高达 6872 亿美元，运用其他国家美元外汇储备已获得的累计金融业净收益约为 2748 亿美元。文章认为，美元国际化之后的铸币税收入是一个非常可观的数额，人民币在实现国际化之后，每年也将会有巨额的铸币税收入。王元龙（2009）认为，人民币国际化实际上是以纸币换实际资源，从而可以大大减少中国因使用外币而引起的财富流失。Chen 等（2007）认为，当国外居民持有人民币时，相当于中国在发行低利率贷款，进而可以获得铸币税收入。高海红和余永定（2010）认为，人民币国际化意味着非居民将持有人民币，这有助于中国货币当局向外部世界收取铸币税。Subramanian（2011）从货币作为国际储备角度提出，当一国货币成为国际储备货币，它能为发行国带来铸币税收入。Ito（2011）指出，当人民币在国际范围内流通时，中国可以享受到铸币税的好处。

第二，人民币国际化可以降低企业面临的汇率风险。Li（2007）指出，人民币国际化有助于汇率风险的降低，促进地区经济、贸易与投资的发展。Chinn 和 Frankel（2008）认为，货币国际化能够分散汇率风险。王元龙（2009）认为，人民币国际化后，人民币在国际金融市场上被广泛接受，中国企业、投资者和居民在国际经济交易中可使用人民币计价和结算，其在对外贸易和投资中所面临的汇率波动风险也随之降低。Chen 等（2007）也提到，人民币国际化可以使企业在贸易与金融市场中使用自己的货币进行交易，从而规避汇率风险。高海红和余永定（2010）认为，尽管需求风险仍然存在，但人民币国际化意味着更多的外贸和金融交易将由人民币计价和结算，因此，中国企业面对的汇率风险将降低。Ito（2011）指出，人民币国际化后，中国进出口企业能够在贸易中以本币标价和结算，大大消除了汇率风险。Eichengreen（2011）认为，人民币国际化使得中国企业和投资者将能够在国际交易中使用本币，从而减少外汇风险暴露。彭红枫等（2015）认为，人民币国际化使更多的外贸和金融交易将由人民币计价和结算，中国企业面临更低的汇率

风险。

第三，人民币国际化可以促进金融市场发展。Papaioannou 和 Portes（2008）认为，货币国际化对于本国和国际金融市场发展都具有促进作用。文章以欧元区为例，发现在欧元发行之后，欧元区的国家相比于其他欧洲国家私人信贷上升 1.15%，这种福利的增加得益于欧元的国际化。张宇燕和张静春（2008）指出，国际货币储备国持有发行国货币通常是通过购买发行国的政府债券和其他金融产品的形式，这就为货币发行国创造了相对于别国而言优先发展金融产品和市场体系的契机。Chen 等（2007）用德国和日本货币国际化的经验说明金融市场的重要性以及货币国际化对金融市场发展的有利影响。Ito（2011）认为，由于企业与金融机构可以从国外借贷，外国公司与机构也可以在中国发行以人民币计价的债券，中国国内金融市场将得以深化。Maziad 等（2011）指出，货币国际化过程中通常伴随着金融市场的发展。

第四，人民币国际化可以推动中国经济转型升级。黄海洲（2010）认为，人民币国际化有利于促进经济结构转型、实现技术升级换代。Bottelier 和 Dadush（2011）认为，人民币国际化有助于终结国内金融抑制，实现中国经济的再平衡，获得真正“市场经济”的认可。Otero－Iglesias（2011）认为，人民国际化有利于推动中国经济平稳地由制造业和出口导向型经济向服务业和内需驱动型经济转变。目前，中国出口行业依赖于低估的人民币，但是当人民币因国际化而面临升值之时，企业将不得不加强创新并沿着价值增值链攀升，否则只有死路一条。这一过程会很艰难，但它是实现经济由“制造业和外部需求”向“服务提供和国内需求”转变所必需的条件。

第五，人民币国际化可以提升中国的国际地位。Chinn 和 Frankel（2005）指出，一国主权货币的地位能够帮助一国提升其在国际上的政治地位。英国丧失英镑的国际货币地位之后，也进一步丧失了其在国际上的政治和军事强国的地位。从历史上来看，一国的货币优势可以帮助其迅速提升政治、外交领域的话语权，进而取得强国地位。人民币国际化可以帮助中国以崭新的面貌参与到国际事务中。张宇燕和张静春（2008）指出，从身份上讲，货币是主权国家身份的象征。货币可以从两方面提高主权国家的身份：一方面是由于货币由政府或者中央银行发行，它时刻暗示公民与国家的整体性；另一方面是通过在国际上使用货币，货币还提醒使用相同货币的群体共属同一个社会整体。黄海洲（2010）认为，人民币国际化能够增加中国在国际事务中的话语权。Ito（2011）认为，人民币国际化带来的政治收益不能被低估，拥有国际货币能够提升该国的国际地位。

第六，人民币国际化有助于国际货币体系的完善和发展。新的国际货币的出现使得国际货币体系的发展更加多元化，约束处于主导地位的国际货币发行国不负责任的行为，减少国际金融体系的系统性风险（Jenkins 和 Zelenbaba，2012；Eichengreen 和 Kawai，2014）。Lee（2010）认为，逐步走向多元储备货币体系是有利的，因为多元储备货币体系不仅能够减轻单一储备货币发行国所面临的不断增长的国际收支赤字压力（特里芬难题），也为各国提供了分散化持有外汇储备的机会。建立多元储备货币体系并扩大人民币在国际储备货币中的份额，有利于维护全球金融稳定，促进世界经济持续增长。Eichengreen（2011）指出，由美元、欧元和人民币共同承担储备货币职能，是对国际货币体系的改善。各国中央银行会发现，多元储备货币所构成的投资组合更加具有吸引力，因为它会削弱储备货币发行国的特权，强化各储备货币发行国的政策纪律，从而有利于国际货币金融体系的稳定，避免类似2008年全球金融危机的再次爆发。Maziad等（2011）认为，以人民币为代表的新兴经济体货币国际化和多元国际货币体系有利于实现赤字国与盈余国之间更快、更公平调整，增加国际金融体系的稳定性。Taylor（2013）指出，当前国际货币体系面临储备货币供求不对称的危险，这是由于新兴市场经济体对储备货币的需求远远超出发达经济体所能提供的数量，而人民币的国际化可通过满足新兴市场经济体对储备货币供给的需求缓解这种危险，从而有助于协调储备货币的供求矛盾，促进国际货币体系稳定。

2. 成本

人民币国际化的成本包括以下几点：第一，人民币国际化会增加宏观调控的难度，削弱货币政策的自主性。Chinn和Frankel（2005）认为，一国货币实行国际化之后，中央银行将会更难控制货币供应量。人民币国际化研究课题组（2006）通过研究认为，人民币国际化之后，国际金融市场上将流通一定数量的人民币，人民币在国际的流动可能会进一步削弱中央银行对国内人民币的控制能力，而宏观调控一直是中国经济高速平稳发展的一项重要手段，人民币国际化之后，货币政策变得更为复杂，将会直接影响国内宏观调控政策实施的效果。王元龙（2009）也认为，人民币成为国际货币之后，将会有大量的人民币在国际金融市场上流通，可能扰乱中国国内的货币政策，影响国内宏观调控政策的效果。马荣华（2009）指出，人民币国际化进程中中国货币政策的独立性会逐渐减弱。Chen等（2007）也指出，人民币国际需求的波动将使得国内货币政策的制定变得复杂。Maziad等（2011）认为，货币国际化之后，由于离岸市场发展以及离岸市场与在岸市场之间的联系，政策当局对货币总量与国内利率的调控能力将被削弱，使得货币管理的难度加大。Ito（2011）认为，一旦国外持有的人民币大规模回流，将会导致国内货币供给的意外激增，削弱中央银行对货币政策的操控能力。张青龙（2011）指出，政府在制定政策时不能仅考虑国内因素，还要考虑对其他国家的影响，这会降低宏观政策自由度。彭红枫等（2015）指出，人民币国际化后，将在国际金融市场上流通，这会增加央行控制国内货币量的难度，影响国内宏观调控政策的实施效果。

第二，人民币国际化会增加维持国内金融体系稳定的难度。王元龙（2009）认为，人民币国际化意味着中国金融市场和经济体系遭受外部冲击的可能性加大。马荣华（2009）指出，人民币国际化的过程，也是人民币业务、机构、交易网络国际化的过程。人民币国际化在降低金融交易成本、提高金融市场效率的同时，也使国内金融体系在国际市场范围内面临着更多的风险暴露。彭红枫等（2015）指出，中国经济与全球经济的联系会因人民币国际化而更加紧密，全球金融市场的波动会产生比之前更大的影响。

第三，人民币国际化会使中国面临资本账户开放带来的冲击。尽管一种货币的国际化并不等于资本项目自由化和本币可完全自由兑换，但是资本项目自由化和本币一定程度的可自由兑换是一种货币国际化的前提条件（高海红和余永定，2010）。Bottelier 和 Dadush（2011）认为，人民币国际化要求中国实现资本项目开放，中国资本市场将与世界资本市场实现一体化，这会对国有银行体系以及向国有企业倾斜的信贷政策产生重要影响。同时，它还将迫使中国在汇率管理与货币政策独立性之间做出选择。McCauley（2011）同样认为，一旦资本管制放松，人民币国际化将导致债券市场的配给机制、存贷利率管制以及信贷数量控制政策失效，准备金要求可能导致资金以更高的代价从离岸市场流入。Maziad 等（2011）认为，货币国际化后，资本流动的波动性会增加，国内金融体系吸收资本流动的能力减弱，带来了系统的不稳定性。彭红枫等（2015）指出，人民币国际化后，跨境资金的流动将更加自由，利率和汇率预期的任何变化都会驱使国际投机性资本流动，进而导致国内金融市场和宏观经济的波动。

第四，人民币国际化会加剧汇率波动。马荣华（2009）指出，人民币国际化进程会导致中国汇率频繁波动。Frankel（2012）认为，人民币国际化可能导致对人民币需求的大幅波动，从而加剧汇率的波动。刘辉和巴曙松（2014）也认为，根据历史经验和现实情况，某种货币随着其国际化程度不断提高，成为国际货币之前，其汇率波动将加剧，波动幅度将扩大。

第五，人民币国际化会使中国必须承担相应的国际责任。Chinn 和 Frankel（2005）指出，货币国际化之后，就不能够自由地为本国制定货币政策，而是更为注意他们的行为在国际市场上所可能带来的影响。Chen 等（2007）也认同这一观点，认为人民币的国际化将会增加中国维持地区金融稳定的责任与义务。张宇燕和张静春（2008）指出，货币发行国在享有“世界中央银行”的权力时，也隐含着需要承担起维持国际金融稳定的责任。当储备国发生诸如流动性危机的问题时，发行国就面临着是否提供作为最后贷款人的贷款的政策挑战。Eichengreen（2011）指出，国际货币在世界范围内执行货币职能，国际货币的发行国必须承担国际金融稳定的职责。一旦成为国际货币，人民币就需要承担相应的国际责任。例如，作为当下的国际货币发行国，美国就承担着维持国际货币和金融体系秩序的责任。Frankel（2012）认为，中国货币当局在制定货币政策时，必须考虑本国政策对其他国家的溢出效应。即人民币国际化之后，中国必须承担相应的国际责任，不能单纯地针对国内目标实施货币政策。Zhang 和 Tao（2016）认为，如果人民币成为国际货币，中国将有责任维护国际金融和货币体系的秩序。同时，中国将要承担起最后贷款人的责任，即在发生全球金融危机时，中国有责任提供流动性支持，即使这种支持可能对国内经济造成负面影响。

从已有的研究来看，学者们基本认同人民币在给中国带来多方面利益的同时，也会给中国带来诸多风险。总体而言，大多数学者认同从长远看，人民币国际化为中国带来的收益大于其成本和风险，并且对于世界的影响是积极的。当前，人民币国际化还在推进过程中，需要对人民币国际化的收益和成本做出更加审慎的评价。另外，目前关于人民币国际化的成本收益分析主要还停留在定性研究方面，在定量研究方面可以做进一步的拓展。

（四）人民币国际化对中国经济内外均衡和经济结构调整的影响

1. 内外均衡

（1）内部均衡。在现有的文献中，研究人民币国际化对中国经济内部均衡影响的文献较少。Xia（2018）从货币流通的角度考虑人民币国际化对中国经济内部均衡的影响。根据费雪的交易方程 MV = PT，文章认为人民币国际化后，国外对人民币的需求会增大，而在 V（货币流通速度）、T（商品交易数量）不变时，会导致国内价格上涨。而若中国中央银行没有充分考虑到国外增加的货币需求，没有相应增加货币供给，就会导致国内价格水平下降从而最终引发通货紧缩。因此，人民币的国际化会导致价格水平的不稳定。

（2）外部均衡。对于人民币国际化对中国外部经济均衡的影响，现有研究大多从资本流动的渠道考虑。Prasad 和 Ye（2011）认为，人民币国际化要求中国开放资本账户，从而导致大量资本外流至美国。而资本外流无疑会减少中国外汇储备，从而使得中国外部均衡的资产端遭受较大风险。相似地，Xia（2018）认为，人民币国际化将使得人民币汇率长期处于升值压力中，从而导致国际收支失衡。而 Huang 和 Lynch（2013）综合考虑了多种因素，得到了相反的结论。他们认为，虽然资本账户开放会使得资本外流压力增大，但由于中国外汇储备数量庞大，资本外流数量相较于中国的外汇储备仍只是小数目。国外直接投资净流入和持续稳定增长的贸易盈余也会支撑外部均衡，避免其急剧恶化。因此在这方面，人民币国际化进程不会对外部均衡带来较大影响和冲击。吴念鲁等（2009）从政治角度分析，认为在人民币国际化之后，中国将会承担起一部分抚平国际经济波动的责任，而这种责任会使得中国的对外贸易收支状况恶化，从而导致国际收支失衡。

2. 结构调整

Otero－Iglesias（2011）认为，人民币国际化将推动中国经济由出口和投资拉动型模式转变为消费和服务驱动型模式。当前中国出口行业依赖于人民币汇率低估，但随着人民币国际化进程的推进，人民币汇率会逐渐上升，这会推动企业创新，努力攀登到全球产业价值链的上游。即使很艰难，但为了使经济模式由“制造业和外部需求”转向“服务供给和本国消费”从而实现经济再平衡，这是必经之路。另外，Huang 等（2014）指出人民币国际化对中国政府的政治经济改革具有重要影响，与 2001 年中国加入 WTO 的影响相似，人民币国际化将彻底改善中国的经济体系，使经济增长更有韧性，提高经济效率。

由此可见，大部分学者主要着眼于人民币国际化对汇率、国际收支、宏观经济运行以及国内金融机构等产生的影响，对人民币国际化对中国经济内外均衡和结构调整等产生的影响的相关研究有限，值得进一步深入研究。对于人民币国际化对中国经济内外均衡的影响，现有文献均为各学者从不同的影响渠道进行理论分析。随着人民币国际化不断深化推进，是否可以利用计量方法进行实证，衡量人民币国际化不同渠道对中国经济内外均衡的影响，并识别出主导渠道，这些可以作为进一步研究的方向。

（五）人民币国际化对中国货币政策和物价水平的影响

1. 货币政策

有一些学者认为，人民币国际化为中国货币政策带来了积极影响。张青龙（2005）认为，在固定汇率制下，人民币的国际化缩小了境内外利差，降低了维持固定汇率的成本。何平和钟红（2014）指出，人民币国际化提升了新兴经济体在货币政策制定中的治理能力和话语权，也在一定程度上为国际货币体系改革提供了新的选择。张宇燕和张静春（2008）指出，人民币国际化能够给中国带来铸币税收入、维护国内金融体系和政策的稳定等诸多收益。王晓燕等（2012）发现货币国际化在短期和长期都会促进货币升值，提高国内居民的福利水平。Taylor（2013）指出，人民币的国际化可以缓解储备货币需求不对称的风险，协调储备货币的供求矛盾，促进国际货币体系的稳定。梅建予和陈华（2017）通过建立理论模型和 VAR 实证分析发现，无论是在 M0 层次，还是在 M2 层次，人民币国际化均未明显影响国内货币政策的有效性，整体风险是可控的。

也有一些学者认为，人民币国际化为中国货币政策带来了挑战。马荣华（2009）指出，随着人民币国际化进程的推进和境外对人民币的需求增加，人民币汇率将会一直处于升值压力之中，在人民币供给保持不变的情况下，需求曲线向右上方移动，人民币的利率水平将有不断上升的压力，汇率和利率产生频繁波动。因此在考虑货币政策制定时，需考虑国内外供需因素，中国货币政策的独立性会逐渐减弱。王元龙（2009）提到，人民币国际化加大了中国宏观调控的难度，国际金融市场上大量流通的人民币可能扰乱国内货币政策，影响国内货币政策调控效果。张宇燕和张静春（2008）发现，人民币成为国际货币要求中国有义务为维持区域或全球金融稳定提供流动性支持并承担最后贷款人的责任，如果发生流动性紧缩，将对中国国内货币政策带来不利影响。张青龙（2011）将人民币国际化因子融入开放经济的 IS—LM 模型之中，发现不同程度的人民币国际化将对货币政策的利率效应、汇率效应、消费效应、收入效应、经常项目收支效应以及货币流通速度产生不同影响。在人民币国际化条件下，央行货币政策执行的复杂性与难度明显增大。

2. 物价水平

马荣华（2009）根据费雪的交易方程式 $P=MV/T$ 指出，在境外也存在人民币需求的情况下，中央银行的货币供应量应同时考虑境内外对人民币的需求。若 T 和 V 保持不变，则货币供应量的增加会导致境内物价水平上涨。如果中国中央银行在供应货币时没有充分考虑到境外对人民币需求的增加，则中国的物价水平将会不断下降，即会出现通货紧缩。

Ito（2011）指出，在人民币实现国际化的条件下，一旦国外持有的人民币出现大规模回流，将会导致国内货币供给意外激增，在其他条件不变的情况下，国内货币供给的变动将会引起一般价格水平的变动。沙文兵（2015）运用结构向量自回归（SVAR）模型发现，人民币国际化程度的提升（表现为人民币境外存量增长率上升）会导致国内货币供给增长率与通货膨胀率的上升。Maziad 等（2011）认为，货币国际化会带来本币的升值，从而降低出口产品的竞争力，使出口企业受到损失，并且会提高国内的物价水平，引发通货膨胀。王雪和王聪（2016）利用有向无环图（DAG）和脉冲响应函数分析了人民币境外流通量与国内宏观经济之间的同期因果和动态影响关系。DAG 结果表明，人民币国际化引发的升值预期以及境外流通规模的扩大对国内通货膨胀的传递效应是十分迅速而显著的，而由于货币政策的时滞效应，利率的调整在同期对于其他经济变量并无显著影响。

现有较多文献讨论了人民币国际化给中国带来的收益与挑战，但是专门针对货币政策和物价水平进行理论研究和实证分析的文献较少，货币政策作为宏观调控的重要部分，保证其政策独立性和调控效果是非常重要的，因此中国在推进人民币国际化的进程中应充分考虑其对货币政策和物价的影响，借鉴美元等国际货币的经验，结合中国实际情况合理设置推进路径。

（六）人民币国际化对中国金融体系的资源配置方式和效率影响

1. 扩大海外机构对境内金融市场参与度

Otero - Iglesias（2010）认为在进一步推进人民币国际化的过程中，中国政府将进一步开放资本项目，尤其是建立境外人民币的回流投资渠道，这会导致更大规模的国际资本流入。Ito（2011）认为，由于企业与金融机构可以从国外借贷，外国公司与机构也可以在中国发行以人民币计价的债券，中国国内金融市场将实现深化，国内市场与离岸市场上的套利将成为可能。McNally（2012）认为人民币国际化可以扩大海外机构对境内金融市场参与度，逐渐加强中国的金融力量并提高金融独立性，有利于逐渐消除美国的全球金融霸权。何平和钟红（2014）指出，目前中国尚未实现资本项目的全面可兑换，但随着人民币国际化进程的推荐，各项制度的放松都在一定程度上为外国机构提供了向境内企业融资的渠道，扩大了海外机构对境内市场的参与程度。Eichengreen 和 Lombardi（2015）认为，随着中国境外金融市场深度和人民币流动性的增加，人民币已经在全球范围内越来越多地承担投资和储备货币功能。王有鑫（2016）进一步强调，人民币加入 SDR 后，随着资本跨境流动创新渠道和产品的逐渐增加，跨境资本流动规模将进一步增大，人民币在国际跨境资本流动中的地位和角色将上升。张礼卿（2016）指出，跨境贸易和直接投资的人民币结算额呈现连年持续扩大趋势，人民币计值的国际金融资产快速增加。

2. 推进中国金融体系市场导向改革

张宇燕（2010）结合历史经验指出，人民币国际化的过程中，人民币的汇率形成机制及汇率政策必须增加灵活性，中国的利率形成机制应当更加倾向于市场化，人民币可兑换及全面开放资本项目的步伐会逐步加快，国内金融服务业市场势必进一步放开，中国相关的金融监管必须全面提升。孙立行（2010）认为，推动人民币汇率形成机制改革对于促进人民币国际化的进程具有十分重要的现实意义。何平和钟红（2014）指出，2012～2016年，人民币国际化对于国内利率市场化、汇率市场化改革均起到了显著的推动作用。Orstean（2013）认为要实现人民币国际化必须采取措施使商品以人民币计价，实行金融自由化、利率市场化、人民币可兑换，增加汇率灵活性。张良（2014）认为，人民币国际化会增加对人民币资产的需求，推动国内金融市场加快改革与发展。人民币国际化及其相伴的更大规模跨境资本流动也意味着加快推进利率和汇率改革势在必行。

3. 加大中国金融体系面临的风险

马荣华（2009）提到，人民币国际化的过程，也是人民币业务、机构、交易网络国际化的过程。人民币国际化在降低金融交易成本、提高金融市场效率的同时，也使国内金融体系在国际市场范围内面临着更多的风险暴露。陶勇强和王智勇（2010）认为在国内制度不完善和外部经济环境不确定的情况下推进人民币国际化，将限制国内金融政策选择范围、约束人民币汇率政策，并使中国遭遇特里芬难题。金发奇（2004）指出，人民币国际化使国内外金融市场联系紧密，国内货币政策可能只有部分作用于国内经济变量，国外货币政策也会波及国内。最终可能导致货币替代、资本流出流入，使国内货币政策偏离预期目标，加大国内经济波动和金融体系风险。赵海宽（2003）认为人民币国际化将实现完全自由兑换，可能招致国际投机资金对国内金融市场的攻击。刘骏民等（2006）指出，人民币国际化及其相伴的资本账户开放和人民币自由兑换可能使国际游资冲击中国金融市场，并对房地产、能源期货等对冲，造成金融动荡和危机。

在推进人民币国际化中，中国政府将进一步开放资本项目，提高了海外机构对境内金融市场的参与度，中国的金融力量和金融独立性也相应得到加强，也推动了国内金融市场改革与发展。但在提高金融市场效率的同时，中国金融体系也面临了更多的国际市场的风险暴露，不确定性加强。因此，如何采取相应措施减少人民币国际化对中国金融体系的资源配置方式和效率带来的负面影响也是值得探讨的问题。

六、促进人民币国际化的政策研究

（一）人民币国际化的路径选择、近中远期目标及相应条件

1. 人民币国际化的路径选择

（1）人民币国际化的职能演进路径。

Kelly（2009）指出，货币国际化是一个渐进的过程，且包含多重不同的职能：结算

货币、外汇市场交易中的计价单位、储备货币。由于中国的经济影响力主要来自其在国际贸易体系中的作用，而不是国际金融市场中的作用，而且，成为结算货币所需要的前提条件远比成为储备货币少，因此，人民币国际化更可能从贸易结算与标价功能起步。根据“麦金农假说”，差异化的制造业产品倾向于采用出口方货币报价，而无差异的初级产品则倾向于采用某种主要国际货币（如美元）报价。因此，企业沿着价值链攀升，以及创新驱动型社会的构建，对于扩大人民币在贸易计价与结算中的作用至关重要。Kenen（2012）指出，国际货币是指一种货币的使用和持有超越了货币发行国的边界，不仅被发行国的居民用于交易，而且更重要的是也被用于非居民之间的交易，货币国际化的核心标志是进入第三方之间的贸易结算，这也应该是国际货币本来应该具备的功能。Eichengreen（2011）指出，货币国际化应遵循如下先后顺序：第一步，鼓励本国货币在国际贸易报价与结算中的运用；第二步，鼓励本币在私人金融市场交易中的运用；第三步，鼓励本币成为中央银行或政府的官方储备。赵春明、李小瑛（2007）详细考察了国际货币职能理论，从六个方面论证指出人民币可成为东亚区域核心货币。吴官政（2012）指出，人民币的全球化进程必须把握好人民币结算货币、投资货币和储备货币这三个关键环节，这需要创造扩大人民币国际贸易和国际投资使用的条件，以及金融基础条件。

（2）人民币国际化的地域演进路径。

Ranjan 和 Prakash（2010）认为，在人民币获得国际储备货币地位之前，由于中国与其他亚洲国家日益增长的贸易联系，人民币可能会首先成为区域性货币。为了能够进入稳步增长的中国市场，东盟国家可能会采用人民币进行双边贸易结算。在成为结算货币之后，下一步自然将会是人民币成为区域储备货币。从中长期来看，人民币区域化将是国际化的必由之路。Subramanian（2011）认为，人民币国际化将通过增加其在亚洲的使用而逐步实现。因为，中国和亚洲国家之间的贸易联系越来越紧密，贸易量的上升将促进亚洲国家使用人民币。人民币区域使用的增加还会导致一些政策变化，例如，亚洲国家将其货币汇率与人民币挂钩。这将进一步促进人民币的使用。因此，人民币国际化的路径可能是率先在亚洲地区实现区域化。Park 和 Song（2011）同样认为，人民币国际化的自然路径是从作为区域计价结算货币开始。

国内学者对人民币国际化路径的讨论方面，根据王元龙（2009）提出的人民币国际化“进程论”，人民币国际化在政策取向和实践上应该实现“三步走”，即经历人民币周边化、人民币区域化、人民币国际化。陈沐（2001）、巴曙松（2003）等学者通过研究认为人民币已成为一种区域货币，强调边境贸易是推动人民币国际化的主要动力，继而主张在区域合作的框架下继续扩大边境贸易中人民币结算的使用范围。覃延宁（2003）、贺佳和迈夫（2005）等强调人民币区域化需要围绕“中国—东盟自贸区”推进。刘翔峰（2015）则根据“亚投行”区域投资多元化的需求特点指出，作为最大股东，中国可以借助“亚投行”在亚洲区域进行多样化的对外投资，成为区域的主要投资货币。

2. 人民币国际化的近中远期目标及相应条件

（1）人民币国际化的近中期目标及相应条件。沙文兵和孙君（2014）指出，鉴于国内金融市场发展水平和中国在亚洲、特别是东亚地区的影响，人民币国际化的首选路径是从区域性的贸易结算货币开始，逐步发展成为全球性的储备货币。Subramanian 和 Kessler（2012）基于一组包含新兴市场经济体的样本所做的实证分析表明，人民币正逐渐成为一个“锚货币”，东亚已经形成了一个“人民币区”，并且一个更加全球化的“人民币区”可能会在 21 世纪 30 年代形成。因此，人民币国际化的路径可能是首先在亚洲地区实现区域化。Ranjan 和 Prakash（2010）认为，在人民币获得国际储备货币地位之前，由于中国与其他亚洲国家日益增长的贸易联系，人民币可能会首先成为区域性货币。为了能够进入稳步增长的中国市场，东盟国家可能会采用人民币进行双边贸易结算。Park 和 Song（2011）同样认为，人民币国际化的自然路径是从作为区域计价结算货币开始。从近中期来看，人民币区域化将是国际化的必由之路。

Bottelier 和 Dadush（2011）认为，短期来看，中国被高度控制的汇率、严格的资本项目管制以及经常项目的结构性盈余，使得人民币难以外流，也使得对人民币投资收益流动的管理更加复杂。Prasad 和 Ye（2012）认为，中国金融市场发展滞后，欠发达的金融市场可能在中期内阻碍人民币国际化所能达到的高度。因此，为实现人民币区域化目标，可以先放松对中长期金融资产的管制，然而再放松对短期金融资产的管制。吴官政（2012）在对比了人民币、日元和亚元之后指出，人民币更有条件成为亚洲区域的关键货币，但应在以下方面提供条件：第一，加速国内产业升级，提高产品差异性，为其他亚洲国家低端产品创造出口市场，减少亚洲国家对欧美市场的依赖，扩大人民币的输出，使中国成为亚洲区域国际收支平衡力量。提升中国企业在亚洲产业价值链中的核心竞争力和议价能力，扩大人民币在区域贸易中的结算和支付的使用。第二，实现人民币的自由兑换，给愿意持有人民币的非居民提供充足的流动性和投资环境。第三，加强人民币金融市场建设，放开人民币存贷业务，重点发展人民币债券市场，建立人民币股票交易市场，扩大人民币计价金融资产的规模、增加收益率和流动性。第四，积极参与亚洲区域货币与金融合作。

（2）人民币国际化的远期目标及相应条件。Lee（2014）认为一旦人民币更具可兑换性，就可以逐渐成长为地区性和全球性的贸易结算货币和储备货币，利用国际储备货币需求函数计算得出 2035 年人民币占国际储备货币的比重将在 3%~12%，而且如果市场上积极寻求一个新的可用来结算、投资和储备的货币，人民币国际化的速度会比目前的许多预测都快。Jenkins 和 Zelenbaba（2012）人民币国家化会助力形成一个功能完善、连贯一致的国际货币体系，通过各国的政策协调实现全球各国经济增长、充分就业、物价稳定和财政可持续的共同目标。学者普遍认为，人民币国际化的前景乐观，未来很有可能出现一个以美元、欧元和人民币为主要国际货币的多极国际货币体系，而为了维持多极国际货币体系的稳定，需要世界各国尤其是储备货币国家之间进行积极有效的政策合作。

Ito（2011）认为，如果中国想要真正实现人民币国际化，政府和中央银行必须放松对资本流动的管制，实现资本项目自由化。然而，考虑到当前中国金融市场的现实，需要谨慎设计自由化的次序。Maziad 等（2011）认为，适当的政府政策可以加速货币国际化进程，国内政策应该着力推动金融深化与开放，构筑良好的市场基础设施。Cohen（2012）认为，人民币能否成功实现国际化，关键要看中国能否成功地改变市场需求面的偏好。需求面的偏好形成取决三方面因素：第一，至少在货币跨境使用的初始阶段，市场上广泛存在对该货币未来价值稳定性的信心。这种信心源自货币发行国政治稳定性以及尊重财产权利与法律规则的良好声誉。第二，高度的市场流动性和对资产价值的可预见性。这取决于一个发展良好、交易成本低且没有正式或非正式进入障碍的金融市场，该金融市场必须具有一定的广度（拥有大量的且种类繁多的金融工具可供长期或短期投资者使用）和深度（拥有发达的二级市场）。第三，该货币必须拥有广泛的交易网络，即具有网络外部性。这要求该经济体的绝对规模大，且与世界市场的一体化程度高。只有上述三个条件都具备，一种货币才可能成为在国际交易中被广泛使用的、有吸引力的国际货币。Michalopoulos（2006）指出，一国货币成为国际货币的一般条件可以概括为：国家的政治和军事实力、经济规模、金融实力、金融市场发展程度以及历史因素。高海红和余永定（2010）提到，货币内在价值的可预测性、稳定性以及外部交易网络的便利性将界定国际货币的功能范围。具体来讲，一种货币的国际化需要货币发行具有低通货膨胀信誉、合理的利率和汇率水平，以及资本交易完全可兑换性的支持。

目前关于人民币国际化路径设计和应有条件的研究已经很多，对于人民币国际化具有重要的参考价值。然而，国外学者的研究结论大多是基于国际储备货币的历史经验而得出的，其对于人民币国际化的适用性如何尚待检验。正如 Subacchi（2010）所指出的，作为新兴市场经济体，中国寻求建立人民币的国际货币地位，这在历史上是没有先例的，没有以往的经验可以依靠。同时，人民币国际化还受到中国国内金融体系改革进展、国际市场对储备货币需求偏好的变化等众多不确定因素的影响。因此，对于人民币国际化的路径选择、近中长期目标及国内外政策制定等等，都需要进一步深入研究。

（二）人民币国际化的制度环境、市场环境、国际环境

1. 人民币国际化的制度环境

当前中国对资本项目仍然有所管制，因此对境外居民的吸引力相对有限。2009 年之后，中国政府逐步推动实施资本项目的人民币可兑换。2010 年 8 月，允许境外机构进入中国银行间债券市场投资试点。2011 年 12 月，正式启动人民币境外合格机构投资者（RQFII）试点。截至 2014 年 9 月，177 家境外机构获准进入银行间债券市场。RQFII 试点额度达到 7400 亿元，86 家境外机构获得试点资格，累计获批额度 2833 亿元。中国内地与中国香港互发人民币证券投资基金。2015 年 11 月允许中国内地与中国香港跨境发行基金，

香港基金内地发行募集资金净汇出上限、内地基金香港发行募集资金净汇入上限均为3000亿元。Bottelier 和 Dadush（2013）认为，短期来看，中国被高度控制的汇率、严格的资本项目管制以及经常项目的结构性盈余，使得人民币难以外流，也使得对人民币投资收益流动的管理更加复杂。郝宇彪和田春生（2011）认为，除面临国内金融市场不完善、汇率及利率市场化改革滞后、资本账户管制等直接制约因素。Eichengreen 和 Kawai（2014）也认为，从目前中国的制度环境来看，人民币进一步国际化需要中国实行资本账户和金融市场自由化以及与此相关的一系列金融管理体制变革。刘曙光（2009）认为中国对外贸易中使用外汇进行结算的制度安排和汇率缺乏弹性会阻碍人民币国际化进程。

2. 人民币国际化的市场环境

一些学者较为看好人民币国际化的市场环境，如 Eichengreen（2011）通过研究指出，巨大的经济规模和对外贸易流量为中国建立有深度和较好流动性的金融市场提供了内生条件，这有助于人民币国际化进程；刘曙光（2009）结合美元、马克和日元成为国际货币的经验指出，中国日益强盛的经济实力为人民币国际化创造了基本条件，贸易规模和比重的不断提高使人民币具备国际大规模交易和流通的基础；余道先和王云（2015）通过理论模型和实证分析发现，中国经济规模和经常项目顺差均与人民币国际化呈正相关关系，两者有利于推动人民币国际化进程。

还有一些学者持相反意见：Frankel（2012）认为，仅仅 GDP 和贸易规模并不足以成为货币国际化的决定因素，对人民币国际化而言，更为重要的是中国金融市场发展水平。Prasad 和 Ye（2012）认为，中国金融市场发展滞后，主要表现为金融体系仍然由银行主导，且受到政府的直接控制；股票市场虽然得到显著发展，但在外国投资者参与市场方面仍然存在诸多限制；债券市场的规模与流动性远远落后于现有储备货币发行国；外汇市场发展刚刚起步，外汇衍生品发展滞后。欠发达的金融市场可能在中期内阻碍了人民币国际化所能达到的高度。中国人民银行济南分行国际收支课题组（2012）以中国国际收支结构为解释变量对人民币境外存量规模加以研究后发现，当前中国国际收支双顺差结构存在着稳定性不强、对外资本输出缓慢等诸多问题，不利于推进人民币国际化进程。李艳军和华民（2016）指出，虽然中国政府逐步推动实施资本项目的人民币可兑换，但中国金融市场仍然缺乏优质的资产供应，其原因在于中国的金融管理体制尚存许多弊端，限制了优质资产的供给；中国的金融市场仍然是政府主导，依然是政策市场；中国的政府债券市场发育有限。

3. 人民币国际化的国际环境

学界开始形成观点认为“次贷危机”是人民币实现国际化的绝佳机遇，2009 年跨境贸易人民币结算试点开始正式启动。2010 年中国经济 GDP 总量首次超过日本成为世界第二大经济体，更给国内学界带来了巨大的观念冲击。中国经济高速增长与“次贷危机”形成鲜明对比，带动了学界推动人民币国际化的预期。越来越多的学者认为人民币国际化已经具备了起步条件，代表性学者如黄益平（2009）、刘辉和巴曙松（2014）等。刘曙光（2009）认为，美元和日元国际地位的下降为人民币国际化提供了有利条件。另外，东亚、东南亚地区和其他的中国周边国家，基于同中国的贸易和投资规模的快速增大和对人民币币值稳定的信心，为便利区域内贸易、投资和信贷的发展并降低交易成本，对人民币产生了越来越大的需求。总的来看，人民币国际化的发展具有较为有利的外部需求条件。Ranjan 和 Prakash（2010）认为，人民币国际化能否成功，很大程度上取决于日本对中国在亚洲日益增长的影响力的反应，以及美国对于中国崛起的反应。类似地，Takagi（2010）指出，美国很可能会联合欧洲，千方百计阻挠中国成为全球经济和政治体系中的重要支配力量，包括让人民币成为世界关键货币。王思程（2008）提出，人民币国际流通量不足将成为推进人民币国际化进程中的最大难题。

目前，关于人民币国际化现状和制度、国际背景的研究文献已经较多，大多都分析制度环境和国际环境为人民币国际化带来的机遇和挑战，并从美元、日元等货币国际化角度对比分析人民币国际化，为人民币国际化提出合理建议。中国汇率制度改革和利率市场化改革仍处于摸索阶段，资本账户开放也存在争议，因此更好地分析人民币国际化面临的国内外制度环境和市场环境，可以更好地促进国内金融体系改革和人民币国际化进程的设计。

（三）人民币国际化与扩大金融服务业开放

金融服务作为全社会的资金媒介和中枢机构，将资金从盈余部门（储蓄部门）导向短缺部门（投资部门），在储蓄向投资的转化过程中发挥着十分重要的作用。在经济发展中，金融服务业主要扮演三种角色：维持金融体系稳定、为其他产业融通资金、作为维持国民经济中产业结构均衡发展的服务性产业。何德旭和姚战琪（2006）通过对中国与 OECD 国家进行对比，发现中国金融服务业发展并没有与经济结构调整完全协调一致。

Lai 和 Yu（2014）认为，市场的厚外部性以及联合效应是影响一国货币成为国际贸易计价货币的最主要因素，并指出中国只有充分的金融开放，才能成为区域经济的主要计价货币。Aizenman（2015）指出，一个理想的、能够支持商品贸易和国际金融交易的国际货币应该是流动性强的、安全的以及低成本的，这些要求的实现需要一个深度发展且能够提供充分流动性的人民币国际债券市场。杨子晖和陈创练（2015）指出，虽然近年来中国对直接投资、证券投资等项目的管制均有所放松，但是与主要发达国家相比仍有较大的差距。张礼卿 2017 年在《径山报告》中指出，自入世以来，在资本账户开放度不断提高的同时，中国金融服务业的整体开放程度并没有提高。周小川行长曾指出，国内很多金融机构都已经“走出去”了，适应了国际竞争，特别是风险管理、定价、反洗钱都有了实质性变化。目前，中国已有五家金融机构跻身全球系统重要性金融机构，成为资本金充足、经营稳健的市场化经营主体。金融市场的发展和健康化已受到国际债市、新兴市场股票指数机构的关注。这些均说明，金融服务业是竞争性服务业，受益于对外开放，还要进一步扩大开放。

通过对政策和文献的汇总，我们发现中国在扩大金融服务业开放，更好促进人民币国际化进程方面进行了较多改革。如允许境外机构参与境内银行间债券市场交易，2010 年 8 月允许境外央行、港澳人民币清算行、境外参加行在核准额度内投资交易；2015 年 6 月允许境外清算行、境外参加行开展债券回购交易，回购资金可调出境外；2015 年 7 月允许货币当局、国际金融组织、主权财富基金开展债券现券、债券回购、债券借贷、债券远期以及利率互换、远期利率协议等其他经许可的交易，并可自主决定投资规模；2016 年 2 月允许境外机构投资者（商业银行、保险公司、证券公司、基金管理公司及其他资产管理机构等）开展债券现券等经许可的交易，且取消额度限制，累计汇出外汇和人民币资金的比例与累计汇入外汇和人民币资金的比例上下波动不超过 10%；在“走出去”方面，允许银行人民币境外贷款；2009 年 7 月允许境内结算行向境外企业提供人民币贸易融资；2011 年 1 月允许银行向跨境贸易人民币结算试点地区的非金融企业在境外所投企业或项目发放人民币贷款；2011 年 10 月允许银行向境内机构“走出去”过程中的各类境外投资和合作项目；2015 年 11 月允许中国内地与中国香港跨境发行基金，香港基金内地发行募集资金净汇出上限、内地基金香港发行募集资金净汇入上限均为 3000 亿元；允许境内外银行间人民币借贷；2009 年 7 月港澳人民币清算行可加入全国银行间拆借市场开展同业拆借业务。

通过分析中国金融服务业的开放历程，我们发现开放路径为境内外银行间人民币借贷、境外机构投资境内银行间债券市场等措施使金融信贷、货币市场工具这些短期项目先行开放，而长期投资项目之后开放，虽然当前金融开放改革取得了一些成绩，但是与主要发达国家相比仍有较大的差距，仍需进一步在人民币国际化的背景下扩大金融服务业开放，以便更好地促进人民币国际化。因此，如何设计金融服务业开放步骤，如何使金融服务业开放更好地促进人民币国际化进程，如何防范开放过程中的风险与挑战，也成为未来重要的研究课题。

（四）人民币在大宗商品定价中的作用

一般来说，大宗商品可以被分为四大类：以原油、煤炭为代表的能源类；以矿石、螺纹钢为代表的原材料类；以大豆、玉米、棉花为代表的农产品类；以黄金、白银为代表的贵金属类。国际货币的一项重要职能是作为全球贸易商品，尤其是大宗商品的定价货币，这是衡量一种货币国际地位的重要标准。Goldberg（2010）认为，美国在全球范围内的较大贸易份额以及美元作为国际大宗商品定价货币的现状，使美元不但成为国际计价货币，还成为最核心的国际货币，且其地位短期内很难被撼动。楚国乐和吴文生（2015）也认为，由于美元与大宗商品进行了绑定，所以美元成为国际计价货币并被广泛使用。

1. 人民币在大宗商品定价的必要性和可行性

贾儒楠等（2015）提出，在国际市场上大宗商品的定价方式主要有两种：一种是以国际期货市场上形成的商品合约价格，即基准合约价格加上该商品现货市场升贴水等费用来确定商品的国际贸易价格，另一种是由国际市场该商品主要的供需双方进行商业谈判来确定。中国作为全球大宗商品的最主要进口国，铁矿石、大豆等多个品种的进口数量已经高居全球榜首。为避免美元结算带来的汇率风险和价格风险，降低中国进口成本，中国有必要使用人民币对大宗商品进行定价和结算。赵庆明和鲍思晨（2017）指出，从可行性来看，中国已经成为大部分全球大宗商品的最主要进口国，从而使得人民币具备了成为大宗商品定价货币的基础条件。另外，随着人民币国际地位的初步确立，其国际认可与接受程度逐步提高，这些都为人民币争取国际大宗商品定价权提供了可行性。

2. 人民币在大宗商品定价的作用

赵庆明和鲍思晨（2017）提到，中国商品期货市场自建立以来就一直完全使用人民币计价和结算，随着中国期货市场的发展，“中国价格”在国际大宗商品期货价格中的地位正在提升。

在上海期货交易所（简称上期所，下同）上市的白银期货，目前的交易量已在全球排名中位居第一，基本上实现了白银的中国定价和人民币定价。上期所的黄金、铜（沪铜）等也已经跻身全球期货交易排名的前列，尤其是沪铜，其交易量仅次于伦铜，尽管仍与中国铜消费量的全球占比不相称，但无论对于期铜还是现货铜的交易定价来说，其都已成为不可忽视的影响力量。当前看，人民币在铁矿石定价上最有可能率先取得突破，中国大连商品交易所（大商所）的铁矿石期货合约，自 2013 年 10 月 18 日首次上市以来，交易量与纽约商业交易所和新加坡交易所形成鲜明对比，交易量一路攀升，市场影响力日渐显著。2015 年，上海黄金交易所的黄金总成交量已列世界第三位，并连续 9 年位居全球第一大黄金现货场内交易所，“上海金”定盘价的诞生，有助于中国金价对全球影响力的提升。目前，包括银行、黄金企业等在内的 18 家机构均参与定价和提供参考价。在中国交易时段推出黄金定盘价，无疑将提升中国对全球金价的影响力，“上海金”有望与“伦敦金”“纽约金”形成三足鼎立的格局。目前港交所正加快推出以人民币计价结算的各类商品期货产品。可以说随着以人民币作为计价结算货币的商品期货市场的发展和壮大，人民币作为大宗商品定价货币的地位正在逐步提高。王炜瀚等（2011）通过对石油前十大进口来源国进行逐一分析发现，中国具有很大的凭借石油贸易中的买方地位来实现石油贸易人民币结算的空间，进而推进人民国际化。

3. 人民币在大宗商品定价存在的问题和政策建议

尽管人民币在成为大宗商品定价货币方面已经取得了不少进展，但其中依然存在一些问题。刘宇宁（2013）提到，由于中国商品期货市场目前来看投机程度过高、规模较小，与发达国家商品期货市场相比在市场结构、投资者结构、风险防范等方面仍有较大差距。

另外，贾儒楠等（2015）提到，由于中国靠低劳动成本处于国际分工产业链的低端环节，国内行业集中度不高，导致中国企业在与国际大集团进行谈判时很难占据主导作用，这些因素的存在导致人民币在大宗商品定价权方面的缺失。因此，中国需要“一带一路”倡议带来的新机遇，加快转变经济发展模式、提高产业集中度（贾儒楠等，2015）；建立健全战略商品储备和缓冲库存制度；不断完善期货市场，逐步形成大宗商品的权威国际基准价格（刘宇宁，2013）。

目前关于人民币在大宗商品定价中作用的研究相对较少，人民币国际化和大宗商品人民币定价权是互为因果、相互促进的关系。目前，国内外学者的关于人民币在大宗商品定价中发挥的作用主要是结合已有数据进行定性分析和与发达国家发展经验进行对比，缺少对未来走势的定量预测，缺少完整的计量方法度量人民币在大宗商品定价中的作用。同时，中国国情与美国等发达国家相比有着自己的独特性和不确定性。因此，如何提高人民币在大宗商品定价中的话语权，更好地促进人民币国际化，都需要进一步的深入研究。

（五）“一带一路”倡议中的人民币国际化

作为21世纪最重要的国际倡议之一，“一带一路”倡议不仅开创了中国全方位对外开放新格局，推动国内经济结构调整和稳定发展，而且对促进地区乃至世界和平发展，探索区域化、全球化发展新模式和新道路也具有重大意义。人民币国际化是中国崛起的重要标志，也是“中国梦”的核心组成部分，它关系到中国经济与金融的整体发展进程，关系到国家综合竞争力的提升。“一带一路”倡议为人民币的区域使用及全球推广提供了更广泛、更便利的机会，是人民币国际化的重要推动力量。如何通过“一带一路”倡议推动人民币国际化，构建国际经济、金融战略协同发展模式，无疑是实现中国崛起的重大现实和战略问题。

由于“一带一路”倡议目前还处于初期阶段，学者们多以借鉴其他国际货币经验，对“一带一路”倡议中的人民币国际化进行定性研究。一些研究讨论了“一带一路”倡议为人民币国际化带来的机遇。保建云（2015）探讨了“一带一路”倡议给人民币国际化创造的投融资机遇和国际市场条件。其中，依托“一带一路”倡议所带来的沿路国家之间贸易的海路通道、陆路通道、交通枢纽与内地城市的互联互通、中心城市与经济腹地之间的互联互通、沿路国家与毗邻国家之间的互联互通等都给人民币国际化投融资创造了机遇。同时，“一带一路”倡议有利于沿路各国之间专业化分工体系的形成和深化，而且也为沿路各国之间的区域合作提供了基础设施条件和相关制度工具，为“一带一路”沿线人民币贸易圈的形成和发展准备了市场专业化分工与区域合作条件，为人民币国际化创造了良好的国际分工合作环境。任志宏（2016）认为“一带一路”倡议从契合人民币国际化战略思维、为国内产业金融发展拓展空间以及为人民币国际化发展提供了风险缓冲地带这3个方面为人民币国际化创造了发展机遇。严佳佳（2017）指出，“一带一路”倡议为人民币国际化奠定了经济基础、提供市场支持、营造稳定金融环境并且推动人民币成为区域内结算货币，因此“一带一路”倡议为人民币发挥国际货币职能搭建了重要的拓展平台。

同时也有一些文献指出，由于“一带一路”倡议跨度极广，涉及国家众多，以“一带一路”倡议为依托的人民币国际化仍具有一定风险，主要包括经济增长不确定性与市场竞争为人民币国际化带来的不确定性市场竞争风险、政治稳定性与政策变动可能为人民币国际化带来的政治风险、生态变迁与环境破坏给人民币国际化带来的环境风险、安全与利益冲突给人民币国际化带来的安全冲突风险、货币与金融不稳定给人民币国际化带来的金融市场波动风险、外部力量干预可能给人民币国际化带来的系统性与非系统性风险（保建云，2015）。

随着“一带一路”倡议的不断推进，学者们开始关注该进程中人民币国际化的实现路径。学者们普遍认为贸易、投资、金融平台是三条主要途径。第一，中国与“一带一路”倡议沿线各国的贸易往来具有极强的互补性，通过贸易乘数效应有利于中国经济的可持续发展，同时与“一带一路”倡议沿线各国贸易规模的扩大可以降低人民币交易成本，提高交易效率，有利于人民币在“一带一路”倡议经济带内发挥主导作用（黄卫平和黄剑，2015）。第二，对外直接投资有助于提高人民币跨境循环规模，激发境外实体经济对人民币的需求从而扩大人民币使用规模。陈四清（2014）提出人民币嵌入中亚和东盟基础建设、“直接投资 + 对外援助”使人民币进入非洲、“直接投资 + 金融投资”使人民币进入欧美三条渠道。第三，通过构建境外金融平台来拓宽人民币跨境资本流通渠道（王景武，2014；刘一贺，2018）。

除了定性分析之外，一些学者对“一带一路”倡议背景下的人民币国际化问题进行了定量分析。林乐芬和王少楠（2016）基于中国、国际化货币国家、“一带一路”倡议国家的宏观数据，以货币国际化指数为研究对象，利用系统 GMM 模型来定量分析“一带一路”倡议进程中人民币国际化的影响因素。结果表明，经济规模、对外直接投资、贸易规模、经济自由度等因素显著影响货币国际化水平，说明“一带一路”倡议进程中人民币国际化需要内外配合，通过扩大对外投资、活跃欧亚贸易等途径显著提高其国际化水平，同时人民币国际化发展需要发挥政府的调控作用，逐步开放资本项目。郭晴等（2018）采用经济冲击相关性理论和 SVAR 模型，实证分析“一带一路”倡议背景下的 16 个经济体，并加上美国和欧元区的数据后作比较，研究得出了三点主要结论：一是中国与“一带一路”倡议沿线区域的各个经济体之间的同周期性最强，人民币最有潜力成为区域货币；二是中国目前与日本、俄罗斯之间的同周期性还弱于 20 世纪 90 年代的德法之间的经济同周期性，中国还需要加强同区域大国的合作以便实现人民币的区域化；三是基于人民币国际化仍然处于初级阶段的现实和人民币具有区域化的潜力，人民币应该首先区域化，然后进一步再推进国际化。

现有文献大都从“一带一路”倡议为人民币国际化带来的机遇和风险，以及如何依托

"一带一路"倡议推进人民币国际化这几个角度对"一带一路"倡议中的人民币国际化这一问题进行研究。"一带一路"倡议是中国政府根据全球经济形势变化和国内改革发展需要做出的重大战略部署，是推进人民币国际化的重要平台。目前，"一带一路"倡议还处于不断推进的过程，因此更为深入地研究"一带一路"倡议对人民币国际化的影响以及人民币国际化在"一带一路"进程中的实现路径，对于推动人民币国际化具有非常重要的现实意义。

（六）人民币国际化与债券、股票市场开放

20 世纪中期以来，学者们从各个视角对国际货币的影响因素进行大量的理论和实证研究。其中有大量的文献研究证实，金融市场的发展和开放是一国货币成为国际货币的重要条件。Bergsten（1975）从政治和经济两个方面研究了货币国际化的条件，他认为在经济方面，发达的金融市场是货币国际化的内部经济条件。Tavlas（1998）认为管制放松的、具有广度和深度的金融市场有助于增加一国货币的国际需求，反映出国际投资者对安全性和流动性金融工具的偏好，从而对货币国际化程度具有重要影响。黄梅波（2001）持类似观点，认为一国货币想要成为国际货币，需要一个没有资本控制、广泛、深入的金融市场作支撑。Hartmann 和 Issing（2002）指出，发达的金融市场有利于减少市场摩擦，降低交易成本，增进货币流动，推动货币在更广阔的范围内被使用。Lim（2006）认为国际货币通常都以有深度、高流动性和多样化的金融市场为支撑。Liu 和 Wang（2016）使用 SWIFT 数据对主要国际货币进行研究，发现高度发达的金融市场显著增加了国际货币的使用。

历史经验表明，发达的金融市场是一国货币成为国际货币的关键因素。美国拥有着世界上最具深度、广度和流动性的金融市场，即使在危机时期，美国债券市场仍然富有弹性。相反，欧元区的政府债券市场则严重缺乏流动性。欧元区政府债券市场虽然规模很大，但是相互分割，没有统一的欧元债券，各国政府的信用风险差异很大，而且短期债券发行量很少，二级市场并不活跃。因此，发达且开放的金融市场自然也是人民币国际化的重要条件。

大量的文献关注于金融市场对人民币国际化的推动作用。赵锡军和宋晓玲（2009）指出，考虑到发达的金融市场和健全的金融体系是货币国际化的有效保证，当前中国金融市场相对落后，成为制约人民币国际化进程的主要因素。黄梅波和熊爱宗（2009）认为，一国货币国际化程度提升，客观上要求该国开放金融市场，为非居民持有的该国货币提供价值储藏和投资增值的场所。同时，还要求该国的金融市场发达，市场参与者多，交易量大，有助于降低交易成本，满足非居民对于该国货币的需求。文章指出，中国金融市场在开放方面和发展方面，和发达国家相比仍存在较大差距。想要实现人民币国际化，必须大力推进国内相关金融改革，发展金融市场，完善金融体系。高海红和余永定（2010）认

为，发达的金融市场是一国货币成为国际货币的关键因素，目前中国金融市场的发展水平还不能与人民币国际化需求相匹配。Eichengreen（2011）指出，巨大的经济规模和贸易流量为中国建立发达的金融市场提供了内生条件，而金融市场的完善有利于人民币国际化进程。Prasad 和 Ye（2012）、Frankel（2012）重点关注中国金融市场的发展程度对人民币国际化的影响，他们认为目前中国资本账户尚未完全可兑换和金融体系不完善阻碍了人民币国际化进程。赵冉冉（2013）根据美元和日元国际化的经验发现，一国金融市场的发展和开放程度决定了货币的国际供给。由于人民币的有限可兑换和中国金融市场开放程度不高，人民币无法满足国际化在货币供给方面的要求。Ito 和 Chinn（2013）研究发现，金融市场越发达的国家越不倾向于使用美元作为贸易标价货币，资本账户越开放的国家越倾向于使用欧元或者本国货币作为贸易标价货币。因此，金融发展和开放是人民币国际化的关键。Huang 等（2014）认为人民币成为国际储备货币的主要制约因素来自政策限制和制度障碍，如果中国想要持续推进人民币国际化，则需要建立一个高度开放、大规模、有效率和富有流动性的金融市场。Aizenman（2015）指出，一个理想的国际货币需要以具有流动性和深度的债券市场为支撑，而直到 2015 年，人民币尚未满足这一条件。Ito 和 Kawai（2016）通过对主要国际货币作为贸易标价货币的份额进行研究，发现一国金融市场发展和开放程度越高，使用国际货币作为标价货币的份额越小，即更倾向于使用本国货币作为标价货币。他们认为，对于中国而言，其有限的金融市场开放程度成为推动人民币成为国际标价货币的阻碍。谭小芬等（2018）认为，人民币想要真正成为国际货币，必须建立与完善境外人民币回流渠道，满足境外投资者的安全性、收益性和流动性需求。而债券市场天然具有固定收益性、低波动性、合格机构投资性、交易大宗性，是较好的对外开放及吸引低风险偏好投资者的交易平台。因此，培育规模大、流动性强、开放度高的人民币债券市场，推动人民币计价债券成为全球安全资产，是稳定人民币作为储备货币的重要条件。基于此，文章分析了中国债券市场的现状和问题，并对如何发展和开放债券市场以推动人民币国际化给出了政策建议。

关于人民币国际化与金融市场开放这一问题，现有文献大都得出了统一结论，即金融市场开放是人民币国际化的重要条件，而中国金融市场发达程度和开放程度不高，制约了人民币国际化的进一步发展。当前，人民币正处于从贸易货币向投资货币和储备货币发展的关键阶段，如果没有开放的金融市场和丰富的人民币金融产品，人民币作为国际投资货币和储备货币的地位难以确立。因此，发展和开放金融市场是人民币国际化进程中的必由之路。随着中国金融行业即将迎来全面开放的新纪元，金融市场对于人民币国际化的影响，以及如何发展和开放金融市场以推动人民币国际化，值得进一步研究。

（七）人民币国际化进程中的宽幅汇率波动机制设计

当前中国经济正面临重要的转折时点：从短期来看，如何协调人民币国际化和资本账户开放造成的对本国经济的冲击，特别是应对资本外流时的政策举措；从中长期来看，如何确定人民币汇率的“隐含”最优波动幅度，以尽可能保持汇率对于宏观经济调节的灵活性，同时稳定经济。Williamson（1987）指出，相对于固定汇率制度与浮动汇率制度，汇率波动区间的设定有助于增加汇率的灵活性，同时能避免短期汇率的大幅波动所造成的汇率长期偏离均衡水平。国际经验也表明，合理控制汇率波动幅度，是抵御金融危机和成功推进汇率改革的关键。关于汇率波动区间，国内外学者进行了大量的探讨。这其中关于汇率波动区间作用的研究主要有：Svensson（1994）指出现实中的固定汇率制度通常设定一个波动区间而不是完全的固定，这是因为汇率波动区间的设定有助于保持货币政策的独立性；Sutherland（1995）指出汇率目标区的设定与固定汇率制度和浮动汇率制度比较，在面对货币需求与产品需求冲击时，更能够起到稳定产出与价格的作用；Miller 和 Zhang（1996）通过研究认为，央行预先设定的汇率波动区间可以有效地提高本国的福利水平；Melvin 等（2009）描述并分析了在电子交易平台上的爬行汇率波幅的实施情况，得到汇率波动区间的设定有助于汇率稳定的结论。关于汇率波动区间设定的主要研究有：Cukierman 等（2004）构建一个分析框架分析了在政府信誉与汇率灵活性替代选择下汇率波动区间的设定；王松奇等（2007）论证了汇率的可行波动区间是由经济因素、国际政治经济博弈共同决定的，研究指出大国之间在汇率问题上的博弈只是大国经济关系再调整的一个反映；黄志刚和陈晓杰（2010）实证测算了当前人民币波动区间是否合理；宗良（2014）指出随着美国 QE 的退出，新兴市场国家的汇率波动加大，中国应适当扩大人民币汇率的波动区间以应对外部冲击。余永定等（2016）指出，在人民币贬值预期强烈情况下，汇率维稳政策不仅代价过高而且不可持续，应尽快引入人民币兑篮子汇率的宽幅区间波动的新机制，如以当前人民币篮子汇率水平作为中心汇率，定值为 100，波幅为 ±7.5%。选择 7.5% 的波幅主要基于以下两方面考虑：其一，波幅太小，给市场留下的空间太小，不能真正发挥市场供求的作用。其二，波幅太大，可能带来严重的汇率超调，对实体经济带来过度冲击。崔红宇和万志宏（2016）则通过构建了一个开放经济体的简约模型，实际测算了人民币兑美元汇率的最优波动区间。

纵观现有的研究成果，对汇率波动区间的研究虽然较为丰富，但是对于宽幅汇率波动机制的量化分析还较少，而这正是政策领域较为关注的问题。Williamson（1996）曾建议汇率的波动区间大致设定在 7% ~10%，但是其建议缺乏理论依据。同时，考虑到发展中国家和发达国家汇率波动的根源往往会存在差异，因此，充分考虑中国现状对汇率波动区间构造翔实的实证经验分析和理论模型支撑，是未来值得进一步研究的方向。

（八）人民币国际化与中国金融监管体系的改进

国际化货币作为公共产品，发行国在提供币值稳定的流动性同时，要承担资本大规模流出入、投机套利、货币政策效率受限等成本（张春生，2017）。尽管对中国而言，加快资本账户开放速度有利于提升人民币隐性“货币锚”地位（杨荣海和李亚波，2017），但在没有灵活的汇率制度和完善的金融市场条件下，资本账户的开放会有损金融市场稳定性并限制货币政策有效性（Prasad 和 Ye，2011）。而一旦中国的利率和汇率管制放开，国际游资又很可能会利用由此产生的金融产品价格波动，大量涌入国内市场从事套利和套汇行为，且货币国际化通过国内金融市场影响货币传导机制，从而制约货币政策，不良资产和资本充足率问题也在国际评判的压力下影响国内存款者，这些都会对货币管理当局提出了严峻挑战（高海红，2010）。

日元国际化的经验告诉我们，本币国际化的进程，实际上是一个与完善国内金融体系相辅相成的过程（马荣华，2009）。人民币国际化进程也必然伴随上述风险，此时金融部门的高监管标准和有效的监管框架，对化解金融风险显得尤为重要。目前中国分业监管模式滞后于国际金融创新发展和实践的需要，难以有效应对跨市场、跨领域的金融风险，甚至难以有效落实宏观金融政策和金融监管要求（巴曙松等，2013）。为了在金融发展与审慎监管中维持平衡，众多专家学者都提出了深化中国金融监管改革的战略构想。孙立行（2013）指出应主动适应国际金融监管改革的趋势与要求，推动国际金融监管体系的法制建设。以效率、抗风险力、国际竞争力为目标，防范金融体系跨市场、跨行业、跨国界的系统性风险。黄志强（2012）认为英国《金融服务法案》对中国金融监管体制改革具有借鉴意义。从长远看，建立具有政府管理职能的中国金融监管部门，秉承“机构 + 功能”“合规 + 风险”“内控 + 自律”“动态 + 精细”的监管原则，实行金融监管一体化是发展的必然趋势（张璇和代玉红，2014）。顾海兵和孙挺（2013）认为在加深与国外的金融合作中，应确保中国的金融监管制度和货币体系在国际化浪潮中处于有利地位。重视系统性风险监管，微观监管和宏观监管两者结合，结合各自行业的特点，寻找合适的系统监管指标，同时注重跟踪指标的实施效果（齐兰和郑少华，2011）。积极推进金融监管的国际合作（王晶，2015），加强金融监管协调，在不同金融监管机构间建立完善的沟通协调机制（巴曙松和沈长征，2016）。

从文献梳理中可以看出，学者们对金融监管改革做了不同维度探讨，但依然缺乏较为具体的改进措施，特别是在人民币国际化道路发展背景下，应加快建设具有深度和广度的国内微观金融市场监管，使金融监管能够满足金融开放的需求及其影响。

（九）人民币国际化进程中风险防控的微观机制研究

人民币国际化是一把“双刃剑”，在给中国带来诸如缓解高额外汇储备压力、提高国际地位以及获得铸币税等一系列收益外，同样也会给中国带来一系列风险，如增加宏观调控的难度，削弱宏观政策的自主性（张青龙，2011），维持国内金融市场稳定性的难度增加，加大金融监管的难度，致使中国面临“特里芬难题”，货币逆转风险（彭红枫等，2015）。Otero – Iglesias（2010）认为在进一步推进人民币国际化的过程中，中国政府将不得不进一步开放资本项目，尤其是建立境外人民币的回流投资渠道，这可能招致更大规模的短期国际资本流入。Orastean（2013）指出资本账户的开放会导致国内金融系统易受投机性攻击，人民币国际化面临的主要风险在于增加了金融系统的不稳定。Chinn（2014）认为人民币获得储备货币地位后会失去一定的政策自主性，而且高货币需求会导致人民币面临升值风险从而降低中国竞争力。McKinnon 和 Schnabl（2014）认为如果中国贸然取消资本管制使外汇全面自由化，热钱袭扰导致的通胀和资产价格泡沫将使中国经济受到危害。Park 和 Song（2011）认为人民币国际化以及“东盟 + 新 3”人民币货币区的形成会导致中国面临汇率自由度和灵活性受约束的风险，其他“东盟 + 新 3”成员会向中国施压，要求人民币兑美元汇率保持稳定，这种压力最终将进一步恶化中美贸易摩擦，延迟解决两国贸易不平衡的问题。

为保障人民币国际化的顺利推进，众多学者也对人民币国际化进程中风险防控机制展开研究。随着人民币国际化进程的推进，建立一套人民币国际化的金融风险预警体系是现阶段中国防范系统性金融风险和维护金融安全的重要工作（沈悦等，2013）。李杰辉（2016）指出需从建立外汇风险预警防范机制、适时推出外汇衍生产品、谨慎开放资本项目及加强国际交流合作等方面进行风险的防范与化解。毕海霞（2013）认为人民币国际化将面临“特里芬难题”、国际短期资本抽逃、货币替代等风险，并提出为防止国际游资大规模流动，需建立动态的资本流动风险预警指标体系，合理调整国际收支结构，促进国际收支相对平衡。在人民币国际化进程中，汇率是否稳定是中国目前关注的重要风险。Oksanen（2012）认为为了降低人民币汇率波动的风险，中长期策略是逐渐优化人民币，钉住货币篮子的比重；美元比重应该有所下降，而欧元比重应大幅提高，合适的选择是让人民币钉住 SDR。McKinnon 和 Schnab（2014）认为不管中国是否实行金融自由化，在短期内维持人民币兑美元汇率的稳定都是最好的选择，因为一个浮动（升值）的汇率会吸引更多的热钱流入。刘翔峰（2016）则从汇率风险管理机制建立、汇率和利率联动、深化金融市场改革和完善货币调控机制四个方面提出了汇率风险的防范措施。而发达资本市场，特别是债券市场的建立则是保证人民币回流机制畅通的关键。张礼卿（2016）指出人民币国际化的持续发展，需要一个具有高度流动性、规模足够大的国债市场支持。应该继续扩大高流动性国债的发行。夏斌和陈道富（2011）认为人民币的国际化进程不可能一蹴而就，应以人民币区域化为起点，并把离岸市场作为战略支点。乔依德等（2014）指出离岸市场的存在和发展可以为在岸市场资本账户的逐渐开放提供缓冲带，减缓骤然开放对国内金融市场带来的冲击，同时又可以为在岸市场的部分机构和企业率先从事人民币跨境业务提供境外对接点。贾伟（2014）指出，在货币国际化过程中，发达的金融体系和银行体系是实现货币国际化的必要条件。发达的金融体系和健全的银行体系可以提高国际货币的吸引力。贸易需求作为人民币国际需求的一个重要方面，自然成为人民币国际化的一个主要推动力（Eichengreen 和 Lombardi，2015）。中国应加强同周边国家的贸易往来，积极推动亚洲货币金融合作，包括清迈倡议多边化和区内各国的汇率合作；积极推动亚洲基础设施投资银行的建设和“一带一路”倡议的实施等（林乐芬和王少楠，2015；潘英丽和吴君，2012）。中国应在保证资金安全的基础上，不断改进互换机制，更加充分、高效地发挥人民币交易、结算、支付等职能，同时继续扩大货币互换的对象范围及金额，从而加快人民币国际化的深入实施（谭小芬等，2016）。企业应在涉外经济的全过程和资金流动的各环节，加强汇率风险管理与控制。同时，企业应加强对宏观经济、金融政策和国际金融市场的研究，做好人民币国际化中政策变化的企业应对预案，同时也要做好新形势下企业财务管理制度的研究和创新（袁媛，2013）。

现有文献给出的风险防控机制可大体分为两类：宏观防控机制和微观防控机制。前者主要包括进一步推进国内金融体系改革；完善利率市场化改革、人民币汇率形成机制；转变国内经济发展模式、调整经济结构；逐步扩大人民币在区域贸易中的结算和使用，促进区域贸易收支的平衡等（王元龙，2009；吴官政，2012）。后者则主要包括推动国内金融市场的有序发展、培育适应经济波动的企业主体以及加强同世界各国的货币合作（王建勋等，2016）。但通过以上综述不难发现，学术界对如何有效防范人民币国际化进程中的风险研究的并不深入，并未给出具体的风险防范措施。特别是相较于风险防控的宏观机制，当前有关人民币国际化进程中风险防控的微观机制研究较为缺乏。

（十）影响人民币国际化的政策分析（包括资本账户开放、汇率形成机制改革、货币政策决策改革、利率市场化改革）

虽然中国的经济和贸易规模及增长前景使得人民币初步具备了国际化的条件（Eichengreen，2011；Maziad 和 Kang，2012），但是国内金融市场发展水平、资本项目管制和汇率管理是人民币国际化的主要障碍。目前，国内外学者也进行了大量有关影响人民币国际化的政策分析，主要包括资本账户开放、汇率形成机制等对人民币国际化的影响。Frankel（2012）指出仅仅 GDP 和贸易规模并不足以成为货币国际化的决定因素，对人民币国际化而言，更为重要的是中国金融市场发展水平。欠发达的金融市场可能在中期内阻碍人民币国际化所能达到的高度（Prasad 和 Ye，2012）。Kawai 和 Takagi（2011）、Kroeber（2011）通过对日元国际化经验的总结，指出一个缺乏资本账户可兑换性的货币绝不可能成为一个具有支配地位的国际货币。日元国际化失败的一个主要原因是日本政府从来不肯让外国人过多地涉足其金融市场，特别是政府债券市场。在这一点上中国对于外国人进入其国内金融市场的偏见至少与日本同样强烈。如果这一点不改变，人民币至多只能成为一个区域性的储备货币（Kroeber，2011）。Bottelier 和 Dadush（2011）指出，短期来看，中国被高度控制的汇率、严格的资本项目管制以及经常项目的结构性盈余，使得人民币难以外流，也使得对人民币投资收益流动的管理更加复杂。国内部分学者也同样指出，由于中国经济实力相对不强、金融市场尚不发达、资本项目管制、汇率制度等原因，人民币国际化将会经历一个漫长的过程（张礼卿，2009）。

资本项目管制和汇率管理是当前人民币国际化面临的主要障碍，而货币政策决策改革和利率市场化改革则是亟待完成的国内结构性改革。一种货币如果不能自由兑换，其在国际范围内的接受程度必然十分有限，也将成为一种高风险货币（王元龙，2009）。中国如果不完全放开国内金融市场和资本管制，那么人民币就不能成为真正的国际货币（Gagnon，2014）。Tung 等（2012）计算得出 2009 年人民币国际化程度指数（0.12%）和前景指数（12.65%）之间差距明显，实证分析表明是资本账户管制限制了人民币国际化程度指数的提高。因此，金融发展和金融开放是挑战美元主导地位、推动人民币国际化的关键因素之一（Ito 和 Chinn，2014）。但一些学者也认为，资本账户自由兑换并不是货币国际化的先决条件，促进离岸市场的发展会促使货币本身的国际化，从而使该国能够控制其资本账户（He 和 McCauley，2010）。尽管人民币国际化的初期不一定需要资本项目的可自由兑换，但是当非居民持有的人民币达到一定的数量时就会有资产保值和增值的需求，人民币在资本项目下可自由兑换的需求必然会进一步加剧。此时，缺乏弹性化的汇率制度不仅是人民币国际化的制度隐忧，而且也影响着资本账户的进一步开放。在一个尚不能反映市场供求基本面的汇率形成机制下，放松资本管制只会招致更大的投机资本冲击，对国内宏观经济稳定造成更大的冲击（郝宇彪和田春生，2011；张斌和徐奇渊，2012）。张明和何帆（2012）发现，2009 ~2011 年中国香港离岸市场与内地在岸人民币市场间的套汇与套利活动盛行，造成人民币跨境贸易结算“跛足化”，阻碍了人民币国际化进程，其根本原因在于人民币利率与汇率尚未完全市场化。另外，保持人民币内外价值的稳定是其国际化的前提。人民币汇率的频繁波动，从长期看必将动摇人们对人民币价值稳定的信心，而短期内人民币汇率的剧烈波动，破坏了人民币价值的稳定，更不利于人民币的国际化（孙立行，2010）。因此，人民币汇率形成机制改革是直接影响人民币国际化进程的重要因素。由克鲁格曼的“不可能三角”理论可知，随着人民币国际化程度提高和资本项目不断开放，中国货币政策独立性必然会受到影响。为保证中国货币政策的独立性与有效性，除了实现更为灵活、更具弹性的自由浮动汇率制度外，对当前货币政策决策的改革是势在必行。Gao 和 Yu（2011）指出在货币政策方面，由于一些因素谈论人民币国际化是相当困难的：除了金融市场自由化等因素外，货币国际化的影响与区域一体化之间有区别；没有货币政策传导机制的分析框架；人民币在区域层面的使用是相当有限的。国内外利率差别作为影响汇率走势的一个重要因素，而且利率的市场化是理顺国内金融市场资金产品价格的重要条件。因此，人民币国际化的过程必然要求实现利率的市场化决定机制（王广谦，2008）。

综上所述，现有文献认为当前影响人民币国际化的制度因素可主要归纳为以下几点：尚不具备与国际货币相匹配的金融市场体系、尚未实现市场化的利率和汇率形成机制、资本项下尚未实现自由兑换。例如，Cohen（2012）指出仅依靠经济规模不足以使人民币具有足够竞争力，一个广泛的贸易网络也无法弥补在金融体系、资本项目可兑换性、汇率制度上的不足，在这些方面，中国似乎做得太少、期望太高。然而，当前研究结论大多是基于国际储备货币的历史经验而得出的，其对于人民币国际化的适用性如何尚待检验。同时，也缺乏各类政策变化对人民币国际化程度影响程度的量化分析。正如 Subacchi（2010）所指出，作为新兴市场经济体，中国寻求建立人民币的国际货币地位，这在历史上是没有先例的，没有以往的经验可以依靠。

（十一）人民币国际化中各项政策（包括资本账户开放、汇率形成机制改革、货币政策决策改革、利率市场化改革）的相互协调

尽管货币国际化是一个渐进的且主要是市场选择的过程，然而适当的政府政策可以加速这一进程。国内政策应该着力推动金融深化与开放，构筑良好的市场基础设施（Maziad等，2011）。国内外学者对人民币国际化中各项政策间的相互协调做出了较为充分的研究。

Eichengreen（2011）指出，对于像中国这样受资本项目可兑换限制的国家来说，如果当局想要建立一个有深度且流动性强的、外国私人与官方投资者广泛参与的金融市场，那么放松资本项目管制势在必行，中国资本市场将与世界资本市场实现一体化（Bottelier 和 Dadush 2011；McCauley，2011）。这将意味着需要更大的汇率弹性，以支持更大规模且更具波动性的国际资本流动。Ito（2011）同样认为，如果中国想要真正实现人民币国际化，政府和中央银行必须放松对资本流动的管制，实现资本项目自由化。然而，考虑到当前中国金融市场的现实，需要谨慎设计自由化的次序。首先，国内金融市场需要深化并提高其效率，金融市场上需要众多的异质性参与者，而允许外国机构参与则是培育异质性参与者的途径之一。其次，在国内货币与资本市场实现深化及效率提升之后，汇率制度应该转向更加以市场为基础，增加汇率弹性。最后，废除各种资本管制政策，为降低风险，可以先放松对中长期金融资产的管制，然而再放松对短期金融资产的管制。Mallaby 和 Wethington（2012）指出，开放一个受抑制的、封闭的金融体系的最好办法是以国内金融改革开始的。在允许大规模外国资本流入流出之前，银行需要良好的资本化并被有效监管；债券市场必须有深度且流动性好，以使其能够吸收外国资金的流动而不会发生价格的剧烈波动，因为资本的开放会对国有银行体系以及向国有企业倾斜的信贷政策产生重要影响。同时，它还将迫使中国在汇率管理与货币政策独立性之间做出选择（Bottelier 和 Dadush，2011）。Frankel（2012）认为，中国货币当局在制定货币政策时，必须考虑本国政策对其他国家的溢出效应，即人民币国际化之后，中国必须承担相应的国际责任，不能单纯地针对国内目标实施货币政策，政府则必须欢迎各类具有不同投资目标和投资期限且具有国际视野的多样化投资者，从而减少具有破坏性的“羊群效应”的发生。只有当国内金融体系得到强化之后，开放资本项目、允许汇率浮动、允许本币在离岸市场流通，才是安全的。货币国际化应该是改革的终点，而不是起点。国内学者也对人民币国际化进程中各项政策之间的协

调给出了建议。张明和何帆（2012）指出，人民币国际化的实质是中国的资本账户开放，而资本账户开放具有适宜的次序。国内利率与汇率的市场化以及国内金融市场的深化，是一国完全开放资本账户的前提条件。因此，中国政府目前应尽快推进汇率与利率的市场化以及中国国内金融市场的深化（高海红，2010；高洪民，2016）。邵华明和侯臣（2015）同样指出，为实现人民币自由兑换，应首先稳步推进利率市场化改革，其次实行弹性汇率制度，弹性汇率制度改革必须与人民币自由兑换和人民币国际化进程相结合，稳步推进。最后，完成人民币资本项目下的自由兑换。张明（2015）指出，中国应尽快推动包括汇率与利率市场化在内的结构性改革，以缩小离岸市场和在岸市场之间的套利机会，而且应该在全面开放金融市场与资本账户之前，尽快消除金融市场上的各种风险隐患。对于资本账户开放应继续保持审慎、渐进、可控的原则。谭小芬等（2017）也赞同这一原则，认为只有处理好各项改革的次序，处理好资本账户开放与金融体系改革的关系，处理好资本账户开放的进程，才能推动人民币国际化的持续发展。

综上所述，有关人民币国际化的政策研究还有待深化。迄今，学界围绕人民币国际化的探讨主要从“问题与观点”切入，更多的是从宏观角度探讨如何有效合理地推动人民币国际化。虽然现有文献可以帮助人们更好的理解人民币国际化与各项政策之间的内在联系，但对政策的具体制定和执行来说，还有待细化。首先，宽幅汇率波动机制的引入仍缺少严谨的理论模型和实证经验的支撑，而有关金融监管体系改革的建议，尽管当前众多学者纷纷做了不同维度探讨，但依然缺乏较为具体的改进措施。其次，人民币国际化进程中风险防范机制的设计，当前大多倾向于宏观政策角度，而缺少了对微观机制设计的探讨。最后，有关人民币国际化与各项政策以及国际货币体系改革之间内在联系的探讨仍处于宏观和静态阶段，既缺乏对国内各项政策对人民币国际化系统性影响的分析，又缺乏相应的动态调整。随着中国自身状况和全球状况的改变，人民币国际化的进程势必将面临新的挑战，为此有必要对人民币国家化的政策进行更为深入和具体的研究。另外，通过文章综述整理，人民币国际化进程与中国的金融外交战略紧密相连，贯穿于中国对外金融政策的总体发展思路。人民币国际化课题的研究不仅限于经济学，对其政策的系统性观察有助于理清、把握改革开放后政府在对外金融外交上的整体思路，或将更有助于学者从广度和高度上提出更具战略意义的真知灼见。

七、本章小结

本章对已有相关代表性成果及观点做出科学、客观、切实的分析评价，并说明可进一步探讨、发展或突破的空间。

通过对相关文献的梳理，对人民币国际化的文献研究有一个相对全面一些的总结与分析，以利于进一步明确研究方向。已有的研究多从人民币国际化的国际货币体系和国际货币竞争背景、国别经验、现状和条件、收益和成本、机遇与挑战、战略选择、对国内外的影响、风险与应对策略、前景、影响因素等方面进行了深入广泛的研究，且取得了显著的研究成果。但是，在以下几个问题上还存在有待进一步细化研究和突破。

第一，人民币国际化的制约因素和路径选择方面还存在争议，需要适时把人民币国际化问题的研究重心转移到人民币国际化制约因素和路径选择的策略和措施方面的深入而细化的研究上来。这方面还存在诸多争论，比如，人民币国际化主要通过跨境贸易从经常项下走出去还是通过资本输出从资本项下走出去？在推进国际化过程中，在岸市场和离岸市场是怎样的关系？资本账户开放和汇率市场化是否是人民币国际化的先决条件？人民币国际化如何服务于“服务实体经济、深化金融改革和防范金融风险”？

第二，货币国际化的理论研究较多集中在货币供给方，国际货币供给的实现条件与机制是研究的重点。但在国际经济领域，货币是由市场上所有国家公共和私人代理人的决策和行动决定的。由于货币竞争格局的变化，交易网络的扩大，货币需求方与经贸伙伴之间的关系日趋复杂，针对货币需求维度的研究亟待充实。货币国际化是体现为一个市场和政府交互作用的过程，因此，人民币国际化的研究不能仅仅从货币供给方进行研究，而要进一步结合需求方研究，这样，才能把人民币国际化的“顺应市场需求”和“政府主动推动”相互结合，便于中国政府更好地及时介入和积极推动人民币国际化。人民币国际化源于中国经济地位的不断提高以及中国全球影响力的逐步增强，但便利的政策条款和完善的配套改革措施将促进人民币跨境使用，激发市场主体使用人民币的热情。近期，中国推出的一系列政策改革措施，使金融市场开放程度大幅度提高，人民币跨境使用便利性得到极大扩展。本课题将深入研究“政府主动推动”人民币国际化的政策将会如何刺激“市场需求”。

第三，以往研究容易将贸易和金融视角推进人民币国际化的路径割裂开来，本子课题不仅单独从贸易和金融视角分析人民币国际化推进策略，而且还研究两者的相互关系和作用机制，这对协调推进、循序渐进推进国际贸易和金融领域的人民币国际化具有重要参考价值。在贸易领域，本课题重点关注对外贸易规模和结构、全球价值链、金融发展程度、货币互换、人民币跨境交易清算基础设施、自由贸易协定、文化差异、双边政治和外交关系对跨境贸易人民币结算的影响机制，同时也关注跨境贸易人民币结算对人民币境外流通量、离岸市场发展、RQFII、跨境人民币贷款的影响，采用微观层面的企业数据和金融机构的数据对这些问题进行深入研究。

第四，以往关于扩大人民币的使用范围、人民币国际化的收益成本分析，主要是从局部均衡和局部分析的角度切入，没有区分不同阶段的货国际化的差异，也没有区分短期、中期和长期的差异。本课题采用动态随机一般均衡（DSGE）模型，考察人民币国际化与中国金融市场改革、资本账户开放和利率市场化之间的关系。

第五，以往研究大都从宏观角度进行分析，随着人民币国际的推进，对微观企业和金融机构的影响也越来越明显，需要使用中国工业企业数据库，以及中国海关贸易企业数据库，对两个大型数据库进行对接、匹配。根据这一微观数据基础，对中国企业的国际定价权进行研究。在研究过程中，不但要借鉴 Cui（2009）使用依市定价（PTM）的方法进行研究，还要考虑外资企业、加工贸易等因素，对中国企业的定价权进行研究。然后以此为基础，研究以中国目前在国际分工网络的地位，对应人民币国际使用的潜在空间。

第六，国内金融市场改革的瓶颈，以及可能的改革方案与人民币国际化之间的关系，还有待进一步研究。在这方面，我们将使用独有的问卷调查数据库，该数据库从中国社会科学院世界经济与政治研究所国际金融研究中心、上海交通大学、第一财经日报联合调查获取，目前已经获得政府、商业银行、学术机构、证券公司、基金公司从业人员的 142 份有效问卷。

第七，2015 年以来，人民币国际化使用的一些数据指标有所倒退，但是从中长期来看，人民币国际使用的基础设施建设仍有必要。在目前资本项目管制的条件下，跨境人民币结算主要依靠离岸清算行模式以及跨境代理行模式。因此，我们的研究应以此为出发点，从清算行布局、时区布局、跨国支付系统建设、加入全球持续联结交易系统 CLS 等角度进行研究，同时关注上述基础设施建设与国内各领域改革之间的潜在关系。推进人民币国际使用的国际金融基础设施短板在什么地方？例如，全球持续联结交易系统（CLS）为何没有接受人民币作为合格货币，这对人民币的国际使用有何影响？人民币加入 CLS 系统本身，与国内金融改革有什么协调的关系？等等。

第八，现有文献结合中国实际分析人民币国际化的障碍和推进策略还有待深入。比如，对人民币国际化的分析忽略了中国在国际分工体系中的地位、金融抑制和金融基础设施对人民币国际化的制约。目前人民币国际化在国际分工网络和货币交易网络中的不协调体现为：（1）作为外贸主体的企业定价权较弱，人民币结算本身难以使本国企业获益；（2）对外贸易中外资企业占比高，而人民币计价并不能使这些企业避免汇率风险；（3）占比较大的加工贸易、大宗商品进口贸易制约了人民币国际化的长期潜力；（4）中国出口在较大程度上依赖于发达经济体，这也压低了人民币国际化发展空间。有若干问题需要进一步研究，包括：（1）研究目前中国在国际分工体系中的地位，及其对人民币国际化的制约；（2）从国内金融市场、国际金融基础设施角度，研究人民币国际化的制约因素；（3）从国际分工体系和货币交易网络互动的角度，进一步研究推动人民币国际化的相关理论和政策措施；（4）微观企业的定价权与计价货币的选择有何关系？尤其是在外资企业占中国外贸中占到重要地位，外资企业对计价货币、结算货币的选择行为与中国本土企业有何不同？此外，加工贸易也在中国对外贸易中占到重要比重，这种贸易方式对定价权的估算会产生一定的偏差，也需要厘清。

文献索引

[1] 巴曙松和吴博（2008）：“人民币国际化对中国金融业发展的影响”[J]，《西南金融》，(4)：4

-8。

［2］巴曙松和黄少明（2003）：“市场需求推动下的自发过程——香港离岸人民币市场发展路径及影响”［J］，《国际贸易》，2003（9）：46-50。

［3］巴曙松（2012）：“要进一步加强香港人民币离岸市场的建设”［J］，《经济纵横》，2012（7）：14-17。

［4］巴曙松和叶聃（2015）：“‘一带一路’战略下人民币海外循环机制研究”［J］，《兰州大学学报社会科学版》，2015，43（5）：50-56。

［5］巴曙松和严敏（2010）：“人民币现金境外需求规模的间接测算研究：1999~2008”［J］，《上海经济研究》，2010（01）：19-25。

［6］巴曙松、吴博和刘睿（2013）：“金融结构、风险结构与中国金融监管改革”［J］，《新金融》，2013（5）。

［7］巴曙松和沈长征（2016）：“从金融结构角度探讨金融监管体制改革”［J］，《当代财经》，2016（9）。

［8］白钦先和张志文（2011）：“外汇储备规模与本币国际化：日元的经验研究”［J］，《经济研究》，2011，46（10）：137-149。

［9］白晓燕和邓明明（2016）：“不同阶段货币国际化的影响因素研究”［J］，《国际金融研究》，2016（09）：86-96。

［10］白晓燕和邓明明（2013）：“货币国际化影响因素与作用机制的实证分析”［J］，《数量经济技术经济研究》，2013，30（12）：113-125。

［11］保建云（2015）：“论‘一带一路’建设给人民币国际化创造的投融资机遇、市场条件及风险分布”［J］，《天府新论》，2015（1）：112-116。

［12］毕海霞（2013）：“警惕人民币国际化推进过程中的风险及防范”［J］，《现代经济探讨》，2013（7）。

［13］蔡昕（2011）：“人民币国际化对国内商业银行经营的影响及应对策略”［J］，《经济视角》，2011（10）：29-31。

［14］曹远征、陈世波和林晖（2018）：“三元悖论非角点解与人民币国际化路径选择——理论与实证”［J］，《国际金融研究》，2018（03）：3-13。

［15］曹凤岐和林敏仪（2004）：“论人民币资本和金融项目可兑换”［J］，《管理世界》，2004（2）：5-17+155。

［16］曹红辉（2008）：“人民币区域化的新进展及发展态势”［J］，《中国金融》，2008（10）：44-45。

［17］曹红钢（2016）：“关于离岸市场人民币汇率驱动因素的初步分析”［J］，《上海金融》，2016（3）：55-59。

［18］曹源芳（2005）：“人民币跨境流通对中国货币政策的影响与对策”［J］，《市场周刊》，2005（11）：91-92。

［19］昌忠泽（2015）：“后危机时代的人民币国际化：一个文献综述”［J］，《北京航空航天大学学报（社会科学版）》，2015，28（3）：92-96。

［20］陈丛笑（2015）：“人民币国际化背景下中国商业银行国际化经营的机遇与对策”［J］，《中国

集体经济》，2015（13）：62－63。

［21］陈虹（2004）："日元国际化之路"［J］，《世界经济与政治》，2004（05）：65－70＋7。

［22］陈宏（2010）："中韩货币互换对双边贸易及人民币国际化的推动作用"［J］，《北京工商大学学报》，2010（2）：58－62。

［23］陈卫东和李建军（2010）："日元国际化过程中值得关注的若干问题——兼论一国货币国际化的基本条件与模式"［J］，《金融发展评论》，2010（08）：59－77。

［24］陈雨露、王芳和杨明（2005）："作为国家竞争战略的货币国际化：美元的经验证据——兼论人民币的国际化问题"［J］，《经济研究》，2005（02）：35－44。

［25］陈小五（2012）："货币国际化的收益成本分析"［J］，《上海金融》，2012（06）：31－33。

［26］陈沐（2001）："对人民币国际化问题的认识及思考"［J］，《上海金融》，2001（12）：42－43。

［27］陈丽英和江宏伟（2016）："上海自贸区人民币离岸金融中心的模式选择研究——内外分离型与渗透型的比较分析"［J］，《浙江金融》，2016（4）：66－75。

［28］陈菁泉（2015）："人民币与美元离岸金融市场建设的比较研究"［J］，《宏观经济研究》，2015（8）：143－150。

［29］陈四清（2014）："开启人民币国际化新格局"［J］，《中国金融》，2014（24）：14－16。

［30］楚国乐和吴文生（2015）："人民币作为国际计价货币的模式借鉴：美元模式与欧元模式的比较分析"［J］，《财经研究》，2015，41（8）：79－89。

［31］崔学刚和邓衢（2016）："境内外人民币汇率影响研究——基于香港离岸市场双重功能分析的视角"［J］，《北京工商大学学报（社会科学版）》，2016，31（1）：102－108。

［32］崔红宇和万志宏（2016）："人民币兑美元汇率波动区间设定—基于货币冲击视角"［J］，《世界经济研究》，2016（4）。

［33］丁一兵（2016）："离岸市场的发展与人民币国际化的推进"［J］，《东北亚论坛》，2016，25（01）：21－30＋126。

［34］丁一兵和钟阳（2013）："货币国际化的影响因素：基于交换结构矩阵的实证研究"［J］，《国际经贸探索》，2013，29（06）：49－58。

［35］丁一兵、钟阳和赵宣凯（2013）："日元国际化的直接影响因素及空间溢出效应——基于OTC交易量的空间面板模型研究"［J］，《世界经济研究》，2013（02）：22－26＋87。

［36］丁剑平和赵晓菊（2014）："自贸区离岸金融业务亟需的两个'参考'"［J］，《国际金融》，2014（3）：78－80。

［37］丁剑平（2014）："自贸区离岸金融的几种可能的发展方向"［J］，《上海交通大学学报（哲学社会科学版）》，2014，22（3）：12－13。

［38］董继华（2008）："境外人民币流通规模估计——基于季度数据的协整分析"［J］，《当代经济科学》，2008（01）：28－36。

［39］董有德和袁弘意（2013）："离岸人民币债券市场与跨境贸易人民币结算：基于香港市场的实证研究"［J］，《上海经济研究》，2013（12）：117－124＋12。

［40］鄂志寰（2018）："水到渠成稳步发展——中国经济新时代与人民币国际化发展新方向"［J］，《金融博览》，2018（01）：44－46。

［41］范小云、陈雷和王道平（2014）：“人民币国际化与国际货币体系的稳定”［J］，《世界经济》，2014，37（09）：3－24。

［42］付敏和吴若伊（2014）：“德国马克国际化及其对中国的启示”［J］，《经济理论与经济管理》，2014（04）：100－112。

［43］傅缨捷、丁一兵和王莹（2014）：“日元国际化困境的原因探析——双边贸易的直接影响与空间溢出效应”［J］，《亚太经济》，2014（03）：32－37。

［44］高海红和余永定（2010）：“人民币国际化的含义与条件”［J］，《国际经济评论》，2010：46－64。

［45］高海红（2010）：“人民币成为国际货币的前景”［J］，《世界经济与政治》，2010（9）。

［46］高洪民（2016）：“基于两个循环框架的人民币国际化路径研究”［J］，《世界经济研究》，2016（6）。

［47］高焰（2011）：“基于资本账户管制状况下的人民币国际化”［J］，《浙江金融》，2011（9）：40－43。

［48］高晶（2015）：“建立自贸区人民币离岸市场的意义——论对跨境人民币贸易融资模式的影响”［C］，//《“决策论坛——企业精细化管理与决策研究学术研讨会”论文集（上、下）》，2015。

［49］管涛（2014）：“自贸区红利：金融开放试点的意义与影响”［J］，《新金融》，2014（2）：4－7。

［50］管涛、赵玉超和高铮（2014）：“未竟的改革：后布雷顿森林时代的国际货币体系”［J］，《国际金融研究》，2014（10）：3－9。

［51］管涛和陈之平（2014）：“日元国际化对人民币‘走出去’的启示”［J］，《国际金融》，2014（08）：36－41。

［52］管涛（2016）：“尊重价值规律：人民币汇率形成机制改革未来之出路”［J］，《金融研究》，2016（2）：113－120。

［53］郭晴、钟华明和陈伟光（2018）：“全球经济治理下的人民币区域化问题研究——基于‘一带一路’沿线国家的分析”［J］，《宏观经济研究》，2018（4）：54－67。

［54］顾海兵和孙挺（2013）：“基于经济安全的中美金融监管着力点比较”［J］，《社会科学辑刊》，2013（6）。

［55］韩龙（2012）：“美元崛起历程及对人民币国际化的启示”［J］，《国际金融研究》，2012（10）：37－46。

［56］韩长征（2011）：“人民币国际化与中资商业银行国际化”［J］，《金融论坛》，2011，16（12）：65－70。

［57］郝宇彪和田春生（2011）：“人民币国际化的关键：基于制约因素的分析”［J］，《经济学家》，2011（11）：64－72。

［58］贺佳和迈夫（2005）：“人民币国际化道路新论”［J］，《菏泽学院学报》，2005，27（4）：20－23。

［59］贺晓博和张笑梅（2012）：“境内外人民币外汇市场价格引导关系的实证研究——基于香港、境内和 NDF 市场的数据”［J］，《国际金融研究》，2012（6）：58－66。

［60］何德旭和姚战琪（2006）：“中国金融服务业的产业关联分析”［J］，《金融研究》，2006（5）：1－15。

[61] 何慧刚（2007）：“资本项目自由化、汇率制度弹性化与人民币国际化”［J］，《南京社会科学》，2007（5）：19－25。

[62] 何正全和韦颖（2017）：“人民币纳入 SDR 风险分析——基于美国金融战略的视角”，《亚太经济》，2017（6），38－43。

[63] 何平和钟红（2014）：“人民币国际化的经济发展效应及其存在的问题”［J］，《国际经济评论》，2014（5）：89－102＋6。

[64] 何平、钟红和王达（2017）：“国际债券计价货币的选择及人民币使用的实证研究”［J］，《国际金融研究》，2017（06）：75－84。

[65] 何国华（2007）：“西方货币国际化理论综述”［J］，《经济评论》，2007（04）：156－160。

[66] 何帆和李婧（2005）：“美元国际化的路径、经验和教训”［J］，《社会科学战线》，2005（01）：266－272。

[67] 何帆和张明（2005）：“国际货币体系不稳定中的美元霸权因素”［J］，《财经问题研究》，2005（07）：32－37。

[68] 何帆、张斌、张明、徐奇渊和郑联盛（2011）：“香港离岸人民币金融市场的现状、前景、问题与风险”［J］，《国际经济评论》，2011（03）：84－108＋5。

[69] 胡志浩和杨承亮（2015）：“人民币离岸与在岸市场资本流动的渠道”［J］，《农村金融研究》，2015（3）：22－27。

[70] 胡子润（2015）：“人民币国际化与中国商业银行国际化经营的策略探讨”［J］，《武汉金融》，2015（2）：65－66。

[71] 胡巍和白钦先（2016）：“人民币国际化背景下的 SDR 定值问题研究”，《河北经贸大学学报》，37（1），73－79。

[72] 胡秋慧（2012）：“德国马克国际化进程与启示”［J］，《中国金融》，2012（01）：62－63。

[73] 黄海洲（2010）：“美元和人民币：何去何从?”［J］，《国际经济评论》，2010（2）：7－15＋3。

[74] 黄海洲（2009）：“人民币国际化：新的改革开放推进器”［J］，《国际经济评论》，2009（04）：5－7。

[75] 黄梅波（2001）：“货币国际化及其决定因素——欧元与美元的比较”［J］，《厦门大学学报（哲学社会科学版）》，2001（2）：44－50。

[76] 黄志刚和陈晓杰（2010）：“人民币汇率波动弹性空间评估”［J］，《经济研究》，2010（5）。

[77] 黄志强（2012）：“英国金融监管改革新架构及其启示”［J］，《国际金融研究》，2012（5）。

[78] 黄梅波和熊爱宗（2009）：“论人民币国际化的空间和机遇”［J］，《上海财经大学学报》，2009，11（2）：67－75。

[79] 黄卫平和黄剑（2015）：“‘一带一路’战略下人民币如何‘走出去’”［J］，《人民论坛·学术前沿》，2015（5）：30－39。

[80] 黄学军和吴冲锋（2006）：“离岸人民币非交割远期与境内即期汇率价格的互动：改革前后”［J］，《金融研究》，2006（11）：86－92。

[81] 黄益平（2009）：“国际货币体系变迁与人民币国际化”［J］，《今日财富：金融版》，2009（10）：27－29。

［82］黄翰庭（2018）："'811 汇改'后人民币汇率形成机制演进研究——基于货币篮子中货币权重变动的分析"［J］,《价格理论与实践》, 2017（11）：107－110。

［83］黄剑和黄卫平（2018）："国际货币多元化趋势及对世界经济的影响——基于中国的视角"［J］,《江淮论坛》, 2018（02）：35－42。

［84］霍伟东和邓富华（2015）："金融发展与跨境贸易人民币结算——基于省际面板数据的实证研究"［J］,《国际贸易问题》, 2015（8）：145－155。

［85］姜波克和张青龙（2005）："货币国际化：条件与影响的研究综述"［J］,《新金融》, 2005（08）：6－9。

［86］姜波克（1994）："人民币自由兑换论"［M］, 上海：立信会计出版社, 1994, 29－189。

［87］姜晶晶和孙科（2015）："基于动态面板数据的国际储备币种结构影响因素分析——兼论人民币成为国际储备货币的前景"［J］,《金融研究》, 2015（2）：57－75。

［88］姜其林（2016）："离岸人民币跨境资金流动宏观审慎管理探讨"［J］,《华北金融》, 2016（12）：41－46。

［89］蒋序怀（2015）："人民币国际化的现实基石、主要障碍及推进路径"［J］,《中国流通经济》, 2015（3）：62－67。

［90］景政彬（2016）："人民币跨境贸易结算风险及国际化路径选择"［J］,《统计与决策》, 2016（6）：168－170。

［91］贾利军和刘宜轩（2016）："人民币贸易国际化程度及影响因素的实证分析"［J］,《经济问题》, 2016（7）：48－54。

［92］贾宪军（2014）："金融资本跨境流动与储备货币地位——基于日元经验的研究"［J］,《国际金融研究》, 2014（8）：35－43。

［93］贾儒楠、邢珺和边思凯（2015）："我国大宗商品国际定价权缺失问题研究"［J］,《价格理论与实践》, 2015（6）：79－81。

［94］金发奇（2004）："人民币国际化探讨"［J］,《四川大学学报（哲学社会科学版）》, 2004（1）：36－38。

［95］金荦和李子奈（2005）："中国资本管制有效性分析"［J］,《世界经济》, 2005（8）：22－31。

［96］冀志斌、周先平和曲天遥（2015）："境外人民币利率变动预期对境内利率的影响研究"［J］,《宏观经济研究》, 2015（06）：30－38。

［97］赖颖（2017）："人民币'入篮'对国际货币体系变革的影响机制研究"［J］,《改革与战略》, 2017（5）：65－68。

［98］李建军和田光宁（2003）："三大货币国际化的路径比较与启示"［J］,《上海金融》, 2003（09）：34－35。

［99］李建军、甄峰和崔西强（2013）："人民币国际化发展现状、程度测度及展望评估"［J］,《国际金融研究》, 2013（10）。

［100］李稻葵和刘霖林（2008）："人民币国际化：计量研究及政策分析"［J］,《金融研究》, 2008（11）：1－16。

［101］李稻葵和尹兴中（2010）："国际货币体系新架构：后金融危机时代的研究"［J］,《金融研

究》，2010（2）。

［102］李向阳（2005）：“布雷顿森林体系的演变与美元霸权”［J］，《世界经济与政治》，2005（10）：14－19＋4。

［103］李向阳和丁剑平（2014）：“人民币国际化：基于资本项目开放视角”［J］，《世界经济研究》，2014（5）：10－15 ＋87。

［104］李艳军和华民（2016）：“人民币国际化：继续前行还是暂停推进”［J］，《财经科学》，2016（1）：13－23。

［105］李晓峰和陈华（2008）：“人民币即期汇率市场与境外衍生市场之间的信息流动关系研究”［J］，《金融研究》，2008（5）：14－24。

［106］李曦晨、张明和朱子阳（2018）：“资本流动视角的人民币国际化：套利还是基本面驱动?”［J］，《世界经济研究》，2018（2）：26－37＋134。

［107］李仁真、杨心怡（2014）：“中欧货币互换协议的法律分析与政策思考”［J］，《武汉大学学报（哲学社会科学版）》，2014（7）：44－50。

［108］李长春（2014）：“跨境贸易结算收付比上升与人民币汇率波动分析”［J］，《商业研究》，2014（3）：75－79。

［109］李东荣（2003）：“浅析新兴市场经济体金融危机的成因和防范——从东亚和拉美金融危机引发的思考”［J］，《金融研究》，2003（5）：55－64。

［110］李婧（2011）：“从跨境贸易人民币结算看人民币国际化战略”［J］，《世界经济研究》，2011（2）：13－19。

［111］李婧、管涛和何帆（2004）：“人民币跨境流通的现状及对中国经济的影响”［J］，《管理世界》，2004（09）：45－52.

［112］李巍和朱艺泓（2014）：“货币盟友与人民币的国际化 ——解释中国央行的货币互换外交”［J］，《世界经济与政治》，2014（2）：128－154＋159＋160。

［113］李波、伍戈和裴诚（2013）：“升值预期与跨境贸易人民币结算：结算货币选择视角的经验研究”［J］，《世界经济》，2013（1）：103－115。

［114］李晓（2005）：“‘日元国际化’的困境及其战略调整”［J］，《世界经济》，2005（06）：3－18。

［115］李瑶（2003）：“非国际货币、货币国际化与资本项目可兑换”［J］，《金融研究》，2003（08）：104－111。

［116］李伟（2010）：“世界主要货币国际化进程：比较与借鉴”［J］，《金融发展研究》，2010（07）：38－42。

［117］李政（2017）：“‘811 汇改’提高了人民币汇率中间价的市场基准地位吗?”［J］，《金融研究》，2017（4）：1－16。

［118］林乐芬和王少楠（2016）：“‘一带一路’进程中人民币国际化影响因素的实证分析”［J］，《国际金融研究》，2016（2）：75－83。

［119］林乐芬和王少楠（2015）：“‘一带一路’建设与人民币国际化”［J］，《世界经济与政治》，2015（11）：72－90＋158。

［120］林元辉和范世云（2012）：“扩大中越贸易人民币结算比例的思考”［J］，《广西大学学报

(哲学社会科学版)》，2012 (3)：17－22。

[121] 刘曙光 (2009)：“人民币国际化条件分析” [J]，《国际经济合作》，2009 (4)：78－84。

[122] 刘翔峰 (2015)：“亚投行与‘一带一路’战略” [J]，《中国金融》，2015 (9)：41－42。

[123] 刘一贺 (2018)：“‘一带一路’倡议与人民币国际化的新思路” [J]，《财贸经济》，2018，39 (5)：103－112。

[124] 刘宇宁 (2013)：“应着力解决中国大宗商品国际定价权缺失问题” [J]，《经济纵横》，2013 (10)。

[125] 刘骏民、刘惠杰和王洋 (2006)：“如何看待人民币国际化中汇率升值与热钱冲击” [J]，《开放导报》，2006 (5)：80－82。

[126] 刘一楠和宋晓玲 (2017)：“人民币汇率‘在岸—离岸’随机动态均衡研究” [J]，《金融经济研究》，2017 (1)：3－13。

[127] 刘文娟 (2013)：“中国—东盟货币互换与推进人民币国际化作用机理研究” [J]，《广西社会科学》，2013 (8)：29－34。

[128] 刘昊虹和李石凯 (2016)：“人民币国际化的战略支撑体系与非均衡问题研究” [J]，《经济学家》，2016 (3)：66－74。

[129] 刘辉和巴曙松 (2014)：“人民币国际化条件分析：历史机遇与现实选择” [J]，《北京航空航天大学学报 (社会科学版)》，2014，27 (2)：66－73。

[130] 刘辉 (2014)：“人民币离岸市场与在岸市场互动机制的实证分析” [J]，《宏观经济研究》，2014 (1)：89－96。

[131] 刘崇 (2007)：“贸易发展、金融发展与货币国际化” [D]，吉林大学，2007。

[132] 刘玮 (2014)：“国内政治与货币国际化——美元、日元和德国马克国际化的微观基础” [J]，《世界经济与政治》，2014 (09)：129－155＋160。

[133] 刘瑞 (2012)：“日元国际化困境的深层原因” [J]，《日本学刊》，2012 (02)：96－111＋159。

[134] 刘谊、胡国正和闫晓茗 (2010)：“国际货币体系非主流货币国际化对人民币国际化的启示——基于德国马克模式的思考” [J]，《经济研究参考》，2010 (22)：10－16。

[135] 刘华、李广众和陈广汉 (2015)：“香港离岸人民币汇率已经发挥影响力了吗?” [J]，《国际金融研究》，2015，399 (10)：3－11。

[136] 刘华、朱佳青和李广众 (2016)：“香港离岸人民币市场的发展对中国货币政策中间目标的动态影响——基于广义脉冲响应的分析” [J]，《国际金融研究》，2016，348 (4)：84－96。

[137] 刘瑛和吕威 (2017)：“人民币入篮下的资本项目可兑换法律分析” [J]，《财贸研究》，2017，28 (06)：74－85。

[138] 罗忠洲和吕怡 (2014)：“中国企业跨境贸易结算货币选择的问卷调查分析” [J]，《世界经济研究》，2014 (6)：10－16＋87。

[139] 卢松 (2013)：“人民币国际化背景下中国商业银行发展策略” [J]，《金融与经济》，2013 (12)：50－53。

[140] 陆磊和李宏瑾 (2016)：“纳入 SDR 后的人民币国际化与国际货币体系改革：基于货币功能和储备货币供求的视角” [J]，《国际经济评论》，2016 (03)：41－53＋5。

［141］陆前进（2010）：“美元霸权和国际货币体系改革——兼论人民币国际化问题”［J］，《上海财经大学学报（哲学社会科学版）》，2010（12）。

［142］马骏（2012）：“人民币离岸市场与资本项目开放”［J］，《金融发展评论》，2012（04）：1－41。

［143］马骏和刘立男（2013）：“资本项目开放的次序与人民币跨境流动”［J］，《国际融资》，2013（3）：49－53。

［144］马骏和徐剑刚（2012）：“人民币走出国门之路：离岸市场发展和资本项目开发”［M］，中国经济出版社，2012 年。

［145］马骏（2011）：“人民币离岸市场发展对境内货币和金融的影响”［J］，《国际融资》，2011（05）：53－57。

［146］马荣华（2009）：“人民币国际化进程对中国经济的影响”［J］，《国际金融研究》，2009（4）：79－85。

［147］马荣华和饶晓辉（2007）：“人民币的境外需求估计”［J］，《国际金融研究》，2007（02）：50－59。

［148］梅建予和陈华（2017）：“人民币国际化对货币政策有效性的影响”［J］，《南方经济》，2017（04）：1－18。

［149］梅德平（2012）：“跨境贸易的本币结算与人民币国际化”［J］，《江汉论坛》，2012（10）：41－45。

［150］潘大洋（2015）：“境外人民币回流机制研究”［J］，《宏观经济研究》，2015（3）：31－37。

［151］潘英丽（2015）：“人民币离岸市场的全局战略构想”［J］，《人民论坛·学术前沿》，2015（16）：16－41。

［152］潘英丽（2016）：“正确处理人民币国际化目标与手段的关系——兼评加入 SDR 的意义”［J］，《探索与争鸣》，2016（01）：79－82。

［153］潘英丽和吴君（2012）：“体现国家核心利益的人民币国际化推进路径”［J］，《国际经济评论》，2012（3）。

［154］彭兴韵（2015）：“人民币国际化功夫在 SDR 外”［J］，《经济参考报》，2015。

［155］彭红枫、谭小玉和祝小全（2017）：“货币国际化：基于成本渠道的影响因素和作用路径研究”［J］，《世界经济》，2017，40（11）：120－143。

［156］彭红枫和谭小玉（2017）：“人民币国际化研究：程度测算与影响因素分析”［J］，《经济研究》，2017，52（02）：125－139。

［157］彭红枫、陈文博和谭小玉（2015）：“人民币国际化研究述评”［J］，《国际金融研究》，2015（10）：12－20。

［158］彭文生和施燕玲（2003）：“港元的境外需求”，《香港金融管理局季报》，2003 年第 3 期。

［159］邱崇明和刘郁葱（2010）：“产业竞争力对货币国际化的决定性作用研究”［J］，《福建论坛（人文社会科学版）》，2010（06）：9－14。

［160］覃延宁（2003）：“中国—东盟自由贸易区与人民币国际化”［J］，《东南亚纵横》，2003（5）：1－5。

［161］阙澄宇和马斌（2015）：“人民币在岸与离岸市场汇率的非对称溢出效应——基于 VAR－GJR－

MGARCH－BEKK 模型的经验证据”［J］，《国际金融研究》，2015（7）：21－32。

［162］乔依德、李蕊和葛佳飞（2014）：“人民币国际化：离岸市场与在岸市场的互动”［J］，《国际经济评论》，2014（2）：93－104。

［163］乔依德和徐明棋（2011）：“加强 SDR 在国际货币体系中的地位和作用”［J］，《国际经济评论》，2011（3）。

［164］乔桂明、申健杰和程蕾（2014）：“人民币跨境结算影响因素分析与实证”［J］，《新金融》，2014（12）：8－14。

［165］齐兰和郑少华（2011）：“全球金融体系变革与中国金融监管体制改革”［J］，《学术月刊》，2011（9）。

［166］钱文锐和潘英丽（2013）：“SDR 需要人民币：基于 SDR 定值稳定性的研究”［J］，《世界经济研究》，2013（1）：3－9。

［167］人民币国际化研究课题组（2006）：“人民币国际化的时机、途径及其策略”［J］，《中国金融》，2006（5）：12－13。

［168］任志宏（2016）：“‘一带一路’战略与人民币国际化的机遇、障碍及路径”［J］，《华南师范大学学报（社会科学版）》，2016（3）：28－34＋191。

［169］沙文兵（2015）：“人民币国际化、国内货币供给与价格水平”［J］，《经济问题探索》，2015（10）：97－104。

［170］沙文兵和孙君（2014）：“人民币国际化的条件、影响与路径——近期国外文献的一个综述”［J］，《经济问题探索》，2014（2）：179－183。

［171］邵路遥和刘尧成（2016）：“中国资本账户开放与人民币国际化的关系研究——基于国际经验比较的影响因素分析”［J］，《上海经济研究》，2016（3）：37－43。

［172］邵华明和侯臣（2016）：“人民币国际化：现状与路径选择——以美元国际化历程为借鉴”［J］，《社会科学文摘》，2016（1）。

［173］沈姗姗（2017）：“德国马克和日元的国际化经验及对中国的启示”［J］，《金融理论与实践》，2017（09）：82－85。

［174］沈建光（2011）：“离岸市场：迈向人民币国际化的基石”［J］，《中国金融》，2011（14）：39－40。

［175］沈悦、董鹏刚和李善燊（2013）：“人民币国际化的金融风险预警体系研究”［J］，《经济纵横》，2013（8）。

［176］盛斌和张一平（2011）：“全球治理中的国际货币体系改革：历史与现实”［J］，《南开学报（哲学社会科学版）》，2011（1）。

［177］石建勋、王盼盼和李海英（2016）：“人民币国际化国外最新研究动态”［J］，《新疆师范大学学报（哲学社会科学版）》，2016（2）。

［178］石建勋和孙亮（2018）：“离岸人民币汇率定价权初探——基于在岸与离岸汇率联动关系研究”［J］，《国际商务（对外经济贸易大学学报）》，2018（1）。

［179］石淇玮（2013）：“人民币国际化的路径研究——基于美元、德国马克和日元国际化历史的经验分析”［J］，《上海金融》，2013（10）：47－51＋117。

［180］石巧荣（2011）："国际货币竞争格局演进中的人民币国际化前景"［J］，《国际金融研究》，2011（7）：34－42。

［181］石巍和王志远（2013）："人民币与卢布国际化进程的比较分析"［J］，《新疆社会科学》，2013（6）：82－87＋169＋170。

［182］施琍娅（2010）："跨境贸易人民币结算与中国国际金融中心建设"［J］，《新金融》，2010（3）：21－23。

［183］史龙祥、王乐、王黎和谢文斌（2014）："基于国际比较视角的人民币贸易结算路径风险研究"［J］，《上海对外经贸大学学报》，2014（7）：28－38。

［184］史龙祥、阮珍珍和强梦萍（2015）："人民币国际化稳步推进的新路径——基于中美产业内贸易结算货币选择影响因素的经验分析"［J］，《国际金融研究》，2015（7）：11－20。

［185］史龙祥、葛绍慰和王滢达（2015）："市场份额影响力、进口市场集中度与贸易结算货币选择"［J］，《财贸经济》，2015（10）：19－30。

［186］宋暄（2017）："货币影响力、金融脆弱度与资本账户开放——基于新兴市场国家的研究"［J］，《金融论坛》，2017（10）：53－66。

［187］宋科和李昊泽（2015）："人民币、SDR 与国际货币体系改革：一个综述"［J］，《国际金融》，2015（7）：33－37。

［188］孙立行（2010）："基于人民币国际化视角的人民币汇率形成机制改革问题研究"［J］，《世界经济研究》，2010（12）：37－42。

［189］孙立行（2013）："国际金融发展新格局下的中国金融监管改革战略研究"［J］，《世界经济研究》，2013（12）。

［190］孙立坚（2013）："上海自贸区总体方案的金融开放战略"［J］，《新金融》，2013（12）：9－14。

［191］孙杰（2014）："跨境结算人民币化还是人民币国际化？"［J］，《国际金融研究》，2014（4）：39－49。

［192］宋芳秀和李庆云（2006）："美元国际铸币税为美国带来的收益和风险分析"［J］，《国际经济评论》，2006（04）：54－56。

［193］陶士贵和叶亚飞（2013）："人民币境外存量的估算及其对中国货币供给量的影响——基于人民币跨境交易视角"［J］，《财贸经济》，2013（09）：67－75。

［194］谭小芬、徐慧伦和耿亚莹（2018）："中国债券市场发展与人民币国际化"［J］，《武汉大学学报（哲学社会科学版）》，2018，71（2）：130－144。

［195］谭小芬、耿亚莹和徐慧伦（2017）："金融危机后的人民币国际化：制约、风险与对策"［J］，《新视野》，2017（3）。

［196］谭小芬、李莹（2016）："人民币汇率制度改革的成就、困境与展望"［J］，《国际贸易》，2016（11）。

［197］谭小芬、王雅琦、张金慧和卢冰（2018）："人民币汇率、贸易方式与产品质量"，《金融研究》，2018（3）。

［198］谭小芬、徐慧伦和耿亚莹（2017）："'一带一路'背景下的人民币国际化实施路径"，《区域金融研究》，2017（12）。

[199] 谭小芬、刘汉翔和曹倩倩（2017）："资本账户开放是否降低了 AH 股的溢价？——基于沪港通开通前后 AH 股面板数据的实证研究"，《中国软科学》，2017（11）。

[200] 谭小芬、耿亚莹和徐慧伦（2017）："'一带一路'背景下的中国债券市场开放研究"，《区域与全球发展》，2017（11）。

[201] 谭小芬和金玥（2017）："人民币汇率贬值与跨境资本流动"，《国际贸易》，2017（7）。

[202] 谭小芬和高志鹏（2017）："中美利率平价的偏离：资本管制抑或风险因素？——基于 2003－2015 年月度数据的实证检验"，《国际金融研究》，2017（4）。

[203] 田乐蒙和刘雨绮（2018）："人民币国际化进程中的风险识别研究——基于在岸和离岸人民币汇差的实证分析"[J]，《软科学》，2018（1）：140－144。

[204] 涂永红和王芳（2015）："国际货币基金组织应调整筛选标准欢迎人民币加入特别提款权"，《国际金融》，2015（7），22－30。

[205] 涂永红（2017）："新形势下中国货币政策国际协调的重点和抓手"[J]，《理论视野》，2017（11）：33－35。

[206] 涂永红（2018）："增强中国货币政策国际协调性"[J]，《清华金融评论》，2018（02）：33－35。

[207] 王婷婷（2014）："货币国际化进程的博弈分析——两国博弈模型及其对人民币国际化的启示"[J]，《金融研究》，2014（05）：80－95。

[208] 王晓燕（2013）："货币国际化的综合影响分析——兼谈人民币国际化启示"[J]，《西南金融》，2013（04）：15－18。

[209] 王晓燕、雷钦礼和李美洲（2012）："货币国际化对国内宏观经济的影响"[J]，《统计研究》，2012，29（5）：23－33。

[210] 王立荣和刘力臻（2012）："货币国际化进程中的最优外汇储备规模：日元的经验研究"[J]，《现代日本经济》，2012（06）：1－9。

[211] 王晓芳和于江波（2014）："丝绸之路经济带人民币流通的实际情境与相机抉择"[J]，《改革》，2014（12）：89－97。

[212] 王有鑫和饶晓蕾（2016）："人民币国际化短期遇阻的表现、成因及前景研判"[J]，《南方金融》，2016（4）：48－54。

[213] 王松奇和史文胜（2007）："论汇率的决定机制、波动区间与政策搭配"[J]，《财贸经济》，2007（4）。

[214] 王广谦（2008）："加速推进汇率市场化、实现人民币国际化"，《网易财经》，2008－12－25。

[215] 王景武（2004）："结合 21 世纪海上丝绸之路建设推进人民币国际化"[J]，《南方金融》，2014（11）：4－6。

[216] 王思程（2008）："对人民币国际化问题的若干思考"[J]，《现代国际关系》，2008（8）：29－33。

[217] 王炜瀚、杨良敏和徐铮（2011）："人民币国际化视野下中国石油进口的人民币结算探讨"[J]，《财贸经济》，2011（1）：108－115。

[218] 王元龙（2009）："关于人民币国际化的若干问题研究"[J]，《财贸经济》，2009（7）：16－22＋135。

[219] 王永利（2015）："人民币加入 SDR 需要 IMF 先深刻改革"[J]，《财新周刊》，2015（21）：7－7。

［220］王朝阳和郑步高（2018）："加入 SDR 后的人民币及其国际化趋势"［J］，《区域与全球发展》，2018，2（01）：136－152＋159。

［221］王国刚（2017）："人民币入篮一周年：成就、挑战和发展"［J］，《中国外汇》，2017（21）：12－17。

［222］王雪和王聪（2016）："人民币国际化背景下本币境外流通的宏观经济效应研究"［J］，《国际经贸探索》，2016，32（10）：99－112。

［223］王哲和郝立涛（2012）："人民币国际化背景下的商业银行经营环境及应对策略分析"［J］，《财政研究》，2012（12）：53－55。

［224］王芳、甘静芸和钱宗鑫等（2016）："央行如何实现汇率政策目标——基于在岸—离岸人民币汇率联动的研究"［J］，《金融研究》，2016（4）：34－49。

［225］王晶（2015）："改革和完善中国金融监管体系探析"［J］，《"决策论坛——公共管理决策案例与镜鉴研讨会"文集》，2015。

［226］汪川和刘佳骏（2014）："借鉴国际银行设施（IBF）模式建设上海自贸区离岸金融中心"［J］，《上海金融》，2014（6）：46－48。

［227］闻岳春和程天笑（2014）："上海自贸区离岸金融中心建设的系统性金融风险研究"［J］，《上海立信会计金融学院学报》，2014（2）：5－18。

［228］王信（2011）："人民币国际化进程中的问题和收益研究"［J］，《国际贸易》，2011（8）。

［229］王华庆（2010）："国际货币、国际货币体系和人民币国际化"［J］，《复旦学报（社会科学版）》，2010（1）。

［230］吴官政（2012）："人民币国际化目标定位及路径分析"［J］，《经济学家》，2012，2（2）：83－89。

［231］吴念鲁、杨海平和陈颖（2009）："论人民币可兑换与国际化"［J］，《国际金融研究》，2009（11）：4－12。

［232］吴宇（2012）："离岸货币市场发展与货币政策中介目标的选择——兼论海外人民币对国内货币政策的影响"［J］，《福建金融》，2012（2）：21－24。

［233］伍聪和赵然（2015）："政治如何在货币国际化中发挥作用?"［J］，《政治经济学评论》，2015，6（06）：162－182。

［234］伍聪（2014）："政治实力在货币国际化中如何发挥作用?"［A］. International Monetary Institute Working Papers（2010—2014 年合辑）［C］，2014：19。

［235］伍戈和裴诚（2012）："境内外人民币汇率价格关系的定量研究"［J］，《金融研究》，2012（9）：62－73。

［236］伍戈和杨凝（2015）："人民币跨境流动与离岸市场货币创造：兼议对中国货币政策的影响"［J］，《比较》，2015（8）。

［237］吴秀波（2016）："理性看待人民币'入篮'的长远意义及短期影响"［J］，《新金融》，2016（02）：21－25。

［238］徐建炜和姚洋（2010）："国际分工新形态、金融市场发展与全球失衡"［J］，《世界经济》，2010，33（03）：3－30。

［239］徐奇渊（2010）：“日元国际化的经验及其对人民币的启示”［J］，《金融评论》，2010，2（02）：114－121＋126。

［240］徐奇渊和李婧（2008）：“国际分工体系视角的货币国际化：美元和日元的典型事实”［J］，《世界经济》，2008（02）：30－39。

［241］徐奇渊和刘力臻（2006）：“香港人民币存量估计：M1 口径的考察”［J］，《世界经济》，2006（09）：49－57。

［242］徐奇渊（2015）：“人民币国际化：概念、争论与展望”［J］，《上海金融》，2015（04）：47－54。

［243］徐国祥和蔡文靖（2018）：“金融发展下资本账户开放对货币国际化的影响”［J］，《国际金融研究》，2018（5）：3－13。

［244］徐明棋（2016）：“央行货币互换：对国际货币体系的影响”［J］，《社会科学》，2016（3）：51－64。

［245］徐明棋（2016）：“上海自由贸易试验区金融改革开放与人民币国际化”［J］，《世界经济研究》，2016（5）：3－10。

［246］徐劲松（2017）：“人民币国际化对中国商业银行传统业务的影响研究”［J］，《北方金融》，2017（12）：61－65。

［247］徐剑刚、李治国和张晓蓉（2007）：“人民币 NDF 与即期汇率的动态关联性研究”［J］，《财经研究》，2007，33（9）：61－68。

［248］项卫星、钟红和李宏瑾：“国际债券发行货币币种份额影响因素实证研究：对人民币国际化的启示”［J］，《世界经济研究》，2017（9）：3－12＋135。

［249］许祥云和吴烨（2011）：“货币国际化降低了出口汇率风险吗？——以金融危机中的日本为例”［J］，《金融研究》，2011（2）：17－31。

［250］熊庆丽和章向东（2011）：“货币国际化的国际经验：比较与借鉴”［J］，《上海金融》，2011（02）：95－98。

［251］夏斌和陈道富（2011）：“中国金融战略 2020”［M］，人民出版社，2011 年。

［252］夏斌和陈道富（2011）：“人民币区域化的路径及相关风险防范”［J］，《国际金融》，2011（4）。

［253］修晶和周颖（2013）：“人民币离岸市场与在岸市场汇率的动态相关性研究”［J］，《世界经济研究》，2013（3）：10－15。

［254］许明朝和高中良（2007）：“论中国离岸金融模式的选择”［J］，《国际金融研究》，2007（12）：70－76。

［255］肖立晟（2016）：“人民币加入 SDR 货币篮子的影响及中国的未来行动策略”［J］，《经济纵横》，2016（2）：35－40。

［256］姚洪心和高印朝（2008）：“货币国际化收益与成本理论的国外最新研究进展”［J］，《上海金融》，2008（03）：68－72。

［257］姚大庆（2016）：“国际储备货币影响因素的国家结构差异研究”［J］，《世界经济研究》，2016（2）：26－33。

[258] 姚鹏和卢正惠："中国同东盟跨境贸易人民币结算的经济基础及其效益研究" [J]，2011 (4)：151 - 155。

[259] 严佳佳和黄文彬 (2014)："资本账户开放进程中的货币国际化研究——以日本为例的分析" [J]，《东南学术》，2014 (4)：113 - 121。

[260] 严佳佳、江波和黄文彬 (2016)："上海自贸区人民币离岸市场的有效性研究——美日内外分离型离岸市场的经验借鉴" [J]，《中国商论》，2015 (23)：158 - 163。

[261] 严佳佳和辛文婷 (2017)："'一带一路'倡议对人民币国际化的影响研究" [J]，《经济学家》，2017 (12)：83 - 90。

[262] 严佳佳、幸进成和黄健铭 (2016)："香港人民币离岸利率能够倒逼影响在岸利率吗?" [J]，《国际金融研究》，2016，356 (12)：74 - 83。

[263] 严兵、张禹和刘娜 (2017)："人民币离岸与在岸汇率差异及其波动研究" [J]，《世界经济研究》，2017 (5)：12 - 27。

[264] 严敏和巴曙松 (2010)："境内外人民币远期市场间联动与定价权归属：实证检验与政策启示" [J]，《经济科学》，2010，Vol. 32 (1)：72 - 84。

[265] 闫海洲、郑爽和黄诗晖等 (2014)："国际离岸金融市场发展对上海自贸区建设的借鉴意义" [J]，《上海经济研究》，2014 (10)：74 - 80。

[266] 闫屹和马新姿 (2013)："跨境贸易人民币结算的发展及其制约因素分析" [J]，《新金融》，2013 (12)：38 - 43。

[267] 杨子晖和陈创练 (2015)："金融深化条件下的跨境资本流动效应研究" [J]，《金融研究》，2015 (5)：34 - 49。

[268] 杨爱民 (2016)："提升银行国际化竞争力" [J]，《中国金融》，2016 (22)：39 - 41。

[269] 杨荣海 (2013)："货币国际化与货币互换市场发展关系的实证分析" [J]，《经济经纬》，2013 (5)：150 - 154。

[270] 杨荣海 (2014)："当前货币国际化进程中的资本账户开放路径效应分析" [J]，《国际金融研究》，2014 (4)：50 - 61。

[271] 杨荣海和李亚波 (2017)："资本账户开放对人民币国际化'货币锚'地位的影响分析" [J]，《经济研究》，2017，52 (1)：134 - 148。

[272] 杨承亮 (2013)："日本离岸金融市场发展对上海自贸区的启示" [J]，《中国外汇》，2013 (19)：62 - 63。

[273] 杨海蓉："资本账户开放促进了人民币境外市场发展吗?" [J]，《国际金融研究》，2018 (5)：14 - 23。

[274] 杨雪峰 (2016)："人民币离岸市场发展对中国货币政策的影响" [J]，《世界经济研究》，2016 (5)：11 - 17。

[275] 杨正东、王海全和唐明知："基于国际经验的人民币计价职能推进研究" [J]，《新金融》，2017 (2)：50 - 53。

[276] 杨帆 (2015)："人民币国际化进程中在岸与离岸市场汇率联动研究" [J]，《统计与决策》，2015 (19)：149 - 152。

[277] 叶亚飞和石建勋（2016）：“人民币在岸离岸汇率联动关系及其影响因素分析”[J]，《中央财经大学学报》，2016（12）：37－44。

[278] 叶亚飞和石建勋（2017）：“香港离岸市场发展对中国宏观经济的影响研究：兼论上海自贸区人民币离岸市场的构建”[J]，《世界经济研究》，2017（9）：38－51。

[279] 叶亚飞和石建勋（2018）：“人民币国际化进程中的货币替代效应研究——以香港地区离岸人民币为例”[J]，《经济问题》，2018（3）。

[280] 殷剑峰（2011）：“人民币国际化：‘贸易结算＋离岸市场’，还是‘资本输出＋跨国企业’？——以日元国际化的教训为例”[J]，《国际经济评论》，2011（04）：53－68＋4。

[281] 殷剑峰（2009）：“人民币国际化的路线图”[J]，《今日财富：金融版》，2009（6）：13－17。

[282] 易宪容和张桦成（2016）：“人民币纳入 SDR 对中国经济的影响与冲击——基于一般性的金融理论分析”[J]，《江海学刊》，2016（02）：94－100＋238。

[283] 袁申国和徐冬梅：“升值背景下跨境贸易人民币结算影响因素的实证分析”[J]，《广东财经大学学报》，2014（1）：12－21。

[284] 袁媛（2013）：“人民币汇率波动的财务风险管控研究”[D]，财政部财政科学研究所，2013。

[285] 员瑜平（2012）：“从离岸市场的类型解读人民币国际化趋向”[J]，《南方金融》，2012（11）：27－31。

[286] 于恩锋和龚秀国（2017）：“人民币‘入篮’对 SDR 利率的影响——基于历史的视角”[J]，《国际金融研究》，2017，357（1）：78－88。

[287] 余道先和王云（2015）：“人民币国际化进程的影响因素分析——基于国际收支视角”[J]，《世界经济研究》，2015（3）。

[288] 余永定（2011）：“应暂停出台‘人民币国际化’新政策”[N]，《第一财经日报》，2011－12－05（A06）。

[289] 余永定（2014）：“人民币贸易结算与短期资本跨境流动”[J]，《上海交通大学学报（哲学社会科学版）》，2014，22（3）：6－7。

[290] 余永定、张斌和张明（2016）：“尽快引入人民币兑篮子汇率宽幅区间波动”[J]，《国际经济评论》，2016（1）。

[291] 余永定（2015）：“人民币国际化应服从资本项目自由化进程”[J]，《新金融》，2015（9）：14－16。

[292] 余永定（2012）：“从当前的人民币汇率波动看人民币国际化”[J]，《国际经济评论》，2012（1）：18－26。

[293] 赵柯（2013）：“工业竞争力、资本账户开放与货币国际化——德国马克的国际化为什么比日元成功”[J]，《世界经济与政治》，2013（12）：140－155＋160。

[294] 赵柯（2013）：“德国马克的崛起[D]，中国社会科学院研究生院，2013。

[295] 赵柯（2012）：“货币国际化的政治逻辑——美元危机与德国马克的崛起”[J]，《世界经济与政治》，2012（05）：120－141＋159－160。

[296] 赵然和伍聪（2014）：“结算货币选择理论研究评述”[J]，《经济理论与经济管理》，2014

(07)：64－75。

[297] 赵春明和李小瑛（2007）：“东亚货币合作与人民币核心货币地位探析”［J］，《当代亚太》，2007（2）：36－43。

[298] 赵庆明和鲍思晨（2017）：“论商品期货市场在推进人民币成为大宗商品定价货币进程中的作用”［J］，《国际金融》，2017（3）：45－52。

[299] 赵庆明（2011）：“人民币国际化的几点思考”［J］，《投资研究》，2011，30（11）：144－150。

[300] 赵海宽（2003）：“人民币可能发展成为世界货币之一”［J］，《经济研究》，2003（3）：54－60＋91。

[301] 赵继臣（2015）：“金砖银行与人民币国际化的机遇”［J］，《国际观察》，2015（2）：43－53。

[302] 赵冉冉（2013）：“人民币国际化背景下中国推动人民币加入 SDR 的动机及路径”［J］，《国际金融研究》，2013（3）：49－57。

[303] 赵锡军和宋晓玲（2009）：“全球金融危机下的人民币国际化：机遇与挑战”［J］，《亚太经济》，2009（6）：17－22。

[304] 张桂文（2012）：“货币国际化问题研究”［D］，西南财经大学，2012 年。

[305] 张志文和白钦先（2013）：“汇率波动性与本币国际化：澳大利亚元的经验研究”［J］，《国际金融研究》，2013（04）：52－63。

[306] 张鼎立（2016）：“人民币纳入 SDR 对人民币国际化的作用与影响”［J］，《当代经济研究》，2016（05）：59－64。

[307] 张斌和徐奇渊（2012）：“汇率与资本项目管制下的人民币国际化”［J］，《国际经济评论》，2012（4）：63－73。

[308] 张斌（2011）：“中国对外金融的政策排序——基于国家对外资产负债表的分析”［J］，《国际经济评论》，2011（02）：58－63。

[309] 张明（2015）：“人民币国际化与亚洲货币合作：殊途同归?”［J］，《国际经济评论》，2015（2）：23－34。

[310] 张明（2013）：“人民币国际化：政策、进展、问题与前景”［J］，《金融评论》，2013，5（02）：15－27。

[311] 张明（2011）：“人民币国际化：基于在岸与离岸的两种视角”［J］，《金融与经济》，2011（8）：4－10。

[312] 张明和何帆（2012）：“人民币国际化进程中在岸离岸套利现象研究”［J］，《国际金融研究》，2012（10）：47－54。

[313] 张肃（2011）：“日元模式对人民币国际化风险控制的启示”［J］，《现代日本经济》，2011（04）：39－45。

[314] 张国庆和刘骏民（2009）：“日元国际化：历史、教训与启示”［J］，《上海金融》，2009（08）：56－60。

[315] 张春生（2017）：“全球化视野的人民币国际化及其资本项目开放”［J］，《改革》，2017（7）：107－118。

[316] 张国兵和安烨（2013）：“人民币国际化进程中的资本账户开放分析”［J］，《当代经济研

究》，2013（3）：51－55。

［317］张良（2014）："人民币国际化视角下中国金融改革走向"［J］，《北方经济》，2014（6）：74－75。

［318］张青龙（2005）："人民币国际化的经济效应：一般均衡分析"［J］，《世界经济研究》，2005（8）：44－48。

［319］张青龙（2011）："人民币国际化对货币政策的影响：基于IS－LM模型分析"［J］，《新金融》，2011（2）：11－15。

［320］张青龙和王舒婷（2010）："人民币国际化给中国商业银行带来的机遇与挑战"［J］，《新金融》，2010（10）：56－59。

［321］张宇燕和张静春（2008）："国际货币的成本和收益"［J］，《世界知识》，2008（21）：58－63。

［322］张宇燕（2010）："人民币国际化：赞同还是反对?"［J］，《国际经济评论》，2010（1）：38－45。

［323］张宇燕和张静春（2008）："货币的性质与人民币的未来选择——兼论亚洲货币合作"［J］，《当代亚太》，2008（2）：9－43。

［324］张礼卿（2009）："应该如何看待人民币的国际化进程"［J］，《中央财经大学学报》，2009（10）。

［325］张礼卿（2016）："人民币国际化面临的挑战与对策"［J］，《金融论坛》，2016（3）：3－8。

［326］张远军（2011）："中俄间人民币跨境流通的理论与实证研究"［J］，《金融研究》，2011（06）：194－206。

［327］张国兵和安烨（2013）："人民币国际化进程中的资本账户开放分析"［J］，《当代经济研究》，2013（3）：51－55。

［328］张涛（2010）："中国—东盟金融合作中人民币区域化的金融政策法规研究"［J］，《云南财经大学学报》，2010（6）：74－80。

［329］张春生（2017）："全球化视野的人民币国际化及其资本项目开放"［J］，《改革》，2017（7）：107－118。

［330］张燕生（2009）："全球化时代美国金融危机对中国的影响"［J］，《中央财经大学学报》，2009（10）。

［331］张春清和杨净捷（2005）："人民币在周边国家流通的调查"［J］，《西南金融》，2005（8）：23－24。

［332］张帆、余淼杰和俞建拖（2017）："'一带一路'与人民币国际化的未来"［J］，《人民论坛学术前沿》，2017（09）：28－45。

［333］张璇和代玉红（2014）："开放条件下中国金融监管制度的创新与完善——基于全球金融危机的重新审视"［J］，《河北经贸大学学报》，2014（6）。

［334］张云和刘骏民（2010）："人民币国际化的历史趋势与风险应对探析"［J］，《经济与管理研究》，2010（3）。

［335］曾之明（2011）："人民币离岸金融中心发展研究"［D］，中南大学，2011年。

［336］甄峰（2014）："人民币国际化：路径、前景与方向"［J］，《经济理论与经济管理》，2014（5）：22－31。

[337] 钟伟（2002）：“略论人民币的国际化进程”［J］，《世界经济》，2002（3）：56－59。

[338] 钟伟（2008）：“人民币在周边国家流通的现状、问题及对策”［J］，《管理世界》，2008（01）：165－166。

[339] 周安、张璟、秦明和王志刚（2014）：“人民币国际化：一个研究述评”［J］，《成都理工大学学报（社会科学版）》，2014，22（6）：27－32。

[340] 周永涛，许嘉扬（2017）：“加入 SDR 后人民币国际化面临的挑战与机遇”［J］，《新金融》，2017（03）：34－38。

[341] 周小川（2012）：“人民币资本项目可兑换的前景和路径”［J］，《金融研究》，2012（1）：1－19。

[342] 周小川（2017）：“守住不发生系统性金融风险的底线”［N］，《人民日报》，2017－11－22，（6）。

[343] 周先平和李标（2013）：“境内外人民币即期汇率的联动关系——基于 VAR—MVGARCH 的实证分析”［J］，《国际金融研究》，2013（5）：4－14。

[344] 周先平、李标和邹万鹏（2014）：“境内外银行间人民币同业拆借利率的联动关系研究”［J］，《国际金融研究》，2014（08）：69－77。

[345] 周天芸（2017）：“‘一带一路’建设对人民币国际化的影响机制研究”［J］，《求索》，2017（11）：33－43。

[346] 周宇（2017）：“以人民币国际债券支持‘一带一路’基础设施投资：基于美元、日元国际债券的比较分析”［J］，《世界经济研究》，2017（10）：15－24＋135。

[347] 左燕燕（2015）：“人民币国际化研究：文献综述”［J］，《经济研究导刊》，2015（17）：204－207。

[348] 毕德富和刘连营（2012）：中国人民银行济南分行国际收支处课题组，“当前中国国际收支结构对人民币国际化进程的影响”［J］，《金融发展研究》，2012（10）：60－63。

[349] 邹玲和周陈曦（2017）：“人民币离岸存款对境内货币流通的影响效应——基于香港数据的实证检验”［J］，《当代财经》，2017（3）：61－69。

[350] 朱琳（2014）：“日本离岸金融市场发展经验及其对中国的启示”［D］，复旦大学，2012 年。

[351] 朱孟楠和张雪鹿（2015）：“境内外人民币汇率差异的原因研究”［J］，《国际金融研究》，2015，339（5）：87－96。

[352] 朱海斌（2015）：“人民币能否纳入 SDR 货币篮子”，《中国投资》，2015（5），94－96。

[353] 郑联盛和张明（2015）：“中国政府应该强力推动人民币加入 SDR 吗”［J］，《国际金融》，2015（7）：3－6。

[354] 郑联盛（2016）：“人民币加入 SDR 货币篮子及其对金融改革的影响”［J］，《金融评论》，2016，8（1）：67－80。

[355] 宗良（2014）：“应抓住时机扩大人民币汇率波动区间”，《证券日报》，2014－2－17。

[356] 庄太量和许愫珊（2011）：“人民币国际化与国际货币体系改革”［J］，《经济理论与经济管理》，2011（9）。

[357] 周小川（2009）：“关于改革国际货币体系的思考”［J］，《中国金融》，2009（7）。

[358] ［日］上川孝夫和今松英悦（1997）：“日元的政治经济学——亚洲与世界体系”［M］，同文

馆日文版，1997 年。

[359] Adam, S. P. (2008), "Why the Euro will Not Rival the Dollar", International Finance, Wiley Blackwell, 11 (1): 75 - 100.

[360] Ahn, J., Amiti, M., and Weinstein, D. E. (2011). Trade finance and the great trade collapse. The American Economic Review, 101 (3): 298 - 302.

[361] Ahn, J. (2015). Understanding trade finance: theory and evidence from transaction - level data. Working Paper.

[362] Ahmed F, Wang S, Lago I M Y, et al. (2011), "Internationalization of Emerging Market Currencies: A Balance Between Risks and Rewards", IMF Staff Discussion Notes, 11 (17): 1.

[363] Airaudo M. (2014), "Currency substitution, risk premia and the Taylor principle", Journal of Economic Dynamics & Control, 48 (48): 202 - 217.

[364] Aizenman J. (2015) Internationalization of the RMB, Capital Market Openness and Financial Reforms in China. Pacific Economic Review, 20, (3): 444 - 460.

[365] Aliber, R. (1966), The Future of The Dollar as an International Currency, New York: Frederick Praeger.

[366] Aliber, R., (1964), "The Costs and Benefits of the US Role as a Reserve Currency Country", TheQuarterly Journal of Economics, (03): 442 - 456.

[367] Alberto, T. and R. Wright (1995), "Toward a theory of international currency: a step furthe" r, Working Papers 95 - 14.

[368] Alberto G., (1998), "Exchange rates and traded goods prices", Journal of International Economics, 24: 45 - 68.

[369] Amiti, M. and Weinstein, D. E. (2011). Exports and financial shocks. The Quarterly Journal of Economics, 126 (4): 1841 - 1877.

[370] Apergis, N. (1997), "Domestic and eurocurrency yields: Any exchange rate link? Evidence from a VAR model", Journal of Policy Modeling, 19 (1): 41 - 49.

[371] Arlos, P. and Fiedler, M. (2014), "China's dominance hypothesis and the emergence of a tri - polar global currency system", Economic Journal, 124 (581), 1343 - 1370.

[372] Arize, A. C., Umezulike, B. N. and Spalding, J. B. (1991), "Impact of Foreign Monetary Developments on Demand for Money: Regression Estimates and Forecast Results", Journal of Economic Studies, 18 (2): 39 - 48.

[373] Bacchetta, Philippe, van Wincoop, Eric, (2002), "A theory of the currency denomination of international trade", NBER WorkingPaper No. 9039.

[374] Bacchetta P, Van Wincoop E. (2005), "A theory of the currency denomination of international trade", Journal of international Economics, 67 (2): 295 - 319.

[375] Baron, D. P. (1976). Fluctuating exchange rates and the pricing of exports. Economic Inquiry, 14 (3), 425.

[376] Bastien D. and Mo Ji. (2016), "The Emergence of The Renminbi as An International Currency:

Where Do We Stand Now?”, Amundi Discussion Papers Series.

[377] Battellino, R. and Plumb, M. (2011), “A Generation of an Internationalized Australian Dollar”, BIS Papers No. 61: 202 – 217.

[378] Bergsten, C. F. (1975). The Dilemmas of the Dollar: the Economics and Politics of United States International Monetary Policy. New York University Press.

[379] Bénassyquéré, A. and Capelle, D. (2011), “Can the renminbi make the sdr more attractive?”, La Lettre Du Cepii (314).

[380] Bénassyquéré, A. and Capelle, D. (2012), “On the inclusion of the Chinese renminbi in the SDR basket”. Université Panthéon – Sorbonne (Paris 1), Centre d'Economie de la Sorbonne, 133 – 151.

[381] Bini – Smaghi, Lorenzo (1991), Exchange Rate Variability and Trade: Why Is It so Difficult to Find any Empirical Relationship? Journal of Applied Economics 23 (May): 927 – 935.

[382] Bilson, J. F. (1983), The choice of an invoice currency in international transactions. Economic interdependence and flexible exchange rates. 384 – 401.

[383] Blinder, Alan (1996), The Role of the Dollar, Eastern Economic Journal, 22 (2).

[384] Black, S. and Munro, A. (2010). Why Issue Bonds Offshore? [R]. BIS Working Papers, No. 52.

[385] Bowles, P. and Wang, B. (2013), “Renminbi internationalization: a journey to where?”, Development & Change, 44 (6): 1363 – 1385.

[386] Bottelier, P. and Dadush, U. (2011), “The Future of the Renminbi as an International Currency”, International Economic Bulletin, 2.

[387] Bottelier P, Dadush U. (2013). The Myths About China's Currency. Carnegie Endowment for International Peace.

[388] Brimmer, A. F. (1969), “Eurodollar Flows and the Efficiency of U. S. Monetary Policy”, The Wall Street Transcript, (03): 16 – 24.

[389] Caballero, R. J., Farhi, E., Gourinchas, P., et al. (2008), “An Equilibrium Model of Global Imbalances and Low Interest Rates”, The American Economic Review, 98 (1): 358 – 393.

[390] Cai, Y., Li, R., Liang, B., Bai, N., Liu, Y., & Wang, R. (2013), “The internationalization of the RMB: where does the RMB currently stand in the process of internationalization”, Asian – pacific Economic Literature, 27 (2): 68 – 85.

[391] Chaney, T. (2016). Liquidity constrained exporters. Journal of Economic Dynamics and Control, 72: 141 – 154.

[392] Chen, H., and Peng, W. (2010), “The potential of the renminbi as an international currency”, 32 (1).

[393] Chen, H., Peng, W. and Shu, C. (2007). The Potential of the Renminbi as an International Currency. China Economic Issues, 7 (7): 1 – 20.

[394] Chen, H. and Peng, W. (2009). The Potential of the RMB as an International Currency [R]. China Economic Issues, Hong Kong Monetary Authority.

[395] Chey, H. (2012), "Theories of international currencies and the future of the world monetary order", International Studies Review, 14 (1): 51 –77.

[396] Cheung, Y. W., Hui, C. H. and Tsang, A. (2018), "The RMB Central Parity Formation Mechanism: August 2015 to December 2016", Journal of International Money & Finance.

[397] Cheung, Y. W. (2014). The Role of Off shore Financial Centers in the Process of Renminbi Internationalization. ADBI Working Paper 472.

[398] Cheung, Y. W. and Rime, D. (2014), "The off shore renminbi exchange rate: Microstructure and links to the onshore market", Cesifo Working Paper, 49: 170 –189.

[399] Cheung, Y. and Matthew S. Y. (2013). Off shore Renminbi Trading: Findings from the 2013 BIS Triennial Central Bank Survey [J]. HKIMR Working Paper, pp. 4 –5.

[400] Chinn, M. and Frankel, J. (2006), "Will the Euro Eventually Surpass the Dollar as Leading International Reserve Currency?", Social Science Electronic Publishing.

[401] Chinn, M. and Frankel, J. (2008). Why the Euro will Rival the Dollar. International Finance, 11 (1), 49 –73.

[402] Chinn, M. (2014)." U. S. Dollar as a Reserve Currency: Apres le Deluge [J]", Cell Cycle, 13 (5): 726 –738.

[403] Chinn, M. D. (2015), "Emerging market economies and the next reserve currencies". Open Economies Review, 26 (1): 155 –174.

[404] Chung, W. (2016). Imported inputs and invoicing currency choice: Theory and evidence from uk transaction data. Journal of International Economics, 99: 237 –250.

[405] Cohen, B. (2005). Currency Choice in International Bond Issuance [R]. BIS Quarterly Review (June), pp: 53 –66.

[406] Cohen, B. J. (2012), "The yuan tomorrow? evaluatiangng china's currency internationalization strategy", New Political Economy, 17 (3): 361 –371.

[407] Cohen. B. J. (1971), The Future of Sterling as an International Currency, Macmllan Press.

[408] Corsetti, G. and Pesenti, P. (2005). International dimensions of optimal monetary policy. Journal of Monetary economics, 52 (2): 281 –305.

[409] Cushman, David (1983), The Effects of Real Exchange Risk on International Trade, Journal of International Economics 15 (August): 45 –63.

[410] Cukierman, Spiegel and Leiderman. (2004). The choice of exchange rate bands: balancing credibility and flexibility [J]. Journal of International Economics, (62): 379 –408.

[411] Devereux, M. B. and Engel, C. M. (2001), Endogenous Currency of Price Setting in a Dynamic Open Economy Model [J]. NBER Working Papers.

[412] Devereux, M. B. and Engel, C. (2002). Exchange rate pass –through, exchange rate volatility, and exchange rate disconnect. Journal of Monetary economics, 49 (5): 913 –940.

[413] Devereux, M. B., Engel, C. and Storgaard, P. E. (2004), "Endogenous exchange rate pass –through when nominal prices are set in advance", Journal of international economics, 63 (2): 263 –291.

[414] Devereux, M. B., Dong, W., and Tomlin, B. (2017). Importers and exporters in exchange rate pass - through and currency invoicing. Journal of International Economics.

[415] Donnenfeld, S. and Zilcha, I. (1991), "Pricing of Exports and Exchange Rate Uncertainty", International Economic Review, 32 (4): 1009 - 1022.

[416] Donnefeld, S. and Huag, A. (2003), Currency Invoicing in International Trade: an Empirical Investigation [J]. Review of International Economic, 11 (2): 332 - 345.

[417] Donnenfeld S. and Haug A. (2008), "Currency Invoicing of US Imports", International Journal of Finance and Economics, 13: 184 - 198.

[418] Donnenfeld S, and Haug, A. (2010), "Currency Invoicing in International Trade: an Empirical Investigation", Review of International Economics, 11 (2): 332 - 345.

[419] Ding, D. K., Tse, Y. and Williams, M. R. (2014), "The Price Discovery Puzzle in Offshore Yuan Trading: Different Contributions for Different Contracts", Journal of Futures Markets, 34 (2): 103 - 123.

[420] David Yee - Kai Chan, Raymond Siu - Kuen Lee. (1996), "The dynamics of interest rates between Eurodollar and domestic US dollar", Applied Financial Economics, 6 (4): 347 - 349.

[421] Engel, C. (2006). Equivalence results for optimal pass - through, optimal indexing to exchange rates, and optimal choice of currency for export pricing. Journal of the European Economic Association, 4 (6): 1249 - 1260.

[422] Eichengreen, B. (1998). The Euro as A Reserve Currency [J]. Journal of the Japanese and International Economies, 12 (4): 483 - 506.

[423] Eichengreen, B. and Mathieson, M. D. J. (2000), The currency composition of foreign exchange reserves: Retrospect and prospect, International Monetary Fund.

[424] Eichengreen, B. (2009). The Dollar Dilemma [J]. Foreign Affair, 88 (5).

[425] Eichengreen, B. (2011), "The renminbi as an international currency", Journal of Policy Modeling, 33 (5): 723 - 730.

[426] Eichengreen B. (2011). It May Be Our Currency, But It's Your Problem. Australian Economic History Review, 51 (3): 245 - 253.

[427] Eichengreen, B. (2013). "Number one country, number one currency?", World Economy, 36 (4), 363 - 374.

[428] Eichengreen, B. and Kawai, M. (2014), "Issues for Renminbi Internationalization: An Overview", ADBI Working Paper.

[429] Eichengreen, B. and Lombardi, D. (2015). RMBI or RMBR? Is the Renminbi Destined to Become a Global or Regional Currency? NBER Working Paper.

[430] Farhi, E., Gourinchas, P. O. and Rey, H. (2011). Reforming the International Monetary System, CEPR.

[431] Feng, Z. Q., & Liu, Z. J. (2017). Impact of rmb joining sdr on foreign trade of china. Prices Monthly.

[432] Feenstra, R. C., Li, Z., and Yu, M. (2014). Exports and credit constraints under incomplete

information: Theory and evidence from china. Review of Economics and Statistics, 96 (4): 729 -744.

[433] Frankel, J. (2012). Internationalization of the RMB and Historical Precedents. Journal of Economic Integration, 27 (3): 329 -365.

[434] Frankel, J. A. (2011), "Historical Precedents for Internationalization of the RMB", Mausrice R. Greenberg Center for Geoeconomic Studies and International Institutions and Global Governance Program.

[435] Fred, B. C. (1975), The Dilemmas of the Dollar, The Economics and Politics of United State International Monetary Policy, New York University Press.

[436] Friberg, R. and Wilander, F. (2008), "The currency denomination of exports - A questionnaire study", Journal of International Economics, 75 (1): 54 -69.

[437] Fukuda Shinichi, Ono Masanori. On the Determinants of Ex - Porters Currency Pricing: Histories. Expectations, Journal of the Japanese and International Economics, 2006, 20: 548 -568.

[438] Funke M, Gronwald M. (2008), The Undisclosed Renminbi Basket: Are the Markets Telling Us Something about Where the Renminbi - US Dollar Exchange Rate is Going? [J]. The World Economy, 31 (12): 1581 -1598.

[439] Funke M, Shu C, Cheng Xetal. (2015), Assessing the CNH - CNY pricing differential: role of fundamentals, contagion and policyl [J]. Journal of International Money&Finance, 59 (6): 245 -262.

[440] Garber P, Spence A M, Mallaby S. (2012), What Drives CNH Market Equilibrium? [J]. International Economic Review.

[441] Gao, H. and Yu, Y. D. (2011). Internationalization of the renminbi, BIS working paper.

[442] George S. T. (1990), On the International Use of Currencies: The Case of the Deutsche Mark, IMF Working Paper.

[443] Glick, R. , and Hutchison, M. (2013). China's financial linkages with asia and the global financial crisis. Working Paper, 39 (3): 186 -206.

[444] Giovannini, Alberto, (1988), "Exchange Rates and Traded Goods Prices", Journal of International Economics, 24: 45 -68.

[445] Goldberg, L. S. and Tille, C. (2009), "The dynamics of international trade invoicing", European Central Bank - Bank of Canada semi - nar, Frankfurt, Germany.

[446] Goldberg, L. S. and Tille, C. (2008). Vehicle currency use in international trade. Journal of international Economics, 76 (2): 177 -192.

[447] Gopinath, G. , Itskhoki, O. and Rigobon, R. (2010), "Currency choice and exchange rate pass - through", American Economic Review, 100 (1): 304 -306.

[448] Gourinchas, P. and Rey, H. L. (2007), "International Financial Adjustment", Journal of Political Economy, 115 (4): 665 -703.

[449] Goldberg L. (2010). What is the status of the international roles of the dollar?, Voxeu Org.

[450] Goldberg, L. S. and Tille, C. (2016). "Micro, macro, and strategic forces in international trade invoicing: Synthesis and novel patterns", Journal of International Economics.

[451] Gopinath, G. (2015). The international price system. NBER Working Paper Series, page 21646.

[452] Gros, Daniel (1987), Exchange Rate Variability and Foreign Trade in the Presence of Adjustment Costs, Working Paper no. 8704, Departement de Sciences Economiques, Université Catholique de Louvain.

[453] Grassman, S. (1973), "A Fundamental Symmetry In International Payment Patterns", Journal Of International Economics, 3 (2): 105 - 116.

[454] Guonan, M., Robert, N. and McCauley. (2010), "Efficacy of China's Capital Controls: Evidence from Priceand Flow Data", Pacific Economic Review, 13 (1): 104 - 123.

[455] Giddy, I. H., Dufey G, Min S. (1979), "Interest Rates in the U. S. and Eurodollar Markets", WeltwirtschaftlichesArchiv, 115 (1): 51 - 67.

[456] Giovannini, Alberto (1988), Exchange Rates and Trade Goods Prices, Journal of International Economics 24 (February): 45 - 68.

[457] Hassanain, K. M. A. (2015). Special drawing right and currency risk management. International Journal of Economics & Financial Issues, 5, 230 - 239.

[458] Hartmann, P. and Issing, O. (2002). The International Role of the Euro. Journal of Policy Modeling, 24: 315 - 345.

[459] Hartmann, P. (1998), "The currency denomination of world trade after European Monetary Union", Journal of the Japanese and International Economies, 12 (4): 424 - 454.

[460] Heller H R, Knight M D. Reserve - currency preferences of central banks [J]. Essays in International Finance, 1978.

[461] He, Dong and Robert N. Mc Cauley, (2010), Offshore Markers for the Domestic Currency: Monetary and Financial Stability Issues, Working Paper of Hong Kong Authority.

[462] Hendershott, P. H. (2012), "The Structure of International Interest Rates: The U. S. Treasury Bill Rate and The Eurodollar Deposit Rate", Journal of Finance, 22 (3): 455 - 465.

[463] Huang, Y., Wang, D., and Fan, G. (2014). Paths to a Reserve Currency: Internationalization of the Renminbi and Its Implication. ADBI Working Paper.

[464] Huang, Y. and Lynch, C. (2014). Does Internationalizing the RMB Make Sense for China? Cato Journal, 33 (3): 571 - 585.

[465] Ito, T. (2010), "China as number one: how about the renminbi?", Asian Economic Policy Review, 5 (2): 249 - 276.

[466] Ito, T. (2011), "The International of the RMB: Opportunities and Pitfalls", CFR Working Papers.

[467] Ito, H. and Chinn, M. (2013). "The Rise of the "Redback" and China's Capital Account Liberalization: an Empirical Analysis on the Determinants of Invoicing Currencies", ADBI Working Paper.

[468] Ito, H. and Chinn, M. (2014). The Rise of the "Redback" and the People's Republic of China's Capital Account Liberalization: An Empirical Analysis of the Determinants of Invoicing Currencies, ADBI Working Paper Series.

[469] Ito, T., Koibuchi, S., Sato, K. and Shimizu, J. (2015). Exchange Rate Exposure and Risk Management: The Case of Japanese Exporting Firms. NBER Working Paper.

[470] Ito, H. and Kawai, M. (2016). "Trade Invoicing in Major Currencies in the 1970s - 1990s: Les-

sons for Renminbi Internationalization", Journal of the Japanese and International Economies, 42: 123 - 145.

[471] Ito, T. (2017), "A New Financial Order in Asia: Will a RMB bloc emerge?", Journal of International Money & Finance.

[472] Jayaraman, T. K. and Choong, C. K. (2010), Role of Of fshore Financial Center Institutions in Vanuatu, the School of Economics at USP.

[473] Jenkins, P. and Zelenbaba, J. (2012). Internationalization of the renminbi: what it means for the stability and flexibility of the international monetary system. Oxford Review of Economic Policy, 28 (3), 512 - 531.

[474] Jenny, L. and Silva, J. A. (2007), "Currency Invoicing in International Trade: A Panel Data Approach", Tilburg University Discussion Paper. No. 2007 - 25.

[475] Jian Yang, Jaeun Shin, Moosa Khan. (2007), "Causal linkages between US and Eurodollar interest rates: further evidence", Applied Economics, 39 (2): 135 - 144.

[476] Johnson, M. and Pick, D. (1997), "Currency Quandary: The Choice of Invoicing Currency under Exchange - Rate Uncertainty", Review of International Economics, 5 (1): 118 - 128.

[477] Kannan, Prakash, (2009), "On the welfare benefits of an international currency", European Economic Review, 53 (5): 588 - 606.

[478] Kawai, M. and Takagi, S. (2011), The Renminbi as a Key International Currency?: Lessons from the Japanese Experience, Notes Prepared for the Asia - Europe Economic Forum.

[479] Kelly, B. (2009), "China's Challenge to the International Monetary System: Incremental Steps and Long - Term Prospects for Internationalization of the Renminbi", Pacific Forum CSIS, Issues and Insights, Vol. 9, No 2.

[480] Kenen, P. (1983), "The Role of the US dollar as An International Currency", Group of Thirty, Occasional Paper.

[481] Kenen, P. B. (2012), "Currency Internationalization An Overview", BIS Papers Chapters, 61 (4): 277 - 287.

[482] Kroeber, A. (2011). The Renminbi: The Political Economy of a Currency [R]. Brookings.

[483] Krugman, P. (1980), "Vehicle Currencies and the Stucture of International Exchange", Journal of Money, Credit and Banking, 12: 513 - 526.

[484] Krugman P. (1996), "Are Currency Crises Self - Fulfilling?", Nber Macroeconomics Annual, 11: 345 - 378.

[485] Kwan, N. Redback Will Bring China Closer to the World, http: //www.ftchinese.com/story/001038137/en.

[486] Lane, P. R. and Shambaugh, J. C. (2010), Financial Exchange Rates and International Currency Exposures, The American Economic Review, 100 (1): 518 - 540.

[487] Lai, L. C. and Yu, X. (2014), "Invoicing Currency in International Trade: An Empirical Investigation and Some Implications for the Renminbi", World Economy, 38 (1): 193 - 229.

[488] Lardy, N. and Douglass, P. (2011). Capital Account Liberalization and the Role of the Renminbi.

Peterson Institute for International Economics Working Paper.

[489] Lee, J. W. (2014). Will the Renmainbi Emerge as an International Reserve Currency?, World Economy, 37 (1), 42 - 62.

[490] Lester, B., Postlewaite, A., and Wright, R. (2012). Information, liquidity, asset prices, and monetary policy. The Review of Economic Studies, 79 (3): 1209 - 1238.

[491] Li, J. (2007). The Rise of the Renminbi in Asia: Cost - benefit Analysis and Road Map. Chinese Economy, 40 (4), 29 - 43.

[492] Li, G. and Mcnelis, P. D. (2013), "Yen/Dollar volatility and Chinese fear offloating: Pressures from the NDF market", Pacific - Basin Finance Journal, 22 (1): 37 - 49.

[493] Lim, E. G. (2006). The Euro's Challenge to the Dollar: Different Views from Economists and Evidence from COFER (Currency Composition of Foreign Exchange Reserves) and Other Data. IMF Working Paper.

[494] Liu, T. (2015), The onshore - offshore interaction of RMB market: a high frequency analysis, Davis: University of California.

[495] Liu, T. and Wang, X. (2016). The Road to International Currency: Global Perspective and Chinese Experience. MPRA Paper.

[496] Liu, T. (2016). Trade finance and international currency: A monetary search approach. Job Market Paper.

[497] Liu, Y., Wei, L. V., & University, W. (2017). Inclusion of renminbi in the sdr basket and convertibility in capital account. Finance & Trade Research.

[498] Liu, T., Lu, D. and Zhang, R. F. (2017). "Currency choice in international trade: a new monetarist approach and firm - level evidence."

[499] Lo, W. C., Fung, H. G. and Morse, J. N. (1995), "A note on Euroyen and domestic yen interest rates", Journal of Banking & Finance, 19 (7): 1309 - 1321.

[500] Löchel, H., Packham, N. and Walisch, F. (2016), "Determinants of the onshore and offshore Chinese government yield curves", Pacific - Basin Finance Journal, 36: 77 - 93.

[501] Matthew Canzoneri, (2007), "Coordination of Monetary and Fiscal Policy in a Monetary Union: Policy Issues & Analytical Models," Money Macro and Finance (MMF) Research Group Conference 2006 165, Money Macro and Finance Research Group.

[502] Mallaby, S. and Wethington, O. (2012). The Future of the Yuan: China's Struggle to Internationalize Its Currency [J]. Foreign Affairs (Jan/Feb).

[503] Manova, K. (2013). "Credit constraints, heterogeneous firms, and international trade", The Review of Economic Studies, 80 (2): 711 - 744.

[504] Maziad, S. and Kang, J. S. (2012), RMB Internationalization: Onshore/Offshore Links, IMF Working Paper, No. 133.

[505] Maziad, S., Farahmand, P., Wang, S., Segal, S. and Ahmed, F. (2011). Internationalization of Emerging Market Currencies: A Balance between Risks and Rewards. IMF Staff Discussion Note.

[506] Magee S P. Currency Contracts, Pass - Through, and Devaluation [J]. Brookings Papers on Eco-

nomic Activity, 1973, 1973 (1): 303 - 325.

[507] Magee S P, Rao R K S. Vehicle and Nonvehicle Currencies in International Trade [J]. American Economic Review, 1980, 70 (2): 368 - 373.

[508] McCauley, R. (2006), "Internationalising a currency: the case of the Australian dollar," BIS Quarterly Review, Bank for International Settlements.

[509] McCauley, R. (2011). Renminbi Internationalization and China's Financial Development. BIS Quarterly Review.

[510] Mccauley, R. N. and Schenk, C. R. (2015). "Reforming the international monetary system in the 1970s and 2000s: would a special drawing right substitution account have worked?", International Finance, 18 (2), 187 - 206.

[511] Mccauley, R. N. and Chang, S. (2018), "Recent renminbi policy and currency co - movements", Journal of International Money & Finance.

[512] McNally, C. A. (2012). Sino - capitalism: China's Reemergence and the International Political Economy. World Politics, 64 (4), 741 - 776.

[513] Mckinnon, R. I. (1979), Money in International Exchange: The Convertible Currency System, Oxford University Press.

[514] McKinnon, R. and Schnabl, G. (2014). China's Exchange Rate and Financial Repression: The Conflicted Emergence of the RMB as an International Currency [J]. China & World Economy, 22 (3): 1 - 31.

[515] McKinnon, R. I. (1969). Private and official international money: the case for the dollar. International Finance Section, Department of Economics, Princeton University.

[516] Mendoza, E. G., Quadrini, V., Riosrull, J., et al. (2009), Financial Integration, Financial Development, and Global Imbalances. Journal of Political Economy, 117 (3): 371 - 416.

[517] Melvin, M. (2009). Exchange Rate Management in Emerging Markets: Intervention Via an Electronic Limit Order Book [J]. Journal of International Economics, (79): 54 - 63.

[518] Mgarber, P. (2012), "What Currently Drives CNH Market Equilibrium?", International Economic Review.

[519] Michalopoulos, George. (2006). The Internationalization of the Euro: Trend, Challenges and Risks", in Global Divergence in Trade, Money and Policy, ed. by Volbert Alexander and Hans - Helmut Kotz, Edward Elgar Publishing.

[520] Miller and Zhang. (1996). Optimal target zones: How an exchange rate mechanism can improve upon discretion [J]. Journal of Economic Dynamics and Control, (20): 1641 - 1660.

[521] Mizen, P. F., Packer, E. R. and Tsoukas, S. (2012). Why Do Firms Issue Abroad? [R]. BIS Working Papers, No. 401.

[522] Murase, T. (2011), "Hong Kong Offshore Market and the "Managed" Internationalization of the Renminbi : China's Challenge to the International Monetary Order (The Commemoration Number of Prof. Shin - ichi Naganuma and Prof. Eiji Yamashita)", 经济学杂志, 112: 169 - 196.

[523] Ning Y, Wang Y. and Su, C. W. (2017), "How did China's foreign exchange reform affect the ef-

ficiency of foreign exchange market?", Physica A Statistical Mechanics & Its Applications, 483: 219 - 226.

[524] Obstfeld Maurice (2011), The International Monetary System: Living with Asymmetry, NBER working paper17641.

[525] Ogawa, E. and Sasaki, Y. (1998). Inertia in the Key Currency [J]. Japan and the World Economy, 10 (4): 421 - 439.

[526] Oksanen, H. (2012). Repegging the renminbi to a basket: issues and implications [J]. Asian Pacific Economic Literature, 26 (1): 18 - 33.

[527] Orăştean, R. (2013). Chinese currency internationalization—present and expectations [J]. Procedia Economics & Finance, 6, 683 - 687.

[528] Otero - Iglesias, M. (2010). The Internationalization of the Renminbi (RMB): A Strategy of Crossing the River by Feeling the Stones. In 1st international Electronic Symposium on Chinese Politics, March.

[529] Otero - Iglesias, M. (2011). The Internationalization of the Renminbi: Prospects and Risks. Oxford Brookes University.

[530] Oi, H., Otani, A. and Shirota, T. (2003), "The choice of invoice currency in international trade: Implications for the internationalization of the yen", IMES, Institute for Monetary and Economic Studies, Bank of Japan.

[531] Owyong, D., Wong, W. K. and Horowitz, I. (2015), "Cointegration and causality among the onshore and offshore markets for China's currency", Journal of Asian Economics, 41: 20 - 38.

[532] Page, S. A. B. (1977), "Currency of Invoicing In Merchandise Trade", National Institute Economic Review, 81 (81): 77 - 81.

[533] Park, Y. C. and Song, C. Y. (2011), "Renminbi Internationalization: Prospects and Implications for Economic Integration in East Asia", Asian Economic Papers, 10 (3): 42 - 72.

[534] Rauch, J. E. (1999). Networks versus markets in international trade. Journal of International Economics, 48 (1): 7 - 35.

[535] Rey. (2001). "International Trade and Currency Exchange", Review of Economic Studies, 68 (2): 443 - 464.

[536] Reiss, D. G. (2015). "Invoice currency: puzzling evidence and new questions from brazil", Economia, 16 (2): 206 - 225.

[537] Prasad, E. and Ye, L. (2012). The Renminbi's Role in the Global Monetary System. The Brookings Institution.

[538] Prasad, E, Ye, L. (2012). "Will the Renminbi Rule?", Finance & Development, (1): 26 - 29.

[539] Papaioannou, E. and Portes, R. (2008). "Costs and Benefits of Running an International Currency", Working Paper No. 348, Bruxelles: Directorate General Economic and Financial Affairs (DG ECFIN), European Commission.

[540] Porter, Richard D. and Ruth A. Judson, (1996), "The Location of U. S. Currency: How Much Is Abroad?", Board of Governors of the Federal Reserve System.

[541] Qing, H. E., Korhonen I., Guo J, et al. (2016), "The Geographic Distribution of International

Currencies and RMB Internationalization", International Review of Economics and Finance, 42 (4): 442 - 458.

[542] Ranjan, R. and Prakash, A. (2010), "Internationalization of Currency: The case of the Indian Rupee and Chinese Renminbi", RBI Staff Studies.

[543] Rhee, C. and Sumulong, L. (2014), "Regional Settlement Infrastructure and Currency Internationalization: The Case of Asia and the Renminbi", SSRN Electronic Journal.

[544] Schmidt - Eisenlohr, T. (2013). Towards a theory of trade finance. Journal of International Economics, 91 (1): 96 - 112.

[545] Schmidt - Eisenlohr, T. and Niepmann, F. (2015). International trade risk and the role of banks. FRB International Finance Discussion Paper 1151.

[546] Shu, C., He, D. and Cheng, X. (2015), "One currency, two markets: the renminbi's growing influence in Asia - Pacific", China Economic Review, 33: 163 - 178.

[547] Shi, J. X., & Wang, P. P. (2017). The risk - return characteristics of sdr donds after the inclusion of rmb into sdr basket. Finance Forum.

[548] Shinji TAKAGI. (2010). Comment on "China as Number One: How about the Renminbi?", Asian Economic Policy Review, 5 (2): 279 - 280.

[549] Shinichi Fukuda and Masanori Ono, (2006). "On the Determinants of Exports' Currency Pricing: History vs. Expectations", Journal of the Japanese and International Economics, 20: 548 - 568.

[550] Sokolova, M. V. (2015). Strategic currency choice in international trade.

[551] Srivastava, S. (2012). The emerging economies and changing prospects of the multicurrency global order: avenues and challenges in times ahead. Procedia - Social and Behavioral Sciences, 37 (37), 46 - 56.

[552] stiglitz, J. (2009). The Commission of experts on reforms of the international monetary and financial system recommendations.

[553] Stiglitz, J. E. (2015), "Monetary policy in a multi - polar world", in: Taming Capital Flows, Capital Account Management in an Era of Globalization, IEA Conference Vol. 154, pp. 128 - 129.

[554] Stephen P. Magee and Ramesh K. S. Rao, (1980). "Vehicle and Nonvehicle Currencies in International Trade", The American Economic Review, 70: 368 - 373.

[555] Sutherland. (1995). Monetary and real shocks and the optimal target zone [J]. European Economic Review, (39): 161 - 172.

[556] Subramanian, A. (2011), "Renminbi Rules: The Conditional Imminence of the Reserve Currency Transition", Peterson Institute for International Economics, Working Paper, 11 - 14.

[557] Subramanian, A. and Kessler, M. (2012), "The Renminbi Bloc is here: Asia Down, Rest of the World to Go?", Peterson Institute for International Economics, Working Paper, WP 12 - 19.

[558] Subacchi, P. (2010). One Currency, Two Systems: China's Renminbi Strategy [R]. Chatham House, International Economics Briefing Paper.

[559] Svensson. (1994). Why exchange rate bands? Monetary independence in spite of fixed exchange rates [J]. Journal of Monetary Economics, (33): 157 - 199.

[560] Swoboda, A. (1968). The Euro - Dollar Market: An Interpretation. Essays in International Finance

64, International Finance Section, Princeton University.

[561] Swoboda, A. (1969). Vehicle Currencies and the Foreign Exchange Market: the Case of the Dollar. in Robert Z. Aliber, Ed., The International Market for Foreign Exchange, Praeger Special Studies in International Economics and Development.

[562] Taylor, A. M. (2013). The Future of International Liquidity and the Role of China. Journal of Applied Corporate Finance, 25 (2): 86 - 94.

[563] Taylor, J. B. (2013). International Monetary Coordination and the Great Deviation. Journal of Policy Modeling, 35 (3), 463 - 472.

[564] Tavlas, G. (1990), On the International Use of Currencies: the Case of the Deutsche Mark, IMF Working Paper.

[565] Tavlas, G. S. (1998), "The International Use of Currencies: the US Dollar and the Euro", Finance & Development, 35 (2): 46 - 49.

[566] Tavlas, G. S. (1997), "The International Use of the US Dollar: An Optimum Currency Area Perspective", World Economy, 20 (6): 709 - 747.

[567] Tavlas, G. S. (2015), "Internationalization of currencies: The case of the US dollar and its challenger euro", Thunderbird International Business Review, 39 (5): 581 - 597.

[568] Tung, C. Y., Wang, G. C. and Yeh, J. (2012), "Renminbi internationalization: progress, prospect and comparison", China & World Economy, 20 (5): 63 - 82.

[569] Tseng, W. S. H. (2016). Renminbi in the SDR Basket: Implications for China and the Global Financial System. International Monetary Review, October 2016, Vol. 3.

[570] Obstfeld, M., Rogoff, K. (2005), "Global Current Account Imbalances and Exchange Rate Adjustments", Brookings Papers on Economic Activity, 36 (1): 67 - 146.

[571] Obstfeld, M. and Rogoff, K. (2007), The Unsustainable U. S. Current Account Position Revisited, Chicago: University of Chicago Press.

[572] Rose Andrew K, Spiegel Mark M. (2005), "Offshore Financial Centers: Parasites or Symbionts?", Fedeal Reserve Bank of San Francisco, Working paper Series.

[573] Ric Battellino and Michael Plumb (2011), A generation of an internationalised Australian dollar, BIS Papers chapters, in: Bank for International Settlements (ed.), Currency internationalisation: lessons from the global financial crisis and prospects for the future in Asia and the Pacific, volume 61, pages 202 - 217 Bank for International Settlements. Handle: RePEc: bis: bisbpc: 61 - 115.

[574] Sikka Prem. (2003), "The role of offshore financial centres in globalization", Accounting Forum, (4): 365 - 399.

[575] Subramanian, A. (2011), "Renminbi rules: the conditional imminence of the reserve currency transition?", Studies.

[576] Thimann, Christian, (2009), "Global roles of currencies", Working Paper Series 1031, European Central Bank.

[577] United Nations. (2009). Report of the Commission of Experts of the President of the United Nations

General Assembly on Reforms of the International Monetary and Financial System http: //www. un. org/ga/econcrisissummit/docs/FinalReport_ CoE. pdf.

[578] Viaene J. M. and Vries, C. G. D. (1992), "On the design of invoicing practices in international trade", Open Economies Review, 3 (2): 133 - 142.

[579] Wolf, M. (2009). We should listen to beijing's currency idea. World Economy.

[580] Whalley J, Chen H. (2013), "Are Offshore RMB Arrangements the Basis for a Long - term Exchange Rate System without Convertibility?", China & World Economy, 21 (1): 26 - 46.

[581] Wang, Y. D. (2012), "Convertibility restriction in China's foreign exchange market and its impact on forward pricing", Bank of Finland, Institute for Economies in Transition, 616 - 631.

[582] Williamson, J. (1987). Miller, Targets and indicators: A blueprint coordination of economic policy [M]. Institute for International Economics, Washington, DC.

[583] Williamson, J. (1996). The Crawling Band as an Exchange Rate Regime [M]. Institute for International Economics, Washington, DC.

[584] Wilander, F. (2006). An empirical analysis of the currency denomination in international trade.

[585] Wright, R., Zhang, C., Rocheteau, G., et al. (2016). Corporate finance and monetary policy. Working paper.

[586] Wu, J., Pan, Y. and Zhu, Q. (2014). "The Conditions and Potential of RMB as an International Reserve Currency: The Empirical Evidences from the History of Eight Major International Reserve Currencies", China Finance Review International, 4 (2): 103 - 123.

[587] Xia, S. Q. (2018). "Path Selection of Renminbi (RMB) Internationalization under "The Belt and Road" (B & R) Initiative", American Journal of Industrial and Business Management, 8: 667 - 685.

[588] Xu, H. C., Zhou, W. X. and Sornette, D. (2017), "Time - dependent lead - lag relationship between the onshore and offshore Renminbi exchange rates", Journal of International Financial Markets Institutions & Money, 49.

[589] Yu, E., & Gong, X. (2017). "On the inclusion of chinese rmb in the sdr basket: from the view of history", Studies of International Finance.

[590] Yu, Y. D. (2012), "Revisiting the Internationalization of the Yuan", Adbi Working Papers, 40 (3): 1328 - 1332.

[591] Yu, Y. D. (2015), "How Far Can Renminbi Internationalization Go?", Social Science Electronic Publishing.

[592] Yu, X. and Zhang, J. (2008), "Empirical Research on the Dynamic Correlation between SHIBOR and NDF Implied Interest Rate", International Conference on Wireless Communications, NETWORKING and Mobile Computing. IEEE, 1 - 4.

[593] Zhao, R. (2013). "China's motive and road - map of introducing rmb into sdr in the context of rmb internationalization", Studies of International Finance, 1 (658): 617 - 622.

[594] Zhang, L. and Tao, K. (2016). "The Economics of RMB Internationalization", Asian Economic Papers, 15 (1): 104 - 123.

[595] Zhang, M. (2011). "China's Capital Control: Stylized Facts and Referential Lessons", Prepared for the conference of "I ask force on managing capital flows for long – run development", Boston University.

[596] Zhang, C. (2014). "An information – based theory of international currency", Journal of International Economics, 93 (2): 286 – 301.

[597] Zhi, S. U., Di, H. U., & Fang, T. (2015). "The international influence of rmb joining the sdr—a measurement based on scenario analysis", China Industrial Economics.